La guerre d'Espagne

et ses lendemains

Bartolomé Bennassar

La guerre d'Espagne

et ses lendemains

Perrin
www.editions-perrin.fr

ISBN 2-262-02001-9

Avant-propos

Après une période d'amnésie volontaire et presque totale de près de vingt ans, la guerre civile d'Espagne (1936-39) sollicite aujourd'hui la mémoire des derniers témoins et les recherches des historiens. Ceux-ci peuvent désormais accéder à des fonds documentaires longtemps interdits ou protégés. Il en va de même pour quelques-uns des phénomènes qui suivirent le conflit : la durée insolite de la répression, la persistance d'une résistance intérieure limitée dans le temps et dans l'espace, mais plus importante qu'on ne l'avait longtemps cru, enfin et surtout, l'exil prolongé et massif des vaincus.

La prodigieuse prolifération d'ouvrages relatifs à la guerre d'Espagne s'explique aisément. Limité à un affrontement entre Espagnols pour le choix d'un régime politique et d'expériences sociales antagonistes, le conflit serait demeuré une affaire nationale, sans participation étrangère importante comme avaient pu l'être la guerre de Sécession (1861-65) ou la Révolution mexicaine (1910-40). Et sans doute en eût-il été de même si le sort de la guerre avait été réglé en quelques semaines dans un sens ou dans l'autre, comme diplomates et journalistes de nombreux pays purent le croire d'abord. Les archives, qui ne se limitent pas aux fonds de Salamanque, sont d'une grande richesse et leur exploitation a seulement commencé. Celles de plusieurs pays qui jouèrent un rôle notable dans le conflit, notamment de feu l'URSS, jettent une lumière crue sur certains épisodes longtemps occultés. Des collections considérables de livres, de documents, d'affiches ont été conservées dans divers pays, notamment aux États-Unis, aux Pays-Bas et en France. Les librairies espagnoles sont depuis quelques années submergées par une masse d'ouvrages, de qualité fort inégale, mais dont l'apport global est considérable.

La Guerre d'Espagne, de Hugh Thomas, maintes fois révisée et corrigée, reste un monument d'histoire narrative, dans le bon sens du terme, d'autant que l'historien anglais a multiplié les enquêtes personnelles directes sur les lieux des épisodes les plus marquants et les plus controversés, à Barcelone ou Madrid, Guernica, Tolède ou Badajoz. Il faut souligner que l'apport des historiens anglo-saxons à la connaissance de l'histoire de la guerre a été immense. On ne saurait faire l'économie de la lecture de Gerald Brenan Raymond Carr, Ronald Fraser, Burnett Bolloten, Edward Malefakis, Herbert Southworth, Robert Alexander, Stanley Payne, Paul Preston ou Ronald Radosh, Anthony Beevor ou Gerald Howson par exemple. *A contrario*, la contribution française a été faible, quantitativement : il y eut, certes, Pierre Broué, Émile Temime, Guy Hermet, Carlos Serrano, Jacques Maurice, Pierre Vilar, Rémi Skoutelski. Trop peu.

La production espagnole, dont le rythme s'accélère, a été immense, surtout depuis 1975. Mais elle reste marquée du sceau de la passion, même si celle-ci se dissimule sous le flot des références et les apparences de la rigueur scientifique. À une vulgate franquiste, bien aménagée mais toujours très orientée, avec Ricardo de La Cierva en figure de proue, répond celle des intellectuels de gauche, de bon ton, aux conclusions apparemment nuancées, mais qui pèchent souvent par omission, en dépit de démonstrations minutieuses, d'abord sous l'impulsion de Manuel Tuñon de Lara et d'Angel Viñas, puis avec Santos Julia. Toutefois, ce dernier, en dépit de ses choix politiques, témoigne d'une rigueur bien supérieure. Les œuvres de jeunes historiens, consacrées aux aires géographiques qu'ils connaissent bien, sont sans doute les plus précieuses. Enfin, on peut se demander si Luis Pio Moa n'annonce pas le temps des provocateurs.

Cette longue amnésie a répondu à un besoin profond de la société espagnole. Lorsque, au début des années 1990, deux jeunes chercheurs entreprirent une enquête d'histoire orale à propos de la mémoire de la guerre civile, ils s'aperçurent que, dans certaines familles, notamment celles dont les membres avaient choisi des camps différents, la guerre était un thème consciemment rejeté, *un sujet tabou*. Et sur les 943 personnes qui se prêtèrent tout de même à l'enquête, 78 préférèrent demeurer anonymes[1] * Cette amnésie était, au demeurant, « politiquement » justifiée. Quand la mort de Franco, le 20 novembre 1975, ouvrit une « transition » vers un avenir incertain, il importait d'apprendre aux Espagnols de toutes tendances à vivre ensemble, et aux survivants des deux camps, vainqueurs et vaincus, plus encore peut-être, qu'à leurs enfants, à s'accepter avec leurs différences. Il s'agissait de doter le pays d'institutions et de lois créant un véritable État de droit et rendant possible l'alternance de forces politiques différentes, voire opposées. Comme une tentative de coup d'État le démontra, le succès d'un tel projet n'était pas acquis d'avance. Toute démarche annonciatrice d'une ère de vengeance ou de revanche eût été dangereuse pour l'expérience démocratique.

L'heure nous semble venue de tenter une synthèse nouvelle qui ne prétende pas à l'exhaustivité, mais qui fasse son profit des travaux récents les plus remarquables, et de tirer parti de nos recherches personnelles sur les formes, les conditions et les directions de l'exil. Celui-ci est encore mal connu en Espagne, les sources les plus importantes se trouvant hors du pays. Le présent ouvrage se veut sans complaisance aucune, qu'il s'agisse des vainqueurs ou des vaincus. Vingt ans après le conflit, un général « franquiste » confessait : « Nous devrions tous avoir honte. » Il avait raison : la guerre civile fut une horreur cent fois répétée. Depuis quelque soixante ans, les crimes et les délires collectifs des combattants de la République (les « rouges ») et des rebelles de 1936 (les « fascistes ») ont été dénoncés, racontés, légitimés ou condamnés, mais parfois occultés, de sorte que des révélations de massacres longtemps dissimulés se produisent encore de nos jours. À y regarder de près, les justifications ne tiennent pas, et moins encore celles de la répression qui suivit la fin de la guerre. L'acharnement de la lutte peut expliquer les épisodes les plus sanglants, mais ne peut être invoqué pour rendre compte des

* On retrouvera les notes en fin de volume.

exécutions capitales qui se produisirent plusieurs mois, voire dix ans ou davantage, après le défilé de la victoire. Il ne saurait être question pour autant d'oublier ou de minimiser les responsabilités des partisans de la République, notamment de l'extrême gauche, dans le déclenchement de la tragédie, ne serait-ce que pour céder à la mode ou respirer l'air du temps. L'Histoire n'a que faire du « politiquement correct ».

Préhistoire d'une tragédie

Qu'est-ce que l'Espagne en 1931, à l'avènement de la Deuxième République ? Depuis l'épisode fameux de 1808, première mise en échec de Napoléon, qui rendit espoir aux nations européennes humiliées par les victoires successives de l'Empereur, les apparitions de l'Espagne sur la scène mondiale semblaient seulement baliser l'itinéraire d'une décadence irrémédiable. Dès avant 1815, plusieurs mouvements insurrectionnels remirent en question la domination espagnole sur les vastes régions du continent américain que les Espagnols à partir du XVIe siècle avaient explorées, conquises et exploitées, tout en organisant un système politique relativement cohérent. Ces mouvements, après des fortunes diverses, avaient abouti en 1824 au Pérou (Ayacucho) à la défaite de la dernière armée espagnole et à la proclamation de l'indépendance de nombreuses nations, du Mexique à l'Argentine et au Chili, dont les élites étaient, pour l'essentiel, formées de « créoles » d'origine espagnole. De ce vaste empire, l'Espagne n'avait conservé que Cuba et les Philippines.

La perte de l'empire avait eu des conséquences importantes dans la vie intérieure de l'Espagne. Pendant trois siècles les « Indes » avaient joué le rôle d'un « ascenseur social » efficace. Elles étaient un débouché important pour les diplômés des Universités, les juristes surtout, qui pouvaient exercer des offices rémunérateurs comme agents du roi (*corregidores*, auditeurs, procureurs, avocats des Audiences, comptables, fonctionnaires des douanes, etc.) ; elles avaient permis l'enrichissement des marchands, armateurs et assureurs qui participaient au grand commerce maritime, de planteurs, de propriétaires de mines et de métallurgistes impliqués dans l'extraction, l'affinage et les trafics de l'argent... Elles avaient été source d'emploi pour beaucoup de gens modestes ou pauvres : marins, soldats, artisans... Le grand commerce avec les « Indes » avait attiré en Espagne des négociants étrangers qui, tout en réalisant d'importants profits, avaient contribué à l'activité du pays. D'autre part, les prélèvements de la Couronne sur le produit des mines (le *quinto*) et les droits de douanes avaient encore constitué au XVIIIe siècle un des revenus importants de l'État.

Privée de la quasi-totalité de son empire américain, après avoir perdu au début du XVIIIe siècle le contrôle de plusieurs « royaumes » européens (Naples, Sicile, Sardaigne, Milanais, Pays-Bas du Sud), l'Espagne n'avait pas réussi les réformes politiques, économiques et sociales profondes qui auraient pu l'engager sur les voies de la modernité. La restauration de la monarchie avait été accompagnée par une réaction à la mesure de Ferdinand VII, sans doute le pire des souverains de l'Espagne contemporaine, de sorte que les velléités des partisans des réformes furent constamment étouffées, et parfois dans le sang, jusqu'à la mort de ce roi en 1833. La période 1824-1833 a même été qualifiée par les historiens espagnols de décennie honteuse (*decada ominosa*). La crise de succession consécutive au décès du roi déclencha trois guerres civiles, les guerres dites « carlistes » parce qu'elles eurent pour protagonistes principaux les deux Don Carlos, d'abord le frère du roi Ferdinand, qui se considérait comme le souverain légitime en vertu de la « loi salique » établie par la dynastie des Bourbons sur le modèle français, alors que Ferdinand avait, en 1830, promulgué une « Pragmatique Sanction » en faveur d'Isabelle, la fille qu'il avait eue de sa quatrième épouse, Marie-Christine de Naples ; ensuite le fils du précédent (dont les prénoms sont identiques : Carlos Maria José Isidoro), ce qui explique que ces guerres soient très décalées dans le temps : 1833-39, 1845-49, 1872-76.

Mais ces conflits n'opposèrent pas seulement deux prétendants au trône, ils mettaient en scène l'affrontement des libéraux centralisateurs ralliés à Isabelle, dont les éléments les plus avancés se qualifiaient de « progressistes », et des carlistes qui défendaient les autonomies locales, notamment celles de la Catalogne, de la Navarre et du Pays basque. À tel point qu'en 1975, dans une interview accordée à un hebdomadaire français, le « prétendant » carliste, Xavier-Hugo de Bourbon-Parme, affirmait que la forme actuelle du carlisme était le socialisme autogestionnaire, car le carlisme avait toujours représenté les forces populaires contre un prétendu libéralisme qui n'était qu'un instrument du capitalisme naissant... appuyé par l'étranger. « Nous avons voulu protéger tout ce qui était communal, commun, collectif. Les guerres carlistes sont des guerres de paysans. » Il est vrai que les zones géographiques favorables au carlisme étaient des régions où la petite propriété paysanne dominait et celles où l'analphabétisme était le plus faible.

Cependant, il est aussi vrai qu'à cette époque ces autonomies étaient surtout revendiquées par des formations conservatrices dont l'encadrement clérical était considérable, composé surtout de curés et de moines, car la plupart des prélats acceptaient le gouvernement « légal ». Il serait donc trop simpliste (et même erroné) de voir dans le catalanisme et le basquisme du XXe siècle, et notamment des années 1930, le prolongement naturel des mouvements *fueristes* (*fuero* = privilège) du XIXe siècle. La réalité est beaucoup plus complexe.

Guy Hermet a même pu écrire que, « de 1821 à 1876, le carlisme incarne en Espagne un contre-État virtuel, ou réel à certains moments, qui mène les trois guerres civiles... contre son adversaire représenté par un État libéral vacillant. Pendant ces périodes de guerre ouverte, le carlisme exerce une véritable domination territoriale sur le nord de l'Espagne. Il... dispose d'une armée régulière et d'un embryon de fonction publique, émet une monnaie et des timbres postaux, entretient des relations para-diplomatiques... ». Guy Hermet observait encore avec pertinence que « le carlisme survit à sa défaite militaire, ainsi qu'à son abandon par le Vatican ». De fait, les *requetes* navarrais de 1936 sont les héritiers directs du carlisme. En ce sens, une connaissance sommaire du carlisme est indispensable à l'intelligence de certains aspects de la guerre civile.

Cela dit, les guerres carlistes avaient créé un climat révolutionnaire qui permit l'abolition des institutions d'Ancien Régime : droits féodaux et seigneuriaux, Inquisition, *Mesta*, mainmorte ecclésiastique furent ainsi supprimés dans les années 1830 et 1840. Mais ces changements, pour importants qu'ils fussent, n'avaient pas provoqué les transformations espérées par les réformateurs sincères. L'exemple le plus convaincant est celui des effets décevants des lois de « désamortissement » (*desamortizaciones*), dites de Mendizabal et de Madoz, promulguées en 1837 et 1855. Il s'agissait de séculariser les biens du clergé, très considérables, et des collectivités locales (communaux surtout). L'objectif avoué de ces lois était de transférer à la bourgeoisie et à la paysannerie une part importante de la propriété foncière de façon à créer une manière de classe moyenne. Mais, faute de disposer de crédits consentis par l'État pour réaliser l'opération, l'immense majorité des paysans fut dans l'incapacité d'acquérir les terres ainsi mises sur le marché, de sorte que le problème agraire ne fut pas résolu. De surcroît, l'application des lois fut lente et très inégale suivant les régions du pays.

L'oligarchie foncière au contraire fut renforcée, au côté d'une nouvelle bourgeoisie terrienne, tandis qu'avec la poussée démographique du XIXe siècle le nombre des « sans-terres », des *braceros* (brassiers) ne cessait d'augmenter, surtout en Andalousie, Estrémadure et Nouvelle-Castille. Un prolétariat rural misérable de plusieurs millions de personnes constituait un problème majeur dont hérita la République de 1931. Et, de manière générale, l'extrême pauvreté devint en Espagne un problème récurrent tout au long des années 1830-1930, dont témoignait une mendicité très développée, pratiquée par les enfants eux-mêmes, que la législation tentait vainement de proscrire ou, pour le moins, de réglementer. Le code pénal de 1850 avait ainsi prévu une liste détaillée de sanctions, dont des peines de prison. Les lois successives des 26 juillet 1878, 13 mars 1900, 23 juillet et 21 octobre 1903 avaient essayé de réguler la mendicité infantile dans les lieux publics, au cours des spectacles, dans la vente ambulante. La loi du 12 août 1904 avait cherché à protéger la santé physique et morale des moins de dix ans avec le concours de nombreuses institutions de toutes sortes, à l'aide d'une taxe de 5 % sur les entrées aux spectacles. Mais en 1931 la question de la pauvreté demeurait essentielle.

Alors qu'à la fin du XVIIIe siècle l'Espagne n'avait qu'un

retard économique modeste à l'égard de la Grande-Bretagne et de la France, le maintien, voire l'aggravation, du latifundisme fut jusqu'à l'avènement de la République un frein important au développement économique du pays. Le sous-emploi chronique des *braceros* excluait des millions de personnes du marché car les revenus de ces ouvriers agricoles les maintenaient dans une marge étroite entre pauvreté et misère. La consommation et la production des denrées industrielles, pour ne rien dire des biens culturels ou de loisirs, étaient donc ralenties par l'étroitesse du marché. De plus, la mauvaise gestion de la plupart des grandes propriétés (conservation de vastes friches, absence de recours à l'engrais et d'une politique de l'irrigation) était en partie responsable du déficit de la production agricole. Les ducs de Medinaceli, par exemple, consacraient 15 000 hectares de bonnes terres (sur les 16 000 qu'ils possédaient) à des réserves de chasse. Vers 1900, 48 % des terres cultivables étaient en friche malgré la hausse forte de la population : 11 millions d'habitants en 1808 ; 18,5 millions en 1900. Seules les cultures « méditerranéennes » donnaient de bons résultats (vignes, agrumes, primeurs).

En 1930, sur quelque 22 400 000 hectares de terres cadastrées, le tiers, soit 7,5 millions, correspondaient à des domaines de plus de 250 hectares, un propriétaire sur mille, tandis que 98 % des propriétaires ne possédaient que 36 % de cette superficie, chacun moins de 10 hectares. Situation d'autant plus alarmante que 64 % des travailleurs espagnols étaient employés dans le secteur primaire (agriculture, pêche, forêts)... quand ils avaient un emploi, proportion sans comparaison avec celle des autres pays de l'Europe occidentale.

On conçoit aisément qu'à plusieurs reprises, avant 1931, ait été évoquée la nécessité d'une réforme agraire profonde, d'autant que les paysans réduits au désespoir déclenchaient parfois de dures révoltes (Loja, 1861 ; Jerez, 1892), ou émigraient en masse comme les minifundistes de Galice qui, de 1880 à 1914, affluèrent en Argentine et en Uruguay. Les théoriciens de qualité, tel Joaquin Costa, animateur de 1899 à 1903 d'une ligue puis d'une Union nationale des producteurs, ne manquèrent pas. Mais la réforme fut différée. Rien d'étonnant à ce que les masses paysannes se soient radicalisées et orientées vers le socialisme ou l'anarchisme.

L'essor industriel n'avait pas été en mesure de suppléer aux carences de l'agriculture. Un des meilleurs historiens-économistes de l'Espagne contemporaine, Jordi Nadal, n'a-t-il pas donné pour titre à son ouvrage principal *L'Échec de la révolution industrielle en Espagne* (*El fracaso de la Revolucion industrial en España*, Barcelone, 1975) ? L'Espagne, il est vrai, avait à surmonter les handicaps de sa géographie tourmentée, qui ralentit la construction du réseau ferré et ne permit jamais à l'une des régions les plus dynamiques du début du XXe siècle, le Nord cantabrique, de la Navarre aux Asturies, de disposer de liaisons ferroviaires satisfaisantes. Les ouvrages d'art indispensables, rampes fortes à larges courbes, tunnels, viaducs, coûtaient cher. Et la construction du réseau ferré survint au moment où les investisseurs potentiels, publics ou privés, voyaient s'évanouir la rente américaine. Il fallut attendre 1855 pour qu'une loi ferroviaire définisse les grands traits du réseau ferré et en garantisse le financement. Certes, les banquiers étrangers, français notamment (ainsi les Pereire, les Rothschild de Paris et l'association Prost-Guilhou), pallièrent en principe ces déficiences. Mais ils commirent de nombreuses erreurs, dont celle de l'écartement des rails, et eurent une tendance excessive à copier le modèle français du réseau en étoile à partir de Madrid au lieu d'étoffer les liaisons du nord du pays. Les 2 000 kilomètres de 1860 étaient devenus 10 000 en 1900, mais la rentabilité des voies ferrées était mauvaise et découragea les investisseurs, tels les Rothschild qui se retirèrent en 1867.

Deux régions seulement avaient réussi leur révolution industrielle : la Catalogne, grâce à l'industrie textile (laine et coton), et le Pays basque avec la sidérurgie et les industries mécaniques. Dans le secteur des cotonnades, l'Espagne des années 1880 était presque au niveau de la France, légèrement inférieur à celui de l'Allemagne, et devançait largement l'Italie. Mais l'industrie houillère, qui disposait d'un seul bassin important, celui des Asturies, aux conditions d'exploitation difficiles, et la sidérurgie étaient très nettement distancées par celles des autres nations de l'Europe de l'Ouest. Sans doute l'Espagne a-t-elle manqué d'ingénieurs. Les deux grandes écoles, Ponts et Chaussées et Mines, créées en 1834 et 1835, étaient d'un bon niveau scientifique, mais leurs promotions restèrent longtemps trop étroites. Il fallut recruter des ingénieurs anglais, français ou belges. Cette situation ne changea guère avant 1914.

Ce développement industriel limité n'en avait pas moins généré un nouveau prolétariat, en Catalogne, au Pays basque, dans les Asturies, dans les foyers miniers de Nouvelle-Castille (Almaden, avec le mercure) et d'Andalousie (cuivre du Rio Tinto, plomb et zinc de Peñarroya, etc.), et dans quelques grandes villes, dont la capitale. Une partie de ces prolétaires étaient accourus des régions rurales affligées d'un chômage partiel chronique. Les conditions de travail très difficiles et les salaires injustes firent naître tout naturellement un mouvement ouvrier qui, après quelques tentatives de type fouriériste, s'orienta vers le marxisme ou l'anarchisme bakouniniste. La grande originalité de l'Espagne fut qu'après la rupture entre marxistes et bakouninistes, survenue dès 1872, l'anarchisme ait suscité un mouvement populaire aussi puissant et même plus massif que le marxisme. Sans doute parce qu'en Espagne « un mouvement de masse ne peut s'imposer ni même prendre de l'envergure que s'il tient compte des problèmes agraires ». Il ne faut pas oublier que bon nombre des ouvriers de Catalogne, du Pays basque ou de Madrid étaient les frères, les cousins ou les fils des *braceros* d'Andalousie ou d'Estrémadure. Dans ces conditions, le développement de deux grandes concentrations anarchistes, l'une ouvrière en Catalogne, l'autre paysanne en Andalousie, est assez logique.

Mais le plus important est le déséquilibre entre le mouvement marxiste et le mouvement anarchiste, au profit de ce dernier. L'UGT marxiste (Union Générale du Travail) fondée en 1888 a une croissance rapide et compte 211 000 adhérents en 1921. Mais la CNT (Confédération Nationale du Travail), qui rassemble en 1911 tous les groupements anarchistes, connaît un essor foudroyant : elle a 714 000 adhérents en 1919 ! Or, les options politiques de ces mouvements sont fort différentes et leurs désaccords profonds. De plus leurs implantations géographiques sont contrastées : l'UGT recrute surtout à Madrid, dans les Asturies et au Pays basque ; la CNT en Andalousie, Nouvelle-Castille, Levant, Catalogne... Ajoutons que les partis politiques font figure de nains auprès des mouvements syndicaux. L'histoire de la Deuxième République et de la guerre civile sera largement tributaire de ces réalités.

Sans doute l'anarchisme espagnol, qui avait montré sa force dès 1873 en organisant la grève insurrectionnelle d'Alcoy (Levant), a-t-il succombé comme ses analogues en Europe à la tentation de l'action directe, du terrorisme. L'organisation de la Main Noire, influencée par le carbonarisme italien et probablement infiltrée par la police, terrorisait les latifundistes andalous. Surtout, dans la dernière décennie du XIXe siècle, plusieurs attentats meurtriers (bombe contre le général Martinez Campos, bombe explosive au théâtre du Liceo à Barcelone en 1893 qui fait une vingtaine de morts, attentat contre une procession de la Fête-Dieu en 1896, assassinat de Canovas del Castillo en 1897) font écho aux attentats spectaculaires qui, ailleurs en Europe, s'en prennent aux présidents ou aux têtes couronnées. Au début du XXe siècle, la Semaine tragique de Barcelone en 1909 et l'assassinat du chef du gouvernement, Canalejas, en 1912 ont prolongé cette litanie sanglante.

Pourtant, l'activité terroriste était certainement le trait le moins original de l'anarchisme ibérique. Au début du XXe siècle, celui-ci évoluait vers une conception de l'action militante qui passait par l'éducation et le syndicalisme. La création de l'École moderne par l'instituteur libertaire Francisco Ferrer allait dans ce sens. L'influence de cet homme, injustement condamné à mort après la Semaine tragique, dont les violences anticléricales frappèrent les imaginations, agit progressivement. La création de la CNT marque bien le choix de la voie syndicale, et les grandes grèves de 1917, qui mettent à profit l'euphorie économique des années de la guerre mondiale dont l'Espagne, grâce à sa neutralité, tire avantage, en furent la première expression massive. L'importance de l'anarchisme était une variable essentielle dont les républicains de 1931 devraient s'accommoder.

D'autant que l'anarchisme populaire, « au lieu d'être négation de la religion, participe au contraire d'une réaction quasiment religieuse contre les représentants d'une Église établie alliée aux riches. Croyance séculière des pauvres, l'anarchisme espagnol procède au fond d'un idéalisme d'inspiration évangélique qu'une large fraction du prolétariat estime trahi par les prêtres et les puissants... » (Guy Hermet). Pendant la guerre civile, plusieurs observateurs remarqueront cette expression messianique des collectivisations anarchistes et feront référence au sentiment d'une trahison des clercs aux dépens des pauvres.

Jusqu'à la fin du XVIIIe siècle en effet, l'Église espagnole, certes très riche, avait consacré une part importante de ses revenus à l'assistance. Les voyageurs anglais du XVIIIe siècle, Swinburne ou Townsend par exemple, s'étonnaient de voir les évêques nourrir quotidiennement des milliers de pauvres : 7 000 parfois à Cordoue où l'évêque distribuait au moins chaque jour quelque 1 500 kilos de pain, plus de 5 000 à Grenade (dont un jour 3 024 femmes !). À Séville, l'archevêché et vingt couvents procédaient à des distributions de rations quotidiennes. Dans les villes épiscopales (Leon, Burgos, Oviedo, Salamanque, Malaga etc.), ce sont des milliers de mendiants qui étaient pris en charge et les orphelins secourus par des institutions qui leur donnaient une formation professionnelle et qui dotaient les filles. Nos voyageurs anglais s'offusquent presque de l'ampleur de cette assistance. Pragmatique, Townsend déplorait : « Quel stimulant pouvons-nous trouver ici à l'industrie ? Qui va donc creuser un puits s'il peut trouver de l'eau à la fontaine ? A-t-il faim ? Les monastères le nourriront. Est-il malade ? Un hôpital est prêt à le recevoir... »

D'autre part, nombre de prélats (tels le cardinal Lorenzana ou l'archevêque de Valence Mayans) ou de religieux (ainsi le bénédictin Feijoo) avaient fait bon accueil à l'esprit des Lumières. L'Église d'Espagne dans son ensemble n'était pas fermée à l'évolution.

Mais après la Restauration, l'Église, appauvrie par les lois de désamortissement, s'était détournée de ses devoirs d'assistance et avait pris le parti d'un conservatisme sévère, social et intellectuel. Compromis avec l'envahisseur français, les hommes des Lumières confondus sous le nom d'*afrancesados* avaient été honnis. C'est alors que se noue une alliance entre l'Église et les puissants qui apparaît aux humbles comme une trahison. Et, tout au long du XIXe siècle, comme au début du XXe, se déclenchent de violentes flambées d'anticléricalisme. Des émeutes s'en prennent aux processions de la semaine sainte ou du *Corpus* (Fête-Dieu), à Valence, Alicante, Malaga. En 1909, à Barcelone, les couvents brûlent, et même dans la catholique Biscaye les incidents se multiplient : heurt à Sestao entre la procession du Vendredi saint et un enterrement civil ; troubles lors du pèlerinage à la Vierge de Begoña ; incendie du collège jésuite de Bilbao. Lors du « triennat bolchevique » (1918-20), l'agitation antireligieuse s'exaspère en Andalousie. Autrement dit, les incendies d'églises et de couvents qui se produisent lors de la proclamation de la République n'ont rien d'une nouveauté.

L'Espagne n'avait pas mieux résolu le problème politique. D'une part, la monarchie s'était déconsidérée. On a déjà fait le procès de Ferdinand VII. Sa veuve, Marie-Christine de Naples, devenue régente, épousa secrètement un garde du corps âgé de vingt-cinq ans. Si la crise de succession fut résolue en faveur de la fille de Marie-Christine, Isabelle II, c'est parce que les réformateurs libéraux ont parié sur elle pour réaliser leur programme. Mal mariée à un cousin homosexuel, François d'Assise, duc de Cadix, dont elle se sépare au terme de six mois, Isabelle II prend des amants qui jouent un rôle politique : le général Serrano, Narvaez, etc. Le règne d'Amédée de Savoie (janvier 1871-février 1873), souverain « importé », de bonne volonté mais dépassé par les événements, et la Première République (février 1873-janvier 1874) n'ont été que des intermèdes. Le seul souverain populaire a été Alphonse XII, fils d'Isabelle II, installé par le général Martinez Campos lors de la Restauration de 1874, d'autant qu'il s'est fort bien entendu avec l'homme fort de la Restauration, Canovas del Castillo, et qu'il s'en est tenu à son rôle constitutionnel. Sa mort, en 1885, a donné lieu à une longue régence au profit de sa veuve, Marie-Christine de Habsbourg-Lorraine, car Alphonse XIII est né quelques mois après la mort de son père et n'a pu être proclamé roi que le 17 mai 1902, à l'âge de seize ans. Ce dernier prétendait régner mais aussi gouverner, ce qui devait aboutir, à partir de 1917, à une crise mortelle du régime.

De 1812 à 1931, l'Espagne a usé six Constitutions différentes. Celle de 1812, dite de Cadix, libérale, fruit d'une révolution, est demeurée six ans en vigueur mais en trois épisodes (1812-14, 1820-23 et 1836-37). Celle de 1834 était plus une « charte octroyée » qu'une Constitution ; d'ailleurs, elle portait le nom de « Statut royal ». Elle dura fort peu car l'émeute des sergents de La Granja avait provoqué le retour à la Constitution de Cadix. La Constitution de 1837 marquait une orientation nouvelle : elle proclamait la souveraineté de la nation et reconnaissait explicitement les droits de la personne. La Constitution de 1845 était d'esprit réactionnaire ; elle dura vingt-trois ans, mais un système censitaire étroit favorisa la corruption et les fréquentes dissolutions des Cortes sont le signe d'une histoire troublée, riche en *pronunciamientos* et en interventions militaires. Le dernier de ces *pronunciamientos* provoqua en 1868 une véritable révolution, l'abdication et l'exil définitif d'Isabelle II.

Pendant toute la période 1863-68, les généraux avaient joué un rôle important : Espartero, Serrano, Pavia, Prim. Les trois derniers nommés ont d'ailleurs été au premier plan lors de la crise de 1868 qui produisit la Constitution de 1869, la plus démocratique qu'ait connue jusqu'alors l'Espagne. Précédée d'une longue Déclaration des droits de l'homme, elle instituait le suffrage universel, deux chambres, la liberté des cultes, la laïcisation de la vie publique, la responsabilité des ministres devant les Cortes. Mais les promesses ne furent pas tenues. Prim, chef du gouvernement, fut rapidement débordé, avant d'être assassiné en 1870 : le soulèvement de Cuba, la dernière grande colonie espagnole, prenait de l'ampleur ; un grand nombre de municipalités qui s'inspiraient de la Commune de Paris, Malaga, Alcoy, Cadix, Séville, Grenade, Murcie, Alicante, Valence, Carthagène surtout, s'érigeaient en petites Républiques. C'est ce que l'on appelle le mouvement « cantonaliste ». Le gouvernement doit envoyer l'armée, et Carthagène résiste jusqu'au 11 janvier 1874. En même temps, la guerre carliste ravage le nord du pays. Les années 1868-74 furent incontestablement celles d'une crise profonde.

La Restauration de 1874 donna lieu à la dernière Constitution de l'Espagne avant celle de 1931, celle de 1876, qui devait durer jusqu'à sa suspension par Miguel Primo de Rivera en 1923. Ce texte, qui instituait deux chambres dont un Sénat de notables, ne réglementait pas le droit de suffrage, de sorte que celui-ci resta longtemps un suffrage censitaire. Il avait été conçu par Canovas del Castillo pour produire un système bipartiste, et, de fait, il reposa sur une connivence entre leaders conservateurs et modérés (Canovas del Castillo et Sagasta au départ) qui se mettaient d'accord pour se partager les sièges et alterner au pouvoir. Les chefs de partis utilisaient comme relais dans le pays des notables locaux, les caciques, dont l'appartenance aux conservateurs ou aux libéraux n'avait pas grande signification. Le « caciquisme » a ainsi donné l'illusion d'une façade démocratique qui dissimulait la non-participation du pays réel à la vie politique. Il ne fit pas disparaître les conflits puisque, de 1876 à 1923, les Cortes furent dissoutes vingt fois. Et il ne fit guère progresser la solution des graves problèmes du pays. On peut seulement signaler le vote de certaines lois importantes, celle sur la liberté d'association en 1887, celle sur la création des jurys, la loi sur le suffrage universel en 1890. Mais le code civil de 1889 renforçait le droit de propriété. La fraude électorale très répandue a engendré une méfiance de l'opinion à l'égard du système électoral que l'on retrouve à l'époque de la Deuxième République.

L'armée qui avait tenu un grand rôle dans les luttes civiles fut évidemment impliquée dans l'affaire de la révolte cubaine, demeurée sans solution malgré l'abolition de l'esclavage en 1870 et l'envoi d'expéditions répressives, en 1876 avec Martinez Campos, puis, en 1895 après le déclenchement d'une insurrection générale, avec le général Weyler. L'armée de Weyler commit des atrocités tout en subissant de lourdes pertes. On sait que l'affaire aboutit à la guerre de 1898 contre les États-Unis, à la perte de Cuba et des Philippines, et à la destruction de la flotte espagnole. Source d'une humiliation pour l'armée et la marine, aux conséquences dangereuses. Mais aussi occasion de réflexion sur les causes de la décadence, de sorte que se définit une génération, celle de 1898, qui rêve de la régénération de l'Espagne.

La Première Guerre mondiale, au cours de laquelle l'Espagne observa une neutralité stricte, fut pour le pays l'occasion d'un enrichissement incontestable et d'un essor économique rapide. Les matières premières, notamment les minerais stratégiques (cuivre, plomb, zinc, pyrite), se vendaient à des prix élevés, de même que les cotonnades, les agrumes ou les amandes. Les compagnies de navigation réalisaient de gros profits grâce à l'intensification du commerce et à la neutralité du pavillon espagnol. Mais si le plein-emploi est atteint, notamment grâce aux industries de substitution qui remplacent les importations impossibles, les salariés considèrent à juste titre qu'ils ne tirent pas profit de cet enrichissement car les salaires prennent du retard sur les prix, comme le prouvent les comparaisons des indices, et ils déclenchent à partir de juillet 1917 d'importantes grèves, appuyées par la CNT, à Bilbao, Valence, et, finalement, dans l'ensemble du pays. De plus, une véritable jacquerie paysanne affole le sud du pays en 1918-19.

Les nouvelles de la révolution soviétique provoquent chez propriétaires et patrons, notamment catalans, de sérieuses alarmes. Ils réagissent en favorisant la création de syndicats dits « libres », considérés comme « jaunes » par l'UGT et la CNT, puis en créant, à partir de 1920, des milices privées dirigées par un ancien officier de l'armée impériale allemande, le baron Koenig. Ils obtiennent aussi la nomination comme gouverneur civil de Barcelone du général Martinez Anido, réputé homme à poigne. Lorsque les attentats terroristes reprennent à partir de 1921 avec l'assassinat du chef du gouvernement, Eduardo Dato, puis celui de l'archevêque de Saragosse, Soldevila (un prélat fort peu évangélique au demeurant), puis du gouverneur civil de Biscaye, alors Martinez Anido, l'armée et le patronat catalan répondent par la mise en place d'une milice bourgeoise, le *somaten*, et par le déclenchement d'un contre-terrorisme qui utilise la « loi de fuites » pour liquider plusieurs militants ouvriers, tandis que les *pistoleros* des milices abattent le leader anarchiste Salvador Segui. On le voit, la conflictivité sociale est très développée en Catalogne : elle annonce les événements de juillet-août 1936.

D'autre part, les officiers qui ont également souffert d'une dégradation de leur salaire réel forment des *juntes* qui manifestent une insubordination inquiétante à l'égard du pouvoir civil et négocient directement avec le roi. L'armée est d'ailleurs divisée entre les officiers « africanistes » dont les promotions ont été plus rapides, et les autres. La déroute d'Anual, en 1921, lorsque l'armée coloniale espagnole tente de conquérir réellement la zone qui lui a été attribuée théoriquement dans le nord du Maroc par les conférences internationales, contre les bandes d'Abd el-Krim, accroît le malaise de l'armée et le mécontentement du pays. Quoique les élections de 1923 se soient déroulées normalement et sans fraudes, le régime est à l'agonie. La récession économique consécutive à la fin de la guerre mondiale, la violence sociale et la déroute d'Anual vont être à l'origine du mouvement dirigé par le général Miguel Primo de Rivera.

Le cas de Miguel Primo de Rivera est original. Non conformiste de langage et de comportement, cet officier avait d'abord séduit la bourgeoisie catalane, autonomistes de la *Lliga* compris, lorsque, après les élections de février 1923, il avait été nommé capitaine-général de la région militaire de Catalogne. Il a laissé entendre qu'il renforcerait le protectionnisme afin de mettre à l'abri les nouvelles industries menacées par le retour de la concurrence étrangère. Il a trouvé ainsi des financements qui permettent de faire avancer le complot préparé contre le régime. S'il ne fait pas l'unanimité dans l'armée, il bénéficie des craintes de ceux qui redoutent le rapport de la commission d'enquête sur les responsabilités dans le désastre d'Anual, et le roi lui-même, concerné semble-t-il, presse le mouvement et refuse de convoquer les Cortes lorsque Primo de Rivera réalise le 13 septembre 1923 à Barcelone un *pronunciamiento* classique. Le gouvernement démissionne le 15. Alphonse XIII charge alors Primo de Rivera de former un nouveau gouvernement avec les pleins pouvoirs. Le général compose un directoire militaire, suspend la Constitution, instaure l'état de guerre, tout en assurant benoîtement qu'il ne s'agit que d'une « brève parenthèse dans la marche constitutionnelle de l'Espagne ».

On observera que le coup d'État n'a provoqué aucune réplique populaire sérieuse. À ses débuts, Primo de Rivera est dans l'ensemble populaire, et cette popularité va se maintenir jusqu'à la fin de l'année 1926 au moins, servie dès 1923 par la reprise économique, accompagnée de plusieurs initiatives heureuses. Certes, il s'agit d'une dictature, mais *blanda* (douce). Primo a dissous les Cortes, remplacé les conseils municipaux par des maires nommés, et il exerce le pouvoir législatif par décrets. Cependant, il reprend les idées de réformateurs comme Joaquin Costa parce qu'elles correspondent à son idéal régénérationniste. Il fait entrer au gouvernement des notables connus pour leurs compétences techniques, crée des confédérations hydrographiques qui doivent mettre en valeur l'énergie hydraulique et développer l'irrigation (référence évidente à Costa), lance un programme important de grands travaux (le premier réseau routier de l'Espagne sera l'œuvre de la dictature). Les résultats sont certains : la production d'électricité et celle de ciment triplent ou presque en sept ans (1923-30), la *Compania telefonica nacional* est créée, l'industrie automobile apparaît, et le déficit budgétaire disparaît. Le dictateur parvient même à s'assurer la collaboration de militants socialistes (tel Largo Caballero) en les faisant entrer dans les comités paritaires d'arbitrage des conflits sociaux. Le général noue de bonnes relations avec le Vatican. Il a aussi la chance d'obtenir enfin une victoire au Maroc, lorsque l'opération de débarquement d'Alhucemas, montée en accord avec la France, réussit en 1925.

Pourquoi la situation s'est-elle dégradée à partir de 1927 ? Parce que Primo de Rivera s'est aliéné l'armée en lançant une réforme militaire courageuse (qui préfigure celle d'Azaña). Il s'agit de diminuer drastiquement le nombre des officiers en réduisant les recrutements car l'armée espagnole comporte un encadrement en officiers excessif... et coûteux (219 généraux en 1927 !). En même temps, les règles de l'avancement sont modifiées et le *pluriempleo* des officiers combattu.

D'autre part, Primo de Rivera a commis l'erreur de se brouiller dès 1924 avec les Catalans qui furent ses premiers soutiens, et ce de façon très maladroite en proscrivant l'usage officiel de la langue et du drapeau catalans. Il s'aliène les intellectuels en contraignant Miguel de Unamuno, recteur de l'Université de Salamanque, à la démission, pour une affaire anodine qui dévoile ses tendances autoritaires. Surtout, le projet qu'il avance pour donner forme à l'État fleure le corporatisme, notamment son Assemblée nationale des intérêts généraux, créée par décret-loi en septembre 1927, quoiqu'il tente de favoriser les syndicalistes socialistes aux dépens des anarcho-syndicalistes de la CNT, qui d'ailleurs ne veulent pas des comités paritaires, et des « libres ». Mais c'est bien l'opposition de l'armée qui pousse Primo de Rivera vers la sortie. Instruit de la conspiration qui s'ourdit contre lui, il la prévient en organisant en janvier 1930 une consultation des commandants des dix régions militaires, des préfectures maritimes et de la garde civile. Le résultat négatif provoque la démission de Primo de Rivera qui conseille au roi d'appeler le général Berenguer. Celui-ci croit habile de prendre le contre-pied de la politique de Primo de Rivera. Il tient un an à peine. Le gouvernement de l'amiral Aznar, installé le 18 février 1931, n'a que le temps d'établir un calendrier électoral. La première consultation, les élections municipales du 14 avril, sera fatale à la monarchie. Alphonse XIII n'a su ni gouverner, ni régner.

1931 : La République incertaine

Une naissance illégitime... mais reconnue

Sans prétendre retracer par le détail l'histoire de la Deuxième République, je me propose ici de faire comprendre son échec et de mettre en scène les forces qui vont s'opposer et les personnages appelés à jouer un rôle majeur dans une guerre inexpiable parce que désirée par trop d'Espagnols persuadés que l'affrontement armé, dont ils n'imaginaient ni la durée, ni l'ampleur, ni les ravages, aurait la vertu de « crever l'abcès ». Les cinq années de la Deuxième République balisent une marche presque irrésistible vers ce conflit sanglant.

Dans un article rédigé en 1939, Manuel Azaña relevait que « l'installation de la République... surprit non seulement la Couronne et les soutiens du régime monarchique, mais aussi bon nombre de républicains ». Quelques lignes plus loin, il écrivait : « En avril 1931 l'immense majorité [des Espagnols] était antimonarchique. » Comment expliquer cette apparente contradiction ? En fait, les deux affirmations sont vraies à l'adjectif *immense* près. Les élections municipales du 12 avril 1931 n'avaient pas pour vocation de changer la forme politique de l'État. La Constitution de 1876, alors en vigueur, ne prévoyait évidemment pas qu'une telle consultation pût entraîner la chute de la monarchie[2]. C'est la raison pour laquelle un certain nombre d'analystes politiques, généralement hostiles à la République, ont considéré que sa proclamation dès le 14 avril, qui plus est sous la pression de la rue madrilène, fut une forme de « coup d'État » et une « subversion de l'ordre constitutionnel ».

On observera qu'une simple consultation municipale avait provoqué la formation de listes qui prenaient position en faveur de la monarchie ou de la république. Le scrutin du 12 avril avait-il donné la majorité aux républicains ? Dans les villes, certainement : 41 capitales de province sur 50 avaient élu leurs listes. L'ensemble des municipes, dont les résultats ne furent connus que progressivement, semble, au contraire, avoir donné une légère majorité aux candidats monarchistes. Toutefois, le vote de régions rurales ou des petites villes étant encore orienté par les « caciques » locaux, l'étroitesse de cette majorité monarchiste paraît traduire plutôt une défaite de la royauté.

On comprend l'hésitation des dirigeants républicains à franchir le pas du changement de régime : paradoxalement, le commandant de la garde civile, le général Sanjurjo, et Niceto Alcala Zamora durent les y inciter. Pourquoi cette proclamation indubitablement inconstitutionnelle fut-elle facilement acceptée, jugée normale, ou même souhaitable ? D'abord, parce que la monarchie s'était déconsidérée et avait perdu ses appuis traditionnels. Plusieurs anciens ministres du roi, notamment Miguel Maura et Niceto Alcala Zamora, s'étaient déclarés l'année précédente en faveur de la république, rejoints par quelques-uns des intellectuels les plus prestigieux du temps, dont Ortega y Gasset et Miguel de Unamuno. L'attitude de Sanjurjo, qui n'allait d'ailleurs pas tarder à comploter contre le nouveau régime, est significative.

D'autre part, dès le mois d'août 1930, un Comité associant des républicains de diverses tendances, des militants syndicaux de l'UGT, des socialistes tel Indalecio Prieto, des nationalistes catalans et même d'anciens monarchistes avait conclu le « Pacte de San Sebastian », qui envisageait l'installation prochaine d'une république et allait jusqu'à dresser une liste d'éventuels ministres. L'armée n'était plus un bloc monarchiste, comme l'avait montré, le 12 décembre 1930, à Jaca, en Aragon, le soulèvement qui coûta la vie aux capitaines Galan et Garcia, membres de l'Alliance militaire républicaine, ainsi qu'une tentative manquée d'officiers aviateurs, parmi lesquels Ramon Franco, le jeune frère du futur *Caudillo*. Il n'est donc pas surprenant que la garde civile et la gendarmerie se soient mises sans difficulté aux ordres du nouveau régime.

Alphonse XIII, dépourvu de clairvoyance politique, mais qui n'avait rien d'un tyran et ne souhaitait pas conserver son trône au prix d'un bain de sang, choisit de quitter le pays. Soucieux de ménager l'avenir, il se garda bien d'abdiquer. Le pape Pie XI reconnut dès sa création la République espagnole, et il fit savoir qu'il était prêt à envisager un aménagement du concordat. Le quotidien *El Debate*, qui exprimait les positions de l'Église, se montra conciliant. Seul le cardinal-primat Segura, dont l'autorité était d'ailleurs fort contestée au sein de l'Église espagnole, protesta violemment.

Paradoxalement, les réactions les plus hostiles à la nouvelle République vinrent de la gauche. Certes, il n'est pas surprenant que le minuscule parti communiste totalement inféodé à Moscou et alors dirigé par José Bullejos ait manifesté bruyamment son opposition. Dès décembre 1930, *Mundo Obrero* avait écrit : « Le plus grand péril aujourd'hui pour la classe ouvrière est le Mouvement républicain... Le vrai dilemme est bourgeoisie ou prolétariat. » Les communistes n'avaient pas de mots assez durs pour la « République bourgeoise » et traitaient les socialistes de « social-fascistes ». Ils réclamaient la formation de « Conseils d'ouvriers, de paysans et de soldats » qu'en 1933 la *Pasionaria* appelait encore de ses vœux. Mais les communistes ne comptaient guère. Bien plus graves étaient les marques d'hostilité des anarchistes de la FAI (Fédération Anarchiste Internationale) et de la CNT, première force syndicale d'Espagne. Elle se manifesta très tôt, par la consigne d'abstention aux élections législatives de 1931 et de 1933, puis par l'organisation de grèves massives, première épreuve difficile pour le nouveau régime. À l'époque, le Parti Socialiste Ouvrier Espagnol (PSOE) n'était pas celui que nous connaissons aujourd'hui, possédant une culture de gouvernement et ayant répudié le marxisme-léninisme comme dogme, sinon comme instrument d'analyse sociale. C'était une formation révolutionnaire, dont certains leaders prônaient la dictature du prolétariat et admiraient le « modèle russe ». Toutefois, il ne prenait pas ses ordres à Moscou, et Largo Caballero fut finalement condamné par les agents de Staline.

La Constitution de la République, promulguée le 9 décembre 1931 par le socialiste Julian Besteiro, président des Cortes constituantes élues le 14 juillet précédent, avait fait l'objet d'un avant-projet rédigé par une commission de juristes. Son président, Ossorio y Gallardo, avait examiné les textes des Constitutions les plus récentes, notamment celle du Mexique de 1917, celle de l'Autriche et celle de l'Allemagne de Weimar de 1919. Le gouvernement provisoire, n'étant pas parvenu à s'accorder sur cet avant-projet, avait remis la décision à une nouvelle commission choisie dans le sein des Cortes, composée de vingt membres et présidée par le professeur socialiste Jimenez de Asua. Elle était nettement dominée par la gauche, avec quatre députés du PSOE dont le président, Luis Araquistain, Trifon Gomez, plusieurs radicaux ou radicaux-socialistes, deux membres de l'*Esquerra* (gauche) catalane, et comptait quelques rares députés de droite dont Gil Robles.

La discussion, article par article, s'engagea le 16 septembre et s'acheva au début de décembre. Elle fut vive, passionnée, et même dramatique à propos des questions religieuses et des problèmes régionaux. Le texte final comptait 125 articles, inspirés par les idéaux d'un socialisme humaniste qui cherchait à concilier les garanties des droits des personnes et les conditions d'un progrès social seul à pouvoir assurer la survie du nouveau régime. Il affirmait l'égalité des citoyens sans discrimination aucune, ce qui allait donner dès 1933 le droit de vote aux femmes : le droit à la liberté de résidence et de circulation ; la libre expression et diffusion des idées, les droits de réunion, de manifestation et association ; le libre accès aux charges publiques, la liberté de conscience et de culte. La Constitution définissait les garanties juridiques offertes aux personnes et autorisait le divorce.

L'Espagne était qualifiée d'« État intégral compatible avec l'autonomie de municipes et de régions ». Les articles 11 à 13 de la Loi fondamentale reconnaissaient en effet aux régions espagnoles, où s'affirmait une conscience forte de leurs différences tenant à des « caractéristiques historiques et culturelles communes », le droit de s'organiser en « régions autonomes », avec pour corollaire le « transfert d'une gamme importante de compétences ». Toutefois, l'article 13 écartait expressément la notion de fédéralisme.

Les articles 26 et 27, qui traitaient des questions religieuses, firent l'objet de si violents affrontements que plusieurs députés quittèrent l'Hémicycle, ce qui était de mauvais augure pour la suite. Il est vrai que le projet initial était sans nuances : il prévoyait la dissolution des ordres religieux et la confiscation de leurs biens sans contrepartie. Un brillant discours d'Azaña, qui proposa de supprimer seulement la Compagnie de Jésus, débloqua la situation. Les articles 44 à 46, témoignant de l'influence socialiste, qui envisageaient notamment l'expropriation de moyens de production dans l'intérêt général, furent acceptés plus facilement, peut-être parce qu'ils intéressaient peu la bourgeoisie urbaine, très représentée aux Cortes. Il n'était prévu qu'une chambre, la majorité des constituants estimant qu'un Sénat serait le temple du conservatisme. En revanche, le texte créait un tribunal des garanties constitutionnelles et réglait les mécanismes des votes des motions de confiance et de censure. Une députation permanente des Cortes était chargée d'assurer la continuité de leur action pendant les vacances ou à l'occasion d'une dissolution.

La nouvelle Constitution espagnole avait de réels mérites, mais elle faisait trop de place aux droits de la personne et ne prenait pas suffisamment en compte les problèmes de la paysannerie. Un discours prononcé à Ciudad Trujillo en 1945 par le professeur Jimenez de Azua, l'un des pères du texte, montre qu'à cette date il n'avait toujours pas pris conscience de ce déséquilibre.

UN ORDRE CONSTITUTIONNEL BAFOUÉ

Bien avant le soulèvement militaire du 18 juillet 1936, la légalité définie par la Constitution fut violée plusieurs fois, souvent de manière très grave. Ce fut d'abord le fait du gouvernement lui-même. En juin 1932, il interdit la tenue de 61 meetings du parti de droite en voie de constitution sous l'impulsion de Gil Robles, l'*Accion Popular*, notamment la plus importante de ces réunions publiques, qui devait se tenir à Valladolid. Le pouvoir avait cédé aux pressions politiques et syndicales, sous le prétexte que l'*Accion Popular* ne pouvait pas être considérée comme un parti constitutionnel. Le Journal que tenait Azaña est éclairant à cet égard : on y lit que le président du gouvernement souhaitait autoriser le meeting et envisageait de lui assurer la protection de l'armée, mais que les républicains de gauche et les socialistes, furieux de la campagne menée contre eux par les droites, se montrèrent intraitables. L'UGT menaça de lancer une grève générale et d'empêcher les réunions « même à coups de fusil ». Le chantage était évident, le caractère exclusivement politique de la grève certain. De crainte de provoquer des incidents sanglants, Azaña céda à regret, et Gil Robles fut privé de parole. La liberté de manifestation et d'association prévue par la Constitution n'était donc pas respectée. La suspension pour deux mois du journal *El Debate* mit à mal la liberté de la presse. Le gouvernement avait fait la preuve de sa faiblesse et il était grave de rejeter dans une opposition systématique la seule force de droite, l'*Accion Popular*, qui semblât décidée à jouer le jeu républicain. Azaña devait reconnaître par la suite avec lucidité que cette tactique n'était pas « acceptable », mais le mal était fait[3].

Une violation, plus grave encore, de l'ordre constitutionnel démontra qu'une partie des chefs de l'armée étaient prêts aux actions violentes. Le plus prestigieux d'entre eux, le général José Sanjurjo, qui avait, comme on l'a vu plus haut, placé la garde civile aux ordres du nouveau régime, se tira fort mal d'un épisode tragique survenu le 1er janvier 1932 dans le village de Castilblanco en Estrémadure. La population ayant assassiné quatre gardes civils, Sanjurjo couvrit de son autorité, comme s'il s'agissait d'une légitime revanche, la tuerie perpétrée quelques jours plus tard par la garde civile à Arnedo (Rioja). Relevé de son commandement à la suite de cette affaire, il était mécontent de son sort et, comme beaucoup de ses pairs, disait le plus grand mal des réformes militaires en cours qui diminuaient le nombre des officiers par des mises à la retraite anticipées, supprimaient les promotions pour faits de guerre. Enfin, le général déplorait l'orientation de la République qui, selon lui, avec la proclamation du statut de la Catalogne, sacrifiait l'unité de l'Espagne.

Sanjurjo prit donc la tête, au début du mois d'août, d'une conspiration fort mal organisée et hétérogène, à laquelle plusieurs chefs militaires de haut rang, dont le général Franco, refusèrent de participer. Ce fut un fiasco total : à Madrid, la tentative de prise de contrôle du ministère de la Guerre où se trouvait Azaña, chef du gouvernement et détenteur de ce portefeuille, échoua après un siège d'une heure et demie et une fusillade qui fit une dizaine de morts. À Séville le *pronunciamiento* suscita la panique du général Gonzalez, commandant de la place, les réactions hésitantes de quelques officiers, et une grève des ouvriers sévillans. Ailleurs, les mouvements furent insignifiants. En quarante-huit heures, les 9 et 10 août, la question fut réglée. Le Journal d'Azaña montre que, bien informé, il eut toujours la situation en main, et qu'il sut réagir avec énergie et autorité, pouvant même se permettre de décliner l'offre de Largo Caballero de lancer une grève générale. Sanjurjo reconnut son échec et tenta de s'enfuir au Portugal, mais il fut pris, condamné à mort, puis gracié. Sa déconfiture eut un effet important : elle persuada à tort les dirigeants républicains et une grande partie de l'opinion qu'un coup d'État militaire était désormais voué à l'échec.

La plus importante des violations de l'ordre constitutionnel fut la « révolution d'octobre 1934 » qui préluda à la guerre civile en déclenchant un processus qui ne serait plus maîtrisé. Trois hommes de gauche très dissemblables et souvent opposés ont de lourdes responsabilités dans cette affaire : Companys, Largo Caballero et Indalecio Prieto. Le premier, Lluis Companys i Jover, né en 1883, avait accédé, le 1er janvier 1934, à la présidence de la *Generalitat* après avoir présidé le parlement catalan. Il incarnait le statut d'autonomie, qu'il avait contribué à négocier avec Azaña. Depuis son entrée en politique en 1917 comme très actif conseiller municipal de Barcelone, il avait fermement affirmé ses convictions républicaines. Syndicaliste et journaliste, il avait été l'un des fondateurs de l'*Esquerra* (gauche) en 1931. Or, le 6 octobre 1934, il proclama l'État catalan dans le cadre d'une hypothétique Espagne fédérale, violant la Constitution et se mettant hors la loi. Les militants anarchistes très puissants en Catalogne restèrent passifs, le nationalisme catalan, fût-il « de gauche », n'étant pour eux qu'un avatar de la politique bourgeoise. Il allait suffire de la proclamation de l'« état de guerre » par Madrid et de la menace de bombardement de la *Generalitat* par l'artillerie du général Batet, capitaine général de Catalogne et lui-même catalan mais fidèle au gouvernement légal, pour que « l'État catalan » capitulât et que Companys fût arrêté.

Les autres premiers rôles de ces événements décisifs doivent être brièvement présentés. Francisco Largo Caballero, né en 1869, a travaillé de bonne heure après une enfance difficile. Il a voué sa vie à l'UGT, à laquelle il a adhéré à dix-neuf ans, et au PSOE dont il a pris la carte en 1894. Sa participation aux grèves de 1917 lui a valu une lourde condamnation à la prison. Son élection aux Cortes, l'année suivante, lui a permis de ne pas purger entièrement sa peine. Secrétaire général de l'UGT, il a accepté, avant de prendre ses distances, de représenter le monde ouvrier dans le Conseil d'État de Primo de Rivera, estimant qu'un militant syndical était tenu de défendre ses mandants « toujours et partout ». Président du PSOE en 1932, la République fait de lui un ministre du Travail. La radicalisation de l'UGT et du PSOE explique qu'en octobre 1934 il ait inspiré et appuyé, contre la minorité de son parti menée par Julian Besteiro, la révolution qui, à ses yeux, devait permettre l'instauration d'un gouvernement socialiste. Après son échec, il fut arrêté et incarcéré.

Indalecio Prieto, né en 1883 à Oviedo, avait vécu une jeunesse moins dure que son aîné Largo Caballero. Comme lui, il avait adhéré très tôt au parti socialiste. Après avoir collaboré à plusieurs journaux, il est élu député de Bilbao aux Cortes. Opposant permanent à la dictature de Primo de Rivera, il est l'un des signataires du Pacte de San Sebastian en 1930, et il devient l'avocat résolu et persuasif de la participation du PSOE aux gouvernements de la République. Il suit la majorité du parti et du syndicat dans le choix désastreux du soulèvement, et, après l'échec, il s'enfuit en France où il travaille à la mise en œuvre du Front populaire.

On sait aujourd'hui, grâce aux récits de militants ouvriers tels que A. Ramos Oliveira (socialiste) ou Manuel Grossi (trotskiste), que l'objectif du mouvement insurrectionnel était la création d'une « République des travailleurs » capable de faire face à la « menace fasciste en Espagne ». Un Comité révolutionnaire fut constitué et des codes arrêtés pour donner l'ordre de déclenchement du mouvement dès que se présenterait une « situation objective ». Or le prétexte choisi ne pouvait être plus inopportun : ce fut l'annonce, considérée comme « menace fasciste », de l'entrée de trois membres de la CEDA (Confédération Espagnole des Droites Autonomes), qui s'était formée, autour de l'*Accion Popular* de Gil Robles, dans le gouvernement.

La CEDA était le parti qui, lors des élections de novembre 1933, avait obtenu le plus grand nombre de voix et de sièges de députés. Son chef, Gil Robles, avocat originaire de Salamanque, était issu de l'Action catholique. Sa complaisance à se laisser acclamer aux cris de *« Jefe ! Jefe ! »* pouvait, certes, avoir des relents mussoliniens, et, de surcroît, il avait commis la grave erreur de se rendre au congrès national-socialiste de Nuremberg. Mais ce qu'il avait vu et entendu chez Hitler l'avait alarmé, et, depuis cette expérience, il avait marqué ses distances avec l'extrême droite, affirmé sa volonté de conquérir le pouvoir par la voie légale et indiqué que le « ralliement » des catholiques français à la République était le modèle qu'il entendait suivre. Toutefois, pour ménager les monarchistes ayant adhéré à son parti, il avait insisté sur le caractère « accidentel » de la forme de l'État, propos que lui reprochait la gauche. Son ambition, qu'il partageait avec le directeur du quotidien *El Debate*, Angel Herrera-Oria, était de prendre la tête d'une « démocratie chrétienne » comparable à celle créée par Dom Sturzo en Italie.

Au lendemain de sa victoire électorale, Gil Robles avait fait l'erreur de ne pas revendiquer un portefeuille, et, pendant dix mois, quoique son parti n'ait pas de ministres au gouvernement, il avait soutenu de l'extérieur les cabinets d'Alejandro Lerroux et de Ricardo Samper, à qui les votes des députés de la CEDA étaient indispensables. Lassé de cette situation, il estimait non sans raison que la CEDA avait fait ses preuves comme parti de gouvernement en acceptant le jeu des institutions républicaines et que son entrée dans ce gouvernement était légitime. Des hommes comme José Calvo Sotelo l'accablaient de sarcasmes parce qu'il entendait respecter la légalité. Ses accusateurs ont-ils cru réellement à son « fascisme » ? Il est permis d'en douter. Si beaucoup de ses jeunes partisans avaient des attitudes fascisantes, leur chef ne s'était pas laissé griser par ces excités. La modération de ses discours après la victoire électorale de novembre 1933 est évidente, presque excessive. Ensuite et surtout, dès 1934-35, il s'opposa nettement au Bloc national de Calvo Sotelo qui voulait détruire par la force l'« État constitutionnel ». L'idéal de Gil Robles, je le reconnais, n'avait pas de quoi enthousiasmer la gauche et l'extrême gauche. C'était un modèle de démocratie chrétienne à l'autrichienne (Dollfuss) ou à l'italienne (Dom Sturzo). Quant à son « accidentalisme », il se référait au déroulement des événements lors de la naissance de la République. Je suis également en désaccord total avec Paul Preston à propos du « danger fasciste » qu'aurait représenté la CEDA et qu'aurait incarné Gil Robles. Son comportement lors du soulèvement du 18 juillet et le fait qu'il n'adhéra jamais au franquisme montrent bien que les accusations de « fascisme » lancées contre lui n'étaient pas justifiées. La comparaison risquée par certains auteurs avec Hitler n'en est que plus ridicule.

L'appel à l'insurrection n'eut qu'un écho modeste à Madrid et dans diverses provinces, notamment en Biscaye et en Andalousie. Il n'en alla pas de même dans les Asturies où les mineurs avaient, pour la première fois en Espagne, réalisé une *Alianza Obrera* intégrale, rassemblant les socialistes, les anarchistes, les trotskistes et même les communistes, après feu vert de Moscou, sous le slogan *« Unidos Hermanos Proletarios »* et la direction d'un militant syndicaliste unanimement respecté, Gonzalez Peña. Ils accueillirent avec d'autant plus de faveur l'invitation à se soulever qu'ils étaient odieusement abusés par une campagne de fausses nouvelles laissant croire au succès de la révolution dans la plus grande partie du pays. Ils tinrent tête très courageusement à l'armée durant une quinzaine, s'emparèrent même d'Oviedo, et les exploits de leurs *dinamiteros* devaient hanter longuement la mémoire collective. Mais ils durent faire face à l'offensive préparée par Franco, alors « adjoint technique » du ministre de la Guerre Hidalgo. Le choix, pour l'une des trois colonnes lancées contre eux, de troupes venant du Maroc sous le commandement du colonel Yagüe, ne pouvait avoir d'autres buts que de durcir la répression et de terroriser l'adversaire.

Dans cette lutte par trop inégale, les combats acharnés et les exécutions sommaires firent de nombreuses victimes : 300 à 400 militaires et au moins le double des 1 135 « civils » (entendez « rebelles ») reconnus par le ministère de l'Intérieur. La répression fut d'une extrême violence dans les Asturies : près de 30 000 arrestations suivies de procès et de lourdes peines de prison. En revanche, elle fut modérée ailleurs, et notamment à l'égard des responsables politiques de la révolution, tandis que les principaux leaders socialistes, Largo Caballero et Indalecio Prieto, qui avaient inspiré la rébellion, s'enfuyaient à l'étranger ou étaient incarcérés. Les mineurs avaient assassiné une centaine de personnes, mais la rumeur leur attribua beaucoup plus de victimes.

Indalecio Prieto, entre autres, devait reconnaître par la suite avoir commis une erreur dont les conséquences furent dramatiques : les politiques envoyèrent à la mort des milliers de militants asturiens et ils fournirent à leurs adversaires un argument de poids. « Je me juge coupable devant ma conscience, devant le parti socialiste et devant toute l'Espagne d'avoir participé à ce Mouvement révolutionnaire.... Je suis exempt de responsabilité dans sa genèse mais j'ai une pleine responsabilité dans sa préparation et son développement », dit Prieto, bien des années plus tard à Mexico. Il convint que l'opération avait été préparée plusieurs mois à l'avance et reconnut avoir exposé au théâtre Pradinas, le 3 février 1934, dans une conférence organisée par la Jeunesse socialiste, « ce que je croyais devoir être le programme du Mouvement ».

Pourquoi la droite eût-elle respecté une Constitution que la gauche avait bafouée en refusant le verdict électoral ? Les partisans du « Mouvement du 18 juillet » se trouvaient d'avance justifiés, à leurs yeux, non certes devant l'Histoire. Les outrances de la répression dans laquelle s'illustra le sinistre Lisardo Doval, ancien capitaine de la garde civile à Gijon de 1926 à 1931, développèrent la haine des républicains de gauche à l'égard des droites[4]. La rancœur des partisans de l'autre camp n'était pas moindre. J'ai découvert à ce propos un *Recueil de félicitations adressées à Lisardo Doval en novembre 1934 pour son rôle dans le rétablissement de l'ordre*, qui en dit aussi long que le registre des factieux trouvé dans les mêmes archives. Établi par les commissions d'épuration des Asturies au début de la guerre civile, il montrait que la haine de classe s'y était exaspérée dès 1934[5].

Il est difficile de contester que les forces de gauche ont enfreint, avant le 18 juillet, les règles constitutionnelles de 1931 tout autant que celles de droite. Cela n'est guère surprenant : anarchistes et communistes n'attendaient rien d'une « République bourgeoise », tandis que les priorités des nationalistes catalans ou basques étaient d'un autre ordre. Mais pourquoi, après trois ans et demi de régime républicain, un grand nombre d'Espagnols étaient-ils aussi désenchantés alors que, de juillet 1931 à novembre 1933, la gauche républicaine avait exercé le pouvoir ? Parce que la réforme agraire était une nécessité impérieuse dans un pays où 67 % des chômeurs étaient des ouvriers agricoles. Elle eût permis au gouvernement d'arracher les masses andalouses et extrémègnes à la CNT anarchiste, et de les attirer vers l'UGT. Or ce fut sur ce terrain que Manuel Azaña essuya son principal échec[6].

Au début de janvier 1933, un village des campagnes gaditanes, Casas Viejas, disposait de 6 000 hectares de terres labourables, dont 2 000 seulement étaient cultivées en raison de l'absence du propriétaire latifundiste. Un jour, 500 journaliers agricoles, exaspérés par la persistance du chômage et le défaut complet d'assistance à leur endroit, plantèrent sur leur village le drapeau rouge et noir de l'anarcho-syndicalisme. Faut-il croire avec José Peirats que « le communisme libertaire fut proclamé sans aucune difficulté ni victime. La paix, la joie et une harmonie paradisiaque régnaient jusqu'à l'arrivée de la force publique[7] » ? Ou devons-nous plutôt faire crédit au rapport de la commission officielle saisie des événements (le gouvernement s'opposa à l'envoi d'une commission parlementaire où auraient été représentés ses adversaires) ? Elle assure que les révoltés donnèrent l'assaut au poste de la garde civile et tuèrent un nombre indéterminé de ses occupants. Quoi qu'il en soit, la répression, conduite par les gardes d'assaut, force nouvelle créée par la République, fut démesurée : quatorze *braceros* qui s'étaient rendus furent fusillés, tandis qu'un vieillard nommé Seisdedos et cinq hommes, deux femmes et un enfant qui l'entouraient dans sa chaumière y furent brûlés vifs. La brochure publiée par le Comité régional d'Andalousie de la CNT, *Les barbares sont passés (Han pasado los barbaros)*, largement diffusée, causa une forte impression. Interpellations et débats à propos de Casas Viejas se succédèrent aux Cortes. Il suffit de parcourir le Journal d'Azaña pour prendre la mesure des dégâts politiques causés par l'affaire. Le chef du gouvernement avait mal géré la crise, témoigné d'une certaine arrogance, comme cela lui arrivait trop souvent. Dans son souci jacobin d'affirmer l'autorité de l'État, il avait pris le risque de radicaliser l'opposition anarchiste comme lors d'un mouvement insurrectionnel précédent, à Figols, dans les Pyrénées catalanes, en janvier 1932, soulèvement sanctionné par la déportation au Rio de Oro et aux Canaries de 104 condamnés, dont Ascaso et Durruti. Azaña prit un autre risque sérieux : mettre en difficulté ses alliés socialistes dans leur compétition avec les anarchistes. Les socialistes allaient supporter de plus en plus mal d'être associés à un gouvernement capable d'une telle action répressive.

La seule réponse positive au défi de ce drame eût été le traitement énergique de la question agraire. Certes, la conjoncture était défavorable : la crise économique, en réduisant la production industrielle, freinait le transfert d'une part de la population rurale vers les villes. Mais la loi de réforme agraire avait été votée par les Cortes le 9 septembre 1932. Il fallait l'utiliser rapidement, sans lésiner sur un investissement, d'ailleurs supportable, comme l'ont montré des études sérieuses de la question. De toute évidence, Azaña, citadin peu au fait des questions agraires, ne leur a pas accordé le soin qu'elles méritaient, et il n'a pas su en faire comprendre l'importance aux membres de sa coalition. Les députés d'Action républicaine et les radicaux-socialistes désertaient l'hémicycle chaque fois que l'on débattait de ces problèmes, et le débat sur la réforme agraire était abandonné aux députés de second rang. La seule intervention personnelle, décisive et positive, dont on puisse créditer Azaña, au lendemain de la *Sanjurjada* (soulèvement de Sanjurjo), fut la confiscation sans indemnités des propriétés des Grands d'Espagne et des anciens « seigneurs juridictionnels ». Mais l'application tarda et, face à l'opposition des banques, Azaña ne sut pas imposer la création de l'indispensable Banque nationale agraire qui eût géré la réforme.

Le résultat de ce désintérêt pour le problème fut désastreux. Les membres du petit parti agrarien hostile à la loi, qui avaient bien préparé leur dossier, purent faire de l'obstruction pendant des mois et retarder la mise en route de la réforme. Azaña et son ministre Marcelino Domingo portent toute la responsabilité de l'insuffisance des crédits accordés : 50 millions de pesetas par an au maximum. Cela condamnait la réforme à une extrême lenteur : sur les 577 000 hectares propriété des Grands d'Espagne, 89 000 seulement avaient été expropriés à la fin de

1934. On a pu calculer que l'attribution annuelle de 250 millions de pesetas (6 % du budget de l'État) aurait permis l'installation de 60 à 70 000 paysans sans terres par an. C'eût été un signe fort adressé au demi-million de *braceros* condamnés au chômage total ou partiel. Or, de septembre 1932 au 31 décembre 1933, les bénéficiaires ne furent que 4 399, qui se répartirent 24 203 hectares. On atteignit près de 7 000 en tenant compte des attributions de terres, généralement inoccupées, qui précédèrent la loi. Enfin une mesure d'installation temporaire, en application de la loi d'intensification des cultures, fut prise en faveur de 20 000 *yunteros* d'Estrémadure.

Au bout du compte, dans ce domaine, le gouvernement « de gauche » fit à peine mieux que la dictature de Primo de Rivera, et nettement moins bien que le gouvernement « réactionnaire » de Lerroux, qui procéda à l'installation de 6 289 paysans, sur 81 558 hectares, en moins de dix mois (janvier-octobre 1934), et surtout que le cabinet de droite qui suivit. Son ministre de l'Agriculture, Manuel Gimenez Fernandez, ne demeura que huit mois au pouvoir, mais il prorogea l'occupation des terres extrémègnes par les *yunteros*, évitant ainsi une explosion sociale, et il porta l'objectif annuel réel d'installation des ouvriers agricoles à 10 000. La justice impose de préciser que l'opposition la plus forte qu'il rencontra vint de sa propre majorité, dont l'égoïsme de classe se manifesta avec éclat. En définitive, la République, qu'elle soit gouvernée à gauche ou à droite, avait perdu l'occasion d'attacher à sa cause les masses rurales.

Dès lors, avant même la crise majeure d'octobre 1934, l'engrenage fatal était en place. Ramon Tamames diagnostique : « Casas Viejas fut l'agonie du gouvernement Azaña », et Raymond Carr observe lui aussi que « ce sont les effets à long terme de Casas Viejas qui ont détruit le gouvernement d'Azaña en septembre 1933 [8] ». L'année voit, en effet, une dégradation progressive de la situation. Aux Cortes, ce sont les radicaux de Lerroux qui attaquent avec le plus de virulence le gouvernement Azaña à propos de Casas Viejas, comme s'ils envisageaient déjà un renversement des alliances. Dans le pays, les effets de la crise sont de plus en plus évidents : le PNB et la rente *per capita* chutent d'environ 10 % de 1932 à 1933 ; les productions de houille et d'acier fléchissent. Le chômage augmente de quelque 30 % au cours de l'année. Les conflits du travail et les grèves se multiplient au point que le nombre de jours de travail perdus pour fait de grève qui était de moins de 4 millions en 1931 et 1932 s'envole à près de 14,5 millions en 1933. Pour comble, la récolte céréalière, excellente en 1932, est franchement mauvaise en 1933.

Le projet de Manuel Azaña : gouverner l'Espagne « par la raison »

Ainsi, au lendemain de son élection à la présidence de la République, Niceto Alcala Zamora avait nommé Manuel Azaña chef du gouvernement. Âgé de cinquante ans, Azaña était incontestablement l'homme clé du nouveau régime, le plus remarquable par sa culture et ses dons d'orateur, en dépit d'une apparence physique peu séduisante. Il avait une bonne formation juridique, connaissait l'anglais et le français, et avait fait deux séjours importants en France, en 1911-12 et 1919-20. Il admirait les institutions du pays voisin et rêvait de transformer l'Espagne selon ce modèle de société laïque, gouvernée par les lois de la démocratie bourgeoise. Connaissant personnellement les intellectuels les plus prestigieux du pays, il avait fait signer le manifeste de l'Union démocratique espagnole par Menendez Pidal, Perez de Ayala, Unamuno et Americo Castro.

Le nouveau chef du gouvernement n'était nullement socialiste, et il avouait son ignorance du marxisme, dogme du PSOE. Toutefois, il savait avoir besoin de l'appui des socialistes pour réaliser le projet qu'il avait conçu. Quoique d'esprit jacobin, il savait aussi qu'il n'obtiendrait la collaboration des Catalans que par la reconnaissance de leur spécificité, voire de leur nationalité. Ce projet global était cohérent. Une société laïque exigeait la séparation de l'Église et de l'État mais, bien évidemment, dans un pays où l'Église catholique et la religion avaient depuis des siècles tenu un rôle majeur, la réalisation de cet objectif n'était possible qu'au prix de négociations délicates et de la recherche d'interlocuteurs de bonne volonté dans l'autre camp. Il fallait profiter des bonnes dispositions de Pie XI, qui avait condamné tout à la fois l'Action française et le communisme, et qui venait d'affirmer ses préoccupations sociales dans l'encyclique *Quadragesimo Anno* (1931).

Pour Azaña, la démocratie espagnole ne pouvait s'établir durablement que par l'élévation du niveau culturel et la disparition d'un illettrisme très répandu (44 % en 1930 selon certains auteurs et, en toute hypothèse, plus de 30 %). Dès 1911, dans une conférence sur « Le problème espagnol », il avait souligné l'existence d'un lien organique entre culture et démocratie. Il fallait, assurait-il, développer en priorité l'enseignement primaire car un million d'enfants environ n'étaient pas scolarisés. Aidé par un excellent directeur de l'enseignement primaire, Rodolfo Llopis, il créa d'emblée 7 000 postes d'instituteurs et mit en chantier 7 000 écoles nouvelles ; en même temps, il fit augmenter de 20 à 40 % les traitements très faibles des instituteurs, alors qu'un peu partout en Europe, la crise économique était prétexte à leur diminution.

La réalisation du programme de Manuel Azaña aurait fait de l'Espagne un pays plus juste, plus libre, mieux équilibré. Disons-le tout net, c'était, à quelques insuffisances près, un bel et beau projet. Mais à l'évidence, il lésait des intérêts, heurtait des convictions, malmenait des habitudes. Et cela d'autant plus qu'Azaña entendait mettre de l'ordre dans l'armée et les tableaux d'avancement. Il s'était attribué, à cet effet, le portefeuille de la Guerre en plus de la présidence du Conseil. Or il était impossible de réaliser simultanément les divers éléments de ce programme. Le tenter revenait à rassembler dans une opposition commune tous les adversaires permanents ou occasionnels du nouveau régime. Pour gouverner l'Espagne « par la raison », comme le prétendait Azaña, il eût été pertinent de déterminer les urgences, d'appliquer les réformes qui soulevaient de moindres objections, et d'agir en conséquence. Le débat sur la Constitution avait révélé l'extrême sensibilité aux problèmes religieux des tenants de la tradition, mais aussi des catholiques ralliés à la République (Alcala Zamora, Miguel Maura, Claudio Sanchez Albornoz). L'adoption des articles 26 et 27 avait provoqué la démission d'Alcala Zamora et de Maura du gouvernement provisoire.

Les priorités s'imposaient : établir la séparation de l'Église et de l'État, élément de base de la laïcité, ce qui était possible à partir d'une renégociation du concordat en vigueur ; garantir une liberté de conscience et de culte authentique ; instituer le mariage civil et le divorce par consentement mutuel, ce qui ne faisait guère de difficulté, puisque le mariage religieux était maintenu. Ces nouveautés avaient déjà le sens d'une « révolution culturelle », et il fallait s'en tenir là, d'autant que le vaste programme d'enseignement primaire, dont l'effet, à la longue, serait considérable, ne soulevait pas d'objection majeure. Il était déraisonnable et même absurde d'interdire aux congrégations d'enseigner à partir du 1er octobre 1933, alors qu'elles scolarisaient 350 000 élèves du secondaire. C'est pourtant cette absurdité que l'article 26 rendait « constitutionnelle ». La loi du 17 mai 1933 qui déclara propriétés publiques les églises et autres édifices cultuels ne pouvait, dans cette conjoncture, qu'apparaître comme une provocation aux yeux de l'Église. Il eût été bien plus pertinent, et plus habile, d'exproprier, en vertu de l'article 44, et au bénéfice de la réforme agraire, quelques centaines, voire deux ou trois milliers des 11 921 *fincas* (exploitations agricoles) que possédait l'Église d'Espagne, encore fort riche, la prenant ainsi au piège de la justice sociale dont elle se réclamait.

Azaña fit tout le contraire. Comment un homme doté d'une belle intelligence put-il commettre une telle erreur ? Joseph Perez, entre autres, estime que, pour le chef du gouvernement, comme pour son ministre de la Justice Fernando de los Rios, l'heure de la revanche avait sonné pour « nous, les hétérodoxes espagnols, les fils spirituels de tous ceux qui, pendant des siècles, ont vu leur liberté de conscience étranglée[9] ». Attitude compréhensible car le contentieux entre l'Église et les intellectuels libre-penseurs était lourd, mais, en politique, l'esprit de revanche est un mauvais conseiller. Il peut même avoir des conséquences fatales. Azaña laissa flamber, en mai 1931, sans intervenir, une douzaine de couvents madrilènes et sévillans, et on lui prête, à l'occasion de ces sinistres, quelques propos désinvoltes.

Les républicains anticléricaux sanctionnèrent logiquement Mgr Segura, cardinal-archevêque de Tolède, en conduisant à la frontière ce personnage insupportable dont la pastorale du 7 mai s'en était prise avec virulence à la République. En revanche, ils ne répondirent pas aux offres de dialogue de prélats conciliants, Mgr Vidal i Barraquer, archevêque de Tarragone, et Mgr Angel Herrera Oria, directeur du *Debate*. Ils négligèrent d'explorer les intentions du bas clergé dont on sait le rôle qu'il avait joué dans la Révolution française. Bref, ils choisirent de « passer en force ». Ils pouvaient le faire puisqu'ils avaient la majorité aux Cortes. Mais les majorités sont volatiles. En rejetant la grande majorité des catholiques dans l'opposition, en accueillant avec indifférence les incendies d'églises et de couvents, Azaña se privait de la possibilité d'entraîner une partie de ces catholiques sur le terrain des lois sociales en invoquant les recommandations pontificales, et, ce faisant, de les diviser. Or ces chrétiens-là existaient : on le vit un peu plus tard, lorsque le *cediste* Manuel Gimenez Fernandez, le meilleur ministre de l'Agriculture de la République, que des membres de son parti traitaient de « bolchevique blanc », prit en main la réforme agraire. L'urgence la plus évidente était bien le scandale de la misère quotidienne, attestée par mille témoignages, qui affectait des millions d'Espagnols : paysans sans terre d'Andalousie, d'Estrémadure, de Nouvelle-Castille, condamnés au chômage une grande partie de l'année, minifundistes de Galice, ouvriers sans qualification des banlieues industrielles. La survie de la République se jouait sur ce terrain bien plus que dans les sacristies. Azaña le savait ou, du moins, il aurait dû le savoir. On croirait pourtant, on jurerait même, à lire son Journal, qu'il a inversé les urgences. Je partage l'opinion de Ramon Tamames : « Un des grands échecs de la République fut... l'absence de développement immédiat des articles 44, 46 et 47 de la Constitution... Le contraste entre la faible attention accordée à leur exploitation et celle qui fut prêtée au thème de la laïcité rend encore plus critique le manque d'efficacité de la République, si souvent mis en relief par de nombreux historiens de cette période [10]. »

En dépit de cette erreur stratégique, Azaña parut d'abord pouvoir réussir. La coalition qu'il dirigeait avait remporté triomphalement les élections aux Cortes du 28 juin 1931. Elle enleva quelque 280 sièges alors que le centre n'en avait pas 120 et que la droite en obtenait seulement 85. Il est vrai que la droite n'avait pas encore eu le temps de « digérer » le changement de régime, et que beaucoup de ses électeurs s'abstinrent. Mais la participation avait été de 65 % et la victoire de la gauche était incontestable. Les socialistes, qui obtenaient

117 sièges, étaient le premier parti des Cortes, ce qui méritait beaucoup de considération de la part de leurs alliés. Les radicaux en avaient 93, les radicaux-socialistes 59, l'Action républicaine (formation d'Azaña) 27. Ce succès impressionnant avait l'inconvénient de « donner une image de l'ensemble du pays beaucoup plus progressiste qu'il ne l'était en réalité [11] ».

Remportant un autre succès, Azaña sut persuader les socialistes de participer au gouvernement alors que leur chef, Julian Besteiro, avait été longtemps hostile à cette participation. Les trois ministres socialistes, dont les fonctions étaient importantes, Fernando de los Rios à la Justice, Indalecio Prieto aux Finances et Francisco Largo Caballero au Travail, pouvaient garantir au gouvernement, au moins dans un premier temps, la bienveillance de l'UGT. Néanmoins, une participation plus forte eût été souhaitable, et Azaña eût été bien inspiré de confier la question agraire à un socialiste alors qu'il en remit le soin à un collaborateur sans aucune compétence en ce domaine, Marcelino Domingo, antérieurement bon ministre de l'Instruction publique, qu'il jugea lui-même « nul » dans ce nouveau rôle un peu plus tard.

L'adoption du statut de la Catalogne, le 15 juin 1932, fut portée au crédit du gouvernement. Manuel Azaña n'avait pas ménagé sa peine pour faire voter par les Cortes un texte qui, tout en accordant à la Catalogne les institutions, dont la *Generalitat*, auxquelles elle aspirait depuis un siècle, était compatible avec la Constitution. La visite du chef du gouvernement à Barcelone, le 24 août 1932, marqua d'ailleurs l'apogée de sa popularité. La *Generalitat* étant tenue par l'*Esquerra*, il s'agissait d'un appoint précieux pour le gouvernement. En revanche, celui-ci ne mettait aucun empressement à faire avancer les revendications des nationalistes basques, catholiques bon teint et tenus pour hostiles à la République, ce qui, jusqu'en 1936, était vrai dans une large mesure.

Assurant un succès au nouveau régime, le ministre des Finances, le banquier catalan Carner, fit passer, avant de mourir d'un cancer le 20 décembre 1932, une réforme importante et socialement juste : la création d'un impôt progressif sur le revenu dont il attendait un produit de 200 millions de pesetas la première année. Par ailleurs, l'alliance de la gauche républicaine avec les socialistes donnait de bons résultats. Tandis que

Prieto gérait avec sérieux, mais trop de timidité, dans une conjoncture il est vrai difficile, le budget de l'État et méritait les éloges d'*El Debate*, Largo Caballero faisait de la belle ouvrage au ministère du Travail. Il avait une expérience importante de la législation dans ce domaine, acquise notamment pendant la dictature de Primo de Rivera. Grâce à plusieurs lois : fixation d'un salaire minimum, journée de huit heures, assurance accidents, assurance maladie, il obtint en quelques mois des Cortes une amélioration sensible de la condition ouvrière. Il fit approuver l'établissement d'une commission mixte d'arbitrage des conflits du travail, avec une représentation ouvrière satisfaisante, sous le contrôle d'inspecteurs du travail nommés par le ministre, ce qui permit aux socialistes de coloniser cette nouvelle bureaucratie, parfois maladroite et arrogante. Le parti recueillait les dividendes de cette politique, surtout en Andalousie où il recrutait aux dépens de la CNT. Au vu de ces résultats, la majorité des militants socialistes décida, en septembre 1932, sous l'impulsion de Prieto et de Largo Caballero, de maintenir la participation au gouvernement.

LA FIN DES ILLUSIONS ET LA MARCHE À L'ABÎME

La droite, qui avait été prise de court par la chute de la monarchie, se ressaisit et s'organisa en 1933, quand José Maria Gil Robles parvint à rassembler dans la CEDA, autour de l'*Accion Española*, plusieurs autres formations (droite régionale valencienne, agrariens, parti républicain conservateur, etc.). Il mit ainsi sur pied une coalition électorale qui manquait d'homogénéité, et la participation des agrariens, parti de classe, hypothéquait tout engagement authentique de la CEDA en faveur de la réforme agraire, qui eût pourtant été sa chance, comme l'avait compris Gimenez Fernandez.

Le retrait des socialistes du gouvernement Azaña et leur non-participation aux cabinets de transition formés à l'appel du président de la République portèrent un coup fatal à la gauche républicaine. La dissolution des Cortes, en octobre 1933, fut en effet suivie d'une large victoire de la droite aux élections de novembre, amplifiée par un effet pervers de la loi électorale.

Par une ironie de l'histoire, Azaña, persuadé qu'il l'emporterait, avait fait passer avec l'appui du PSOE une réforme électorale qui renforçait à l'excès la prime majoritaire [12]. Les consignes d'abstention des anarchistes, tenants de la politique du pire au motif qu'un gouvernement « réactionnaire » rendrait plus facile l'appel à la révolution, avaient aussi exercé une influence notable. Dans un discours prononcé en 1945 à Ciudad Trujillo, Jimenez de Asua imputa cette défaite aux effets du vote féminin, dont c'était la première expérience. Fâcheuse démonstration de machisme ! Pourquoi ce vote féminin n'aurait-il pas eu les mêmes effets en février 1936 ?

La droite enleva 212 sièges, dont 113 pour la CEDA, devenu le premier parti des Cortes. La gauche n'en avait plus que 98, dont 58 pour le PSOE. Le Parti communiste espagnol obtenait son premier député. L'Action républicaine d'Azaña, lui-même élu à Bilbao sur une liste d'union, était laminée (5 élus). Le centre, où dominaient les radicaux de Lerroux, avait 102 sièges. À partir de ce scrutin, le système politique de la République espagnole se dérégla complètement. Alcala Zamora eut sa part de responsabilité dans cette évolution. Ramon Tamames a bien jugé le rôle négatif qu'il exerça à la présidence : « Il fit obstacle au travail d'Azaña d'abord, puis à celui de Lerroux, et il empêcha l'accès de Gil Robles à la tête du gouvernement [13]. » Dépourvu de vision d'avenir et de lucidité, il n'avait pas su assimiler la logique du système parlementaire : il aurait dû user de ses prérogatives, même s'il lui en coûtait, pour obtenir d'Azaña, en 1931, une plus forte participation des socialistes au gouvernement, et faire appel au sens des responsabilités du PSOE, premier parti du pays. De même, au lendemain des élections de novembre 1933, il eût dû, en dépit de son inimitié à l'égard de Gil Robles, imposer la présence de la CEDA au gouvernement. Cette sanction naturelle de la consultation eût été acceptée sans grande difficulté à cette époque. Comme on l'a vu plus haut, il en alla tout autrement, en octobre 1934, lorsqu'il se résigna à l'entrée de trois ministres de la CEDA dans le gouvernement. Le fait que ce dernier épisode ait déclenché une révolution montre assez que les institutions républicaines n'étaient ni comprises ni acceptées. Pourtant, il est encore des historiens espagnols de qualité, et pire encore des non-Espagnols !, pour tenir, avec une cécité consternante, cette entrée tardive de la CEDA au gouvernement pour une « provocation », avalisant en quelque sorte la position des formations de gauche de 1934, telle que la définit Raymond Carr : « Par leur langage elles refusaient à leurs adversaires le droit de se considérer comme un parti légal[14]. » En se ralliant à l'équation simpliste « front antimarxiste égale front fasciste », cette gauche montrait n'avoir rien compris à la logique parlementaire.

Sur le terrain social, les conflits du travail furent nombreux et importants en 1934, année où plus de 11 millions de journées de travail furent perdues. Pourtant, la production était repartie à la hausse, avec, en prime, l'excellente récolte céréalière de 1934, égale à celle de 1932, et un léger recul du chômage. Pour sa part, l'extrême gauche multipliait proclamations fracassantes et incidents. D'autres signes inquiétants étaient perceptibles. Plusieurs formations d'extrême droite de création récente affirmaient leur volonté de renverser la République par la violence. Dès 1931-1932, José Maria Albiñana avait fondé le Parti nationaliste espagnol, qui fut impliqué dans la *Sanjurjada*, mais n'eut jamais beaucoup d'adhérents. Plus importante fut la fusion entre le groupe de Ledesma Ramos et celui d'Onesimo Redondo qui donna naissance aux JONS (Juntes Offensives National-Syndicalistes), dont l'influence demeura cependant limitée à la Vieille-Castille et à Madrid. Enfin et surtout, le 29 octobre 1933, au théâtre de la Comédie, à Madrid, José Antonio Primo de Rivera définit les aspirations de la Phalange espagnole, mouvement qu'il venait de fonder en compagnie de José Ruiz de Alda, et qui fusionna avec les JONS en février 1934.

Le fils du dictateur prônait la suppression des partis politiques et, sous l'influence du fascisme italien, l'établissement d'un régime corporatiste. La Phalange, qui chercha d'emblée à pénétrer le monde du travail et l'Université, était à l'évidence un mouvement antirépublicain.

José Antonio Primo de Rivera et José Calvo Sotelo marquent bien, par leurs options et leur comportement, la distance qui sépare la droite classique d'une extrême droite résolue à prendre le pouvoir par la force. José Antonio, né en 1903, entra très tôt en politique lorsqu'il se présenta à Madrid, lors des élections aux Cortes de 1931, comme candidat de l'Union monarchique nationale. Son échec le détermina à fonder la Phalange. Élu, deux ans plus tard, député de Cadix, il chercha à décider certains chefs de l'armée à en finir avec la République.

En mai 1934, José Calvo Sotelo rentrant d'exil ne faisait pas mystère de son objectif : la conquête du pouvoir par n'importe quel moyen. Il s'opposa directement à Gil Robles, fonda contre lui, en décembre 1934, le Bloc national. Professeur de droit élu aux Cortes en 1919, puis gouverneur civil de Valence, il avait occupé de hautes fonctions sous la dictature de Primo de Rivera comme directeur général de l'Administration puis ministre des Finances de 1925 à 1930. Par des nationalisations, dont celle des pétroles, et l'augmentation des impôts, il avait voulu augmenter les moyens d'action de l'État. Il s'exila à la proclamation de la République et évolua, après son retour, vers des positions fascistes à la tribune des Cortes ; il souhaita lui aussi une intervention de l'armée. Malgré l'échec piteux du coup de Sanjurjo, plusieurs officiers n'avaient pas cessé de conspirer et, à la fin de 1933, ils se regroupèrent dans un cercle clandestin, l'UME (Union Militaire Espagnole). L'un des plus actifs, qui assurait la liaison avec le groupe de dirigeants monarchistes établi à Rome, était le lieutenant-colonel Valentin Galarza. Cependant, en 1934, l'UME n'était pas parvenue à convaincre l'un ou l'autre des généraux de lever l'étendard de la révolte. Les « trois grands », Mola, Goded et Franco, « conservaient l'espoir que la République prendrait une orientation moins défavorable aux conceptions traditionnelles de l'Armée ».

L'année 1934 connut une recrudescence de l'agitation nationaliste. Elle avait atteint son point d'orgue avec la proclamation de l'État catalan. Au Pays basque, les nationalistes, quoique catholiques et de sensibilité conservatrice, se rapprochaient de la gauche et des socialistes, conscients qu'ils ne pouvaient attendre aucune concession de la CEDA et de la droite en général. On vit Indalecio Prieto chanter *L'Arbre de Guernica* en compagnie de José Aguirre, le dirigeant du Parti nationaliste basque. Cette double affirmation catalane et basque, l'une orientée à gauche et l'autre à droite, n'était pas seulement l'expression de spécificités et d'une expérience enracinée dans l'Histoire. Alors que la conjoncture politique, économique, sociale se dégradait dans l'ensemble de l'Espagne, elle révélait l'aspiration à un destin propre de deux régions relativement prospères et culturellement avancées. On pourrait comparer leur attitude à celle de la Ligue du Nord italienne dans les années 1990.

Traduisait-elle la tentation d'abandonner le vaisseau de l'Espagne sans boussole et sur une mer démontée ? Mais était-il vraiment sans pilote ? On conviendra que la droite et le centre manquaient d'hommes de talent : Lerroux était usé et déconsidéré par des scandales financiers, Gil Robles tenu à l'écart en raison de ses propos sur le caractère « accidentel » de la forme de l'État qui faisaient douter de la sincérité de son ralliement à la République. Le centriste Manuel Portela Valladares se montrait incapable de susciter une adhésion enthousiaste. Qui restait-il ? Le professeur de droit canonique Manuel Gimenez Fernandez, homme remarquable, était rejeté par les siens. Joaquin Chapaprieta, républicain sincère, convaincu qu'il fallait poursuivre la grande politique éducative lancée par Azaña, méritait qu'on lui fît crédit. Mais, plus encore que d'hommes de premier plan, la droite manquait d'une vision politique large et généreuse. Dans une conjoncture économique pourtant plus favorable – les indices de 1935 retrouvaient ceux de 1929 –, elle fit preuve d'une cécité constante, d'une indifférence presque criminelle envers la misère des chômeurs des villes et des campagnes. « Égoïsme suicidaire », devait, plus tard, diagnostiquer Gil Robles lui-même. On connaît la réponse de quelques latifundistes à un groupe de chômeurs affamés : « Mangez la République ! » Disons-le tout net : la politique de la droite après la « révolution d'octobre 1934 » fut désastreuse et, hormis l'action, d'ailleurs contrariée, de Gimenez Fernandez en faveur de la réforme agraire et les efforts de Chapaprieta, elle tient dans le seul mot « réaction ».

Il ne se rapporte pas seulement à la répression, beaucoup trop dure, menée contre les mineurs asturiens. En matière religieuse, on peut comprendre que, devenus majoritaires, les députés de droite soient revenus sur certaines des lois qu'ils avaient combattues ou refusé de voter, même s'il est pour le moins paradoxal que ce soit Lerroux, mangeur de curés dans sa jeunesse, qui ait pris l'initiative de cette révision. Mais d'autres initiatives furent d'authentiques provocations : vote d'une indemnisation au bénéfice des Grands d'Espagne dont moins du quart des terres avaient été réellement expropriées, suspension du salaire minimum provoquant une baisse de 50 % des salaires agricoles, nouveau projet de loi agraire de Nicasio Velayos, qui provoqua même à droite de vigoureuses interventions hostiles, dont celles de Claudio Sanchez Albornoz mais aussi de José Antonio Primo de Rivera ; fermeture de nombreuses *Casas del Pueblo* (Maisons du Peuple), même si certaines avaient abusé de leur pouvoir du fait du caciquisme de l'UGT. La suspension du statut de la Catalogne fut une maladresse, et Gil Robles en commit une autre lorsque, obtenant le portefeuille de la Guerre à la faveur d'un remaniement, il mit à mal les réformes militaires d'Azaña. À la fin de 1935, Alcala Zamora préféra dissoudre une deuxième fois les Cortes plutôt que d'appeler Gil Robles à former le gouvernement : il en avait le droit, mais il commettait une nouvelle erreur.

La date des élections fut fixée au 16 février 1936. La course à la guerre civile avait alors d'ores et déjà commencé. Je partage l'opinion de Raymond Carr : « Déjà, dans cette Espagne divisée, les attitudes qui vont précipiter l'Espagne dans la guerre civile sont apparentes[15]. » José Antonio Primo de Rivera déclare en juin 1935 : « Nous n'avons pas d'autre choix que d'aller à l'insurrection. Notre devoir est d'aller à la guerre civile. » Et Calvo Sotelo : « Il faut en finir avec l'État constitutionnel. » Cet appel à la violence, qui faisait partie de la rhétorique de l'extrême droite, relève aussi de la logique de l'extrême gauche à partir d'octobre 1934. La CNT, au congrès de Saragosse, annonce « la révolution totale », Largo Caballero, qui a profité de l'année qu'il vient de passer en prison pour lire les auteurs marxistes, est séduit par ce qu'il a appris du modèle soviétique. Il rêve d'une impossible fusion entre UGT et CNT, annonce la dictature du prolétariat et déclare : « Je veux une République sans guerre de classes, mais pour cela il faut qu'une classe disparaisse. » Son évolution lui vaut le surnom de « Lénine espagnol » et contribue à la radicalisation de l'UGT. Dans son discours d'Alicante, il affirme, faisant écho à José Antonio : « En cas de victoire des droites aux élections, nous devrons nécessairement en venir à la guerre civile ouverte. »

De toute évidence, parmi les Espagnols engagés dans le

combat politique, un trop grand nombre souhaitaient, explicitement ou non, une guerre civile qui leur permettrait d'éliminer définitivement leurs ennemis. Ils appellent de leurs vœux une insurrection armée de leurs adversaires, persuadés qu'elle échouerait et libérerait leurs propres énergies. Ainsi, l'hebdomadaire socialiste *El Obrero*, publié à El Ferrol, écrit le 2 mars 1936 : « En Espagne aujourd'hui, il n'y a personne pour risquer une *cuartelada* [soulèvement de caserne]. La dernière a été celle de Sanjurjo, et elle a sombré dans le ridicule [16]. » Seul parmi les personnalités dominantes de la droite, Gil Robles demeure partisan de la voie légale. À gauche, Manuel Azaña est le plus lucide. Il va être rejoint, dans sa croisade contre le recours à la violence, par Prieto qui, au cours de son exil en France, a médité l'erreur d'octobre 1934.

Il n'y avait dans l'Espagne de 1936 qu'un embryon de classe moyenne, bien trop étroite pour assumer le rôle de guide et la responsabilité d'une transition. Les républicains « bourgeois » et les socialistes « raisonnables » étaient trop peu nombreux pour faire admettre la nécessité d'étapes intermédiaires avant l'avènement d'une démocratie moins injuste. Le PSOE, converti à la dictature du prolétariat, croyait à la valeur du modèle russe et n'avait aucune expérience de la direction des affaires. Les communistes, dont l'influence se développait, étaient totalement dépendants de Moscou. Beaucoup d'hommes de droite, d'une affligeante myopie politique, se prétendaient catholiques, mais jetaient aux orties les encycliques pontificales dès qu'elles contrariaient leurs intérêts immédiats, et ils voyaient d'un œil sec l'inhumaine condition des déshérités. Les militants de l'extrême droite qui étaient sensibles aux outrances de l'injustice sociale ne croyaient qu'à la force pour faire prévaloir leurs solutions.

Il existe une mythologie de la Deuxième République, expérience unique et porteuse de grands espoirs dans l'histoire d'Espagne. Et il est vrai qu'elle a été le temps d'une floraison culturelle étonnante. On souhaiterait conserver cette image brillante : éclosion d'une pléiade d'écrivains de grand talent, de créateurs originaux, peintres, sculpteurs et musiciens ; Université dotée de maîtres prestigieux ; lancement d'une politique d'instruction publique enfin digne du passé du pays et, même, des avancées d'une indispensable législation ouvrière.

Malheureusement, cette image est obscurcie par les signes annonciateurs de la tragédie.

La Deuxième République fut très loin de marquer une pause dans les conflits qui désolaient le pays. Ils tenaient à la fois à une lutte de classes exacerbée et à une guerre de religion, et ils étaient compliqués par les revendications d'identités nationales spécifiques et l'influence d'idéologies « importées ». On oublie trop que le pays restait partagé, que le régime ne parvint à assurer ni l'ordre constitutionnel ni l'ordre public, et on ne se demande pas assez pourquoi tant de jeunes gens doués, qui n'étaient aucunement fascistes, s'enrôlèrent dans l'armée « nationale ». Ces années 1931-36 furent la préface de l'un des plus grands drames du XXe siècle.

PREMIÈRE PARTIE

LA GUERRE

1

De la victoire du Front populaire au « Mouvement » du 18 juillet

Les élections du 16 février 1936

Il allait suffire de cinq mois pour démontrer que le Front populaire ne pourrait pas empêcher la tragédie. Dans la perspective des élections, les Comités constitués pour réclamer l'amnistie des vaincus de la « révolution » d'octobre 1934, dont plusieurs milliers avaient été condamnés à de lourdes peines de prison, avaient ébauché une alliance électorale entre les forces de gauche, des républicains de gauche jusqu'aux communistes. Ceux-ci suivaient les instructions du Komintern et étaient résolus à s'allier aux partis « bourgeois » face à la menace du réarmement allemand. Azaña et les siens, ainsi que nombre de socialistes, avaient surmonté leurs réticences. Contrairement à 1933, les anarchistes ne donnèrent pas de consignes d'abstention, et il est évident que bon nombre d'entre eux votèrent en Catalogne pour les candidats du Front populaire.

Ce ralliement provisoire fut beaucoup plus restreint en Andalousie, surtout dans les provinces de Cadix et Malaga. À Huelva, explique Luciano Suero, secrétaire du syndicat des mineurs du Cerro de Andavalo, « les gens allèrent aux urnes, avec l'idée fixe de l'ouverture des prisons [1] ». Cette attente d'un décret d'amnistie dut, en effet, peser sur le choix d'un grand nombre d'anarchistes.

En dépit du conflit entre Calvo Sotelo et Gil Robles, celuici demeura le chef de file de la CEDA. La Phalange espagnole se présenta seule aux élections, avec huit candidatures. Alcala Zamora s'était allié à Portela Valladares pour constituer un parti centriste dont la force d'attraction fut réduite. Bien entendu, les partis nationalistes, *Esquerra* de gauche et *Lliga* de droite en Catalogne, ainsi que le PNV (Parti National Basque) basque et l'ORGA galicienne, allèrent à la bataille sous leurs propres couleurs.

Le résultat des élections du 6 février assura au Front populaire une victoire étriquée et, une fois de plus, difficile à mesurer avec précision. Les divers calculs lui attribuent une avance de 150 000 voix au minimum et de 840 000 au maximum, avec des estimations intermédiaires. La fraude, qui avait bénéficié à la droite dans la plupart des consultations antérieures, profita cette fois à la gauche, quand deux victoires de la droite, dans les provinces de Cuenca et Grenade, furent annulées pour cette raison. Les campagnes électorales qui suivirent ces annulations se déroulèrent dans un tel climat que la victoire du Front populaire dans ces deux provinces est plus que suspecte. Indalecio Prieto, président socialiste de la commission électorale, fut choqué par les manipulations qu'il découvrit, et il ne mâcha pas ses mots. Mais il est très probable que la victoire d'ensemble du Front populaire n'eût pas été remise en cause par l'annulation des résultats contestables. Elle eût été seulement plus exiguë, même amplifiée par la prime majoritaire.

La gauche et l'extrême gauche disposaient, avec l'appoint de la formation catalane, de 278 sièges sur 473 aux Cortes, majorité confortable qui donnait à ses détenteurs l'impression trompeuse d'être maîtres du pays. En progrès, le PCE n'obtenait que 17 sièges, contre 99 au PSOE et 126 aux deux formations de la gauche « bourgeoise », Gauche républicaine et Union républicaine. Il n'existait donc pas de « danger marxiste » imminent, en dépit des prises de position théoriques du PSOE en faveur de cette idéologie. Et, dans le pays, les anarchistes constituaient une force au moins égale à celle des socialistes. À droite, la CEDA restait la force principale avec 88 députés, et la Phalange de José Antonio, n'ayant recueilli que 40 000 voix, n'obtenait pas un seul siège.

Dès le 19 février, Manuel Azaña, tenu à nouveau pour l'homme indispensable, forma le nouveau gouvernement. Cette fois encore, le PSOE, parti de la majorité arrivé en tête, ne participait pas au cabinet. En mai, Manuel Azaña, élu président de la République en remplacement de Niceto Alcala Zamora, proposa à Indalecio Prieto la direction du gouvernement. Ce dernier souhaitait accepter car il était convaincu qu'une alliance avec les républicains de gauche permettrait aux socialistes d'imposer une législation profitable aux travailleurs par le biais d'une économie planifiée, alors qu'une révolution sociale trop rapide ne produirait qu'une « socialisation de la misère », tout en précipitant l'étroite classe moyenne espagnole vers le fascisme. Il se heurta à l'aile gauche de son parti qui, sous l'influence de Largo Caballero, refusa la participation. Largo craignait en effet l'attraction du parti communiste sur les Jeunesses socialistes et rêvait d'une chimérique alliance entre UGT et CNT. Les anarchistes, assurait-il, refuseraient absolument de s'allier avec un parti politique, mais le front uni syndical restait possible. De plus, Largo Caballero était converti à la dictature du prolétariat, et un antagonisme personnel l'opposait à Prieto qu'il n'hésitait pas à qualifier de « collaborateur » et de « traître ». À l'en croire, il fallait laisser la gauche républicaine faire la preuve de son incapacité à gouverner. Ensuite, la voie de la conquête du pouvoir, par la violence si nécessaire, s'ouvrirait devant les travailleurs. Le conflit entre les deux hommes, dont le premier contrôlait l'appareil politique du parti et le second le syndicat UGT, s'aigrit à tel point que leurs factions en vinrent aux mains au printemps 1936 au cours de meetings ou de grandes grèves.

L'ultime chance, à supposer qu'elle existât, d'éviter la guerre civile disparaissait du fait de la non-participation du PSOE au gouvernement. Il faut convenir que Manuel Azaña avait tiré, au moins pour une part, les leçons de son échec précédent. À peine en place, il prit un décret d'amnistie au bénéfice des condamnés de 1934, puis rétablit le statut de la Catalogne. Surtout, il donna un coup d'accélérateur vigoureux à la réforme agraire, confiée à Mariano Ruiz Funès Garcia et à Adolfo Vazquez Humasque, respectivement ministre de l'Agriculture et directeur de la réforme. En quatre mois, ceux-ci installèrent 71 919 colons sur 232 199 hectares. « La lutte des classes se développe par le biais de la réforme agraire », expliquait le ministre. La vérité oblige à dire que le gouvernement s'était borné dans certains cas, surtout en Estrémadure, à légaliser les occupations de terres spontanées organisées par la FNTT (Fédération Nationale des Travailleurs de la Terre). La précision est d'importance, car dans les régions de *latifundio* (Andalousie, Estrémadure, Nouvelle-Castille) beaucoup de paysans, surtout les membres d'organisations anarchistes, n'étaient pas disposés à attendre une « réforme agraire » encadrée et réglementée. Ils voulaient se saisir de la terre afin de l'exploiter collectivement ou individuellement, sans avoir à rendre des comptes aux anciens propriétaires.

Comme le dit Juan Moreno, journalier de Castro del Rio, dans la province de Cordoue, et adhérent à la CNT : « Que voulions-nous ? Non point le genre de réforme agraire que la République essayait de réaliser. L'État et le capitalisme sont les deux pires ennemis des ouvriers. Ce que nous voulions, c'était la terre pour qu'elle appartienne aux travailleurs et qu'ils l'exploitent collectivement, sans intervention de l'État. » Et José Avila, laboureur du bourg voisin d'Espejo : « Il y avait tant d'idéologies différentes, spécialement à gauche, républicains, socialistes, communistes, anarchistes ! Je ne sais pas ce que voulaient réellement les journaliers. Je crois qu'ils ne le savaient pas eux-mêmes. » Il précise que lorsque le gouvernement expropria les trois propriétés que le duc de Medinaceli possédait dans le bourg, soit un peu plus de 3 000 hectares, qui furent réparties entre les paysans, « les gens ne parurent pas satisfaits de la terre qu'ils obtinrent ». Seule la plus petite (La Reina, 650 hectares) fut exploitée collectivement. Très vite, les plaintes fusèrent à propos de la répartition des mules, de l'organisation du travail. Un témoin qualifia, après la guerre civile, ces récriminations de ridicules[2].

La réforme agraire connut un cours chaotique, selon que l'organisation paysanne dominante était socialiste, anarchiste ou communiste. À Villa de don Fadrique (province de Tolède), le maire communiste prit la direction des opérations. Il convoqua la population en assemblée générale, expliqua la politique du parti, décida l'expropriation de toutes les grandes propriétés du village et leur exploitation collective par les journaliers. À Castro del Rio, la population dominée par les anarcho-syndicalistes refusa la réforme agraire de l'État, qui « s'arrogeait la propriété de la terre », et elle décida de s'en emparer collectivement.

Il était évident que le gouvernement ne maîtrisait pas plus la situation dans ce domaine que face à l'activisme des partis qui, dépourvus de responsabilités politiques, faisaient de la surenchère et déclenchaient à tout propos des grèves fatales à l'économie. Certaines d'entre elles, traduisant le nouveau rapport de forces, avaient pour objectif des revendications très légitimes : ce fut le cas de la grève générale lancée le 2 juin dans les mines des Asturies par le SOMA (Syndicat des Ouvriers des Mines des Asturies) qui réclamait la semaine de 40 heures, la réincorporation des ouvriers licenciés en 1934 et la création de caisses de retraites. Après une grève de dix-huit jours sans incidents, et l'acceptation de ces mesures, le meeting de Mieres, le 20 juin, décida la reprise du travail[3]. Mais beaucoup de ces mouvements sociaux n'avaient d'autre but que de tester la résistance du patronat, créaient le désordre et mettaient le gouvernement en difficulté.

L'« HÉMORRAGIE DU DÉSORDRE PUBLIC »

« De février à juillet, la lutte pour le pouvoir est passée des Cortes à la rue, aux clubs et aux mess des officiers », écrit Raymond Carr, résumant parfaitement l'évolution de la situation. La rue : le cas de Valladolid est exemplaire ; la ville était à fois lieu de forte implantation socialiste, notamment parmi les cheminots, et berceau des JONS d'extrême droite, dont l'influence locale et les effectifs étaient en augmentation. La « chronique noire » de la capitale et de sa province, déjà nourrie en 1934, est particulièrement chargée en 1936. On aurait enregistré, avant le 18 juillet 1936, treize homicides par arme à feu et sept autres morts violentes pour « cause inconnue ».

Les deux camps se livrent à des affrontements qui dégénèrent parfois en fusillades, même au sein de l'Université. À droite, les activistes se recrutent dans la Phalange, le parti monarchiste Rénovation espagnole, les Jeunesses d'Action sociale, l'Association scolaire traditionaliste. À gauche, ce sont le PSOE, les Jeunesses socialistes, le PCE, les Jeunesses communistes et la CNT qui fournissent les éléments de choc. La mise hors la loi de la Phalange, le 14 mars, et l'arrestation de plusieurs de ses militants, dont Onesimo Redondo, n'apportent aucun répit. Le chef phalangiste continue à rédiger une abondante littérature de propagande dans la prison où il est détenu avec quelque cent cinquante des siens. Ils sont rejoints par les militants les plus durs du Front populaire, incarcérés à leur tour, et une bagarre générale éclate entre détenus, tandis qu'à l'extérieur les révolutionnaires interrompent les processions religieuses, tentent d'incendier une église et agressent les bourgeois que suffit à désigner à leur fureur le port de la cravate. Pour leur part, les sympathisants de la Phalange et des autres formations de droite tentent de faire sauter la Maison du Peuple le 14 juin, ce qui provoque en retour la mise à sac du Centre traditionaliste. Ils ouvrent le feu quelques jours plus tard sur trois tavernes où se réunissent des partisans du Front populaire. Beaucoup d'incidents graves se produisent en province : à Olmedo, une rixe fait deux morts et plusieurs blessés ; à Bolaños, une bataille rangée laisse sur le terrain de nombreux blessés ; à Alaejos, en réponse à l'arrestation de trois phalangistes, un de leurs camarades fait exploser une bombe. À Tamariz de Campos, le phalangiste Alberto Pastor essaie sans succès de détruire à l'explosif la Maison du Peuple ; le maire de droite de Curiel échappe de justesse à un attentat ; à Cigales, bourgade viticole où les organisations de gauche sont puissantes, la célébration de la semaine sainte est interdite. À Medina del Campo, les employés municipaux s'opposent violemment au personnel de la Maison du Peuple. D'autres incidents sont signalés à Peñafiel, Mucientes et Geria.

Autre cas, Grenade : la droite l'avait emporté nettement le 16 février. Dès le 26, au cours d'un meeting tenu à Guadix, la gauche lance une campagne impressionnante afin d'obtenir l'annulation du scrutin pour fraudes. Celles-ci sont indiscutables dans la huerta de Motril et les Alpujarras, mais elles n'ont pas été à l'origine de la victoire des partis de droite, dont l'avance était considérable. Leur candidat le moins favorisé avait 32 000 voix de plus que son adversaire de gauche le mieux placé. La commission des Actes des Cortes, dominée par la gauche, n'en est pas moins sensible à la puissante campagne menée à Grenade : une manifestation y est organisée le 1er mars, suivie d'un meeting monumental le 8, avec participation de plusieurs figures nationales, dont le chef de la révolution asturienne de 1934, Gonzalez Peña, qui vient de sortir de prison. Le lendemain, la droite riposte par une grande manifestation, qualifiée de « fasciste » par le quotidien grenadin de gauche *El Defensor* ; des échauffourées font quelques blessés. Le 1er avril, la commission des Actes annule localement les élections du 16 février. Dès lors, l'air de la ville devient irrespirable. Le 10 mai, jour de la grève générale décrétée par l'UGT et la CNT pour préparer la nouvelle consultation, des affrontements sanglants se produisent : tirs à balles, incendies, plusieurs dizaines de blessés. Le siège du journal de droite, *Ideal*, est pris d'assaut, incendié, et les rotatives sont détruites. Le siège du parti d'Action populaire, les cafés Colon et Royal, le théâtre d'Isabelle la Catholique flambent à leur tour. Grenade vit dans un climat de guerre civile[4].

Le militant anarchiste Antonio Rosado, de Moron de la Frontera, fait l'inventaire dans ses Mémoires des incidents ou des conflits du travail qui créèrent en Andalousie, entre le 12 et le 31 mai 1936, une « ambiance de guerre sociale franche ». Extraits de la chronique tenue par Rosado :

— 12 mai : les employés municipaux de Séville sont en grève depuis 4 jours pour obtenir une hausse de salaire ; les dockers de Malaga décrètent la grève générale. À Carmona, la garde civile intercepte une voiture bourrée d'explosifs et d'armes à feu.

— 14 mai : les paysans des villages de la province, en désaccord avec les bases fixées par le gouvernement pour les travaux agricoles de l'été, décident la grève.

— 16 mai : une explosion dans une maison de Montellano fait un mort ; tentative manquée de dynamiter le pont de Guadajoz à Carmona. Heurt sanglant entre agrariens et socialistes à Güejar de la Sierra : trois blessés graves.

— 18-19 mai : informations diverses à propos d'un plan terroriste dans la province de Séville. Un dépôt de bombes et d'explosifs est découvert dans une rue de Séville. Le « plan terroriste » est confirmé à la suite d'investigations à Cazalla de la Sierra, Dos Hermanas, Carmona, Utrera, Mairona. Ce « plan terroriste » a-t-il existé ou est-il le produit de fabricants de rumeurs qui souhaitaient l'exaspération du climat social ?

— 23 mai : découverte de bombes à Guadalcanal, Alanis de la Sierra et Constantina.

— 24 mai : à Utrera, des paysans en grève détruisent quatre moissonneuses. Des explosifs sont jetés dans le Guadalquivir à Séville.

— 25 mai : la grève s'étend dans la province. Découverte de bombes et sabotages en divers lieux. Le commandant de la garde civile, le général Cabanellas, arrive à Séville où la CNT décrète la grève générale.

— 26 mai : début de la grève générale. Incendies de moissons.

— 29-30 mai : des fusillades dans Séville qui font un mort et plusieurs blessés graves. Débuts d'incendies dans plusieurs églises (Santa Catalina, Santa Ana, San Juan de la Palma). Fouilles et confiscations d'armes à feu. Sabotages et destruction de machines agricoles dans les villages.

Il se peut que certaines de ces informations, dont je ne propose ici qu'un échantillon, soient douteuses. La désinformation ou la malveillance de certains journaux donnaient de la situation une image trop sombre. Ainsi, un prétendu « plan terroriste » découvert à Moron provoqua plusieurs morts. La gravité de la situation n'en est pas moins réelle. Ce n'est pas en visite touristique qu'arrivent à Séville, le 18 mai, cent trente-cinq gardes d'assaut, encadrés par un lieutenant-colonel, deux capitaines et quatre lieutenants[5].

Les violences de rue, les explosions, les sabotages, les grèves à répétition, les manifestations ne pouvaient qu'effrayer la bourgeoisie et les possédants. Le ton de la presse de gauche n'était pas fait pour les rassurer. À l'occasion de la grande manifestation du 1er mai 1936 à Madrid, *Claridad*, le journal de Largo Caballero, évoquait « la grande armée des travailleurs en marche vers les sommets du pouvoir ». Pedro Suarez se souvient : « Nous, les miliciens, nous marchions en tête, bien pris dans nos uniformes et nos tuniques de cuir, en saluant le poing fermé. Belle frayeur pour les bourgeois et les aristos qui nous regardaient des balcons de leurs maisons tout au long de la Castellana[6] ! »

Ne forçons pas le trait : l'Espagne entière n'était pas à feu et à sang. La Catalogne, si agitée de 1931 à 1934, demeurait relativement calme. D'autres régions ne connaissaient que des incidents très localisés. Même en Andalousie, les violences étaient contenues. Pedro Clavijo, qui fut secrétaire général de la Fédération andalouse des Jeunesses communistes, affirme « qu'il n'existait pas un désir universel de s'emparer des terres de la bourgeoisie » et que les invasions de terres furent moins importantes qu'on l'a souvent prétendu. Le propos, fidèle à la ligne du parti à cette époque, me paraît un peu lénifiant. Le même témoin ajoute que les gens avaient confiance en la République pour faire avancer la réforme sociale dans le cadre de la démocratie bourgeoise. En fait, cette confiance était très limitée, précisément parce que le programme du Front populaire était dans l'ensemble trop modéré, trop soucieux de ne pas donner d'arguments aux ennemis de la République. Il est par contre tout à fait exact qu'il n'y avait alors aucun danger de prise de pouvoir par les communistes : le parti était encore beaucoup trop modeste pour nourrir un tel projet. Gil Robles force la note en faisant aux Cortes le 16 juin, dans un discours passionné, un tableau apocalyptique de la situation.

Si modéré que fût son programme, le gouvernement s'avérait impuissant à maintenir l'ordre public. C'était là le drame : si la déliquescence de l'État pouvait réjouir les anarchistes, elle indignait les bourgeois, mais aussi la plupart des petits propriétaires et des artisans ainsi qu'une grande partie de l'armée, qui supportait mal la montée des nationalismes périphériques. Elle inquiétait fort les républicains de gauche et les socialistes lucides, tel Indalecio Prieto qui, dans son discours de Cuenca, le 1er mai, avait mis en garde ses amis contre les dangers du désordre. Ces propos, souvent cités par les historiens de la période, ont acquis le sens d'un avertissement prophétique : « Un pays peut supporter la convulsion d'une révolution, quel que soit le résultat ; mais ce qu'il ne peut supporter c'est l'hémorragie constante du désordre public sans finalité révolutionnaire immédiate ; ce qu'une nation ne peut supporter, c'est l'usure de la puissance publique et de la vitalité économique par la prolongation de l'agitation, de l'angoisse, de l'inquiétude. » Ce discours remarquable et prémonitoire valut à Prieto l'accusation lancée par les « caballeristes » de « préparer une dictature en accord avec Azaña » ! Prieto qui, par ailleurs, proposait un programme cohérent de réforme agraire, de travaux hydrauliques, de lutte contre le chômage et d'instruction publique se démarquait nettement d'autres socialistes, tels les rédacteurs d'*El Obrero*, du Ferrol, qui, huit jours plus tard, écrivaient : « Nous répétons que les troubles de l'ordre public ne nous inquiètent pas, dès lors qu'ils sont dus à la revendication de la justice[7]. »

L'air que l'on respirait avait changé : l'Espagne, jadis endormie par les caciques et la rhétorique fleurie des députés aux Cortes, était soudain saturée d'idéologie. « La politique, là était le problème. Tout le monde lisait beaucoup, chacun avait son propre point de vue », assure José Avila, laboureur d'Espejo. Il dit avoir entendu des phrases telles que : « Il ne faut pas laisser un seul fasciste en vie », déplore l'absence d'organisations politiques fortes, de gauche et de droite, et conclut : « Des garanties, des droits ? À merveille. Mais aussi la loi et l'ordre. C'est ce qui manquait. » Dans le même temps, l'agronome républicain José Vergara, chargé de la réforme agraire dans la province de Tolède, constate que la situation a évolué en deux ans de façon dramatique : « Dans la campagne, une révolution était en train de mijoter et la bourgeoisie s'affolait. La République ne pouvait en aucune façon résoudre le problème. La loi de réforme agraire était inapplicable en l'état. À défaut, les paysans s'emparaient eux-mêmes de la terre[8]. » En Vieille-Castille, dans la *Tierra de Campos*, l'antique convivialité entre travailleurs de la terre se fissurait. Des listes noires circulaient. Si la CNT parvenait, lors de son congrès extraordinaire de Saragosse, en mai, à mettre fin à sa scission interne, ses militants affrontaient trop souvent ceux de l'UGT, parfois à coups de fusil, dans les rues de Séville et de Malaga.

À Madrid, caisse de résonance de l'Espagne, la grève du bâtiment et des électriciens, lancée le 1er juin d'un commun accord par l'UGT et la CNT, avait des effets désastreux sur l'opinion. Très vite, la mésentente s'était installée entre les deux syndicats. Les militants anarchistes n'avaient-ils pas prétendu appliquer à la consommation le communisme libertaire en saisissant les denrées des commerçants d'alimentation ? Dans ces conditions, Largo Caballero jouait les provocateurs lorsqu'il demandait à Azaña, en juin, d'armer les ouvriers. Vainement, Gregorio Marañon ou Miguel Maura mettaient en garde l'opinion contre la politique suicidaire de l'extrême gauche. Et nombre de partisans du Front populaire perdaient leur foi dans la République.

La conspiration militaire

Dans les casernes, les clubs et les mess des officiers, les cercles et salons conservateurs, on conspirait, parfois de manière ouverte. L'UME s'activait, animée par le lieutenant colonel Galarza déjà cité, le lieutenant-colonel Emilio Rodriguez Tarduchy et le commandant Bartolomé Barba-Hernandez. Mais l'arrivée au pouvoir du centre avait changé provisoirement la donne. Tandis que les réformes militaires d'Azaña étaient en partie démantelées, les officiers « africanistes » retrouvaient la confiance du gouvernement et bénéficiaient de promotions : Franco fut nommé général de division, et l'armée mobilisée pour étouffer la rébellion des Asturies. Gil Robles une fois ministre de la Guerre, la collaboration des généraux les plus en vue avec le gouvernement devint étroite : Franco fut nommé chef de l'état-major central, Mola gouverneur général au Maroc, Goded inspecteur de l'armée, et le budget militaire fut accru. Pourvus de postes de pouvoir considérables, les trois « grands » avaient perdu, provisoirement au moins, toute envie de conspirer contre une République conservatrice qui assurait le maintien de l'ordre. Aussi, pendant l'année 1935, le complot militaire perdit-il de son actualité.

Les scandales financiers qui avaient déconsidéré Lerroux, l'opposition des ultras du parti agrarien à toute réforme agraire profonde, l'évolution vers l'extrême droite d'une fraction importante des régionalistes valenciens, enfin la pression du Bloc national de Calvo Sotelo sur la CEDA détruisirent peu à peu la coalition formée par le centre et la droite. Après la dissolution des Cortes, les positions conquises par les chefs de l'armée apparaissaient fort compromises. La victoire du Front populaire les remit très vite en cause. Les militaires étaient à tel point conscients de ses conséquences que certains généraux cherchèrent à faire annuler les résultats du scrutin. Le général Fanjul tenta même de provoquer un soulèvement de la caserne de la Montaña. Plus habilement, Gil Robles, en alléguant des fraudes, puis Franco, en invoquant le maintien de l'ordre public, essayèrent d'obtenir la proclamation de l'« état de guerre » Le chef du gouvernement, Portela Valladares, et le président Alcala Zamora respectèrent la Constitution et se bornèrent à déclarer l'« état d'alarme » à Madrid et Saragosse.

Dès qu'il fut chef du gouvernement, Manuel Azaña, comptant sur le temps pour calmer le jeu, crut habile d'écarter les grands chefs militaires qu'il craignait le plus : l'éloignement de Goded, membre de l'UME, et de Franco, nommés gouverneurs militaires des Baléares et des Canaries, pouvait paraître judicieux, car les communications entre le continent et les Canaries n'étaient pas faciles. En revanche, la désignation de Mola comme gouverneur militaire à Pampelune fut une grossière erreur. Emilio Mola Vidal, né en 1887 à Cuba dans une famille d'officiers, était entré en 1904 à l'Académie militaire de Tolède. De 1907 à 1925, plusieurs fois blessé, il avait acquis au Maroc une grande expérience d'« africaniste ». Promu général en 1927, il avait été nommé par Berenguer trois ans plus tard directeur général de la Sécurité, ce qui lui avait donné une bonne connaissance des problèmes d'ordre public et un précieux réseau de relations. Suspendu en 1932 après la *Sanjurjada* à laquelle il était soupçonné d'avoir participé, il fut réintégré dans l'armée en 1934 et nommé haut-commissaire au Maroc par Gil Robles. Ennemi déclaré d'Azaña, le général Mola possédait des dons remarquables d'organisateur.

De toutes les provinces d'Espagne, la Navarre, où était affecté un tel homme, se trouvait être la plus hostile à la République. Peuplée de petits propriétaires et d'éleveurs libres, qui ignoraient les maux du latifundisme et de l'analphabétisme et vivaient en bonne intelligence avec un clergé très proche de ses ouailles, elle restait attachée aux idéaux carlistes et exécrait autant la centralisation que l'irréligion. Dès la proclamation de la République, les chefs carlistes, réunis dans la Communion traditionaliste, avaient décidé de réactiver leurs milices, les célèbres *requetes* ou « bérets rouges ». À partir de mai 1934, le secrétaire politique de la Communion, Manuel Fal Conde, qui avait participé à la conspiration de Sanjurjo et avait été emprisonné de ce fait, était entré en relations étroites avec les carlistes navarrais. Ceux-ci, représentés par Rafael Olazabal et Antonio Lizarza, accompagnés par Antonio Goicochea, pour Rénovation espagnole, et par le lieutenant général Barrera, s'étaient rendus en mars précédent en Italie pour rencontrer Mussolini, à qui ils avaient exposé leur projet de renverser la République. Ils avaient obtenu du Duce la promesse d'une aide en argent et d'importantes fournitures d'armes. Au cours des mois suivants, plusieurs délégations carlistes firent le voyage de Rome[9]. D'autres armes furent achetées en Belgique, et lorsque Mola prit ses fonctions à Pampelune, de petites unités de *requetes* s'entraînaient déjà depuis deux ans dans les montagnes. Il trouvait donc un terrain et une situation très favorables à ses trames.

La conspiration marcha bon train. D'emblée, plusieurs généraux monarchistes appartenant à l'UME, Barrera, Fanjul, Orgaz, Varela et Villegas, s'y rallièrent. Le général Goded leur emboîta le pas. D'autres acteurs importants de la guerre civile à venir, tels le lieutenant-colonel de la Légion Yagüe et, bien entendu, le lieutenant colonel Galarza, entrèrent dans le complot. Francisco Franco, que son ascendant sur l'armée d'Afrique rendait presque indispensable à l'entreprise, fut convié, avant son départ pour les Canaries, à une réunion qui se tint à Madrid le 8 mars, en présence de Mola, Varela, Fanjul, Orgaz et Galarza, mais il réserva sa réponse. Les conjurés décidèrent que le soulèvement ne serait déclenché que dans certaines conditions – démantèlement de la garde civile, formation d'un gouvernement Largo Caballero ou éclatement d'une révolution. En mai, un général tenu naguère pour républicain, Gonzalo Queipo de Llano, se rallia à son tour : parent du président déchu Alcala Zamora, il avait conçu une violente hostilité envers Azaña, auteur de sa chute.

Après s'être installé à Pampelune le 14 mars, Mola poussa les feux. Dès avril, il s'assura la collaboration de plusieurs officiers de la garnison : les capitaines Lastra, Moscoso et Vicario. En mai, il obtint les importants ralliements d'Alfredo Kindelan, Miguel Cabanellas et Andrés Saliquet. Les régions militaires ayant été supprimées par les réformes d'Azaña, il s'assura le concours, dans chaque ville de garnison, de quelques officiers supérieurs avec qui il communiquait secrètement par des courriers. Il parvint ainsi à noyauter les huit « divisions organiques » et plusieurs régiments de cavalerie et d'artillerie. Franco, informé de ces résultats, ne s'engagea pas pour autant. Les conjurés désiraient ardemment sa participation, qui leur garantirait l'intervention des *regulares* du Maroc et de la Légion (le *tercio*), auprès desquels le général jouissait d'un grand prestige. Il entraînerait l'adhésion de jeunes officiers dont il avait patronné la formation lorsqu'il était le directeur de l'Académie militaire générale de Saragosse. Troupes marocaines et jeunes officiers pouvaient jouer un rôle décisif, ce qui fut d'ailleurs le cas.

Pourtant, le général galicien restait dans l'expectative et, à deux reprises, il donna même une réponse négative. Les historiens se sont interrogés sur les raisons profondes de cette réserve et d'un engagement final très tardif puisque, après un dernier refus signifié par un télégramme du 12 juillet où il invoquait une *« geografia poco extensa »*, il franchit le Rubicon le 13 en apprenant que Calvo Sotelo avait été assassiné la veille. Il ne s'agissait nullement de scrupules légalistes, et il ne semble pas non plus que Franco ait contesté le choix de Sanjurjo, alors réfugié au Portugal, comme chef du « Mouvement ». Mais il était d'un naturel prudent et, à la différence d'autres chefs militaires, il savait que la partie serait difficile, qu'elle risquait d'être longue et que le succès n'était pas garanti, comme il l'avait expliqué au général Orgaz, trop optimiste à son avis. Aussi ne voulait-il pas risquer la position privilégiée qu'il avait acquise dans un coup hasardeux. Enfin, Franco, dont les convictions monarchistes étaient fort tièdes, n'avait peut-être pas perdu l'espoir d'obtenir un changement d'orientation de la République.

À ce stade du complot, les indices ne manquaient pas et il n'est guère concevable que le gouvernement n'ait pas été informé de l'implication de plusieurs officiers de haut rang. Il disposait de services de renseignements, et le président Azaña, qui avait été ministre de la Guerre, avait des relations au sein de l'armée. Les généraux Llano de la Encomienda et Martinez Monje étaient d'une fidélité assurée au gouvernement légal. Le directeur général de la Sécurité, le Catalan Alonso Mallol, avait mis en cause Mola. Il tenta même une inspection par surprise à Pampelune que le général, prévenu à temps, rendit vaine en faisant disparaître les documents compromettants. Le maire d'Estella, en Navarre, Florentino Aguirre, fournit au gouvernement des informations précises sur une réunion tenue, dans le monastère d'Irache, entre Mola et plusieurs conspirateurs. Le général d'aviation Nuñez del Prado et le gouverneur de Grenade, Ernesto Vega, adressèrent des rapports alarmants et documentés au chef du gouvernement. Casares, handicapé, il est vrai, par la maladie, se borna à de timides contre-feux :

il déplaça le lieutenant-colonel Heli Rolando de Tella, qui commandait la 1re légion, et convoqua le lieutenant-colonel Yagüe, commandant de la 2e légion, pour lui offrir un poste important dans la péninsule ou à l'étranger, et, se heurtant à son refus, il n'osa pas faire acte d'autorité.

Les rumeurs de conjuration couraient l'Espagne. Décrivant la situation à Valladolid, le journaliste Francisco de Raymundo, partisan inconditionnel du Mouvement du 18 juillet, raconta, quelques mois plus tard : « Quelques militaires réunis, certain jour, chez le regretté... commandant d'artillerie du 14e régiment, D. Gabriel Balbuena Moyano, apprirent de sa bouche que dans plusieurs capitales de province s'étaient formées des juntes de généraux, chefs et officiers, les uns d'active, les autres mis à la retraite [par Azaña], qui [...] préparaient un Mouvement militaire dans toute l'Espagne. » Suit un récit de la façon dont s'organisa une junte semblable à Valladolid, la liste des officiers qui la composaient et qui « commencèrent à inonder de leur propagande les places de Ségovie, Avila, Medina del Campo, Salamanque, Plasencia, Caceres et Zamora. Durant les mois de mars, avril et mai, on travailla durement... ». Autre témoin des faits, Francisco de Cossio écrivit en janvier 1937 : « On conspirait ouvertement. Les auteurs locaux du soulèvement, nous les connaissions tous. À leurs allusions, aux petits groupes qui se livraient à des apartés mystérieux, aux nouvelles sensationnelles que faisaient courir les imprudents, même les plus sceptiques comprenaient que la tension était devenue insoutenable et que la déflagration était proche. Et cela dans une ville où la politique dominante et la démagogie en marche pouvaient compter, dans le seul parti socialiste, sur douze mille partisans. Dans les cafés, les casinos, la rue même, on attendait le soulèvement d'un jour à l'autre. » La ville avait reçu un gouverneur civil énergique, Lavin, dont la mission était de ramener l'ordre dans la province et qui, à cet effet, avait fait incarcérer les chefs phalangistes, dont Onesimo Redondo. Lavin prit des mesures de surveillance exceptionnelles, dont des perquisitions à la recherche des armes. Comment, dans ces conditions, le gouvernement pouvait-il demeurer inactif ?

Une pièce importante a été versée au dossier : la lettre envoyée par le général Franco à Santiago Casares Quiroga, le

23 juin 1936, « chef-d'œuvre d'ambiguïté » selon Paul Preston qui en a donné une analyse convaincante. Cette lettre, dont fit état pour la première fois le *Times* du 7 septembre 1936, faisait part au chef du gouvernement du malaise et des griefs de l'armée, pourtant prête à demeurer loyale envers la République si elle était mieux traitée. Franco déplorait la réincorporation des officiers condamnés à mort pour avoir défendu la *Generalitat* de Catalogne contre l'armée de la nation et graciés par la suite. Il dénonçait dans cette mesure un défi au concept de discipline militaire et regrettait le déplacement d'autres officiers dont Rolando de Tella au bénéfice d'« adulateurs » et au mépris des règles de l'ancienneté. Il assurait que l'armée n'était pas hostile par principe à la République, et qu'il ne fallait pas prendre « l'inquiétude, la dignité et le patriotisme des officiers » pour des « signes de conspiration et de désaffection ». Surtout, il recommandait au chef du gouvernement de prendre « l'avis de ces généraux et chefs de corps qui, exempts de passions politiques, vivaient au contact de leurs subordonnés et se préoccupaient de leurs problèmes personnels et de leurs sentiments ».

Il y avait là, me semble-t-il, l'amorce d'une proposition. Que le gouvernement fasse confiance aux généraux, et notamment au signataire, pour rétablir l'ordre, comme en 1934, et il n'y aurait ni menées subversives ni conspiration[10]. Or, cette lettre demeura sans réponse, ce qui ne manque pas de surprendre. Elle ne suscita ni marque d'intérêt, ni sanction. Que conclure de cette indifférence ? Comment ne pas risquer l'hypothèse selon laquelle le gouvernement souhaitait un soulèvement militaire parce qu'il croyait pouvoir le maîtriser sans peine ? On songe à la réponse d'Azaña à Franco, en mars 1936. Le général vient d'être nommé gouverneur militaire des Canaries. Il met en garde le chef du gouvernement : « Vous avez tort de m'éloigner. À Madrid, je pourrais être plus utile à l'armée et à la tranquillité de l'Espagne. » Et Azaña de rétorquer : « Je ne redoute pas les soulèvements. L'affaire de Sanjurjo, j'en étais informé et j'aurais pu l'éviter. Mais j'ai préféré la voir échouer. » Dès le 5 août 1932, Azaña savait que Sanjurjo préparait un « coup[11] ». On ne peut oublier ce qu'il écrivit dans ses *Causes de la guerre d'Espagne*. Pour beaucoup, le soulèvement militaire était « une conjoncture favorable » dont il fallait tirer profit, et, de fait, l'échec du soulèvement à Madrid et dans plusieurs grandes villes « engendra une confiance sans limites » que « ne partageaient pas tous les hommes politiques importants... pas tous, mais quelques-uns [12] ». Beaucoup de militants de gauche et plusieurs leaders de l'extrême gauche, de Largo Caballero aux anarchistes, ont cru que le mouvement militaire déclencherait une révolution enfin victorieuse. Ils eurent la révolution, mais sans la victoire. Pourtant, quelques semaines avant le *golpe*, un officier de gauche, le lieutenant-colonel Julio Mangada, définit l'esprit séditieux qui se développait dans les casernes et dévoila la genèse de la conspiration dans une brochure, *El fascio en el Ejercito*, à laquelle Azaña refusa de prêter attention, sous prétexte que la brochure avait le ton d'un pamphlet [13]. Dès lors, l'hypothèse de la « conjoncture favorable » évoquée plus haut est parfaitement crédible.

Les conjurés s'étaient réparti les rôles et voulaient que les soulèvements des différentes garnisons fussent parfaitement synchrones : Mola agirait à Pampelune et Burgos, Cabanellas à Saragosse, Saliquet à Valladolid, Villegas et Fanjul à Madrid, Queipo de Llano à Séville. Goded, après avoir assuré le succès du soulèvement à Palma de Majorque, devait se rendre initialement à Valence ; cette destination devint par la suite Barcelone. Tous espéraient le ralliement de Franco, qui prendrait alors la direction de l'armée du Maroc, mais ses refus successifs avaient vivement irrité Mola, chef d'orchestre de la conspiration, en raison du trouble que cette incertitude introduisait dans ses plans. Dans l'espoir d'une décision favorable de dernière minute, plusieurs alliés « civils » de la conjuration, le directeur d'*ABC*, le marquis Luca de Tena, le journaliste Luis Bolin, l'ingénieur Juan de la Cierva, qui vivait à Londres, parvinrent, grâce à un chèque en blanc du banquier Juan March, à se procurer, le 6 juillet, dans la capitale britannique, un hydravion, le *Dragon rapide*. Lorsque, le 13 juillet au matin, Mola fut informé que Franco ne jugeait pas la situation favorable, il domina sa colère et demanda au pilote de l'appareil de transporter Sanjurjo de Lisbonne au Maroc afin qu'il remplace le trop prudent général à la tête des troupes coloniales. Cette substitution devint rapidement inutile. L'assassinat de Calvo Sotelo par les gardes d'assaut qui vengeaient leur camarade, le lieutenant José del Castillo, officier de gauche abattu par des phalangistes, détermina à la fois la date du soulèvement et l'engagement de Franco. Il avisa Mola par télégramme de sa participation, fit embarquer sa femme et sa fille sur un navire allemand à destination de la France, et prépara son départ clandestin pour le Maroc. La date choisie pour le *golpe*, le 18 juillet 1936, allait entrer dans l'Histoire.

2

Une semaine dramatique

Le mécanisme de la conjuration

En dépit des rumeurs de complot et des informations qui lui parvenaient, Azaña ne s'inquiétait pas outre mesure. Il croyait en l'efficacité des réformes de structure qu'il avait réalisées dans les débuts de la République, lorsqu'il avait pris en charge le ministère de la Guerre. Il pensait avoir établi définitivement la suprématie du pouvoir civil, et réglé « le problème historique du sabre ». Et cela d'autant plus que, après son retour au pouvoir en 1936, il avait remplacé à la tête des « divisions organiques » et des postes politiques les généraux suspects par des chefs acquis à la République. C'était sous-estimer les capacités organisatrices d'un personnage aussi méthodique et patient qu'Emilio Mola. Son plan, simple, s'inspirait des *pronunciamientos* du XIXe siècle. Afin d'entretenir doutes et équivoques, il ne prévoyait nulle proclamation à connotation politique claire. Les *bandos* (édits) qui devaient être publiés par les autorités militaires, dès la prise de pouvoir à l'échelon local, éviteraient toute allusion à une restauration monarchique ou à un système politique défini. Abstention d'autant plus habile que plusieurs des chefs de la conspiration, Mola lui-même ou Miguel Cabanellas, se seraient parfaitement accommodés de la forme républicaine.

Ce qu'ils refusaient c'était le Front populaire et ses expressions anticléricale et sociale. Ainsi, le *Vive la République !* qui concluait certaines déclarations, quoique fort ambigu, n'était pas exactement une tromperie. Une note rédigée par Mola le

5 juin pour tracer le programme du futur Directoire de cinq membres prévoyait certes la suspension de la Constitution de 1931, la destitution du Président et des ministres et la dissolution des Cortes, mais elle proposait, entre autres mesures, l'institution d'une « dictature républicaine », la séparation de l'Église et de l'État, et l'extinction de l'analphabétisme [14]. Dans chaque ville de garnison, le pouvoir militaire né du soulèvement devait proclamer l'état de guerre, suspendre les autorités civiles, incarcérer les officiers qui refuseraient de se joindre à la rébellion, s'emparer de toutes les instances de décision et constituer des colonnes armées destinées à secourir les rebelles en difficulté dans les villes voisines ou à marcher sur Madrid, dans le cas où le soulèvement aurait échoué dans la capitale.

Le chef du gouvernement se fiait au loyalisme de la plupart des généraux de division, les plus élevés en grade, et il avait raison puisque quatre seulement des vingt-quatre « divisionnaires » se rallièrent au Mouvement, tandis que la moitié des généraux de brigade refusaient d'y adhérer. Toutefois, Azaña négligeait le fait que Mola et ses complices avaient soigneusement exploré les intentions de ces « divisionnaires » et, dans la plupart des cas, circonvenu leurs collaborateurs immédiats, notamment leurs chefs d'état-major. Dans ce travail de repérage et de noyautage, les membres de l'Union militaire espagnole avaient joué un rôle de premier plan. Au Maroc, le haut-commissaire Alvarez Buylla, le général Gomez Morato, chef de l'armée, et le général Romerales, commandant de la place de Melilla, étaient fidèles à la République. Toutefois, ils ignoraient que la plupart des officiers « africanistes » étaient acquis à la conspiration, à commencer par le lieutenant-colonel Yagüe, commandant du 2ᵉ *tercio* de la Légion, épaulé par les lieutenants-colonels Bartomeu et Gazapo, le colonel Solans, plusieurs capitaines et lieutenants, et le lieutenant-colonel Segui, placé en « réserve » mais très actif. Toutes les villes principales, Melilla, Ceuta, Tétouan, Larache, comptaient des éléments importants prêts à intervenir : à Tétouan, le colonel Saenz de Buruaga, les lieutenants-colonels Beigbeder et Asensio. Seul Heli Rolando de Tella avait été relevé de ses fonctions. Une anecdote illustre la naïveté des généraux loyalistes : lors du banquet qui clôtura, le 15 juillet, les manœuvres militaires du Llano Amarillo, les officiers, avant même la fin du repas, scandèrent en tapant sur les tables : « Café, Café, Café ! » Il fallait comprendre : « *Camaradas, Arriba Phalange Española !* » et non, comme Romerales, s'étonner de leur impatience à voir servir le café ! Dans ces conditions, il n'est pas étonnant que les généraux et officiers fidèles à la République aient été mis hors jeu en trente-six heures [15]

À Séville, le commandant de la 2e division organique, le général Fernandez de Villa-Abrile, était un « républicain historique », mais le colonel Cantero, chef de l'état-major, et plusieurs officiers membres de l'UME étaient prêts à se joindre à la rébellion. De plus, Gonzalo Queipo de Llano, chef des carabiniers, rallié à la conspiration, fut envoyé le 18 juillet à Séville pour prendre la tête du Mouvement en Andalousie, avec l'appui assuré de la garde civile locale. En Galice, le général de la division, Salcedo Molinero, était indécis, et son adjoint Caridad Pita était un fervent partisan du Front populaire, mais leur chef d'état-major, Tovar, était secrétaire régional de l'UME, et le colonel Pablo Martin Alonso, qui commandait un régiment d'infanterie, était favorable au soulèvement. À Burgos, le général Batet, commandant une division organique et « républicain historique », devait être déposé par Mola, son subordonné, à partir de Pampelune. À Valladolid, le général de division, Molero Lobo, lui aussi fidèle à la République, devait être écarté par le général de réserve Andrés Saliquet, avec l'aide de volontaires civils et de plusieurs officiers. Si Burgos et Valladolid passaient à la rébellion, il serait facile d'entraîner Salamanque, Zamora, Palencia, Ségovie, Avila, où l'on n'attendait que le signal pour agir.

À Saragosse, le général Miguel Cabanellas, franc-maçon, était considéré comme sûr par le gouvernement, mais il avait été fâcheusement impressionné par les désordres de la ville, haut lieu de l'anarchisme, et ses subordonnés l'avaient progressivement « converti » à la rébellion. La Navarre, avec Mola et le soutien résolu des carlistes, qui valait aussi pour l'Alava, était à l'évidence un parfait tremplin pour le soulèvement. Antonio Lizarza avait même assuré qu'il disposait de 8 400 « bérets rouges » bien entraînés [16]. Mola s'était abouché avec le colonel Carrasco, commandant militaire de San Sebastian. À l'inverse, les conjurés ne pouvaient espérer d'aucune façon obtenir le ralliement de Bilbao. Ils ne comptaient guère l'emporter à Santander et dans les Asturies, quoique le colonel Aranda, à Oviedo, qui avait bien caché son jeu, ait adhéré secrètement au complot.

Si le contrôle des Baléares par Goded paraissait assuré, la conspiration pouvait échouer en Catalogne et dans le Levant. À Barcelone, le général de division, Llano de la Encomienda, approché prudemment par Goded, avait affirmé son attachement au régime. Certes, son chef d'état-major, le colonel Moxo, et plusieurs officiers étaient favorables au Mouvement, mais l'issue était incertaine. De même à Valence, le général Martinez Monje et son collaborateur direct, le général Gamir Ulibarri, étaient républicains. Le général Gonzalez Carrasco, gagné à la conspiration, pouvait être en difficulté. Dans ces conditions, la conquête d'Alicante demeurait problématique.

À Madrid, le gouvernement avait cherché à placer des officiers sûrs. Il pouvait compter sur Nuñez de Prado, chef de l'armée de l'air, sur le général Miaja, qui commandait la 1re division, et, en principe, sur Virgilio Cabanellas, frère de Miguel. Le commandant de la garde civile, Pozas, était aussi un républicain confirmé. Mais les conspirateurs ne manquaient pas de partisans : outre le général Fanjul, député aux Cortes, le chef d'état-major de la division de cavalerie, le colonel Perez-Peñamaria. Le général commandant la division, Peña Alberin, était incertain. Mais le gouvernement disposait d'un atout majeur, la garde d'assaut, unité créée par la République et qui, à Madrid, lui était acquise. L'attitude de la garde civile posait un point d'interrogation. Il en allait de même pour la marine et l'aviation. Les contacts pris par les collaborateurs de Mola garantissaient le ralliement de nombreux officiers de marine. Les bases d'El Ferrol (Galice) et de San Fernando (près de Cadix) passèrent à la rébellion, mais celle de Carthagène resta républicaine. La majorité des marins adhéraient à des organisations d'extrême gauche ou étaient des sympathisants. La plupart des aviateurs demeuraient fidèles à la République, mais la force aérienne espagnole était modeste.

Premiers succès du Mouvement

En raison de l'extraordinaire fragmentation de la situation politique et sociale de l'Espagne à ce moment de son histoire, on exagère à peine en affirmant que chaque capitale de province, chaque ville moyenne ou bourgade, voire chaque village, vécut son propre drame, fut acteur, bourreau et victime de la tragédie collective. Le soulèvement commença avec une demi-journée d'avance. Le 17 juillet au soir, les conspirateurs de Melilla furent en effet informés que le général Romerales, alerté par Madrid, avait expédié une compagnie de gardes d'assaut inspecter les dépôts d'armes. Ils mobilisèrent aussitôt un *tabor* de *regulares* et un groupe de légionnaires qui se rendirent maîtres des gardes d'assaut, puis de l'aéroport de Tahuima, ce qui leur permit d'intercepter le général Gomez Morato qui, averti lui aussi, arrivait de Larache [17]. Le général Romerales fut arrêté à son tour avec les officiers qui lui restaient fidèles. Toutes les places du Maroc tombèrent rapidement : à Tétouan, le haut-commissaire Alvarez Buylla fut arrêté par le colonel Saenz de Buruaga, et l'aérodrome de Sania Ramel fut enlevé malgré la défense des aviateurs aux ordres du commandant Lapuente Bahamonde, cousin germain de Franco, qui fut capturé. À Ceuta, Yagüe mit à profit l'absence du général Capaz pour s'emparer de la ville dans une opération de nuit. Larache, Arcila, Alcazarquivir, en dépit de la résistance de militants de gauche, subirent le même sort. Plusieurs des officiers qui avaient tenté de s'opposer au soulèvement furent fusillés au cours des jours ou des mois suivants : le général Romerales, Alvarez Buylla, le commandant Lapuente Bahamonde, le commandant Edmundo Seco [18]. Franco fut averti qu'il avait la voie libre pour gagner l'aérodrome de Tétouan.

Autre circonstance favorable aux rebelles : un *tabor* et un escadron de *regulares*, avec leur commandant et leur capitaine, furent transportés de Ceuta à Cadix, où ils arrivèrent le 19 à six heures du matin, par le destroyer *Churucca* et deux navires marchands, le *Lazaro* et le *Cabo Spartel*. À ces 220 hommes vinrent s'ajouter les 170 soldats d'un autre *tabor* transportés à Algésiras par la canonnière *Dato*, qui se trouvait dans le port de Ceuta. Puis les équipages se mutinèrent et obligèrent leurs officiers à regagner Carthagène. Le problème du franchissement du détroit par le gros de l'armée du Maroc allait se poser[19]. Pour sa part, Franco se heurtait à une difficulté sérieuse pour passer des Canaries au Maroc. Le commandant militaire de l'archipel résidait, en effet, à Santa Cruz de Tenerife, et il ne pouvait quitter l'île sans autorisation du gouvernement. Or, le *Dragon rapide*, qui lui avait été expédié d'Angleterre, s'était posé sur l'aérodrome de Gando, dans la Grande Canarie, à la fois en raison d'un brouillard épais sur Tenerife et dans l'intention de déjouer la surveillance policière. Une fois de plus, la chance, cette persistante *baraka*, se manifesta en faveur du général galicien. Le commandant militaire de la Grande Canarie, Amado Balmes, se tua en nettoyant une arme. Franco tenait son prétexte : il devait aller présider les obsèques. Après avoir obtenu par téléphone l'autorisation du ministère, il effectua la traversée de Santa Cruz à Las Palmas dans la nuit du 16 au 17 juillet. La cérémonie et la préparation des proclamations occupèrent la journée.

Le 18 juillet à 5 heures, après avoir pris connaissance des événements du Maroc, Franco déclara l'état de guerre. Les officiers acquis au soulèvement, appuyés par des phalangistes, prirent sur-le-champ le contrôle des lieux stratégiques : postes, stations de radio, générateurs, etc. Il fut difficile de convaincre le commandant de la garde civile, le colonel Baraibar, de se rallier au soulèvement. Dans l'attente de sa décision, la tension monta à Las Palmas, où les militants de gauche étaient nombreux, surtout dans le personnel du port. Le cousin germain de Franco, le fidèle *Pacon*, fit tirer quelques coups de canons de petit calibre pour disperser la foule. Puis, Franco, *Pacon* et le journaliste Luis Bolin gagnèrent l'aérodrome de Gando par mer, à bord d'un remorqueur. Ils purent décoller à 14 h 05 et, après deux escales à Agadir et Casablanca, atterrir à Tétouan le 19 juillet vers 7 heures du matin.

Accueilli triomphalement, Franco n'en constata pas moins que les rebelles étaient dramatiquement dépourvus d'avions. Il expédia aussitôt Bolin à Lisbonne pour que, muni de l'accord de Sanjurjo, il se rendît en Italie afin de négocier l'achat d'appareils. Pour l'heure, les insurgés disposaient seulement de neuf Breguet en mauvais état. Réparés tant bien que mal, ils purent transporter, au rythme de trois vols quotidiens,

200 hommes par jour environ, à Séville ou à Jerez. Seuls trois d'entre eux étaient pleinement utilisables[20].

Le succès aisément prévisible du Mouvement au Maroc fut couronné par la prise de contrôle, plus hasardeuse, de Séville, Cadix, Algésiras et Jerez de la Frontera, ce qui lui assurait d'emblée des ports et aérodromes. À Séville, Queipo de Llano réussit un coup de bluff. Il destitua le général de division, fit arrêter les officiers du régiment d'infanterie, déclara l'état de guerre, et obtint l'appui immédiat de la garde civile, des phalangistes et des quelques *requetes* sévillans. Au cri de « Vive la République ! » il se rendit maître de Radio-Séville, qui avait annoncé la grève générale, et prononça sur les ondes son premier discours pour démentir que le soulèvement fût écrasé. Puis, il fit tourner incessamment quelques camions chargés des premiers *Mores* et légionnaires dans la ville. Le gouverneur civil, aidé de 150 gardes d'assaut, tenta de résister avec l'appoint d'une colonne envoyée de Huelva, où figuraient des gardes civils, et de deux camions blindés venus du Rio Tinto et chargés de mineurs. Les organisations ouvrières, rapidement mobilisées mais manquant d'armes, tentèrent de tenir tête à l'armée dans Triana. Le faubourg fut attaqué à la baïonnette par les légionnaires que commandait le commandant Castejon. La bataille fut rude, et les assaillants durent réduire le quartier maison par maison. Le 24 au soir, la résistance avait pris fin.

À Cadix, le gouverneur civil, appuyé par une partie des gardes d'assaut et des civils, fit face aux militaires que commandait le général Varela, libéré de sa prison. L'arrivée du *Churruca* et de ses contingents africains mit un terme à sa résistance. De Séville, des renforts furent envoyés vers Grenade et Cordoue, où les militaires rebelles étaient encerclés par les forces fidèles à la République. Seuls Huelva et les villages environnants, avec les ouvriers du Rio Tinto, échappaient à l'emprise de l'insurrection. Cette maîtrise presque totale de l'Andalousie atlantique assurait aux rebelles une large tête de pont. Seul manquait le pont. Les conjurés avaient compté sur les officiers de marine pour faire passer l'armée du Maroc dans la péninsule, mais la révolte des équipages rendait ce transfert problématique.

À l'extrême nord du pays, en Navarre, le soulèvement se déroula conformément au plan. Au soir du 18 juillet, lorsque furent connues les nouvelles du Maroc, Mola manda les lieutenants-colonels Utrilla et Rada et leur ordonna de réunir les officiers complices et un millier de volontaires. Le commandant de la garde civile, José Rodriguez Medel, fervent partisan du Front populaire, en appela au gouverneur civil et, comprenant que la partie était perdue à Pampelune, il tenta de décider ses hommes à monter à bord de camions afin de se replier sur l'Èbre avec tout leur matériel. Il fut abattu par les mutins, et deux officiers qui lui avaient obéi furent arrêtés. Mola donna une heure au gouverneur civil pour quitter la ville.

Le lendemain, à 6 heures du matin, l'état de guerre fut proclamé. Le capitaine Rubio San Juan donna lecture du *bando* avant de le faire afficher sur la place du Castillo, envahie par une foule enthousiaste que colorait de rouge et de blanc l'afflux des volontaires accourus des villages voisins et coiffés de la légendaire *boina* (béret) des *requetes*. Tout ce monde ignorait les dernières tentatives du pouvoir républicain pour obtenir l'arrêt du Mouvement, les coups de téléphone de Batet et Miaja à Mola, et, plus encore, l'appel de Diego Martinez Barrio, éphémère chef du gouvernement, qui offrit vainement le ministère de la Guerre à Emilio Mola. L'enthousiasme de la Navarre pour le Mouvement a été constaté par tous les historiens, espagnols ou non, de Raymond Carr à Ramon Tamames. Ce dernier, qui ne saurait être suspecté de complaisance envers les rebelles, évoque « une véritable ferveur populaire pour le soulèvement militaire ». Les carlistes, qui dans certains villages constituaient la totalité de la population, étaient d'une espèce politique étonnante, car ils se voulaient « catholiques et révolutionnaires ». Ce même matin du 19 juillet, les *requetes* entendirent la messe et communièrent dans l'église de la Milagrosa, puis ils formèrent la colonne qui, aux ordres du colonel Garcia Escamez, entreprit à 19 h 30 une « marche vers Madrid[21] » [*sic*]. D'autres, renforcées par des phalangistes et par des éléments de l'armée d'active, firent basculer plusieurs villes et provinces dans le camp « national », mot que désormais j'emploierai par commodité, ainsi que l'adjectif « nationaliste », sans les guillemets qu'ils appellent. Mola, devenu chef incontesté de l'armée du Nord après la mort accidentelle de Sanjurjo le 20 juillet, avait gagné Burgos, où il constitua la première Junte de Défense nationale. La colonne Alonso Vega réduisit de petits foyers de résistance à Miranda del Ebro et Logroño. En revanche, le soulèvement de la garnison de San Sebastian avait échoué, de sorte que les forces du Nord ne purent bloquer la frontière française avant plusieurs semaines.

À Valladolid, dont les communications avec Madrid étaient coupées depuis le 17 au soir, la situation était confuse. Le gouverneur civil Lavin avait fait procéder à quelques arrestations et mises aux arrêts de militaires, les jours précédents, par une manœuvre d'intimidation sans grande efficacité. Il tenta ensuite d'expédier à Madrid la garde d'assaut, sans doute parce qu'il ne la jugeait pas sûre. Elle se mutina, en effet, et s'empara, avec le concours de phalangistes, des locaux de Radio-Valladolid, de l'immeuble des Postes et Télégraphes, enfin du gouvernement civil lui-même. Lavin et le député socialiste Landrove Lopez furent arrêtés, les prisonniers de droite libérés. Lorsque l'armée, qui avait reconnu Saliquet pour chef, intervint dans la journée du 18, la situation avait déjà basculé. Cependant, le général Molero Lobo refusa de s'incliner : au cours d'une entrevue dramatique entre les deux officiers, un jeune avocat national qui accompagnait le premier fut tué par un adjoint du second. L'affrontement fit plusieurs blessés, dont les deux adjoints de Molero, qui devaient mourir quelques jours plus tard, et celui-ci fut arrêté. Le 19 juillet, la mairie et la Maison du Peuple, où s'étaient réfugiés les militants socialistes et communistes, furent assiégées et prises après une brève fusillade. Les 478 personnes trouvées dans la Maison du Peuple furent incarcérées [22].

Les autres villes de la *meseta* septentrionale, de Caceres et Salamanque à Burgos, en passant par Palencia, Avila, Soria, Ségovie, se joignirent sans grandes difficultés au Mouvement. La seule incertitude importante concerna Leon, où la garnison soulevée et les nationaux demeurèrent plusieurs jours sous la menace d'une colonne de mineurs asturiens qui, trompés par le double jeu du colonel Aranda à Oviedo, avaient cru pouvoir passer à l'offensive en marchant sur Leon. La colonne dut se replier en hâte pour conserver le contrôle du bassin houiller, et ne put donc enlever Oviedo. En Galice, les généraux firent d'abord preuve d'attentisme. UGT et CNT tinrent un meeting unitaire, à l'issue duquel les militants, sur une fausse rumeur, pillèrent une église en quête d'armes absentes. Le général

Salcedo, poussé par Caridad Pita, et informé des nouvelles de Madrid et Barcelone, se déclara pour la République. Martin Alonso fut arrêté et aussitôt libéré par le colonel Canovas, qui proclama l'état de guerre. La résistance des socialistes et des anarchistes fut brisée en quelques heures, car les partis de gauche avaient demandé vainement aux autorités civiles et aux officiers demeurés fidèles à la République la distribution d'armes au peuple. Le gouverneur civil, un très jeune homme, fut exécuté, les généraux et plusieurs officiers arrêtés. Une forte résistance ouvrière se manifesta, au Ferrol et dans le quartier de Levaderos à Vigo, mais elle fut vite brisée.

Dès lors, Martin Alonso put conduire une colonne de secours jusqu'à Oviedo où le colonel Aranda et sa garnison étaient assiégés par les milices des mineurs dans leurs casernes. La ville offrit aux rebelles l'une de leurs heureuses surprises, l'autre étant Saragosse où la mésentente entre les organisations ouvrières permit à Cabanellas de devancer le déclenchement de la grève générale par les mesures de maintien de l'ordre propres à l'état de guerre. Dès le 24 juillet, il put s'appuyer sur le renfort de 1 200 *requetes* navarrais qui, au passage, avaient conforté la rébellion de Huesca. Les Baléares, sauf Minorque, avaient été facilement gagnées au Mouvement par Goded. Ces succès incontestables ne doivent toutefois pas masquer plusieurs échecs très graves. Le soulèvement dans son ensemble avait échoué à provoquer d'emblée un changement de régime.

La première évidence de cet inventaire est l'extraordinaire violence des affrontements. Les rebelles ont joué leur va-tout d'emblée, sans hésiter sur le choix des moyens. Dès les premiers jours, la mort violente fut au rendez-vous et des milliers de partisans de la République incarcérés dans l'attente de passer en Conseil de guerre pour « rébellion militaire », ce qui n'est pas le moindre des paradoxes.

La résistance victorieuse et les échecs du Mouvement

Madrid, capitale et siège des institutions représentatives et de l'exécutif, représentait un enjeu essentiel. Les effectifs militaires y étaient assez importants, mais les conjurés commirent une erreur tactique. Une ceinture de casernes entourait la ville, de Getafe au sud au Pardo au nord, et il eût été judicieux de regrouper leurs troupes les plus sûres dans ces casernes, de façon à pouvoir les déployer, dès la proclamation de l'état de guerre, pour marcher sur le centre. On pourrait s'occuper ensuite des casernes importantes prises dans le tissu urbain, Carros de Combate, Maria Cristina, Saboya, Wad-Ras et la Montaña. Or ce fut cette dernière que les rebelles choisirent pour lancer l'insurrection. De plus, le scénario que devait mettre en œuvre la déclaration de l'état de guerre ne fut engagé que le 19 juillet. Le général Villegas, jugeant l'affaire perdue, ayant cédé la responsabilité des opérations à Fanjul.

Ce répit de vingt-quatre heures fut mis à profit par José Giral, devenu chef du gouvernement en remplacement du météorique Martinez Barrio, pour armer de près de 5 000 fusils les volontaires constitués en milices. En outre, dans la plupart des casernes, les soldats refusèrent de suivre leurs officiers. À Carabanchel, le général Garcia de la Herran, qui cherchait à entraîner sa troupe, fut abattu par elle. Deux casernes de la périphérie seulement participèrent au soulèvement : Getafe, dont les artilleurs voulurent détruire l'aérodrome militaire voisin et furent mitraillés par les aviateurs, et le Pardo, où le régiment des Transmissions prit le chemin de la *sierra* pour rejoindre les colonnes de Mola.

Dans Madrid, les officiers rebelles ne lancèrent pas leurs troupes dans les rues, de peur de les voir se mutiner. Une confusion extrême régnait autour de la caserne de la Montaña, foyer principal du soulèvement, où soldats et officiers s'opposaient. Plusieurs tentatives de négociations échouèrent. Les assiégeants, dont les premiers assauts furent repoussés, rassemblaient des soldats sans chefs, des miliciens et des gardes d'assaut. La caserne fut alors soumise à des attaques aériennes et à des tirs d'artillerie. Le 20 juillet, à midi, le portail de la cour intérieure céda et, au terme d'un combat acharné, des défenseurs furent massacrés sur place, d'autres faits prisonniers et transférés à la prison modèle, notamment le général Fanjul, chef du soulèvement, fusillé peu après.

Voici comment José Andrade, un militant du Parti ouvrier d'unification marxiste (POUM), interviewé par Ronald Fraser, décrit les événements de Madrid : « Lorsqu'ils se virent attaqués de tous côtés, les soldats et les sous-officiers furent démoralisés, la discipline s'effondra, et ils refusèrent d'obéir aux officiers. Alors, les unités militaires perdirent leur efficacité pour la lutte, et les officiers ne purent lancer de nouvelles unités dans les rues... Il faut dire aussi que les gardes d'assaut jouèrent un rôle tout à fait crucial... Ils étaient l'unique corps de police efficace créé par la République et, à Madrid, ils constituaient une force révolutionnaire formée presque exclusivement de jeunes socialistes et d'autres militants de gauche[23]. »

L'échec de Madrid était un coup très dur pour le Mouvement. La participation des miliciens à la prise de la Montaña provoqua une exaltation populaire extraordinaire. Des stocks importants de munitions et d'armes furent saisis. Les réserves de la Banque d'Espagne restaient sous le contrôle du gouvernement de la République, dont on peut mettre l'autorité en doute, bien que Giral ait confié des postes importants à des officiers fidèles, Pozas et Castello. Mais les événements qui suivirent eurent aussi pour effet de fortifier la détermination des rebelles. Dans la nuit du 19 au 20 juillet, plusieurs dizaines d'églises furent incendiées en ville, et à la Puerta del Sol, le portrait de Lénine fut affiché à côté de celui de Largo Caballero, ce qui paraissait accréditer un « complot communiste » pourtant inexistant à cette époque. Les 20 et 21 juillet, les miliciens enivrés par le succès commirent pillages et assassinats dans les quartiers riches. Dans le parc de la Casa de Campo, des officiers républicains (Mangada, Barcelo) organisèrent des tribunaux sommaires et « jugèrent » les officiers rebelles capturés, lançant le train des exécutions[24].

L'échec de Madrid entraîna la reconquête de Guadalajara par les miliciens. À Tolède, la garnison, commandée par le colonel Moscardo et renforcée par des gardes civils et des militants de droite, constata qu'elle ne pouvait s'assurer la maîtrise de la ville. Elle s'enferma dans l'Alcazar avec un certain nombre d'otages et se prépara à soutenir un siège resté célèbre et dont nous reparlerons.

À Barcelone, les événements connurent un déroulement et un épilogue comparables à ceux de la capitale. Le plan des conjurés y était pourtant meilleur que celui de leurs camarades madrilènes. Il prévoyait la marche convergente vers la place de Catalogne de colonnes venues de l'extérieur de la ville, l'une, d'infanterie, commandée par le colonel Lopez-Amor (qui venait de la caserne de Pedralbes, à l'ouest), et une colonne de cavalerie aux ordres du général Fernandez Burriel. Avec les 5 000 hommes dont disposait l'armée, le plan semblait réalisable, d'autant que les chefs insurgés avaient annoncé à leurs hommes qu'il s'agissait de « réprimer un soulèvement anarchiste ». Une fois occupés les points stratégiques et la résistance brisée, le prestigieux général Goded devait arriver de Palma de Majorque pour prendre la tête du Mouvement.

Toutefois, les insurgés se heurtèrent au loyalisme de la garde civile et à la décision du général Largo de la Encomienda, communiquée publiquement à ses subordonnés, de rester fidèle au gouvernement de la République. Pour leur part, les anarchistes étaient déterminés, et leurs réactions furent très rapides. Aux premiers bruits de bottes, le 18, et sous l'impulsion de la CNT, ils avaient saisi des armes dans le port et les avaient déposées au syndicat des métallurgistes. Le président de la *Generalitat*, Companys, en accord avec le chef de la police barcelonaise, Frederic Escofet, avait refusé de distribuer des armes, estimant que les anarcho-syndicalistes pouvaient être aussi dangereux que les militaires. Une fois armées, les milices, animées par Durruti, Ascaso, Garcia Oliver, disposaient d'environ 20 000 hommes, ce qui assurait aux « antifascistes » une large supériorité numérique. Des groupes d'ouvriers, crosse en l'air, parvinrent à convaincre des détachements de soldats de ne pas ouvrir le feu. Goded, arrivé de Palma, ne put décider le général Aranguren, commandant de la garde civile, à se déclarer en sa faveur. Enfin le colonel Diaz Sandino maintint l'aéroport du Prat sous les ordres du gouvernement.

Malgré les défections dans les rangs de la troupe, les combats du 19 juillet furent sévères. La colonne de Lopez-Amor parvint à atteindre la place de Catalogne et à s'emparer du central téléphonique, au prix de combats qui firent de nombreux morts. Les autres colonnes ne réussirent pas à faire leur jonction avec Lopez-Amor, pas même celle partie de la proche caserne d'Atarazanas, qui dut se replier. La colonne de cavalerie fut arrêtée au Cincs d'Oro, au croisement du Paseo de Gracia et de la Diagonal. Tandis que les dockers élevaient des barricades sur le port, les combats se continuèrent pendant la journée du 20, sur la place de Catalogne, les Ramblas, le Parallèle, place de l'Université et autour des hôtels Colomb et Ritz. Les milices enlevèrent d'assaut la capitainerie générale où s'était installé Goded qui se rendit et, persuadé par Companys, délia de leurs obligations, par message radio, ceux qui s'étaient engagés envers lui. Les casernes d'Atarazanas et de San Andrés furent emportées dans la soirée du 20 juillet ou au cours de la nuit suivante. Assiégé par les métallurgistes, San Andrés était le siège d'une grande armurerie : elle procura aux milices environ 30 000 fusils. Le désordre était tel que chacun se servait à sa guise : le chef de la police, Escofet, avait tenté trop tard de mettre les armes à l'abri. Andreu Capdevila, militant de la CNT, raconte : « Ce fut en ce moment que s'arma le peuple de Barcelone ; en conséquence, ce fut alors que le pouvoir tomba aux mains des masses. » Les combats avaient fait quelque 400 morts et 3 000 blessés. Parmi les victimes figuraient quelques-uns des leaders du militantisme ouvrier : le socialiste Francesc Graells, le trotskiste Germinal Vidal, les anarchistes Obregon et Francisco Ascaso, ce dernier tué lors de l'assaut d'Atarazanas. Comme à Madrid, la victoire républicaine déchaîna une vague de violences [25].

À Valence, l'armée, informée des événements de Barcelone, ne sortit pas des casernes. Le divisionnaire Martinez Monje resta fidèle au gouvernement d'autant plus aisément que Luis Lucia, l'un des chefs les plus respectés de la droite valencienne, n'avait pas voulu se rallier au soulèvement. Le général rebelle Gonzalez Carrasco, qui avait consigné ses troupes, choisit l'attentisme. Il laissa ainsi aux syndicats et partis du Front populaire, appuyés par la garde civile, le temps de s'organiser : ils créèrent le 22 juillet un Comité exécutif populaire avec participation de la CNT, « pour coordonner la défense de la République ». Après un ultimatum sans résultat, les milices, renforcées par des sous-officiers loyaux et les gardes d'assaut, attaquèrent les casernes, qu'elles enlevèrent assez facilement car la résistance fut faible. Gonzalez Carrasco réussit à s'enfuir par mer après s'être caché quelques jours. Bien que les combats n'aient pas été très violents, plusieurs églises et l'archevêché furent incendiés. Au nord, à Castellon, la garnison fut maintenue dans la fidélité à la République par le lieutenant-colonel Peire. Au sud, à Alicante, le général Garcia Aldarve resta passif. Son attitude fut fatale à José Antonio Primo de Rivera qu'une colonne phalangiste partie de Callosa de Segura avait prévu d'arracher à sa prison d'Alicante, et qui fut exécuté le 20 novembre. Elle ne le sauva pas lui-même car il fut destitué par les milices et fusillé. Sur la côte andalouse, à Almeria et Malaga, l'état de guerre fut déclaré par les officiers acquis à l'insurrection, mais la pression de la rue fut telle qu'avec l'aide des gardes d'assaut ces villes demeurèrent dans la mouvance gouvernementale.

Le Mouvement échoua aussi dans le Nord, où se constitua ce que certains auteurs ont appelé « la tache loyale ». Cependant, le cas du Pays basque est différent de ceux de Santander et des Asturies. Il comptait sur la République pour obtenir un statut d'autonomie comparable à celui de la Catalogne. En Biscaye, il n'y eut même pas de soulèvement militaire. Par contre, à San Sebastian, le colonel Vallespin déclara l'état de guerre, s'empara du gouvernement civil et de quelques édifices. Une colonne d'ouvriers venue d'Eibar, armée grâce aux industries de la ville, ainsi qu'une partie de la population encouragée par le Parti national basque renversèrent la situation. Les rebelles durent s'enfermer dans la caserne de Loyola, dans l'espoir que Mola enverrait un détachement pour les libérer. Il arriva trop tard : la caserne avait capitulé.

Santander demeura du côté de la République sans le moindre combat, le capitaine Garcia Vayas ayant déjoué les préparatifs du colonel Perez Garcia-Argüelles. En revanche, dans les Asturies, l'affaire fut chaude. À Oviedo, les leaders ouvriers, Gonzalez Peña et Belarmino Tomas, trompés par le colonel Aranda qui avait affirmé son attachement à la République, crurent pouvoir envoyer les milices minières au secours de Leon, puis de Madrid. Aranda en profita pour se rendre maître de la ville et fortifier sa position. À Gijon, le soulèvement militaire échoua : l'action des ouvriers du port obligea les militaires à s'enfermer dans la caserne de Simancas. Bien entendu, le bassin houiller resta sous le contrôle des organisations ouvrières.

Au terme d'une semaine dramatique, marquée par la floraison des fausses nouvelles, les incertitudes des combats, les hésitations des acteurs de premier plan, civils ou militaires, une seule évidence s'imposait : la guerre civile avait commencé. Seuls le triomphe complet du soulèvement ou son écrasement immédiat dans la plupart des garnisons auraient permis d'en faire l'économie. Or, le 24 juillet, l'Espagne était coupée en deux. Le gouvernement gardait le contrôle de la moitié du territoire et des trois cinquièmes de la population. Il avait gagné la partie à Madrid et Barcelone. Les grandes régions industrielles (Catalogne, Pays basque) et leur production, notamment celle des armes, demeuraient républicaines. L'aviation et une marine privée de la majorité de ses officiers exécutés par les équipages étaient, pour l'essentiel, fidèles à la République qui conservait les deux tiers des 400 avions et hydravions, plus ou moins opérationnels, et 60 navires de guerre de toutes tailles sur 88. Mais les grandes régions agricoles, avec la production de céréales, et les zones de pêche (Galice surtout) étaient sous la domination des nationalistes ainsi assurés d'un avantage en matière de ravitaillement.

Contrairement à une idée reçue, l'armée n'avait pas obéi massivement à l'appel des conspirateurs. Les calculs de plusieurs historiens (Michael Alpert, Manuel Tuñon de Lara, Ramon Salas Larrazabal) suggèrent un équilibre relatif. Salas Larrazabal, qui totalise les effectifs de toutes les armes, en incluant les troupes du Maroc et les forces de maintien de l'ordre, garde civile et garde d'assaut, obtient 116 501 hommes pour la République et 140 604 pour les nationalistes à la fin juillet 1936. Ces chiffres n'ont qu'une valeur indicative. Il est plus intéressant d'observer que la majorité des officiers généraux restèrent « gouvernementaux », tandis que plus de la moitié des colonels et commandants adhéraient au Mouvement qui rallia 24 des 40 régiments d'infanterie. La moitié des compagnies de la garde civile (108 sur 217) et onze des dix-huit groupes de gardes d'assaut demeurèrent loyalistes, mais ce fut dans les rangs des forces de sécurité que les retournements furent les plus nombreux[26].

Il ne suffit pas de compter. Les forces les plus entraînées, les mieux encadrées étaient les troupes coloniales qui se trouvaient du côté des insurgés. Les *requetes* étaient bien formés et aussi enthousiastes que les milices ouvrières. Celles-ci, inexpérimentées, parfois mal armées, remarquables dans les combats urbains, ignoraient tout de la guerre en rase campagne. Les anarchistes ne voulaient pas entendre parler de discipline. L'aptitude des deux camps à se procurer des armes était une inconnue. Les affrontements des premiers jours avaient suscité une exaltation souvent délirante dans les foules révolutionnaires de Madrid, Barcelone, voire Malaga ou Alicante, mais aussi en Navarre carliste et, dans une moindre mesure, dans la Vieille-Castille des villes et des champs. Dans la bourgade d'Astudillo, province de Palencia, aux premières nouvelles du soulèvement des gens se dirigèrent vers la place centrale, aux cris de « Vive l'Espagne ! Vive l'armée ! Vive le Christ-Roi ! ».

Cette exaltation génératrice de vertus guerrières avait son revers : elle laissait présager des débordements de toutes sortes, le déchaînement des passions et des vengeances, l'élimination sommaire de l'adversaire. Tandis que les officiers préparaient dans la clandestinité le soulèvement, les dirigeants politiques et syndicaux attendaient et souhaitaient l'affrontement, comme une ordalie. Tous ou presque avaient négligé le contexte international et n'avaient pas imaginé que le conflit pût être très long. Tous ignoraient que, le 18 juillet 1936, s'étaient ouvertes les portes de l'enfer.

3

Une saison en enfer (juillet 1936-mars 1937)

Pendant l'été et l'automne 1936, les opérations n'opposèrent que de faibles effectifs, mais elles dissipèrent d'emblée l'illusion d'une guerre courte et elles suscitèrent les premières interventions étrangères. Toutefois, au moins pour les Espagnols, ce ne fut pas le plus important. Soixante ans plus tard, c'est encore le sentiment d'horreur qui, dans leur esprit, domine tous les autres. Le soulèvement militaire eut pour effet quasi immédiat de provoquer la ruine de l'État et de déchaîner la révolution. Dès la fin juillet, chaque parti ne pensa plus qu'à l'élimination physique de l'adversaire, sans considération d'aucune sorte, à l'aide de rituels symboliques qui le traquaient au-delà de la mort et d'un vocabulaire du mépris et de la haine. Certains épisodes tragiques devaient marquer longuement la mémoire collective avant, peut-être, de fonder le succès de la transition démocratique.

La guerre de mouvement

Toute stratégie savante est absente des débuts de la guerre. La géographie éclatée des succès et des échecs initiaux postulait des opérations de portée limitée, afin de consolider ou d'annuler les avantages acquis ici et là. Tout au plus peut-on repérer, jusqu'au mois d'octobre 1936, trois tendances majeures. Au sud, il importe, pour les insurgés, d'assurer le passage sur le continent des forces armées du Maroc et, à partir de Séville, de conquérir l'Andalousie occidentale et l'Estrémadure pour effectuer la liaison avec les forces rebelles du Nord. Là, les forces de Mola tentent de boucler la frontière française et de secourir les places insurgées en difficulté, tout en s'ouvrant la route de Madrid, tandis que les colonnes venues de Galice doivent débloquer Oviedo. Enfin, à partir de Madrid, Barcelone, Valence, Alicante, demeurées sous le contrôle de la République, les forces loyales tentent de reconquérir plusieurs des positions perdues lors du soulèvement.

Les rebelles emploient à leurs opérations les troupes marocaines et les *requetes*, complétées par des volontaires, phalangistes ou autres. Ils peuvent compter sur une majorité d'officiers de carrière et une bonne partie de la garde civile. Combattent pour la République surtout des miliciens volontaires, mais sans expérience militaire, une minorité de l'armée, avec un nombre non négligeable d'officiers, et la majorité des gardes d'assaut. À ces effectifs s'ajoutent, dès la fin de septembre, les premières Brigades internationales. Ces éléments forment des colonnes dotées de faibles moyens en artillerie et de munitions insuffisantes. Le rôle de l'aviation est faible. À partir d'octobre, la bataille de Madrid marquera l'irruption d'une autre forme de guerre. Quoique la première offensive ait été déclenchée par les *requetes* navarrais, le 19 juillet à 18 h 30, lorsque la colonne commandée par Garcia Escamez quitta Pampelune pour Madrid (rien de moins !), c'est tout au sud de la péninsule que se produisit l'événement qui décida peut-être du sort de la guerre, en empêchant les forces gouvernementales d'en finir rapidement avec l'insurrection. Ce fut le franchissement du détroit par les forces coloniales, tant il est vrai que « la première grande victoire des rebelles ne fut pas une bataille mais une opération de transport[27] ».

Le passage du détroit

Dans les premiers jours du soulèvement, moins de 400 hommes avaient pu être acheminés par mer du Maroc à Cadix et Algésiras. Renforcés par les légionnaires de la 5e *bandera*, transportés par avion, ils constituèrent un renfort précieux pour Queipo de Llano. Mais, s'ils purent contribuer à écraser la résistance des forces loyales à Séville, Cadix ou Grenade, un si faible effectif ne permettait pas de lancer la marche sur Madrid en éliminant au passage les adversaires du Mouvement d'Andalousie occidentale et d'Estrémadure.

Une stratégie résolument offensive exigeait la participation de l'armée du Maroc. Les émissaires envoyés par Franco en Allemagne et en Italie pour y acquérir les avions destinés au pont aérien firent merveille, avec l'appui du financier majorquin Juan March qui avait déjà subventionné les achats d'armes des carlistes en Italie en 1934. À Berlin, les demandes de Franco bénéficièrent du soutien d'un membre du parti nazi du nom de Bernhardt, installé au Maroc. Dès le 27 juillet, quelques Junker 52 quittèrent l'Allemagne pour le Maroc où ils furent rejoints par des Savoia-Marchetti italiens au nombre de neuf, les trois autres n'étant jamais arrivés. Du 29 juillet au 5 août, le pont aérien renforcé put faire passer 1 500 hommes en Espagne. Deux felouques de pêche avaient débarqué à Tarifa, le 25 juillet, une compagnie de la Légion. Mais c'était encore fort insuffisant. Compte tenu de la capacité de transport des avions de ce temps, seuls les convois maritimes pouvaient assurer le passage rapide de plusieurs milliers d'hommes. On se souvient que les équipages de la flotte avaient pris le parti de la République, et la plupart des officiers favorables au Mouvement avaient été passés par les armes.

Les circonstances du passage du détroit, notamment du convoi du 5 août, qualifié plus tard de « convoi de la Victoire », n'ont pas été totalement éclaircies. Franco eut l'adresse d'obtenir du Comité de contrôle du port de Tanger qu'il interdît à la flotte républicaine d'utiliser ce port, au nom du respect du statut international de la ville. Contrainte de prendre Malaga comme port d'attache, elle devenait moins dangereuse. Le général rebelle montra son esprit de décision en misant sur la désorganisation de la flotte républicaine privée de ses officiers pour tenter la traversée dans un convoi escorté, en tout et pour tout, par une canonnière et un garde-côtes.

Le calcul était juste : le destroyer *Alcala Galiano*, un bâtiment moderne et bien équipé, qui tenta aussitôt d'intercepter le convoi, échoua en raison « de l'incompétence dans un combat naval d'un équipage privé d'officiers[28] ». Les équipages républicains furent peut-être impressionnés par le soutien aérien des bombardiers Saboya et la présence dans les parages de deux cuirassés allemands, le *Deutschland* et l'*Amiral Scheer*, bien que ces bâtiments ne soient pas intervenus. Plus probablement, les marins n'avaient pas eu le temps de surmonter l'élimination de leurs officiers. Quelques jours plus tard, ils réussirent un bombardement violent du port d'Algésiras et entravèrent avec plus de succès la traversée du détroit[29]. Le convoi transporta quelque 2 500 à 3 000 hommes et un important matériel. Pendant le mois d'août, 10 500 hommes passèrent du Maroc en Andalousie et 9 700 autres les suivirent en septembre. Franco ne les avait pas attendus pour lancer l'offensive. Les 1er, 3 et 7 août, il constitua trois colonnes (Asensio, Castejon, Tella) qui, sous le commandement de Juan Yagüe, avaient Merida comme objectif. Il avait toute confiance dans les troupes marocaines et la Légion.

Les *Mores* sèment la panique

Les premières forces régulières « indigènes » avaient été recrutées en 1911 par le lieutenant-colonel Damaso Berenguer pour soulager les troupes espagnoles décimées par une guerre coloniale meurtrière. L'unité de base en était le *tabor*, bataillon composé de quatre compagnies d'infanterie et d'un escadron de cavalerie. Après le désastre d'Anual, en 1921, chaque *tabor* fut pourvu d'unc scction de mitrailleuses servies par des Européens. Le général Gomez Jordana, haut-commissaire au Maroc de 1915 à 1919, avait accéléré le recrutement avec l'aide de « *Mores* amis », et les forces indigènes jouèrent un rôle important dans le débarquement d'Alhucemas en 1925. L'année suivante, les forces régulières (*regulares*) avaient été réorganisées, réparties en cinq groupes régionaux qui totalisaient vingt *tabors*. La Légion étrangère, dite *tercio* par référence à la formation d'élite de la célèbre infanterie espagnole du Siècle d'Or, avait été créée le 28 avril 1920 à l'initiative du colonel Millan Astray, selon le modèle français. Associant une discipline impitoyable à une tolérance de tous les excès pendant les actions de guerre, la Légion se développa jusqu'à compter cinq unités (*banderas*) en 1936.

Le colonel Capaz, officier compétent, à la tête du Bureau

des Affaires indigènes avant l'avènement de la République, avait mis au point un système très efficace de contrôle des tribus rifaines : il utilisait habilement les hiérarchies indigènes, selon une structure pyramidale reposant sur cinq régions administratives. L'aide constante de certains officiers espagnols (Juan Bautista Sanchez Gonzalez, Tomas Garcia Figueras) et, surtout, la collaboration active de plusieurs caïds, dont Soliman El Jatabi, cousin d'Abd el-Krim mais pas moins fervent admirateur de Franco, permirent de pousser vigoureusement le recrutement. À l'heure du soulèvement, les effectifs des forces militaires dans le protectorat espagnol approchaient les 40 000 hommes : 9 000 *regulares* avec 8 000 auxiliaires ; 5 000 légionnaires et 17 000 soldats espagnols mobilisés. Les caïds, alléchés par des subventions, se montrèrent d'excellents recruteurs. Les chefs militaires espagnols avaient su trouver des arguments convaincants : une prime d'engagement de deux mois de solde, 4 kilos de sucre, un bidon d'huile d'olive et du pain permettant de secourir les familles avant le départ.

Dès octobre 1936, 15 000 engagements furent ainsi souscrits. Au printemps de 1937, sur quelque 62 000 hommes qui avaient franchi le détroit, il y avait plus de 37 000 Marocains. Les patientes recherches du colonel José Maria Garate Cordoba lui permettent d'avancer que 62 271 d'entre eux au total ont participé à la guerre civile dans le camp nationaliste. La propagande républicaine chercha à freiner ce recrutement en invoquant les promesses trompeuses des franquistes, mais la propagande de ces derniers fut plus efficace. Elle bénéficia du ralliement du chef marocain Abdeljalek Torres qui reçut l'autorisation de créer le Parti de la réforme nationale et soutint à fond le Mouvement dans l'espoir d'obtenir, après la victoire, un régime d'autonomie. Parallèlement, la Phalange recruta elle aussi des centaines de jeunes Espagnols résidant au Maroc. La République ne joua pas auprès des Marocains la carte de la promesse d'indépendance au lendemain du conflit, peut-être par crainte de mécontenter la France [30].

Les troupes marocaines utilisaient une tactique simple. Elles se déplaçaient en camions, autobus et véhicules divers, réquisitionnés à Séville, Cadix, Jerez, Huelva et, à l'approche d'un village, d'un bourg ou d'une ville, le convoi s'arrêtait et les petites pièces d'artillerie soumettaient l'agglomération à un bombardement intensif. Ensuite, les hommes avançaient avec prudence. Si une résistance se manifestait, le bombardement reprenait. Après quoi, les soldats entraient dans l'agglomération, baïonnette au canon. Les hommes trouvés porteurs d'armes étaient fusillés comme « rebelles ». Les dirigeants de partis politiques ou de syndicats subissaient le même sort. D'emblée, les troupes marocaines inspirèrent la terreur aux populations civiles et même aux « miliciens » dont les unités se débandèrent fréquemment à leur approche. Franco, conscient de cet atout, en joua comme d'une arme psychologique. L'avance des colonnes fut rapide et irrésistible : Merida fut emportée le 10 août, Badajoz le 14, Guadalupe le 21, Talavera de la Reina le 3 septembre, Santa Olalla le 20 et Maqueda le 21. Les Marocains ne subirent de pertes notables qu'à Medellin, dont ils brûlèrent les églises. Les premières résistances notables furent celles d'Almendralejo, où les miliciens enfermés dans une église tinrent plusieurs jours, et de Merida, où 2 000 miliciens galvanisés par la militante anarchiste Anita Lopez se battirent avec acharnement. Vaincus, Anita et ses compagnons furent passés par les armes.

La bataille la plus considérable, avant celles de Tolède et de Madrid, fut livrée à Badajoz, bien défendue par le colonel Puigdengolas, fervent républicain, qui disposait de 500 soldats réguliers et de 3 000 miliciens. Il avait utilisé la vieille enceinte et l'*alcazaba* qui dominait la ville pour fortifier ses défenses, et l'artillerie insuffisante des assaillants leur permit seulement d'ouvrir une brèche. Les légionnaires donnèrent l'assaut, faisant preuve d'un courage extraordinaire, et ils subirent de lourdes pertes, avant d'enlever la ville maison par maison. En représailles, les exécutions sommaires sur la Plaza Mayor et dans la Plaza de Toros se poursuivirent jusqu'au 17 août. Les évaluations du nombre des victimes, proposées par les nombreux correspondants de presse étrangers qui se rendirent à Badajoz, Jay Allen du *Chicago Tribune*, Mario Neves du *Diario de Lisboa*, Ronald Packard de l'*United Press*, le correspondant du *Temps*, ou des reporters qui publièrent ensuite des livres (John T. Whitaker, James Clough), oscillent de 1 500 à 4 000, bilan impressionnant dans tous les cas. L'historien Hugh Thomas, d'abord réservé, mais qui effectua une enquête personnelle auprès de témoins directs en 1959, a conclu au massacre, même si le chiffre de 1 800 (Jay Allen) lui paraît trop élevé. Yagüe a reconnu les faits en arguant que l'armée ne pouvait emmener avec elle des prisonniers.

La terreur qu'inspiraient les *regulares* et la Légion tenait à leur comportement après la victoire : exécutions sommaires comme celles de l'hôpital San Juan de Tolède le 27 septembre, dont furent témoins l'Irlandais Fitzpatrick, combattant dans les rangs nationalistes, et le journaliste Geoffrey Cox, éventrations, décapitations, mutilations. Après Badajoz, Franco donna l'ordre à Yagüe d'interdire les castrations, mais il n'est pas certain qu'il ait été obéi. Ajoutons à ce tableau les viols collectifs, tel celui de deux jeunes filles à Navalcarnero auquel assista, épouvanté, le journaliste John Whitaker, en présence de l'officier marocain le plus haut gradé, El Mizzian, promu ensuite général. On a pu estimer que les interventions fameuses, et souvent odieuses, de Queipo de Llano sur Radio-Séville, exaltant la puissance sexuelle des *Mores*, avaient encouragé ces viols tout en accroissant la panique des femmes à l'approche des troupes *mores*. Heureuses, les rescapées qui s'en tiraient avec la perte de leur chevelure ou un lavage d'estomac à l'huile de ricin[31] ! L'assaut de Badajoz, où les Marocains et la Légion durent forcer l'enceinte de la ville, révéla toutefois que les troupes coloniales étaient beaucoup moins à l'aise dans les combats urbains qu'en rase campagne. La bataille de Madrid devait confirmer cette inaptitude, au moins relative.

La guerre au Nord : les *requetes* carlistes

Le 19 juillet, la force la plus considérable immédiatement disponible était constituée par les combattants carlistes, les célèbres *requetes*. Elle comptait d'emblée une quinzaine de milliers d'hommes, parmi lesquels beaucoup de petits propriétaires paysans, à l'image d'Antonio Izu qui fut interviewé après la guerre par Ronald Fraser. Enthousiastes, endurants, bien entraînés, ils avaient accueilli sans déplaisir la République qui avait aboli une monarchie jugée par eux illégitime. Mais ils étaient allergiques au communisme et à l'anarchisme et restaient profondément attachés au catholicisme de leurs pères, une religion populaire qui, en Navarre, n'était pas oppressive quoiqu'elle ait maintenu une forme d'ordre moral[32]. Les *requetes* permirent à Mola de constituer plusieurs colonnes auxquelles furent assignés des objectifs différents : celle de Garcia Escamez fut envoyée vers le sud pour participer au siège prochain de Madrid. Elle passa par Vitoria, où elle se renforça, contribua à l'affermissement du Mouvement à Logroño et à Soria, mais les jours perdus par le gros de la troupe dans ces opérations permirent aux républicains de s'emparer de Guadalajara et du col de Somosierra dont ils délogèrent l'avant-garde des troupes du Nord, composée de militants de Rénovation espagnole, commandés par les frères Miralles.

L'assaut des *requetes* leur assura le contrôle du col, mais leur progression fut ensuite stoppée par la colonne républicaine de Galan appuyée sur la petite ville de Buitrago. Une autre colonne rebelle, commandée par le colonel Serrador et partie de Valladolid, connut la même mésaventure. Elle parvint à s'emparer de l'Alto de Leon après un combat d'une grande violence, le 22 juillet, mais fut stoppée un peu plus bas. Les colonnes navarraises étaient affaiblies par le manque de munitions. De plus, une colonne républicaine, aux ordres d'une grande figure d'officier de gauche, le colonel Mangada, renforcée par nombre de miliciens asturiens, menaçait de couper les lignes de communication de Serrador. Après avoir franchi la Sierra de Gredos à l'ouest, Mangada battit un parti de phalangistes vallisoletains près d'Avila dans un combat marqué par la mort d'Onesimo Redondo, l'un des chefs de l'extrême droite. Puis, près de Villacastin, il infligea un dur revers au commandant Doval, le « bourreau des Asturies », en 1934. Mais, trop loin de ses bases, Mangada ne put pousser son avantage et dut se replier. Son action ne s'inscrivait d'ailleurs dans aucun plan d'ensemble. Le gouvernement de la République envoya le général Riquelme organiser et structurer le front de la Sierra de Guadarrama. Tâche difficile mais, en arrêtant les colonnes venues du nord, les miliciens assistés par quelques officiers professionnels de valeur avaient mis en échec le projet Mola de conquête rapide de Madrid. Malgré plusieurs tentatives de part et d'autre, le front de la *sierra* était stabilisé dès le 5 août.

Un autre objectif de Mola, proche dans l'espace mais de

réalisation difficile, était la conquête du Pays basque. Le Guipuzcoa et la Biscaye s'étaient ralliés à la République, afin d'obtenir un statut d'autonomie, et l'on se souvient que la garnison de San Sebastian s'était enfermée dans la caserne de Loyola, dans l'espoir de tenir jusqu'à l'arrivée de la colonne de secours partie de Pampelune et commandée par le colonel Beorlegui. Mais celle-ci n'arriva pas à temps : Beorlegui, qui progressait le long de la frontière française, fut retardé par l'explosion d'un pont et par les carabiniers de Vera de Bidasoa, fidèles au gouvernement. La garnison capitula le 28 juillet.

Cet échec stimula l'énergie des Navarrais. Après un voyage éclair à Séville, où il conféra avec Franco, Mola répartit en trois colonnes les 3 000 combattants d'élite dont il disposait. Il savait pouvoir obtenir le blocus maritime du Guipuzcoa, car les unités qui patrouillaient dans la mer Cantabrique, le cuirassé *España*, le croiseur *Almirante Cervera* et le destroyer *Velasco*, étaient ralliées au Mouvement. Il avait, en outre, bénéficié du renfort de cinq chars italiens, d'une *bandera* de la Légion et de nouveaux canons[33].

L'affrontement quasi fratricide entre Navarrais et Basques fut long et meurtrier. Les *requetes* perdirent le tiers de leurs forces, dont le colonel Beorlegui, mais ils verrouillèrent la frontière française, s'emparèrent d'Irun le 5 septembre après avoir enlevé le fort Saint-Martial, enserré dans un réseau de barbelés, en dix jours de combats acharnés dont la population française, massée sur l'autre rive de la Bidasoa, fut spectatrice. Près de 2 000 miliciens réussirent à passer la frontière française et à prendre le train pour Port-Bou afin de retourner en Espagne loyaliste. Le 15 septembre, San Sebastian, violemment bombardé par les unités de la flotte depuis le 17 août et mitraillé par les Junkers 52, tomba à son tour. Les troupes de Mola occupèrent tout le Guipuzcoa, jusqu'au voisinage d'Eibar. Du coup, les colonnes basques, parties de San Sebastian et Bilbao dans l'intention de conquérir Vitoria, où le Mouvement avait triomphé, avaient été contraintes de se replier en hâte.

La troisième intervention de Mola fut d'ordre défensif. Il dut en urgence composer une colonne de secours à destination de l'Aragon car Saragosse et Huesca étaient menacées par les colonnes révolutionnaires parties de Barcelone, constituées pour l'essentiel de militants révolutionnaires, anarchistes et trotskistes. Car, tant bien que mal, la République adoptait également une stratégie offensive.

Enfin, le panorama de la guerre au Nord serait incomplet sans le secours que les rebelles de Galice, après avoir conforté leur position, tentèrent d'apporter aux insurgés des Asturies, retranchés dans la caserne Simancas à Gijon et dans le centre d'Oviedo. Le colonel Aranda s'en était emparé par ruse, et il disposait d'un armement considérable, notamment en mitrailleuses. En effet, la « révolution de 1934 » avait été suivie d'une importante fourniture d'armes à la garnison afin de parer à toute éventualité. Aranda disposait de 2 300 hommes dont quelques centaines de volontaires phalangistes. À Gijon, le colonel Pinilla était beaucoup moins bien pourvu, malgré les tirs que le croiseur *Almirante Cervera* dirigeait contre les assaillants. L'expédition de secours du colonel Martin Alonso, divisée en deux colonnes, l'une qui progressait le long de la côte, l'autre qui était passée par le Leon, ne parvint pas à sauver la garnison de Gijon. Les redoutables *dinamiteros* asturiens, qui avaient percé des galeries sous la caserne Simancas, la firent sauter. Ses derniers défenseurs, dont Pinilla, périrent dans les flammes. En revanche, Martin Alonso, qui opéra la jonction de ses deux colonnes à La Espina, réussit au terme d'une marche forcée à délivrer Aranda et ses hommes.

Les offensives républicaines

L'un des problèmes cruciaux que devait résoudre la République pour concevoir et déclencher la contre-offensive victorieuse fut celui posé par l'unité de commandement. Dans la zone centrale, dont Madrid, et en Catalogne le pouvoir d'État était, pour le moins, contesté par les organisations révolutionnaires dont la FAI. Le Nord manquait lui-même d'unité, puisque Pays basque, Santander et Asturies étaient trois pôles sans réelle cohérence. La République pouvait compter sur des dizaines de milliers de volontaires plus nombreux que les soldats nationalistes et sur un matériel certes médiocre mais comparable à celui des rebelles, elle était handicapée par le nombre insuffisant des officiers de carrière. De surcroît, les miliciens, surtout les anarchistes, étaient allergiques à toute discipline et tenaient la plupart des officiers en suspicion. Beaucoup de ces hommes partaient « faire la révolution » et n'avaient pas conscience de ce qu'était une vraie guerre. Les anarchistes catalans qui avaient triomphé du soulèvement avec une facilité relative s'imaginaient pouvoir mener jusqu'à Saragosse une procession révolutionnaire.

Dès le 20 juillet, le Comité central des milices antifacistes procéda à Barcelone au recrutement des volontaires, dont beaucoup étaient armés. Le commissaire spécial français de Cerbère se trompe lorsqu'il affirme, dans un rapport du 8 août, que, lors du soulèvement, la *Generalitat* avait distribué des armes au peuple. Les militants révolutionnaires les avaient saisies soit dans le dépôt du syndicat des métallurgistes, soit dans l'armurerie de la caserne San Andrés. Pour le reste, son rapport est exact. Il signale le grand courage des militants anarchistes et trotskistes face aux militaires sur les Ramblas et ajoute : « Ces groupements révolutionnaires ont dirigé leur activité contre tout ce que représentait à leurs yeux la société capitaliste. Les compagnies de navigation, les usines, les hôtels, les grands magasins ont été saccagés, puis réquisitionnés... Toutes les églises ont été saccagées et brûlées, à l'exception des églises San Felipe Neri, San Severo et de la cathédrale... Les cercueils des églises de la Sagrada Familia et des religieuses de la Visitation ont été ouverts et les squelettes exposés à l'extérieur, au nom de l'égalité devant la mort[34]. » Il faut lire les récits des militants anarchistes ou trotskistes pour imaginer, fût-ce imparfaitement, l'ambiance surréaliste qui régnait à Barcelone à la fin de juillet ou dans les premiers jours d'août 1936.

Les deux colonnes qui quittèrent la ville le 24 juillet étaient composées de miliciens dont les chefs avaient auprès d'eux un officier de carrière comme adjoint technique. Ainsi, Buenaventura Durruti, chef de la première colonne, en route pour Saragosse, avec une majorité d'anarchistes et un renfort important d'ugétistes, était assisté du commandant Perez Farras. La deuxième colonne qui se dirigeait vers Alcañiz était commandée par Antonio Ortiz. La troisième, partie quelques jours plus tard et baptisée « Francisco Ascaso », où les hommes du

POUM étaient majoritaires, marcha sur Huesca. D'autres colonnes, qui comportaient déjà des « internationaux », et celle dite « des *Aguiluchos* », partirent pour l'Aragon fin août. Mais il n'y avait pas la moindre coordination entre elles, seul le soutien aérien commun était assuré depuis l'aéroport barcelonais d'El Prat par quelques Breguet XIX et deux avions de chasse Nieuport, tandis qu'une force régulière, la demi-brigade de montagne du colonel Villalba, accompagnait l'offensive à partir de Barbastro. Durruti imaginait une entrée triomphale à Saragosse, tremplin de la révolution mondiale.

Écoutons Juan Bréa, militant trotskiste : « Notre groupe était la Colonne internationale Lénine. Environ quatorze pays différents y étaient représentés sous le commandement de Russo, qui avait servi comme officier dans l'armée italienne avant l'ère mussolinienne... Les femmes se pressaient sur notre passage et glissaient des fleurs dans les canons de nos fusils. Nous avancions au milieu d'une haie de poings tendus, et nous levions les nôtres de temps à autre. Les gens chantaient *L'Internationale*, et de grands éclairs comme des lances rouge sang coloraient le ciel ; les fenêtres de la Via Layetana semblaient en feu... Le but de notre voyage était Huesca et nous avions l'air de gens qui partaient à la fête. Nous partions pour le front... et Barcelone nous rendait son hommage comme à une armée triomphante alors que nous n'étions que la troisième colonne du POUM en route pour la victoire. Nous n'avions aucun doute là-dessus... Les gens qui nous regardaient partir étaient en bras de chemise et criaient : Vive la Révolution mondiale[35] ! »

En fait, ce ne fut ni la promenade militaire, ni la fête. Les 15 000 hommes des colonnes parvinrent aux abords de Huesca, de Saragosse et de Teruel, mais ils ne purent prendre aucune de ces villes, face à la résistance de la Ve division organique, moins nombreuse mais renforcée par des phalangistes et des *requetes* de Mola. « Manque d'armes et de munitions, indiscipline, absence de direction technique », diagnostique Gabriel Cardona[36]. À défaut d'une victoire militaire significative, les colonnes anarchistes se livrèrent à une répression impitoyable, contrepoint sinistre du « nettoyage » auquel procédaient les troupes *mores* et la Légion en Andalousie et en Estrémadure ou de la répression sanglante qui, simultanément, désolait les faubourgs ouvriers de Saragosse.

À Lerida, « les milices de passage laissèrent leur marque » dans la nuit du 25 au 26 juillet par une première tuerie collective dont furent victimes 26 membres de la garde civile, un prêtre et 14 séminaristes. Dans la nuit du 5 août nouveau massacre. Le 20 août, un groupe de plus de 70 prêtres et religieux que les gardes d'assaut conduisaient de Lerida à Barcelone fut intercepté par les miliciens, et tous furent fusillés contre les murs du cimetière. Au total, à Lerida, du 20 juillet au 25 août, il y eut entre 250 et 266 assassinats.

Les « Colonnes de libération des paysans » de Durruti et Ortiz firent pire encore. Dans les villages de la province de Saragosse, 700 personnes furent assassinées (22 maires, 68 conseillers municipaux, 11 secrétaires de mairie, 11 juges municipaux, etc.). La petite ville de Caspe, dont le maire et six conseillers municipaux furent exécutés, témoigna d'une volonté d'éliminer tous les représentants de l'autorité. Julian Casanova interprète cette sémiologie de la mort : « La majorité des 3 000 personnes assassinées sur le territoire aragonais où s'établirent les milices étaient de riches laboureurs, de petits et moyens propriétaires terriens, des commerçants, des artisans et des journaliers. Il est difficile et trop imprécis de qualifier ces faits de répression de classe. Il s'agit plutôt d'une violence contre le statut défini par l'honneur et le prestige qu'octroient l'argent, la possession de la terre, la reconnaissance par autrui d'une position sociale. C'étaient ceux qui fréquentaient le curé et le médecin, ceux qui n'avaient pas de dettes... C'étaient aussi les caciques... » Sans parler des règlements de comptes, des litiges anciens, des vengeances familiales[37].

À partir de Barcelone et de Valence, deux expéditions, l'une patronnée par la *Generalitat*, l'autre par le gouvernement central, tentèrent de reconquérir les Baléares, dont la maîtrise était indispensable à la surveillance du trafic destiné à la péninsule. Au lendemain du Mouvement, la République n'avait conservé que Minorque. Les Valenciens débarquèrent par surprise le 8 août à Formentera, qu'ils occupèrent facilement, puis ils cinglèrent sur Ibiza, attaquée également par l'expédition catalane commandée par le capitaine Bayo. La garnison réduite fut facilement maîtrisée, et la situation paraissait évoluer d'une façon favorable à la République. Elle jouissait de l'appui d'une flotte importante : le cuirassé *Jaime I°*, le croiseur *Libertad*, deux destroyers, un sous-marin, etc., et d'une aviation de reconnaissance qui pouvait décoller de la base minorquaine de Mahon. Les miliciens et la garnison de Minorque constituaient un renfort appréciable pour Bayo qui entreprit le débarquement à Majorque, cible majeure de l'expédition.

L'opération se déroula facilement le 16 août, avec un débarquement dans l'est de l'île, à Porto Cristo, à 12 kilomètres de Manacor. Les rebelles étaient inférieurs en nombre, et si Bayo avait fait preuve d'esprit de décision, il aurait pu s'assurer le contrôle de toute la partie orientale de l'île, avec les villes de Manacor, Felatnix et Pollensa. Mais les conflits entre le gouvernement central, qui dirigeait la flotte de guerre, et la *Generalitat*, commanditaire de l'expédition Bayo au nom de la reconstitution d'une « Grande Catalogne » [*sic*], ainsi que l'indiscipline dramatique des miliciens firent perdre douze jours. Cela permit aux nationalistes, qui avaient accéléré le recrutement des volontaires phalangistes, de fortifier leurs lignes de défense et, surtout, d'obtenir le renfort de six avions italiens, trois Savoia-81 et trois Fiat CR-32. Ces appareils, maîtres du ciel, menèrent des raids qui minèrent le moral des combattants de la République. Ceux-ci occupèrent quelques villages de la côte, mais ils ne parvinrent pas à pénétrer profondément dans l'intérieur de l'île.

Pendant ce temps la contre-offensive nationaliste s'organisait sous la direction du colonel Garcia Ruiz. Il disposait d'une force militaire doublée par les phalangistes réunis par le marquis de Zayas. Le 3 septembre, l'offensive fut déclenchée, et Bayo dut rembarquer, laissant nombre de morts sur le terrain. Plusieurs blessés furent achevés sur les plages ou dans leurs lits d'hôpitaux. Une opération qui aurait pu se terminer par la conquête de Majorque s'achevait lamentablement, posant cruellement le problème de l'unité du commandement[38].

La garnison d'Albacete avait adhéré au Mouvement. Mais la ville n'était qu'un îlot insurgé dans une mer de fidélité à la République. Son sort fut rapidement réglé grâce à l'action de deux colonnes, l'une venue d'Alicante et d'Alcoy, l'autre de Murcie et Carthagène. Après un bombardement de la caserne de la garde civile, bastion des insurgés, le 22 juillet, les colonnes donnèrent l'assaut le 25 et la garnison se rendit. Du coup, Albacete devint une base de départ pour une action en direction de l'Andalousie. Il s'agissait notamment de boucler le défilé de Despeñaperros, de façon à interdire la route de Madrid pour une force rebelle venue de la vallée du Guadalquivir. Le général Miaja, l'un des plus hauts gradés fidèles à la République, déclencha l'opération le 28 juillet. Sa troupe traversa sans difficulté une région acquise au gouvernement et se renforça même, grâce à l'enrôlement volontaire de paysans. Au début d'août, il avait dépassé ses objectifs et atteint Montoro, à 40 kilomètres de Cordoue. Il aurait pu tenter une action hardie sur cette ville car le gros de l'armée du Maroc n'avait pas encore passé le détroit. Mais une fois de plus, le commandement républicain manqua de décision et d'audace.

L'ENTHOUSIASME DES MILICES POPULAIRES

À Madrid, le gouvernement avait décidé, le 2 août, la formation de bataillons de volontaires encadrés par des officiers professionnels. L'enthousiasme révolutionnaire qui animait une partie importante de la population garantissait le succès du recrutement, d'autant que l'on pouvait procéder à l'enrôlement de soldats réservistes munis d'un « certificat de loyauté ». L'objectif était d'obtenir l'amalgame entre expérience et enthousiasme. Les problèmes de l'incompétence et de l'indiscipline n'étaient pas résolus pour autant. Les milices d'août et les premiers bataillons formés en septembre allaient en administrer de nombreuses preuves, notamment face aux troupes marocaines[39]. Pour ma part, je nuancerai le jugement sans complaisance de plusieurs historiens à propos de ces milices. Ces troupes de fortune parvinrent à stopper l'avance des *requetes*, moins nombreux mais mieux armés et mieux formés. Et c'est des rangs de ces bataillons que sortirent des chefs comme Enrique Lister, tailleur de pierres communiste, qui avait travaillé à Cuba et à Moscou, le charpentier Juan Modesto, l'entrepreneur anarchiste Cipriano Mera ou le paysan Valentin Gonzalez, dit *El Campesino*.

C'est à l'occasion de ces premiers combats que se forgea le « Cinquième Régiment », formation communiste homogène dont la valeur militaire fut réelle et qui allait bientôt devenir le ferment de l'armée populaire. Je rappellerai le jugement d'Arturo Barea : « Le parti communiste avait fait le premier pas important vers la formation d'une armée, en organisant le Cinquième Régiment non comme une milice quelconque, mais comme un corps articulé et discipliné. Les volontaires affluaient en masse. L'idée séduisait les gens en marge des groupements politiques parce que cela paraissait être éloigné de l'ambition et de la propagande des partis. Dans les derniers jours d'août, le Cinquième Régiment était déjà à la fois un mythe et une réalité[40]. » On comprendrait difficilement la pugnacité et les progrès au combat des milices populaires si l'on négligeait le « facteur moral ». À cet égard, des personnalités comme Dolores Ibarruri, la *Pasionaria*, ont joué un rôle capital. Quelles qu'aient pu être les faiblesses du personnage – elles apparurent dans la seconde partie de sa vie –, cette Biscayenne sut exalter le moral des combattants auxquels elle s'adressait dans les tranchées, et fut pour beaucoup dans les progrès du parti.

Pour le gouvernement de Madrid, après la consolidation des défenses de la *sierra*, l'urgence se nommait Tolède. Le symbole de l'Alcazar importait plus que sa valeur militaire. On le vit, quelques semaines plus tard, lorsque se forma et se diffusa dans toute l'Europe la légende des « cadets de l'Alcazar ». La forteresse avait été le siège de l'Académie d'infanterie où Franco et beaucoup d'autres officiers, Yagüe par exemple, y avaient fait leurs études. Mais, fin juillet, les cadets étaient en vacances, à l'exception de six à neuf d'entre eux. Moscardo disposait de 1 300 hommes, dont une majorité de gardes civils (800), près d'une centaine d'officiers, instructeurs à l'Académie ou membres de la garnison, au moins 200 volontaires phalangistes, et quelque 500 à 600 femmes et enfants. Il s'était assuré des otages, parmi eux le gouverneur civil, Manuel Gonzalez Lopez. Le colonel, bien pourvu en armes et munitions, et même en eau, n'avait en revanche qu'une réserve de vivres insuffisante pour une population aussi nombreuse. Il fallut peu à peu consommer les chevaux conservés dans la forteresse.

Les épaisses murailles de l'Alcazar défiaient l'artillerie et les petites bombes lancées par avion. Seule la famine ou des explosions déclenchées à partir de galeries de mines pouvaient venir à bout des assiégés. L'épisode se convertit en légende grâce au stoïcisme dont Moscardo fit montre jusqu'au *sin novedad* final, à l'héroïsme des défenseurs et à l'acharnement des assiégeants. Le fait d'armes fut enlaidi par le massacre des blessés républicains de l'hôpital Saint-Jean, achevés dans leurs lits les 27 et 28 septembre par les Marocains qui ne firent pas de prisonniers, pas même le médecin-chef[41].

Malgré tous leurs efforts, les changements de commandement, les assiégeants n'étaient pas parvenus à prendre l'Alcazar. Et la résistance de la forteresse avait fourni à Franco l'occasion d'une opération de propagande d'une exceptionnelle efficacité. L'épisode est très connu et de grande portée. Paul Preston en a donné une analyse convaincante. L'armée d'Afrique, parvenue à Maqueda le 21 septembre, s'était trouvée devant un dilemme : continuer la marche sur Madrid, avec une grande probabilité d'occuper la capitale qui n'avait encore reçu ni chars russes ni combattants des Brigades internationales, ou se détourner sur Tolède pour dégager l'Alcazar. Kindelan, Orgaz, Yagüe souhaitaient prolonger l'offensive sur Madrid. Franco choisit la délivrance de l'Alcazar en invoquant les « facteurs spirituels ». En réalité, il avait besoin de ce succès de prestige gonflé par les médias internationaux. Il n'était encore que le commandant de l'armée du Sud, membre parmi d'autres de la *Junte* présidée par Cabanellas. Ce fut la légende de Tolède qui lui valut le 28 septembre, après un scénario habilement orchestré par Yagüe et Millan Astray à Caceres puis à Salamanque, son élection comme Généralissime et chef de l'État[42]. Franco admit plus tard que l'opération avait été une erreur militaire délibérée. « Erreur profitable », ajoute un historien[43]. Cette « erreur » fut une autre bataille de Madrid, un changement complet de la nature de la guerre, promue au statut international, avec l'irruption d'armes nouvelles, le gonflement des effectifs et l'intervention de combattants venus du monde entier.

Les horreurs de l'arrière

Deux logiques d'extermination

Pendant l'été et l'automne 1936, avant que s'achève la grande bataille de Madrid, l'exaspération de la violence dans les deux camps, la terreur blanche d'un côté, la terreur rouge et noire de l'autre, avait fait beaucoup plus de victimes que les opérations militaires. « La rébellion et la révolution, fondées sur deux discours de guerre contre l'*envahisseur*, déclenchèrent deux mécanismes d'extermination[44]. » Il ne s'agit pas seulement en effet des massacres qui accompagnent le passage des armées, sillage sanglant, en Andalousie ou en Estrémadure, de l'armée d'Afrique ou, en Aragon, des colonnes de Durruti ou d'Ortiz. Ni de la seule exécution des prisonniers après la victoire locale d'un des belligérants. Pour odieuses qu'elles fussent, ces exécutions étaient l'effet d'une certaine logique. Avant de tuer un officier prisonnier, près de Huesca, le commissaire de la brigade du POUM dit à Juan Brea qui rapporte le propos : « “Que crois-tu que nous puissions faire d'un officier faciste ? De toute façon, les prisonniers ça n'existe pas dans une guerre civile”[45]. » Pour les uns, les « miliciens » étaient des irréguliers qui s'étaient mis hors-la-loi en prenant les armes ; pour les autres, les rebelles étaient des factieux passibles du peloton.

Les nationalistes donnaient dans une sorte d'outrance absolue lorsqu'ils condamnaient à mort des chefs militaires coupables de ne pas s'être rebellés contre un gouvernement légitime, quelles que fussent ses insuffisances. Dans les deux camps, on franchissait les frontières de l'ignoble en éliminant physiquement des milliers d'hommes, et en moins grand nombre des femmes, dont le statut social ou la fonction étaient le péché capital. Journaliers, ouvriers, mineurs, instituteurs, maires, conseillers, juges, notaires, prêtres et religieux étaient assassinés au motif de leur condition. « Voilà ta réforme agraire ! » criaient à de pauvres journaliers des *señoritos* andalous en ensevelissant leurs victimes dans la glèbe. Nin, que l'on traite en héros de manière contestable, au motif qu'il fut assassiné par les staliniens, observait ironiquement : « Vous savez comment nous avons résolu le problème du clergé ! » Par l'élimination, quasi totale, à Lerida ou Barbastro[46].

Santos Julia voit dans ces deux attitudes « le calcul froid contre la spontanéité ardente ». Ou encore : « Dans la zone insurgée, la répression et la mort s'accordaient avec la construction d'un nouveau pouvoir ; dans la zone loyale, la répression et la mort correspondaient à l'effondrement de tout pouvoir. » Le nouvel État encore balbutiant avait entrepris un nettoyage implacable marqué par une violence vengeresse dans ses débuts, une volonté de purification ensuite, afin d'extirper le virus qui avait infecté « l'anti-Espagne ». La Révolution, elle, se rêvait destruction d'un monde pourri et aube nouvelle d'une autre cité humaine[47].

Il y eut bien, face à face, deux volontés d'extermination, l'une plus organisée, c'est vrai, l'autre plus instinctive, l'une et l'autre exacerbées. Il est incontestable que l'Espagne franquiste naquit dans et par une terreur, que Mola avait, avant le soulèvement, définie comme nécessaire, et qui fut illustrée de manière tragique, quasi caricaturale, par Queipo de Llano en Andalousie. Est-il aussi évident que sur le territoire conservé par la République « les grandes tueries aient été le résultat de l'effondrement de l'État et qu'elles aient diminué à mesure que l'État se reconstruisait » ? On peut l'admettre dans le cas de la Catalogne où les massacres correspondent à la période où la CNT est « maîtresse absolue de tout », comme se plaisent à le souligner beaucoup d'anarchistes, par exemple Juan Peirats. La reprise en main des pouvoirs de la *Generalitat*, à partir de la formation d'un gouvernement pluriel, le 26 septembre 1936, correspond à une réduction notable de la répression. Encore faut-il rappeler que le syndicat le plus important de Catalogne, la CNT, avait pris le relais du pouvoir politique, et qu'un cénétiste, Angel Samblancat, avait mis en place le Comité supérieur de justice de Catalogne. Il devint le chef du Bureau juridique (*Oficina juridica*) créé le 17 août. Aussi bien Samblancat que son successeur Barriobero exercèrent un pouvoir immense, au service d'une extrême rigueur.

Il convient de nuancer le concept de « spontanéité révolutionnaire ». Sinon, que dire du Pays valencien, où le soulèvement n'avait obtenu aucun succès et n'avait donc pas menacé grand monde, et qui devint très tôt le siège du gouvernement de la République : « Le nombre des assassinats continua à être très élevé en octobre en Catalogne et surtout dans le Pays valencien, avec des pourcentages légèrement inférieurs à ceux de septembre, le mois où il y eut le plus de morts dans les provinces d'Alicante et Valence. » Au total, selon une analyse minutieuse, le nombre des victimes de la répression républicaine s'éleva à 4 715 pour l'ensemble du Pays valencien. Pourtant, depuis le 4 septembre le gouvernement de la République était dirigé par Largo Caballero, l'homme politique de l'UGT[48]. Il est très difficile aujourd'hui encore d'évaluer le nombre des hommes et des femmes assassinés, soit après avoir été condamnés à mort par des tribunaux militaires ou populaires, soit au cours de *paseos*, après des *sacas* effectuées par des partis de tueurs dans des prisons enlevées d'assaut. On sait seulement qu'il faut rejeter les évaluations excessives à partir d'extrapolations, telle celle, délirante, de Gabriel Jackson, ou la méthodologie défectueuse employée par Ramon Salas Larrazabal, qui avait pour effet de réduire les massacres des nationalistes et de gonfler les tueries de la République. La référence à l'un ou l'autre de ces auteurs, qu'invoquent encore quelques historiens attardés, n'est que la marque d'un parti pris[49]. On n'a pu approcher la vérité qu'à force d'études régionales, humbles mais précises et pointilleuses, de vérifications qui mettent en jeu listes nominatives, procès, condamnations, mais aussi listes de *sacas* ou de *paseos*.

Un exemple : la cause numéro 3 du tribunal populairc d'Almeria, jugée le 17 septembre 1936, s'acheva par 36 condamnations à mort, une à la détention perpétuelle, 4 absolutions et 2 non-lieux. Il s'agissait de militaires rebelles de la garnison d'Almeria. Mais les sentences ne purent être exécutées car tous les accusés avaient déjà été assassinés à Carthagène au milieu du mois d'août ! Il faut éviter de compter deux fois les mêmes morts[50]. C'est donc à bon droit que les auteurs du récent *Victimas de la Guerra Civil* ne présentent à la fin du livre qu'un bilan provisoire, qui concerne seulement 29 provinces dans le cas de la répression franquiste et 22 dans le cas de la répression républicaine. Il est vrai que la répression franquiste a concerné la totalité du pays, de façon très inégale bien entendu, tandis que la République n'eut pas l'occasion de traquer ses adversaires dans les provinces où elle avait été vaincue d'emblée. Le bilan actuellement retenu d'environ 120 000 morts, déjà très élevé, reste donc incomplet : Valladolid et plusieurs provinces de Castille et Leon manquent au tragique palmarès franquiste, de même que Majorque et les Canaries.

Les provinces du Nord (Asturies, Santander, Pays basque), plusieurs provinces du Centre (Tolède, Cuenca, Guadalajara), ou Huesca sont absentes du macabre catalogue républicain.

Autre carence, regrettable celle-ci dans ce dernier livre cité. La répression franquiste concerne aussi l'après-guerre : elle s'étend par conséquent sur une période plus longue. Il eût été pertinent de distinguer dans ce bilan les deux périodes de cette politique d'élimination. On eût ainsi validé deux conclusions à porter au passif des deux camps : de 1936 à 1939, la violence meurtrière de la révolution a égalé celle de la réaction, ce qui est d'ailleurs logique puisque, jusqu'à la fin de 1936, l'Espagne du Front populaire était la plus peuplée. Après 1939, Franco et ses partisans ont fait la preuve, longtemps prolongée, de leur incapacité à mettre en œuvre une politique de réconciliation nationale, bafouant le christianisme dont ils se réclamaient[51].

Il ne saurait être question, dans les limites de ce livre, de faire, fût-ce à titre provisoire, ce macabre inventaire. On s'en tiendra donc à quelques exemples.

Terreur contre terreur. L'exemple de la province de Malaga

À Malaga, l'échec du Mouvement créa un désordre absolu. La ville tomba aux mains d'un Comité de salut public, dominé par les anarchistes, quoique les socialistes y aient été bien représentés. Il fut incapable d'imposer son autorité aux patrouilles populaires qui s'en prenaient systématiquement aux industriels, commerçants, cadres divers, propriétaires fonciers, militaires ou ecclésiastiques : 85 % des 1 100 personnes assassinées dans la capitale et des 2 600 ou 2 700 dans l'ensemble de la province appartenaient à ces catégories : à Malaga, 122 militaires, 106 ecclésiastiques, 157 cadres, 113 propriétaires. Ainsi, du 22 août au 24 septembre, 270 personnes furent extraites de leur prison, à l'occasion de cinq *sacas* successives, et abattues. Les tribunaux populaires instruisirent souvent des causes déjà jugées par les miliciens et sanctionnées par une mort immédiate. Lorsqu'ils intervinrent, à partir du mois d'octobre, encore très meurtrier, leurs sentences clémentes – il n'y eut qu'une condamnation à mort pour 557 procès – furent bafouées par les miliciens. Il avait suffi de six mois pour atteindre le bilan de ce qui fut « la plus absurde campagne de terreur rouge de toute l'Espagne républicaine », selon Ramon Tamames.

La vengeance fut atroce. Déjà, lors de l'offensive menée en commun par les troupes de Queipo de Llano et les importants contingents italiens du général Roatta, les foules en fuite qui déferlaient sur la route d'Almeria, en corniche sur la mer, avaient été bombardées par l'aviation et par les navires de guerre *Cervera* et *Baleares*. Des centaines de personnes, peut-être plus d'un millier, périrent sur la route. Une fois la ville prise, le 8 février 1937, Queipo de Llano fit rassembler tous les hommes demeurés sur place. Puis il en appela aux « hommes d'ordre » survivants : patrons, militants de droite, propriétaires et quelques prêtres, afin d'obtenir la dénonciation de ceux qui avaient commis des crimes ou simplement voté pour le Front populaire. Les « coupables », 1 500 personnes au moins, furent assassinés au cours des mois suivants, dans la prison à la mitrailleuse ou au cours de *paseos*, et près de 5 000 furent détenus. D'autres exécutions eurent lieu dans plusieurs localités de la province. À la suite d'une intervention de Roatta scandalisé, appuyée par Ciano, Franco exigea que les sentences de mort lui fussent désormais soumises[52].

La terreur nationaliste jusqu'au printemps 1937

Les massacres de Malaga en février 1937, si injustifiables soient-ils, peuvent être assimilés à une action de représailles. Les exécutions massives dans des villes ou des régions qui avaient basculé très vite dans la zone d'influence nationaliste ne sont explicables que par la volonté de terroriser, d'éliminer la « racaille marxiste » ou tous ceux qui pensaient mal. Ce fut surtout le cas en Andalousie, sous le proconsulat de Queipo de Llano, mais aussi en Castille, en Galice, à Saragosse, et même en Navarre ou à Majorque, où la violence répressive, sans aucune justification, s'exerça avec une terrible rigueur. Comment expliquer autrement que par l'obsession du nettoyage idéologique et de l'épuration sociale les 8 000 exécutions de Séville, dont 3 028 en ville avant janvier 1937 ? Les deux délégués militaires à l'ordre public, le commandant Santiago Garrigos Bernabeu et le capitaine Manuel Diaz Criado, prononcèrent des centaines de sentences de mort sans même entendre les accusés. Autrement dit, ces condamnations ne furent même pas le fruit de Conseils de guerre, organisés seulement à partir de février 1937. À Cordoue, le lieutenant-colonel de la garde civile, Bruno Ibañez Galvez, *Don Bruno*, suivit la même procédure à partir de listes présentées par les gens de confiance de la province, des propriétaires fonciers au clergé le plus agressif[53].

Dans la province de Grenade, où le succès du Mouvement avait été presque immédiat, le général Campins, l'ancien adjoint de Franco à l'Académie de Saragosse, exécuté sur ordre de Queipo de Llano, et Federico Garcia Lorca ne furent pas les seules victimes de marque d'une répression qui atteignit un niveau peu commun. Les tribunaux militaires auraient prononcé quelque 2 700 condamnations à mort dont 2 102 furent exécutées. S'y s'ajouteraient plus de 3 000 personnes tuées dans les environs de la ville (Fuente Grande, Barranco de Viznar, Los Pozos, etc.) et beaucoup d'autres mises à mort lors de l'occupation des petites villes ou des villages : 400 à Loja, 200 à Alhama, 400 à Orgiva, plus de 600 dans la zone de Motril. Chiffres ronds, donc approximatifs, sinon suspects. À quelques exceptions près (ainsi Cesar Martinez Torres, gouverneur civil de Grenade, Virgilio Castilla, membre du PSOE et président de la députation provinciale, José Santa Cruz, ingénieur provincial des Travaux publics, Antonio Ruiz Romero, président de l'UGT, etc.), ces condamnations furent exécutées sommairement. Plusieurs décès semblent s'être produits au cours des interrogatoires, et 80 % de ces « morts violentes par blessures d'armes à feu » se produisirent avant la fin de l'année 1936[54].

Le bourg du Cerro de Andavalo, dans la province de Huelva, où résidaient nombre de mineurs du Rio Tinto, s'était prononcé en faveur de la République lors du déclenchement du Mouvement. Grâce à l'influence modératrice d'un leader de la CNT, Luciano Suero Sanchez, l'exercice de la « violence républicaine » avait été très limité. Pourtant, lorsqu'en septembre 1936 une colonne phalangiste qui opérait sur les arrières de l'armée d'Afrique pour éliminer les poches de résistance s'empara du Cerro de Andavalo, 315 des 5 000 habitants furent expédiés à la fosse commune[55].

Le rôle décisif des phalangistes dans certains épisodes de la répression nationaliste est illustré dans le cas de Valladolid par une étude très complète et toute récente. Pour les vainqueurs une épuration sérieuse de ce bastion socialiste était nécessaire. Les témoins rencontrés après la guerre par Ronald Fraser lui exposèrent que « la répression en Vieille-Castille atteignit sa rigueur maximale à Valladolid où les ouvriers socialistes des ateliers de réparation des chemins de fer avaient opposé une résistance, et où la Phalange était forte. Le nettoyage... fut très consciencieux. Les garages des compagnies de tramways furent convertis en prisons et demeurèrent pleins longtemps », comme le montre la belle étude d'Ignacio Martin Jimenez. À la différence de ce qui se passait en Andalousie, les Conseils de guerre commencèrent à fonctionner dès le 22 juillet, et les condamnations prononcées furent au nombre de 394, dont 265 avant la fin de l'année 1936, avec un maximum en octobre. Parmi les premières victimes figurent trois députés socialistes, Federico Landrove Lopez, le 16 août, puis José Maestro San José et Juan Lozano Ruiz, le 18, ainsi que de nombreux cheminots, dont la plupart avaient été arrêtés à leur sortie de la Maison du Peuple, le 19 juillet. Le procès pour « rébellion militaire » de ces 448 détenus commença le 2 septembre et donna lieu à 40 condamnations à mort. Les autres, dont huit femmes, furent condamnés à trente et vingt ans de réclusion. Seuls 19 accusés, dont 5 jeunes filles, furent acquittés. Cet auteur a établi que 914 personnes, au moins, avaient été exécutées au cours de *paseos* par les « patrouilles de l'aube » surtout composées de phalangistes : la majorité de ceux-ci étaient d'ailleurs des adhérents de fraîche date, tandis que les « chemises vieilles » étaient allées se battre. Deux listes nominatives d'un total de 192 personnes ont pu être établies pour la ville, mais les *paseos* furent importants dans plusieurs bourgs, surtout Peñafiel et Nava del Rey.

La haine sociale avait provoqué une perversion profonde des esprits. On a peine à croire que les exécutions se convertirent en spectacle, si bien que le gouverneur civil crut devoir intervenir en ces termes, le 24 septembre 1936 : « Un des buts principaux que s'est proposé le glorieux Mouvement... est celui de l'éducation citoyenne dans tous ses aspects... Or, en ces jours où la justice militaire remplit la triste mission de l'exécution de ses sentences, on a pu observer sur le lieu où s'accomplissent ces actes un afflux inusité de personnes, avec même des enfants en bas âge, des jeunes filles et des dames. Il est vrai que ces exécutions sont publiques, mais leur immense gravité, le respect que l'on doit aux malheureux que leurs erreurs ont conduits à cette circonstance suprême sont des raisons plus que suffisantes pour que les personnes qui devraient éprouver de la pitié n'assistent pas à ces cérémonies et n'y conduisent surtout pas leurs épouses et leurs enfants. La présence de ces personnes ne témoigne pas en leur faveur. » Ce rappel à l'ordre sévère obtint, semble-t-il, quelques résultats[56]. Dans la province voisine de Palencia où le Mouvement avait triomphé d'emblée, la répression fut moindre mais notable : 103 victimes de *sacas* et de *paseos* en 1936 et 169 condamnés à mort par les Conseils de guerre avant la fin mars 1937[57].

La proximité du front et les massacres perpétrés par les colonnes anarchistes exaspérèrent-ils la répression franquiste à Saragosse et Huesca ? Quoi qu'il en soit, à Saragosse, pour la seule année 1936, le nombre des victimes s'élève à 2 578, dont 32 seulement passèrent devant des Conseils de guerre. Les autres furent exécutées lors des multiples *paseos* organisés dans la capitale aragonaise. On ne s'embarrassait pas plus qu'ailleurs de prétextes : il suffisait d'être connu pour des sympathies socialistes ou anarchistes, ou d'avoir soutenu le Front populaire. À Huesca, près d'une centaine de personnes furent abattues pendant les premiers jours sous l'accusation d'appartenir à la franc-maçonnerie alors que les affiliés à cette organisation, membres du « triangle Joaquin Costa », étaient au nombre d'une douzaine, dont le maire Mariano Carderera Riva et l'ancien maire Manuel Sender, frère du grand écrivain Ramon Sender. Il suffisait d'être instituteur pour avoir droit au peloton d'exécution. Le journal phalangiste de Saragosse, *Amanecer*, mérite d'être cité : « Pour les poètes en gestation, les philosophes enflés, les jeunes instituteurs, et leurs semblables, nous n'avons rien d'autre que ce que proposait le poème classique : un moine pour les confesser et une arquebuse pour les tuer. » Trente-trois instituteurs furent assassinés à Saragosse. Le 17 septembre, le recteur en suspendit vingt-trois, qui perdaient emploi et salaire, mais trois d'entre eux avaient déjà été abattus. On pourrait d'ailleurs dresser un véritable martyrologe des instituteurs dans tout le pays[58].

La proximité du front ne saurait expliquer la violence de la répression dans les régions où le succès des nationaux fut rapidement acquis. C'était le cas de la Navarre et de la Rioja voisine. Or, les études avancent les chiffres de 2 789 exécutions en Navarre et 2 000 en Rioja. Dans ces deux cas il est évident que l'épuration politique a été la motivation dominante : on a pu remarquer par exemple qu'en Rioja près des deux tiers des victimes (61,75 %) appartenaient aux trois districts sur neuf qui avaient donné une majorité au Front populaire [59]. L'analyse du cas galicien conduirait à des résultats analogues, notamment au Ferrol ou à Vigo, villes qui abritaient une importante population ouvrière. De surcroît, les socialistes du Ferrol s'étaient signalés par des prises de position d'une grande violence avant le 18 juillet.

Cette revue, certes incomplète, s'achèvera par les deux archipels où, sauf à Minorque, le Mouvement l'avait emporté en quelques jours. En Grande Canarie, les ouvriers de Las Palmas suivirent le mot d'ordre de grève générale, et ils prirent les armes dans le quartier du port où l'armée fit sauter la Maison du Peuple, centre de la résistance. Dès le soir du 18 juillet la cause était entendue. La ville de Telde s'opposa à la rébellion jusqu'à l'arrivée d'une colonne de soldats et de phalangistes, le 19. La résistance dura deux jours de plus dans la zone nord de l'île, autour d'Arucas et Agaete, région de plus forte implantation ouvrière. On peut donc admettre qu'en cinq jours les rebelles avaient gagné la partie. Pourtant, la répression fut sévère : il y eut un nombre important d'arrestations et de disparitions. Les calculs de chercheurs universitaires refusant les évaluations abusives, par excès ou par défaut (5 000 morts pour José Luis Morales, 213 seulement pour Ramon Salas Larrazabal !), permettent de proposer une fourchette 400-800 fondée sur les archives et les témoignages de survivants [60].

Majorque présente une situation originale. L'île avait été épargnée par les troubles et les attentats qui avaient désolé la péninsule pendant les années 1934-35 et, surtout, après la victoire du Front populaire. « Cette population majorquine, écrit Bernanos, s'est toujours signalée par une grande indifférence à la politique... Au témoignage du chef de la Phalange, on n'aurait pas trouvé dans l'île cent communistes réellement dangereux... J'affirme, j'affirme sur l'honneur qu'au cours des mois qui précédèrent la guerre sainte, il ne s'est commis dans l'île aucun attentat contre les personnes ou les biens[61]. » De fait, les premiers jours furent peu sanglants. Un autre témoin, le directeur de l'École normale d'instituteurs de Perpignan, qui était allé avec les élèves-maîtres en voyage de fin d'études à Majorque et assista au coup d'État dans l'île, écrit au préfet des Pyrénées-Orientales, le 25 juillet, que « l'armée est maîtresse de l'île », mais que, 60 % des soldats étant majorquins, les troubles sont limités. Il fait seulement état de quelques bagarres sans conséquences à Pollensa et Soller[62]. Or, cette situation va se transformer profondément à la suite de deux événements qui n'auraient dû avoir que des conséquences réduites : le débarquement de l'expédition catalane dirigée par le capitaine Bayo et, surtout, l'arrivée d'un fonctionnaire fasciste italien psychopathe, Arconovaldo Bonnacorsi, sorte d'hercule de foire, tout de noir vêtu et arborant une énorme croix noire sur la poitrine. Ce « général-comte Rossi » – ni général, ni comte – prit le commandement de la Phalange de l'île, dont les effectifs s'enflèrent soudain de 500 le 17 juillet à 22 000 quelques semaines plus tard.

Georges Bernanos est un témoin précieux. Catholique fervent et royaliste, il n'avait pas la moindre complaisance pour la République et avait salué avec sympathie la naissance de la Phalange, dans les rangs de laquelle son fils combattit. « Je n'avais, reconnaît-il, aucune objection de principe à formuler contre un coup d'État phalangiste ou *requete*. » Mais ce qu'il voit l'indigne, le révolte. Il explose : « En l'absence d'actes criminels, il n'a pu s'agir, à Majorque, que d'une épuration préventive, une systématique extermination des suspects. » Il constate que les condamnations légales, bien moins nombreuses que les exécutions sommaires, n'ont pu se fonder que sur un seul délit : « désaffection pour le Mouvement salvateur[63] ». Il observe que, sous l'impulsion du prétendu général-comte, qui parcourt l'île à bord d'une voiture de sport, suivi par de jeunes phalangistes en folie, chaque village s'est doté d'un Comité d'épuration, d'un tribunal secret composé de quelques notables. Et les massacres suivent. Bernanos considère que l'épuration à Majorque est passée par trois phases, précédées d'une étape préparatoire. Elle s'est établie sur un régime des suspects nourri par la délation : un poing fermé peut entraîner la peine de mort. L'écrivain raconte que chaque nuit pendant la première phase de l'épuration, qui dura quatre mois, des équipes recrutées par Rossi ont opéré dans chaque village ou hameau, dans les faubourgs de Palma, pour tirer les mal-pensants de leurs maisons et les abattre dans les chemins creux aux abords des cimetières : « ouvriers, paysans, mais aussi bourgeois, pharmaciens, notaires... ». Ainsi périt le seul radiologue de Palma, un vieux médecin, ancien maire de la ville, membre du parti radical, en faveur de qui avaient vainement témoigné plusieurs supérieurs de maisons religieuses. Parfois, Bernanos donne un exemple : « L'avant-veille, deux cents habitants de la petite ville voisine de Manacor (voisine de Porto-Cristo), jugés suspects par les Italiens, avaient été tirés de leurs lits, en pleine nuit, conduits par fournées au cimetière, abattus d'une balle dans la tête et brûlés en tas un peu plus loin. Le personnage que les convenances m'obligent à qualifier d'évêque-archevêque avait délégué là-bas un de ses prêtres qui, les souliers dans le sang, distribuait les absolutions entre deux décharges [64]. » L'épuration des prisons qui suivit ne fit que ralentir les visites domiciliaires. « Le plus gros du service » se fit désormais à Palma, et les villages respirèrent. Mais on exécuta souvent des gens contre qui on n'avait pu trouver la moindre charge. Bernanos conclut : « Le chiffre que je vais donner a été fourni par un des chefs de la répression palmesane. Au début de mars 1937, après sept mois de guerre civile, on comptait trois mille de ces assassinats... soit quinze par jour en moyenne. » Cette violence fut bénie : « Ces chiffres ne sont pas ignorés de Mgr l'évêque de Palma [65]. »

La terreur rouge et noire

Au palmarès de l'horreur, le camp loyaliste n'est pas en reste. Il est certain qu'avant le printemps 1937, malgré Badajoz, Malaga ou Séville, les victimes furent encore plus nombreuses dans les zones demeurées fidèles à la République, tout simplement parce qu'elles possédaient les plus grandes villes : Madrid, Barcelone et Valence. Il s'agit, cette fois, de l'explosion d'une haine sociale longtemps contenue, d'une revanche sur des années ou des décennies de frustrations, d'humiliations, de mépris. L'ennemi se signale par la manière dont il s'habille, dont il parle, par son statut social ou juridique. Arturo Barea, militant de gauche qui était à Madrid jusqu'au 6 décembre 1936, raconte qu'un milicien, après avoir reconnu qu'il était « du bon côté », lui avoua : « Tu sais, mon gars, avec le costume un peu snob que tu portes, nous avions cru que tu étais un phalangiste[66]. » Santos Julia écrit : « Avoir montré quelque sympathie pour les droites, être catholique ou propriétaire d'une affaire, s'habiller bien, porter un chapeau, devinrent soudain des raisons de mourir. Personne ne pouvait plus se sentir en sécurité, pas même les universitaires pacifiques de la Résidence des Étudiants[67]. »

Le directeur de la Résidence, Alberto Jimenez Fraud, avait invité plusieurs intellectuels de grand prestige, tels José Ortega y Gasset, Ramon Menendez Pidal ou Gregorio Marañon, à s'installer dans cette fondation, jugée sûre, aux côtés de ses occupants habituels : José Moreno Villa, Ricardo de Ortueta, Prieto Bances, etc. Ces intellectuels avaient signé des textes de soutien à la République, dont la presse avait fait mention, ou quelques amis bien intentionnés avaient signé pour eux. Mais l'ambiance a changé. On est en août ou septembre 1936, au plus brûlant de la terreur. Le personnel de service, naguère aimable et dévoué, les considère comme « des bourgeois dignes d'être éliminés ». Les résidents entendent les domestiques commenter les *paseos* sinistres qui, chaque nuit, abandonnent un contingent de cadavres sur les terrains vagues voisins. Des miliciens « incontrôlés » viennent un jour quérir Prieto Bances mais il a eu le temps de fuir. L'un après l'autre Ortega y Gasset, Marañon, Menendez Pidal, Jimenez Fraud quittent Madrid et l'Espagne. Publicité désastreuse pour la cause de la République[68].

Madrid, à cette époque, pouvait inspirer une peur légitime à quiconque n'avait pas donné de gages incontestables au régime. Après un été d'enfer, l'atmosphère obsidionale entretenue par les attaques répétées des troupes nationalistes, la présence des Brigades internationales qui stimulait l'affrontement idéologique provoquèrent une relance de la terreur en novembre. Il faut admettre qu'en prenant la responsabilité du soulèvement, les forces historiquement vouées au maintien de l'ordre social avaient en quelque sorte légitimé le désordre. Mais il se trouva des intellectuels, tel Rafael Alberti, pour prôner « l'assassinat nécessaire » à l'enterrement du monde bourgeois. Les miliciens ayant, après leur victoire, libéré les détenus de droit commun, les patrouilles qui en août ou septembre tenaient la rue rassemblaient autant de délinquants que de militants des organisations politiques. Dans la nuit du 22 au 23 août, les miliciens donnèrent l'assaut à la Prison modèle où les hommes de droite avaient été jetés après l'échec du Mouvement. Ils sélectionnèrent leurs victimes parmi les 2 000 détenus entassés dans la prison. Ce fut l'occasion d'abattre quelques phalangistes notoires, dont Fernando Primo de Rivera et Julio Ruiz de Alda, de vieux politiques de droite comme Melquiades Alvarez (soixante-douze ans), Ramon Alvarez Mendès ou José Martinez de Velasco, et beaucoup d'autres.

Cette nuit sinistre ne fit que préluder à quantité d'exécutions sommaires. Arturo Barea met en scène un milicien qui se vante de délivrer des dizaines d'« allers simples », à la Casa dcl Campo, d'une balle dans la nuque[69]. On compta au moins une centaine de *paseos*, jusqu'au massacre des 7 et 8 novembre, alors que les troupes de Franco étaient parvenues aux portes de Madrid. Alors, quelque 2 000 des 10 000 détenus furent extraits des prisons, transportés par les autobus de la Société madrilène de tramways jusqu'à Paracuellos de Jarama et Torrejon de Ardoz, où ils furent fusillés et enterrés dans des fosses communes. Les *sacas* et les exécutions massives continuèrent jusqu'au 4 décembre, et ce fut un anarchiste, Melchor Rodriguez, nouvel inspecteur des prisons, qui mit un terme à ce « crime organisé », pour reprendre l'expression d'Agustin de Foxa. À la direction de la Sécurité existent fichiers et albums où les cadavres apparaissent de face et de profil. Au moins 2 700 personnes ainsi identifiées périrent en un seul mois. Des milliers d'autres étaient tombées avant novembre, parfois après des tortures infligées dans les *checas* équipées à cet effet et qui devaient reprendre du service sous la répression franquiste, comme celle d'Agapito Garcia Atadell. S'étant proclamé « directeur de la brigade de recherches criminelles », celui-ci avait installé son laboratoire de mort au n° 1 de la rue Martinez de la Rosa. Il disposait de 48 agents de nomination récente et tirait son information du syndicat socialiste des concierges de Madrid. La patrouille de ce tueur en série a laissé un sillage sanglant quasi légendaire. Garcia Atadell s'enfuit à Marseille avec son butin de 25 millions de bijoux dès le mois de novembre, mais fut intercepté malgré son déguisement par la police franquiste lors d'une escale aux Canaries alors qu'il tentait de gagner l'Amérique du Sud, et il finit au bout d'une corde.

Les enquêteurs de la *Causa General*, en 1942-43, au plus fort de la répression franquiste, affirment que 226 *checas* ont pu être localisées et ont fonctionné de manière autonome. Ce chiffre est peut-être excessif, mais des chambres de torture sont attestées : celle des Escadrilles de l'aube, composée d'étudiants de la FUE (Force Universitaire Espagnole), au 82 de la rue Alcala, celle de la brigade Ferret (Marqués de Cubas, 19), celle du palais d'Eleta, le chalet communiste de La Guindalera, la *checa* des Lynx de la République, d'inspiration militaire, etc. Il y eut au moins trente-cinq autres *checas* de caractère officiel, dépendant de l'inspection générale des milices populaires.

On ne peut pas arguer d'un « spontanéisme révolutionnaire » pour excuser ces crimes. La responsabilité majeure, notamment celle des massacres de novembre, incombe à un système policier attesté par les fichiers et albums qui, selon Julian Casanova, fut mis en place par des appareils sous contrôle communiste, avec adjoints soviétiques, appuyés par des militants des Jeunesses socialistes unifiées. Manuel Muñoz, directeur général de la Sécurité, Santiago Carrillo, conseiller à l'ordre public, et Segundo Serrano Poncela, délégué à la direction générale de la Sécurité, ont été les tristes agents de ce système. On estime que les deux tiers au moins des 8 815 victimes de la terreur rouge et noire à Madrid, identifiées par Casas de Vega pendant la durée de la guerre civile, furent assassinées en 1936. Le bilan eût été plus consternant encore si quelque 10 000 personnes n'avaient trouvé refuge dans les ambassades étrangères. Celle de Finlande fut prise d'assaut[70].

Julian Casanova oppose en quelques phrases suggestives Barcelone et la Catalogne à Madrid où les bilans chiffrés sont comparables. Dans la capitale, les cibles privilégiées furent les politiques et les militaires, en Catalogne, les propriétaires et le clergé. « Madrid symbolise les *checas*, les *sacas* massives, la terreur organisée, tandis que Barcelone symbolise le *paseo* estival, les patrouilles de contrôle, la justice populaire et spontanée des anarchistes... Il est significatif, en tout cas, que socialistes et communistes apparaissent comme principaux responsables du lynchage massif de l'adversaire à Madrid, tandis qu'on attribue aux anarchistes la direction de ce théâtre du chaos, aux pouvoirs multiples, coupable de milliers de crimes en Catalogne... À Barcelone, la classe ouvrière occupait le pouvoir... Madrid vivait le premier hiver russe de son histoire [71]. »

Dès les lendemains du 18 juillet, la tragédie commence à Barcelone où, écrit Georges Bernanos, « il est clair que le soulèvement de la police et de l'armée a laissé la place aux égorgeurs [72] ». Les anarchistes sont maîtres de la rue, comme l'observent les élèves institutrices d'Aurillac, en voyage d'études à Barcelone et qui passent la frontière à Bourg-Madame, le 25 juillet. Le commissaire spécial de Cerbère note que les extrémistes de la FAI et du POUM veulent prendre le pouvoir et que « des gens suspects de fascisme sont appréhendés et exécutés sans jugement » ; le 30 juillet, 474 cadavres non identifiés se trouvent à la morgue de Barcelone et 172 au cimetière. Le préfet des Pyrénées-Orientales, tout en observant que la situation est « très tendue » entre les diverses organisations du Front populaire, note que les exécutions sont quotidiennes et qu'elles ne sont pas limitées à Barcelone. Il en signale huit à Cadaquès, deux à Palamos, deux autres à Alp, près de Puigcerda, où « le prêtre a été fusillé sur la place publique, et la population a été invitée à assister de gré ou de force à son exécution [73] ».

C'est surtout en 1936 que se déchaîna la violence. 80 % des 8 352 assassinats de Catalogne, pendant la durée de la guerre civile, ont été perpétrés cette année-là, dont plus de la moitié avant le 30 septembre. Ni procédure ni jugement : le *paseo* était plus efficace et plus rapide. On ne l'appliqua pas aux officiers détenus dans le port sur le navire *Uruguay*. Les chefs de la révolte, dont les généraux Manuel Goded et Alvaro Fernandez Burriel, jugés à bord, furent fusillés le 12 août dans l'enceinte du château de Montjuich où les autres officiers furent transférés, au nombre d'une centaine. Jugés à leur tour par le tribunal populaire spécial, ils furent fusillés entre septembre 1936 et février 1937. De la même façon, les officiers et militaires rebelles de Gerone, dont plusieurs gardes civils capturés au cours d'une tentative de fuite, furent jugés par les tribunaux populaires en trois sessions : du 7 au 12 octobre 1936, du 28 au 30 décembre, et le 18 février 1937. Quatorze peines de mort furent exécutées, et il y eut plusieurs condamnations à trente ans de réclusion. Le général Fernandez Ampon avait été assassiné avant ces procès [74].

Autre évidence : en Catalogne, le massacre des clercs revêtit une ampleur exceptionnelle : 1 189 prêtres, 794 religieux, 50 religieuses, presque tous tués durant l'été 1936. À Cervera, dans la Segarra, 71 % des victimes étaient des religieux. Pierre Vilar constate « l'obsession antireligieuse » qui prévalut dans la Maresme de Mataro, au nord de Barcelone, où 43,8 % des 286 victimes recensées, presque toutes en 1936, furent des ecclésiastiques. Il conclut à « l'imputation au religieux de l'oppression sociale ». Ces tueries, cela va sans dire, firent l'économie des procédures judiciaires. La communauté religieuse de San Vicens de Montalt, laissée en paix par les habitants jusqu'en octobre, fut alors visitée par un « Comité ». Les cinq religieux français furent libérés ; les quarante espagnols exécutés [75].

La terreur affecte la plus grande partie de la Catalogne. On a vu plus haut que les derniers jours de juillet furent meurtriers à Lerida, où le passage des colonnes anarchistes allait laisser un sanglant sillage : au total, plus de 250 assassinats du 20 juillet au 25 août. Dans le bourg de Cervera, le passage quotidien de la « voiture de la mort » devient l'image même de la terreur. Le 12 août on apprend à Perpignan que le Comité anarchiste de Figueres a exécuté 14 personnes détenues dans la prison, et qu'il a fait incendier le couvent des religieuses françaises. La Garrotxa, la Noguera, la Segarra se signalent aussi par le pourcentage élevé de leurs victimes.

Prenons l'exemple de la Cerdagne et de Puigcerda, tout proches de la frontière et, pour cette raison, très présents dans les sources françaises de ce temps, archives ou presse. Dès le 27 juillet, le commissaire spécial à Bourg-Madame avise le préfet des Pyrénées-Orientales que « la république soviétique a été proclamée hier [le 26] à Puigcerda ». Le Comité révolutionnaire local a annoncé la suppression de la propriété privée, les églises d'Alp et Aja, villages voisins, ont été brûlées ainsi que les archives des notaires. Le capitaine des carabiniers de Puigcerda s'enfuit en France. Le 30 juillet, un notaire de Tremp est abattu au col de Tosas, et le 3 août c'est le tour d'un commerçant de Puigcerda, M. Vernis. Le 7 août, le commissaire signale que les anarchistes de la FAI rançonnent et terrorisent les populations ; ils saisissent les denrées et payent avec des bons tamponnés par la FAI. Le 10 août, il annonce l'exécution du secrétaire du juge et de ses deux fils, de l'aumônier de l'hôpital. Le 17 août, il signale des exécutions quotidiennes, sans précisions. Le 27, il avise le préfet qu'un nouveau Comité révolutionnaire, moins violent, a été constitué : plusieurs détenus ont été libérés contre rançon.

Dans la nuit du 9 au 10 septembre, le drame éclate et mérite un rapport du préfet des Pyrénées-Orientales au ministre de l'Intérieur. Un Comité dominé par les communistes et les anarchistes s'empare du pouvoir, destitue le Conseil municipal révolutionnaire, arrête le maire et plusieurs notables, et procède à 21 exécutions sommaires (maire, ancien maire, lieutenant des carabiniers, etc.), soit 27 depuis la fin juillet. Les églises sont pillées, les objets du culte brûlés, les statues mutilées. Les marchandises sont réquisitionnées. L'arrivée de 30 miliciens venus d'Irun a peut-être précipité les événements. Devant la gravité de la situation, et quoique le Comité de Puigcerda se défende en assumant l'exécution de « 21 fascistes avérés », le Comité français du Front populaire de Bourg-Madame décide de rompre avec son homologue de Puigcerda. Le 3 novembre, deux femmes de cinquante-trois et quarante-huit ans, Maria Degollades et Rosario Civit, sont fusillées pour avoir publiquement affirmé leurs convictions religieuses. Malgré la formation d'un nouveau Comité, le 8 avril 1937, avec participation de l'*Esquerra* républicaine et élection d'un nouveau maire, la situation reste tendue. Les habitants du village voisin de Bellver de Cerdagne, à vingt kilomètres, ne supportent plus les exactions des anarchistes de Puigcerda qu'ils accueillent à coups de fusil le 30 avril. L'échauffourée fait trois morts, dont le *cabecilla* de Puigcerda, Antonio Martin, principal responsable des exécutions de septembre. Le calme ne reviendra qu'en juin, après l'attaque menée par les gardes d'assaut, écho de la « semaine tragique » de Barcelone : six anarchistes seront tués et le trésor de guerre de la FAI, or, bijoux, billets de banque et objets de valeur, sera saisi. Il n'est guère douteux que les débordements des anarchistes de Puigcerda ont suscité une évolution des opinions politiques de la population. Les quelques réalisations positives de la commune ne pouvaient faire oublier un climat de terreur qui perdura plusieurs mois[76].

Pourtant, la *Generalitat* déploya de grands efforts pour mettre un terme à cette saison sanglante. Son décret du 26 septembre 1936, portant création du tribunal de justice populaire, n'eut pas grand effet, car des membres de la FAI connus pour leurs positions radicales, Aurelio Fernandez et Dionisio Eroles, faisaient partie de la direction de la Police et de l'Ordre public. En fait, jusqu'en mai 1937, « les membres des patrouilles se consacrèrent à "l'hygiène sociale", créèrent leurs propres prisons et conduisirent les *paseos* des riches, des prêtres et des gens de droite, tout en affrontant les républicains et les communistes pour prendre le contrôle de l'arrière[77] ». Cependant, beaucoup plus peuplée que Madrid, la Catalogne n'a pas enregistré plus de victimes que la capitale, malgré la recrudescence de la répression à partir de janvier 1938, lorsque le SIM (Service d'Investigation Militaire) passa sous contrôle communiste. Mais cette fois les victimes étaient tout autant des trotskistes et des anarchistes que des hommes de droite.

Madrid et la Catalogne n'ont pas eu, il s'en faut, l'exclusivité de la terreur révolutionnaire. Dans la tragique litanie, évoquons les « trains de Jaen ». Le gouverneur civil de cette ville avait dû transformer la cathédrale en prison, la prison provinciale étant trop exiguë pour contenir les 800 détenus. Il crut bon d'expédier de nombreux prisonniers à Madrid. Les 300 passagers du train du 11 août, parvenus à la gare d'Atocha, furent provisoirement épargnés, à l'exception de 11 d'entre eux, dont plusieurs députés de droite, qui furent abattus par les miliciens. Ceux-ci exécutèrent à Vallecas les 250 voyageurs du 12 août, dont le doyen de la cathédrale ainsi que l'évêque de Jaen, Mgr Manuel Basulto Jimenez, et sa sœur, assassinée par une milicienne. Les tribunaux populaires de Jaen, qui siégèrent à partir du 7 septembre, envoyèrent au poteau d'exécution 71 hommes, presque tous originaires de la province de

Cordoue (Montoro, Pozoblanco, Villanueva de Cordoba), dont 67 avant la fin décembre[78]. Il y eut au moins 8 000 victimes dans les cinq provinces de Nouvelle-Castille et de la Manche. La répression la plus forte correspond aux provinces de Ciudad Real, avec la fosse commune de Carrion de Calatrava où quelque 600 cadavres non identifiés furent dénombrés en 1939, et de Tolède : beaucoup de règlements de comptes visèrent les propriétaires fonciers, vainqueurs habituels des conflits sociaux. Le chiffre est très élevé, si l'on songe que ces provinces comptaient un million d'habitants de moins que la Catalogne.

Le nombre des morts approcha 5 000 dans les trois provinces du Pays valencien : 4 715, soit 2 844 dans celle de Valence, 1 031 dans celle de Castellon et 840 dans celle d'Alicante, dont 75 % en trois mois (août-octobre), en marge de toute procédure judiciaire, à l'issue de *sacas* et de *paseos* pratiqués par des groupes armés venus de Valence et des principales villes, qui allaient d'un village à l'autre pour se saisir des suspects. La répression, dans ce cas, s'explique seulement par l'accumulation des haines et le souci d'éliminer l'ennemi de classe. Le Pays valencien est en quelque sorte le contrepoint de la Vieille-Castille dans l'autre zone. Proportionnellement, la province de Castellon, notamment la *Plana Baixa*, fut la plus affectée, à cause de l'activité d'un tribunal secret qui travaillait sur dénonciations, et de bandes armées « incontrôlées », *La Desesperada, Dracula* ou *Los Inseparables*, ces derniers étant des anarcho-syndicalistes catalans venus du Nord. Le clergé ici aussi fut décimé, voire éliminé : 65,4 % des assassinats à Segorbe ! La première session du tribunal populaire d'Alicante, le 1er septembre, fut consacrée au jugement des 52 agriculteurs et journaliers de la Vega Baja du Segura, militants de la Phalange, qui avaient tenté de libérer José Antonio Primo de Rivera. Tous furent exécutés[79].

Signalons encore les 740 morts de la province de Murcie, dont 86 % en 1936, avec un contingent élevé de militaires (43 %). Carthagène fut la ville la plus durement frappée de la province : une relation nominative rédigée par la mairie comptabilise 416 exécutions et met en exergue le massacre des 14 et 15 août : 223 fusillés[80]. Dans ce livre des records, s'illustra le pouvoir révolutionnaire de la localité cordouane de

Puente Genil. Balayé au bout d'une semaine par la colonne des légionnaires du commandant Castejon, il était parvenu à faire 115 victimes en huit jours, du 25 juillet au 1er août : propriétaires, ecclésiastiques, étudiants fils de bourgeois. Les représailles furent féroces, et le tableau de chasse des mois qui suivirent affiche au moins 249 trophées de gens de gauche de tout acabit. Plus de la moitié des 500 assassinats de Bilbao, entre le 25 septembre et janvier 1937, furent le résultat des assauts livrés aux prisons installées sur les bateaux (*Altuna Mendi* et *Cabo Quilates*), comme à Santander où la foule rendue furieuse par un bombardement aérien, le 27 décembre 1936, enleva d'assaut les détenus du navire-prison *Alfonso Perez* et les mit à mort. À Gijon, les 430 exécutions se produisirent avant la fin octobre.

Si l'on souhaite conclure cette sinistre revue par un cas emblématique, ce sera celui de Barbastro. Ce diocèse aragonais connut l'apogée de la violence anticléricale : 123 des 140 curés de paroisse (87,8 %) y furent exécutés. L'évêque, Mgr Florentino Asensio y Barroso, fut castré dans la prison, insulté et conduit sous les huées au cimetière, où il agonisa pendant plus d'une heure, la balle de l'exécution ne l'ayant que blessé à mort. Barbastro, où les religieuses furent toutefois épargnées, témoigne pour l'ensemble du martyrologe du clergé : 6 832 victimes, dont 4 184 séculiers et 283 religieuses[81].

Ramon Salas Larrazabal, qui cite Michel Foucault, propose une interprétation de la terreur rouge comme expression spécifique de la justice populaire, étrangère à toute norme. Les combattants refusent de partir se battre sur le front sans avoir éliminé préalablement leurs ennemis de l'intérieur : « Ceux qui, aujourd'hui, nous gouvernent veulent, pour nous faire rentrer dans l'ordre, utiliser contre nous la double pression des envahisseurs de l'extérieur et de ceux qui nous menacent de l'intérieur. Nous n'irons pas lutter contre les premiers sans nous être débarrassés des autres. »

Paradoxalement, ce fut un anarcho-syndicaliste, Juan Garcia Oliver, ministre de la Justice dans le gouvernement Largo Caballero formé le 4 novembre 1936, qui mit fin, avec l'appui d'un autre anarchiste, le nouveau directeur général des prisons Melchor Rodriguez, aux excès de la « justice populaire », notamment des patrouilles de miliciens qui, à l'arrière, exécutaient sans contrôle tous les suspects d'opposition au régime. Ils instituèrent les camps de travail où les condamnés devaient purger leurs peines en courant moins de risques que dans les prisons, et ils déclarèrent aussi les peines de mort prononcées par les tribunaux sujettes à révision. En février 1937, Garcia Oliver élargit les compétences des tribunaux populaires [82].

Il ne faut jamais désespérer des hommes. Des voix s'élevèrent et des tentatives furent faites pour mettre fin à la tuerie, la ralentir, ou sauver des vies. Du côté des « nationaux », quelques rares prêtres ou religieux, le marquis de Lozoya et même Yagüe doivent être cités. Du côté de la République, des politiques de premier plan, tels Lluis Companys ou Julian Zugazagoitia, furent du nombre. Le jour venu, ils ne devaient pas bénéficier de la clémence du général Franco. Mais il y eut aussi des obscurs, comme les « cénétistes » de la province de Huelva, Luciano Sueiro Sanchez par exemple, qui avant d'être eux-mêmes victimes de la répression des colonnes rebelles réduisirent à quatre ou cinq dizaines les exécutions républicaines. À Pozo de la Pal (Murcie) il n'y eut, de part et d'autre, ni dénonciation, ni assassinat. Un patron de Murcie fut libéré par ses ouvriers qui prirent d'assaut la prison et organisèrent sa fuite vers Barcelone. Zarza de Montanchez fut le seul village de la provincc dc Caccrcs sans victimes, grâce à l'attitude humaine du maire franquiste. À Madrid, le phalangiste Manuel Alonso fut sauvé par un ouvrier communiste de son usine à qui il avait appris à lire [83].

Avec le printemps 1937, le temps des grandes tueries est révolu, au moins pour la durée de la guerre.

4

L'internationalisation du conflit et la bataille de Madrid

La course aux armements et l'attitude des grandes puissances

Dès lors que les militaires rebelles n'étaient pas parvenus à l'emporter d'emblée, l'internationalisation du conflit devenait inévitable. Parce que l'Espagne devenait un enjeu idéologique et géopolitique ? Sans doute, mais plus encore pour une raison plus simple, immédiate. Parce que les deux belligérants n'avaient pas ou peu d'armes. Un embargo réel, total, sur le matériel de guerre les eût contraints à la négociation, mais il n'en fut jamais question. La guerre coloniale que l'Espagne avait menée au Maroc depuis des lustres, si elle consommait beaucoup d'hommes, faisait l'économie d'un matériel lourd. À cet égard, l'Espagne était totalement démunie : elle possédait environ 200 appareils de reconnaissance, une vingtaine de chars de combat, pas de canons antichars, une artillerie désuète à l'exception des pièces de petit calibre (75 mm), très peu de mitrailleuses, des réserves de fusils et de cartouches si faibles que, dès fin juillet, Mola, privé de munitions, dut suspendre son offensive et songea au suicide. « Avant le soulèvement, écrit Gabriel Cardona, il n'y avait pas en Espagne assez de munitions pour un seul jour de combat, l'industrie de guerre était un fatras. À peine y avait-il quelques chars, quelques canons antichars et antiaériens, pas la moindre organisation de guerre chimique. L'artillerie était pauvre, surtout en pièces de gros calibre[84]. » Même si le trait est un peu forcé, on conçoit que les émissaires des deux partis aient cherché d'urgence à acheter à l'étranger le matériel indispensable.

La réserve d'or, atout de la République

À cet égard, la confiance extraordinaire inspirée aux chefs républicains par l'échec du Mouvement dans la capitale paraissait justifiée par un atout majeur. C'est à Madrid, dans la chambre forte inexpugnable, parfaitement aménagée dans les souterrains de la Banque d'Espagne, que se trouvaient les considérables réserves d'or du pays, quatrièmes du monde après celles des États-Unis, de l'Angleterre et de la France. La plus grande partie avait été accumulée pendant la Première Guerre mondiale, grâce à la prospérité engendrée par la neutralité espagnole. Elle se composait de 707 tonnes d'or fin, en lingots ou en monnaies de toutes sortes (souverains anglais, napoléons et louis de France, marks allemands, florins hollandais, pesos argentins et mexicains, dollars américains, etc.). De ces 707 tonnes, 638 se trouvaient à Madrid, 10 aux mains de divers correspondants, tandis que 59 étaient conservées dans un dépôt de la Banque de France à Mont-de-Marsan, comme gage d'un crédit consenti par la France en 1931. Près de la moitié de cet or était disponible et devait permettre, semblait-il, de réaliser d'importants achats d'armements en France.

Le 8 août 1936, dans une déclaration radiodiffusée, Indalecio Prieto affirma : « Si les guerres se gagnent principalement grâce à l'argent..., la supériorité financière de l'État, celle du gouvernement de la République, est évidente... Tout le grand capitalisme espagnol pourrait bien se rassembler, dans une action suicidaire, ses moyens seraient très insuffisants face aux très vastes richesses dont dispose l'État... Tout l'or de l'Espagne, toutes les ressources monétaires de l'Espagne, toutes, absolument toutes, sont au pouvoir du gouvernement. Ce sont les réserves d'or qui ont garanti notre papier monnaie... La capacité financière de l'ennemi est nulle... » Largo Caballero, partageait, pour une fois, l'opinion de son rival au sein du parti socialiste, et Juan Negrin de même : l'or devait permettre de se procurer à l'étranger les denrées alimentaires, les matières premières, les combustibles et surtout le matériel de guerre nécessaires. Et ce fut bien l'or qui, pendant près de trois ans, permit à la République d'armer ses défenseurs et de résister aux offensives nationalistes[85].

L'or n'appartenait pas au gouvernement mais aux actionnaires de la Banque et, théoriquement, il ne pouvait être vendu que pour soutenir le cours de la peseta. L'accord des conseillers de la Banque devait donc être obtenu, et douze d'entre eux, hostiles à la République, avaient quitté Madrid pour rallier le camp adverse, ou bien s'étaient réfugiés dans les ambassades. Le gouverneur, Luis Nicolau d'Olwer, et son adjoint Julio Carabias ne purent compter que sur cinq conseillers pour approuver, lors d'une réunion extraordinaire du Conseil de la Banque d'Espagne, le décret du 24 juillet sur l'envoi à Paris de 7,3 tonnes de métal, soit plus de 25 millions de pesetas. Le ministre des Finances avait prétendu qu'il s'agissait de soutenir le cours de la peseta, mais personne ne se trompait sur le sens réel de l'opération. Le 30 août 1936, un décret de portée plus générale autorisa l'envoi à l'étranger des devises nécessaires au soutien de la « campagne ». Il précisait les motifs réels des envois d'or : les achats d'armes et d'équipements militaires. Il fut suivi de trois autres décrets, et l'ensemble assura pendant la guerre civile la couverture légale de la cession de l'or espagnol [86].

Les gouvernements successifs n'hésitèrent pas à vendre la quasi-totalité du stock pour sauver le régime. Dès le 25 juillet, 18 caisses prirent la direction du Bourget et, le 1er août, le compte de la Banque d'Espagne à Paris fut crédité de 53 millions de francs, puis de 320 millions à titre d'avance sur les arrivées prochaines d'or : du 25 juillet au 4 septembre, 342 caisses contenant 40 tonnes d'or valant 507 millions de francs. Au total, de juillet 1936 à mars 1937, la Banque de France absorba près du tiers des réserves espagnoles, soit 194 tonnes d'une valeur de près de 4 milliards de francs, avec l'accord de Vincent Auriol et du gouverneur Émile Labeyrie qui souhaitaient venir en aide à la République. Ces crédits transitèrent par un grand nombre de comptes ouverts dans plusieurs banques au nom de diplomates espagnols (Luis Araquistain, Alvaro de Albornoz, Fernando de los Rios), d'agents financiers ou commerciaux. Ils permirent d'acheter des armements et des carburants en France, mais aussi en Angleterre, en Belgique, aux Pays-Bas, à Prague, etc., car les agents de la République disposaient de comptes ouverts dans tous ces pays. Pourtant, certains de ces agents se sont plaints amèrement de manquer d'argent, notamment Luis Araquistain qui le fit, au début de 1937, en termes vifs et même sarcastiques auprès de Negrin, puis de Largo Caballero.

Restaient deux tiers de la réserve, sans parler des 1 225 tonnes d'argent vendues au gouvernement des États-Unis après un parcours Barcelone-Le Havre-New York. La plus grande partie, soit 457 tonnes, fut envoyée à Moscou, après que l'or espagnol eut été transporté à Carthagène et déposé dans les chambres blindées de la Algameca, grotte inaccessible. Ce transfert s'explique par la menace nationaliste sur Madrid, permanente d'octobre 1936 à mars 1937, mais le choix de la Russie apparaît au premier abord comme une décision extravagante. Pourquoi n'avoir pas préféré Paris ou Londres [87] ?

La déception française

Les gouvernements de José Giral, puis de Largo Caballero, mettaient de grands espoirs dans la France qui, depuis le 5 juin, était gouvernée par une coalition de Front populaire dirigée par Léon Blum. En décembre 1935, Madrid, qui avait un gouvernement de droite, avait conclu avec Paris un traité, toujours en vigueur, prévoyant la livraison de matériel militaire. Dès le 19 juillet, Giral adressa donc un télégramme très amical à Léon Blum, sollicitant des armes et des avions pour faire face à un coup d'État militaire. Le 20, Blum obtint l'accord des ministres radicaux, Delbos et Daladier, et il répondit favorablement à la commande d'ailleurs très modeste que lui présenta l'ambassadeur Juan Cardenas, de la part de Giral : 20 bombardiers Potez, 8 mitrailleuses Hotchkiss, 8 canons Schneider de 155, des fusils Lebel, des bombes et des cartouches. Il souhaitait aider la République espagnole, d'ailleurs solvable, avec l'aide de quelques membres de son cabinet, dont le ministre de l'Air, Pierre Cot [88].

La livraison prit du retard, car l'ambassadeur Cardenas, son conseiller Cristobal del Castillo et l'attaché militaire Antonio Barroso, décidés à rallier le camp nationaliste, refusèrent leurs signatures à la commande de Madrid et informèrent la presse de droite française de l'opération. Il fallut attendre leurs remplaçants. Mais l'ambassadeur français à Londres, Charles Corbin, et Alexis Léger, dont l'influence était grande au Quai d'Orsay, craignaient plus que tout de rompre la solidarité avec Londres et de favoriser la constitution d'un axe Rome-Berlin ; ils exercèrent sur le gouvernement Blum de telles pressions que le Conseil des ministres extraordinaire du 25 juillet décida, en violation du traité, de refuser d'honorer la commande espagnole. Léo Lagrange et Jean Moulin, membre du cabinet de Pierre Cot, firent valoir que la livraison des avions était déjà en cours. Elle fut supérieure à celle prévue par la commande initiale : à la date du 9 août, 70 appareils avaient été livrés, les deux tiers par le gouvernement, les autres grâce à divers intermédiaires dont Malraux. Du 4 au 9 août, 24 Dewoitine et 12 Potez furent vendus « légalement[89] ». Il n'est pas douteux que plusieurs des hommes du Front populaire ont favorisé les livraisons d'armes à l'Espagne républicaine pendant la plus grande partie de la guerre, souvent aidés par la complaisance des douaniers. Ainsi, le 29 janvier 1938, le préfet des Pyrénées-Orientales doit calmer le maire de droite de Bourg-Madame qui prétend écrire une lettre ouverte au président du Conseil pour dénoncer le « trafic interventionniste » *via* la gare de La Tour-de-Carol. On apprend le 3 février à Perpignan que 40 000 tonnes de matériel de guerre français, anglais, tchécoslovaque ont transité par La Tour-de-Carol[90].

Malgré ces entorses à la non-intervention, la République ne trouva donc pas en France toutes les facilités de crédit, de transport et de livraisons sur lesquelles elle comptait. Les protestations de Franco n'y furent pour rien, sauf lorsqu'elle voulut négocier l'or entreposé à Mont-de-Marsan – 40,5 tonnes, disponibles après le règlement de diverses opérations et l'annulation, d'un commun accord, du crédit accordé par la France. Le nouveau gouverneur de la Banque de France, Fournier, multiplia en effet les obstacles, et il résista même à un ordre du deuxième cabinet Blum de renvoyer l'or en Espagne. Quand il y fut enfin réexpédié, en juillet 1939, les franquistes l'avaient emporté.

L'expédition de l'or en Russie avait commencé depuis Carthagène dès la fin d'octobre 1936[91]. On a beaucoup ergoté sur les raisons de cet envoi. Redoutait-on l'effet de la création du Comité de non-intervention ? Il aurait souvent suffi d'utiliser en couverture des comptes privés. Pourquoi livrer un trésor exceptionnel à une bureaucratie impénétrable ? Le gouvernement de la République craignit-il que Paris ou Londres puissent mettre plus tard l'embargo sur cet or ? L'explication est sans doute plus simple : le transfert aurait été exigé par Staline, seul pourvoyeur massif d'armes lourdes, comme garantie de leur paiement. L'expédition des 7 200 caisses, chargées de 508 tonnes d'or brut (soit 457,2 d'or fin), à bord de quatre navires soviétiques se fit le 25 octobre 1936, c'est-à-dire qu'elle coïncida avec les premières livraisons d'armes russes et les premières arrivées de techniciens.

Le dossier remis à l'État espagnol, en décembre 1956, par Romulo Negrin, fils de l'ancien chef du gouvernement, à la demande de celui-ci, démontre que cet or fut cédé en vertu de 19 ordres de vente délivrés du 19 février 1937 au 28 avril 1938. La totalité de l'or espagnol déposé à Moscou fut vendue au prix du marché, les Soviétiques n'escroquant pas leurs clients espagnols, mais ne leur faisant nul cadeau. Une grande partie fut convertie en dollars envoyés à l'Ouest, essentiellement à Paris, pour financer les achats de la République dont les armées, jusqu'au début de 1939 au moins, ne manquèrent pas d'armes. « Ni Azaña, ni Negrin n'attribuèrent l'effondrement de la République au manque d'argent pour acheter des armes[92]. » Le problème de la livraison fut résolu de manière relativement satisfaisante malgré quelques pertes. En revanche, comment certains historiens sérieux peuvent-ils garder le silence sur une conséquence fatale de ce transfert : l'Espagne républicaine était désormais à la merci de Staline, vassalisée, sous l'emprise des « conseillers » soviétiques de plus en plus forte. Largo Caballero allait en faire l'amère expérience.

L'armement de l'Espagne du Mouvement

L'Espagne du Mouvement était démunie en matériel de guerre et en munitions au début du conflit, et très pauvre en moyens de paiement. Les nationalistes n'étaient même pas en mesure de régler la totalité de la première commande adressée à l'Allemagne. Mais les considérations politiques primèrent. Hitler et Mussolini décidèrent de mettre entre parenthèses le problème financier. Si l'on songe qu'en 1936 les Allemands étaient aussi ignorants des questions espagnoles que les Soviétiques, on peut s'étonner de la rapidité de leur décision. L'analyse de Jean-François Berdah, qui utilise de bons travaux antérieurs, dont ceux d'Angel Viñas, fait apparaître tout à la fois l'habileté de Franco et la capacité de Hitler à apprécier d'emblée une opportunité politique inespérée.

Les diplomates allemands en poste en Espagne connaissaient si mal la situation qu'ils ne jouèrent à peu près aucun rôle dans le processus de l'intervention germanique. La première réaction de Berlin fut d'afficher une stricte neutralité. C'est le langage que tint le 1er août le chef de la section espagnole de la Wilhelmstrasse, Karl Dumont, au marquis de Portago, envoyé de Mola. Toutefois, à cette date, Hitler, pressenti directement grâce à l'élimination de « tous les échelons intermédiaires », avait déjà pris une décision toute différente. En effet, deux obscurs membres du parti nazi en résidence au Maroc espagnol, Johannes Bernhardt et Alain Langenheim, respectivement commerçant et ingénieur des mines, débloquèrent la situation en faveur de Franco qui, à Tétouan, avait expliqué au premier combien le succès du Mouvement dépendait du transfert de l'armée d'Afrique en Espagne. Tous deux proposèrent d'accompagner à Berlin un émissaire, Francisco Arranz, muni d'une lettre adressée à Hitler. La saisie par les insurgés d'un Junker 52, le *Max von Müller*, qui se trouvait au Maroc, permit le voyage, annoncé par un télégramme de Wegener, le conseiller allemand à Tanger. L'appareil se posa le 24 juillet sur l'aéroport militaire de Berlin-Gatow.

Encore fallait-il que les voyageurs puissent s'entretenir avec de hauts dignitaires du parti nazi sans être neutralisés par la diplomatie allemande, à l'évidence très réticente devant leur démarche. Malgré les conseils de prudence de la Wilhelmstrasse, Ernst Bohle, chef de l'*Auslandsorganization* (AO) du parti (organisation extérieure) à Berlin, comprit que l'affaire pouvait présenter un grand intérêt pour l'Allemagne et parvint à obtenir un rendez-vous quasi immédiat avec Rudolf Hess qui se trouvait en vacances en Thuringe. Le petit groupe, renforcé par deux dignitaires de l'AO, gagna Reinholdsgrün à bord de l'avion spécial du Führer. Bernhardt, Langenheim et Kranek exposèrent la situation à Hess qui, à leur grande satisfaction, leur déclara qu'il allait informer sur-le-champ Hitler, présent au festival annuel de Bayreuth. Le Führer accepta de les recevoir le soir même, après la représentation de *Siegfried*, à la Wahnfried Haus. Bernhardt résuma les enjeux politiques et militaires de l'affaire, puis Langenheim lut et traduisit la lettre de Franco. Elle exposait les motivations du soulèvement : « lutte contre la démocratie corrompue de notre pays et les forces destructrices du communisme », puis les besoins des insurgés en matériel pour passer le détroit : avant tout, 10 avions de transport « de la plus grande capacité possible », 6 chasseurs Heinckell, 20 canons antiaériens de 20 mm, et le maximum possible de mitrailleuses, de fusils et de munitions. Une carte de l'Espagne était jointe à la lettre. Hitler l'examina avec soin et la compara aux éléments du dossier fourni par ses services.

À ce moment de l'entrevue, il n'était nullement acquis à la cause des insurgés. Témoignant d'une connaissance surprenante de l'histoire des *pronunciamientos* espagnols du XIXe siècle, il était porté à croire qu'il s'agissait d'un mouvement du même genre. Il remarqua même qu'aucun des généraux impliqués dans ces coups de force n'avait été digne de devenir chef de l'État. Depuis la mort de Sanjurjo, le soulèvement manquait de tête, et Hitler se demandait visiblement si l'un des généraux avait l'envergure indispensable pour conduire le Mouvement au succès. Bernhardt évoqua la brillante carrière de Franco, unique dans l'armée espagnole, ses succès dans la guerre du Rif et, surtout peut-être, son rôle dans l'écrasement de l'insurrection des Asturies en 1934. Enfin, Hitler accepta de répondre favorablement à la requête. Il écarta avec dédain le problème du règlement financier, et convoqua aussitôt ses ministres de l'Air et de la Guerre, Goering et von Blomberg.

Dès le 26 juillet, l'opération *Feuerzauber* (« Magie du feu »), appellation inspirée de Wagner, était montée ; Hitler accorda à Franco 20 Junker JU 52, et non les 10 dont il se serait contenté. Le premier, avec à son bord Arranz, Bernhardt et Langenheim, décolla de Berlin-Gatow le 27 juillet à 8 h 50. Il fit escale à Stuttgart pour être équipé de réservoirs supplémentaires lui permettant d'atteindre le Maroc sans escale. Arrivé à Tétouan le 28 juillet, tous signes d'identification effacés, il repartit quelques heures plus tard pour Séville avec une trentaine de soldats. Le pont aérien venait d'être lancé. La décision rapide de Hitler semble avoir été inspirée par le désir d'éviter que l'Espagne ne devînt un satellite de l'URSS. Malgré la taille modeste du PC espagnol, il s'inquiétait de la victoire du Front populaire aux élections de février et de sa connivence probable avec son homologue français. Le succès de sa mission et de sa missive auprès de Hitler en personne, alors que les envoyés de Mola avaient pris en vain la voie diplomatique, permit à Franco de prendre un avantage certain sur ses rivaux pour l'ultérieure conquête du pouvoir[93].

Les démarches auprès de l'Italie avaient commencé plus tôt, mais elles devaient aboutir plus tard. Dès le 19 juillet, le journaliste Luis Bolin, qui avait déjà joué un rôle éminent dans l'affaire du *Dragon rapide*, s'était envolé sur ce même appareil à destination de Rome, porteur d'une commande de matériel de guerre plus conséquente que celle adressée à Hitler. Bolin, après une escale à Biarritz, arriva à Rome le 21 et, accompagné par le marquis de Viana, fut reçu par le comte Ciano, gendre de Mussolini et ministre des Affaires étrangères. Celui-ci était très favorable à ce que l'Italie soutînt le Mouvement, mais le Duce était conscient qu'une aide importante aux insurgés risquait de transformer les Italiens en « belligérants déclarés dans la guerre civile ». Malgré son plaidoyer anticommuniste, il commença par opposer un refus à l'émissaire de Franco. Mais le 24 juillet, l'arrivée du monarchiste Goicoechea, qui était déjà venu à Rome en 1934, persuada le Duce que le Mouvement bénéficiait de sérieux soutiens. Il fut sans doute aussi influencé par les informations en provenance de son consul à Tanger, De Rossi, qui avait été en contact direct avec Franco. Il assurait qu'une intervention limitée, permettant au général rebelle de briser le blocus de la flotte républicaine sur le détroit, suffirait à lui donner une supériorité militaire décisive. La décision favorable fut prise le 28 et, dès le 30, 12 Savoia 81, bombardiers et transports de troupes quittaient la Sardaigne. En raison d'accidents divers, 9 seulement arrivèrent au Maroc. Outre ces 12 appareils, la commande remise à De Rossi comportait 10 avions de chasse et 12 de reconnaissance, 40 canons antiaériens de 12 et 25 mm, 3 000 bombes de 100 et 50 kilos, 4 navires de transport de 4 à 5 000 tonnes, des munitions et du carburant. La facture de ces équipements atteignait 14 millions de lires. Franco comptait sur l'aval du financier majorquain Juan March, présent à Rome.

Il semble que le Duce ait décidé d'appuyer le soulèvement lorsqu'il apprit que Léon Blum renonçait à son intention première de soutenir le gouvernement espagnol et qu'il n'aurait donc pas à s'opposer ouvertement à la France. Il savait que Hitler avait choisi son camp et que les premières réactions britanniques n'étaient pas défavorables aux insurgés. En effet, les autorités de Gibraltar avaient mis à la disposition d'Alfred Kindelan, général de l'armée de l'air rallié au Mouvement, leurs lignes aériennes afin qu'il pût communiquer avec Berlin et Rome. Et Mussolini n'ignorait pas qu'un parti, la Phalange espagnole, pour lequel le *Fascio* italien était un modèle, s'était engagé à fond en faveur du Mouvement. Dans ces conditions, pourquoi ne pas stopper le basculement de la péninsule Ibérique vers la gauche, l'expansion du bolchevisme dans le sud de l'Europe, enfin la collaboration des Fronts populaires espagnol et français ? L'Italie livra à l'Espagne un matériel de guerre considérable : avions bombardiers, chasseurs, hydravions, moteurs d'avions, chars, canons, mitrailleuses, lance-flammes, fusils, bombes, cartouches, véhicules motorisés, sans parler du matériel utilisé par les troupes italiennes elles-mêmes sur le terrain. Cette aide ne fut pas gratuite : Rome consentait un crédit de longue durée, et l'Espagne franquiste n'acheva de payer la dette qu'en 1960. Cependant, les Italiens se montrèrent généreux et ne se firent régler que la moitié environ des frais engagés[94].

LE FONCTIONNEMENT DU TRAFIC D'ARMES

Dans l'ensemble, les deux armées ne manquèrent pas d'armes. Même lorsque le Comité de non-intervention eut une apparence de réalité, il n'était pas question qu'il s'opposât à un trafic considéré comme un commerce parmi d'autres. Néanmoins, les puissances qui choisirent d'accorder une aide militaire, onéreuse ou gratuite, aux belligérants préférèrent le plus souvent recourir à des sociétés-écrans. Deux d'entre elles furent remarquables. La première, la HISMA, *Sociedad Hispano Marroqui de Transportes*, pour assurer la couverture des fournitures allemandes, fut créée à Tétouan sous forme de SARL le 31 juillet 1936. Ses directeurs associés furent l'Allemand Johannes Bernhardt et l'Espagnol Fernando de Carranza. Elle s'installa le 4 août à l'hôtel Cristina de Séville. Le personnel de la société, ses techniciens et les équipements dont elle fut pourvue, notamment les navires destinés au transport des troupes et des matériels, furent recrutés et acquis fort discrètement par les autorités allemandes. Le premier cargo rapide, l'*Usaramo*, effectua la première liaison Hambourg-Cadix du 1er au 6 août, et transporta dans le plus grand secret, en pièces détachées dans des caisses chargées de nuit, 10 Junker, 6 chasseurs Heinkel HE 51, les canons antiaériens, des bombes et des munitions. Il achemina sur l'Espagne sans être intercepté 86 experts militaires et civils.

Par la suite, d'autres cargos, le *Kamerun*, le *Wigbert*, le *Girgenti*, continuèrent à acheminer le matériel allemand, très supérieur en fin de compte à la commande initiale. À la date du 28 août, on en était déjà à une cinquantaine de bombardiers et d'avions de reconnaissance, une quinzaine de chasseurs, 2 hydravions, 20 batteries antiaériennes, 50 mitrailleuses et plusieurs milliers de fusils, de grenades ainsi que les munitions[95]. Par la suite, en 1937, la HISMA créa plusieurs sociétés anonymes, *Aralar, Montes de Galicia, Santa Tecla, Sierra de Gredos, Montañas del Sur*, qui avaient pour vocation le rachat des actions de plusieurs sociétés minières espagnoles, de façon à prendre le contrôle de denrées stratégiques dans la perspective du conflit mondial.

Pour ravitailler la République, France-Navigation ne fut créée que le 15 avril 1937, sous la forme d'une société anonyme par actions de 1 000 francs, au capital de 1 million de francs porté ultérieurement à 5, puis à 30. Elle était dirigée par un Conseil d'administration de cinq membres présidé par Joseph Fritsch, militant communiste parisien et personnalité fort discrète. L'idée venait de l'ambassadeur de la République espagnole en France, Luis Araquistain, qui avait souhaité voir naître une compagnie de navigation politiquement sûre. Jusqu'en avril 1937, le matériel livré par Moscou fut transporté par des navires soviétiques, à partir de la mer Noire puis, plus tard, de Mourmansk. Les armes achetées en Belgique, en Tchécoslovaquie, en France ou ailleurs étaient chargées à bord de navires sous pavillon occidental, estonien ou lituanien, au départ de Gdynia, Rotterdam, Oslo, ou même Hambourg, à destination fictive de la Grèce ou du Moyen-Orient. Les équipages étaient composés de militants, et les manifestes portaient « matériel agricole » alors qu'il s'agissait d'obus, comme dans le cas du *Guilvinec* visité dans le port de Bordeaux en décembre 1937 après dénonciation. Mais le risque de tels incidents était réduit.

Les deux hommes clés de France-Navigation furent Giulio Ceretti et Georges Gosnat : ce dernier, ancien élève d'HEC, avait des compétences commerciales exceptionnelles. Le premier cargo fut acheté pour 1 800 000 francs empruntés à *L'Humanité* et à la fédération des métaux du PCF, tandis que les républicains espagnols s'engageaient à payer fret et assurances. En fait, ces primes ne furent pas réglées. La compagnie parvint, grâce à une gestion rigoureuse, à acheter 24 navires, de sorte que la fourniture de l'Espagne républicaine en armements de toute sorte ne connut presque aucune interruption. Les équipages furent recrutés avec soin parmi les « éléments les plus avancés » du syndicat des marins, précisent les rapports de police, et dotés d'un encadrement militant. Le chef du service de l'armement, Auguste Dumay, militant communiste depuis la naissance du parti, était un organisateur de grand talent. Le matériel arrivé aux ports français de l'Atlantique était chargé sur les camions de l'entreprise d'Alphonse Pelayo ou sur des wagons de chemin de fer. Acheminé sur les Pyrénées-Orientales, il passait clandestinement la frontière ou gagnait par mer les ports de Barcelone, Alicante ou Carthagène. Avant la chute de Bilbao, de Santander et des Asturies, les cargos de France-Navigation ravitaillèrent les ports espagnols du Nord, encore sous contrôle républicain. Ce trafic était trop important pour passer inaperçu et supposait d'importantes complicités au sein de l'État français. Elles furent orchestrées par Gaston Cusin, originaire du corps des douanes où il avait conservé de solides relations, et ancien syndicaliste. Léon Blum, qui désirait absolument aider l'Espagne républicaine, le fit maintenir dans tous les cabinets.

Bien entendu, le capital de la compagnie était fictif et les actions virtuelles. On ne voit pas comment Georges Gosnat, sans aucune fortune personnelle, aurait pu en acquérir

190 actions à 1 000 francs l'unité. Le système reposait sur la liaison étroite entre France-Navigation et la Banque Commerciale pour l'Europe du Nord (BCEN), qui représentait officiellement en France la Gosbank (la Banque d'État soviétique) et la Roscombank (Banque soviétique pour le commerce extérieur). À partir de 1936 et surtout de 1937, la BCEN connut une forte expansion, liée à ses transactions commerciales et financières avec l'Espagne. Au fur et à mesure des ventes de l'or espagnol détenu par Moscou, la Gosbank et la Roscombank transféraient des fonds à la BCEN sur des comptes de représentants, avoués ou non, de la République. Ceux-ci procédaient aux achats et rémunéraient les services de France-Navigation[96]. Les sociétés virent leur activité complétée par celle d'autres, beaucoup plus modestes, et par des transactions ordinaires : vente de carburant de la Texas Oil Cy à l'Espagne nationaliste, vente des usines Dewoitine (avions) et Hotchkiss (mitrailleuses) ou de fusils et de cartouches du Mexique à l'Espagne républicaine. Mais l'évolution des puissances européennes en faveur de la non-intervention rendait problématiques les opérations régulières. Ainsi, quatre Fokker vendus aux rebelles par le fabricant anglais furent retenus à Bordeaux puis retournés en Angleterre.

L'entrée en lice de combattants étrangers et les problèmes de la non-intervention

L'intervention de combattants étrangers fut très précoce, mais elle était d'abord le fait d'individus ou de petits groupes. Certains résidaient depuis longtemps dans le pays, comme les Italiens Fernando de Rosa Lencini qui, vivant à Madrid depuis 1931, avait pris en main la formation clandestine de cadres militaires pour les Jeunesses socialistes, et Vittorio Vidali, dit « commandant Carlos », l'un des créateurs du fameux Cinquième Régiment. Une centaine d'athlètes venus participer à l'Olympiade protestataire de Barcelone, organisée afin de dénoncer la tenue des jeux Olympiques à Berlin sous la présidence de Hitler, s'engagèrent dans les forces de la République. Ce fut le cas des Italiens Jaccod et Renati, et des Polonais Abraska Krasnowiecki et Emmanuel Mink. Un groupe français d'une soixantaine de membres, surtout des anarchistes et quelques marxistes dissidents, constitua le commando Berthomieu, du nom du capitaine qui en prit la tête. On y remarquait la présence d'une femme étonnante, Simone Weil, qui fit ensuite partie de la colonne Durruti. Des militants révolutionnaires anglais, allemands, italiens et hongrois (groupe Rakosi) figurèrent parmi les premiers combattants étrangers venus au secours de la République. Ils s'intégrèrent dans les premières colonnes anarchistes qui, à partir du 22 juillet, prirent la direction de l'Aragon.

Les légions étrangères de l'air

Avant même la formation des Brigades internationales, une sorte de légion étrangère de l'air, l'escadrille *España*, avait été organisée à l'initiative d'André Malraux, soutenu par le ministre de l'Air français, Pierre Cot. Ils recrutèrent des pilotes volontaires pour amener en Espagne les avions achetés par la République. La plupart venaient de l'aviation commerciale. D'autres étaient des mercenaires qui avaient participé à des guerres lointaines, en Chine ou au Chaco. À l'automne, ils furent rejoints par des Américains : Bert Acosta, Gordon Berry, Eugen Finck et autres. Bon nombre de ces hommes étaient attirés par la solde et les conditions mirifiques qui leur étaient proposées. De fait, ils furent traités comme des rois, logés dans les grands hôtels madrilènes et invités à des banquets où étaient servis les meilleurs vins.

En dehors des Soviétiques, 653 pilotes étrangers auraient servi dans l'aviation républicaine, dont certains très brièvement. Durant l'été 1937 ils étaient encore 180, dont 45 Français, 14 Britanniques, 12 Italiens, 12 Bulgares, 12 Américains, 11 Polonais, 7 Autrichiens. Plusieurs avaient été tués au combat[97]. Les pilotes russes furent plus nombreux que ceux de tous les autres pays réunis, mais il est très difficile d'évaluer leur nombre avec précision[98]. L'URSS fournit à l'Espagne républicaine la plupart de ses avions, 1 000 sur 1 320 d'après Hugh Thomas, 1 409 sur 1 947 selon Ramon Tamames[99]. Ces appareils arrivaient souvent avec leurs pilotes qui étaient 160 dès octobre 1936. Sur les quelque 2 000 spécialistes et techniciens soviétiques ayant servi en Espagne, plus d'un millier furent des pilotes. Par une ironie de l'Histoire, certains d'entre eux s'étaient entraînés, entre 1925 et 1933, sur la base de Lipezsk en compagnie de 120 pilotes allemands, ces derniers ne pouvant encore recevoir en Allemagne de formation militaire. Les duels entre aviateurs allemands et soviétiques furent fréquents. Les pilotes russes formèrent la plupart des pilotes républicains.

La plus importante des « légions étrangères de l'air » fut la Légion Condor allemande. Lorsqu'il se rendit à Salamanque en octobre 1936 pour y rencontrer Franco, l'amiral Canaris, après l'avoir informé de l'ampleur de l'assistance fournie par l'URSS et accessoirement par la France à ses adversaires, lui proposa une aide accrue, notamment un important soutien aérien qu'il faudrait payer, au moins en partie, par des livraisons de matières premières (fer, cuivre, wolfram, mercure). C'est ainsi qu'il lui « vendit » en quelque sorte la Légion Condor, unité de la Luftwaffe créée pour la circonstance, qui allait coûter à l'Espagne 1 milliard 650 millions de pesetas. Elle était forte de 6 500 hommes et composée de huit sections différentes : commandement, groupe de chasse, groupe de bombardement, groupe de reconnaissance, groupe de reconnaissance maritime, transmissions, matériel, défense antiaérienne, plus un groupe de blindés de 48 chars qui contribua à la formation des tankistes espagnols.

La force aérienne de la Condor comportait quatre escadrilles de douze avions chacune pour les groupes de chasse et de bombardement, de trois escadrilles de six avions pour le groupe de reconnaissance et d'une escadrille de six hydravions pour le groupe de reconnaissance maritime. La Légion Condor était dirigée par le général von Speerle, plus connu sous le nom de « général Sander », et placée, du moins en théorie, sous le contrôle du chef de l'armée de l'air nationaliste, le général Kindelan. En fait, elle jouissait d'une large autonomie, comme devait le prouver, semble-t-il, l'épisode de Guernica. Embarquée à Hambourg le 1er novembre, elle débarqua les 6 et 7 novembre à Cadix. Elle installa d'abord sa base principale sur l'aérodrome de Salamanque et ses unités de chasse sur les pistes de Leon, Vitoria, Escalona, Avila et Talavera. Elle allait jouer un rôle très important pendant les grandes batailles de la guerre et subir de lourdes pertes. Elle pratiqua une rotation accélérée de ses effectifs et notamment des pilotes, de façon à donner l'expérience des matériels et des combats au plus grand nombre possible de militaires allemands[100]. Quelque 15 000 pilotes ou spécialistes passèrent par l'Espagne. La Condor subit des pertes importantes : 66 officiers, 120 sous-officiers et 85 aviateurs en formation et spécialistes furent tués au combat. Une centaine moururent par accident.

La participation italienne à l'« internationale de l'air » fut, elle aussi, considérable. Elle engagea près de 6 000 hommes qui servirent sur des bombardiers lourds (Savoia S 81, Fiat Br 20) ou légers (Caproni Ca-310), des bombardiers d'assaut, des chasseurs Fiat Cr-32, etc. Les pilotes italiens avaient un esprit de corps développé. Volontaires, tous fascistes militants, d'ailleurs très compétents, ils ne participèrent pas seulement aux batailles terrestres importantes : ils coulèrent une bonne centaine de cargos, espagnols ou étrangers, dont six français, une douzaine de bâtiments de guerre républicains, et gênèrent beaucoup l'acheminement du matériel soviétique vers les ports méditerranéens de l'Espagne. L'aviation italienne commit l'un des crimes les plus odieux de la guerre : les bombardements de Barcelone des 16, 17, 18 mars 1938, dont nous aurons l'occasion de reparler[101].

Les Brigades internationales

Comme les Allemands, les Soviétiques avaient été surpris par les événements d'Espagne. Toutefois, les réactions de l'Internationale communiste furent rapides. Une réunion décisive tenue à Prague le 26 ou le 27 juillet et présidée par Gaston Monmousseau aurait décidé la constitution d'un fonds de un milliard de francs pour l'aide au Front populaire espagnol et créé un Comité de cinq membres pour l'administrer : Maurice Thorez, Palmiro Togliatti, et trois Espagnols, José Diaz, Dolores Ibarruri et Francisco Largo Caballero. Il aurait été décidé aussi de former une brigade de 5 000 hommes recrutés parmi les militants de gauche de tous les pays et que l'on doterait de tout l'armement nécessaire[102].

Selon Rémi Skoutelski, dernier en date des historiens des brigades, et sans doute le plus rigoureux, cette réunion de

Prague relèverait de l'affabulation. Les brigades seraient nées « d'initiatives plus parallèles que convergentes, au sein même de l'Internationale communiste, liées à l'évolution de la situation en Espagne et en France ». Maurice Thorez, André Marty, Pierre Allard et Palmiro Togliatti auraient joué un rôle dans ces « initiatives ». Le même auteur renvoie « l'acte fondateur » à une réunion du praesidium de l'IC tenue à Moscou le 18 septembre 1936, à laquelle participèrent une vingtaine de dirigeants communistes, dont Dimitrov et Togliatti, mais sans Thorez, ni Marty qui était déjà en Espagne. Cela ne veut pas dire que le recrutement des volontaires n'a pas commencé plus tôt, comme Thorez l'avait d'ailleurs recommandé à Allard, afin que ses hommes soient « prêts à partir ». En effet, en accord avec Largo Caballero, qui était alors le chef du gouvernement, et José Diaz, secrétaire général du PCE, la préparation des premières brigades était engagée. Le décret les créant, le 22 octobre, ne fut que la consécration d'un état de fait : les deux premiers groupes (700 et 800 hommes) étaient arrivés à Albacete le 13, tandis que 4 à 5 000 hommes étaient prêts à partir [103].

Le Komintern et ses porte-parole durent tenir compte des objections de Largo Caballero, réticent à l'égard des brigades : il aurait souhaité que les volontaires étrangers fussent intégrés dans les milices révolutionnaires sous commandement espagnol. L'accord final disposa qu'elles jouiraient d'une autonomie totale, avec des commandants étrangers, mais qu'un organe de liaison avec l'état-major espagnol serait créé à Albacete. D'emblée, André Marty, seul Français membre du secrétariat du Komintern, qui jouissait en 1936 d'un immense prestige parmi les militants d'extrême gauche, joua le premier rôle à Albacete, avec pour adjoints Vital Gayman, Luigi Longo, Mario Nicoletti et Fried, dit Blanco. Tous les chefs de la base étaient communistes.

La désignation à la tête des brigades d'André Marty fut un choix calamiteux. Même si celui-ci fut très loin d'avoir ordonné toutes les exécutions capitales dont on l'a accusé – il est responsable de la mort de Gaston Delassale et d'une dizaine d'autres brigadistes, mais certainement pas d'exécutions systématiques. Il devait son poste à son total dévouement à la ligne du parti et non à des compétences militaires qu'il ne possédait pas. Confondant énergie et brutalité, affligé d'une méfiance paranoïaque, il fit tant que l'image mythique du « mutin de la mer Noire » devint en Espagne celle du « boucher d'Albacete ». Du même coup, il justifia l'opposition dure des anarchistes à la création des brigades, qu'ils considéraient non sans lucidité comme une manœuvre de la diplomatie russe. Cela ne remet pas en cause l'enthousiasme et l'abnégation de la majorité des brigadistes [104].

La mise en marche du plan de constitution des unités internationales fut immédiate. En France, les cellules du PC menèrent un travail intense de propagande pour rechercher des hommes qui aient l'expérience des armes. On insistait sur les avantages divers de leur engagement, solde comprise.

D'autre part, les événements d'Espagne avaient causé une vive émotion dans le sud de la France et déclenché, notamment parmi les Espagnols qui y vivaient, un mouvement spontané de solidarité en faveur de la cause républicaine. Avant même d'entendre l'appel des sirènes communistes, de nombreux volontaires passèrent la frontière catalane. Les rapports de police des commissaires du département des Pyrénées-Orientales, parfois repris par les lettres du préfet au ministre de l'Intérieur, comptabilisent soigneusement ces passages : 563 du 24 juillet au 6 août, dont 199 habitants de Perpignan et de la région, avec quelques Sarrois et quelques Suisses ; le 30 juillet, 52 Espagnols venant de Toulouse et de l'Ariège et passant par le poste de Bourg-Madame et, le 7 août, 32 Espagnols venus de l'Ariège. Le 17, 185 volontaires espagnols passent encore à La Tour-de-Carol. Le 19, 850 miliciens, volontaires de toutes nationalités, dont 24 Français et de nombreux Italiens, passent de Cerbère à Port-Bou.

En février 1937, 316 des 1 744 Espagnols fixés dans le département de l'Ariège, soit 18 % de cette communauté, avaient franchi la frontière pour aller se battre pour la cause républicaine. Certains le firent très tôt : une cinquantaine de jeunes gens de Lavelanet et Larroque-d'Olmes sont partis dès le 29 juillet, suivis en août par une douzaine d'ouvriers de Pamiers. Presque tous les travailleurs saisonniers des carrières de talc de Luzenac avaient regagné l'Espagne à la fin du mois. En mars 1937, une trentaine de volontaires espagnols passent à pied le port de Salau. Plus étonnante est la présence dans le train de Toulouse à Puigcerda de 35 Espagnols, dont 5 femmes, venus de la Guinée espagnole : ils assurent en avoir été chassés et vouloir se mettre au service de la République [105]. Les trois frères Araguas, fixés à Alès et âgés en 1936 de vingt-six, vingt et un et seize ans, partent ensemble. On les retrouvera sains et saufs en 1939, au camp du Barcarès [106].

Les agences de recrutement des brigades, sous le contrôle de l'organisation centrale établie à Paris, au siège du PCF, et du conseiller militaire Karol Swierzewski, alias général Walter, ont enrôlé de préférence les communistes et les « compagnons de route ». Le Comité de coordination fournissait de faux papiers aux volontaires et conservait les vrais. À Paris, le principal foyer de recrutement était installé à la Maison des Syndicats, au 8 de l'avenue Mathurin-Moreau, dans le 19e arrondissement, mais les agences étaient disséminées dans la capitale (bar Petit Lyon, Café de Madrid, etc.) et dans la « banlieue rouge », à Nanterre, Colombes, Saint-Denis. En province, les bureaux de la CGT leur donnaient l'hospitalité à Bordeaux, Toulouse, Lyon, Lille, et même à Oran. Il y eut au total une cinquantaine de bureaux sur le territoire français. Beaucoup de volontaires, parfois bien équipés, vinrent de la « banlieue rouge », mais des étudiants de la Cité universitaire, des dockers et des métallos souvent syndiqués à la CGT s'enrôlèrent aussi [107].

La France fut le pays qui fournit le plus grand nombre de brigadistes. Les chiffres varient selon les auteurs. Rémi Skoutelski, constatant que les évaluations de la commission militaire de la SDN et de l'administration d'Albacete étaient très voisines (entre 32 000 et 33 000), évalue leur effectif global à 35 000 dont environ 12 000 Français. 57 % d'entre eux auraient été membres du PC ou sympathisants. La région parisienne à elle seule fournit près de la moitié des combattants [108]. Les volontaires étaient dirigés vers Perpignan et Cerbère pour passer la frontière à Port-Bou ou vers Marseille afin de gagner Alicante par mer. Le long rapport du commissaire central de police de Perpignan en date du 12 janvier 1937 fait état de 20 000 hommes qui « jusqu'à ce jour... seraient passés à l'ancien hôpital militaire et, de là, dirigés vers diverses régions d'Espagne ». Il signale qu'un Comité communiste de cinq membres dont il donne les noms s'occupe de la réception de ces volontaires « émanant des cellules communistes de France et de l'étranger... Il y avait parmi eux des jeunes gens qui n'avaient pas encore atteint la majorité [alors à vingt et un ans], des vieux et des repris de justice ». Le commissaire ajoute que, depuis peu, la police contrôle les identités pour retrouver les mineurs partis sans l'autorisation de leur famille.

Selon le même rapport, le Comité anarchiste des Pyrénées-Orientales dirigé par un certain Le Goff, dit Andrey, dont l'influence est grande auprès du consul d'Espagne à Perpignan, organise le passage des militants : « Chaque semaine, un convoi d'une cinquantaine d'entre eux arrive directement par camions de Paris, et est dirigé vers l'Espagne. » Il s'agit évidemment d'un recrutement différent de celui des brigades. À l'époque, les colonnes anarchistes qui, de Barcelone, se rendaient en Aragon continuaient à enrôler des militants étrangers. Le commissaire ajoute que le Comité anarchiste, décidément très influent, contrôle l'action de tous les autres Comités. Parallèlement à l'initiative communiste qui a produit les brigades, les anarchistes développent donc leurs propres actions [109].

À partir du 15 octobre, l'organisme d'Albacete devint opérationnel. André Marty, qui avait pour chef d'état-major Vital Gayman et pour collaboratrice directe la « camarade Pauline » son épouse, disposa d'un « Comité militaire » dirigé par le général Walter et le secrétaire du colonel Orlov, Carlos Contreras. Ledit Comité organisa un entraînement militaire assuré par Marty lui-même, Luigi Gallo et Vital Gayman. Les volontaires furent regroupés par langues et affectés à des bataillons dont les chefs, d'abord élus, furent très vite nommés par le Comité et flanqués d'un commissaire politique. Si la nourriture était bonne, la solde était sans rapport avec les promesses des agences de recrutement.

L'ordonnance du 8 décembre 1936 définit la structure des brigades. Chacune d'entre elles – il y en eut finalement cinq – comporta six bataillons de 750 hommes et cinq compagnies, trois étant internationaux et trois espagnols. La brigade devait être équipée d'une batterie, d'un canon antichars, d'une compagnie de sapeurs, d'une de transmission et d'une autre de santé. Ces objectifs ne purent être respectés. Ainsi la brigade XI, première à être formée, était composée de trois bataillons : Edgar-André (Allemands en majorité), Commune de Paris (Français et Belges) et Garibaldi, forts respectivement de 650, 650 et 520 hommes. Les noms choisis pour les bataillons dressent un florilège des révolutions nationales ou sociales : Condes (Espagnols), Garibaldi et Gastone Sozzi (antifascistes italiens), Edgar André (Allemands), Dimitrov (révolutionnaires balkaniques), Dombrovski, (mineurs polonais), Artes Blancas (boulangers), André Marty (communistes français), Abraham Lincoln et George Washington (militants cubains et nord-américains), Arana Goiri (nationalistes basques), Thaelman (Allemands), etc.

Pour répondre aux appels désespérés de Madrid, la XIe brigade fut expédiée vers la capitale dès le 8 novembre, et elle reçut le baptême du feu le lendemain. Par la suite, les quatre autres brigades portèrent les numéros XII à XV. Il semble qu'il n'y ait jamais eu plus de 25 000 brigadistes engagés simultanément au feu, peut-être moins encore, mais ils représentèrent une importante force d'appoint, et même un élément essentiel dans la première bataille de Madrid.

Des Américains du Nord, des Canadiens et des citoyens d'autres pays arrivèrent plus tard. Le 12 juin 1937, la légation des Pays-Bas informa les autorités françaises qu'une soixantaine de communistes hollandais étaient partis combattre en Espagne le 1er du mois, qu'ils avaient passé la frontière franco-belge à pied, puis pris le train à Roubaix pour Paris. Pris en charge dans un café du boulevard de la Villette, ils avaient gagné Alès puis Sète, où ils avaient embarqué à bord d'un cargo grec à destination de Barcelone ou de Valence [110].

Tous les historiens des brigades soulignent que cette formation militaire fut, sans doute, la plus « intellectuelle » de l'Histoire : elle alignait quantité d'artistes, d'écrivains, d'éditeurs, de journalistes, de scientifiques, d'ingénieurs, de médecins. Parmi les Américains par exemple, on note la présence de Robert H. Merriman, professeur à l'Université de Californie, de Paul Singel, ingénieur de l'Université de New York, de plusieurs chirurgiens dont Louis Fischer, en conflit permanent avec Marty, de l'archéologue de Chicago John Murra [111]. Chez les Anglais, le biologiste Haldane, plusieurs médecins, des écrivains comme George Orwell, le neveu de Winston Churchill, Esmond Romilly. Citons encore Artur London, Josef

Pavel, le journaliste Hoffmann, l'aristocrate allemand Ludwig Renn, Pietro Nenni, Marcel Cachin et d'autres. Le destin contrasté, héroïque et souvent tragique, du fait de la méfiance de Staline, des survivants des brigades, pendant et après la guerre mondiale, mérite un développement à part. On en trouvera le récit en annexe du présent ouvrage.

AU SERVICE DE L'ESPAGNE NATIONALISTE : LE CORPS DE VOLONTAIRES ITALIEN

L'Espagne franquiste bénéficia, pour sa part, de l'engagement de militants fascistes ou traditionalistes à titre individuel. Les volontaires les plus nombreux furent les Portugais : plusieurs milliers d'entre eux, les *Viriatos*, combattirent dans la Légion étrangère, et ils subirent de lourdes pertes. Quelques centaines de Français de droite, environ 250 selon Georges Oudart, l'un d'entre eux, s'engagèrent dans les *requetes*, tels les Camelots du Roi du baron de La Guillonière, qui se fit tuer en Biscaye, et d'autres dans la Légion sous les ordres du colonel Courcier. Le colonel Bonneville de Marsagny s'enrôla lui aussi dans la Légion en compagnie de quelques dizaines de Russes blancs, dont le colonel Boltin et le capitaine Rachewsky. Un bataillon de 600 Irlandais, commandé par le colonel O'Duffy, se battit dans le camp nationaliste, ainsi que quelques Britanniques, tels les capitaines Nangle et Franck, et le lieutenant irlandais Noel Fitzpatrick, qui participèrent comme légionnaires à la libération de l'Alcazar. Mentionnons encore quelques dizaines d'aventuriers comme l'Anglais Rupert de Bellville, et des fascistes convaincus comme le Finlandais Karl von Haartman.

La force de très loin la plus importante fut le corps de troupes volontaires italien, préparé par la mission à Salamanque de Mario Roatta qui, pourtant, comme le roi d'Italie, avait tout d'abord été hostile à l'intervention. Les premiers éléments arrivèrent en Espagne en octobre 1936. Peu nombreux, ils furent intégrés dans des unités mixtes italo-espagnoles. Les Italiens participèrent à une action à Navalcarnero, le 21 octobre. Un détachement de 3 000 volontaires du parti fasciste, dont beaucoup provenaient du corps spécial de la

Milice, section de la « sécurité générale », et dont d'autres avaient participé à la campagne d'Éthiopie, arrivèrent à Cadix le 22 décembre avec leurs équipements. Ils formèrent le premier régiment de « chemises noires [112] ». Vite renforcé par des contingents embarqués à Gaete, La Spezia et Palerme, cette unité eut un rôle important dans l'offensive qui, en février 1937, aboutit à la prise de Malaga. Les troupes qui s'en emparèrent comptaient au moins 10 000 Italiens sur un effectif d'environ 25 000 hommes, 5 000 Espagnols et 10 000 Marocains. La colonne du centre, formée d'Italiens, appuyée par les petits chars d'assaut, l'artillerie et une aviation maîtresse du ciel, fit sauter le verrou républicain du col de Los Alazores. La rapidité de la victoire franquiste, acquise dans la première semaine de février, leur dut beaucoup.

Jusque-là, les volontaires avaient été qualifiés de « légionnaires ». Désormais, afin de se conformer à la lettre des décisions du Comité de non-intervention, les combattants italiens constituèrent un « Corps de troupes volontaires » (CTV) de quatre divisions. Après l'échec de l'attaque franquiste sur Madrid dans la vallée du Jarama, Mussolini put convaincre un Franco réticent de la nécessité d'une participation plus forte. Militants fascistes et « chemises noires » reçurent l'appoint de chômeurs, souvent d'âge mûr et d'humeur guerrière douteuse.

Les Italiens engagèrent ainsi, à la veille du printemps 1937, quelque 35 000 combattants. Leur grave défaite à Guadalajara, où ils laissèrent 2 000 morts, des centaines de prisonniers et un important matériel, stimula la soif de revanche de Mussolini. Le général Bastico, qui remplaçait Roatta, procéda à une épuration sévère de ses troupes ; il renvoya en Italie 3 700 « volontaires » et bon nombre d'officiers, et il revit la composition de ses unités, créant notamment la « brigade des Flèches noires » et des unités d'élite, qui reprirent le nom traditionnel d'arditi. Ainsi repris en main, le CTV réussit à percer la « ceinture de fer » de Bilbao en prenant Bermeo, puis tint le premier rôle dans la conquête de Santander, en enlevant au prix de 12 % de son effectif le col de l'Escudo. Selon Oudart, la bataille de Santander fut « un modèle de stratégie qu'étudieront les élèves des écoles de guerre [113] ».

Hugh Thomas évalue à 75 000 le nombre total des Italiens qui prirent part à la guerre d'Espagne pour le compte des nationalistes, et à 40 à 50 000 leur effectif au plus fort de leur engagement. Ils eurent en tout 4 000 tués. Leur intervention porta aussi sur le génie civil, les transmissions et la santé, tandis que l'aviation et la flotte de Rome contribuaient grandement à donner au camp franquiste, dès la bataille de Malaga, une maîtrise de la Méditerranée qu'il n'avait pas au début du conflit[114]. À partir de février 1937, surtout par l'effet de l'intervention italienne, le *Caudillo* inversa à son avantage le rapport des forces étrangères engagées en Espagne.

UNE NON-INTERVENTION BIAISÉE

La France et la Grande-Bretagne avaient accueilli avec moins de surprise que l'Allemagne ou l'URSS la nouvelle du soulèvement. Informé dès le 20 juillet par son consul général à Tanger, le gouvernement britannique expédia aussitôt des navires vers les ports espagnols pour assurer la protection de ses citoyens. L'ambassadeur britannique, sir Henry Chilton, en poste depuis un an, était beaucoup moins favorable à la République que son prédécesseur, sir George Grahame. Il avait été prévenu, notamment par Angel Herrera, le directeur d'*El Debate*, en décembre 1935, du danger de dérive extrémiste que comportait, selon Gil Robles, une victoire du Front populaire aux élections de février 1936, et les troubles survenus de février à juillet avaient achevé de le convaincre que la puissance de l'anarcho-syndicalisme était peut-être plus à redouter que la formation d'un soviet. Mais dans le même rapport, Chilton n'excluait nullement le danger de dérive fasciste que faisaient planer la Phalange ou l'entourage de Calvo Sotelo.

Londres souhaitait avant tout rester neutre. Toutefois, le fait de ne pas prendre parti entre un gouvernement légitime et un mouvement rebelle était, en soi, l'indice discret d'une préférence. Le refus des autorités de Gibraltar de ravitailler les navires républicains en carburant alors qu'elles mettaient leurs lignes téléphoniques à la disposition de Kindelan en offrit un autre indice. Le contre-amiral anglais Pipon avait été fâcheusement impressionné par l'état de navires républicains dont les équipages avaient massacré leurs officiers, idée déplaisante pour les chefs de la Navy. Il fut très vite évident que la

Grande-Bretagne pèserait de tout son poids, notamment auprès de la France, pour que l'affaire demeurât strictement espagnole. Utilisant un témoignage de Pierre Cot, publié à la mort de Franco, Leo Palacio n'hésite pas à stigmatiser « la grande responsabilité des conservateurs britanniques [115] ».

La position du gouvernement français était très différente. Léon Blum était lui aussi le chef d'une coalition de Front populaire sans participation du PC, qui se contentait d'un soutien. Après consultation de son conseiller Jules Moch, de Pierre Cot, ministre de l'Air, et des ministres radicaux, Daladier à la Défense et Yvon Delbos aux Affaires étrangères, et pressé par l'envoyé spécial du gouvernement espagnol, Fernando de los Rios, Léon Blum se montra décidé, lors des réunions des 22 et 23 juillet, à répondre favorablement aux demandes espagnoles, d'ailleurs si modestes qu'elles supposaient un étouffement rapide de la rébellion. Pierre Cot se déclara prêt à faire exécuter les livraisons d'armes afférentes au traité de commerce de 1935 *via* la base de Clermont-Ferrand dans un souci de discrétion.

Outre l'obstruction des diplomates espagnols à Paris ralliés de cœur à la rébellion, il se trouva que les dirigeants français, rencontrant à Londres le 23 juillet leurs partenaires anglais et belges, furent soumis à une forte pression. Baldwin et Eden recommandèrent à Léon Blum une extrême prudence. Pierre Cot précise à ce propos : « En aucun cas, la Grande-Bretagne ne soutiendra la France si des complications venaient à se produire du fait de notre intervention dans les affaires espagnoles. » L'ambassadeur à Londres, Charles Corbin, souligna pour sa part le caractère essentiel de l'alliance franco-anglaise, appuyé par Alexis Léger (le poète Saint-John Perse), conseiller très influent du Quai, qui était soucieux de faire pièce à un renforcement de l'entente germano-italienne. L'ambassadeur de France en Espagne, Jean Herbette, en vacances à San Sebastian, était réservé à l'égard de la République espagnole et ne montrait aucun enthousiasme à la voir soutenir. Toutefois, lorsque Blum reçut Fernando de los Rios le 24 juillet au soir, en présence de Daladier, Delbos, Auriol et Cot, il l'informa que la France allait tenir ses engagements.

Le lendemain, lors d'un Conseil des ministres extraordinaire convoqué par le président Lebrun, Blum dut faire face à une véritable fronde. Les ministres radicaux, soutenus par le Président, obtinrent que la livraison fût limitée aux seuls avions demandés et qu'ils ne soient pas pilotés par des Français. Blum fit admettre que la France pourrait vendre le matériel sollicité au Mexique qui le revendrait à l'Espagne. Sur ces entrefaites, deux avions italiens Savoia s'écrasèrent près de la frontière algéro-marocaine, démontrant que Rome apportait déjà une aide à la rébellion. Pierre Cot faisant état d'informations précises recueillies sur le lieu de l'accident, Léon Blum exprima alors la crainte que l'assistance technique fournie aux rebelles par l'Allemagne et l'Italie fût beaucoup plus substantielle que celle apportée par la France, et il suggéra, selon le témoignage de Pierre Cot, « que l'intérêt de la République espagnole serait peut-être dans la signature d'un pacte pour une non-immixtion soigneusement contrôlée [116] ».

La situation du chef du gouvernement était très difficile. Il devait faire face simultanément aux mises en garde de l'allié le plus sûr de la France, la Grande-Bretagne, à la division de son propre gouvernement, où s'exprimaient les fortes réticences de Daladier et de Delbos, enfin à la division du pays, aggravée par une campagne de presse vigoureuse qu'animaient *L'Écho de Paris*, sous la plume de Kerillis, et plusieurs journaux du sud de la France, notamment *L'Éclair* de Montpellier, *Le Roussillon* de Perpignan et *La Garonne* de Toulouse.

Dans l'analyse du court terme en histoire, chacun sait combien est capitale l'étude de la chronologie. Si le soulèvement militaire avait allumé l'incendie, il avait été précédé par des troubles graves montrant l'impuissance de la République à garantir l'ordre public. Les événements survenus du 19 juillet au 1er août pouvaient renforcer cette impression. Les combats s'achevaient à peine autour de Séville, et les nationalistes n'avaient pas encore à leur passif les dures représailles de Merida (10-11 août), ni le massacre de Badajoz (14-17 août), alors que la violence anarchiste s'était déchaînée à Barcelone [117] comme le confirmaient les rapports du préfet des Pyrénées-Orientales et des commissaires de police de Cerbère et Bourg-Madame. Le gouvernement français, s'il s'engageait trop ouvertement en faveur de la République, pouvait craindre de se fourvoyer dans une « sale guerre ».

Dans ces conditions, on conçoit que Léon Blum ait penché

pour la non-intervention. Il comblait les vœux du gouvernement britannique car « la Grande-Bretagne fut dès le début l'inspiratrice de la politique de non-intervention, même si la proposition formelle devait émaner de la France ». Dès le 3 et le 4 août, la France, par l'intermédiaire de ses ambassadeurs, sonda les dispositions de l'Allemagne et de l'Italie à l'égard d'un projet de non-intervention. Les réponses furent négatives, sous prétexte que l'Internationale communiste ne donnait aucune assurance du même ordre. Blum, qui devait aussi tenir compte d'une pression populaire favorable à la République, encouragea discrètement Pierre Cot et les membres de son gouvernement ou de son entourage les mieux disposés, Léo Lagrange, Jean Zay et Jean Moulin, à accélérer avec l'appui d'André Malraux les livraisons d'armes, reconnues ou non, dissimulées, à l'Espagne légitime. Inquiète, la Grande-Bretagne reprit la main en dépêchant, le 7 août, son ambassadeur à Delbos : la France était-elle vraiment convaincue que le gouvernement de Madrid était le véritable gouvernement et non « un écran derrière lequel les éléments anarchistes les plus extrémistes géraient le cours des événements » ?

La question traduisait une vision lucide de la situation. Les travailleurs de la CNT anarcho-syndicaliste et, à un moindre degré, ceux de l'UGT et du POUM antistalinien répétaient volontiers qu'ils ne luttaient pas pour la « démocratie bourgeoise », mais pour son dépassement et « le communisme libertaire ». Pourquoi des Républiques bourgeoises et capitalistes voleraient-elles au secours de la Révolution ? Delbos fut convaincu par l'argument et plaida fermement en ce sens au Conseil des ministres du 8 août. Léon Blum se rallia alors publiquement à la non-intervention, conforté par l'annonce que l'Italie et l'URSS approuvaient la position française, et il la défendit dans son discours du Luna-Park. Mais, en privé, il s'avouait consterné par son impuissance, estimait trahir les engagements pris envers un allié, et voulait démissionner pour provoquer la dissolution du gouvernement. Les dirigeants espagnols, qui étaient alors encore des modérés, Azaña et Giral, l'incitèrent à demeurer au pouvoir[118].

Le 15 août, le Foreign Office publia un communiqué qui exposait les buts de la non-intervention, considérée comme une politique raisonnable. À cette date les Britanniques estimaient que les jours de la République étaient comptés, et ils spéculaient déjà sur l'avenir de leurs relations commerciales avec l'Espagne des vainqueurs. Le projet rencontrant une large audience internationale, l'Italie et l'Allemagne lui donnèrent leur accord les 21 et 24 août, d'autant plus facilement qu'il ne s'agissait encore que de l'énoncé d'un principe. De son côté l'URSS adhéra à la doctrine de non-intervention tout en confiant au Komintern la responsabilité des actions à mener en faveur de la République. Le 9 septembre, les représentants des pays ralliés au projet anglais se réunirent à Londres : autour des grandes puissances, vingt-six États étaient représentés dont l'Albanie, l'Autriche, la Belgique, la Bulgarie, les États baltes, la Finlande, la Grèce, la Hongrie, la Norvège, la Pologne, la Roumanie, la Tchécoslovaquie et la Yougoslavie. Le Comité évita les débats politiques et ne parvint pas à définir un code précis de la non-intervention ou un cadre juridique contraignant. Il se borna à créer des sous-comités chargés des applications pratiques. L'un d'eux devait repérer et éliminer les infractions à l'embargo sur les armes. Or, dès sa première réunion, le 15 septembre, le ministre des Affaires étrangères de la République espagnole put dénoncer des livraisons d'armes aux rebelles effectuées par les Allemands, les Italiens et les Portugais. L'impuissance du Comité face à ces infractions donna à l'URSS « un prétexte idéal pour intensifier son aide à la République et poursuivre à l'égal de l'Allemagne et de l'Italie une politique du double jeu ». Le 9 octobre, la délégation britannique transmit en séance un rapport sur les infractions et la crise éclata. Le 23, le représentant soviétique annonça que son pays ne se considérait plus lié par l'accord[119].

La non-intervention a été qualifiée de comédie, de farce et de duperie, entre autres jugements sévères. Il est incontestable qu'elle fut d'une inefficacité presque totale, puisque l'Allemagne, l'Italie, le Portugal d'un côté, l'URSS et, plus discrètement, la France de l'autre accumulèrent les infractions à la règle. Dans son Journal, le comte Jordana, ministre des Affaires étrangères de l'Espagne franquiste à partir du 1er février 1938, écrivit après le changement de gouvernement en France et l'arrivée de Georges Bonnet aux Affaires étrangères au début avril qu'il fallait « négocier la fermeture absolue de la frontière catalane par où le matériel et l'armement destinés aux Rouges entrent en quantité extraordinaire ». Dans la seconde quinzaine d'avril, il nota : « Le matériel continue à passer dans des proportions plus fortes que jamais [120]. » Pourtant, au bout du compte, la non-intervention fut, sans l'ombre d'un doute, favorable à la rébellion.

La bataille de Madrid

L'ÉCHEC DES ATTAQUES FRONTALES DES FRANQUISTES

Lorsque s'engage, à la fin du mois d'octobre 1936, la bataille de Madrid, l'initiative appartient aux troupes nationalistes. Les milices et les fragments de l'armée régulière qui se battent pour la République sont sur la défensive, et l'issue de la lutte paraît à la fois évidente et prochaine. En quelques semaines, ce tableau va se modifier profondément à la suite des interventions étrangères dans le conflit.

Le 19 octobre, Franco relance la marche sur la capitale. Presque tous les observateurs croient à l'imminence de sa chute, et certains correspondants de guerre portugais et anglo-saxons rédigent à l'avance les récits de « l'entrée victorieuse » des troupes franquistes [121]. Depuis le franchissement du détroit, Marocains et légionnaires n'ont connu que des succès. Certes, dans la *sierra*, au nord de Madrid, les combattants des milices et surtout ceux du « Cinquième Régiment » ont tenu le choc, mais la conjonction de deux armées doit permettre à Franco d'emporter d'assaut la capitale. Le 4 novembre, ses avant-gardes s'emparent d'Alcorcon, de Leganés et de Getafe, y compris de l'aéroport. Pourtant, le 28 octobre, Francisco Largo Caballero, devenu chef du gouvernement en remplacement de Giral, a annoncé un changement capital : « Nous disposons d'un formidable armement mécanisé. Nous avons des tanks et des avions puissants... » Le lendemain, les premiers chars soviétiques, quinze T-26, ont démontré à Seseña leur supériorité sur les blindés allemands et italiens que Franco venait de recevoir. Mais la brigade mixte commandée par Lister n'a pas pu suivre les chars, obligés de se replier pour ne pas être isolés. Les principes du *Blitzkrieg*, la guerre éclair théorisée par Guderian, n'étaient pas encore assimilés par les états-majors [122].

Largo Caballero transféra à Valence le siège du gouvernement les 6 et 7 novembre, et il confia Madrid à une junte de Défense dirigée par le général Miaja, dont le talent militaire était contestable, mais qui avait pour chef d'état-major le lieutenant-colonel Rojo, excellent connaisseur des théoriciens de la guerre moderne. Pour susciter une forme d'« union sacrée », Largo Caballero était parvenu à faire entrer les anarchistes au gouvernement. Il avait aussi créé six brigades mixtes dans lesquelles furent répartis les hommes du « Cinquième Régiment », ce qui aboutit à développer l'influence des communistes dans l'armée populaire.

Les assaillants, renforcés par les troupes de Mola venues du nord, avaient prévu de lancer l'assaut final le 8 novembre, en feignant de diriger l'attaque principale sur les trois ponts qui, au sud de la ville, franchissaient le Manzanarés, gonflé par les pluies d'automne. En réalité, ils voulaient faire porter le plus gros de leur effort, à travers le parc de la Casa del Campo, en direction de la route de La Corogne, du pont des Français, à l'ouest de la Cité universitaire, et du pont du chemin de fer [123]. Ce plan fut découvert par les républicains dans la poche d'un officier franquiste tué le 7 près de Carabanchel. Les défenseurs de Madrid eurent, en outre, la chance de recevoir avant l'attaque, outre les chars soviétiques, les 1 900 premiers combattants de la XIe Brigade internationale qui défilèrent sur la Gran Via le 8 novembre [124]. Dès le 3, donc avant l'intervention de la Légion Condor qui débarqua à Séville le 15 novembre, ils disposaient, en outre, des premiers avions Polikarpov I-15 soviétiques, les fameux *chatos* des républicains.

Échouant à emporter les ponts de Tolède et de Ségovie au sud, les franquistes se heurtèrent à une résistance inattendue dans la Casa del Campo, où trois militaires professionnels fidèles à la République, Galan, Barcelo et Escobar, galvanisèrent les miliciens. Les troupes nationalistes parvinrent cependant, le 10 novembre, à s'emparer d'une éminence au nord de la Casa del Campo, le mont Garabitas, où elles installèrent leur artillerie. Le lendemain, 1 500 hommes de la XIIe Brigade internationale firent leur entrée dans Madrid, suivis, trois jours plus tard, par la colonne Durruti qui accourait du front d'Aragon. Entre-temps, l'aviation nationaliste avait bombardé intensément Madrid pour saper le moral de la population. De furieux combats se déroulèrent dans la Casa del Campo et la Cité universitaire, les 15, 16 et 17 novembre, et les bombardements aériens redoublèrent les 17, 18 et 19, jour de la mort de Durruti dans des circonstances qui demeurent mystérieuses, tandis que l'intervention des chasseurs soviétiques privait les aviateurs franquistes de la maîtrise du ciel.

Les pertes des nationalistes, dont les gains de terrain avaient été très modestes, étaient si considérables que, le 23, Franco décida une pause. Les troupes de Mola contrôlaient une bonne partie de la Cité universitaire, mais chaque avancée, si minime fût-elle, coûtait trop cher en vies humaines. Une reprise de l'attaque, dans les derniers jours de novembre et les premiers de décembre, n'eut pas plus de succès. Les troupes marocaines et les légionnaires furent arrêtés par le feu nourri dirigé contre eux depuis les tranchées, les fenêtres et les toits des maisons. Hugh Thomas, qui a donné un tableau plein de mouvement et de couleur de ces combats, estime que les pertes des deux camps ont pu atteindre dix milliers d'hommes, soit un bilan très lourd[125]. Les Brigades internationales ont tenu un rôle important dans la défense de Madrid, et leur arrivée a stimulé de manière extraordinaire les défenseurs de la capitale dont le courage et l'enthousiasme allaient nourrir la légende. Le mérite premier de cette résistance victorieuse revient aux milliers de volontaires qui, bien encadrés par des officiers professionnels, surent faire de l'espace urbain un piège pour des hommes habitués à se battre en rase campagne. En revanche, la tentative de diversion, réalisée entre le 30 novembre et la mi-décembre par les Basques, partis d'Ochandiano et qui devaient atteindre la vallée de l'Èbre près de Miranda pour rompre les lignes de l'armée de Mola à Villareal, fut un échec : les avions allemands mitraillèrent les assaillants, et la garnison de Villareal leur résista stoïquement.

Les combats de décembre et du début de janvier 1937 provoquèrent aussi de lourdes pertes de part et d'autre – le « bataillon Thaelmann » de la XIIe brigade fut pratiquement anéanti. Les nationalistes n'enregistrèrent que de faibles progrès : sous le commandement d'Orgaz qui avait remplacé Mola et dont Varela était l'exécutant sur le terrain, ils ne parvinrent qu'à contrôler la route, de Las Rozas aux premières maisons de Madrid, soit sur une dizaine de kilomètres. Les assaillants furent contenus sur une ligne allant de Boadilla del Monte à Villanueva de la Cañada, et la violence des combats décrut en janvier 1937 quand le théâtre de la bataille se déplaça vers l'est.

LES TENTATIVES D'ENCERCLEMENT : LE JARAMA ET GUADALAJARA, DÉROUTE ITALIENNE

Les renforts reçus de part et d'autre étaient importants : pour le camp franquiste, le recrutement des Marocains se poursuivait ainsi que celui des volontaires phalangistes et carlistes ; les volontaires originaires de Burgos et Palencia furent près de 2 000 à tenir le front de la cordillère Cantabrique ; dans la province relativement peu peuplée de Palencia, le *tercio* de *requetes* nouvellement créé comptait, en février 1937, quatre compagnies de fusiliers et une de mitrailleurs, et il reçut vite le renfort de deux compagnies de la Rioja[126]. Les légionnaires furent renforcés par l'arrivée de 600 Irlandais. Surtout, les troupes italiennes qui avaient assuré la conquête de Malaga purent monter sur le front de Madrid. Du côté républicain, les brigadistes passés par le centre d'Albacete accouraient en nombre au combat : les effectifs des brigades XI et XII furent reconstitués, et la XIVe entra en lice avec deux brigades mixtes, la XXXIe et celle de Lister, où les volontaires étaient associés à des éléments de l'armée régulière.

Curieusement, les deux états-majors décidèrent de porter la bataille sur la ligne du Jarama qui était alors en crue. Les républicains voulaient réduire la pression franquiste sur la capitale. L'attaque menée par le général Pozas pour l'armée du Centre devait viser Torrejon et Cienpozuelos, au sud de Madrid, dans l'espoir de couper les voies de ravitaillement de Franco. Le *Caudillo* avait des intentions analogues : puisque Madrid recevait l'essentiel de son ravitaillement par l'est, de Valence et de la Manche, il fallait couper cette voie de communication et prendre le contrôle des ponts du Jarama. Les nationalistes furent prêts les premiers et lancèrent les cinq brigades formées le 6 février. Grâce à l'effet de surprise, ils s'emparèrent facilement de Cienpozuelos, mais ils furent stoppés quatre jours par des pluies violentes. Ils reprirent leur marche le 11, enlevèrent le pont de Pindoque et, plus au sud, San Martin de la Vega. Leurs forces n'étaient plus qu'à 25 kilomètres de la route Madrid-Valence, axe vital de la République. Il était capital de bloquer leur avance et de contre-attaquer.

Alors se déroula, comme l'a observé Gabriel Cardona, « la plus grande bataille de matériel qu'on ait jamais vue en Espagne ». Les avions de la Légion Condor bombardèrent les collines occupées par les troupes républicaines, mais les chasseurs soviétiques leur disputèrent le ciel. Les chars russes se montrèrent très supérieurs aux blindés allemands ou italiens : grâce à eux, l'avance franquiste fut brisée, et la contre-offensive conçue par Rojo put se déclencher à partir du 15 février. La colonne républicaine partie de Vallecas coupa en deux l'armée franquiste qui se déplaçait parallèlement à la limite des faubourgs. Faute d'effectifs, elle ne put pas poursuivre son avantage, et la bataille eut pour enjeu la colline du Pingarron qui permettait de contrôler la route de San Martin de la Vega à Morata de Tajuña, axe de ravitaillement. Pendant trois jours, les combats furent féroces. Le 23 février, les Marocains, dont tous les officiers avaient été tués, tenaient la colline qui avait été prise et reprise. Les deux armées étaient saignées à blanc [127]. Les républicains avaient reculé sur une profondeur d'une quinzaine de kilomètres, mais ils conservaient la route Madrid-Valence, objectif principal de leurs adversaires. Le match nul rendait un répit indispensable [128].

La dernière grande tentative franquiste pour enlever Madrid fut la bataille de Guadalajara, située à 50 kilomètres au nord-est de la capitale. Si cette ville était conquise, Orgaz, en reprenant l'offensive sur le Jarama, pouvait atteindre Alcala de Henares et rendre presque total l'encerclement de la capitale. La mission essentielle fut confiée au CTV italien de 35 000 hommes, commandé par Roatta, tandis que l'aile droite était placée sous le commandement de Moscardo, le « héros de l'Alcazar », qui disposait de la division Soria, soit 15 000 hommes, Marocains et *requetes*. Franco aurait souhaité répartir les combattants italiens entre les unités, mais il ne voulut pas déplaire à Mussolini qui rêvait d'une « grande victoire ».

La déroute italienne, longuement commentée, a fait douter des qualités militaires des troupes de Rome. Injustement, car la plupart des spécialistes admettent que l'opération avait été bien préparée, dans un esprit d'offensive moderne et selon les principes du *Blietzkrieg*. Elle devait se dérouler dans la région de la Alcarria, relativement peu accidentée et boisée, permettant aux blindés et véhicules de se déplacer facilement. L'infanterie motorisée, à bord de 2 000 camions neufs, suivrait les chars que devaient couvrir l'artillerie et l'aviation. La clé de la réussite était la rapidité d'exécution et l'utilisation de voies carrossables. Le déclenchement de l'attaque était prévu le 8 mars. Cinq jours plus tard, une fois les deux brigades italiennes de choc parvenues à Alcala, les troupes commandées par Orgaz devaient reprendre l'offensive, opérer leur jonction avec les Italiens et refermer la tenaille.

Le changement brutal et inattendu des conditions météorologiques – une chute de neige abondante au cours de la nuit du 7 au 8 mars – incita les officiers espagnols à proposer le report de l'attaque. Roatta s'y refusa, et il eut grand tort. Le 8 au matin, l'offensive fut lancée sous une pluie qui allait tomber pendant plusieurs jours. Les terrains argileux de la Alcarria se transformèrent en fondrières, les pistes d'envol devinrent impraticables et la visibilité à peu près nulle. « Guadalajara, une bataille dans la boue », titre Gabriel Cardona. Cet aléa climatique ruina les plans italiens et changea le sort de la bataille[129]. Cependant les premiers objectifs de l'offensive furent atteints. Le cinquième groupe du CTV enleva Brihuega, le 10 mars au petit matin, avant que la XIIe Brigade internationale commandée par Lukacs, notamment le bataillon Garibaldi, formé en majorité d'Italiens antifacistes, ait eu le temps de venir occuper la position, en application des plans de Rojo.

Ce premier succès n'eut pas de suite. Blindés et camions s'enlisèrent à qui mieux mieux. Les avions italiens ne purent décoller, alors que les avions républicains qui utilisaient les pistes d'Alcala de Henares et de Barajas avaient la maîtrise du ciel. Les artilleurs étaient privés de visibilité, et le blindage des T-26 résistait aux rafales des mitrailleuses Fiat ou Lancia. Dans ces conditions détestables, le manque d'entraînement et d'organisation du CTV devint d'autant plus patent que les officiers italiens ne connaissaient pas le terrain. La deuxième offensive, lancée le 11 mars, fut un fiasco. Les « chemises noires », qui utilisaient la route de Saragosse à Trujueque, purent atteindre ce village et même leur objectif de Torija. Mais, faute de couverture aérienne, les troupes italiennes furent bombardées impitoyablement. La contre-attaque des brigades XI et XII, aguerries par la première bataille de Madrid, et de la brigade d'*El Campesino* affronta un ennemi dont le moral vacillait. Une propagande habile vint au secours des républicains. Les Italiens antifascistes, équipés de porte-voix, lançaient de vibrants appels à leurs compatriotes du CTV : « Frères ! Frères ! Pourquoi venez-vous sur cette terre étrangère assassiner les travailleurs ? »

Du 14 au 17 mars, la situation resta confuse. Mais le CTV avait atteint sa limite de rupture, et la division Moscardo, qui avait avancé comme prévu sur le flanc droit, dut se replier pour ne pas être isolée. Les renforts républicains affluaient : les divisions de Lister, Lacalle et Mera, qui composaient le 4e corps d'armée, attaquèrent la division Littorio. Celle-ci résista remarquablement, mais son chef, le général Bergonzoli, fut tué avec une partie de son état-major. Dès lors, ce fut la retraite en désordre. Les Italiens abandonnèrent sur le terrain un matériel considérable. Toutefois, les pertes républicaines furent sans doute les plus élevées : vraisemblablement 2 000 morts et 4 000 blessés, contre 400 et 1 800 pour le CTV, qui perdit aussi 500 prisonniers.

Guadalajara n'en fut pas moins une grande victoire morale pour la République. Elle démontrait que l'armée populaire et ses chefs, professionnels ou non, pouvaient, grâce à leur enthousiasme et à l'appoint précieux des Internationaux, tenir tête à des soldats de métier. Après Guadalajara, Franco décida de modifier sa stratégie en prévision d'un conflit de longue durée [130].

5

Deux mondes antagonistes

S'il fut un moment de l'Histoire pour imposer l'image de deux Espagnes inconciliables, résolues l'une et l'autre à détruire l'adversaire, ce fut bien la guerre civile. Les journalistes, accourus du monde entier pour « couvrir » cette guerre fratricide, croyaient changer de planète lorsqu'ils passaient d'une zone à l'autre. D'un côté l'exaltation révolutionnaire, la recréation du monde, un nouveau langage, des volontaires de toutes sortes s'entraînant au maniement d'armes, les femmes promues à de nouveaux rôles, ni cravates, ni chapeaux, ni costumes, l'uniforme du *mono*, la salopette bleue qui vire ensuite au gris ou au vert, la floraison des slogans et la référence permanente aux « fascistes » détestés. Mais aussi les confiscations qui n'épargnent ni petits ateliers, ni petites boutiques, les églises en flammes, la méfiance et la peur, la chasse aux *pajaros* (oiseaux), bourgeois, curés ou espions, et les sinistres *paseos* nocturnes, l'évocation de la mort, éternelle fiancée, qui attend « au sein de la terre mère ».

De l'autre côté, une atmosphère de croisade, images saintes et processions, *requetes* coiffés de leur béret rouge, Sacré-Cœur de Jésus brodé sur les cœurs, chemises bleues des phalangistes, invocations continuelles à Dieu et à l'Espagne, appel à l'ascèse et au sacrifice, jour du plat unique, jour sans café, jour sans dessert, jeunes filles infirmières et marraines de guerre, référence permanente et simplificatrice à la « rouge canaille marxiste ». Et aussi traque impitoyable des fonctionnaires suspects de fidélité à la République, ordre moral, épuration des bibliothèques, Conseils de guerre, basses vengeances et exécutions sommaires. Pour les morts au combat, on célèbre l'envol vers les cieux, l'accès à la Sainte Demeure, la remise du prix des Élus.

Seuls dénominateurs communs, l'enflure du langage, la démesure des superlatifs, le délire des affiches, la cruauté des bourreaux. En août 1936, il n'existe plus d'État. Ni dans la zone rebelle où les structures administratives sont éliminées, ni dans la zone loyale, où le gouvernement de la République ne contrôle que des secteurs étroits et ne parvient à faire passer des instructions que par l'intermédiaire des partis et des organisations de gauche, si elles y consentent. Le gouvernement n'a presque pas de pouvoir à Barcelone, et il n'en a aucun à Bilbao [131]. Le président de la République, Azaña, démoralisé par l'évolution dramatique de la situation et par les horreurs que commettent les deux adversaires, n'a plus qu'une très faible influence sur le cours des événements.

Ébauche de l'État franquiste

Jusqu'à la fin de l'année 1937, les nationalistes font la guerre, et ils se soucient peu de reconstruire un État. Les militaires ont pris presque partout la relève du pouvoir civil, dont les représentants sont éliminés, souvent physiquement : les gouverneurs civils, les maires et les Conseils municipaux sont déchus de leurs fonctions et remplacés ; seuls restent en place les conseillers municipaux dont l'adhésion au nouveau régime est évidente. Au sommet de cet « État » qui, selon le mot de Serrano Suñer, beau-frère du général Franco, ressemble à un « campement militaire », la junte de Défense originelle a été remplacée par une Junte technique de l'État auprès du chef de l'État. Celui-ci est, depuis le 1er octobre, Francisco Franco, avec pour secrétaire particulier son cousin *Pacon*. Le président de la Junte est, jusqu'à sa mort accidentelle, le général Mola, et son secrétaire d'abord Nicolas Franco, le frère aîné du *Caudillo*, que Francisco Gomez-Jordana juge dans son Journal « génial mais épouvantablement désordonné [132] ». Luis Bolin, qui joua un rôle personnel important dans les premiers jours du Mouvement et lors de la négociation des armements en

Italie, fait fonction de porte-parole et répare les erreurs de Millan Astray tandis que Sangroniz dirige le bureau diplomatique.

Les deux chevilles ouvrières de la Junte sont Serrano Suñer et Francisco Gomez-Jordana. Né en 1901 à Carthagène, Ramon Serrano Suñer est avocat et bon connaisseur du droit public et du droit constitutionnel. Il a fait de fortes études à Madrid, Rome et Bologne, et a été élu député de Saragosse pour la CEDA en 1933 et réélu en 1936. Il est le beau-frère du général Franco, ce qui lui vaudra le sobriquet de *cuñadissimo* (archi-beau-frère). Admirateur fervent de Mussolini, il noue de bonnes relations avec José Antonio Primo de Rivera et est proche de la Phalange. L'échec du Mouvement à Madrid lui vaut d'être incarcéré à la Prison modèle en même temps que ses deux frères, qui seront exécutés quelques mois plus tard. Il parvient à s'évader et à rejoindre les rebelles en mars 1937. Pendant toute la guerre, il est le représentant privilégié de son beau-frère auprès de la Phalange, et il s'efforce de donner à l'Espagne nationaliste l'apparence d'un État organisé en s'inspirant du système mussolinien. Il sera le ministre de l'Intérieur du premier gouvernement de l'État franquiste, formé par le décret du 1er février 1938. Quand la guerre éclata, il semble qu'il souhaita ranger l'Espagne aux côtés des puissances de l'Axe.

Son influence fut contrebalancée par celle du général Francisco Gomez Jordana. Né en 1877, il avait fait ses premières armes dans la guerre de Cuba en 1896. Membre du directoire militaire institué par Primo de Rivera, il était persuadé de la nécessité d'une collaboration avec la France au Maroc et présida les rencontres entre les deux pays qui préparèrent l'opération d'Alhucemas. Nommé haut-commissaire au Maroc, il démissionna à l'avènement de la République, fut incarcéré par le gouvernement Azaña, condamné pour haute trahison et exclu de l'armée, puis réintégré en 1934. Il ne participa pas à la conspiration militaire de juillet. Après avoir quitté clandestinement Madrid, il réussit à gagner Ségovie puis Valladolid, où il se rallia au Mouvement.

Le général Jordana, que son expérience rendait précieux à Franco, fut d'abord président du tribunal de justice militaire, créé en novembre 1936. Il succéda à Mola à la tête de la Junte technique de l'État en juin 1937 puis fut vice-président du gouvernement et ministre des Affaires étrangères dans le premier cabinet franquiste. Son Journal montre qu'il travailla avec acharnement à la tête de la Junte, tenant de longues réunions avec le *Caudillo*, Nicolas Franco et Serrano Suñer. Le 5 octobre 1937, il remit au Généralissime un document soulignant la nécessité de constituer un véritable gouvernement ou de réorganiser la Junte de fond en comble[133]. D'autre part, en désaccord permanent avec Serrano Suñer, il fut l'un des responsables du maintien de la neutralité espagnole. Avant d'en venir là, Franco avait procédé au forceps à l'unification des forces qui le soutenaient, épargnant à son camp les divisions fatales qui affaiblirent l'Espagne républicaine et furent l'une des raisons majeures de sa défaite.

L'Espagne franquiste était, en effet, menacée par des conflits politiques. Au sein de la Phalange, les *camisas viejas*, « chemises vieilles », s'irritaient de l'opportunisme de milliers de nouveaux adhérents, accourus au secours de la victoire espérée, dont ils suspectaient la sincérité. Les conflits entre les deux groupes étaient fréquents et parfois violents. En marge de la Phalange, les JONS proclamaient par leur nom même leur orientation fasciste. Les militants de la Communion traditionaliste et du carlisme étaient en désaccord profond avec la Phalange : leur idéal décentralisateur s'accommodait mal de celui du parti unique. Enfin les monarchistes alphonsistes, dont plusieurs généraux et officiers, pour qui l'objectif était la restauration des Bourbons, étaient très réticents, comme l'Église, à l'égard de la Phalange, et en désaccord avec les carlistes.

Pour éliminer les risques d'affrontement entre ces factions, Franco et Serrano Suñer, dont les sympathies pour la Phalange étaient évidentes, préparèrent le décret d'unification politique n° 255, publié le 20 avril 1937. Il plaçait l'ensemble du Mouvement politique sous l'autorité directe du *Caudillo*. Or, le 18 avril, Manuel Hedilla avait été élu chef de la Phalange, en remplacement de José Antonio Primo de Rivera, exécuté le 20 novembre 1936 dans la prison d'Alicante. Hedilla devait donc, en application du décret 255, rendre son mandat. Il s'y refusa. Dès lors, une habile manipulation du commandant Lisardo Doval, rendu tristement célèbre par la répression des Asturies, le fit accuser de rébellion. Arrêté le 25 avril, il fut condamné à mort le 29 mai ; gracié sur intervention de Serrano

Suñer, il n'en était pas moins exclu du jeu politique[134]. Les « chemises vieilles » et le clan Primo de Rivera, qui appréciaient peu la sujétion de la Phalange à Franco, jugèrent la potion amère, mais la majorité des phalangistes l'avalèrent, persuadés qu'ils allaient tirer profit de la situation en obtenant bon nombre des postes de responsabilité libérés par l'épuration, notamment ceux de gouverneurs civils des provinces contrôlées par les nationalistes. Plusieurs de leurs prédécesseurs avaient été exécutés, tels ceux des quatre provinces de Galice, de Saragosse, de Palencia dès le 19 juillet, de Valladolid le 18 août, de Huelva, de Santa Cruz de Tenerife. D'autres avaient été condamnés à mort et graciés, comme le gouverneur civil de Las Palmas, Antonio Boix Roig. Certains avaient pris la fuite ou avaient été révoqués, heureux d'avoir la vie sauve, comme José Maria Varela Rendueles, le gouverneur de Séville, sauvé par le jésuite Pedro Maria Ayala à qui il avait rendu service.

Les nouveaux promus aux emplois publics furent, la plupart du temps, des militaires ou des phalangistes. Faites dans l'urgence, les nominations furent souvent éphémères. Ainsi à Palencia, quatre gouverneurs civils se succédèrent du 19 juillet 1936 au 11 janvier 1939 : un capitaine de cavalerie qui demeura en fonction huit jours, un général de brigade, trois mois, un lieutenant-colonel de réserve, Alfredo Arellano Muñoz, qui conserva son poste pendant vingt-six mois, enfin un lieutenant-colonel de la garde civile qui devait exercer son mandat jusqu'en novembre 1940. Monopole militaire en quelque sorte. En revanche, les maires furent des civils, sauf le premier, en fonction de juillet à novembre 1936, mais seul l'avocat Eladio Martin Mateo le demeura durablement (mai 1937-juillet 1939). Il va sans dire que les Conseils municipaux furent renouvelés. Ainsi celui de Palencia, réformé en août par le gouverneur Ferrer, comptait quatre phalangistes, deux membres du syndicat ouvrier catholique, un horticulteur, cinq « indépendants » et un représentant pour chacune des professions suivantes : ingénieurs, médecins, avocats, avoués[135].

L'article 6 de l'ordonnance du 19 août 1936 décida la suspension définitive ou temporaire de nombreux instituteurs et institutrices et professeurs de lycées (*institutos*). Ceux de Navarre furent avisés dès le 18 août qu'ils étaient suspendus et devaient solliciter leur réintégration, ce qui permettait d'effectuer une sorte de « tri sélectif ». Par ailleurs, le *Bulletin officiel* publia, pour chaque province, des listes d'instituteurs mis à pied ou provisoirement suspendus. Ainsi, dans la province de Valladolid hors de la capitale, quarante-six instituteurs et institutrices furent déchus de leur fonction dès septembre 1936. En novembre on en était à la cinquième liste d'exclusions, presque toujours provisoires (trois à six mois). L'épuration concerna également le second degré et l'Université dont deux professeurs, l'un de droit, l'autre de médecine, furent exclus [136].

La mise au pas idéologique fut complétée par la presse écrite et les radios. À Valladolid, les journaux publiaient la liste des condamnés et fusillés, manière de stigmatiser les familles et d'exercer une pression susceptible de dissuader toute résistance au nouveau régime. Les jésuites qui, dès les débuts du Mouvement, avaient retrouvé droit de cité, prirent en charge des conférences radiophoniques, réunies dès 1937 en un petit livre, *L'Évangile de la Nouvelle Espagne* [137]. La Phalange s'empara d'anciens journaux de province pour en faire les organes de propagande du Mouvement : *Patria* (Grenade), *Proa* (Leon), *Odiel* (Huelva), *Libertad* (Valladolid), *Imperio* (Tolède), et, un peu plus tard, *Sur* (Malaga), *Alerta* (Santander). Furent plus indépendants à l'égard de la Phalange mais « orthodoxes » *El Faro* de Vigo, *La Voz de Asturias* (Oviedo), *El Pensamiento Navarro* (Pampelune), *El Heraldo de Aragon* (Saragosse), *El Norte de Castilla* (Valladolid), *Ideal* (Grenade) et beaucoup d'autres. L'*ABC* de Séville et *Arriba España* de Pampelune furent les seuls quotidiens qui conservèrent une certaine autonomie, sans pour cela s'écarter sensiblement de la ligne officielle. Quelques revues, dont *Vertice*, la publication de meilleure tenue, et *Jerarquia*, eurent en charge la formation intellectuelle et politique des élites.

La transformation des noms de rues fut une autre forme de la prise de contrôle des esprits. À Valladolid, Costa fut remplacé par Dos de Mayo, Mendizabal par Menéndez Pelayo, Sanchez Roman par José Antonio Primo de Rivera. À Palencia, la révision fut à peu près totale : dès octobre 1936, Général Franco, Calvo Sotelo, Défenseurs de l'Alcazar, Queipo de Llano et Primo de Rivera effacent Alcala Zamora, Capeiro

Barroso, Gloriette de la République, Francisco Ferrer et Liberté. En octobre, on vit apparaître les rues Allemagne, Italie, Portugal, Onesimo Redondo[138].

Les manifestations d'exaltation patriotique et religieuse devinrent quasi quotidiennes. En Navarre, les nouvelles autorités en appelèrent à la générosité des particuliers pour la défense de la cause. Elles organisèrent la collecte de dons en espèces, or, argent ou pierres précieuses. Les entreprises et les banques y participèrent, tandis que les propriétaires de voitures particulières les mettaient à la disposition du Mouvement. Dans toutes les capitales de province ou les villes de quelque importance acquises aux nationalistes se célébraient de façon continue les cérémonies en hommage aux morts de la guerre, ces glorieux *caidos* qui avaient donné leur vie « pour Dieu et pour l'Espagne ». Actions de grâces et *Te deum* scandaient les victoires militaires des troupes de Franco. La première fête du patron de l'Espagne, Santiago (saint Jacques), le 25 juillet, fut l'occasion d'une manifestation extraordinaire, au cours de laquelle fut exalté son rôle militant ou supposé tel. L'année sainte 1937 vit défiler à Compostelle des milliers d'officiers et de soldats venant demander la victoire à l'apôtre guerrier.

L'Église catholique était, en effet, très vite devenue la caution idéologique du régime franquiste. Elle avait, dans les premières semaines de la guerre, eu des martyrs, dont une douzaine d'évêques. À quelques heureuses exceptions près, elle n'avait pas joué le rôle d'une force de paix et de fraternité, et certains prêtres avaient même pris les armes. La lettre collective des évêques espagnols rendue publique le 1er juillet 1937 eut un retentissement international et fut une arme puissante de propagande entre les mains de Franco. Elle avait été signée par la quasi-totalité des évêques survivants : seuls s'étaient abstenus un prélat catalan, Mgr Vidal i Barraquer, archevêque de Tarragone, et un évêque basque, Mgr Mugica. Ce long document, divisé en neuf chapitres, énonçait dans leurs grandes lignes « les faits qui caractérisent notre guerre et lui confèrent sa physionomie historique ». Il rappelait, avec un zeste de complaisance, les efforts faits par l'Église depuis 1931 pour parvenir à une entente avec les pouvoirs constitués, puis il dressait un tableau peu contestable des attentats perpétrés contre elle durant les cinq premières années de la République.

Les chapitres 5 et 6, les plus sujets à caution, affirmaient la réalité d'une « révolution communiste » et d'une révolution « antiespagnole », réalisée aux cris de « Vive la Russie ! ». Le chapitre 7 justifiait l'appellation de « Mouvement national » appliquée au soulèvement en assurant qu'il avait éveillé l'espérance d'un retour à un régime de justice et de paix. Le chapitre 8 prétendait répondre aux critiques venues de l'étranger sur l'engagement de l'Église dans une « guerre de classes » en faveur des riches, alors que le clergé espagnol était d'essence populaire, comme le démontrait l'origine des quelque 7 000 séminaristes que comptait le pays en 1935. En un mot comme en cent, la lettre des évêques légitimait la « croisade [139] ».

La défense et illustration de la religion catholique était l'un des traits les plus caractéristiques de l'« Espagne nationale ». Il existait bien avant le 18 juillet des catholiques capables d'affirmer leur foi dans un environnement hostile mais, après le soulèvement, aller à la messe chaque jour permit de dissiper les doutes à propos du camp que l'on avait choisi. Dans beaucoup de villages, le curé acquit un statut privilégié, partageant parfois son autorité avec le chef de la Phalange. Selon un témoin, à Peñaranda de Bracamonte (Salamanque), « ceux qui avaient le plus de pouvoir étaient les curés ». Beaucoup d'entre eux acceptèrent sans états d'âme les offrandes de leurs paroissiens en semaine sainte. Et si on peut citer des curés qui sauvèrent certaines de leurs ouailles égarées à gauche – l'un d'eux, à Compostelle, protégea un leader radical-socialiste, et celui d'un village de Pontevedra mit en sûreté tous ses paroissiens mal-pensants –, on en connaît autant dont les dénonciations furent fatales : en Galice, le curé de Santa Maria de Melias (Orense), ou celui de Canicosa de la Sierra (Burgos). Le curé atypique d'Albandi (Asturies), qui avait une réputation de « rouge » déclaré, fut l'un des premiers fusillés lors de la reconquête franquiste [140]. Toutefois, à défaut d'un souci de réconciliation, l'Église témoignait d'un certain sens de l'assistance sociale.

La zone franquiste était favorisée en matière de ravitaillement, la seule exception étant Oviedo, assiégée durant plusieurs mois et en proie à une pénurie cruelle. Francisco Dominguez, de Villoria de Orbigo (Leon), assure n'avoir jamais manqué de nourriture. Les paysans de la Tierra de Campos (Palencia) ou de la Bureba (Burgos) connurent une situation identique, et plusieurs s'enrichirent grâce au marché noir. Salamanque et ses environs furent particulièrement favorisés, peut-être parce que le gouvernement y résida un temps. Burgos prit le relais, avec les mêmes avantages. L'une des réussites du régime fut la création du Service national du blé : il garantissait aux producteurs un prix minimum et leur assurait l'écoulement de leur récolte sans obligation de la vendre par avance et d'emprunter à des taux usuraires. La moisson de 1937 fut déclarée « d'intérêt national » par Franco. On comprend mieux l'engagement quasi total dans son camp des petits propriétaires paysans de Vieille-Castille, Leon, Galice, Navarre, Rioja[141]. Le *Caudillo* put même faire larguer de temps à autre sur Madrid de petits sacs de pain blanc avec la mention : « Ceci est le pain de l'Espagne de Franco. » Le jour où ces sacs restèrent pendus aux branches des arbres du Retiro, quelques gamins armés de frondes firent une bonne journée[142].

Bien entendu, nombre de familles étaient en difficulté, dont les veuves et les orphelins du terrorisme de 1936 et, surtout, de la répression nationaliste qui avait suivi le soulèvement. Une organisation féminine, le Secours d'Hiver, devenu le Secours social, joua un rôle social plus important que celui de l'Église : dès octobre 1937, elle comptait 711 centres où les femmes de la Phalange prenaient en charge les soldats blessés dans des dispensaires ou des services hospitaliers. Elles géraient aussi des maternités et des cantines scolaires. Le nombre des centres atteignait presque 3 000 à la fin de la guerre. En Navarre, ce furent les femmes carlistes, les Marguerites, qui assumèrent les rôles d'ambulancières, brancardières, infirmières, cantinières, avec une vision plus cléricale du monde que celle des phalangistes.

La victoire du Mouvement fut suivie de l'instauration d'un véritable « ordre moral » dans la plupart des régions conquises. En Navarre, un flot de circulaires, destinées notamment aux enseignants, prétendit imposer le nouvel esprit. La censure cinématographique s'accompagna d'une purge des bibliothèques publiques, décidée par un édit du 7 novembre, et on alla jusqu'à inspecter les bibliothèques privées, suscitant la protestation du journal phalangiste *Arriba*. À Palencia, la société devait se fonder sur la « trinité Foyer, École, Paroisse ». On prôna une famille idéale où l'autorité appartenait au père, et où la femme, « gaie, austère et catholique », avait le monopole de l'éducation des enfants mais se voyait déconseiller le travail hors du foyer. La réaction puritaine donna parfois dans le ridicule : ainsi, les Marguerites de Tafalla devaient promettre solennellement au Sacré-Cœur de Jésus la modestie dans la tenue, le port de jupes très longues et de vêtements non moulants, la demande d'une autorisation ecclésiastique pour les lectures et spectacles, la pratique des seules danses régionales et le renoncement au fard et au maquillage pendant la durée de la guerre [143].

À la fin de 1937, il devint indispensable de donner à l'Espagne nationaliste un véritable gouvernement prenant le relais de celui « de fait » reconnu par plusieurs pays, les premiers ayant été le Guatemala et le Salvador, le 8 novembre 1936, suivis un peu plus tard par le Portugal, l'Allemagne et l'Italie. Les États nazi et fasciste avaient signé le 23 octobre un « protocole d'amitié » dans lequel ils s'engageaient à une reconnaissance *de facto* du gouvernement de Burgos, en attendant de décider conjointement du moment le plus favorable à une reconnaissance *de jure*. Dans un premier temps, ils voulaient reconnaître *de facto* le nouvel État dès la prise de Madrid. Celle-ci ne paraissant plus prévisible à court terme, ils résolurent de presser le mouvement ; et la reconnaissance fut notifiée le 18 novembre. Elle postulait l'installation d'ambassadeurs à Burgos et la formation d'un gouvernement « classique », où les civils seraient en majorité.

Le cabinet issu du décret du 1er février 1938 fut le résultat d'un savant dosage. Les militaires y tenaient une place de choix. Sous la présidence de Franco, le vice-président et ministre des Affaires étrangères était le comte de Gomez-Jordana, bien vu de Londres. Le général Fidel Davila était ministre de la Défense, et le général Martinez Anido, ancien gouverneur civil à poigne de Barcelone, recevait la charge de l'ordre public. Les civils étaient les plus nombreux. Certains étaient des techniciens, tels le riche ingénieur Alfonso Peña y Bœuf aux Travaux publics et Juan Antonio Suances y Fernandez, autre ingénieur et ami de jeunesse de Franco, à l'Industrie. Il avait déjà fait partie de la Junte et devait rester jusqu'au bout un champion de l'autarcie. Un troisième ingénieur, Pedro Gonzalez Bueno, reçut le ministère du Travail. Il représentait la Phalange, avec Raimundo Fernandez Cuesta, en charge de l'Agriculture. Les monarchistes alphonsistes héritaient du ministère des Finances avec Andrés Amado, et de l'Éducation nationale, dévolue à Pedro Sainz Rodriguez, ce qui n'était pas un mauvais choix car il s'agissait d'un homme d'une grande culture. Gomez-Jordana lui-même avait gardé d'excellentes relations avec Alphonse XIII. Tomas Rodezno, à la Justice, représentait le carlisme.

L'une des fortes personnalités de ce cabinet était Ramon Serrano Suñer, proche des phalangistes dont l'influence à cette époque est confirmée par le rôle directeur qu'ils jouèrent dans l'organisation du travail et la direction du mouvement syndical. Le *Fuero del Trabajo*, qui eut rang de « Loi fondamentale » et fut promulgué le 9 mars 1938, fut élaboré par les phalangistes : c'était un texte de compromis entre le projet du ministre Gonzalez Bueno et celui de Dionisio Ridruejo, plus audacieux. Ce dernier avait été nommé directeur général de la propagande, et un autre phalangiste, Antonio de Tovar, directeur de la radiodiffusion. Étant les mieux placés dans les avenues du pouvoir, les hommes de la Phalange envisageaient avec confiance sa conquête totale [144]. L'extraordinaire croissance du Mouvement, passé de quelque 70 000 adhérents à plusieurs centaines de milliers de juillet à décembre 1936, les y encourageait, même si l'engagement de beaucoup de « chemises nouvelles » n'était qu'une manifestation d'opportunisme [145]. Le gouvernement conserva cette composition jusqu'en août 1939, après la victoire, puis il fut profondément modifié conformément aux vœux de Serrano Suñer [146].

De la République « bourgeoise » au communisme triomphant

Le soulèvement militaire lança la République espagnole sur les chemins inconnus d'une « révolution sociale » où, manipulée par les agents soviétiques, elle finit par s'égarer [147]. Le ralliement aux rebelles d'une majorité des grands corps de l'État, 90 % des diplomates et 70 % des officiers, rendait indispensable la collaboration étroite des partis et des organisations syndicales de gauche, qui seuls pouvaient stimuler la résistance et appeler à l'engagement dans les milices. Comme l'observèrent Julian Zugazagoitia ou la *Pasionaria*, l'appareil d'État s'était effondré et le pouvoir était dans la rue. Les institutions furent remplacées par des Comités sous le contrôle des partis et des syndicats. Dès le 4 septembre 1936, le gouvernement à dominante « bourgeoise » de José Giral dut laisser la place à un cabinet Largo Caballero. Plusieurs autres personnalités socialistes de premier plan y figuraient : Julio Alvarez del Vayo aux Affaires étrangères, Juan Negrin aux Finances, Indalecio Prieto à la Marine et à l'Air. Deux communistes, Jesus Tomas Hernandez à l'Éducation et Vicente Uribe à l'Agriculture, faisaient leur entrée dans le cabinet auquel les anarchistes avaient refusé de participer. Les gauches républicaines, tous courants réunis, étaient réduites à la portion congrue, avec quatre ministres. Les archives soviétiques récemment publiées montrent que le Parti communiste espagnol et sa variante catalane firent preuve, au début de la guerre civile, d'une relative indépendance à l'égard de Moscou. Ainsi l'unification réalisée en Catalogne entre communistes et socialistes fut une initiative des Catalans. Moscou donnait valeur de dogme à la théorie selon laquelle le Front populaire était dirigé par les « partis bourgeois » que les « élus du prolétariat » se bornaient à soutenir. Un document ultra-secret en date du 31 juillet est à cet égard tout à fait explicite. D'autre part, dès les premiers jours du conflit, les manœuvres soviétiques pour piéger les anarchistes étaient en préparation [148].

L'influence des partis et des syndicats populaires variait selon les régions : ainsi, jusqu'au printemps 1937, les anarchistes de la FAI et de la CNT, alliés non sans réticences au POUM, dominaient à Barcelone et en Catalogne, tandis que l'UGT était la centrale la plus influente à Madrid où la force des communistes se développait rapidement. Le siège du pouvoir était éclaté, car le gouvernement, ses services administratifs et ses archives s'étaient repliés à Valence le 6 novembre. Madrid, subordonnée en théorie à la junte de Défense dirigée par le général Miaja, était en fait au pouvoir des Comités révolutionnaires. Barcelone et la Catalogne constituaient un troisième centre de pouvoir en marge du gouvernement, car Companys tenait la province pour parfaitement autonome aux termes du statut. En souhaitant que le gouvernement aille s'établir à Barcelone plutôt qu'à Valence, Azaña avait donc fait preuve de lucidité. Enfin, le Nord atlantique, coupé du reste de l'Espagne républicaine, était lui-même très hétérogène : il y avait peu d'analogies entre le Pays basque, foncièrement catholique, peu touché par l'idéologie marxiste, et les Asturies, terre de révolution sociale, tandis que la province de Santander se définissait mal.

Le 3 novembre, le cabinet parut consolidé par l'entrée de quatre ministres anarchistes en dépit de fortes réticences d'Azaña : Juan Lopez au Commerce, Federica Montseny, première femme ministre, à la Santé et à l'Assistance publique, Juan Peiro à l'Industrie et, *last but not least*, Juan Garcia Oliver à la Justice. Cet événement prodigieux était le résultat d'un double processus. Largo Caballero, soucieux d'obtenir l'appui de la France et de la Grande-Bretagne pour la fourniture d'armes, voulait démontrer que les forces républicaines faisaient taire leurs divergences. Cela ne pouvait se faire sans la collaboration d'un mouvement alors très puissant. D'autre part, parmi les anarchistes eux-mêmes, un courant important, animé par le secrétaire de la CNT, Horacio Prieto, réclamait la participation [149]. Nombre de militants libertaires virent avec ébahissement leur camarade Garcia Oliver, cas unique dans l'Histoire, régner sur les tribunaux avec le titre d'« excellentissime ministre ». La décision était le fruit d'une lente maturation. Largo Caballero avait déclaré au *Daily Express*, le 30 octobre : « Lors de la formation du gouvernement, il y a deux mois, nous avons demandé à la CNT d'y collaborer car nous voulions que toutes les forces qui luttent contre l'ennemi commun soient directement représentées au gouvernement. » Sans le dire, il souhaitait, à juste titre, voir l'influence des anarchistes contrebalancer celle des communistes. Toutefois, comme le reconnaît Juan Peirats, les « réticences des militants de base » rendaient nécessaire de « vaincre certaines résistances et certaines hésitations ». La CNT avait pris conscience d'une évidence : « Si elle ne parvenait pas à s'entendre avec l'UGT, la révolution "partirait à la dérive". » La participation fut retardée par un marchandage, la confédération anarchiste ayant prétendu obtenir six postes ministériels, comme les socialistes [150].

Juan Garcia Oliver se révéla un ministre exceptionnel. Doué d'une capacité de travail impressionnante et de remarquables dons d'organisateur, il parvint, avec l'aide d'un directeur général des prisons, anarchiste comme lui, à supprimer, au moins pour un temps, l'odieuse pratique des *paseos* et des *sacas* et à faire cesser la répression menée par des « incontrôlés », dont beaucoup se réclamaient de sa doctrine, tels les membres de la redoutable Colonne de Fer, alibi et refuge de quelques centaines de délinquants de droit commun. Plusieurs adversaires politiques de Garcia Oliver devaient rendre hommage à son action après la fin de la guerre civile.

Ainsi élargi, le gouvernement dura jusqu'au 16 mai 1937. Durant cette période, Francisco Largo Caballero démontra des qualités de chef et un sens de l'État qu'il convient de saluer [151]. Le leader ouvrier sut faire taire ses préférences personnelles et, avec l'aide d'Horacio Prieto, obtint une collaboration franche et féconde entre l'UGT et la CNT. Tout en s'efforçant de maintenir de bonnes relations avec le PCE et l'URSS, il n'hésita pas à s'opposer fermement aux inacceptables ingérences de l'ambassadeur de Moscou, Marcel Rosemberg. Comme ministre de la Guerre, il fut pour beaucoup dans la transformation des milices indisciplinées des premières semaines en une armée populaire, véritable instrument de combat bien que ne pouvant combler l'écart qui la séparait d'une armée de professionnels. La chute de Largo Caballero a suivi de trop près les événements tragiques de Barcelone en mai 1937 pour ne pas en être l'un des effets. Elle résulta aussi de la montée en puissance du PCE et du poids toujours plus lourd de l'URSS, de ses agents, de ses diplomates, de ses espions, ainsi que de ses indispensables livraisons d'armes, condition *sine qua non* de l'effort de guerre de la République. Paradoxalement, l'essor impressionnant du PCE, comparable à celui de la Phalange dans l'autre camp, n'était pas l'indice du développement de l'esprit révolutionnaire mais, à l'inverse, d'une tendance contre-révolutionnaire. Fidèle aux consignes de Moscou, il se posait en effet en parti d'ordre, défenseur de la propriété privée, face aux entreprises anarchistes de collectivisation et de gestion autonome que dénonçaient férocement les rapports d'André Marty au Komintern en date du 10 octobre 1936 et du 7 mars 1937 [152].

Au nom « de la défense de l'ordre républicain et du respect de la propriété », s'organisait ce que Burnett Bolloten a appelé « le camouflage de la révolution ». Le PC s'assura le soutien d'une fraction importante des classes moyennes et de plusieurs politiciens « bourgeois ». Même Indalecio Prieto, l'un des chefs de l'aile droite du PSOE, jugeait nécessaire l'alliance avec les communistes, qui surent le manipuler. Cette stratégie ne pouvait se satisfaire des progrès de la collectivisation en Catalogne, dans le Levant, une partie de l'Aragon, certaines entreprises de Madrid et quelques secteurs de Nouvelle-Castille comme Iniesta. Elle ne pouvait pas davantage accepter la consolidation de l'anarchisme et de forces très méfiantes à l'égard de l'URSS comme le POUM. Celui-ci était passé, en Catalogne, de 6 000 à 30 000 adhérents entre juillet et décembre 1936, concurrençant ainsi le PSUC (Parti Socialiste Unifié de Catalogne), qui rassemblait socialistes et communistes catalans.

Le POUM, parti communiste mais antistalinien, avait été fondé à Barcelone en septembre 1935 par la fusion de deux petites organisations d'extrême gauche. Très rapidement, il avait été considéré par les communistes de stricte observance comme un adversaire détestable qu'il fallait détruire par tous les moyens. Comptant quelque 60 000 adhérents dans l'ensemble de l'Espagne, il était la formation la plus extrémiste de la gauche espagnole. Ses thèses s'opposaient radicalement à la politique internationale de Staline. Il cherchait à convaincre les éléments les plus audacieux de la CNT de se rallier à ses vues, et il estimait indispensable de « faire la révolution sociale » pour gagner la guerre. Faute plus grave aux yeux des conseillers soviétiques, il était opposé à l'édification d'une armée populaire dont les principaux chefs, Lister, Modesto, *El Campesino*, étaient communistes, et il prônait des milices soustraites au contrôle des commissaires de Moscou. Il fallait donc détruire le POUM et, par la même occasion, affaiblir l'anarchisme.

Les premières attaques furent lancées en décembre 1936. Le 20 février 1937, l'agent soviétique Nikonov qualifia la milice du POUM, dans laquelle combattit George Orwell, d'« unité la plus pourrie de toute l'armée républicaine ». Dans son rapport du 23 mars 1937 à Vorochilov, Dimitrov écrit : « Après cela a commencé un flirt systématique et de plus en plus éhonté entre les socialistes espagnols et les trotskistes (POUM). On peut observer le développement d'une sale campagne des socialistes d'autres pays, en accord avec les trotskistes et la Gestapo [*sic*], contre le Komintern, l'URSS et le PCE. » André Marty, le 7 mars, assura que le POUM n'était pas une force insignifiante, car il existait militairement en Catalogne et se manifestait à Valence et Madrid[153]. La haine du PCE s'explique aisément : les principaux chefs du POUM étaient tous d'anciens communistes, donc « renégats » : Andreu Nin, Joaquin Maurin, Julian Gomez Garcia, dit Gorkin, Juan Andrade, Pedro Bonet. De plus, certains d'entre eux avaient fait des séjours en Union soviétique : Joaquin Maurin et Andreu Nin avaient fait partie d'une délégation de la CNT envoyée à Moscou lors de l'éphémère adhésion de la centrale anarchiste à l'Internationale syndicale communiste (*Profintern*) en 1921. Dans un grand élan de ferveur, à leur arrivée, ils avaient entonné *L'Internationale* et salué « le pays des frères, le lieu où les travailleurs en avaient fini avec leurs exploiteurs ». À leur retour, Maurin et Nin avaient adhéré au PCE, mais le deuxième et long séjour en Russie de l'ancien instituteur et journaliste Nin fut moins heureux ; il fut exclu du *Profintern* en 1929 et, à son retour en Espagne, il rompit avec le PCE, entraînant dans son sillage Juan Andrade, Garcia Palacios et Julian Gorkin. Des hommes comme Nin et Maurin étaient d'autant plus dangereux pour le PCE qu'ils avaient vu la réalité soviétique de près et n'avaient pas été des dupes, à la différence de Rafael Alberti, de son épouse Maria Teresa Leon et de Dolores Ibarruri, la *Pasionaria*, reçus, fêtés et honorés, ou des bons élèves de l'école Lénine de Moscou, tels José Diaz ou Jesus Hernandez, victimes consentantes du « syndrome Pougatchev ».

Pour aggraver leur cas aux yeux des staliniens, désormais souverains au sein du PCE, les chefs poumistes étaient suspects de trotskisme. Les sympathies de Nin ou Maurin pour les idées de Trotski, que les deux hommes voulurent inviter en Espagne, étaient certaines, mais ils n'en avaient pas moins rompu avec lui lorsqu'il les avait fermement incités à adhérer au PSOE afin de le « bolcheviser ». Néanmoins, dans leur revue *La Batalla* (La Bataille), les poumistes ne manquaient pas une occasion de prêcher l'extension de la révolution mondiale très au-delà des recommandations de la IIIe Internationale communiste inféodée à Moscou. Ces prises de position ne coïncidaient pas avec la nouvelle stratégie de Staline de rapprochement avec les démocraties bourgeoises et d'encouragement à la formation de Fronts populaires. Il devenait urgent de se débarrasser de tous les trotskistes de la planète.

Je me garderai d'affirmer que la mise en pratique des idées du POUM aurait fait chanter les lendemains espagnols. Le parti et son organisation de jeunesse, la JCI (Jeunesse Communiste Ibérique), ne répugnaient nullement à la violence meurtrière, comme Nin le démontra lui-même. Le POUM demandait la création immédiate de soviets et l'élimination radicale de « tous les ennemis du peuple ». On peut estimer que, dans la conjoncture de 1936, la vision du PCE ait été plus pertinente. Mais les méthodes utilisées par les agents soviétiques pour se débarrasser du POUM, et notamment de Nin, avec la complicité du PCE, furent si détestables que plusieurs auteurs, dont Fernando Claudin, lui-même ancien du PCE, considèrent cette affaire comme « la page la plus noire de l'histoire du Parti communiste espagnol ».

La stratégie communiste ne s'accommodait pas davantage de la collaboration que Largo Caballero, accusé de nourrir des « sentiments paternels à l'égard des ministres anarchistes », était parvenu à préserver avec ces derniers. Les anarchistes firent preuve de loyalisme envers le chef du gouvernement, considérant qu'ils étaient engagés à son égard et que l'appui à la fraction non communisante de l'UGT était le seul moyen de faire face à la menace soviétique. Dès le 23 mars, Dimitrov avait estimé indispensables des changements urgents à la tête de l'État, « la purge des états-majors », et, s'il le fallait, un gouvernement sans Largo Caballero. Dès lors, l'offensive communiste visa à la fois ce dernier et les anarchistes. Marty accusa le 7 mars Largo Caballero d'avoir « attaqué indirectement mais ouvertement le parti communiste » dans son discours du 25 février. Le 23, Dimitrov évoqua la suggestion de Largo Caballero à Azaña : un accord avec les anarchistes qui briserait le Front populaire et provoquerait la réorganisation du gouvernement sur la base d'une coalition UGT-CNT[154]. Habilement, les communistes piégèrent les anarchistes en attaquant d'abord le POUM et en le faisant exclure du gouvernement de la *Generalitat*, où Nin était conseiller à la Justice. Le PC profita de la passivité des anarchistes qui ne pardonnaient pas à Nin d'avoir déserté le mouvement libertaire. La manœuvre réduisit les possibilités d'alliance étroite entre le POUM et la CNT-FAI. Le nouveau responsable de la justice à la *Generalitat* fut le communiste Comorera. Dans ce climat dramatique éclata à Barcelone la « guerre civile dans la guerre civile » dont les conséquences furent immenses.

Pendant de longues années, ces événements ont alimenté une controverse passionnée. L'attaque que lança, le 3 mai, contre le central téléphonique de Barcelone (*Telefonica*), tenu par la CNT, le chef de la police barcelonaise, le communiste Rodriguez Salas, appuyé par trois camions de gardes d'assaut et invoquant un décret de collectivisation légalisé par la *Generalitat*, fut-elle ou non une provocation destinée à fomenter un soulèvement anarchiste à seule fin de l'écraser ? Les historiens anglo-saxons, Hugh Thomas évidemment, mais aussi Raymond Carr, Burnett Bolloten, Anthony Beevor et, tout récemment, Robert Alexander ont exhumé nombre de documents, afin d'élucider cette question essentielle. La publication par l'Université de Yale de documents des archives soviétiques montre clairement que ce dernier était tout près de la vérité [155]. Il faut cependant préciser que la majorité des communistes espagnols ne furent pas mis dans le secret du plan conçu par les services soviétiques. Jesus Hernandez et José Diaz osèrent affirmer, en présence de Stepanov, Gerö, Gaikis et Orlov, que les communistes espagnols n'étaient pas obligés de se conformer toujours aux directives de Moscou, et un violent incident opposa Diaz à André Marty [156].

Le drame du 3 mai survint à la suite d'un grand nombre d'accrochages sanglants entre patrouilles anarchistes et communistes, notamment entre le 29 avril et le 2 mai, ce qui conduisit Manuel Azaña, témoin impuissant du drame isolé dans son palais de Barcelone, à croire à des causes endogènes et non à la responsabilité d'un « pays étranger [157] ». Il ignorait tout du long rapport transmis par Dimitrov à Vorochilov en date du 15 avril qui, après une charge violente contre Largo Caballero, accusé de s'entendre avec le gouvernement anglais et d'être en proie à la « peur de la victoire », posait la question : « Le Parti doit-il demeurer un observateur de la crise qui se déroule, ou intervenir énergiquement pour accélérer son évolution [158] ? »

L'attaque de la *Telefonica* déclencha la guerre ouverte entre les anarchistes et les communistes. Les premiers avaient vainement tenté d'obtenir de la *Generalitat* la démission de Rodriguez Salas et d'Ayguadé, conseiller à l'Ordre public. En quelques heures, la capitale catalane se couvrit de barricades. Des combats sporadiques éclatèrent les 4 et 5 mai à Barcelone et Tarragone, tandis que les grandes manœuvres politiques se déroulaient à la *Generalitat*. La démission du gouvernement catalan, remplacé par un Conseil provisoire où figuraient les anarchistes, induisit la CNT à décréter une trêve, mais les combats reprirent dans l'après-midi du 6. On tira au canon au centre de la ville. Le secrétaire général communiste de l'UGT catalane, Antoine Sesé, et le militant anarchiste Domingo Ascaso furent assassinés. Les appels à la raison des ministres anarchistes Federica Montseny et Juan Garcia Oliver étant restés vains, il fallut l'arrivée de 4 000 gardes d'assaut venus de Valence, ainsi que deux destroyers et le cuirassé *Jaime I°*, pour mettre un terme à cet affrontement lamentable dont les commentateurs franquistes faisaient leur miel. La *Generalitat* fit alors une place aux anarchistes, aux communistes et à l'*Esquerra*, mais pas au POUM dont les jours étaient comptés.

Le 15 mai, Largo Caballero dut démissionner. Il aurait volontiers constitué un autre gouvernement avec l'accord des anarchistes, sans participation communiste, mais c'était impossible car, comme l'observa Indalecio Prieto, la conduite de la guerre était par trop dépendante des livraisons d'armes de Moscou. Les communistes avaient préparé la succession, comme le montrait le rapport cité plus haut de Dimitrov : « Au cours des derniers mois, on a réalisé une collaboration pratique et régulière entre le parti communiste et les socialistes "du centre" (Negrin et autres)... Les socialistes appartenant à la faction du centre ont démontré être nettement meilleurs que ceux de gauche [159]... » Hernandez, au nom des communistes, proposa à Negrin de devenir le chef du gouvernement, et Prieto appuya cette suggestion. Parallèlement, le PCE présenta à Largo Caballero une note fixant des conditions inacceptables à un éventuel soutien. La voie était ouverte à Juan Negrin

Cette désignation convenait à Azaña, convaincu qu'elle serait bien accueillie par les démocraties occidentales. Moscou ne souhaitait pas qu'un philocommuniste déclaré parût en première ligne, et les communistes espagnols pensaient pouvoir profiter de l'inexpérience politique relative de Negrin. Les républicains de gauche ne pouvaient qu'approuver sa nomination. Ce n'était pas le cas des anarchistes, qui refusèrent les postes proposés, ni des hommes du POUM. Il était clair pour eux que l'avènement de Negrin signifiait le reflux de la révolution.

Juan Negrin, souvent « piloté » par son conseiller communiste Benigno Rodriguez, allait servir de « cheval de Troie » au PC et à la domination sans partage qu'il parvint à exercer sur l'Espagne républicaine. Le personnage a de quoi surprendre. Né en 1892 à Las Palmas dans une famille fortunée de négociants canariens classée politiquement à droite, ce qui le distingue des autres dirigeants socialistes, Negrin avait fait de brillantes études de médecine à Leipzig où il avait épousé Maria Mijailovic, fille de Russes blancs, dont la dot avait consolidé sa fortune. Le diplôme allemand étant reconnu en Espagne, il obtint en 1922 la chaire de physiologie de l'Université de Madrid. Pendant la dictature de Primo de Rivera, il adhéra au PSOE et finança la revue socialiste *Leviatan* jusqu'à son élection aux Cortes en 1931 comme député des Canaries, constamment réélu par la suite. Il n'avait exercé aucune responsabilité politique et ne s'était distingué ni par ses discours ni par ses articles quand il fut nommé ministre des Finances du gouvernement Largo Caballero, ce qui ne laissa pas d'étonner.

Le nouveau cabinet ne comptait, en plus de son chef, que deux fortes personnalités, Indalecio Prieto chargé d'un grand ministère de la Défense, et Julian Zugazagoitia, ministre de l'Intérieur, socialiste d'une grande rigueur morale dont on comptait bien se débarrasser le jour venu. Les deux communistes du gouvernement précédent demeuraient en place, les républicains de gauche revenaient en force, et le Basque Irujo, honnête et naïf, recevait la Justice. Les communistes conservaient des postes stratégiques essentiels dans la police, dont la direction générale de la Sûreté. Ils pouvaient ainsi éroder progressivement les positions anarchistes, trop fortes encore pour que le mouvement libertaire fût attaqué de front.

L'étape suivante fut la liquidation du POUM et de son chef Andreu Nin, victime d'une infâme machination. Orlov, le chef du NKVD en Espagne, l'avait mise au point avec le concours d'un agent provocateur : il fit forger des documents « démontrant » les intelligences des chefs poumistes avec la Phalange et les services d'espionnage de Franco. Il organisa ensuite une « perquisition de routine » dans une librairie de Gerone, où l'on « découvrit » une mallette contenant ces faux documents. Puis il informa Hernandez qu'il détenait les preuves de la trahison de Nin et de ses amis et, avec le concours du nouveau directeur général de l'Ordre public, le colonel Ricardo Burrillo, très proche du PCE, il fit investir, le 16 juin 1937, l'hôtel Falcon, siège du POUM, et arrêter quarante de ses dirigeants, dont Andreu Nin, qui ne reparut jamais.

José Diaz et les ministres communistes du gouvernement Negrin, Jesus Hernandez surtout, prirent très mal l'incroyable abus de pouvoir d'Orlov et de ses sbires. Une séance orageuse se déroula au Comité central du PCE, et les conseillers étrangers y furent mis en cause. La réunion du Conseil des ministres qui suivit fut dramatique, d'autant que Hernandez n'avait pas pu indiquer à Negrin le lieu de détention de Nin. Il avait seulement pu obtenir de Codevilla l'information que « l'interrogatoire était en cours ». Julian Zugazagoitia, ministre de l'Intérieur, jugea inadmissible le comportement des Soviétiques qui agissaient en maîtres du pays et s'arrogeaient les compétences dont il était le détenteur. Manuel Irujo, ministre de la Justice, affirma qu'il n'existait aucune preuve contre les dirigeants du POUM, Indalecio Prieto fit chorus, et Companys assura que l'opinion publique catalane ne pouvait croire que Nin fût devenu un espion fasciste. La CNT émit une protestation très ferme le 28 juin, exigeant des preuves irréfutables avant d'admettre que Nin, Gorkin et Andrade étaient des espions à la solde du fascisme. L'opinion internationale s'émut ; on voulait savoir où était Nin, et on s'alarmait d'autant plus qu'on avait repêché à Paris, dans la Seine, le cadavre décapité du dirigeant trotskiste Rudolf Klement.

Plusieurs des compagnons de Nin furent accusés de trahison, de collaboration avec Franco, jugés, condamnés et exécutés. Le grand écrivain catholique de gauche José Bergamin, très doué pour le rôle de dupe, osa écrire que les hommes du

POUM « ne méritaient pas d'être défendus ». Et Juan Negrin affirma, avec une tranquille impudence, lors d'un Conseil des ministres en juillet 1937 : « Dans l'affaire Nin, les Soviétiques sont absolument innocents ; ce sont nos institutions policières qui sont coupables. » Le même jour, Zugazagoitia accusa Ortega d'avoir abusé de ses pouvoirs. Hernandez était rentré dans le rang mais, comme Uribe, il ne connut toute la vérité que plus tard. Les agents soviétiques qui montèrent le piège, Antonov-Ovseenko, Berzin, Stachevski et Orlov, rappelés à Moscou, allaient être par la suite éliminés impitoyablement, hormis le dernier cité qui chercha clandestinement asile aux États-Unis où il mourut dans des circonstances obscures [160]. L'élimination du POUM se déroula en même temps qu'une nouvelle purge massive en URSS : c'est en juin 1937 que Toukatchevski et sept autres généraux furent condamnés à mort et fusillés pour « trahison et complicité avec l'Allemagne », même crime de « collusion avec le fascisme » que l'on imputait aux hommes du POUM. Toukatchevski fut fusillé le 12 juin, et c'est le 14 qu'eurent lieu l'arrestation des dirigeants du POUM, dont Nin, et la fermeture du siège social de l'organisation, dans l'hôtel Falcon.

En même temps, la presse communiste se répandit en accusations infamantes pour des hommes de la gauche extrême : le POUM « collaborait avec Franco » et était « l'axe de la "Cinquième Colonne" ». Plusieurs de ses chefs furent plus tard jugés par des Conseils de guerre, condamnés et exécutés, et beaucoup de ses adhérents furent emprisonnés. À la fin de 1937, il y aurait eu environ 1 500 détenus « antifascistes » dans la Prison modèle de Valence [161]. Cette affaire eut de graves conséquences : elle affaiblit les anarchistes et démoralisa de nombreux partisans, naguère enthousiastes, du Front populaire, qu'ils aient cru ou non à la trahison. Elle fit naître bien des soupçons à l'étranger parmi les démocrates qui se méfiaient du jeu trouble des agents soviétiques. Enfin elle modifia le cours de la révolution.

Pendant toute une année, l'Espagne fidèle à la République connut une extraordinaire révolution économique et culturelle. Dès les premières défaites des rebelles, à Barcelone, mais aussi dans le Levant, en Aragon, à Valence et ailleurs, ce fut le règne des *incautaciones* (mises sous séquestre, confiscations).

Elles visèrent bien entendu les banques, dont certaines avaient été pillées, leurs coffres-forts vidés, mais aussi les grandes sociétés. Les compagnies de chemins de fer, de navigation, électriques, téléphoniques, de distribution de gaz, des eaux, assurances et transports urbains, les industries métallurgiques ou textiles, les mines, les ateliers furent enlevés à leurs propriétaires et confiés à des Comités ouvriers qui les administrèrent collectivement. Il en alla de même de tous les journaux de droite ou du centre, et de beaucoup de petites entreprises commerciales ou industrielles, ainsi que des cinémas et théâtres. La collectivisation concerna jusqu'aux salons de coiffure, ateliers d'ébénisterie, boutiques de cordonniers, boulangeries et pâtisseries. Elle affecta aussi les biens appartenant aux étrangers et les voitures particulières. Les palais des ducs d'Albe, des ducs de Medinaceli, des marquis d'Urquijo, la résidence de Juan March furent placés sous séquestre, et le Palace Hotel converti en orphelinat. Quant aux églises, elles furent généralement transformées en entrepôts, étables ou garages, sauf au Pays basque. Les loyers des appartements furent diminués, et les salaires versés aux ouvriers des entreprises collectivisées augmentés.

Un phénomène comparable se produisit dans les campagnes. Les grandes propriétés furent confisquées. En Aragon, plusieurs villages de la région de Graus et de Monzon, dans la basse vallée du Cinca (Albalate et Alcolea del Cinca, Calaceite), Alcora, Castro, se vouèrent à une exploitation collectiviste de l'agriculture et de l'élevage et allèrent parfois jusqu'à supprimer la monnaie. Il en alla de même dans le Levant et en Nouvelle-Castille. Toutefois, en août 1937, le Conseil d'Aragon, d'inspiration anarchiste, qui gérait l'ensemble de la politique de collectivisation, fut dissous sous la pression des communistes[162].

On conçoit l'affolement de la petite-bourgeoisie et des petits propriétaires devant de telles mesures. Le gouvernement assurait que seuls les ennemis du régime étaient frappés, mais la réalité était différente. Dans le Levant, où il n'y avait pas eu de soulèvement militaire, les *incautaciones* allèrent bon train. Un grand nombre des victimes de la « terreur rouge » dans cette région furent des propriétaires terriens, des laboureurs, voire des journaliers, des patrons de l'industrie et des commerçants[163].

Au bout de quelques mois, le problème alimentaire se posa de façon aiguë, surtout à Madrid, coupée de plusieurs de ses aires de ravitaillement. L'attribution de 20 000 rations quotidiennes aux miliciens, sur présentation de bons (*vales*), rendit plus difficile encore la situation du petit peuple. Dès le 15 octobre, le rationnement fut décidé, mais l'impression des cartes d'alimentation retarda l'entrée en vigueur du système qui ne fonctionna qu'à partir du 20 novembre. La ration quotidienne, encore convenable, comprenait un demi-kilo de pain, 100 grammes de lentilles ou de haricots, un quart de litre de lait, 100 grammes de viande, 250 grammes de pommes de terre ; tous les deux jours, on avait droit à 200 grammes de poisson, deux œufs, 100 grammes de riz et 50 grammes de sucre. Certaines denrées faisaient l'objet d'une attribution hebdomadaire. La pénurie devint préoccupante à partir de mars 1937, et le rationnement fut alors étendu à toute l'Espagne républicaine. À la fin de la guerre, la situation s'était beaucoup aggravée. À Barcelone, en décembre 1938, « survivre est devenu le premier des problèmes ». À Gijon, dans les Asturies, où la CNT avait pris le pouvoir et supprimé la monnaie, les magasins étaient ouverts mais vides. Les denrées comestibles, réquisitionnées, étaient stockées dans des lieux connus des seules organisations syndicales. Les femmes battaient la campagne pour nourrir leur famille[164]. Partout, la taxation des prix avait suscité le marché noir.

La transformation du genre de vie et des mœurs était étonnante. Le *mono* (salopette) faisait florès, et les vêtements usagés sortaient des placards. Les femmes renonçaient à fréquenter les salons de coiffure : chapeliers et coiffeurs faisaient parvenir aux syndicats des adresses désespérées. Les garçons de café ne recevaient plus de pourboires, jugés humiliants. On se saluait du poing levé, et même les *alguazils* des rares corridas étaient tenus à ce geste. *Adios* avait été remplacé par *abur* ou *saludo*, et l'usage du *usted* (vous) abandonné. L'épouse était devenue la *compañera*, et les mariages, en recul au profit des unions libres, étaient célébrés en présence de fonctionnaires ou de responsables syndicaux. Les emplois de domestiques se faisaient d'autant plus rares que les patrons craignaient les dénonciations. Le cinéma était la distraction la plus recherchée, avec une préférence pour les films américains et une apparition des films russes. Bien entendu, il était impossible d'obtenir un emploi dans la fonction publique sans carte syndicale.

Dans cette Espagne nouvelle, les femmes bénéficiaient, en général, d'une plus grande considération et accédaient à des postes de responsabilité. Quelques centaines d'entre elles s'enrôlèrent dans les milices, remplirent des missions précieuses de brancardières et d'infirmières, s'occupèrent des orphelins. Les prostituées prétendirent monter au front, mais elles furent rapidement évincées au motif que, plus que les balles franquistes, elles menaçaient la santé des combattants. Rosa Vega, directrice d'école à Madrid, confie : « Nous, les femmes, nous n'étions plus des objets mais des êtres humains, des personnes, à la même hauteur que les hommes. » Pilar, qui vécut la révolution dans un village d'Aragon, géré par les anarchistes, est d'un autre avis : « Le rôle des femmes n'avait pas changé... Il n'y avait pas de femme dans le Comité du village. Quand celui-ci avait besoin de plus de bras pour les champs, le délégué ordonnait à quelques femmes qu'elles viennent les jours suivants. » Certaines se plaignaient du puritanisme des anarchistes pour qui le rouge à lèvres était une « perversion capitaliste [165] ».

Ne cherchant pas à protéger les édifices religieux, le gouvernement républicain avait créé dès le 23 juillet une junte destinée à sauvegarder le patrimoine artistique du pays. Cette institution sauva du pillage ou de la destruction quantité d'œuvres d'art provenant de palais, d'églises, de couvents : toiles de maîtres, sculptures et pièces d'orfèvrerie. Ainsi furent sauvées, outre les collections du musée du Prado, celle des ducs d'Albe au palais de Liria, et quelque 18 000 toiles, dont une cinquantaine de Goya, seize Greco et neuf Titien, ainsi que les 400 000 ouvrages de la Bibliothèque nationale et les principaux fonds d'archives [166]. La majorité des intellectuels avaient pris parti pour la cause de la République et, le 20 novembre 1936, un certain nombre d'entre eux, dont quelques-uns de grande réputation, adressèrent à tous les intellectuels antifascistes du monde un manifeste qui exaltait l'héroïsme des miliciens et dénonçait les bombardements des aviateurs allemands et italiens. Au bas de ce texte figuraient les signatures, entre autres, de José Bergamin, Luis Cernuda,

Vicente Aleixandre, Miguel Hernandez, Rodolfo Halffter, Leon Felipe, Maria Teresa Leon, Rafael Alberti. De la même façon que l'Espagne franquiste avait cherché dans la lettre collective des évêques une légitimation du Mouvement, la République en appela à la caution des intellectuels du monde entier. Quelques très grands noms absents : Max Aub, Luis Buñuel, Alejandro Casona, Pau Casals, Pablo Picasso, Ramon Sender, Antonio Machado, Juan Ramon Jimenez, et des auteurs de qualité comme Arturo Barea, Francisco Ayala, José Maria Semprun, et autres, se seraient associés, sans hésitation, à ce manifeste. Ils le prouvèrent en défendant sans défaillance la cause républicaine. D'autres qui, au début, avaient signé des appels en faveur de la République – Gregorio Marañon, Ortega y Gasset, Perez de Ayala – changèrent d'avis au spectacle madrilène des *paseos* et des *sacas*. Le franquisme rallia beaucoup moins d'écrivains ou d'artistes de renom. Citons Agustin de Foxa, Rafael Sanchez Mazas, Manuel Machado, Pedro Lain Entralgo, Gonzalo Torrente Ballester, Victor de La Serna, Luis Rosales. Pio Baroja et Jacinto Benavente eurent une attitude incertaine.

Sur la suggestion du parti communiste, la République décida de réunir à Valence, Madrid et Barcelone, en juillet 1937, un « congrès de réflexion » sur la guerre civile auquel étaient invités tous les écrivains antifascistes de la planète. Ce « IIe Congrès international d'écrivains pour la défense de la culture » rassembla 66 délégués de nombreux pays, des États-Unis et de la Grande-Bretagne à l'URSS, en passant par l'Argentine, le Chili, le Pérou, Cuba, le Mexique, la France, la Belgique, les Pays-Bas, la Tchécoslovaquie, la Suisse, le Danemark, la Norvège, la Suède, la Chine et même l'Islande. Y assistèrent notamment André Malraux, Pablo Neruda, Alejo Carpentier, Octavio Paz, Ludwig Renn, Ilya Ehrenburg, Julien Benda et André Chamson. Cette manifestation était biaisée : il s'agissait en réalité d'obtenir la condamnation par le congrès d'André Gide, qui venait de publier son sacrilège *Retour d'URSS*. En dépit de la pression de Bergamin, Azaña ne tomba pas dans le piège et refusa d'assister au congrès, dont il déplorait, par ailleurs qu'il coûtât une fortune comme il s'en est expliqué dans ses Mémoires. Le congrès, dont l'inspiration secrète se révéla trop vite, ne fut qu'une demi-réussite [167].

LE CAS PARTICULIER DU PAYS BASQUE

L'une des régions demeurées fidèles à la République, le Pays basque, vécut de façon très différente des autres. Jusqu'à la formation du gouvernement basque autonome, le 7 octobre 1936, la résistance au Mouvement étouffée en Alava et en Navarre, dont les évêques furent les premiers à utiliser le terme de « croisade », fut le fait de la gauche républicaine.

Il y eut donc deux phases distinctes au Pays basque : avant et après le 7 octobre. En outre, le sort des trois provinces fut différent. L'Alava s'étant ralliée aux rebelles, un militaire, le général German Gil Yuste, y fut promu gouverneur civil. La répression contre les forces de gauche fut « limitée » à 92 exécutions, dont celles de plusieurs dirigeants socialistes, ugétistes et anarchistes. De nombreux volontaires dont des prêtres s'enrôlèrent dans les bataillons carlistes. La Biscaye choisit d'emblée le camp de la République et ne connut pas de vacance du pouvoir : le gouverneur civil, José Echevarria Novoa, assuma ses responsabilités, et les chefs militaires conservèrent le contrôle de la situation. Les quelques officiers favorables au soulèvement furent arrêtés, et certains d'entre eux exécutés. Le Comité constitué le 19 juillet s'était transformé dès le 23 en « Commissariat général de défense de la Biscaye », puis, le 12 août, en une « Junte de défense de la Biscaye » dont les neuf membres représentaient l'ensemble des forces politiques loyales (PSOE, Gauche républicaine, Union républicaine, PNV, Parti communiste, Action nationaliste basque et CNT). Cette junte exerça effectivement le pouvoir dans l'ensemble de la province, assura le ravitaillement, prépara la formation d'une armée basque et maintint l'ordre public. Elle fut cependant débordée après un bombardement de l'aviation franquiste par l'assaut donné aux prisons, les 25 septembre et 2 octobre, qui se solda par 106 assassinats de détenus de droite.

Le Guipuzcoa présente un autre cas de figure. Le soulèvement militaire, mal préparé, se produisit avec retard et donna lieu à l'épisode évoqué plus haut des casernes Loyola de San Sebastian. Le gouverneur civil, Jesus Artola Goicoechea, perdit très vite le contrôle de la situation et, face à la menace rebelle, plusieurs juntes de défense républicaine d'inspirations différentes fractionnèrent le territoire de la province. Celle de

San Sebastian, formée le 20 juillet, rassembla des représentants de toutes les forces fidèles à la République mais ne contrôla guère que la ville *intra muros* ; celle d'Azpeitia fut entièrement composée par des membres du PNV ; celle de la ville ouvrière d'Eibar fut dirigée par les socialistes avec Juan de los Toyos pour président. La junte d'Irun, qui avait pour mission de préserver l'accès à la frontière, fut une émanation du Front populaire local, présidé par le communiste Iracheta. La coopération entre ces juntes fut insuffisante, et Irun assura qu'Azpeitia lui avait refusé l'aide nécessaire pour défendre la cause commune.

Durant les premiers mois de la guerre, le nationalisme basque ne se mobilisa pas de façon décisive face à la menace rebelle. Le PNV tarda à constituer ses milices et ne participa pas à la première tentative de reconquête de Vitoria. La création de bataillons basques, les *gudari*, ne commença que le 8 août, à l'initiative de la junte d'Azpeitia. La résistance spontanée se fit sous le signe du Front populaire : les premières colonnes parties pour le front défilèrent au chant de *L'Internationale* ou de l'hymne de Riego. Les premiers slogans furent d'inspiration révolutionnaire : *No pasaran !* ou *UHP !* (« union des frères prolétaires »). À l'évidence, le PNV ne pouvait s'identifier avec un climat émotionnel et politique de cette nature. Il n'est pas surprenant que les forces de Mola aient conservé constamment l'initiative des opérations militaires jusqu'au 7 octobre 1936. À cette date, le Guipuzcoa fut entièrement occupé par les franquistes.

Tout changea avec l'octroi du statut d'autonomie négocié, par les nationalistes basques Aguirre et Bastarrechea, avec le gouvernement de Largo Caballero. Dès le 15 septembre, il était acquis qu'Irujo représenterait le nationalisme basque au sein du gouvernement de la République. La rupture totale entre Mola et les nationalistes fut consommée par l'exécution de plusieurs prêtres et le bombardement de Bilbao, le 25. Puis les événements se précipitèrent : le 1er octobre, les Cortes approuvèrent le statut. Le 7, le gouvernement basque fut formé à Guernica. Il était présidé par José Antonio de Aguirre, membre du PNV, qui détenait en outre quatre portefeuilles dont celui de la Guerre ; les socialistes en avaient trois, les républicains de gauche deux, l'Action nationaliste basque un et le PC un. La CNT était exclue du gouvernement, conformément à la nature modérée du nationalisme basque en matière économique et sociale. Toutefois, le PNV était décidé désormais à jeter toutes ses forces dans la bataille, et il réserva à ses membres plusieurs postes de responsabilité à la Sécurité et à la Défense.

Seul candidat, Aguirre, avocat de trente-deux ans à qui s'appliquent les quatre adjectifs catholique, honnête, sportif et énergique, avait été élu par 1 009 conseillers, originaires de Biscaye et de Guipuzcoa. Le 7 octobre, il prêta serment sous l'arbre de Guernica. La première déclaration du gouvernement promit le respect des droits et libertés démocratiques, dont les libertés religieuse et de conscience, ce qui était une claire allusion à la pratique du reste de l'Espagne républicaine. Le texte prévoyait la création d'une armée, une législation économique et sociale favorable aux travailleurs, et la sauvegarde de la personnalité et de la langue basques. Aguirre exerça le pouvoir jusqu'à la chute de Bilbao en juin 1937, sans qu'il y eût en Biscaye de crise politique ou de grève. Le fonctionnement de la justice fut rétabli de manière normale, sans tribunaux populaires, la garde civile et la garde d'assaut dissoutes et remplacées par une police basque, la *Erzatña*, formée de 1 250 hommes, dont 500 motorisés. Le gouvernement frappa monnaie et émit des billets avec la collaboration des institutions bancaires du pays. Il n'y eut ni confiscations de biens, ni nationalisations. Les cérémonies religieuses se déroulèrent sans incidents, notamment la célébration du Vendredi saint. L'ordre public ne fut troublé gravement qu'une fois après le bombardement de Bilbao par les avions allemands. Un incident sérieux opposa la CNT au gouvernement, le 24 mars 1937, lorsque celui-ci décida d'accorder au parti communiste les ateliers où était imprimée la presse anarchiste. Dans l'ensemble, le gouvernement d'Aguirre fut efficace et compétent. Il parvint à résoudre remarquablement le problème du ravitaillement, aggravé par la présence de 100 000 réfugiés du Guipuzcoa. Le conseiller dans ce domaine, Ramon Aldasoro, fit effectuer d'importants achats de vivres dans le Levant, qui furent acheminés jusqu'à Bilbao par des navires forceurs de blocus. De septembre 1936 à juin 1937, 139 y parvinrent, et Lezo Urreiztieta se rendit célèbre dans ce genre de prouesse. Le rationnement, institué sans modifier la structure du commerce, fut respecté, et les prix demeurèrent stables. Le seul échec du gouvernement basque, mais il fut décisif, fut son incapacité à réaliser un effort de guerre suffisant. La production d'acier de Biscaye s'effondra en 1937, alors que l'année suivante, sous Franco, elle allait dépasser le niveau de 1935. Mais placer l'industrie sous un contrôle politico-militaire ne correspondait pas aux principes du PNV, et il n'y eut aucun signe de mobilisation industrielle, d'adaptation de la puissante industrie biscayenne aux nécessités de la guerre.

Aguirre était pourtant parvenu à créer une véritable armée : 45 bataillons et plus de 37 000 hommes au total. Son échec dans l'offensive de diversion du 30 novembre, dite de Villareal, demandée par le gouvernement central pour soulager Madrid, puis dans la défense de Bilbao, semble dû aux très mauvaises relations du chef du gouvernement avec les commandants de l'armée du Nord, notamment le général Llano de la Encomienda. La satisfaction insuffisante des demandes d'armes et ces rapports difficiles ont nourri la thèse d'Aguirre pour qui « Euzkadi est tombé parce qu'il fut totalement abandonné par ceux qui auraient dû l'aider ». Il oublie la responsabilité qu'il prit en refusant l'unité de commandement demandée par Largo Caballero et ses chefs militaires. Au nom du statut d'autonomie, Aguirre estimait que la direction de la guerre au Pays basque relevait de son seul Conseil de défense. C'est pourquoi il récusa l'autorité de Llano de la Encomienda et, en février 1937, demanda son remplacement. Il y avait incompatibilité entre les conceptions communistes d'une armée populaire unique et la volonté basque d'autonomie militaire[168].

Deux armées nouvelles

L'ARMÉE NATIONALISTE : UN ENCADREMENT DE QUALITÉ ET DES TROUPES DE CHOC

Jusqu'à la fin de 1936, l'armée du Mouvement fut essentiellement composée de militaires encadrés par des officiers d'active, et renforcée par des gardes civils et, dans une proportion moindre, des gardes d'assaut[169]. L'armée du Nord, très fragmentée, était formée pour une bonne part des *requetes* et phalangistes, et de quelques bataillons de l'armée régulière. L'armée du Sud ou armée d'Afrique rassemblait les *regulares* marocains et les *tercios*. Et ne comptait que 30 000 combattants dont 5 400 phalangistes et très peu de *requetes* – les *tercios* Notre-Dame de la Merci et Vierge du Rosaire –, mais il s'agissait de troupes bien entraînées et encadrées. Les volontaires étaient en tout plus de 65 000, dont 56 % de phalangistes et 34 % de carlistes, soit plus plus du tiers de l'armée nationaliste. Avec les *Mores* et les légionnaires, ils formaient plus de la moitié des forces franquistes. En octobre, l'effectif total se serait élevé à 188 500 hommes.

Le corps expéditionnaire italien, humilié à Guadalajara, redora son blason dans la campagne de Santander. Au total, 75 000 Italiens environ combattirent en Espagne, mais pas plus de 45 000 à 50 000 simultanément. Le camp franquiste avait reçu le renfort inappréciable de l'aviation allemande. En plus des Junkers destinés au passage du détroit, Goering envoya en août une escadrille de bombardiers. La patrouille de von Moreau, forte de 42 pilotes, bombarda le cuirassé *Jaime I°* en rade de Malaga dès le 13 août. À partir du 20, elle opéra dans le secteur central, ravitailla les défenseurs de l'Alcazar de Tolède, puis intervint dans la *sierra*. La Légion Condor déplaça ses bases au gré des évolutions de la guerre, jusqu'aux batailles de l'Èbre et de Catalogne [170].

Les lourdes pertes des nationalistes dans les attaques frontales sur Madrid et la bataille du Jarama imposèrent l'établissement d'une conscription qui commença dans l'île de Majorque et se poursuivit sans désemparer pendant toute l'année 1937. En mars fut créé le « service de mobilisation, instruction et récupération » (MIR), placé sous le commandement du général Orgaz. Dès janvier de l'année suivante, l'armée nationaliste pouvait compter sur quelque 500 000 hommes dont près de 100 000 volontaires (74 000 phalangistes et 20 000 *requetes*). Les combattants phalangistes allaient être au total pour la durée de la guerre 207 933, reversés dans les unités régulières, à la différence des carlistes qui demeurèrent dans leurs formations originelles. On ignore souvent qu'il y eut une importante « récupération » des combattants républicains des zones conquises. Ainsi, après la défaite de l'armée du Nord, les deux tiers de ses soldats se retrouvèrent dans les rangs franquistes dès la fin de 1937.

Le recrutement des Marocains fut constant, ils comptèrent toujours parmi les unités combattantes de choc, mais leur proportion dans l'ensemble de l'armée se réduisit. Ils étaient environ 50 000 en avril 1937 et, en octobre 1938, près de 60 000. Le 11 novembre 1937 fut créé un « corps d'armée marocain » sous le commandement du général Yagüe. Il se battit sur les fronts de Teruel, d'Aragon, de l'Èbre et de Catalogne, et ses soldats furent les premiers à entrer dans Barcelone. Parmi les troupes d'élite de l'armée franquiste, une place éminente revient aux bataillons carlistes dont l'organisation très rigoureuse permit une intégration rapide dans l'armée régulière. Des 42 recensés, 11 procédaient de la seule Navarre. Ils portaient souvent des noms à connotation religieuse, Saint-Michel, Saint-Firmin, Notre-Dame du Chemin, Notre-Dame des Neiges, Saint-Jacques, etc. Malgré des pertes élevées comblées par un renouvellement constant, ils furent de tous les combats, surtout les *tercios* navarrais qui fournirent peut-être ses meilleures troupes à Franco. Les volontaires carlistes furent au total 62 722, et leur effectif au combat fut presque toujours supérieur à 20 000 : 22 107 en octobre 1936, 21 720 en avril 1937, 19 969 en juillet 1938, 23 716 en février 1939. Les *tercios* navarrais, parfois appelés *banderas*, comptaient chacun 500 à 700 hommes. Les plus brillants furent le *tercio* Lacar, dont on a conservé le journal des opérations, et le *tercio* Montejurra, dont l'un des combattants a tenu la chronique. Le premier, dans les rangs duquel passèrent 12 000 hommes, perdit 720 tués et eut 1 500 blessés. Il participa aux campagnes de Guipuzcoa, Biscaye (prise de Bilbao), Teruel, Èbre et Catalogne. Le Montejurra, qui essuya lui aussi de lourdes pertes (331 morts, 1 299 blessés), fut engagé lors de la prise de San Sebastian, dans les campagnes de Biscaye, de Santander et des Asturies, et participa aux batailles de Teruel, de l'Èbre et de Catalogne. Il y eut également des *tercios* de *requetes* basques (Zumalacarregui, Begoña, Vierge Blanche), aragonais (Maria de Molina), castillans (Castellano de Mola), et même andalous, mais leur rôle, quoique notable, fut inférieur à celui des Navarrais.

Une interview, après la guerre, du paysan navarrais d'Elauri Antonio Izu illustre bien l'état d'esprit des combattants carlistes[171]. Le volontaire français Georges Oudart en a laissé une description haute en couleur : « C'est le groupement le plus original d'Espagne... un mouvement plutôt qu'un parti, une attitude plutôt qu'un programme. Ils se battaient encore au début de la guerre, comme ils pensaient, marchant au feu sous la conduite de leurs prêtres, drapeaux et bannières de la Vierge déployés, un grand crucifix sur la poitrine, et en chantant des cantiques. Ils s'avançaient ainsi, crânement et follement en terrain découvert, sous les rafales de mitrailleuses, tombant l'un après l'autre jusqu'au dernier. Ils se sont un peu assagis à la longue, mais il n'a point été facile de les y contraindre... Ils épinglaient toujours sur leur chemise brune des scapulaires, des médailles pieuses, des images du Christ-Roi ou de Notre-Dame-du-Pilar, découpées dans des chromos, dont l'ensemble prenait quelquefois les proportions d'une panoplie. Rien de tel ne se voit sur les chemises bleues des phalangistes [172]... »

Le choix d'une forte majorité des officiers en faveur du Mouvement assura un encadrement de qualité aux troupes franquistes qui bénéficièrent des compétences de quelques bons généraux : José Solchaga, Fidel Davila, Rafael Garcia Valiño et Alfredo Kindelan, pionnier de l'aéronautique espagnole. Les pertes en jeunes officiers furent si fortes dès le mois d'août qu'il devint très vite nécessaire de prévoir un renouvellement de l'encadrement. Le 30 août, Mola soumit une proposition à Franco : « Compte tenu de la rareté des officiers et même des cadets que l'on pourrait nommer, j'ai pensé organiser une promotion d'*alfereces* provisoires [sous-lieutenants du cadre de réserve] avec des garçons possédant une certaine culture. On pourrait les habiliter au terme d'un cours accéléré d'un mois ou un mois et demi. » Franco approuva aussitôt, et le décret du 7 septembre organisa l'accès aux grades de sous-officiers ou officiers des jeunes gens âgés de vingt à trente ans, pourvus d'un titre universitaire et servant dans l'infanterie, l'artillerie ou les milices militarisées, à l'issue d'un stage de formation pratique accélérée de quinze jours. Deux académies militaires furent aussitôt ouvertes à Burgos et Séville et, le 3 octobre, une première promotion de 139 *alfereces* d'infanterie et de 44 d'artillerie fut agréée. Dans les mois suivants, d'autres établissements formèrent à des spécialités : cavalerie, génie, aux Canaries (Santa Cruz de Tenerife) et au Maroc (Tétouan ou Xauen), puis à Majorque, Grenade, Tolède,

Medina del Campo, Palencia, Vitoria, Pampelune, Luarca (Asturies). L'académie militaire de San Fernando forma les *alfereces* d'infanterie de marine, celles de Salamanque et Tablada des aviateurs. L'instruction s'améliora peu à peu et s'allongea à deux puis à quatre mois. Le nombre des « sous-officiers d'urgence » promus pendant la guerre atteignit 30 311 pour les trois armes. Leur importance ne saurait être surestimée, et 3 000 d'entre eux furent tués au combat. Les « *alfereces provisionales* » (provisoires) comptèrent dans leurs rangs des personnalités notables, Mariano Navarro Rubio, Joaquin Ruiz Jimenez, et beaucoup d'hommes de talent. Ils devaient, après la guerre, tenir un rôle notable parmi les cadres du franquisme[173].

Au 1er avril 1939, l'« armée de la Victoire » regroupait environ un million d'hommes : 840 000 fantassins, 19 000 artilleurs, 15 500 cavaliers (tankistes), 11 000 ingénieurs et 68 000 membres des services (transmissions, génie, santé, etc.). Les Marocains étaient encore 35 000, et les Italiens du CTV 32 000. L'artillerie disposait de 2 453 pièces de campagne, 375 canons antichars, 7 600 mortiers. Les 33 compagnies de chars de combat avaient un parc de 651 blindés. Cette armée, comme son adversaire, avait servi de banc d'essai aux armements et tactiques nouvelles. Elle aurait pourtant été très vite « démodée » dans la Deuxième Guerre mondiale.

L'ARMÉE POPULAIRE : ENTHOUSIASME ET INDISCIPLINE

Selon la plupart des spécialistes, les unités combattantes qui restèrent fidèles à la République n'étaient pas d'une valeur militaire comparable. Les milices armées, recrutées parmi les militants politiques ou syndicaux, eurent le mérite, dans un premier temps, d'étouffer la rébellion dans de nombreuses villes, mais leurs possibilités parurent vite limitées. La thèse selon laquelle la République eût obtenu un meilleur résultat en usant des troupes qui lui étaient restées fidèles renforcées par l'appel des réservistes et par les unités de police, notamment les gardes d'assaut, me semble contestable. Les forces régulières loyalistes étaient en effet moins nombreuses que celles qui choisirent le Mouvement, et il n'est pas certain que le gouvernement serait parvenu à contenir l'exaltation révolutionnaire et à refuser durablement la distribution des armes aux miliciens.

Face aux bataillons carlistes ou aux *tabors* marocains en rase campagne, les milices, aux combattants enthousiastes mais indisciplinés, démontrèrent qu'elles manquaient de la préparation militaire la plus élémentaire et se révélèrent d'une inefficacité dramatique. Des formations de miliciens très braves et, souvent, mieux équipés que leurs adversaires se débandèrent face à des ennemis moins nombreux, mais qui avaient appris à manœuvrer et à se battre. La seule exception, on l'a vu, fut le « Cinquième Régiment » organisé par le parti communiste, qui servit ensuite de modèle à l'armée populaire. Les anarchistes eux-mêmes, longtemps opposés à la hiérarchie, à la discipline et à l'uniforme, finirent par se convaincre de la nécessité d'une « militarisation », à l'instar d'un de leurs meilleurs chefs, Cipriano Mera. Juan Garcia Oliver devint un chaud partisan des « écoles d'officiers » qui lui paraissaient être un moyen de limiter l'influence communiste. Ce fut dans cet espoir que la CNT réclama la création de ces écoles.

La militarisation des milices fut menée avec succès par Largo Caballero dès qu'il prit en charge le ministère de la Guerre. Il reconstitua l'état-major et appela auprès de lui comme conseillers quelques officiers compétents qui avaient fait la démonstration de leur loyalisme : José Asensio, José Miaja, Fernando Martinez Monje, Segismundo Casado, Vicente Rojo Lluch. Le cas de ce dernier est atypique. Ami du général Franco avant la guerre, catholique pratiquant, d'idées conservatrices, le commandant Rojo estima qu'il devait fidélité au gouvernement légal, quoi qu'il pût penser de son idéologie. L'un des commandants du « Cinquième Régiment », le communiste Enrique Castro Delgado, s'en étonna un jour : « Que c'est étrange ! Catholique apostolique romain, officier de carrière et, en plus, d'état-major ! Vous devriez être avec eux ! – Mais je suis avec vous », répondit Rojo. Instruit des réflexions des meilleurs stratèges européens, organisateur de la défense de Madrid, il conçut les plans des batailles de Brunete, Teruel, Belchite, de l'Èbre. Il conserva son prestige malgré des défaites qui ne lui étaient en rien imputables, et il demeura jusqu'à la fin chef de l'état-major, quoiqu'il ait avisé les politiques, après la bataille de l'Èbre, que la guerre était définitivement perdue[174].

Le 16 octobre 1936, Largo Caballero rétablit l'unité de commandement, que Catalans et Basques se refusèrent à accepter, et il édicta des règlements conformes à la tradition militaire. La campagne du PCE en faveur de cette évolution conduisit nombre d'officiers professionnels non communistes à soutenir les thèses du parti dans ce domaine. La seule nouveauté importante fut l'institution auprès des chefs militaires de commissaires politiques, initiative de Largo Caballero, que le parti communiste sut utiliser à son profit, la majorité des commissaires étant de son obédience[175]. Le nouvel état-major créa des « brigades mixtes » qui associaient plusieurs armes, sur le modèle de la division, mais avec des effectifs moindres et plus mobiles. Chacune d'entre elles regroupa quatre bataillons d'infanterie, cinq compagnies, et des unités complémentaires : artillerie, chars, transmissions, sapeurs, intendance, etc., où se côtoyaient des soldats professionnels, d'anciens gardes d'assaut et des miliciens dont certains étaient passés par le « Cinquième Régiment ». Celui-ci, auquel appartinrent plus ou moins longuement quelque 69 000 combattants, jouait en effet le rôle de vivier et d'école de formation à l'épreuve du feu. Les brigades furent commandées par des officiers professionnels ou sortis du rang, tels Enrique Lister, forte personnalité, idéologue à sa manière, fortement hostile aux anarchistes et à leurs expériences de collectivisation ; l'entrepreneur anarchiste Cipriano Mera, Juan Modesto, le plus compétent en matière de stratégie, ou l'impitoyable Valentin Gonzalez, dit *El Campesino*, guérillero redoutable et meneur d'hommes-né, mais dont le manque de sens stratégique apparut à Teruel. Le décret du 5 janvier 1938 légalisa ces promotions en ouvrant l'ascension aux postes supérieurs de l'armée à « ceux qui avaient démontré une compétence militaire sur le champ de bataille ». La République eut elle aussi des « écoles populaires de guerre » où furent formés dans de brefs stages et un climat très politisé des officiers subalternes.

Grâce au prestige de l'aviateur Ignacio Hidalgo de Cisneros, descendant d'une grande famille aristocratique de tradition carliste, qui avait adhéré au parti communiste au début de la guerre civile, la plus grande partie des pilotes et aviateurs espagnols restèrent fidèles à la République. Les aviateurs soviétiques, qui auraient été au nombre de 772, leur enseignèrent très vite le maniement de leurs appareils. Le rôle des conseillers de Moscou – environ 2 000, mais avec un certain nombre d'« intermittents » – est difficile à apprécier. Vladimir Gorev est un cas à part car tous ceux qui le connurent témoignèrent d'une vive admiration à son endroit. Arrivé en Espagne dès le lendemain du soulèvement, il fut un conseiller très écouté de Miaja et de Rojo pendant les batailles de Madrid, du Jarama et de Guadalajara. Rojo voyait en lui « un chef extraordinairement intelligent, très correct, discret, actif, sincère et loyal » : « J'ai apprécié justement, je crois, les dons éminents de Gorev, son sentiment profond de fraternité et sa vision lucide de militaire... Pas une fois il n'a abusé de la confiance que je lui ai témoignée... » Gorev ne put qu'assister, à Bilbao puis à Gijon, aux défaites des Basques et des Asturiens avant de réussir à passer en France pour revenir en URSS où, comme tant d'autres vétérans de la guerre d'Espagne, il fut fusillé sur ordre de Staline[176].

Nous avons déjà souligné le rôle des Brigades internationales, qui fut capital de novembre 1936 à l'été 37. Les bataillons de brigades sont par les noms qu'ils choisissent une mémoire vivante des révolutions mondiales, nationales ou sociales : Commune de Paris (Français et Belges), Garibaldi et Gastone Sozzi (antifascistes italiens), Edgar André (Allemands), Domdrevski (mineurs polonais), Dimitrov (Balkaniques), André Marty (communistes français), Abraham Lincoln, etc. L'armée populaire parvint à mobiliser plus d'un demi-million d'hommes et à opposer une résistance souvent héroïque à une armée plus expérimentée, mieux organisée, qui comptait d'ailleurs elle aussi dans ses rangs des combattants animés par la ferveur pour leur cause. Grâce à son enthousiasme, elle obtint souvent des succès initiaux importants (Teruel, bataille de l'Èbre) qu'elle ne parvint pas à confirmer par manque d'expérience militaire de nombreux chefs, par l'effet de l'incompétence de plusieurs commissaires politiques et parce qu'elle dut laisser en 1938 la maîtrise du ciel à son adversaire. Il reste qu'elle sut forcer l'admiration en imposant à l'armée franquiste une lutte acharnée pendant deux années et demie.

6

Les grandes batailles

Après les échecs répétés des offensives franquistes devant Madrid, la guerre change de nature. Les effectifs des armées affrontées se gonflent, les armements modernes jouent un rôle toujours plus important, la guerre aérienne fait rage, de nouvelles tactiques sont expérimentées. La guerre ignore les saisons : chaleurs torrides de Brunete ou de l'Èbre, froidures glaciales de Teruel.

On peut considérer qu'il y eut d'avril 1937 à novembre 1938 trois grandes batailles : d'avril à octobre 1937, la bataille du Nord qui se décompose elle-même en trois affrontements distincts : le combat pour Bilbao, la campagne de Santander et l'opération des Asturies. À cette bataille du Nord sont associées les batailles de Brunete (juillet) et de Belchite (août) puisque ces deux épisodes ont été conçus par l'état-major de la République pour faire diversion et soulager les combattants du Nord. Cette campagne du Nord a été accompagnée par le célèbre bombardement de Guernica (20 avril) qui fit sensation.

De décembre 1937 à février 1938, au cœur d'un terrible hiver, se déroule la bataille de Teruel, un des grands drames de la guerre, au cours duquel les deux armées firent preuve d'un héroïsme exceptionnel.

De juillet à novembre 1938 a lieu la bataille épique de l'Èbre qui, à la différence de celle de Teruel, se livre sur un front ample, engage d'énormes effectifs et décide finalement du sort de la guerre.

En marge de ces trois grandes batailles, tandis que se prépare la marche nationaliste sur Bilbao, se déroule aux abords de la Sierra Morena le siège étrange du sanctuaire de Santa Maria de la Cabeza. Et la guerre se livre aussi sur mer et dans les airs.

La campagne du Nord

Quoique les nationalistes basques aient affirmé d'emblée, en Guipuzcoa et en Biscaye, leur fidélité à la République, on a vu qu'ils n'avaient pas manifesté un enthousiasme délirant à l'heure des premiers combats. Cela peut se comprendre : les nationalistes basques aspiraient à l'indépendance et non à la révolution sociale. Ce furent donc, presque toujours, les milices des partis et des syndicats de gauche qui provoquèrent l'échec des soulèvements du 18 juillet dans les deux provinces et conduisirent les opérations contre les troupes de Mola de juillet à septembre. Ces opérations, on le sait, avaient mal tourné pour les Basques, de sorte que, lors de la proclamation du statut, le 7 octobre, le Guipuzcoa était perdu, comme l'était depuis les premiers jours l'Alava rallié majoritairement au Mouvement, et où nombre de curés s'étaient engagés avec les *requetes*. Mais l'obtention du statut transforma la situation.

La guerre au Pays basque. Guernica

Dès la formation du gouvernement Aguirre, contrôlé entièrement par la PNV, l'effort de guerre des Basques fut important. Il aboutit, on le sait, à la création d'une véritable armée : en un mois à peine Aguirre parvint à lever 45 bataillons, soit 25 000 hommes qui renforcèrent les troupes aux ordres du capitaine Ciutat, chef des opérations de l'armée du Nord de la République. On doit cependant observer que 20 des nouveaux bataillons avaient le label PNV. Le recrutement continua jusqu'en juin 1937 : l'armée du Nord (qui avait subi des pertes notables) compta alors environ 40 000 hommes. Les 93 bataillons qui combattirent au Pays basque se répartissaient ainsi : 25 PNV, 11 PSOE, 9 Jeunesses socialistes, 8 PCE, 7 CNT, 3 ANV, 12 Asturiens, 7 de Santander et une dizaine d'indéterminés. Il est peu probable que le souci, *a priori* étrange, de conserver l'identité politique des combattants ait favorisé l'unité de commandement et d'action. Signalons aussi que les bataillons basques, au moins ceux du PNV, s'ils n'étaient pas contrôlés par des commissaires politiques, dont Aguirre ne voulut pas, étaient assistés par des aumôniers !

De plus, Aguirre avait créé un état-major dont le chef fut le commandant Montaud, et nommé trois officiers basques à la tête des trois grands secteurs d'opérations : le colonel Vidal sur les marges entre Guipuzcoa et Biscaye, le commandant Aizpuru sur les confins Biscaye-Alava, et le colonel Irezebal sur le front de Burgos. Théoriquement l'armée basque se trouvait placée sous l'autorité du général Llano de la Encomienda, nommé le 14 novembre 1936 commandant en chef de l'armée du Nord. En fait, Aguirre ne voulut jamais accepter cette sujétion, Llano de la Encomienda alla s'établir à Santander, et l'armée basque opéra de façon autonome. Même les bataillons basques (Meabe, Larrañaga) envoyés en signe de coopération aux Asturies en octobre 1936, puis les six autres en février 1937, pour appuyer l'offensive sur Oviedo, conservèrent une autonomie d'action.

Pour comprendre les attitudes des Basques, le plus simple est de donner la parole à quelques acteurs. Ronald Fraser a recueilli ainsi le témoignage de Juan Manuel Epalza, vingt-cinq ans en 1936, ingénieur industriel et licencié en droit, membre du PNV, fils d'un conseiller de la Banque de Bilbao. En somme, un bon représentant de l'élite économique et intellectuelle du Pays basque. Sa famille parlait le basque, mais il admet que, dans leur ensemble, les classes supérieures du Pays basque avaient dédaigné le nationalisme. La langue, dit Epalza, « restait vivante grâce aux paysans et à l'Église et elle était un refuge de la religion car elle ignorait le blasphème ». La langue, la religion, le patriotisme basques mais aussi l'amour de la liberté et la foi en la démocratie, tels étaient les éléments du nationalisme d'Epalza, qui avaient décidé de son choix en faveur de la République. Il ne se sentait pas espagnol, absolument pas. Basque et rien de plus. La République, d'emblée, l'avait déçu. « Anarchie. Au lieu d'assassiner, incendier, exproprier, elle aurait dû immédiatement organiser une armée afin de contre-attaquer. Or, l'ennemi avait toujours eu l'initiative. Il suffisait de considérer la Catalogne... Et ils allaient jusqu'à s'entre-tuer... Comment pouvait-on gagner une guerre dans ces conditions [177] ? »

Juan Dominguiz, journaliste, appartient à une famille de commerçants aisés de Bilbao. Catholique pratiquant, converti au séparatisme depuis 1935, il a des opinions proches de celles d'Epalza : « Un gouvernement basque, pour les Basques et par les Basques. » C'est dans cet esprit qu'il s'est enrôlé dans un bataillon de volontaires. Il écrit à Carmen Batges, sa fiancée : « C'est une époque sinistre qui voit l'invasion de notre pays par les Italiens et les Allemands. Ne se rendent-ils pas compte que nous ne sommes pas communistes ? Ne se rendent-ils pas compte que nous ne sommes même pas espagnols mais basques [178] ? » En dépit de cette attitude, alors fort répandue, le gouvernement basque avait fait preuve de bonne volonté à l'égard du gouvernement central. À sa demande il avait lancé, avec 29 bataillons, l'offensive de Villareal qui s'était soldée par un échec grave coûtant un millier de morts et dont l'effet moral fut désastreux (*cf. supra* p. 194).

Les relations entre Aguirre et Llano de la Encomienda furent exécrables, quoique Llano n'ait pas été en fonction lors de l'épisode Villareal. Les nationalistes basques appréciaient fort peu que le commissaire général de l'armée du Nord fût le socialiste asturien Gonzalez Peña, et le commissaire en Pays basque le communiste Larriñaga. L'influence de ces hommes fut limitée, mais ces problèmes personnels compliquèrent la solution des problèmes de toute nature qui se posèrent dès le déclenchement de l'offensive franquiste, à partir du 31 mars 1937, notamment à propos du ravitaillement en armes. Les Basques étaient bien équipés en armes légères et en cartouches, d'autant que plusieurs de leurs villes, dont Eibar et Guernica, possédaient des industries d'armement. Avant l'établissement du blocus par Franco, en février 1937, le gouvernement basque parvint à importer, en octobre et novembre, des fusils en grande quantité, des canons, mortiers, mitrailleuses, et une trentaine d'avions. Après la bataille navale du 4 mars devant Bermeo, au cours de laquelle le croiseur franquiste *Canarias* coula les petits morutiers armés *Navarra* et *Guipuzkoa* dont le sacrifice permit le passage d'un cargo chargé d'armes, le blocus ne put être forcé qu'épisodiquement. Le gouvernement de la République fit de grands efforts pour faire parvenir des avions en pièces détachées jusqu'à Euzkadi, mais seuls quelque soixante appareils purent être livrés. Pendant les mois de répit dont ils jouirent, les Basques mirent à l'abri plusieurs milliers d'enfants, comme on aura l'occasion de le voir plus loin[179]. Ils construisirent une double ligne de fortifications, qui associait tranchées, réseaux de barbelés, casemates, nids de mitrailleuses et pièges de toutes sortes. La « ceinture de fer » de Bilbao formait un polygone qu'ils croyaient à tort presque inexpugnable. Pour leur malheur, le commandant Goicoechea, qui avait participé à sa conception, passa dans le camp nationaliste au début de mars 1937 avec certains des plans de la ligne fortifiée[180].

Les effectifs des deux armées aux prises n'ont cessé de fluctuer. Aguirre prétendit que l'armée basque compta jusqu'à 100 000 hommes, ce qui n'est guère vraisemblable. Elle n'aligna sans doute pas plus de 40 000 combattants, force déjà notable. En raison de pertes importantes, lorsque le général Gamir Ullibarri en prit le commandement, le 29 mai 1937, trois semaines avant la prise de Bilbao, il ne disposait plus que de 29 300 hommes[181]. En face, Mola disposait d'un effectif comparable : entre 30 000 et 40 000 hommes dont les 8 000 combattants des Flèches noires, commandés par des officiers italiens. La Légion Condor et l'aviation italienne lui assuraient une couverture aérienne précieuse.

L'offensive lancée le 31 mars 1937 engageait, sous le commandement de Solchaga, deux colonnes, l'une venue de l'est, l'autre du sud ; Mola avait multiplié les menaces à l'encontre du Pays basque, assurant qu'il n'hésiterait pas à raser villes et villages. Le jour même de l'attaque, Durango fut dévastée par les bombes des Junker 52 de la Légion Condor, qui firent 237 morts, dont la moitié des suites de leurs blessures. L'élite de l'armée nationaliste du Nord, la 1re division de Navarre, était forte de 18 000 hommes déjà très aguerris et divisée en quatre brigades commandées par des chefs expérimentés dont Garcia Valiño et Alonso Vega. Elle devait, selon les plans initiaux qui furent dans l'ensemble réalisés, mais en trois mois et demi au lieu des trois semaines prévues, provoquer la rupture du front dans deux secteurs : au sud, à partir des limites de l'Alava, au nord de Villareal, avec Ochandiano comme cible principale ; à l'est, à partir du Guipuzcoa, avec Elorrio comme premier objectif. Les deux colonnes devaient ensuite converger vers Durango. La tactique employée était simple : forte préparation d'artillerie, bombardement aérien prolongé, puis engagement de l'infanterie. Le long de la côte l'offensive devait être menée par les Italiens.

Camilo Alonso Vega réussit la première partie de l'opération. Les Navarrais enlevèrent les sommets qui entouraient Ochandiano, et les Basques, pour éviter d'être encerclés, durent se replier après avoir subi de lourdes pertes. Mais à partir du 4 avril, le mauvais temps freina l'offensive et les Basques opposèrent une résistance remarquable, tirant parti d'un terrain très accidenté. La rupture du front dans le secteur d'Elorrio fut plus difficile à obtenir : quatre jours durant, les *gudaris*, retranchés dans les Inchortas, résistèrent à l'assaut des troupes franquistes. Le 24 avril, une action d'une audace extraordinaire menée par les Navarrais de Garcia Valiño (Ire brigade), les prit à revers grâce à l'escalade des falaises de Memaya et Udala. Dans les six jours qui suivirent, Elorrio, Elgueta, Eibar, Ermua, Marquina, Lequeitio, Durango, Guernica et Bermeo tombèrent successivement au pouvoir des franquistes.

C'est le 26 avril que, de 16 h 30 à 18 heures, la petite ville basque de Guernica fut la cible d'attaques aériennes menées par trois vagues d'appareils, dont des avions italiens et les bombardiers Heinkel 111 et Junker 52 de la Légion Condor. Puis les chasseurs Heinkel 51 prirent le relais, détruisant 71 % de la cité dont les maisons, souvent construites en bois, flambèrent. L'émotion extraordinaire provoquée dans le monde par Guernica s'explique par l'emploi, alors nouveau, de l'arme aérienne usant de bombes incendiaires et prenant pour cible une ville qui, en apparence du moins, n'était pas un objectif militaire essentiel. La destruction de Guernica prit valeur de symbole et suscita une énorme littérature historique ou pseudo-historique accompagnée de controverses passionnées qui ne sont pas closes à ce jour. Qui, comment, pourquoi ? Combien de victimes ? Témoins, réels ou supposés, journalistes, sérieux ou partisans, historiens contemporains de l'événement ou postérieurs à celui-ci se sont durement affrontés. Aguirre aurait avancé un bilan de 1 654 morts et 889 blessés, et l'un de ses collaborateurs directs, Pedro de Basaldua, aurait parlé de 3 000 morts. *L'Humanité*, après une entrevue avec le prêtre basque Alberto Onaindia, retint le chiffre de 2 000 tués. Le gouvernement basque, dans les jours qui suivirent le drame, fit état de 800 morts, chiffre repris par les autorités de Valence. Les journalistes anglais, tel Noël Monk, ou français qui vinrent sur les lieux comptabilisèrent de 800 à 1 000 victimes. Juan Pablo Fusi, historien actuel et objectif, fait état de « plusieurs centaines » de morts.

Guernica pouvait être considéré comme un objectif militaire intéressant. La ville possédait, en effet, une industrie d'armement : Unceta et Cie fabriquait pistolets, revolvers, mitraillettes, Talleres Guernica produisait des bombes pour l'aviation. En outre, l'agglomération était un nœud routier important, pourvu de ponts et, quoi qu'en dise George Steer, proche de la ligne de front : une quinzaine de kilomètres tout au plus. Selon von Richthofen, afin d'isoler les troupes ennemies au cours de leur retraite, la Légion Condor se livra à plusieurs attaques aériennes avec pour cibles les croisements de routes et les ponts, « et l'attaque de Guernica fut la plus réussie ». Il y a tout lieu de penser que le commandement franquiste des troupes terrestres au sol réclama cet appui aérien. Il est peu probable que von Richthofen ait mené une action de cette importance de sa propre initiative ou avec le seul accord de son chef direct, Sperrle. Georges-Roux, George Hills et Hugh Thomas considèrent qu'il s'agissait pour la Luftwaffe d'observer les effets d'un tel bombardement sur le moral des populations : cela n'exclut en rien l'accord des autorités franquistes. On peut envisager que Franco lui-même n'ait pas été consulté, mais Mola et Kindelan le furent très probablement.

Au terme de sa longue enquête, Herbert R. Southworth avoue : « Pour dire la vérité nous ne savons pas pourquoi Guernica fut détruite de cette manière [182]. » On peut seulement affirmer qu'il ne s'agissait pas de faire disparaître les symboles de l'identité basque, puisque le chêne sacré et la célèbre *Casa de las Juntas*, très visibles du ciel, furent épargnés dans une ville en cendres. De toute évidence, les attaquants ne s'attendaient pas à ce que les effets du bombardement, aggravés par les constructions de bois et un vent violent, fussent aussi spectaculaires, mais ils avaient programmé une opération lourde : un millier de bombes incendiaires ne pouvaient que provoquer d'énormes dégâts. Ils se proposaient certainement de porter atteinte au moral des Basques avec lesquels la rumeur courait qu'ils souhaitaient conclure une paix séparée : le cardinal Goma en eût été le négociateur, avec l'appui du Vatican et l'assentiment de Mussolini et de Mola. On sait aujourd'hui que des négociations auxquelles participèrent les prêtres nationalistes basques Onaindia et Pereda eurent lieu et furent menées très loin.

L'historien « néo-franquiste » Ricardo De La Cierva assura que le bombardement n'avait pas fait plus... d'une douzaine de victimes, avant de réviser ce surprenant bilan à la hausse. En 2003, le « révisionniste » Pio Moa l'estima « au maximum » à 120 tués[183]. Il y eut plus étonnant : pendant quelque trente années, et pour la dernière fois en 1973, la controverse porta sur les auteurs de la destruction de Guernica !

Le journaliste anglais George Steer avait offert aux lecteurs du *Times*, dès le 28 avril 1937, un récit des événements assez proche de la réalité. Pourtant, la presse franquiste et les auteurs favorables à la cause franquiste acceptèrent la thèse élaborée d'emblée par la propagande du gouvernement de Salamanque : la destruction de Guernica avait été le fait des Basques et de leurs alliés, les *dinamiteros* asturiens, fidèles à la tactique de la « terre brûlée » qu'ils avaient déjà employée lors de l'évacuation d'Irun. Ni Franco, ni Mola, ni le commandement de leur armée de l'air ni les alliés allemands et italiens n'avaient, à en croire cette fable, la moindre responsabilité dans l'affaire. Cette thèse fut soutenue par Robert Brasillach et Maurice Bardèche dans leur *Histoire de la guerre d'Espagne*, publiée en 1939 : « Les bataillons basques, asturiens et santandériens n'opposèrent aucune résistance et préférèrent abandonner leurs positions, non sans avoir incendié et détruit systématiquement la ville, dont les nationalistes s'emparèrent sans combattre. » Eux aussi firent explicitement référence au cas, d'ailleurs véridique, d'Irun[184]. Trente ans après l'événement, l'historien anglais Brian Crozier, en 1967, exonérait encore les Allemands, Franco et Mola de toute responsabilité dans le drame en ces termes : « Les nazis, qui ont tant de choses à se reprocher, ont été accusés à tort de la destruction de Guernica. » Il paraît plus étonnant encore, compte tenu du virage pris par l'historiographie franquiste en 1969-70, que le professeur américain Jeffrey Hart ait pu écrire, en 1973, *The Great Guernica Fraud*, long article qui reprenait les arguments de la propagande franquiste.

Alors que Brian Crozier absolvait les Allemands du bombardement de Guernica, un autre historien britannique, George Hills, lui-même favorable à la cause franquiste, publia une biographie de Franco dans laquelle il attribuait le drame à ses auteurs véritables, aviateurs allemands et italiens, mais affirmait que le commandement espagnol n'avait pas été consulté, de sorte que ni Franco, ni Mola, ni Kindelan n'étaient au courant de l'affaire. Il assurait que cela avait provoqué une entrevue orageuse entre Franco et le colonel Hans von Funck, attaché militaire allemand auprès du gouvernement de Salamanque. Hills reprenait ainsi une version déjà exposée par l'historien militaire français Georges-Roux qui, en 1963, avait évoqué le désaccord de Franco avec cette initiative de la Légion Condor et de ses chefs. J'observe que Leo Palacio, historien français spécialiste des questions militaires, à l'évidence favorable à la cause de la République, se rallie sans hésiter à cette analyse, et cela en 1986, bien après la publication du gros livre de Herbert Southworth, qu'il ne pouvait ignorer : « La surprise fut grande au GQG nationaliste lorsque le raid sur Guernica fut porté à la connaissance du *Caudillo*. Pour terminer avec cette tragédie dont toute l'horreur doit retomber sur les responsables de la Condor, il faut rappeler que dès qu'il en eut des preuves, Franco fit convoquer le colonel Hans von Funck[185]... »

Cette thèse de l'initiative allemande est aujourd'hui soutenue par Pio Moa qui considère que l'homme clé de l'affaire est le chef de la Légion Condor, Wolfram von Richthofen, qui jouissait d'une grande autonomie d'action – ce qui est vrai – et qui était souvent en désaccord avec Mola. Il aurait décidé le bombardement contre l'avis de ce dernier qui le jugeait inutile[186]. Cette version me paraît douteuse, mais elle n'est pas à écarter totalement, dans la mesure ou von Richthofen, militaire professionnel avant tout, jugeait le bombardement utile sur le plan tactique.

L'émotion dans le monde, le défilé des journalistes étrangers qui proposèrent des versions très diverses, souvent contradictoires, des événements, eurent deux effets opposés. La résistance basque se durcit, et l'armée fut réorganisée en 17 brigades et 4 divisions. Ne parvenant pas à obtenir du gouvernement de la République un général prestigieux pour en prendre la tête, Aguirre assuma lui-même le commandement suprême avec le lieutenant-colonel Montaud et le commandant Arrambarri comme adjoints, et un nouvel état-major que dirigea le commandant Lafuente. Les classes 25-29 furent appelées, ce qui permit de constituer dès le 17 mai une cinquième division. Aguirre accepta même la nomination de commissaires politiques auprès des nouvelles unités. Le 29 mai, le général Gamir Ullibarri, officier compétent et ancien directeur de l'Académie de Tolède, fut envoyé au Pays basque avec, pour adjoint, le général russe Goriev qui jouissait d'un grand prestige. Il était bien tard pour redresser la situation, mais l'énergie d'Aguirre fut communicative.

Les Basques reprirent l'offensive dans le secteur de Bermeo et ils furent tout près d'encercler les Italiens, sauvés par la Ve brigade de Navarre. L'infériorité dramatique de l'aviation – une vingtaine de *chatos* pilotés par des aviateurs soviétiques ou tchèques – était un handicap insurmontable, surtout depuis le 22 avril, jour ou fut abattu le capitaine Felipe Del Rio, l'as des ailes basques.

Au cours du mois de mai, les forces franquistes occupèrent progressivement les massifs intérieurs de la Biscaye : le Sollube du 7 au 14, puis le Bizcargui du 11 au 15, tandis que les Italiens progressaient le long de la côte. À la fin du mois, les troupes de Mola se trouvaient au contact de la « ceinture de fer ». Toutefois, les Basques, notamment leur IIe division, lancèrent de violentes contre-attaques, et les hauteurs de la Peña Lemona changèrent plusieurs fois de mains : le 3 juin, jour de la mort de Mola dans un accident d'avion, les Basques avaient repris la Peña. Trois jours plus tard, ils la perdirent définitivement. Ces durs combats décimèrent leurs meilleures troupes et la défense de Bilbao, soumis à des attaques aériennes incessantes, en fut compromise. En effet, la « ceinture de fer », inachevée et n'englobant pas les hauteurs de Jato, Bizcargui, Peña Lemona, d'où l'artillerie adverse pouvait pilonner la ville, était un rempart illusoire. Le général Davila, successeur de Mola, entreprit les opérations décisives le 11 juin : il concentra son effort sur la zone la plus vulnérable du *cinturon*, au nord-est de la ville, investit le val d'Azua et mit son artillerie en position sur les hauteurs d'Archanda et Santo Domingo. Dès le 12, la ligne de fortifications était enfoncée, le 13, tout le val d'Asua était occupé. Le 14, la 5e brigade couronnait la hauteur de Santo Domingo et, le 16, l'encerclement de Bilbao était presque total. Le lendemain, le gouvernement basque se décida à ordonner la retraite de l'armée vers l'ouest, en direction de Santander, par la dernière voie ouverte. Le gros des forces put ainsi se mettre provisoirement en sûreté en faisant sauter les ponts pour retarder la poursuite. Leizaola, le ministre de la Justice d'Euzkadi, refusa d'incendier la ville de Bilbao et de détruire les installations industrielles comme l'ordonnait Indalecio Prieto, nouveau ministre de la Défense dans le gouvernement Negrin. D'autre part, il fit libérer les prisonniers politiques incarcérés dans les prisons de la ville. Le 19 juin, les troupes de Franco entraient à Bilbao et, du 20 au 22, elles achevèrent sans difficulté l'occupation de la province[187].

Les évaluations des pertes sont, une fois de plus, incertaines. Les Basques auraient eu environ 10 000 tués et 25 000 blessés, et les franquistes 30 000 hommes hors de combat dont environ 4 500 tués. Quoi qu'en aient dit plus tard les nationalistes basques, la répression politique fut beaucoup moins dure que dans les autres régions. Il est vrai qu'une centaine de milliers de Basques s'étaient réfugiés dans la province voisine de Santander et que les franquistes voulaient remettre le Pays basque au travail pour tirer parti du bon état des instruments de production (mines de fer, haut-fourneaux, forges, laminoirs, fabriques d'explosifs), circonstance avantageuse pour l'État « national ». Par ailleurs, très majoritairement catholiques, les Basques étaient « récupérables ». Franco avait donné des ordres stricts afin d'éviter purges féroces, chasses à l'homme ou exécutions. En revanche, la répression culturelle fut drastique : l'usage de la langue basque fut interdit dans toute réunion ou manifestation officielles, comme dans la presse ou l'enseignement, et le corps des instituteurs épuré.

La fin de la République au Nord : Santander et les Asturies

Pendant que la guerre faisait rage au Pays basque, le commandement républicain tenta plusieurs manœuvres de diversion : sur le front de Madrid (collines de l'Aguila et de Garabitas), le 10 avril, dans le secteur de La Granja avec Ségovie comme cible, le 30 mai, contre Huesca, en Aragon, le 11 juin. Ces opérations paraissaient relativement faciles, les républicains, beaucoup plus nombreux, bénéficiant aussi d'une artillerie et d'une aviation très supérieures, mais les trois attaques se brisèrent sur une résistance acharnée et, près de Huesca, l'un des chefs les plus remarquables des Brigades internationales, le général Lukács, fut tué à bord de sa voiture par un raid en piqué de l'as de l'aviation nationaliste, Garcia Morato.

La poursuite de la campagne du Nord, en direction de Santander, fut différée au bénéfice d'une plus importante offensive républicaine lancée en juillet près de Madrid. L'armée du Nord disposa donc, jusqu'au 12 août, d'un répit qui lui permit de se réorganiser, sous la direction de Gamir Ullibarri. Elle était encore considérable : près de 100 000 hommes, si on additionne bataillons asturiens, santanderiens et *gudaris* basques qui alignaient encore 30 000 hommes. On se demandait toutefois si les troupes basques « se battraient ou non, hors d'Euzkadi, si elles accepteraient ou non de s'intégrer dans les divisions du Ier corps de l'armée du Nord, reconstitué dans la province de Santander... Le nationalisme basque avait lutté bravement pour la défense d'Euzkadi ; il n'était pas évident qu'il se sentît pareillement motivé pour la défense d'une République espagnole, qui plus est de gauche [188] ».

Il est incontestable que le PNV, Aguirre et Leizaola en tête, joua un double jeu. D'une part, il négocia les conditions d'une reddition honorable avec les Italiens avec l'aval de Franco, souhaitant garder intact l'outil industriel. Impatient d'en finir, le *Caudillo* avait donné son assentiment à Mussolini le 6 juillet. Le 15, l'accord paraissait imminent : des navires venus de France devaient évacuer les troupes basques. Mais le déclenchement, le 6, et le succès initial de l'offensive de Brunete, dont le gouvernement attendait beaucoup, poussèrent Aguirre à faire traîner l'accord avec les Italiens et même à donner son agrément à une contre-attaque des bataillons basques, qui fut lancée le 26 juillet sur la frontière entre Biscaye et Santander, dans les parages du massif de la Nevera. Franco perdit patience et, le 25 août, il donna l'ordre de rompre les négociations que poursuivait le lieutenant-colonel italien Farina.

Dans le même temps, Aguirre et Leizaola faisaient

d'étranges propositions à Manuel Azaña qu'ils allèrent rencontrer à Valence. Les Mémoires de ce dernier montrent qu'il ne fut pas dupe. À la date du 29 juin il se réfère à un entretien entre Prieto et Leizaola auquel assistait le leader asturien Belarmino Tomas. Leizaola affirma à Prieto que l'engagement du Pays basque dans la guerre en faveur de la République et contre Franco avait été obtenu grâce à ses propres efforts, à ceux d'Aguirre et de quelques autres. Hors de la présence de Leizaola, Belarmino Tomas corrigea : « Il ne vous a pas dévoilé toute sa pensée. Car je l'ai entendu dire qu'il était partisan d'un accord avec Franco. » Un peu plus tard, le 22 juillet, après un entretien avec Aguirre, Azaña écrit : « Il ne m'a dit qu'une faible partie de ce qu'il sait et rien de ce qu'il pense vraiment. » Il semble qu'il ait envisagé rien de moins que le transfert des troupes basques en Aragon (comment ?) pour les lancer à la conquête de Huesca, puis de la Navarre ! « L'armée basque, assure-t-il, s'enthousiasmera quand nous lui dirons que nous allons conquérir la Navarre. » Et Azaña, stupéfait, d'ironiser : « Pour vous comprendre, il faut connaître la géographie [189]. »

Les atermoiements du PNV décidèrent Franco à déclencher l'attaque contre Santander en partant de la *meseta* castillane, par Reinosa et le col de l'Escudo. Les deux brigades navarraises qui avaient participé à la bataille de Brunete étaient de retour sur le front du Nord dès les premiers jours d'août. Ce fut toutefois le CTV italien, sous les ordres du général Bastico, qui consentit le plus gros effort dans la bataille de Santander, notamment dans la conquête du col de l'Escudo, verrou stratégique interdisant l'accès à la côte par les vallées. Trois divisions italiennes, les Flammes noires, la XXIII Mai et la Littorio, qui comportaient des unités d'infanterie, des groupes d'artillerie, des groupes de mortiers et des sections du génie, furent engagées dans l'opération. Après une préparation confiée à l'aviation qui éprouva, par la tactique du « tapis de bombes », des combattants républicains mal protégés, Franco assista au lancement de l'offensive, le 15 août, et il put voir les troupes italiennes enlever l'Escudo en perdant 12 % de leurs effectifs, et commencer leur descente vers Torrelavega et la côte. Simultanément, la brigade formée d'Espagnols et d'Italiens des Flèches noires progressait le long de la côte en direction de Laredo, puis de Noja, flanquée à gauche par les brigades navarraises. Ce furent celles-ci qui, le 26 août, entrèrent les premières dans Santander[190].

Le choix d'une telle stratégie ne peut être dû à de simples considérations militaires. En attaquant à partir du sud, l'armée franquiste acculait l'armée basque, demeurée à l'est, à une décision rapide. Ou elle se repliait en combattant de façon à garder le contact avec les forces santanderiennes et asturiennes et à poursuivre la lutte jusqu'aux Asturies, ce qui fut possible jusqu'au 24 août. Ou elle capitulait en espérant, de la bonne volonté des Italiens, voire de Franco, des conditions acceptables. Ce fut ce dernier parti que choisirent les Basques, le 25 août. Leizaola le justifia dans le rapport qu'il adressa au gouvernement : ses soldats, lors de l'attaque de la Nevera et de la Ermita, n'avaient reçu aucun soutien aérien ; décidément, les Basques avaient été abandonnés par la République. Il se plaignit aussi de ce que plusieurs dizaines de milliers de réfugiés aient été mal accueillis dans la province de Santander.

L'accord passé le 25 août et connu sous le nom de « pacte de Santoña » prévoyait que l'armée basque, rassemblée dans le port de Santoña, se rendrait au commandant italien Farina. Il n'y aurait pas de représailles ; les volontaires pourraient embarquer sur des bateaux de pêche ou les navires anglais *Bobbie* et *Seven Seas Spray*. La reddition eut lieu le lendemain, et l'embarquement des fugitifs commença le 27 août. Mais Franco avait, l'avant-veille, ordonné l'arrêt des négociations ; il refusa d'entériner l'accord, et les candidats au départ et à l'exil, à l'exception de quelques clandestins cachés dans les salles de machines, furent débarqués au grand désespoir de Farina, dont l'honneur était en jeu. L'un des négociateurs, le père Onaindia, assura que les Italiens n'avaient pas trahi leur parole : ils avaient fait en sorte que la mer restât libre du 21 au 24 août. Les navires n'étaient pas arrivés à temps, pour une cause inconnue.

Désormais, seules les Asturies demeuraient sous la loi de la République. L'isolement complet de la province décida ses habitants, par un décret du 24 août, à instituer « Conseil souverain » le Conseil des Asturies et Leon. Celui-ci, tout en réaffirmant sa fidélité à la République, destitua aussitôt Gamir Ullibarri, général de l'armée du Nord, et le remplaça par le colonel Prada, flanqué de nombreux conseillers soviétiques, dont le général Goriev. Prada disposait encore de 10 divisions aux effectifs réduits et de bons officiers, tel le commandant Ciutat qui servait depuis 1936 dans l'armée du Nord. Dans un climat empoisonné par la méfiance et la suspicion, le Conseil s'efforça de galvaniser l'esprit de résistance. Il lança un nouvel assaut, aussi vain que les précédents, en direction d'Oviedo et institua un système des primes à la prise de drapeaux à l'ennemi. De manière plus pratique, il utilisa les compétences des mineurs pour garnir les nombreuses hauteurs de la province de casemates et de nids de mitrailleuses. Si le bassin minier restait fidèle aux valeurs de la Révolution, si Gijon demeurait sous le contrôle anarchiste, une bonne partie de la province, lasse de la guerre, des privations et des excès de certains des hommes du Front populaire, souhaitait une victoire rapide de l'ennemi. Cette « cinquième colonne » se manifesta pour obtenir la reddition de la fabrique d'armement de Trubia. Pourtant, la guerre dura sept semaines encore, jusqu'à l'entrée des troupes franquistes à Gijon le 21 octobre 1937. Dans le port, le destroyer *Ciscar* qui devait assurer l'évacuation des autorités asturiennes avait été coulé quelques jours auparavant.

Le général allemand Adolf Galland, alors capitaine dans la Légion Condor, observe dans ses Souvenirs que la progression des troupes nationalistes au sol avait été rendue très difficile dans les premières semaines par les ouvrages réalisés par les mineurs, et que seule l'aviation pouvait détruire assez aisément. Aussi la Légion avait-elle installé des bases à portée immédiate du champ de bataille, à Llanes, qui fut pris le 5 septembre, puis à Ribadesella après le 27. Elle employa alors la tactique du « tapis de bombes », déjà expérimentée contre les défenseurs de la province de Santander, et l'attaque en piqué des positions tenues sur les cimes[191]. L'aviation adverse accomplit, à bord de ses *chatos* et de ses *moscas*, des prouesses qui lui coûtèrent très cher car 51 de ses 80 appareils disponibles furent abattus, mais elle infligea des pertes notables à l'aviation des assaillants[192].

La situation devenant de plus en plus intenable, le Conseil souverain des Asturies admit le 17 octobre que le seul moyen de salut était dans le repli et donna des ordres pour détruire les installations industrielles avant l'évacuation. Paulino

Rodriguez, un mineur socialiste, maire de Sotrondio, dans la vallée du Nalon, raconte que, ce jour-là, se présenta dans sa commune un bataillon dont le chef lui remit l'ordre écrit de saboter les puits et galeries de mines et de faire sauter les générateurs électriques et les ponts. Rodriguez obtint un délai de trois jours avant de détruire les moyens d'existence de ses administrés et se rendit à Gijon où il apprit que Belarmino Tomas, le colonel Prada et le commandant Ciutat, commandant de la place de Gijon, étaient parvenus à s'enfuir par mer. Quand il revint à Sotrondio, le bataillon s'était évanoui et il put ainsi épargner ces destructions à son village[193].

La conquête des Asturies livrait à Franco le principal bassin houiller d'Espagne, les deux tiers de la production de charbon et, avec les prisonniers, une main-d'œuvre abondante au moindre coût. La répression fut beaucoup plus sévère aux Asturies qu'au Pays basque. Un témoin, le prêtre Alejandro Martinez, rescapé de plusieurs mois de détention sur un bateau charbonnier dans le port de Gijon en tant que partisan convaincu du Mouvement, convient : « On faisait des choses que l'on n'aurait pas dû faire... Bien des gens exécutés n'avaient fait qu'obéir aux ordres donnés par d'autres... L'armée de Franco n'était pas la troupe d'archanges que nous imaginions... Les troupes mirent Gijon à sac, comme s'il s'agissait d'une ville étrangère et non espagnole[194]. » Des milliers de militants des partis de gauche prirent le maquis et menèrent pendant une douzaine d'années, sur les confins léonais, une guérilla intermittente et incertaine[195].

Les offensives républicaines de diversion

De mars à octobre 1937, le commandement franquiste n'eut pas d'autre objectif que de réduire et éliminer la « tache » du Pays basque. Le gouvernement républicain avait donc tout le temps de monter une offensive ailleurs en l'obligeant à distraire des troupes et de procurer ainsi un répit à son armée du Nord. La chose s'imposait d'autant plus que l'armée républicaine du centre, dopée par la victoire de Guadalajara, était commandée par des chefs populaires et en majorité communistes. La situation logistique était toute différente de celle du front Nord. Dans la région de Madrid, en l'absence de la

Légion Condor occupée au nord, la République possédait la supériorité en avions et blindés. De surcroît, les Brigades internationales avaient atteint à cette époque leur plus grande efficacité. Conscient de cette conjoncture heureuse, Largo Caballero avait, en avril, conçu le « plan P », ambitieux mais habile et réalisable. Il se proposait de masser les meilleures troupes disponibles au sud du Tage, dans les parages de Talavera de la Reina où les lignes républicaines dessinaient un saillant vers l'ouest, puis de lancer une attaque brutale en direction de la frontière portugaise afin de couper en deux la zone nationaliste.

Les conseillers soviétiques eux-mêmes avaient d'abord jugé ce plan séduisant mais, pour le malheur de la République, la politique sous sa forme la plus nocive vint lui enlever ses chances de succès. À la fin avril, Moscou avait, en effet, décidé d'éliminer Largo Caballero. Le « Lénine espagnol », qui incarnait pourtant la gauche socialiste, n'était pas assez docile aux injonctions du Komintern et entendait, avec ferveur et sincérité, maintenir l'indépendance de l'Espagne. Il fallait donc le remplacer par un leader plus maniable. Il convient de rendre justice à nouveau aux deux ministres communistes, José Diaz et Jesus Hernandez, qui défendirent Largo Caballero. Au cours d'une séance dramatique du Comité central du PCE à laquelle assistaient plusieurs communistes étrangers membres du Komintern dont André Marty, l'Argentin Codovilla, le Hongrois Gerö et les Soviétiques Orlov ou Stepanov, une violente altercation opposa Diaz à Marty. Finalement, Diaz et Hernandez s'inclinèrent devant la majorité. Le sort de Largo Caballero était scellé. Au demeurant, ses collègues socialistes, Alvarez del Vayo, Prieto et Negrin, constataient qu'il était impossible de se passer de l'aide de l'URSS et donc de s'opposer aux communistes espagnols [196].

Brunete, un succès mal exploité

La chute de Largo Caballero, son remplacement par Negrin entraînèrent l'abandon du plan P et de l'offensive en Estrémadure. La contre-attaque républicaine, soutenue cette fois par les communistes, choisit un secteur du front central à Brunete, près de Madrid. L'opération ne put être déclenchée que le 6 juillet : elle eût été beaucoup plus opportune le mois précédent, alors que les nationalistes s'apprêtaient à attaquer la « ceinture de fer » de Bilbao ; Franco aurait été alors dans l'obligation de dégarnir le front Nord. Désormais, il était en bonne posture, l'occupation de la Biscaye étant achevée et la campagne de Santander n'ayant pas commencé. Une fois de plus, la désunion et les manœuvres politiques avaient joué contre le Front populaire.

Le général Miaja et son chef d'état-major Matallana engagèrent dans l'offensive des forces considérables. Le 5e corps d'armée, sous les ordres de Juan Modesto, comprenait la 11e division de Lister, la 35e division de Walter (Swierzewski), où les « internationaux » de la XIe brigade étaient associés à deux brigades espagnoles et à un groupe d'artillerie, et la 46e de Valentin Gonzalez, *El Campesino*. S'y ajoutait une partie du corps d'armée de Jurado, c'est-à-dire la 15e division internationale de Gal rassemblant les XIIIe et XVe brigades. Les 39e et 45e divisions étaient tenues en réserve. Cette armée comptait 70 000 hommes, dont 12 000 « internationaux » allemands, slaves (polonais surtout), français, italiens (brigade Garibaldi) et britanniques. Possédant une grande puissance de feu : 140 pièces d'artillerie dont 15 batteries lourdes de 3 pièces de 155 et plusieurs dizaines de canons de campagne, elle était pourvue de 128 chars de combat, de quelques dizaines de véhicules blindés. Enfin elle disposait d'un appui aérien important, dirigé par le général soviétique Eriomienko : plus de 200 *chatos*, *moscas* ou Katiuskas [197].

Pendant une semaine, on fit courir le bruit que l'opération était programmée en Aragon, puis une très violente attaque fut lancée dans la nuit du 5 au 6 juillet à partir de la route de Madrid à L'Escorial et de Valdemorillo, le long de l'axe de la départementale 600, en direction de Brunete au sud. Elle visait à couper les lignes franquistes et progresser suffisamment, en visant Villaviciosa, voire Mostoles ou Alcorcon, pour rendre intenables les positions de l'ennemi à l'est de Pozuelo, aux portes même de Madrid, et l'obliger à décrocher. Pris par surprise, *Mores* et volontaires phalangistes furent enfoncés. En quelques heures, la division de Lister réussit une percée d'une vingtaine de kilomètres et encercla puis prit Brunete. Après une belle charge des Britanniques de la XIIIe Brigade internationale, Villanueva de la Cañada tomba à son tour. Cependant, à l'arrière, des poches de résistance tenaient bon à Villanueva del Pardillo, Villafranca del Castillo, et surtout à Quijorna, défendu avec acharnement par les nationalistes qui voulaient protéger leurs ravitaillement depuis Navas del Rey.

Du 9 au 11 juillet, ces positions furent enlevées au prix de lourdes pertes. Plus au sud, la XIe brigade s'empara de Sevilla la Nueva et arriva très près de Navalcarnero, position clé sur la route de Madrid à Talavera, et de Villaviciosa. Seul, à Boadilla del Monte, Asensio tint bon. En dépit de sa résistance, Lister conçut l'espoir de s'emparer de Getafe, dont l'aéroport était une base précieuse pour la Condor. Il disposait des chars nécessaires à cette téméraire percée, mais le conseiller Rodimstev l'obligea à marquer une pause. À l'évidence, les Soviétiques n'avaient pas encore assimilé les principes du *Blitzkrieg* et s'en tenaient à une stratégie conventionnelle. L'occasion perdue n'allait plus se représenter.

Dès qu'il avait mesuré la menace, Franco avait ordonné le transfert depuis la Biscaye des 4e et 5e brigades navarraises d'Alonso Vega et Bautista Sanchez et de plusieurs pièces d'artillerie lourde. Il avait demandé le soutien de la Condor, où les nouveaux chasseurs Messerschmitt (Me 109) étaient sur le point de s'illustrer. À partir du 13 juillet, la progression républicaine fut enrayée, puis arrêtée. Le 18 juillet, la contre-offensive franquiste commence. La chaleur est atroce, la soif des combattants, brûlés de soleil dès les premières heures du jour, presque insupportable. Une suggestion de l'enfer. Du 15 au 18, les troupes républicaines creusèrent des tranchées pour conserver le terrain conquis, soit une poche d'une vingtaine de kilomètres de profondeur au maximum, sur une douzaine de large. Le 18, trois divisions nationalistes attaquèrent simultanément : Asensio à droite, Baron au centre, en direction de Brunete, et Saenz à gauche. La Légion Condor multiplia les sorties, et la bataille fit rage jusqu'au 26 juillet. Brunete avait été repris la veille. Les républicains durent reculer mais parvinrent à conserver Quijorna et les deux Villanueva (del Pardillo et de la Cañada) au prix de pertes énormes : quelque 20 000 morts, dont les trois quarts pendant la contre-attaque franquiste. Les pertes des « internationaux » furent particulièrement lourdes, au moins le tiers de l'effectif, soit plus de 4 000 tués. Les XIe et XVe brigades furent les plus éprouvées : des 300 Britanniques du 42e escadron 42 survécurent, et son commandant, George Nathan, fut tué. Les bataillons américains Lincoln – qui perdit son commandant noir Oliver Law – et Washington furent si amoindris qu'ils durent fusionner. Enfin, la violence des combats entraîna des mutineries chez les Polonais de la 13e brigade où l'autorité de Vincenzio Branco (Krieger) fut contestée. Du côté des journalistes, la compagne du célèbre Robert Capa, Gerda Tarö, photographe comme lui et qui travaillait pour *Life*, fut mortellement blessée [198].

Le bilan était tout aussi accablant pour les franquistes qui eurent près de 17 000 morts. Mais outre qu'ils avaient stoppé l'avance ennemie et repris Brunete, la Condor avait désormais acquis, de façon définitive, la maîtrise du ciel castillan : « Nos forces souffrent du feu de l'aviation ennemie, qui survole continuellement nos lignes, écrit le colonel Jurado. Le moral des combattants faiblit avec cette tactique de l'ennemi qui déplace peu d'appareils mais d'une façon continue... sans que notre aviation trouve les moyens de la réduire à néant. » Vicente Rojo confirme : « L'action de l'aviation ennemie fut écrasante à partir du troisième jour, avec une fréquence et une puissance jusqu'alors inconnues [199]. » Toutefois, la Condor eût de toute façon obtenu à bref délai cette maîtrise du ciel.

La reprise de Brunete, « d'une valeur stratégique minime », méritait-elle un sacrifice de cette ampleur ? Sans doute faut-il suivre sur ce point Hugh Thomas : « Telle devait être l'approche de Franco tout au long de la guerre : il réagissait en politique plutôt qu'en militaire. » L'important était, à ses yeux, d'empêcher l'adversaire de pouvoir crier victoire. Un Guadalajara suffisait. L'historien britannique, méditant l'incapacité des troupes républicaines à confirmer un succès initial incontestable – scénario qui se renouvellera plusieurs fois –, ne met pas seulement en cause la responsabilité du haut commandement incapable de saisir l'occasion d'une percée de blindés. Il souligne que la République manquait de sous-officiers et d'officiers subalternes doués d'imagination et d'initiative alors que les « *alfereces* provisoires » créés par Franco et Mola, jeunes hommes instruits et connaissant souvent le terrain grâce à leur pratique de la chasse, « s'avérèrent de bien meilleurs soldats que les plus habiles jeunes gens de la classe ouvrière urbaine, intellectuels ou manuels, sans parler des officiers de carrière qui avaient acquis leur ancienneté à croupir dans des garnisons somnolentes, en lisant des manuels français de théorie militaire[200] ». Le 26 juillet 1937, la bataille de Brunete était terminée. Elle n'avait retardé que d'un mois la campagne de Santander, et c'était au prix d'un massacre.

BELCHITE : PLAN BRILLANT ET OFFICIERS SANS EXPÉRIENCE

Le 24 août, deux jours avant l'entrée des troupes franquistes à Santander, le gouvernement républicain déclencha une autre attaque surprise, en Aragon cette fois, au sud et à l'est de Saragosse, entre Belchite et Zuera. S'agissait-il de procurer un répit aux Asturiens devenus une cible des franquistes après la conquête de Santander ? Ou de menacer réellement Saragosse, que l'offensive prétendait atteindre en trois jours ? Les communistes, responsables de l'opération de Brunete, étaient très impliqués dans les affaires d'Aragon, et il se peut que le volet politique leur ait paru plus important que le militaire.

Vicente Rojo avait, là encore, conçu un plan brillant. Afin d'obtenir l'effet de surprise maximum, il ne prévoyait ni préparation d'artillerie ni soutien aérien avant l'attaque d'un secteur tenu par des troupes adverses peu nombreuses, inactives depuis plusieurs mois. La seule position fortifiée était la petite ville de Belchite, et la ligne de front n'était pas continue : seules les hauteurs étaient garnies de postes de veille. On infiltrerait des commandos entre les lignes franquistes pour saboter les voies de communication et les dépôts de munitions, avant de lancer les forces chargées de percer entre Belchite et Quinto. L'aviation interviendrait alors, et une colonne de 40 chars foncerait en direction de Saragosse, couverte par une attaque qui, sur l'autre rive de l'Èbre, viserait Zuera et Villanueva del Gallego à quelques kilomètres de la capitale aragonaise. Les leçons de Brunete paraissaient donc avoir été comprises, et les Soviétiques souhaitaient tester leurs nouveaux chars T-5 B. Toutefois, l'opération prit du retard. L'état-major républicain, qui avait confié au général Pozas le commandement de l'armée de l'Est, voulait lancer dans la bataille le 5e corps d'armée de Modesto, mais ses unités avaient besoin d'un répit. Il fallait combler les vides provoqués par les tueries de Brunete, redresser le moral des brigades les plus éprouvées et acheminer discrètement depuis Madrid hommes et matériel dans une région au relief tourmenté, où les routes étaient rares et mauvaises. Le transfert des 27e et 45e divisions, qui venaient de Catalogne, posait un autre problème : leur traversée du désert des Monegros était difficile à dissimuler.

Pourtant, l'effet de surprise fut total. Le front fut percé d'emblée entre Belchite et Quinto, et les républicains progressèrent sur une profondeur de quelque 20 kilomètres jusqu'à une ligne approximative Fuendetodos-Mediana-Fuente de Ebro. Sur la rive gauche du fleuve, Zuera fut enlevée, et les éléments de pointe atteignirent Villanueva del Gallego, à 11 kilomètres de Saragosse. Mais, une fois de plus, la manœuvre brillamment commencée tourna court en raison de l'inexpérience des officiers républicains. À Belchite et Codo, autour de Zuera, puis à Mediana, la résistance franquiste se poursuivait. Au lieu de négliger ces hérissons qui ne pouvaient rien changer au résultat final et de lancer les blindés sur Saragosse éloignée seulement de 30 kilomètres, ils voulurent réduire Belchite et Codo. Or les soldats franquistes, mieux commandés et habitués à une discipline sévère, se faisaient tuer jusqu'au dernier s'ils en avaient reçu l'ordre. Pour Cardona c'est là que réside la différence entre un « milicien » et un « soldat ». Quinto fut pris dès le 25 août grâce à un coup de main du capitaine Boutrowski, Russe blanc commandant la compagnie disciplinaire de la 35e division, bande d'héroïques trompe-la-mort qui montaient ivres au feu. Il fallut 2 000 hommes pour enlever maison par maison Codo, défendue par 300 carlistes. À Belchite, dans une chaleur d'enfer sous un soleil de justice, les défenseurs assoiffés se battirent héroïquement pendant douze jours jusqu'au 6 septembre ; le maire franquiste mourut en défendant les remparts de sa petite cité.

Leo Palacio, alors jeune correspondant de guerre, se souvient cinquante ans après de la nuit du 3 au 4 septembre : « Un vent sec comme le sirocco souffle, contribuant à pousser devant les assaillants une écœurante odeur de cadavres en décomposition. » Il évoque Hemingway, arrivé après la bataille, qui « ne put que visiter les ruines, muni comme nous d'un masque à gaz, tant l'odeur de la mort régnait encore dans les rues[201] ». Le récit de l'*alferez* franquiste Izquierdo est hallucinant : « Nous ne pouvons enterrer nos morts. Au début, la rigidité de leurs corps fait que nous pouvons encore les dénombrer et que leur apparence donne une illusion de la vie, mais nous sommes en août et, sous un soleil de feu, leurs chairs nous annoncent ce que, peut-être, nous serons bientôt nous-mêmes : décomposition et puanteur insupportables... Nous pensons sans cesse aux infections, au typhus, à tout ce que peut produire tant de chair en putréfaction. On panse les blessés comme on peut mais, sans exception, au bout de vingt-quatre heures, la gangrène se déclare[202]. »

En s'attardant à réduire Belchite, les républicains laissèrent le temps aux nationalistes d'envoyer en renfort deux des divisions qui avaient combattu à Brunete, celles de Barron et de Saenz de Buruaga. Les troupes italiennes qui occupaient la *sierra* d'Alcubierre, à l'est, vinrent aussi à la rescousse. Barron arrêta l'avance républicaine à Villanueva del Gallego et reprit Zuera, déjouant la manœuvre en tenaille qui visait Saragosse. Une « opération Moscou », conduite trois semaines plus tard par Lister à la tête de ses blindés, n'avait plus guère de sens, sinon de démontrer que les chars chenillés T-5 B pouvaient se déplacer dans la zone inondée par la rupture du canal d'Aragon. Ils progressèrent en effet jusqu'à El Burgo de Ebro, à 14 kilomètres de Saragosse, mais il était hors de question de prendre la ville. Les républicains avaient conquis 1 000 kilomètres carrés, enlevé plusieurs bourgs ou villages, fait au moins 2 000 prisonniers et infligé des pertes sévères à leurs adversaires, mais ils avaient payé eux-mêmes un prix élevé en hommes. Les « Internationaux », une fois de plus, avaient été très éprouvés, surtout le bataillon Lincoln. Compte tenu des moyens engagés, les résultats obtenus étaient faibles : l'offensive nationaliste dans le Nord n'avait pas été ralentie. Prieto, ministre de la Guerre, le reprocha durement à Pozas[203].

Plusieurs auteurs considèrent que l'affaire de Belchite eut d'abord une visée politique. Le 11 août, après une campagne de dénigrement menée par les organes communistes dont *Frente Rojo*, le gouvernement avait décidé, avec l'aval d'Azaña et de la plupart des socialistes, la dissolution du Conseil d'Aragon que présidait Joaquin Ascaso, remplacé par un gouverneur général d'Aragon, le crypto-communiste Ignacio Mantecon. Il se proposait, la moisson achevée, d'en finir avec les collectivisations anarchistes. La 11e division de Lister et d'autres unités sous contrôle communiste furent envoyées sur place pour « accompagner l'opération » : Ascaso et 600 militants de la CNT furent arrêtés.

José Borras, alors jeune militant de la confédération anarchiste qui vécut cet épisode, écrit : « Les 11e, 27e et 30e divisions opérèrent simultanément à Caspe, Alcañiz, Maella, Mas de las Matas, Esplus, Monzon, Barbastro, Angües, Alcolea de Cinca, Binefar, Muniesa, Valderrobles et dans bien d'autres villages, attaquant et détruisant les collectivités, les syndicats et les Conseils municipaux. Elles arrêtèrent les rédacteurs du journal *Nuevo Aragon*, organe du Conseil d'Aragon, remplacé par un journal du PCE. » Ce témoin fait état de plusieurs arrestations de militants libertaires, dont il cite les noms, à Beceite, Calaceite, et dans quantité d'autres villages. Enfin, il évoque plusieurs assassinats. Terres et outils furent restitués à leurs anciens propriétaires demeurés en vie ; les autres terres, les semences, les récoltes furent distribuées aux petits paysans sous le contrôle de l'armée. Le siège du Conseil d'Aragon fut pris d'assaut le 12 août. Le 14, il ne restait plus rien de la collectivisation anarchiste[204].

Selon José Peirats, il était urgent d'obliger les anarchistes ainsi traités à donner la priorité à la guerre : « Il est possible que ce front [de Belchite] ait été choisi pour contrebalancer le pouvoir des milices anarchistes, accusées d'inaction volontaire, et pour en finir avec leur influence aragonaise. Le prétexte saisi pour monter l'opération allait faciliter le transfert sur le front d'Aragon d'abondantes forces communistes et la destruction des collectivités révolutionnaires. » Cet auteur constate que « la presse communiste milite en faveur de la thèse de la manœuvre politique » et que, « pour la première fois, les militants libertaires d'Aragon reçurent l'armement et l'appui tactique qu'ils réclamaient sans succès depuis le début de la guerre ». La manœuvre politique réussit et, « en dépit d'un vif ressentiment causé par les faits contre-révolutionnaires que nous avons rapportés, les forces confédérales sollicitées supportèrent courageusement le poids de la bataille[205] ».

TERUEL OU LA GUERRE DU FROID

À la fin de 1937, les deux armées disposaient, malgré les lourdes pertes subies, d'effectifs impressionnants. Les évaluations divergent sensiblement : Hugh Thomas accorde 500 000 hommes aux forces franquistes et, « sur le papier », 750 000 à la République. Gabriel Cardona réduit les forces de celle-ci à 500 000 hommes et porte à 600 000 celles de Franco[206]. Le Généralissime disposait encore d'un avantage certain dans les airs : si les républicains avaient beaucoup d'avions de chasse, dont les derniers produits de l'industrie soviétique, ils manquaient de bombardiers. La relève de la Légion Condor venait d'avoir lieu : le 30 octobre 1937, le général Volckmann avait remplacé Sperrle, et le lieutenant-colonel Flocher avait succédé au colonel von Richthofen. Une grande partie du personnel des escadrilles avait été renouvelée mais l'unité conservait toute son efficacité.

Dans l'intention de reprendre les opérations sur le front de Madrid, les franquistes se proposaient d'encercler la capitale grâce à une nouvelle attaque sur Guadalajara, afin de couper ses communications avec Valence et Barcelone. Les unités victorieuses du Nord et la Légion Condor avaient été transférées à cet effet dans la région de Madrid. Le 15 décembre, les républicains, informés du projet, lancèrent une violente attaque sur Teruel, dont la position constituait un saillant des lignes nationalistes en direction du sud. La bataille de Teruel pourrait donc passer pour destinée à protéger Madrid.

La réalité n'est pas aussi simple : une fois de plus, le politique intervint dans la stratégie. Plusieurs des dirigeants républicains, et d'abord Azaña et Prieto, considéraient en effet depuis les défaites du Pays basque et des Asturies que la guerre était perdue à terme. Moins pessimiste, Juan Negrin ne se faisait pas trop d'illusions. Des rumeurs de négociations, souhaitées par Azaña et Prieto, se faisaient insistantes. Le transfert, en octobre, du gouvernement républicain de Valence à Barcelone pouvait faciliter les contacts. De bons apôtres, en Grande-Bretagne, au Vatican, en France, étaient prêts à jouer les médiateurs, avec le soutien plus ou moins explicite de monarchistes exilés. Allemands et Soviétiques donnaient l'impression de faire volontiers traîner la guerre en longueur. Si des négociations de paix s'engageaient réellement, les républicains devaient absolument s'y présenter forts d'un succès militaire important. C'est pourquoi Prieto fut l'un des inspirateurs de l'opération de Teruel. Il était chargé de la guerre dans le cabinet que Negrin présidait depuis le 17 mai. Ce dernier adhérait à la stratégie communiste qui visait à la reconstitution d'un État centralisé, se consacrant avant tout à faire la guerre, et dans lequel les divergences politiques seraient réduites par le rapprochement entre communistes et socialistes et l'élimination progressive des trotskistes et des anarchistes. La révolution ne viendrait qu'ensuite. Tout défaitisme était à proscrire. Cette priorité absolue de l'objectif militaire explique en partie le ralliement de nombreux officiers républicains non communistes.

Le pessimisme d'Indalecio Prieto ne s'accordait pas à cette stratégie. Durant l'hiver 1937-38, les communistes et leurs conseillers russes de plus en plus écoutés envisagèrent de se débarrasser de lui, et ils y parvinrent en avril 1938. Plus tard, *El Campesino* se plaindra de livraisons d'armes insuffisantes à seule fin de mettre Prieto en difficulté. Il ira jusqu'à accuser Lister et Modesto d'avoir agi sciemment afin de le faire encercler et tuer[207].

C'est dans ces conditions psychologiques et politiques que, le 15 décembre, Rojo lança les 18e, 20e et 22e corps d'armée, soit 100 000 hommes, à l'attaque de Teruel, sous le commandement de Hernandez Sarabia. La 11e division de Lister fut chargée du premier assaut. Cette fois encore, pour garantir l'effet de surprise, il n'y eut aucune préparation d'artillerie.

Teruel, Avila et Soria sont les trois capitales de province les plus froides d'Espagne. La neige commençait à tomber sur la petite cité aragonaise, où les clochers des églises sont souvent les minarets à peine modifiés des anciennes mosquées. Le thermomètre marquait – 18 °C. Les commandos républicains avaient fait sauter le barrage d'Arquillo de San Blas qui alimente la ville en eau potable. Durant une quinzaine de jours, la température se maintint autour de – 20 °C. La tempête de neige noyait le paysage sous un épais manteau, des congères s'accumulaient, le gel bloquait les conduites d'eau et clouait les blindés sur place. Un hiver impitoyable transformait cet épisode de la guerre en enfer de glace. Le général Kindelan raconte : « Lorsque, après avoir passé une journée sur le front, je revenais dans ma voiture-salon bien chauffée du train d'état-major, j'éprouvais comme un remords à la pensée de ceux qui devaient passer une nuit glaciale dans les tranchées... Notre aviation tardait beaucoup à mettre en marche les moteurs car la graisse gelait. Il en allait de même pour les camions, tracteurs et chars de combat... J'ai gardé mémoire du 31 décembre 1937. *Nochevieja* terrible ; il neigeait intensément par rafales. Vingt degrés au-dessous de zéro, paysage polaire d'une blancheur immaculée ; chemins gelés ; membres gelés qu'il faut amputer ; machines gelées. Il semble incroyable que les soldats supportent des intempéries aussi extrêmes... Le froid a été le seul coupable ; il est même parvenu à geler volontés et projets ; seuls, les cœurs ont continué à brûler[208]. »

Un combattant originaire de la Manche rapporte pour sa part que plusieurs de ses camarades moururent gelés ; ils étaient chaussés d'espadrilles ! D'autres se souviennent de crises de rire inextinguibles une nuit où, craignant de devenir fous, ils trépignaient en rond dans leur abri pour ne pas mourir de froid. Saturnino Carod, anarchiste, commissaire politique de la 25e division, prit la colère de sa vie en constatant que ses hommes, mal équipés, et de surcroît mal armés, étaient transis dans leurs camions sans bâches, alors que le dépôt du PCE était bien fourni en équipements et en armes, dont des mitrailleuses Maxim qu'il n'avait jamais pu obtenir. Un camarade lui montra sa carte du PCE : « Prends ça, sinon la 25e division n'aura pas les armes que tu vois ici[209]. »

Dès le début de l'assaut, la crête de la Muela qui domine la ville à l'ouest fut emportée. Le colonel Rey d'Harcourt, commandant de la garnison, tenait encore deux autres crêtes au nord, le Muleton et Concud, mais il ne disposait que de 4 000 hommes environ, dont bon nombre de civils. Le Muleton et le Concud tinrent jusqu'au 22 décembre, puis les défenseurs se replièrent sur la ville où, après un combat de retardement, ils se retranchèrent dans quelques bâtiments du quartier sud, pourvus de murs épais. Les assaillants les pilonnèrent des hauteurs et, au bout d'une semaine, occupèrent la plus grande partie de la cité. Le 1er janvier, quand les derniers défenseurs du couvent de Santa Clara furent tués, le gouvernement républicain put annoncer la prise de Teruel : c'était la première capitale de province dont l'armée populaire fût parvenue à s'emparer. Parmi les prisonniers figuraient le colonel Rey d'Harcourt et l'évêque de Teruel.

La contre-attaque fut lancée dès le 29 décembre, Franco ne pouvant laisser à l'adversaire le bénéfice politique d'une victoire. Renonçant à l'opération qu'il prévoyait à Guadalajara, il expédia sur le front d'Aragon Davila avec deux corps d'armée, Castille et Galice, commandés par des chefs confirmés, Varela et Aranda. La Légion Condor entra en action, et l'aviation attaqua les concentrations de troupes républicaines dans la vallée de l'Alfambra, au nord de la ville. Puis, elle bombarda et mitrailla les positions de la Muela que le 31 les Navarrais de Varela parvinrent à reconquérir au prix de durs combats. Dans la vallée de l'Alfambra, Aranda et ses troupes rencontraient une résistance acharnée de l'armée populaire. Le début de la tempête de neige entravait l'activité aérienne. Seuls les bombardiers Heinkel-111 purent décoller des aérodromes de Calamocha, Gallur, Alfaro, et, au soir du 31, sept d'entre eux manquaient à l'appel. On sut ensuite qu'ils avaient dû aller se poser à Avilla, Tafalla et Escalona.

En dépit du mauvais temps, les nationalistes préparaient l'assaut lorsque leur aviation découvrit de fortes concentrations de troupes et de blindés autour de Singra et Bueña, à une quarantaine de kilomètres au nord-ouest de la ville. Franco envoya à la rescousse Yagüe et ses Marocains, Monasterio et sa cavalerie, et il renonça provisoirement à enlever la ville. Profitant de ce répit, les forces républicaines obtinrent, le 8 janvier, la capitulation des derniers défenseurs nationalistes de la cité. Puis les appareils de la Condor attaquèrent par vagues massives dans le secteur de Singra et Bueña. L'aviation républicaine répliqua par un raid sur l'aérodrome de Calamocha où elle détruisit au sol plusieurs avions allemands. De violents combats aériens se déroulèrent du 3 au 5 janvier, avec des pertes sensibles des deux côtés, mais les pilotes allemands et nationalistes, ces derniers pilotant des appareils italiens Sa-79, finirent par rester maîtres du ciel. Yagüe d'un côté et Aranda de l'autre attaquèrent la Sierra de Palomera où les troupes du Front populaire menaçaient la vallée de l'Alfambra.

La manœuvre réussit, et quelque 10 000 républicains furent faits prisonniers. Mais du 25 au 27, Hernandez Sarabia lança de violentes contre-attaques, avec participation de nouveaux éléments des Brigades internationales, parmi lesquels de nombreux Espagnols, et il bloqua l'avance nationaliste. Celle-ci ne reprit que le 7 février, les troupes passant à pied l'Alfambra prise par les glaces pour encercler la ville. Malgré leur héroïque résistance, les hommes de l'armée populaire cédèrent du terrain, et ils furent même surpris par une extraordinaire charge de la cavalerie de Monasterio, sans doute l'une des dernières de l'Histoire. Le 20, pour éviter que son armée tout entière ne fût prise dans la nasse, Hernandez Sarabia ordonna la retraite. Il laissait environ 15 000 prisonniers et un matériel considérable aux mains de l'ennemi et avait perdu au moins 15 000 tués ou blessés. Les pertes nationalistes auraient été encore plus élevées : 14 000 tués, 16 000 blessés et plusieurs milliers d'hommes mis provisoirement hors de combat par le froid. Les troupes franquistes avaient démontré une fois de plus leur aptitude à redresser une situation compromise et à prendre des initiatives audacieuses[210].

Le 24 février 1938, dans l'hebdomadaire *Frente Rojo*, le ministre communiste Jesus Hernandez s'en prit violemment à Indalecio Prieto, son collègue de la Guerre, le traitant de « capitulard » et réclamant sa démission. Faut-il en conclure avec José Borras que la défaite de Teruel servait les plans communistes ? « C'est ce que l'on déduit de déclarations postérieures d'*El Campesino* selon lesquelles les forces de Teruel furent privées volontairement de munitions par le général russe Grigorivitch, de façon à faire échouer l'opération et à discréditer Prieto. » Le témoignage déjà cité de Saturnino Carod va dans le même sens. Je me garderai cependant de trancher faute de preuves incontestables[211]. Il y a quelques années j'ai amené un vieil ami républicain, ancien combattant de Teruel, sur le théâtre de la bataille. Il voulait me montrer les lieux et m'expliquer le déroulement de ce combat de légende. Ce fut une rencontre pathétique avec sa mémoire ; il ne reconnaissait pas les quelques hectomètres carrés qu'il avait tenus sous les raids aériens. Le versant pierreux où il était à demi enterré était planté d'une pinède ; la route de Valence avait émigré vers le sud. Tout avait changé. Comme l'Espagne !

La marche franquiste à la mer

Trois jours après la reprise de Teruel, Franco réunit l'ensemble des chefs de son armée. Puisqu'il avait fallu regrouper en Aragon l'élite de leurs forces, il paraissait opportun d'exploiter la supériorité militaire sur le terrain, sans laisser à l'adversaire le temps de se ressaisir. Tous approuvèrent hormis le chef de la Condor, le général Volckmann, qui souhaitait en finir au plus tôt avec Madrid. Davila fut chargé du commandement général des quatre corps d'armée confiés à Solchaga, Moscardo, Aranda et Yagüe, Varela restant en réserve avec le corps d'armée Castille. Le commandant allemand von Thoma, qui disposait de 4 bataillons blindés, soit 180 chars, fit admettre que ceux-ci fussent, le cas échéant, utilisés en formation groupée et non répartis entre les unités d'infanterie.

Déclenchée le 7 mars, l'offensive franquiste obtint d'emblée des résultats remarquables. Au sud de l'Èbre, après une attaque des bombardiers K 38 de la Condor, relayés par les raids en rase-mottes des Stukas, le corps d'armée marocain, précédé d'une colonne de Panzer I, avança d'une quarantaine de kilomètres et, contournant Belchite, atteignit Escatron. Yagüe, bousculant quelques nids de résistance, occupa Caspe le 17 mars. La rapidité de l'avance obtenue pour une part grâce aux percées des groupements blindés conduisit Franco à ordonner à Yagüe de franchir l'Èbre pour marcher sur les deux bassins convergents du Cinca et du Segre. Dans son plan, l'armée républicaine soumise sur la rive gauche de l'Èbre aux attaques de Moscardo et de Solchaga, lancées à partir de Saragosse et de Huesca enfin dégagée, serait prise à revers et devrait battre en retraite. C'est bien ce qui se passa après la prise de Fraga (sur les confins aragono-catalans) par Yagüe, le 25 mars. La division d'*El Campesino* dut reculer jusqu'à Lerida, ville qu'elle défendit avec une courageuse obstination pendant une semaine. Moscardo avait atteint Barbastro et pouvait prendre *El Campesino* en tenaille tandis que, au nord, Solchaga contrôlait les passages pyrénéens. Au sud de l'Èbre, Garcia Valiño et Aranda progressaient à travers les collines et les vallonnements du Maeztrazgo en direction de la Méditerranée sans rencontrer d'opposition sérieuse.

Le déferlement de l'armée franquiste semblait irrésistible.

Le 3 avril, *El Campesino* dut abandonner Lerida, dont la chute fut suivie par celle d'autres petites villes catalanes ou aragonaises, Gandesa, Balaguer, Tremp. La panique commençait à gagner la population de Barcelone qui, longtemps épargnée, venait d'être prise pour cible par les bombardiers italiens partis de leurs bases des Baléares dont les raids du 17 au 19 mars firent de nombreuses victimes. Leo Palacio, qui résidait à l'hôtel Colon, put en mesurer les effets : environ 5 000 blessés graves, 20 000 blessés légers et 3 000 morts avec de nombreuses victimes dans des quartiers très peuplés, comme la Barceloneta et le quartier gothique. Ce massacre de populations civiles suscita une vive émotion, et Pie XI adressa une protestation solennelle à Mussolini [212].

Le 6 avril, Alonso Vega et ses Navarrais, fous de joie au point de se jeter dans les vagues, atteignirent enfin la mer à Vinaroz. Ce qui restait de l'Espagne républicaine était coupé en deux, et des unités égarées erraient dans les solitudes du Maeztrazgo. Negrin, profitant du retour de Léon Blum à la présidence du Conseil, était allé chercher du secours à Paris. Il obtint aisément la réouverture de la frontière afin d'accélérer les livraisons d'armes au bénéfice de la République, car l'opinion était indignée par les bombardements italiens de Barcelone : une fois de plus le Comité de non-intervention et ses résolutions avaient été bafoués. De leur côté, les Soviétiques pressèrent l'envoi de leurs nouveaux chars. Ces aides allaient procurer un sursis au Front populaire, désormais dominé de façon quasi exclusive par les communistes.

À Barcelone, le redoutable SIM (Service d'Investigation Militaire), fondé par Prieto et passé sous la coupe du PCE, qui avait démantelé des réseaux phalangistes, ameutait l'opinion contre « les ministres traîtres ». Dans une émeute, préparée, semble-t-il, par la *Pasionaria*, on hua le nom de Prieto. Au cours d'une réunion du Comité directeur du PSOE, Julian Zugazagoitia, indigné, se servit des articles de *Frente Rojo* et de *La Vanguardia* pour dénoncer cette campagne communiste, à laquelle participait le ministre de l'Éducation en personne, sous le pseudonyme de Juan Ventura. En fait, il semble bien que les communistes espagnols aient résisté à cette campagne : ils savaient que Prieto conservait des relations correctes avec la CNT qui, malgré son recul, restait puissante en Catalogne et dont le soutien était indispensable à la poursuite de la guerre. Ils ne finirent par céder qu'à la suite de très fortes pressions du Komintern exercées notamment par Ercoli (Togliatti) et Marty. Il est significatif que Jesus Hernandez et Togliatti aient justifié ensuite leur attitude en arguant qu'un soutien renforcé de l'URSS passait par le départ de Prieto. Au début d'avril, celui-ci démissionna et Juan Negrin se chargea de son département.

La bataille de l'Èbre, sursaut de la République

L'IMPOSSIBLE NÉGOCIATION

Quels que soient les jugements portés par ailleurs sur Juan Negrin, on ne peut qu'admirer l'énergie dont il fit preuve au printemps 1938. Il parvint à relever le moral très ébranlé du camp républicain et à reconstruire une armée afin de prolonger la lutte. À la différence des communistes qui, avec une fraction des socialistes, demeuraient ses partisans les plus résolus, il ne souhaitait pas prolonger la guerre. Il est à peu près démontré qu'il prit des contacts à l'étranger afin de négocier avec Franco « une paix sans représailles ». Il avait déjà fait, en août 1937, des ouvertures auprès du Vatican ; beaucoup plus tard, en octobre 1938, à la faveur d'un congrès de physiologie qui eut lieu à Zurich, il tenta de convaincre les Allemands des avantages d'une paix négociée.

Le programme en treize points publié le 1er mai 1938 demandait le renoncement des vainqueurs aux représailles et la reconnaissance des droits des « régions » (et non des « nations ») et des travailleurs. Il prévoyait une indépendance totale de l'Espagne et le retrait complet des combattants étrangers. Il était destiné à démontrer aux puissances européennes la bonne volonté des républicains, mais son caractère « contre-révolutionnaire » ne pouvait que déplaire aux anarchistes. Un décret avait d'ailleurs porté dissolution des Services unifiés d'électricité de Catalogne créés par la CNT[213].

Certains chefs militaires nationalistes auraient volontiers souscrit à une paix de réconciliation. C'était le cas de Juan Yagüe qui, dans un discours prononcé à Burgos le 19 avril, avait affirmé que les « rouges » s'étaient bien battus, et qu'il fallait faire preuve de générosité pour conclure, en quelque sorte, une « paix des braves ». Mais Franco n'envisageait qu'une reddition sans conditions. Il entendait exercer à son gré des représailles et réserver à l'armée un rôle éminent dans l'Espagne à naître. Negrin n'avait donc d'autre solution que la poursuite de la guerre. L'évolution de la situation internationale lui laissait quelque espoir : les crises de l'*Anschluss*, puis des Sudètes, suggéraient l'imminence d'une guerre européenne qui changerait la donne. Il fallait tenir bon. L'armée, reconstruite après la malheureuse campagne d'Aragon, était véritablement « populaire ». Ricardo de La Cierva voit en elle une « armée communiste... la première armée rouge proprement dite dans l'histoire de la guerre d'Espagne ». La plupart des chefs des corps qui livrèrent la bataille de l'Èbre étaient sortis du rang et avaient obtenu leurs grades successifs pour « mérites de guerre ». Par un décret du 5 janvier 1938, la République était revenue à ce type de promotion. Supprimé par Azaña, il était cher aux « africanistes » et à Franco qui lui devait sa fulgurante ascension. Modesto fut promu général et Lister colonel. Certes, plusieurs officiers de carrière conservaient des postes de responsabilité, tels Hernandez de Saravia, Miaja, Rojo, ou le colonel Jurado, chef de la défense antiaérienne. Juan Modesto, qui reçut le commandement suprême de l'armée de l'Èbre, Valentin Gonzalez, *El Campesino*, Enrique Lister, Manuel Tagüeña, Etelvino Vega, Cipriano Mera, tous promus pour « mérites de guerre », étaient commandants de corps d'armée. Comme les commissaires politiques, presque tous étaient communistes, à l'instar des chefs des 27 brigades. Mera, anarchiste de toujours, faisait seul exception. Ces officiers envers qui Azaña témoignait d'un dédain d'intellectuel avaient de grandes qualités d'entraîneurs d'hommes, mais ils manquaient, sauf Modesto, de vision stratégique et de connaissances tactiques. Le rôle des « conseillers », soviétiques ou membres du Komintern, demeurait très important.

Pour réunir des effectifs suffisants il avait fallu mobiliser plusieurs classes de réservistes, et il convient d'insister sur le fait que l'armée populaire était authentiquement espagnole. Les Brigades internationales existaient encore, mais le rapport du général Walter en date du 14 janvier 1938 précisait qu'elles comptaient « 70 à 80 % d'Espagnols ». Seule la XVe alignait « 50 % d'Anglo-Américains ». Le même rapport relevait que les effectifs réels étaient presque toujours différents de ceux communiqués par la base des brigades à Albacete, parfois supérieurs (1 433 contre 1 340 pour la XXXVe), le plus souvent nettement inférieurs (2 854 contre 3 626, pour la XIe ; 2 463 contre 3 386 pour la XVe). Il ajoutait que les officiers étaient trop nombreux et que la valeur et la discipline des combattants se dégradaient rapidement, alors que les qualités des soldats espagnols s'étaient améliorées de façon remarquable. La XIe brigade, ajoutait Walter, n'était plus, lorsqu'il l'avait inspectée, qu'« une bande à demi démoralisée », en particulier le bataillon Commune de Paris. Lui-même polonais d'origine, il était très sévère pour le bataillon polonais « qui avait gagné une si grande réputation par son héroïsme à la Casa de Campo et à la Cité universitaire », mais dont les armes étaient mal tenues et le comportement avec les camarades espagnols « intolérable ». Le bataillon anglo-canadien était « d'une saleté repoussante[214] ». Un rapport du commissaire politique de la XIVe brigade mixte (La Marseillaise) sur le bataillon Henri-Barbusse commence par : « Beaucoup d'ivrognes, beaucoup de mécontents, beaucoup de vagabonds[215] ! » Walter faisait l'éloge des 22e et 96e brigades espagnoles qu'il avait vues combattre à Teruel et notait à propos de leurs officiers : « Ce sont des gens modestes qui consacrent honorablement leurs connaissances, leur énergie et leur talent aux unités qu'on leur a confiées, en veillant sur leurs soldats et leurs armes et en recherchant les formes et les moyens afin de maintenir dans le meilleur état possible leurs subordonnés, qui exécutent sans récriminations ni discussions les ordres reçus de leurs supérieurs[216]. »

L'OFFENSIVE DE L'ARMÉE POPULAIRE

Les meilleurs brigadistes étrangers s'étaient fait tuer ou, écœurés par la méfiance maladive de leurs cadres et de Marty, ils avaient quitté l'Espagne. Un rapport adressé par un chef du SIM, Gendin, au camarade Vorochilov le 26 juillet signale que, sur les 31 359 brigadistes incorporés avant le 30 avril

1938, il n'en restait, répartis entre les diverses unités, que 15 992. Les morts enregistrés étaient 4 575 et les blessés graves renvoyés dans leurs foyers 5 062. Il y avait eu quelque 5 000 désertions[217]. Il est vrai que beaucoup de brigadistes d'Europe centrale ou d'Amérique du Nord arrivés seulement en février ou mai 1937, comme le futur savant andiniste John Murra ou l'anarchiste québecois Ferrer Marcelin, étaient encore sous les armes, mais 2 300 Français, 460 Anglais et 330 Belges avaient levé le pied.

L'armée populaire engagea dans son offensive quelque 90 000 hommes, soutenus par 70 à 80 batteries d'artillerie légère, de nombreuses batteries de DCA et une aviation renforcée par l'arrivée de nouveaux appareils soviétiques servis par des pilotes espagnols formés en URSS, où ils avaient été envoyés en juin 1937[218]. Le moral fut dopé avant le déclenchement de la bataille par les bonnes nouvelles du front de Valence : les attaques conduites par Garcia Valiño, Varela, Solchaga, qui disposaient de l'appui de trois divisions italiennes, s'étaient brisées sur les défenses républicaines de la Sierra de Espadan, et les pertes des nationalistes avaient été élevées.

Une fois de plus, le plan conçu par Vicente Rojo était audacieux. Il avait prévu le franchissement de l'Èbre en de nombreux points sur une longueur de quelque 80 kilomètres, entre Mequinenza en amont et Cherta en aval, à une quinzaine de kilomètres de Tortosa. On avait mobilisé d'importants moyens : une centaine de barques plates, une douzaine de barges pour transporter les blindés. Trois ponts de bateaux furent lancés, mais l'intervention des chars T 22 n'était prévue qu'après la mise en place d'un pont de fer. Les concentrations de troupes n'avaient pas échappé aux observateurs nationalistes, mais le haut commandement n'en tint pas compte. L'objectif prioritaire était la bourgade de Gandesa, nœud routier important au croisement de voies vers Alcañiz et Saragosse, Tortosa, Tarragone et Lerida. La traversée du fleuve, dans la nuit du 25 juillet, fut réalisée simultanément ou presque en une vingtaine de points. Tagueña et ses hommes passèrent l'Èbre en amont, tandis que les troupes de Lister franchissaient le fleuve plus en aval, à Flix, Mora la Nueva, Benisanet, Miravet. Une autre tête de pont fut créée en aval de Tortosa, près d'Amposta.

Malgré l'effet de surprise et le succès initial, notamment dans le secteur de Mora la Nueva dont les défenseurs abandonnèrent leurs positions afin d'éviter l'encerclement, l'avance de l'armée populaire fut beaucoup plus difficile que prévu : 5 à 15 kilomètres en général, sauf au centre, à hauteur de Gandesa, où Lister perça sur une quarantaine de kilomètres. Plusieurs villages, Flix, Asco Mora, et d'autres parfois situés à l'écart du fleuve : Camposines, Pinell, Fatarella, furent enlevés, malgré une forte résistance sur la rive droite des troupes mores de Yagüe. La nature accidentée du terrain et la chaleur torride convenaient beaucoup mieux aux Marocains que les faubourgs de Madrid. Le lancement d'un pont de fer sur l'Èbre ayant pris du temps, les T 22 arrivèrent au contact alors que Yagüe avait pu faire creuser des tranchées qui ralentirent la pénétration. Lister lança, les 1er et 2 août, de violents assauts en direction des hauteurs qui couronnent Gandesa. Au cours de combats acharnés, les cotes 343 près de Corbera et 481 devant Gandesa changèrent plusieurs fois de mains en une même journée. Le résultat le plus avantageux pour les républicains fut la conquête des hauteurs de la Sierra de Caballs, du mont Picosa et des Sierras de Bot et de Pandolls, à l'est de Gandesa.

À l'issue de plusieurs semaines d'une bataille meurtrière, où l'armée populaire donna le meilleur d'elle-même, celle-ci n'avait pu conquérir que le territoire compris dans la boucle de l'Èbre, de Fayon à Cherta. C'était un avantage insuffisant pour tenter une manœuvre de débordement vers le delta et la mer comme l'espérait Rojo. Quoi qu'il en soit, l'avantage conquis était une très bonne nouvelle pour la République : la crise des Sudètes était devenue internationale. La guerre européenne devenait une probabilité.

Les succès initiaux avaient d'autant plus fâcheusement impressionné les observateurs allemands que les troupes de Lister avaient fait environ 4 000 prisonniers. Franco fit l'objet de vives critiques, et les Allemands demandèrent à Goering d'intensifier la livraison de canons de DCA. L'aviation républicaine avait profité de ce que la Condor était encore engagée dans l'action contre Valence pour mener librement ses opérations.

Franco était conscient de l'affaiblissement soudain de sa position internationale, jusqu'alors en constante amélioration.

Si la conférence de Munich aboutissait à un accord, l'Espagne ne risquait-elle pas d'être comprise dans un règlement d'ensemble ? En cas de guerre européenne, la France n'attaquerait-elle pas sur les Pyrénées ? Aussi le *Caudillo* se hâta-t-il, au grand scandale de Ciano, de proclamer sa neutralité dans un éventuel conflit. Jugeant la contre-attaque d'autant plus urgente qu'il ne fallait pas laisser croire à l'étranger que la République pût encore gagner la guerre, il commença par concentrer sur l'Èbre la quasi-totalité de l'artillerie et de l'aviation dont il pouvait disposer, essentiellement la Condor commandée par Richthofen[219]. Puis les secteurs conquis par l'armée populaire furent soumis à un pilonnage systématique d'artillerie et à des raids aériens quasi permanents, tandis que le corps d'armée de Garcia Valiño était rappelé du Levant. Après le 11 août, celui-ci parvint avec Yagüe à reprendre une petite partie des positions perdues. Cependant, jusqu'à la fin septembre, il s'agissait beaucoup plus d'une stabilisation du front que d'une reconquête. En effet, l'armée populaire sut s'adapter remarquablement à la nouvelle situation et, pour répondre au harcèlement de l'artillerie et de l'aviation, son corps du génie creusa deux lignes de tranchées protégées sur les hauteurs. Les soldats pouvaient ainsi, en cas de bombardement intensif, se replier sur la deuxième ligne et réoccuper les positions avancées dès la fin de la préparation d'artillerie pour y repousser l'attaque d'infanterie.

La contre-attaque victorieuse de Franco

D'emblée, les franquistes reprirent facilement la poche de Mequinenza, mais leurs attaques se brisèrent sur un front d'une quarantaine de kilomètres, de Fayon à Miravet. Un furieux combat d'une semaine pour la reprise de la Sierra de Pandolls n'eut d'autre résultat que de lourdes pertes de part et d'autre. Les attaques suivantes contre Fatarella, puis contre Camposines et Corbera, connurent le même sort. Ces affrontements sans merci pour la conquête de collines pierreuses, dans la canicule impitoyable d'août, entre des hommes privés parfois de nourriture et toujours d'eau, n'opposaient que des Espagnols. Pendant près de trois mois, les troupes franquistes ne progressèrent plus. Dans les airs se déroulaient des duels incertains, les Polikapov 1-16 améliorés tenant la dragée haute aux Messerschmitt Me-109. Plusieurs pilotes allemands furent tués en combat aérien : Lehmann, Willer, Otto Bertram. Un bombardier avec trois hommes d'équipage fut abattu par la DCA, et les républicains perdirent eux aussi des appareils.

L'offensive nationaliste fut débloquée par les bataillons aragonais et navarrais de Garcia Valiño. Celui-ci avait eu connaissance du système de la double tranchée adopté par les républicains. Pendant plusieurs jours, il entraîna ses hommes à courir avec leurs armes. Le 30 octobre en fin de nuit, les positions élevées de la Sierra de Cavalls furent l'objet d'un bombardement intense, effectué par 175 batteries et plusieurs dizaines d'avions. Pendant la dernière heure du bombardement, les assaillants parcoururent, au pas de course dans la pénombre, le terrain plat les séparant du pied de la colline. Ils la gravirent au moment même où cessait le tir et occupèrent ainsi la ligne avancée avant que les défenseurs aient eu le temps de revenir de leur tranchée de repli. À partir de cet instant, ils purent recevoir des renforts. Le combat se poursuivit pendant toute la journée et, au soir, ils restèrent maîtres du terrain : ils avaient fait plusieurs centaines de prisonniers et conquis toutes les positions fortifiées aménagées sur la montagne.

Ce revers porta un coup très dur au moral jusque-là élevé de l'armée populaire. Les 1er et 2 novembre, elle céda devant l'assaut mené contre la Sierra de Pandolls, Pinell et Mora la Nueva ; le 7, la dernière hauteur qu'elle tenait encore, le mont Picosa, fut enlevée. Le 14, sous une chute de neige, Fatarella fut occupée. Le surlendemain, les troupes républicaines se résignèrent à repasser sur la rive gauche de l'Èbre. Les reporters anglo-saxons, dont Ernest Hemingway, Herbert Matthews et Bob Capa, furent les derniers à franchir, le 18, le fleuve en crue. Selon Carlos Baker et Matthews, ce fut grâce aux muscles de Hemingway que leur barque atteignit la rive gauche : « Nous fûmes vite entraînés vers les rapides. Il s'empara des rames et, en une extraordinaire démonstration de vigueur et de courage, il nous mena de l'autre côté[220]. »

C'était la fin de la bataille de l'Èbre, « la plus importante de la guerre, où les franquistes perdirent en morts et blessés plus de 30 000 hommes, les républicains le double et d'énormes quantités de matériel[221] ». Le nombre des tués fut très élevé : 6 500 du côté des nationalistes, 10 à 12 000 au moins pour l'armée populaire. Elle s'était admirablement battue et, face à elle, les Navarrais, une fois de plus, avaient démontré d'extraordinaires qualités de combattants et une endurance stupéfiante.

Il n'y avait plus que des Espagnols en lice. Rappelés par Mussolini, 10 000 Italiens avaient débarqué à Naples le 20 octobre. Le 15 novembre, à Barcelone, Negrin et la *Pasionaria* avaient assisté au défilé des derniers membres des Brigades internationales après leur dissolution en vertu d'accords passés avec les puissances européennes. La plupart des pilotes allemands de la Condor avaient quitté l'Espagne. Mais grâce aux concessions accordées à l'Allemagne en matière de livraisons de minerais, le *Caudillo* pouvait compter sur de nouveaux envois de matériel de guerre.

À la fin de novembre 1938, l'issue de la lutte ne faisait plus de doute pour personne.

7

L'effondrement de la République

L'épisode final de la guerre d'Espagne prit la forme d'une tragédie en trois actes qui se jouait sur un théâtre éclaté : la Catalogne, Madrid et le Levant. L'armée populaire réussit à repasser l'Èbre à la mi-novembre sans trop de dommages, mais l'échec de l'offensive qui devait changer le cours de la guerre avait ruiné son moral. Ses généraux pouvaient rêver d'attaques surprises en Andalousie ou en Estrémadure ; qui les eût cru ? Certainement pas Negrin, à bout de forces et mettant ses derniers espoirs dans la guerre mondiale que les accords de Munich n'avaient pas conjurée. Cherchant à gagner du temps, il avait envoyé Hidalgo de Cisneros à Moscou pour obtenir, avec les derniers reliquats de l'or de la Banque d'Espagne, une fourniture importante d'armes. Mais la lenteur de la prise de décision au sein du gouvernement et des discussions à Moscou, puis la longueur de la traversée de Mourmansk à Bordeaux puis Barcelone, sans excès de complaisance française, furent telles que les armes arrivèrent en janvier 1939. Il était trop tard. L'offensive franquiste avait été déclenchée le 23 décembre. Encore ne s'agissait-il que d'une partie de l'armement commandé. Selon Wenceslao Carrillo, il demeura sur les môles du port sans même être déballé.

Les dirigeants de la République continuaient à se déchirer. En octobre 1938, le procès des chefs survivants du POUM s'ouvrit à Barcelone. Ils étaient accusés d'espionnage en faveur de Franco, mais le dossier était vide, et pour cause ! Largo Caballero et Zugazagoitia témoignèrent en leur faveur : ils furent acquittés mais on trouva le moyen de condamner

Gorkin et Andrade à une courte peine de prison pour leur participation active à la crise de mai. Pendant ce temps, une fronde menaçait Negrin au sein du PSOE : Julian Besteiro, adversaire de toujours du chef du gouvernement, et Wenceslao Carrillo, qui raillait avec une ironie mordante « l'aide désintéressée de la Russie à notre cause », souhaitaient explicitement le retrait de Negrin et l'effacement des communistes, qualifiés de *botafumeiro*[222]. Paradoxalement, des hommes du SIM assuraient, à Barcelone, la protection des prêtres célébrant le culte dans des cénacles privés.

La désastreuse campagne de Catalogne

Jusqu'au début de décembre, le peuple républicain avait une foi totale en la résistance catalane : « Barcelone ne peut pas être prise par les fascistes », croyaient les Madrilènes qui conservaient le souvenir du jour où ils leur avaient barré la route. Les forces républicaines ne disposaient-elles pas encore d'environ 400 000 hommes ? Le climat changea après l'émouvante kermesse qui, le 15 novembre, célébra le départ des brigadistes en présence d'une foule immense. Le peuple de Madrid ignorait que, malgré le dévouement des quakers, la famine menaçait Barcelone où s'entassaient près d'un million de réfugiés. Il ne pouvait savoir que les appels des partis et des syndicats à la levée en masse étaient restés vains. Or Franco avait profité de quelques semaines de pause pour organiser son dispositif : l'armée du Nord, sous le commandement du général Davila, se déployait en tenaille des Pyrénées à l'Èbre. Avec 500 avions contre 80, elle possédait la maîtrise du ciel, une puissance de feu supérieure à celle de l'ennemi, et son moral était en hausse.

Lorsque, le 23 décembre, le *Caudillo*, installé au château de Pedrola, près de Lerida, donna l'ordre d'attaquer, le front céda en plusieurs points, notamment sur la ligne du Sègre, le grand affluent de la rive gauche de l'Èbre. Il fallut une fois de plus jeter le 5e corps d'armée de Lister dans la bataille. Il tint jusqu'au 3 janvier, puis il dut se replier sous l'irrésistible poussée franquiste, pour éviter d'être encerclé.

Le jeune Catalan Edmon Vallès raconte, dans son *Dietari*

de guerra, que sa division dut battre en retraite en direction de Pallerols pour éviter la répétition de « ce qui s'était passé en Aragon » (perte de tous les documents de la brigade). Il poursuit : « Sur la route d'Igualada, des combattants procédant de nombreuses unités se retrouvent, et certains d'entre eux évoquent une paix négociée. Oller, un vieux militant de *Estat Catala*, leur rétorque : "Maintenant, il n'est plus temps. Pourquoi les fascistes négocieraient-ils ? Vous croyez qu'ils sont fous ?" » Vallès passe deux jours à Barcelone, tente d'obtenir des informations sur le sort de ses parents, puis c'est la fuite vers le nord car les troupes franquistes investissent la ville. Le 28 janvier, le moral est au plus bas : « Tous croient que le sort de la guerre est scellé. » Enfin le 8 février, après avoir brûlé sur ordre le fichier de la brigade, il passe la frontière[223]. Ce parcours est un témoignage parmi d'autres de la façon dont se déroula la déroute finale. En un mois, Vallès était passé des collines du Sègre à l'exil.

Il n'y eut qu'un embryon de résistance catalane. Barcelone était prise dans un étau : Yagüe avait atteint la mer et rencontré le corps d'armée de Solchaga sur la côte, pris Tarragone le 17 janvier et franchi le Llobregat le 24, tandis que Garcia Valiño, après avoir pris Manresa, piquait vers le nord-est pour bloquer la route de la frontière. La chute de Barcelone, à peine évoquée dans le récit de Vallès, survint le 26, et elle fit sensation en Europe. Les responsables politiques, le ministre des Affaires étrangères Alvarez del Vayo en tête, avaient affirmé que la ville serait défendue avec acharnement, et l'héroïsme déployé lors de la bataille de l'Èbre avait incité à les croire. On avait tort : l'arrivée des dernières armes de Moscou fut accueillie dans l'indifférence, et Barcelone ne fut défendue ni par l'armée ni par le peuple.

On n'a pas assez souligné que la croyance en une résistance prolongée explique en partie la stupéfaction affolée des autorités françaises devant l'ampleur et le rythme de la *retirada*. Le départ précipité des membres du gouvernement vers Gerone d'abord et la frontière ensuite créa certes chez les Barcelonais un sentiment d'abandon, mais la lassitude de la guerre fut, sans nul doute, la première raison de la débâcle. L'armée républicaine n'avait plus le cœur à se battre. Vicente Rojo, trente-cinq ans plus tard, écrivit : « Ce que l'on craignait s'est produit, tel un phénomène naturel. La résistance a été faible, on pourrait dire nulle. L'ennemi a pu entrer dans la ville et continuer sa manœuvre avec une facilité égale à celle des jours précédents. Barcelone, 48 heures avant son entrée, était une ville morte. Elle avait été tuée par la démoralisation de ceux qui fuyaient vers la France ou qui se cachaient, sans même le courage de sortir dans la rue... C'est pour cela que l'on peut dire sans exagérer que Barcelone fut perdue simplement parce qu'il n'y eut pas de volonté de résistance, ni dans la population civile, ni dans certaines troupes, gagnées par le climat général. Le moral était au plus bas[224]. »

À la dernière page de son grand roman, Arturo Barea témoigne d'une fuite de cauchemar : « Le 26 janvier, Barcelone était tombée aux mains de Franco. À cette date même commença l'exode dans toutes les villes et de tous les villages de la côte. Les femmes, les gamins, les hommes, le bétail marchaient au long des chemins, à travers les campagnes gelées, sur la neige mortelle des montagnes. Sur les têtes des fuyards passaient les avions impitoyables ; une armée ivre de sang les poussait à l'arrière. De petits groupes de soldats luttaient encore pour la contenir, sans cesser de faire retraite, mais ils se battaient seulement pour sauver quelques hommes de plus. De pauvres gens étaient encombrés de baluchons misérables ; d'autres plus fortunés, à bord de voitures surchargées, s'ouvraient une voie sur des routes congestionnées. Aux portes de la France une file sans fin de fugitifs épuisés et en quête de sécurité attendait qu'on les laisse entrer[225]. » Mais le pire était encore à venir, à Madrid, puis dans le Levant, à Alicante surtout.

Discorde à Madrid. Julian Besteiro et le coup d'État de Casado

La retraite précipitée de l'armée et le passage en France du président Azaña, prélude à sa démission, ne permettaient plus le moindre doute : la République avait perdu la guerre. Negrin, quinze jours auparavant, prétendait encore livrer une grande bataille dans les Pyrénées ; il dut se résoudre, dans une réunion tenue à Figueras, le 1er février, avec les vestiges des Cortes, soit 62 députés, à énoncer les trois conditions de base d'une paix honorable : respect de la souveraineté et de l'indépendance nationale ; organisation d'un plébiscite afin que le peuple décide du régime de son choix ; enfin liberté d'émigration pour tous ceux qui le souhaiteraient et qui devraient conserver leur nationalité.

Bien entendu, Franco et les siens n'avaient cure de ces vœux pieux. Il était même beaucoup trop tard pour que des pays neutres puissent jouer un rôle d'intermédiaires avec quelque efficacité, quoique les diplomates anglais et français aient accepté de tenter une démarche en ce sens. Toutes les avances demeurant sans écho, Negrin et des communistes appelèrent à la résistance, mais lui et ses ministres, dont plusieurs étaient passés en France, avaient perdu tout crédit, et l'opposition à la direction communiste grandissait de jour en jour. Staline se désintéressait de plus en plus de l'Espagne, pièce accessoire de sa stratégie internationale. Les représentants du Komintern étaient eux-mêmes divisés : Togliatti recommandait la recherche d'une paix négociée avec le secours des démocraties occidentales, tandis que le bulgare Stepanov prêchait la lutte à outrance[226].

La perte de la Catalogne rendait à Madrid le premier rôle. L'armée du centre, qui comptait près de 500 000 hommes, n'avait pas été battue. Mais les chefs militaires, Miaja, Moriones, Matallana, Menendez et Casado, étaient convaincus de l'inutilité de la résistance et voulaient faire la paix au plus tôt pour épargner des vies. Ils avaient raison en cela, mais ils se trompaient lorsqu'ils imaginaient que les vainqueurs feraient preuve de générosité envers les militaires professionnels, dès lors que les communistes, Negrin et les crypto-communistes, comme Alvarez del Vayo, auraient été écartés du jeu. Plusieurs socialistes, en particulier Julian Besteiro, qui était resté à Madrid durant toute la guerre, Wenceslao Carrillo et des amis de Prieto ou de Largo Caballero, mais aussi des syndicalistes ugétistes ou cénétistes, sans nourrir des illusions excessives à propos de la clémence de Franco, jugeaient nécessaires l'élimination des communistes et une paix rapide.

Carrillo et Besteiro détestaient Negrin, qu'ils tenaient pour un agent objectif de Moscou et que le second surnommait « Karamazov ». Ils souhaitaient former un nouveau gouvernement dont feraient partie des représentants de toutes les forces politiques et syndicales demeurées fidèles à la République, à l'exception du PCE. Julian Besteiro, figure historique du PSOE auquel il avait adhéré en 1912, homme de grande culture, professeur de logique à l'Université de Madrid, avait un passé prestigieux de militant : membre en vue du Comité qui avait organisé la grève générale révolutionnaire de 1917, il avait été condamné à mort et amnistié. Il avait été vice-président du PSOE et de l'UGT, et président du syndicat socialiste. Très tôt, il avait manifesté une vive défiance à l'égard de l'Union soviétique et, en 1921, il s'était opposé avec succès à l'adhésion du PSOE à la IIIe Internationale. L'influence croissante du PCE le consternait : si la guerre était gagnée, l'Espagne serait communiste. Mais si elle était perdue, l'horizon était tout aussi menaçant. Aussi jugea-t-il en son âme et conscience qu'il fallait d'abord se défaire de l'emprise communiste.

Le colonel Sigismond Casado fut le bras armé du « coup d'État » dont Besteiro était la tête politique. Officier républicain, ancien chef de la garde militaire du président de la République en 1935 et 1936, il avait appartenu à l'état-major de Largo Caballero puis organisé les brigades mixtes à Albacete, dirigé l'École populaire d'état-major et, comme chef du XVIIe corps d'armée, il avait tenu un rôle important dans la défense de Madrid et participé aux batailles du Jarama, de Brunete et de Belchite. Depuis mai 1938, il était le chef de l'armée du Centre. Des recherches récentes ont montré qu'il était demeuré parfaitement loyal envers le gouvernement de la République pendant les deux premières années de la guerre. Mais lorsque, après Teruel, il jugea la partie perdue, il en arriva à l'idée qu'il fallait négocier avec Franco et se débarrasser des communistes. Il fut renforcé dans cette conviction quand Besteiro l'informa des tentatives discrètes d'Azaña pour parvenir à une paix négociée. Il était, en outre, indigné par les rumeurs selon lesquelles les champions de la résistance à outrance disposaient d'avions pour leur fuite et de comptes secrets en Suisse.

C'est seulement en février 1939 que Casado prit contact avec le chef des services secrets franquistes, le colonel José Ungria. L'accueil relativement favorable de celui-ci, une rencontre avec l'agent franquiste Centaño de la Paz, des promesses de sauf-conduit, enfin les relations déjà anciennes qu'il entretenait avec l'officier de renseignement anglais Denys Cowan, expliquent en partie ses illusions : il crut naïvement que Franco ferait bon accueil aux officiers de carrière, voire qu'il les confirmerait dans leurs grades. À plusieurs reprises, il fit état de cette conviction, par exemple auprès d'Hidalgo de Cisneros qu'il tenta vainement de rallier à ses vues. Il semble que Besteiro ait pris l'initiative de prendre langue avec lui, mais le colonel, par déférence envers le vieux leader affaibli par la maladie, se rendit à son domicile pour lui faire un tableau sincère de la situation militaire. Il affirma que l'issue de la lutte était évidente et que, en accord avec Miaja, Matallana et Menendez, il fallait former une junte ou un Conseil de défense rassemblant tous les partis sauf les communistes, avec pour seul programme de conclure la paix en lieu et place du gouvernement Negrin déconsidéré et dispersé. Il offrit la présidence de cet organisme à Besteiro, qui accepta d'en faire partie mais estima que la situation exigeait de confier un tel poste à un militaire. Casado eut alors des conversations avec plusieurs leaders syndicalistes, et il prit contact avec Wenceslao Carrillo, à qui il proposa d'entrer dans ce Conseil de défense. Carrillo consulta le Comité socialiste de Madrid qui l'invita vivement à accepter[227].

Informé des tractations, Negrin, pour parer le coup, vint à Madrid rencontrer Casado le 12 février et lui promit les étoiles de général. Le 16, il organisa près d'Albacete, à Los Llanos, une réunion où furent convoqués tous les chefs militaires exerçant de hautes charges. Ceux-ci, s'accordant à juger la situation désespérée, choisirent Matallana pour porte-parole : le général brossa un tableau catastrophique mais réaliste de la situation. Le chef du gouvernement, après avoir indiqué que ses ouvertures de paix avaient été repoussées par Franco, maintint la consigne de résistance malgré l'insistance de Matallana. De plus, il remania totalement le commandement : Carrillo, informé le 2 mars de ces mutations, les tint pour un « véritable coup d'État communiste ». En effet, Negrin, tout en nommant Casado général, l'écartait du commandement de l'armée du Centre qu'il attribuait au communiste Modesto, nommé général lui aussi. Les commandements des places importantes étaient confiés à des militants communistes déclarés, notamment celui de la base navale de Carthagène à Paco Galan. Bref, le contrôle de l'armée et de la marine par les communistes était à peu près total[228].

Les conjurés se réunirent dans les sous-sols du ministère des Finances, le 4 mars à 21 heures. Ils formèrent un Conseil national de Défense dont le président désigné fut le général Miaja, alors absent de Madrid. Julian Besteiro était vice-président et ministre d'État. Le portefeuille de l'Intérieur allait à Wenceslao Carrillo, celui de la Défense à Casado, celui des Finances à Gonzalez Marin, membre de la CNT. L'Instruction publique revenait à José Del Rio, membre de la gauche républicaine, et la Justice à Miguel San Andrès, de même famille politique. Antonio Perez, de l'UGT, avait en charge le Travail, et Eduardo Val, de la CNT, les Travaux publics. En fait, seuls les ministères de la Défense et de l'Intérieur avaient une importance dans cette conjoncture, mais la présence de Julian Besteiro dans l'équipe avait une forte valeur symbolique ainsi que celle de militants syndicalistes socialistes et anarchistes. Casado, qui avait reçu le soutien imprévu d'Angel Pedrero, le chef du SIM à Madrid, s'apprêtait à confier la direction de l'armée du Centre à l'anarchiste Cipriano Mera, excellent officier sorti du rang.

Le 5 mars, à 0 h 15, Carrillo lut à la radio le manifeste du Conseil annonçant la destitution de Negrin, puis il téléphona aux gouverneurs civils des provinces fidèles à la République. Dans la brochure qu'il publia à Toulouse en 1945, il assure que la nouvelle fut accueillie favorablement par ses interlocuteurs et la population. Bien entendu, les trois gouverneurs civils communistes (Guadalajara, Cuenca et Castellon) furent révoqués. De manière surprenante, il ne souffle mot des deux allocutions que Julian Besteiro prononça sur les ondes : Union Radio-Madrid et Radio-Espagne le 5 mars à minuit, puis le surlendemain. La voix cassée par la maladie et l'émotion, le vieux militant exposa les motifs de son action : le départ et la démission du président de la République et l'impossibilité d'organiser des élections privaient le gouvernement Negrin de toute légitimité constitutionnelle. Certes, Diego Martinez Barrio, président du Congrès des députés, avait assumé l'intérim de la présidence après la démission d'Azaña, conformément à la Constitution, mais il ne jouait en aucune façon son rôle et n'était même pas rentré en Espagne, ce qui pouvait s'apparenter à un abandon de poste[229].

Conscient de la lassitude du pays et de la vague d'anticommunisme, provoquée par l'arrogance des membres du PCE et le chantage fréquent qu'ils exerçaient en exigeant qu'on prît la carte du parti pour livrer des armes, Besteiro affirma que seule l'armée de la République était légitime. Il ajouta que Negrin cherchait seulement à gagner du temps, avec comme unique justification « la croyance morbide que l'aggravation des relations internationales permettrait le déclenchement d'une catastrophe d'ampleur universelle, dans laquelle périraient avec nous les masses prolétariennes de nombreuses nations ». Il lui reprocha « la soumission aux ordres de l'étranger et une indifférence complète devant le courage de la nation ». Dans son deuxième discours, il assura que l'on ignorait où se trouvait « le gouvernement en fuite du docteur Negrin ». Le 16 mars, il s'adressa au « gouvernement nationaliste » et demanda à ouvrir des négociations en vue d'une paix honorable.

L'appel fut vain : Franco refusait de traiter avec un civil et, de surcroît, exigeait une capitulation sans conditions. Besteiro chercha alors à obtenir de Paris l'accueil de nouveaux réfugiés, et de Londres l'envoi de navires pour assurer l'évacuation des militants et des combattants exposés aux représailles des vainqueurs. Il n'obtint des consuls de France et de Grande-Bretagne que des visas sur les passeports de personnes menacées. Le 27 mars, conscient de son échec, il affirma sa résolution irrévocable de rester à Madrid pour assumer ses responsabilités. Il accepta avec une dignité sereine le risque d'être fusillé : « Je ne crains pas de mourir. À soixante-neuf ans et dans mon mauvais état de santé, quel meilleur service puis-je rendre à la cause des travailleurs qui sont restés sans drapeau et sans guide ? Si mon nom pouvait être ce drapeau je souhaiterais être fusillé. »

Durant ce fatal mois de mars, les forces armées de la République s'étaient déchirées une fois de plus tandis que les nationalistes, l'arme au pied, assistaient à ces affrontements doublement fratricides. Avec l'énergie du désespoir, Negrin multiplia les efforts pour faire renoncer Casado à son projet. Le 2 mars, il obtint qu'il vînt en compagnie de Matallana à Elda, petite ville proche d'Alicante. Les deux officiers l'atteignirent au prix d'une randonnée automobile éprouvante à travers la Nouvelle-Castille. Ils maintinrent qu'il était impossible de prolonger la résistance, firent observer que la disette régnait à Madrid et désapprouvèrent la réorganisation des commandements que Negrin avait préparée le 28 février avec ses derniers fidèles.

Dès lors, les événements se précipitèrent. Casado profita du voyage de retour vers Madrid pour informer plusieurs officiers, dont Miaja et Menendez, de ses intentions. Ni les promesses ni les menaces de Negrin, qui envoya son avion personnel à Madrid pour y quérir Casado, ni l'insistance des ministres qui se trouvaient encore dans la capitale, ni des informations faisant état de la mise en marche des unités sous commandement communiste ne purent fléchir le colonel. Le 5 mars, il informa Negrin par téléphone qu'il entrait en rébellion contre lui. Or le chef du gouvernement était incapable de le faire arrêter puisque le SIM madrilène s'était rallié à lui. À Valence, le général Aranguren, avec l'appui de Menendez, avait refusé de céder ses pouvoirs à Lister. Le PCE avait perdu l'espoir de renverser la situation à son profit. Le 7 mars, l'ordre du jour du bureau politique réuni à Elda est éloquent à cet égard : 1) Position du parti face à la Junte de Défense. 2) Évacuation des camarades. 3) Nomination d'une nouvelle direction du parti qui demeurera en Espagne[230].

Entre le 6 et le 9, Negrin, ses amis socialistes, les principaux hiérarques du PCE, plusieurs chefs militaires, ainsi que les conseillers soviétiques, à l'exception de Togliatti, Jesus Hernandez et Pedro Checa, quittèrent l'Espagne en avion. Firent de même notamment Alvarez del Vayo, Uribe, Moix, la *Pasionaria*, Rafael Alberti et son épouse, Lister, Modesto, Tagüeña, Hidalgo de Cisneros. Le 9, Togliatti adressa un message à Casado, dont la situation militaire à Madrid était pourtant délicate, lui proposant l'ouverture de négociations avec le Conseil de Défense à condition que la vie des militants arrêtés à Madrid fût respectée. L'offensive lancée par les chefs militaires communistes de l'armée du Centre était donc considérée par Togliatti et Hernandez comme un simple baroud d'honneur.

Pourtant, l'action menée par le 1er corps d'armée sous les ordres de Luis Barcelo, qui reçut des renforts expédiés par les

2e et 3e, obtint d'abord un succès : Barcelo s'empara progressivement de plusieurs quartiers du centre de Madrid, du parc du Retiro et de l'avenue de la Castellana. Le siège du gouvernement civil fut occupé, et le titulaire du poste, le socialiste José Gomez Osorio, arrêté en compagnie de l'ancien président de la fédération UGT des cheminots, Trifon Gomez, partisan de longue date de Besteiro. Les locaux du PSOE madrilène furent mis à sac et plusieurs militants assassinés, dont le commissaire Angel Peinado Leal. Des officiers ralliés à Casado, les lieutenants-colonels Gazolo, Otero et Arnoldo, trouvèrent la mort dans les combats ou furent exécutés, les 7 et 8 mars.

À Madrid, Casado ne conservait que les quartiers sud-est. Dans le Levant, Hernandez était parvenu à reprendre le contrôle de la 22e armée, mais la situation du Conseil de Défense et de ses partisans devenait critique. L'évanouissement quasi total du pouvoir politique laissait toutefois Barcelo, Bueno et Ortega sans instructions. Cipriano Mera qui commandait le 4e corps d'armée à majorité anarchiste accourut du front de Guadalajara au secours de Casado et reconquit une partie de la capitale ; Alcala et Torrejon furent enlevés et de nombreuses désertions éclaircirent les rangs des unités communistes. Le 10 mars, le PCE se résigna à négocier ; les troupes franquistes, longtemps inactives, avaient avancé jusqu'à la Casa de Campo, à l'ouest de Madrid, et les combats avaient fait plus de 200 morts et près de 600 blessés.

Le cessez-le-feu décidé le 11 prévoyait la remise des armes, la libération de tous les détenus par les deux partis, la relève de tous les commandements des unités communistes et celle des commissaires, le retour des troupes sur les lignes qu'elles tenaient avant le 5 mars. Les communistes assuraient le Conseil de Défense de leur collaboration dès lors que serait écartée toute idée de représailles. Or ces conditions ne furent respectées ni dans leur lettre ni dans leur esprit. Les tribunaux militaires entrèrent en action aussitôt : le colonel Barcelo, chef de l'armée « rebelle », et le commissaire Conesa, reconnu responsable de la mort des militants socialistes, furent condamnés à mort et exécutés sur-le-champ. La peine capitale frappant le colonel Bueno fut commuée.

L'esprit de vengeance l'avait emporté, encouragement regrettable à la volonté de représailles manifestée par les nationalistes. Seul signe d'espoir : le consensus qui se dégagea sur la nomination comme maire intérimaire de Madrid de l'anarchiste Melchior Rodriguez, le directeur général des prisons qui avait sauvé plusieurs centaines de vies et auquel rendaient hommage les partisans du Mouvement eux-mêmes, libérés par le Conseil de Défense.

Restait à conclure avec les nationalistes la « paix sans représailles » devenue l'unique objectif. Les illusions de Casado et de ses compagnons furent très vite dissipées. Franco refusa d'abord que la délégation du Conseil destinée à régler les clauses de la paix ou de la capitulation fût conduite par le général Matallana et le colonel Casado : il s'agissait d'officiers de grade trop élevé. Le lieutenant-colonel Garijo et le major Ortega, officiers d'état-major, furent alors désignés pour le voyage de Burgos. Les huit propositions du Conseil n'étaient pas déraisonnables. La première affirmait la souveraineté nationale et l'intégrité du territoire. La deuxième réclamait le respect pour les combattants. Les propositions 3 à 6 revendiquaient l'absence de représailles à l'égard de tous ceux, civils, militaires de carrière, miliciens, fonctionnaires, qui n'avaient commis aucun délit de droit commun, avec définition préalable des délits politiques et des délits de droit commun. La septième demandait d'accorder vingt-cinq jours à tous ceux qui voulaient quitter l'Espagne. Enfin la dernière disposait que les troupes italiennes et *mores* seraient retirées des dernières zones de front.

Une volonté réelle de réconciliation nationale de la part de Franco aurait eu pour effet immédiat, sinon l'acceptation de toutes ces conditions, du moins l'agrément donné, à quelques nuances près, à celles qui écartaient les représailles et autorisaient l'émigration. Lors de la première entrevue, le 23 mars à Burgos, qui mit en présence Garrijo et Ortega d'une part, les colonels Ungria et Victoria de l'autre, les réponses des officiers franquistes furent satisfaisantes, mais ils se refusèrent à signer quelque document que ce fût. Ils exigèrent que le Conseil, pour prouver ses bonnes dispositions, livrât l'aviation républicaine le 25 mars, entre 15 heures et 18 heures. Garrijo, Ortega et leurs mandants considérèrent qu'ils avaient besoin d'un document écrit pour faire admettre la remise des armes et des avions, et ils sollicitèrent une nouvelle entrevue le 25.

Cette requête fut jugée si légitime par les commissaires nationalistes qu'ils demandèrent à leurs interlocuteurs de rédiger eux-mêmes la déclaration. Ils s'y employaient lorsque, à 18 heures, survinrent d'autres officiers mandés par Franco pour signifier la rupture des négociations, l'aviation n'ayant pas été livrée dans le délai convenu.

Il ne restait plus au Conseil de Défense qu'à organiser tant bien que mal l'émigration de ceux qui redoutaient les représailles de l'ennemi[231]. Tandis que les radios nationalistes pratiquaient une désinformation habile en commentant les « concessions du Généralissime », José Del Rio exposait sur les ondes de Radio-Madrid les conditions dans lesquelles il avait fallu interrompre les négociations. Il annonça les mesures prises pour faciliter l'émigration, au demeurant plus théoriques qu'efficaces : appels aux gouvernements français et anglais, recensement des avions disponibles, etc. Officiers et soldats abandonnèrent leurs positions dès le 26 mars sur les fronts de Madrid, du Levant et d'Estrémadure. Casado ordonna à Cipriano Mera, dont l'armée était restée à peu près intacte, de lui faire rompre les rangs et de l'accompagner avec plusieurs de ses officiers à Valence, où se rendaient la plupart des membres du Conseil de Défense. D'autre part, il donna l'ordre au colonel Adolfo Prada de notifier au PC du colonel nationaliste Losas que l'armée du Centre, désertée par la plupart de ses soldats, capitulerait le 28 mars à 13 heures. Au lendemain de l'ultime réunion du Conseil, Casado décolla de l'aéroport d'Algete (Guadalajara) en compagnie de son épouse, du général Matallana et de quelques officiers ou personnalités politiques. Cipriano Mera, ses officiers d'état-major et trois commissaires aux armées partirent à bord de deux automobiles en direction de Valence[232].

Le Conseil avait fait des efforts méritoires mais peu efficaces pour faciliter l'évacuation des « personnes qui, en raison de leur appartenance politique ou syndicale, ou pour leur rôle pendant la guerre courraient quelque risque si elles tombaient aux mains des fascistes ». Des sauf-conduits et des passeports leur furent remis pour permettre leur émigration, et l'on tenta d'obtenir des compagnies de navigation, déjà pressenties par le gouvernement Negrin, la venue depuis Marseille à Valence et Alicante de plusieurs navires pour réaliser une évacuation massive[233]. La déception majeure vint de la compagnie républicaine Mid-Atlantic, dont le siège était à Londres. Elle refusa d'envoyer ses bâtiments au motif qu'elle n'avait pas reçu d'avance financière[234]. Au bout du compte, dans une sorte de « sauve-qui-peut », beaucoup de soldats républicains jugèrent plus sûr de passer à l'ennemi, et les cas de fraternisation ne furent pas rares. D'autres, accueillis par leurs familles, se cachèrent et entrèrent dans la clandestinité[235]. Nombre de membres des armées du Levant gagnèrent la côte et parvinrent à trouver une barque de pêche ou une petite embarcation pour tenter de passer en France.

Tandis que les troupes nationalistes encerclaient la capitale et que Franco, à Burgos, préparait le défilé de la Victoire, les hommes de la « cinquième colonne » madrilène sortaient au grand jour et rejoignaient dans les rues les réfugiés des ambassades étrangères. Les responsables et militants politiques connus, les chefs militaires et la plupart des gradés du camp vaincu ne pouvaient nourrir aucun espoir sur le sort qui les attendait. Ils n'avaient d'autre solution que la fuite. À l'exception de Julian Besteiro, et un peu plus tard de Matallana et d'officiers de moindre rang, ils s'y résolurent. Au bout du compte, Casado n'avait pas fait mieux que Negrin, et il avait échoué dans tous ses projets. Il dut son salut à l'intervention du Foreign Office qui le fit embarquer à Gandia sur le *HMS Galatea*.

J'ai quelque peine à suivre ceux qui, avec Hugh Thomas, estiment que la situation internationale de la République eût été très améliorée par l'entrée de Hitler à Prague si sa résistance s'était prolongée deux ou trois semaines[236]. En fait, il fallut attendre plusieurs mois et l'affaire de Danzig pour que les démocraties prennent conscience de l'impossibilité de contenir les ambitions nazies. Comme l'ont observé Pierre Broué et Émile Temime, la conjoncture espérée par Negrin et Alvarez del Vayo ne s'est produite qu'en... 1942[237]. Or, dès le 16 février, Matallana, au nom des autres officiers, avait déclaré que la résistance n'avait plus de sens.

L'IMPASSE TRAGIQUE D'ALICANTE, *CALLEJON SIN SALIDA*

Dans le livre remarquable qu'il a consacré à *La Fin de la guerre*, Luis Romero évoque l'extrême difficulté à établir un récit digne de foi des journées hallucinées d'Alicante. Comment discerner la vérité du mensonge dans une accumulation de témoignages directs ou indirects, de textes à prétentions historiques et de fictions romanesques autour de personnages authentiques ? « Il n'est pas étonnant qu'il en soit ainsi, parce qu'il s'agit d'une situation-limite, et à l'exception de ce que l'on a pu voir ou toucher, il faut mettre le reste en doute ou en quarantaine ; vérité et fantaisie, mensonges pieux et illusions fallacieuses, données véridiques et exagérations... sont étroitement mêlés[238]. »

De l'épilogue du drame émergent quelques bouleversantes images d'une humanité bafouée, du face-à-face de la dignité et de la lâcheté, d'un déferlement de panique et de folie, d'amour exacerbé de la vie et de terrible désespoir. Ainsi que l'étrange comportement des vainqueurs, spectateurs indifférents de l'Apocalypse. Luis Romero écrit en 1976, au lendemain de la mort du général Franco : « Ce qui se produisit dans le port d'Alicante est l'un des épisodes les plus effrayants et déprimants de la guerre, et, sans doute, l'une des grandes erreurs politiques des nationaux, poussés par un désir de justice vindicative, conséquence de ce signe de Caïn qui avait dominé la guerre civile[239]. »

On sait avec certitude, au détail près, que les derniers militants communistes d'importance, des membres des Jeunesses Socialistes Unifiées (JSU) et quelques militants syndicaux quittèrent l'Espagne en hâte, s'emparant, les 27 et 28 mars, des derniers avions disponibles sur les petits aérodromes du Levant, notamment celui de Totana, près de Murcie. Il semble que Checa ait organisé un convoi automobile précédé d'un camion rempli d'hommes de la 10e division, armés de fusils-mitrailleurs : ils s'emparèrent par surprise de l'aérodrome occupé par une centaine de soldats de l'aviation qui, avec leurs chefs et les pilotes, s'étaient ralliés au Conseil de Défense. Il y avait là trois ou quatre Dragons et, à proximité, une douzaine de Natachas. Les pilotes, les uns de bon gré, d'autres sous la menace des armes, acceptèrent d'emmener « une cinquantaine de camarades avec épouses et enfants ». Parmi eux Dieguez, membre du Comité central du PCE, Uribes, député de Valence, Togliatti, Zapirain et Palau, commissaires aux armées, Claudin, et peut-être Checa lui-même.

Les derniers navires chargés de combattants, de responsables politiques de la République ou de réfugiés quittèrent les ports de Valence et d'Alicante les 28 et 29 mars, alors que des milliers d'hommes, de femmes et d'enfants marchaient vers la ville dans l'espoir d'embarquer. Ce même jour, Mera parvint à quitter Valence pour l'Algérie, où il fut interné, puis il gagna le Maroc où, en 1940, les autorités de Vichy le livrèrent au gouvernement franquiste[240]. Plusieurs bateaux de pêche transportèrent quelques dizaines de fuyards en Afrique du Nord. Matallana et Aranguren choisirent de rester à Valence et de se rendre à l'armée nationaliste.

L'immense majorité de ceux qui voulaient fuir l'Espagne, politiques, syndicalistes, militaires, se retrouvèrent à Alicante. Combien étaient-ils sur les môles du port ? Les chiffres avancés varient entre 8 000 et 35 000. Selon Luis Romero, « le plus probable est qu'ils furent de 12 à 15 000, ce qui est beaucoup ». Pourquoi s'entassèrent-ils là ? Une rumeur les avait fait compter sur la flotte républicaine dont ils ignoraient qu'elle avait pris la mer le 7 mars et s'était réfugiée à Bizerte. Privant les fugitifs d'une importante possibilité d'évacuation, elle n'avait emmené que 350 civils. On attendait en outre des navires, en provenance de Marseille, d'Alger et d'Angleterre, commandés ou non par la République. Il y en eut quatre en tout et pour tout, bien que les membres étrangers du Comité de coordination, parmi lesquels plusieurs députés français dont Charles Tillon, aient assuré que beaucoup allaient entrer dans le port d'une heure à l'autre. Pour comble de malchance, trois de ces quatre navires levèrent l'ancre trop tôt : le *Ronwyn* quitta Alicante dès le 13 mars, avec seulement 634 personnes à bord. L'*African Trader* suivit, le 19, avec 859 passagers. On ignore la date exacte du départ du *Lézardrieux*, frété par le Comité d'aide à l'Espagne républicaine, qui ne semble pas avoir été lourdement chargé. Certains auteurs signalent un autre navire, le *Maritime*. L'embarquement sur le *Stanbrook*, qui partit d'Alicante à destination d'Oran en toute dernière minute le 29 mars, avec 2 638 réfugiés, s'effectua dans une atmosphère de tragédie et donna lieu à des scènes de désespoir. Le même jour, trois contre-torpilleurs français emmenèrent quelques dizaines de réfugiés, en même temps que les ressortissants français.

Le colonel Ricardo Burillo, au nom du Conseil de Défense, se démenait pour maintenir l'ordre et organiser l'évacuation, mais les listes qu'il faisait dresser devaient sans cesse être révisées en raison de l'arrivée continuelle des candidats au départ. Des véhicules de toutes sortes, dont des blindés, avaient envahi la ville. Certains des nouveaux arrivants étaient armés ; la plupart s'étaient munis de provisions de bouche et de vêtements de rechange, et ceux qui étaient venus en voiture avaient apporté matelas et couvertures. Quelques-uns étaient totalement démunis, d'autres transportaient espèces et bijoux.

La liste, non exhaustive, des notabilités qui se laissèrent enfermer dans cette nasse et qui, souvent, y perdirent la vie, est impressionnante. Elle compte des militaires qui avaient tenu les premiers rôles pendant la guerre, comme Etelvino Vega Ascanio, Ricardo Burillo, plusieurs commissaires aux armées dont Tomas Mora, des politiques comme le gouverneur civil socialiste de Madrid, José Gomez Osorio, et son homologue d'Albacete, Rodriguez Vega ; le dirigeant communiste de Madrid Domingo Giron ; l'ancien directeur de l'Ordre public à Madrid, José Cazorla, responsable de bon nombre d'exécutions ; le chef du SIM madrilène, Angel Pedro ; l'ancien maire de la capitale Henche de la Plata et des journalistes, tel Eduardo de Guzman, rédacteur en chef de la revue anarchiste *Castilla libre*.

La façon dont fut sauvé le député socialiste Pascual Tomas mérite d'être rappelée. Au milieu de l'après-midi du 30, le lieutenant-colonel Muñoz Vizcaino fit savoir qu'un avion français régulier qui assurait la liaison Oran-Toulouse allait atterrir et qu'il disposait de deux places. L'une d'elles fut offerte à Gomez Osorio, devenu président du PSOE ; il refusa, estimant qu'il devait partir le dernier. Les hommes présents, Henche de la Plata, Tomas Mora, Justo Martinez Amutio, le colonel Fernandez Navarro, le secrétaire de l'UGT, José Rodriguez Vega, « par dignité, par pudeur, par amour-propre », ne se portèrent pas candidats au voyage salvateur. Enfin, Pascual Tomas se décida ; il avança qu'il espérait pouvoir accélérer la venue de navires ou d'avions ; l'autre place fut offerte à un médecin militaire, Luis Fumagallo, qui venait d'opérer à Alicante la fille du maire de Madrid, et qui disposait d'un visa français. À Toulouse, Tomas put voir l'ancien ministre Pierre Cot et des pilotes s'offrirent pour assurer les vols nécessaires. Il semble que le gouvernement français ait refusé d'autoriser l'opération.

Au soir du 30, les avant-gardes de la division italienne Littorio, commandées par le général Gambara, se présentèrent aux portes de la ville. Luis Romero, confirmé par le témoignage d'Eduardo de Guzman, fait état de documents qui attestent le débarquement de trois bataillons espagnols amenés par des dragueurs de mines dans la journée avant l'arrivée des Italiens. Ces troupes, prenant terre loin des concentrations de soldats républicains, disposèrent des mitrailleuses pour isoler le port de la ville. Les fugitifs étaient pris au piège. Le 1er avril, les derniers occupants des quais, au nombre de 1 200 environ, durent se constituer prisonniers. En longues files, escortés par les soldats espagnols car les Italiens s'étaient retirés, ils furent conduits dans les champs d'amandiers, à la *plaza de toros* ou dans des casernes. Beaucoup avaient jeté leurs armes à la mer.

D'autres avaient choisi de mourir. Les 30 et 31 mars, la foule massée dans le port d'Alicante assista à plusieurs dizaines de suicides publics, qui devaient hanter longuement les spectateurs. Leur nombre exact est impossible à établir, mais selon des témoignages concordants il y eut une sorte d'épidémie de morts volontaires, offertes en spectacle à la mémoire collective. Le maire d'Alcira s'exclama, avant de s'ouvrir la gorge : « Maintenant, j'aurai en effet les mains tachées de sang ! » Certains se tirèrent une balle dans la tête, beaucoup se jetèrent à la mer et se laissèrent couler, d'autres se fracassèrent le crâne sur les pavés du port[241].

La guerre d'Espagne était terminée. Pour les vaincus commençait le temps de la répression, de la vengeance ou de l'exil.

DEUXIÈME PARTIE

LE LABORATOIRE DU SIÈCLE

La guerre d'Espagne se déclara alors que s'évanouissait la grande espérance d'une sécurité collective, sous le patronage de la Société des Nations. L'avènement de régimes totalitaires (Italie fasciste, Allemagne nazie, Russie soviétique...), le réarmement allemand, la guerre d'Éthiopie, la guerre sino-japonaise réactivaient les industries d'armement et les marchands de canons, longtemps moroses, frémissaient d'aise.

Les idéologies nouvelles, adoptées par de grandes puissances, recrutaient des centaines de milliers de militants et trouvaient des théoriciens de talent. Parce qu'elle menaçait de durer et parce qu'elle apparut très vite comme une tribune extraordinaire, un théâtre privilégié de l'expression de principes, d'idées, d'articles de foi en concurrence sauvage, un champ d'expérimentation inespéré pour les armes, les tactiques, la révolution et la contre-révolution, le passage à l'acte de l'utopie, la destruction des religions ou la « croisade », la guerre d'Espagne devint, en même temps qu'un enjeu politique évident, un laboratoire gigantesque où, aux côtés des Espagnols, s'engagèrent, luttèrent, souffrirent ou moururent des dizaines de milliers d'étrangers, accourus de toute l'Europe, des Amériques, voire d'Afrique et d'Asie : militants prêts au martyre ou chômeurs en quête d'aventures, reporters et photographes, artistes en quête d'insolite, écrivains avides de situations et de caractères hors du commun, espions et agents doubles, trafiquants de toutes sortes, officiers et spécialistes anxieux de tester *in vivo* le matériel *up to date* mis à leur disposition. Tandis que des milliers d'Espagnols, hommes ou femmes, voyaient l'occasion d'en finir avec un régime honni, une république de « sans-Dieu », et que d'autres ne pensaient qu'à utiliser la conjoncture pour édifier une grande Catalogne ou un Euzkadi indépendant. Tout aussi nombreux étaient ceux qui voyaient luire l'aube d'une société nouvelle, sans État, sans patrons, voire sans monnaie. D'autres, encore rares en juillet 1936, mais de plus en plus nombreux au fil des mois et des années, appelaient de leurs vœux la réalisation de la société socialiste dont l'URSS était le modèle. Ils ovationnaient à Madrid au cri de « *Viva los Rusos !* » des combattants volontaires, dont bien peu étaient soviétiques et dont plus de la moitié étaient français, allemands et italiens. On forgeait légendes et mythes à partir d'épisodes héroïques, de héros souvent contestables, quasi divinisés, comme le furent Franco et Moscardo, Durruti et la *Pasionaria*. Une histoire véritable de la guerre d'Espagne, après six ou sept décennies, ne peut ignorer ce laboratoire.

1

Armes et tactiques au banc d'essai

Au début du conflit, les deux adversaires, on l'a vu plus haut, étaient pratiquement désarmés. « L'armée espagnole, observait un témoin, en est encore, au plan de l'armement et du matériel, au point où se trouvaient les armées balkaniques avant 1914[1]. » Depuis la guerre de Cuba de 1898, le pays, neutre dans le premier conflit mondial, n'avait lutté que pour maintenir sa domination sur la zone marocaine qui lui avait été attribuée par les conférences internationales, non sans y connaître de cruelles déconvenues comme la défaite d'Annual, en 1921. Si officiers et sous-officiers disposent d'armes individuelles de bonne qualité fabriquées au Pays basque, les fusils de la troupe sont encore les Mauser allemands type 1893, l'arme collective de base reste la mitrailleuse Hotchkiss modèle 1922, peu maniable, fabriquée en Espagne. L'artillerie de campagne est obsolète et les munitions manquent partout sauf au Maroc. Après dix jours de guerre, Mola se désespère : « Plus un coup de feu ! J'ai vingt-six mille cartouches pour toute l'armée du Nord. » L'une des premières réussites de Franco, dès qu'il atteint la frontière en Estrémadure, est de lui faire parvenir un lot de cartouches par le Portugal.

Le Comité issu de l'accord de non-intervention avait, le 11 septembre, créé un sous-comité constitué par des représentants des nations dotées d'industries d'armement ou qui, limitrophes de l'Espagne, pouvaient permettre le transit d'armes. En faisaient partie, outre la France et le Portugal, l'Allemagne, la Belgique, la Grande-Bretagne, l'Italie, la Suède, la Tchécoslovaquie et l'URSS. En principe, les décisions du sous-comité auraient dû avoir des effets comparables sur les deux adversaires. Toutefois, l'Allemagne, l'Italie et le Portugal d'une part, l'URSS de l'autre, étaient résolus à contourner l'interdiction, tandis que la France était prête à prendre divers biais pour acheminer du matériel de guerre vers la zone républicaine.

La prohibition des exportations fit le jeu des intermédiaires de toutes sortes, prompts à évoquer les risques, la nécessité d'acheter la complicité des fonctionnaires ou des douaniers, les difficultés à se procurer un matériel neuf, soumis à des contrôles plus stricts. Cela leur permit d'extorquer aux agents du Front populaire espagnol des commissions en tous genres en leur vendant un matériel souvent désuet. C'est ainsi qu'ils reçurent plus de 240 modèles différents d'avions, allant du De Haviland Dh. 9 de 1918 jusqu'aux nouveaux appareils légers américains. Presque tous se révélèrent totalement inefficaces[2]. De ceux, très nombreux, vendus par la France, seuls les chasseurs Dewatine D.510 et Nieuport-Delage Ni-D.52 et les bombardiers Potez 54 eurent quelque utilité. Une partie des appareils furent livrés sans mitrailleuses ni dispositifs de tir, pour paraître se conformer aux instructions du Comité de non-intervention. La Pologne vendit aux Espagnols à des prix prohibitifs des armes et des munitions de rebut, des canons usagés sans équipement de transport. La Tchécoslovaquie céda des chars sans pièces de rechange, etc. « Ce fut en somme un formidable moyen de liquider à bon prix le vieux matériel[3]. »

Pour sa part, l'URSS paya l'or espagnol au prix du marché, tout en prélevant des commissions excessives, et sans tenir le moindre compte de la plus-value numismatique de nombreuses monnaies d'or. Elle livra des chars et des avions de grande qualité, mais accompagnés d'un matériel calamiteux : armes légères et pièces d'artillerie auraient été plus à leur place dans des musées que sur les champs de bataille espagnols. Souvent endommagées, certaines dataient de la guerre russo-japonaise de 1905. La multiplicité des modèles — jusqu'à vingt et douze calibres pour le seul fusil du fantassin — fut la source de difficultés permanentes. En outre, les Soviétiques facturèrent le plus souvent leur matériel à un taux du rouble surévalué : au lieu de 5 roubles pour 1 dollar, il fut de 3,6, de 2,5 (cas des mitrailleuses) et même de 2 pour l'artillerie. Gerald Howson, utilisant les sources soviétiques, a pu calculer que le Front populaire paya au total quelque 200 millions de dollars pour une « aide » dont le prix normal eût été de 140 à 150 millions[4].

Sans doute, l'Allemagne et l'Italie ne firent-elles pas de cadeaux à l'Espagne rebelle. Mais elles lui consentirent des crédits importants et cherchèrent à lui faire gagner la guerre. La victoire conditionnait d'ailleurs le remboursement des créances allemandes en minerais et en matières premières ou en denrées alimentaires, ainsi que le paiement de la dette à l'Italie. Surtout, Mussolini et Hitler tenaient absolument à tester « en situation » leur nouveau matériel de guerre, afin d'effectuer les corrections nécessaires. C'est pourquoi ils fournirent à Franco du matériel neuf, de bonne qualité, et le perfectionnèrent à l'usage. En définitive, l'Espagne nationaliste fut donc beaucoup mieux servie par les puissances fascistes que l'Espagne du Front populaire par les nations démocratiques et par l'URSS soviétique.

Je ne prétends pas ici proposer une revue complète des armes auxquelles la guerre d'Espagne servit de champ d'expérience. On négligera notamment le cas des armes légères d'usage individuel, telles que les pistolets-mitrailleurs — le tchèque 2 K 383 — ou les fusils-mitrailleurs comme les allemands Berg 4-I et 28-2, le tchèque CZ (Ceskolovenska Zbrojovka), *a fortiori* pistolets et revolvers. On s'intéressera seulement aux chars de combat et aux avions, voire aux armes chargées de les annihiler, canons antichars et batteries de DCA, autrement dit aux armes dont le rôle devait être primordial pendant la Deuxième Guerre mondiale.

Les chars de combat étaient quasi inexistants au début de la guerre : 10 Renault F-17 modèle 1917, 5 Schneider CA-M modèle 1916, et 6 Trubia, plus récents (1933), fabriqués en Espagne et qui se trouvaient en période d'essais, composaient le parc. Ils ne participèrent aucunement à la première phase de la guerre dite « des colonnes ».

L'EMPLOI DES BLINDÉS EN ACTIONS DE RUPTURE

Les chars intervinrent pour la première fois lors de la bataille de Madrid, le 29 octobre 1936, et, grâce à l'effet de surprise sur les troupes marocaines, avec un plein succès. Il s'agissait de T-26 A soviétiques, d'un poids de 8 tonnes, qui pouvaient rouler à 30 km/h. Ils étaient dotés d'une tourelle pourvue d'un canon de 45 et d'une mitrailleuse. Le modèle, inspiré du char britannique Vickers-Corden Loyd, avait été fabriqué en série dès 1931 et révisé en 1933, avec deux versions (8,6 et 9,2 tonnes). Les modèles T-26 B de 9,2 tonnes arrivèrent un peu plus tard. Le plus léger avait deux mitrailleuses mais pas de canons. L'armée de la République reçut au total 350 chars de ces modèles. L'URSS lui expédia, en octobre 1936, des chars BT-7 puissants (14 tonnes), très rapides puisqu'ils pouvaient atteindre 80 km/h, et, de surcroît, fort maniables. Cependant, lors des batailles du Jarama et de Brunete, ils révélèrent une insuffisance de leur blindage (10 à 15 mm pour les T-26, 18 pour les BT-7). Les artilleurs allemands de la Condor le percèrent, en effet, en utilisant leurs canons antiaériens Flak-88 en position horizontale puis en les montant sur leurs propres blindés. Les Soviétiques comprirent alors la nécessité de renforcer leurs blindages [5].

Les Allemands fournirent à Franco environ 400 chars légers Panzer P-1, de 6 tonnes, un peu plus rapides que les T-26 (40 km/h), pourvus d'un canon et de deux mitrailleuses. Le P-1 avait l'avantage d'être maniable dans un pays de relief tourmenté. Il se révéla d'une efficacité médiocre et fut remplacé progressivement par le P-II, plus lourd (10 tonnes), et surtout par le P-III (10 tonnes également), dont le blindage avait été renforcé. En 1937 et 1938, le P-III fut de plus en plus utilisé. Au total, la République disposa de chars sensiblement plus nombreux, « plus lourds, mieux armés, plus rapides, même si moins manœuvrables, et d'une puissance de feu plus redoutable que les chars allemands et italiens dont disposaient les nationalistes... Mais les républicains ne surent pas en tirer le meilleur parti [6] ». En revanche, les Allemands surent profiter de l'expérience pour modifier blindages et calibres avant la campagne de 1940.

Pour ce qui est de la doctrine, le colonel Jean-Baptiste Estienne avait, dès 1918, conçu l'emploi des blindés comme un instrument de rupture du front par des groupements de chars lourds et moyens, tandis que les chars légers continueraient à assurer leur mission classique d'appui à l'infanterie. La paix revenue, il avait développé sa réflexion en ce sens mais ses idées avaient été négligées par tous, hormis le colonel Charles de Gaulle (dans *Vers l'armée de métier*). Le général britannique John Fuller, initiateur de l'attaque anglaise sur Cambrai, le 20 novembre 1917, où les premiers tanks jouèrent un rôle notable, prôna ensuite, avec l'appui d'autres officiers britanniques, Martel et Liddel Hart, l'emploi massif des chars d'assaut. Correspondant de guerre en Espagne, il y trouva la confirmation de ses théories.

Heinz Guderian avait travaillé dans le même sens et créé l'armée blindée allemande. Le colonel von Thoma, chef de l'unité des Panzers de la Condor, en donna sur le terrain une application réussie lorsqu'il sut faire prévaloir, auprès du général Varela, « la concentration massive des blindés en un seul point de rupture » à Brunete en juillet 1937, puis de nouveau lors de l'offensive d'Aragon. Plusieurs conseillers soviétiques, qui connaissaient et admiraient les idées de Guderian, préconisaient la même tactique et le maréchal Toukatchevski avait recommandé la création d'unités blindées homogènes. L'idée avait, comme on l'a vu, séduit Enrique Lister qui fut empêché de l'appliquer. Le spécialiste tchèque Miksche devait constater : « Les blindés soviétiques avaient échoué parce qu'on les avait utilisés en ordre dispersé et en soutien de l'infanterie, suivant les théories françaises. » Pierre Cot écrivit, après le désastre de 1940 : « C'est à partir de la bataille de Brunete que le colonel von Thoma, commandant des blindés de Hitler, perfectionna l'emploi des chars. Guderian sut mettre à profit la leçon lorsqu'il déferla sur la France. »

Le commandant Vincent, engagé sur ordre du 2e Bureau dans les Brigades internationales, avait formulé des observations d'un vif intérêt, lamentablement négligées par l'état-major. Ce fut également en vain, comme le souligne Thierry Vivier, que le général Duval et l'ingénieur naval Camille Rougeron méditèrent les leçons de la guerre d'Espagne à propos de l'emploi simultané de l'arme blindée et de l'aviation. L'état-major français refusa de les suivre. Les Soviétiques commirent la même erreur puisque la commission d'évaluation de la guerre d'Espagne conclut au démantèlement des unités blindées de Toukatchevski, en dépit des protestations de Chapochnikov et Joukov. Les enseignements de Guadalajara, Brunete et Belchite avaient été mal compris... sauf par les Allemands[7].

LE RÔLE DÉCISIF DE L'AVIATION

La guerre d'Espagne fut un test plus important encore pour l'aviation qui avait permis à Franco de réaliser le premier pont aérien de l'Histoire pour utiliser dans la péninsule la force la mieux entraînée et la plus « professionnelle »[8]. Au début de la guerre, les avions soviétiques étaient supérieurs à ceux qui leur étaient opposés. Les Polikapov I-15 (*chatos*), biplans qui volaient à 350 km/h et pouvaient s'élever à 9 000 mètres, dotés de quatre mitrailleuses, étaient d'excellents chasseurs, comme les I-16 (*moscas*), légèrement postérieurs, qui atteignaient 400 km/h mais ne pouvaient monter qu'à 5 000 mètres. Ceux-ci étaient armés également de quatre mitrailleuses.

Ces chasseurs surclassèrent le biplan Nieuport-Delage 52 et le monoplan Potez-54, de même que les Dewoitine-500, ou les Curtis américains Hawk. L'URSS envoya également, dès octobre 1936, environ 200 bombardiers Tupolev Sb-2 (Katiuskas et Natachas), bimoteurs dotés d'un bon rayon d'action et d'une vitesse de 400 km/h. Ils fournirent également 700 à 800 chasseurs, dont un bon nombre furent assemblés à Barcelone. En novembre 1936, assure Hugh Thomas, « l'aviation russe... pouvait assurer à la République une couverture totale[9] ».

Au cours des premiers mois de guerre les adversaires les plus redoutables des *chatos* et des *moscas* furent les chasseurs C2-32 italiens (*chirris*), biplans monoplaces, qui volaient à 350 km/h, étaient armés de deux mitrailleuses et s'élevaient à plus de 7 500 mètres. Ils infligèrent des pertes importantes aux bombardiers soviétiques Katiuskas. Les Italiens fournirent aussi à l'Espagne nationaliste des bombardiers bimoteurs Fiat B2-Cigogna neufs et des bombardiers trimoteurs rapides Savoia Sa-579, acteurs principaux des bombardements de Barcelone, Tarragone, Valence, à partir de leurs bases des Baléares. Ils étaient souvent accompagnés des hydravions Cant Z-506 qui éclairaient les objectifs pendant les raids nocturnes. Au total, la contribution italienne fut considérable : environ 660 appareils, 350 chasseurs et presque autant de bombardiers, montés au début par les Italiens, relevés progressivement par des pilotes espagnols.

La Légion Condor débarquée en Andalousie les 6 et 7 novembre était pourvue pour l'essentiel de bombardiers Junker 52 et de chasseurs Heinkel 51. Les performances, inférieures à celles des *chatos* et des *moscas*, de ce dernier appareil conduisirent les Allemands à hâter la mise au point des chasseurs Messerschmidt qui furent substitués progressivement aux Heinkel. Les prototypes Me-Bf 109 arrivèrent en janvier 1937 et leurs résultats, très probants, suscitèrent une fabrication rapide en série, de sorte que 24 Me-Bf 109 B1 arrivèrent en mars pour constituer les deux premières escadrilles. Les Me-Bf 109 B2, arrivés en juin, furent retirés en raison d'une déficience du train d'atterrissage et remplacés, après correction de ce défaut, en janvier 1938, par les C1, dotés d'un moteur plus puissant et de quatre mitrailleuses. Un autre lot de douze Me 109 C1 permit en juillet 1938 la relève des Heinkel de la troisième escadrille et, en janvier 1939, une nouvelle génération de Messerschmidt, les E1, quarante appareils, assura la substitution des séries B et C.

De la même façon, les Junker 52 furent en grande partie remplacés par les Messerschmidt Me-111, dès mars 1937. En décembre furent acheminés en grand secret trois bombardiers Junker 87 A 2, plus connus sous le nom de Stukas, qui furent servis exclusivement par un personnel allemand. L'extraordinaire précision dont firent preuve ces Stukas suscita l'envoi, en octobre 1938, de cinq exemplaires supplémentaires portant les numéros 7 à 11 de la série B.

On a vu plus haut, dans la description des opérations militaires, qu'à partir du printemps 1937 la maîtrise du ciel passa aux nationalistes, grâce à la Condor. Il faut ajouter que les « forces aériennes nationales » reçurent des Allemands quelque 80 avions de chasse, dont 20 Messerschmidt, et presque autant de bombardiers, dont 28 Heinkel 111 et 10 Dornier. La plupart des observateurs estiment que le rôle de l'aviation fut décisif dans plusieurs des batailles importantes de la guerre : à Brunete, à Belchite, à Gandesa (bataille de l'Èbre). Les affrontements, voire les duels, entre chasseurs qui protégeaient ou tentaient de détruire les bombardiers prirent une grande ampleur. Les attaques en piqué des chasseurs et surtout des bombardiers sur les troupes au sol et leurs abris fortifiés, les ponts et les nœuds routiers, les dépôts de munitions et de carburant, les installations portuaires et les aérodromes devinrent un aspect essentiel du conflit. Ainsi, les ports de débarquement du matériel soviétique furent particulièrement visés. Les pilotes de l'Espagne nationaliste inaugurèrent lors de la bataille du Jarama une tactique qu'ils perfectionnèrent à Brunete, celle de la « chaîne ». C'était une sorte de carrousel infernal auquel participaient plusieurs escadrilles : chaque appareil piquait sur la position attaquée, lâchait sa première bombe, reprenait de l'altitude et allait se repositionner en queue d'escadrille, attendait son tour et renouvelait l'opération. Chacun des avions lançait ainsi les six bombes dont il était doté. Le colonel républicain Jurado, présent à Brunete, constata : « Le moral de nos troupes est affaibli par cette tactique de l'ennemi, qui déplace peu d'appareils mais de façon continue, de sorte qu'on a l'impression qu'ils nous gardent en permanence sous leur contrôle et cela sans que notre aviation ait trouvé le moyen d'annihiler cette tactique. » Cette tactique fut reprise par les pilotes allemands de la Condor qui la diversifièrent lors de la campagne des Asturies en attaquant à revers les casemates enterrées des combattants asturiens, comme l'explique Galland dans ses Mémoires [10].

On comprend mal pourquoi, jusqu'au printemps 1937, alors que la République avait l'avantage du nombre et des performances des appareils, elle n'a pas usé davantage de l'arme aérienne. Les conseillers soviétiques voulaient-ils ménager leurs appareils, qu'ils avaient pourtant vendus un bon prix, ou préserver leurs pilotes de la colère de Staline en cas d'échec ? C'est vraisemblable car ces hommes ne pouvaient ignorer les procès engagés contre plusieurs des meilleurs chefs militaires de l'URSS, qui aboutirent le 11 juin 1937 à l'exécution du maréchal Toukatchevski et de huit autres généraux. Mais ce fut une grande occasion perdue. D'autant que les pilotes soviétiques et leurs élèves espagnols démontrèrent leurs possibilités lors de l'attaque réussie de plusieurs aérodromes, Avila par exemple.

Autre anticipation tragique de la Deuxième Guerre mondiale : le bombardement des villes, sans objectif militaire évident, destiné à terroriser les populations civiles et à affaiblir le moral de l'arrière. Il ne fut pas le monopole des nationalistes. Les forces aériennes de la République bombardèrent deux fois Oviedo en septembre 1936, puis Cordoue et Grenade, enfin Huesca, durement touchée. Cependant, les bombardements des escadrilles de la Condor (Madrid, Durango, Guernica) et des escadrilles italiennes basées aux Baléares (Barcelone, Tarragone...) furent les plus violents, annonçant Londres, Coventry ou Dresde. À plusieurs reprises, il parut évident que les responsables des opérations voulaient tester la puissance et les effets de leurs armes de destruction. Goering à Nuremberg qualifia d'ailleurs Guernica de « banc d'essai pour ma jeune Luftwaffe... Nous ne pouvions faire autrement. À cette époque ces opérations ne pouvaient se faire ailleurs... ».

Les Allemands préparèrent en Espagne, en coopération avec le général Kindelan, une grande opération aéroportée rendue inutile par la débâcle de l'armée populaire. On possède le texte de l'ordre d'opération N° 49, signé de Kindelan, en date du 8 février 1939. Il s'agissait de transporter par voie aérienne sur les arrières de l'armée ennemie des unités terrestres constituées, afin de s'opposer à la destruction des ouvrages d'art par les troupes en retraite. De telles opérations, assorties de parachutages, furent menées pendant la guerre mondiale[11]. Pour mieux entraîner ses spécialistes, la Légion Condor procéda à plusieurs relèves : alors que son effectif complet était de 6 500, quelque 16 000 hommes, personnel volant surtout, connurent l'expérience espagnole. Certains des « as » de la Luftwaffe pendant la Deuxième Guerre mondiale, dont Molders et Galland, s'étaient formés en Espagne. Les Soviétiques furent beaucoup moins nombreux (2 000 à 3 000) et la plupart de leurs « conseillers » en Espagne allaient être victimes des purges drastiques ordonnées par Staline.

Si la tragédie espagnole fut l'occasion de nouveautés tactiques dont les Allemands surtout firent leur profit, d'une certaine façon la guerre civile marqua aussi la fin d'une manière de faire la guerre en Europe. Elle fut le temps des derniers combats à l'arme blanche, ainsi à Badajoz, et les dernières charges de cavalerie ; telle, en février 1938 aux portes de Teruel, la chevauchée de Monasterio et de ses hommes.

2

L'utopie en action

Une authentique révolution

La guerre d'Espagne a suscité de telles passions qu'aujourd'hui encore des milliers d'hommes et de femmes veulent conserver ou retrouver la mémoire de ce passé de bruit et de fureur. En ces trois années furent mises en scène et s'affrontèrent les expériences politiques qui devaient, tout au long du XXe siècle, dresser en armes peuples et nations, susciter engagements héroïques et aliénations délirantes. Au-delà du naufrage d'une république avortée, on assista en effet en Espagne à la confrontation de tous les totalitarismes nés ou en gésine : fascisme aux visages multiples, socialisme révolutionnaire, communisme stalinien, intégrisme catholique sous les espèces d'une douteuse « croisade » et intégrisme libertaire. La guerre civile offrit le cadre et l'occasion d'une tentative utopique d'une dimension jusque-là inconnue et qui n'a pas été renouvelée depuis lors. Elle était sans commune mesure avec les expériences modestes du passé comme les phalanstères du XIXe siècle.

Cette tentative mérite mieux que le silence auquel l'Espagne franquiste, après la victoire, ainsi que la mémoire républicaine en exil l'ont condamnée par une sorte d'accord tacite très rarement rompu. Aragon, Catalogne, Levant, Nouvelle-Castille furent les noms de ces pays de nulle part qui, depuis Thomas More, avaient suscité les rêves des humanistes.

Aux derniers jours de juillet 1936, la révolution surgit par une véritable génération spontanée dans quelques dizaines de villages aragonais qui se dotèrent de « communes libres » nées d'assemblées générales. Celles-ci, dans la plupart des cas, n'attendirent pas l'irruption des colonnes anarchistes parties de Barcelone, même si leur passage et la pression inquiétante qu'elles exerçaient sur les populations purent décider quelques hésitants à se rallier aux « collectivisations » en cours.

Les anarchistes aragonais se trouvaient dans une situation dont, quelques mois plus tôt, en mai 1936, lors du congrès de Saragosse, ils n'auraient pas osé rêver. L'État s'était évanoui, les grands propriétaires étaient morts ou en fuite, terrorisés par l'annonce de l'arrivée des « colonnes ». La plupart des collectivités aragonaises se formèrent donc dès juillet et août. La Catalogne, le Levant, la Nouvelle-Castille suivirent, avec quelques semaines de retard. Au printemps 1937, avant la crise de mai, 450 communes sur les quelque 600 que comptait l'Aragon républicain, soit l'est de la province d'Ainsa à Alcaniz, avaient adhéré à la Fédération régionale des collectivités ; elles rassemblaient 433 000 habitants, soit 85 % environ de la population en cause[12]. Quoique importante en Catalogne, au Levant, en Nouvelle-Castille et dans la province andalouse de Jaen, la collectivisation n'atteignit jamais un tel niveau. Selon Aurora Bosch, la superficie expropriée de terres « utiles » fut de 65 % dans la province de Jaen, 56,9 % dans celle de Ciudad Real, 33,5 % dans celle d'Albacete et seulement 13,18 % dans le Pays valencien où un tiers seulement des terres expropriées fut réparti en 353 collectivités[13].

Cette floraison d'expériences de collectivisation est moins surprenante qu'il n'y paraît au premier abord. Gerald Brenan a rappelé plusieurs cas de communes rurales très antérieures à l'apparition des thèses anarchistes : la municipalité de Llanabes, dans le Leon, procurait gratuitement aux habitants, à la fin du XVIIIe siècle, les services du chirurgien, du pharmacien, du berger, du forgeron, et jusqu'aux bulles du pape, avec un contingent d'indulgences. Les communautés pastorales de Navarre et du haut Aragon, ainsi le Baztan, Roncal, le Salazar, Anso, dès la fin du Moyen Âge, exploitaient en commun pâturages et troupeaux et concluaient avec les communautés des vallées françaises des traités de « lies et passeries » et de bon voisinage, sans se soucier de la politique de leurs rois respectifs et sans que cette démocratie directe dût quoi que ce fût à l'anarchisme ou au socialisme [14]. En revanche, ce fut la Commune de Paris qui déclencha les Mouvements de 1871 en Andalousie à Malaga, Séville, Grenade ou Cordoue, où se constituèrent des cantons indépendants inspirés des idées de Pi i Margall. Il s'agissait bien dans ces cas de mouvements politiques, animés d'un anticléricalisme violent et de la conviction de l'injustice fondamentale de tout pouvoir. En 1898, l'ouvrage important de Joaquin Costa, *El Colectivismo agrario*, rappela l'ancienneté et l'enracinement des traditions du communautarisme agraire en Espagne.

On rappellera encore l'exemple original de la communauté de pêcheurs de Port de la Selva en Catalogne, dont la Constitution fut élaborée en 1929. Cette république libertaire en miniature réalisait l'idéal de nombreux villages de Catalogne, d'Andalousie ou de Castille ; elle s'était organisée selon les principes coopératifs d'un disciple de Fourier, Fernando Garrido. Le village voisin de Cadaquès avait vécu une expérience comparable au XVIe siècle. Port de la Selva n'avait pas de lien direct avec l'anarchisme ou le socialisme politique, à la différence des villages d'Aragon et de la Rioja qui, le 8 décembre 1933, proclamèrent le « communisme libertaire », éruption éphémère car elle ne dura que quatre jours [15].

Lorsque Frantz Borkenau assure que Barcelone fut « le bastion de l'Espagne soviétique », il entend l'adjectif en son sens originel ; ce sont les conseils d'ouvriers et de soldats qui font la loi [16]. La vague révolutionnaire dont le déclenchement fut spontané, bien évidemment soutenue par la CNT, n'avait, en effet, rien à voir avec la révolution bolchevique. La CNT avait décidé lors du congrès de Saragosse, en juin 1922, d'abandonner la IIIe Internationale, sur les recommandations d'Angel Pestaña et d'un anarchiste français, Gaston Leval, revenus en 1920 et 1921 fort déçus de leur séjour en URSS.

Par ailleurs, le mouvement ne devait rien aux impulsions ou à l'intervention d'un État central en déliquescence, et il ne faisait pas l'obligation aux petits propriétaires ou aux travailleurs indépendants d'entrer dans les communautés. La collectivisation, rarement totale, même en Aragon, fut minoritaire en Catalogne et plus encore dans le Levant. Les grands propriétaires avaient été exclus du jeu, éliminés ou mis en fuite, victimes d'un « terrorisme de masse » qui « liquida » pareillement officiers, gardes, phalangistes et *señoritos*. Les exécutions sommaires, souvent atroces, des « ennemis de classe », auxquelles contribuèrent largement les colonnes de Durruti et autres leaders anarchistes, sont les crimes de l'extrémisme « libertaire » dont, par ailleurs, l'action sociale et culturelle fut souvent remarquable et le bilan économique honorable, quoique très divers et parfois négatif dans l'industrie.

En Aragon et en Nouvelle-Castille, les collectivités durent s'organiser dans l'urgence car c'était le temps des moissons. Il fallut donc, au prix d'un effort énorme, assurer les récoltes et, simultanément, définir un mode de travail, prévoir les rémunérations et la répartition des biens, administrer la vie sociale et les loisirs, les relations avec les autres collectivités, etc.

À Barcelone les anarchistes de la CNT et de la FAI, quoique les plus forts, acceptèrent sous l'impulsion d'Abad de Santillan, l'un de leurs dirigeants les plus respectés, de collaborer avec la *Generalitat* de Catalogne et son président Luis Companys au sein d'un comité central des milices antifascistes où entrèrent également la CNT, moins forte là qu'ailleurs, le POUM et le PSUC. Il en alla autrement en Aragon où l'influence de la CNT était presque exclusive. Dès la fin septembre 1936, la centrale provoqua la création d'un Conseil de Défense d'Aragon, présidé par Joaquin Ascaso, frère de Francisco. Il était composé exclusivement d'ouvriers, d'artisans et d'instituteurs, et, curieusement, ne comptait pas d'agriculteurs. Cette expression de la volonté révolutionnaire des Aragonais, véritable gouvernement régional, entendait mettre fin aux abus des colonnes anarchistes et favoriser les communications et la coopération entre les communes tentées par l'autarcie. Créé à Bujaraloz contre l'avis des communistes, le Conseil suscita la convocation d'un congrès des collectivités aragonaises qui se tint à Caspe les 14 et 15 février 1937.

José Borras, qui fut le secrétaire des collectivités de la *comarque* de Pina de Ebro, bourg dont la plupart des habitants adhérèrent à la collectivisation, affirme que les résolutions du Conseil furent « la tentative la plus audacieuse de révolution sociale, libre et autogestionnaire réalisée en Espagne ». Il ajoute : « Dans un grand nombre des 600 villages de l'Aragon républicain, on vécut en régime communiste libertaire des premiers jours d'août jusqu'à la mi-octobre 1936. L'unique pouvoir ou, pour mieux dire, l'organe administratif unique était la commune. Elle était dirigée par un comité révolutionnaire, nommé en assemblée générale par tous les habitants. Durant toute cette période, ces villages vécurent hors de toute relation ou dépendance du pouvoir central, sans police ni garde civile ; sans tribunaux ; sans appareil politico-administratif bureaucratique ; sans capitalistes et sans patrons ; sans argent, sans Église et sans impôts [17] ». Le même auteur remarque que ce nouveau régime, loin de favoriser délinquance et désordre, instaura la paix sociale grâce à la socialisation de la richesse et des moyens de production.

La réalité de la « révolution libertaire » dans les anciens États de la Couronne d'Aragon (Catalogne, Aragon, Valence), en Nouvelle-Castille et dans une partie de l'Andalousie intérieure ne fait aucun doute. On peut même affirmer que ce fut la tentative de révolution la plus profonde et la plus complète jamais effectuée en Europe. Ce fut un mouvement messianique dont l'ambition politique, économique, sociale et éthique, formulée ou non, était la naissance de l'homme nouveau. Elle visait tout à la fois la nature et les formes de désignation des pouvoirs de décision, l'organisation du travail et la répartition de ses fruits, l'éducation, la culture et les loisirs. Elle désapprouvait entièrement les projets de réforme agraire plus convenus, tels que ceux de Pascual Carrion, auteur d'un important ouvrage, *Los Latifundios en España* (1932), qui préconisait le partage de ces grands domaines pour faire accéder les journaliers à la propriété et avait inspiré la loi de réforme agraire présentée sans succès aux Cortes de 1932.

La collectivisation péchait principalement par l'absence de définition et le mauvais fonctionnement de la relation devant unir les différentes communes entre elles et avec les unités de production demeurées dans le système capitaliste. Elle ignorait la promotion des femmes, en dépit de la prétention anarchiste d'éradiquer le machisme. En outre, elle se montrait intolérante en matière de mœurs, de loisirs et de pratique religieuse. Dans les collectivités anarchistes, le culte fut banni et les églises et couvents, souvent conservés pour leur valeur architecturale, furent affectés à d'autres usages. La relation du pouvoir à la violence ne fut pas vraiment envisagée, peut-être parce que l'expérience se déroulait dans un pays en guerre.

Dans les campagnes aragonaises, la révolution était favorisée par une forte tradition de collectivisme agraire enracinée dans la conscience collective, et par l'hostilité du prolétariat agricole envers les grands propriétaires et leurs régisseurs. Cela explique la grande diversité des processus de formation des collectivités. Examinant le cas de 22 d'entre elles, pour lesquelles il dispose de données abondantes, Bernecker en dénombre 5 formées à l'initiative exclusive des propriétaires, 3 après expropriation des terres et 4 par combinaison de ces deux systèmes. Il n'a pu déterminer la genèse exacte des 10 autres. Le même auteur rappelle que des assemblées générales furent convoquées immédiatement après « la fuite ou l'exécution des grands propriétaires ». Il constate d'autre part qu'en Catalogne les 98 collectivités à propos desquelles on dispose d'une documentation suffisante furent formées grâce aux petits propriétaires dont les terres constituèrent le gros des surfaces mises en exploitation collective [18].

Le caractère « libertaire » des collectivisations apparaît dans la diversité des solutions retenues par les *comarques*, même lorsque les structures agraires, les effectifs de la population, les méthodes de culture étaient comparables. Cette diversité est patente dans les règlements établis par les statuts. Encore faut-il préciser que certaines collectivités refusèrent de s'en donner ; ce fut le cas des dix-neuf localités collectivisées de la *comarque* de Mas de la Mata, affirmant vouloir que rien ne vînt réduire leur liberté de décision. Lorsqu'ils existaient, ces statuts insistaient sur le caractère volontaire de l'adhésion à la collectivité et sur la possibilité de la quitter à tout moment selon des modalités variables, liberté sans doute plus théorique que réelle. L'assemblée générale, proclamée souveraine, élisait un exécutif qui, sous des noms très divers, jouissait de compétences étendues mais était révocable en permanence selon le principe de la démocratie directe.

L'assemblée décidait du niveau de la collectivisation, souvent intégrale ou très poussée en Aragon. José Borras en donne de nombreux exemples concordant à des nuances près avec les résultats obtenus par Bernecker : ainsi, la collectivisation fut totale à Alcolea del Cinca, Bujaraloz, Lagunarrota, Muniesa et Peñalva jusqu'en août 1937 (dissolution des collectivités par Lister). Elle fut intégrale dans 28 des 35 villages de la *comarque* de Binefar, presque complète à Alcorisa et Calanda. En revanche, dans la *comarque* de Graus, sur 43 villages, un seul choisit la collectivisation intégrale, 9 autres un taux de collectivisation proche de 50 %, et les autres un taux faible. À Monzon et Barbastro, la collectivisation fut très minoritaire. Cela dit, il est tout à fait erroné de soutenir qu'elle ait été imposée en provoquant la haine des paysans envers le Conseil d'Aragon, comme l'a prétendu Gabriel Jackson qui connaissait fort mal la région [19].

La collectivisation des campagnes fut moins poussée en Catalogne et, surtout, au Levant. Dans les *huertas* valenciennes où prévalaient la petite et la moyenne propriété et la culture intensive, le terme même était à l'index. Ni la paysannerie, ni les techniciens de l'IRA (Institut de Réforme Agraire) ne jugeaient la formule adaptée à l'économie agraire valencienne. En outre, en pleine saison des récoltes d'oignons, de riz, de raisins et de certains agrumes, il ne pouvait être question de désorganiser un secteur économique vital pour la région. Les syndicats socialisèrent les terres confisquées à la suite de la fuite de leurs propriétaires, mais ils respectèrent la petite propriété et le système de salariat de la *huerta*, et cela alors qu'en Aragon l'emploi de salariés par les propriétaires qui avaient refusé d'adhérer aux collectivités était formellement interdit. Les paysans de la *huerta* souhaitaient pour la plupart que les terres confisquées fussent réparties entre les petits propriétaires [20].

Dans le *secano* valencien, la révolution fut souvent, du moins au début, aussi radicale que dans les bassins de l'Èbre ou du Cinca. Les comités révolutionnaires des villages de tradition anarchiste comme Pedralba, Alfara del Patriarca, Alcora, Llombay ou Bugarra entreprirent d'emblée de construire la société rêvée par le communisme libertaire. Ils organisèrent l'exploitation collective de la terre, instituèrent le salaire familial, abolirent le commerce privé et la monnaie, éditèrent des cartes familiales de ravitaillement et des bons (*vales*), imposèrent la gratuité des services publics pour le logement, l'adduction d'eau, l'éclairage, la santé, l'enseignement et même les enterrements [21]. En revanche, l'économie monétaire fut rarement supprimée en Catalogne (11 seulement des 98 cas bien connus) : elle fut toujours maintenue pour le règlement des transactions avec l'extérieur. Les anarchistes prirent conscience assez rapidement que la suppression de la monnaie était, selon l'expression de Federica Montseny, une marque d'« infantilisme révolutionnaire ».

En Aragon, les comités exécutifs des collectivités étaient composés en majorité de représentants de la CNT et de l'UGT, mais comptaient peu de militants des partis du Front populaire. Les membres de ces comités, exerçant leurs fonctions à titre bénévole, n'étaient pas dispensés ni déchargés de leurs obligations de travail. Le comité gérait le système monétaire adopté par la collectivité : maintien de la monnaie officielle ou, le plus souvent pendant les premiers mois, monnaie locale imprimée par les soins de la commune ou assignats. Dans certains districts, comme dans la *comarque* de Mas de la Mata (19 villages), au nord de Teruel, toute monnaie disparut, ce qui impliqua la socialisation à peu près complète des commerces, artisanats et services : boulangers ou bouchers, bourreliers, tailleurs, charpentiers ou forgerons furent qualifiés de « communaux » ou de « collectifs », comme le magasin du matériel agricole ou la distillerie locale. Bien entendu, l'accès à la bibliothèque populaire et aux spectacles était gratuit[22].

Le comité était chargé de la distribution des biens et des services, ce qui donna lieu à de grands débats et à de nombreuses expériences. Fallait-il adopter le principe « À chacun selon ses besoins » ou considérer que cet idéal serait appliqué dans une étape ultérieure et se contenter, dans un premier temps du « À chacun selon son travail », principe lui-même d'application souple, puisqu'on avait le choix entre salaire individuel et salaire familial ? Dans les 98 collectivités catalanes citées plus haut, Bernecker a recensé 18 cas du premier et 31 du second, une quinzaine ayant choisi le système de rémunération en fonction de la récolte et trois « selon les besoins ». Les salaires « individuels » étaient eux-mêmes fort différents, celui de l'homme étant toujours très supérieur à celui de la femme : près du double à Cabrera de Mataro, le double à Verdù, le quadruple à Banyeres de Penedes. La généreuse tentative de liberté d'approvisionnement (*Toma del monton !*, « Sers-toi dans le tas ! ») donna des résultats décevants à Fraga et Alcoriza et dut être abandonnée[23].

Le salaire familial lui-même comportait au début autant de

variantes que de cas. En Catalogne, une assemblée plénière régionale des syndicats se réunit le 24 septembre 1936 pour définir une norme qui modulait ce salaire de la façon suivante : 50 % au titre du chef de famille ; 50 % pour le deuxième membre ; 15 % au titre du troisième et 10 % pour chaque personne supplémentaire. Les femmes demeuraient dans une condition très subalterne puisque, non mariées et ne résidant pas chez leurs parents, elles n'étaient pas même prises en compte [24].

La lecture des auteurs qui se sont voués à l'étude de cet épisode insolite de l'histoire contemporaine, notamment Walter Bernecker à qui l'on doit le travail le plus abouti, montre à l'évidence que la révolution n'a pas été le fruit d'un modèle divulgué par la CNT, et qu'elle ne s'est pas soumise à des figures imposées. Dans les villes industrielles de Catalogne, la confiscation des usines, des ateliers et de leurs outils de production se produisit dès la défaite initiale du Mouvement. Elle était le fruit d'un antagonisme de classes exacerbé qui donna lieu à des règlements de comptes et à des violences très souvent meurtrières. L'expropriation des industries et des services (transports, eau, électricité) fut générale et concerna même les spectacles et les salons de coiffure. « En Catalogne, on peut dire que l'industrie passa en bloc aux mains des travailleurs », note Bernecker. Les révolutionnaires firent une exception pour la plus importante fabrique de soie artificielle de Barcelone, *La Seda*, parce que la majeure partie du capital appartenait à une société hollandaise, la *Hollandsche Kunstzijde Unie*, de Breda : l'usine fut placée sous le contrôle d'un comité composé de cinq CNT et de cinq UGT.

À Valence, où il n'y avait pas eu de soulèvement armé mais où nombre de patrons avaient pris la fuite, l'expropriation des chantiers navals, des services de distribution d'eau et d'énergie, des transports publics, de la construction, des industries chimiques et textiles fut immédiate. Les usines textiles furent occupées, confisquées et socialisées, sous le contrôle de 39 « comités mixtes de fabrique » UGT-CNT. À Alcoy, où les industries traversaient une crise grave et connaissaient un chômage technique important, une collaboration originale entre patrons et syndicats de la métallurgie fut sanctionnée, le 31 août, par la signature d'« actes de socialisation ». Les industries papetières et textiles furent socialisées en septembre, les

Le gouvernement provisoire de la IIe République (1931)
On reconnaît, *assis de gauche à droite*, Niceto Alcala Zamora (centriste, catholique), premier président de la IIe République, et Manuel Azaña y Diaz (gauche républicaine), premier président du Conseil, qui devient ensuite président de la République.
Parmi les ministres debout, le deuxième en partant de la gauche est Francisco Caballero (Travail), socialiste, qui devait être chef du gouvernement du 4 septembre 1936 au 16 mai 1937 ; le septième est Indalecio Prieto (Finances), également socialiste, ministre de la Guerre dans le gouvernement Largo ; le huitième est Francisco de Los Rios (Justice), membre de la gauche républicaine.
Dans ce gouvernement il n'y avait ni communistes ni anarchistes. © Coll. Roger-Viollet

Juan Negrin Lopez (1892-1956), ministre des Finances dans le gouvernement Largo Caballero, puis président du Conseil du 16 mai 1937 jusqu'à la fin de la guerre civile. Il existe une énigme Negrin : ce fils d'une famille fortunée de commerçants canariens, devenu professeur de médecine après de fortes études, époux d'une Russe blanche, considéré comme un socialiste modéré, fut cependant l'homme de confiance des communistes et demeura pro-soviétique déclaré après la fin de la guerre mondiale. © Rue des Archives

Dolores Ibarruri, *la Pasionaria.*
Fille et épouse de mineur, cette Basque fut la figure emblématique du communisme espagnol. Toujours vêtue de noir, dotée d'un charisme incontestable, d'une voix extraordinaire, elle a cependant « mal vieilli » lors de son séjour en URSS, après la fin de la guerre civile. © Coll. Roger-Viollet

Affiche *1° Ganar la Guerra*, d'inspiration communiste, qui sous-entend que la révolution se fera après la guerre. Cependant, le symbole communiste (faucille et marteau) est associé aux sigles anarchistes : CNT (Confédération nationale du travail) et FAI (Fédération anarchiste ibérique). L'union demeure recherchée. Cependant, l'affiche néglige les républicains « bourgeois », les Catalans et les Basques, et, bien sûr, le POUM. © Rue des Archives

Bannière du POUM (Parti ouvrier d'unification marxiste), d'inspiration trotskiste, antisoviétique, sans doute le parti révolutionnaire le plus extrémiste. Il était fort en Catalogne, mais les communistes sont parvenus à l'éliminer en mai 1937. Leur leader, Andreu Nin, enlevé par les agents du NKVD, fur torturé et exécuté. Les communistes espagnols ne participèrent pas à l'opération dont ils furent informés ensuite. © Rue des Archives

Llius Companys (1882-1940), président de la *Generalitat* de Catalogne. Emigré en France en 1939, il fut livré par les Allemands, après la défaite de la France, au gouvernement franquiste qui le fit condamner à mort et exécuter. © Rue des Archives

Les « Nationaux »
Cette caricature républicaine suggère que les soi-disant « nationaux » ne sont pas espagnols. Leurs soutiens sont en effet les troupes marocaines (Franco est déguisé en tabor), un cardinal romain et les dictateurs fascistes (Mussolini et un dignitaire nazi qui arbore la croix gammée). Chaque camp cherchait à « dénationaliser » l'autre, les nationalistes se référant à l'Internationale marxiste et à l'URSS. © Rue des Archives

La Phalange
Fondée par José-Antonio Primo de Rivera en 1933, la Phalange, inspirée du fascisme italien, n'était qu'un petit parti lors du déclenchement de la guerre civile. En quelques mois elle a alors gagné des dizaines de milliers d'adhérents (comme le Parti communiste dans le camp adverse). Les phalangistes, qui défilent ici à Séville, portent une chemise bleue (on les appelait les *azules*). Le bras droit levé, la main ouverte, qui distingue le salut phalangiste, est aussi une réplique au poing fermé des marxistes.

Ramon Serrano Suñer, ici en compagnie de Franco, son beau-frère, et de Mussolini (à Bordighera en 1941), ancien député de la CEDA, proche de la Phalange, était l'un des partisans les plus convaincus des puissances de l'Axe (Allemagne et Italie), à la différence de l'autre principal ministre de Franco, le comte de Jordana, anglophile et, plus tard, neutraliste.

Les traditionalistes carlistes (*en haut*) ont fourni aux « nationalistes » et à Franco ses meilleures troupes (avec les Marocains) : ce sont les *requetes*, bien entraînés, endurants et enthousiastes (surtout les Navarrais et les Aragonais), ils coiffent la *boina* et portent de grandes croix. Les Marocains (*en bas*) ont constitué jusqu'à la bataille de Madrid le fer de lance de l'armée du Sud. © (haut et bas) Coll. Roger-Viollet

JEREZ
CONTRA DOLORES GRIPE ENFRIAMIENTOS
SANOSPIRINA
LA IMPERIAL
TO-3369

ESCRIBANO

Les miliciens républicains.
La plus grande partie des combattants de l'armée républicaine ont été des volontaires, dits miliciens. Courageux mais inexpérimentés, ils ont été remarquables dans les combats urbains (Madrid) mais n'ont pas tenu en rase campagne, face aux Marocains. Avec le temps et à l'épreuve des grandes batailles (Jarama, Brunete, Teruel), mieux organisés et commandés, ils ont constitué une véritable armée qui s'est comportée héroïquement durant la bataille de l'Ebre.
A gauche: les miliciens à Madrid © Rue des Archives
En bas, à gauche: sur le front d'Extrémadure © Keystone
En bas, à droite: une formation de miliciens où l'on observe la présence de plusieurs femmes. © Harlingue/Roger-Viollet

Juan Modesto Enrique Lister

A côté de militaires professionnels demeurés fidèles à la République (Miaja, Rojo, Casado, Saravia, Hidalgo de Cisneros...), des chefs populaires issus des milices se sont révélés, tel Enrique Lister, remarquable entraîneur d'hommes, et Juan Modesto, le meilleur tacticien. Ils avaient fait un séjour en URSS, étaient tous deux communistes et prirent une part active à la création et à l'organisation du mythique Ve Régiment. © Rue des Archives

Buenaventura Durruti, célèbre militant anarchiste, dont les colonnes formées en Catalogne échouèrent dans la reconquête de Saragosse et Huesca, et qui mourut sur le front de Madrid, dans des conditions demeurées obscures. © Rue des Archives

Confection par des ouvrières catalanes d'un drapeau des Brigades internationales. Les Brigades internationales, recrutées sous l'impulsion des partis communistes, mobilisèrent des combattants volontaires venus de près d'une centaine de pays, dont près de la moitié de France. Elles jouèrent un rôle très important dans les débuts de la guerre, dans la bataille de Madrid notamment, et souffrirent des pertes énormes. © Coll. Roger-Viollet

Les trois principaux chefs de la rébellion militaire, à Burgos, en juillet 1936.
Emilio Mola, au centre (grand, portant des lunettes), l'organisateur du complot,
avec à sa gauche Francisco Franco et, en retrait, Cabanellas (barbe blanche),
président provisoire de la Junte militaire. © Rue des Archives

La Légion ou Tercio. Les légionnaires du Tercio entrent à Irun le 7 septembre 1936, après de durs combats.
Au début de la guerre, la Légion fut l'une des principales forces de l'armée rebelle. Les légionnaires sont,
comme les miliciens, chaussés de manière disparate. La femme est infirmière (brassard). © Keystone

Les tanks italiens. Le CTV italien fut une importante force d'appoint.
L'Italie fournit aussi en quantité des tanks et des avions. Au début de la guerre, les chars italiens, comme les allemands, étaient inférieurs aux soviétiques. © Coll. Roger-Viollet

L'as de la légion Condor, Adolf Galland, devenu général d'aviation pendant la Seconde Guerre mondiale, auteur de mémoires. © Coll. Roger-Viollet

Les miliciens dans la sierra de Guadarrama (au nord de Madrid) parviennent à stopper l'avance des *requetes* de Mola.
Au début de la guerre de nombreux combats, très éclatés, ont opposé des groupes d'effectifs réduits. © Coll. Roger-Viollet

Un combattant franquiste, près de Burgos, en décembre 1936, surgit d'un retranchement pour lancer une grenade sur les républicains abrités derrière des sacs.

A Irun, la lutte fut acharnée car il s'agissait de défendre ou de boucler la frontière française, ce que les « nationalistes » parvinrent à réaliser en septembre 1936.
Une bonne partie de la ville fut détruite. Ici, une fillette pleure sur les ruines de sa maison. © Keystone

Le colonel Moscardo a résisté dans l'Alcazar de Tolède, à la tête d'une petite garnison, jusqu'à l'arrivée des troupes de Franco. En 1942, le colonel médite dans les ruines. L'épisode, élevé au rang de mythe, devient célèbre dans le monde entier. © in *Fotografia y Sociedad en la Espana de Franco*, coll. part.

La bataille de Teruel, livrée au cœur d'un hiver glacial (décembre 1937-janvier 1938) fut une des plus importantes de la guerre. La ville fut prise par les Républicains, puis reprise par la contre-attaque franquiste. On voit ici des combattants républicains, abrités derrière des cadavres de chevaux, tenter de conserver leur position. © Coll. Roger-Viollet

Les bombardements aériens de Guernica (avril 1937) par les avions allemands et de Barcelone (17, 18, 19 mars 1938) par les avions italiens furent meurtriers : 3000 morts environ à Barcelone, peut-être un millier à Guernica. © Bettmann/Corbis

Les persécutions religieuses, très violentes en Catalogne, dans l'est de l'Aragon et le Levant, conduites surtout par les anarchistes et le POUM, à un degré moindre par socialistes et communistes, s'en prenaient aux symboles autant qu'aux personnes. Les miliciens « fusillent » (*en haut*) une statue monumentale du Christ. Il s'agit (*en bas*) d'un autodafé de statues et objets de culte à la Seo de Urgell, dans la montagne catalane.

Guerre civile dans la guerre civile.
Mai 1937 à Barcelone. Communistes et anarchistes s'affrontent violemment. Les gardes d'assaut, unité spéciale créée par la République, sont envoyés à Barcelone pour rétablir l'ordre. Les conséquences de cette crise ont été très graves. © Coll. Roger-Viollet

Fin de la guerre.
Les soldats républicains vaincus abandonnent leurs armes au passage de la frontière française, le 10 février 1939. Ils sont ici en bon ordre, avec drapeaux et tambours. © Rue des Archives

L'un des défilés de la victoire à Madrid le 22 mai 1939. Le caudillo Franco, entouré de son état-major et d'officiers alliés (allemands et italiens), salue les troupes. Au pied de l'estrade, la garde more. Le culte de la personnalité est en marche. © Keystone

L'un des préludes à l'exil massif de 1939. Avril 1938.
Les réfugiés aragonais, fuyant l'avance franquiste dans la poche de Bielsa, passent les Pyrénées à pied dans la neige. Ils reçurent un accueil remarquable et chaleureux dans le département des Hautes-Pyrénées. L'exode s'est aussi effectué par la montagne et par petits groupes. Gens de tous âges, dont des enfants qui ont perdu une jambe. © Keystone

L'exil des enfants a été lancé dès 1937.
Ci-dessus, des enfants attendent le navire qui de Bilbao les conduira en France, le 25 mars 1937.
A droite, un groupe de 4000 enfants accompagné de 214 instituteurs et 15 prêtres s'embarque à Santurce (Biscaye) le 21 mai 1937, à destination de la Grande-Bretagne. © (ci-dessus et page de droite) Archives Agence Efe

La Retirada : janvier-février 1939. Le passage de la frontière au Perthus. On observe le disparate de ce grouillement de foule : hommes, femmes, enfants, feutres, casquettes, bérets, têtes nues, manteaux de fourrure, baluchons, valises… © Rue des Archives

Les barbelés,
décor des « camps » et signe
de l'internement, plus tard
source d'inspiration artistique
et poétique. Argelès et Le Vernet…
© (haut) Sergi Centelles, (bas) Fondation
Pablo Iglesias

Les souffrances de l'exil.
Réfugiés espagnols travaillant
dans une mine de charbon au Mexique,
principal pays d'accueil après la France.
© Fondation Pablo Iglesias

La rédemption après la lutte.
Le tank Guadalajara, monté par
des réfugiés républicains commandés
par le capitaine Dronne, participe
à la Libération de Paris avec les tanks
Brunete, Teruel, Don Quichotte, etc.
© Archives historiques PCE

L'Espagne de Franco et l'exaltation des vainqueurs.
A gauche: Enfants saluant une inscription à la gloire de Franco. © Archives Efe
Ci-dessous: Inauguration d'un monument aux morts (caidos) « pour Dieu et l'Espagne » dans la petite ville de Lorca (Murcie). © Archives municipales de Lorca

patrons étant privés de leurs biens mais conservant emploi et salaire dans leurs anciennes usines. Le syndicat CNT prit en charge la direction des 129 usines ou ateliers textiles. Un processus analogue se déroula en partie à Elda, la « ville de la chaussure[25] ». À Alicante, les conserveries, la confection, la construction et la boulangerie furent socialisées selon des formules diverses. Signalons enfin, à Gijon, où la CNT était dominante, la collectivisation de la pêche et des conserveries de poisson.

VISAGES DE L'UTOPIE LIBERTAIRE

Étrange est le mépris dont la révolution espagnole fit montre à l'égard de la conjoncture économique. Non que les anarchistes aient conçu leur projet contre l'économie : je dirais plutôt qu'ils ne se sont pas souciés des conditions très particulières dans lesquelles ils engageaient leur processus de socialisation. Rien ne le montre mieux que le cas des industries textiles, notamment cotonnières, de Catalogne où elles représentaient la moitié de la production industrielle. La CNT contrôlait 170 000 des 230 000 travailleurs de ce secteur, répartis entre 20 000 entreprises de tailles très diverses. L'une des plus importantes, *La España industrial*, employait 2 000 ouvriers. À la mi-septembre 1936, les syndicats CNT et UGT avaient créé un comité central de contrôle de l'économie textile qui décida en janvier 1937 la collectivisation totale du secteur, à l'exception, comme on l'a vu plus haut, de l'entreprise *La Seda*. La moitié des patrons s'étaient mis à l'abri, 40 % avaient été « éliminés de la sphère sociale » – les 10 % restants étaient employés comme salariés dans leur ancienne entreprise. Les décrets de collectivisation organisèrent un conseil général qui supervisait l'importation et la distribution des matières premières, l'exportation des produits finis, les prix et les salaires. Dans ce cas, la CNT n'hésita pas à installer un système centralisé et planifié. Les objectifs, suppression du capitalisme privé et passage à la l'entreprise collective, n'en étaient pas moins clairement affirmés.

Or les circonstances ne pouvaient pas être plus défavorables : la baisse du cours de la peseta sur le marché des changes enchérissait le coton ; les conquêtes des troupes nationalistes supprimaient plusieurs des débouchés habituels en Galice, Andalousie, Aragon et Castille. Pour comble de malchance, en Catalogne même, on proscrivait les vêtements « bourgeois » au profit du bleu de travail et du « vestiaire prolétarien ». À l'exception de quelques femmes et d'étrangers, il n'y avait plus de gens « bien habillés ». La conversion dans la production d'uniformes pour l'armée populaire n'était pas facile et demandait du temps. L'industrie catalane utilisa du lin, du chanvre, voire des genêts comme substituts du jute. La situation était un peu moins mauvaise pour les industries lainières de Sabadell et Tarrasa, la matière première pouvant venir de régions encore sous domination de la République.

Les salaires avaient été augmentés de 15 à 20 % et la semaine de travail réduite à 40 heures. En sens inverse, il est vrai qu'en dépit du maintien, contraire aux principes, d'une certaine hiérarchie, les profits des patrons et les dividendes des actionnaires avaient été supprimés. En outre, les efforts de rationalisation et l'enthousiasme des travailleurs permirent une augmentation de la productivité. Cependant, les résultats ne parlent pas en faveur de la collectivisation de l'économie, malgré les capacités remarquables d'adaptation des ouvriers. L'indice de production du textile catalan est éloquent : pour une base 100 en janvier 1936, il est encore à 83 en mai, puis il tombe à 39 en janvier 1937, 33 en février et mars et, après une légère remontée en avril 1937, chute à 29 en mai et glisse encore, en dépit de quelques sursauts, de juin à octobre ; il n'est plus que de 24 en novembre et de 20 en décembre 1937[26]. Dans certaines usines, faute de matières premières ou de ventes suffisantes, il fallut instituer la semaine de trois jours, et les prestations de l'assurance maladie furent diminuées. Mais, à l'heure de la suppression du capitalisme, il ne paraissait pas concevable d'épargner la révolution pour des raisons conjoncturelles à plus de la moitié du secteur industriel catalan.

La socialisation ne fut pas toujours aussi difficile. À Alcoy, ville de 45 000 habitants proche d'Alicante où la CNT comptait 17 000 adhérents contre 3 000 seulement à l'UGT, les 43 ateliers ou usines de l'industrie métallurgique locale étaient, à la veille du soulèvement, soumis à un chômage technique sévère et ne travaillaient plus que trois ou quatre jours par semaine. La demande de matériel pour la vinification et les entreprises d'oléagineux, spécialités du lieu, s'était effondrée. Syndicats et patrons en difficulté s'entendirent pour créer, le 31 août, les IMAS (Industries Métallurgiques Alcoyanes Socialisées), dirigées par un comité de onze membres dont trois anciens patrons et deux ex-gérants. Elles se reconvertirent à marche forcée dans l'industrie d'armement et Alcoy fabriqua des obus de 30, 15,5 et 10,5 mm tout en mettant en place une protection sociale remarquable contre les accidents, la maladie et le chômage.

Les entreprises textiles les plus importantes de la ville, dont beaucoup étaient au bord de la faillite en juillet 1936, passèrent le 14 septembre sous le contrôle direct de la CNT qui entendait « s'emparer de la direction des entreprises et transformer la société tout entière ». Une centaine d'établissements, qui employaient plus de 6 400 ouvriers des deux sexes, furent désormais contrôlés par les comités de gestion. Les patrons aux abois ne cherchèrent pas à s'opposer à l'expropriation, et plusieurs d'entre eux collaborèrent activement. Le problème des matières premières était beaucoup moins aigu qu'en Catalogne, et il semble que la socialisation fut un succès. La production qui, lors du premier semestre 1936, s'était abaissée nettement au-dessous des niveaux des années précédentes les dépassa largement au cours du premier semestre 1937. Les boulangeries subirent la même transformation que l'industrie textile[27].

Autre succès : la collectivisation des services urbains de Barcelone. La transformation des hôtels et des restaurants en réfectoires populaires, la socialisation des salons de coiffure ne sont qu'anecdotiques et doivent surtout aux circonstances. Beaucoup plus importantes furent les collectivisations des transports et de l'énergie. La fuite des propriétaires des sociétés de tramways, autobus et métro facilita l'expropriation, décidée dès le 24 juillet par les travailleurs dont 6 500 sur 7 000 étaient affiliés à la CNT. L'institution de la semaine de 40 heures permit l'embauche de 600 employés supplémentaires. Les comités de contrôle durent toutefois renoncer au salaire unique, afin de conserver techniciens et ingénieurs. Malgré le transport gratuit offert aux écoliers, étudiants et invalides, les augmentations de salaires et la baisse des tarifs sur les longs trajets, la collectivisation fut une réussite, grâce surtout à la croissance du nombre des usagers : de 178 millions en 1935 il passa à 233 millions deux ans plus tard. Il est vrai que la Barcelone de la révolution voyait circuler moins d'automobiles privées et de taxis. Bernecker conclut : « L'organisation des entreprises de transport urbain à Barcelone démontra la capacité des travailleurs catalans à assumer la responsabilité de la direction d'une grande entreprise. » Il en fut de même dans la gestion de la fourniture d'eau, de gaz et d'électricité. Toutefois, la prise des centrales électriques de Tremp, dans le piémont pyrénéen, au printemps 1938, par les troupes nationalistes et les dégâts occasionnés par les bombardements aériens provoquèrent des coupures d'eau et de courant de plus en plus fréquentes [28]. D'une façon générale, les collectivisations dans l'agriculture présentaient moins de difficultés, sauf lorsqu'il s'agissait d'organiser les exportations, cas fréquent dans la *huerta* valencienne où les syndicats durent créer des coopératives de vente du riz et des agrumes. Les collectivités anarchistes (Sueca) ou UGT (Mareny de Barraquetes, Mareny de Vilxes) durent, pour vendre leurs productions, passer par une « Commission d'administration des collectivités ».

Le plus souvent, l'organisation de la société rurale rêvée par les anarchistes était simple. Deux institutions y pourvoyaient : la commune pour administrer, le syndicat pour régler les rapports de production et de distribution. Cela explique la rapidité avec laquelle la révolution se répandit dans une région essentiellement rurale comme l'Aragon. Même si l'on conserve une distance critique à l'égard des tableaux idylliques peints par les militants anarchistes étrangers qui délirent d'enthousiasme – Fenner Brockway, Rosselli, Augustin Souchy Bauer, Gaston Leval –, la réussite de certaines communautés agraires est certaine. Augustin Souchy put admirer, à Calanda, le salon de coiffure communal, la distribution de vin hebdomadaire de 5 litres par personne, l'école qui fonctionnait selon les normes de Ferrer, l'activité des Jeunesses libertaires qui avaient construit des bains publics et animaient des soirées culturelles. Il conclut : « Un grand esprit de solidarité règne dans la population. Désormais, ils ne pensent plus à amasser à titre privé denrées et argent... La collectivité est la grande famille qui veille sur tous. » Et Gaston Leval n'évoque-t-il pas, à Mas de la Mata, l'heureuse Arcadie dont parlèrent les poètes ? Enthousiasme à tempérer par l'observation de Pierre Vilar : « Que Calanda (5 000 habitants), patrie de Buñuel, ait pu vivre en commune presque autosuffisante, sans monnaie, et chacun se ravitaillant selon ses besoins, avec de bons hôpitaux et de bonnes écoles, est une chose. Mais c'est autre chose que d'alimenter de grandes villes et les armées[29]. »

La diversité des situations fut, en effet, considérable. Il y eut plusieurs cas intéressants de coopération entre CNT et UGT. Ainsi à Ademuz, bourgade du Levant dont les 5 000 habitants vivaient de la polyculture (vigne, vergers de pommiers, betterave sucrière), socialistes et anarchistes créèrent, en septembre 1936, une collectivité qui réunit 2 500 adhérents. Elle exploita 1 400 hectares procédant d'expropriations et d'apports volontaires de petits propriétaires. La monnaie fut remplacée par des billets locaux et un carnet de consommation sur lequel étaient inscrites les livraisons faites à chaque famille. L'obligation de travailler et la scolarisation étaient générales, l'assistance médicale et les médicaments gratuits. Mais la révolution, en dépit de rares exceptions, « ne modifia ni les "rôles traditionnels" des hommes et des femmes, ni les inégalités salariales... Les femmes continuèrent à laver le linge, à cuisiner, à tenir la maison, à s'occuper des enfants, tout en percevant des salaires moindres[30]... ».

Les solutions retenues furent parfois complexes et très originales comme à Cullera (province de Valence) où elles se fondèrent sur une tolérance réciproque entre petits propriétaires et collectivistes, entre CNT et UGT. Le 9 décembre 1936, les deux centrales se réunirent et conclurent des accords à propos de l'irrigation, des chemins et du ravitaillement. La grande affaire était, bien entendu, le statut de la terre et de ses formes d'exploitation. L'expropriation des propriétaires qualifiés de « fascistes » ou d'« hostiles au régime » (*desafectos al regimen*) fut décidée sans difficulté. L'accord le plus remarquable laissait aux habitants de Cullera la liberté de choix entre un régime de petite propriété, avec un plafond, et l'adhésion à la collectivité, dirigée par un « comité de socialisation ». Huit cents familles, soit 1 200 collectivistes, choisirent cette option qui garantissait un salaire de 5 pesetas quotidiennes aux adultes de plus de 16 ans, de 3 pesetas aux 14-16 ans et de 7 aux chefs de famille. Huit mille cinq cents cénétistes préférèrent en rester à un régime de petite propriété. Les uns et les autres collaboraient au sein de coopératives qui fournissaient semences, engrais, matériel agricole, et achetaient la production des 180 000 orangers, des *huertas* et des rizières de la commune, de façon à éliminer les intermédiaires. La monnaie nationale était conservée. Les dirigeants de la CNT locale se disaient convaincus que, « au fil du temps, grâce à l'exemple des collectivistes, les petits propriétaires se rendraient compte de leur erreur, de sorte que la collectivité, comme une vraie communauté fraternelle, leur ouvrirait sans rancœur ses bras affectueux[31] ».

« CETTE EXPÉRIENCE ÉTRANGE ET ÉMOUVANTE »

On ne comprendrait rien à la révolution anarchiste espagnole si l'on ignorait qu'elle fut avant tout une entreprise de nature éthique. Un éditorial de *Tierra y Libertad* du 16 janvier 1937 proclamait : « Nous voulons régénérer l'Espagne, matériellement et moralement. Notre révolution sera économique et éthique. » La suppression de la monnaie dans plusieurs communautés n'était pas le fruit d'une théorie ou le premier signe d'une réforme des termes et des moyens de l'échange, mais l'affirmation que l'argent était le symbole de l'injustice traditionnelle, de l'inégalité sociale, de l'écrasement des pauvres par les riches, de « l'opulence des uns aux dépens de la misère des autres » (Gaston Leval).

Comme l'a fort bien observé Franz Borkenau dès 1937, la haine des paysans envers les grands propriétaires ou les *señoritos* était « beaucoup plus morale qu'économique ». Ils ne désiraient pas adopter le style de vie de ceux qu'ils expropriaient ou qu'ils avaient liquidés, mais se débarrasser de leurs vices, au nombre desquels ils plaçaient le goût du luxe. Bref, « le concept du nouvel ordre qui devait prévaloir était totalement ascétique ». À Castro del Rio, dans la vallée du Guadalquivir, dominée par la CNT, la taverne du lieu fut fermée comme « commerce néfaste ». Dans d'autres villages, l'« institution frivole » du café fut supprimée, l'usage de l'alcool et du tabac fortement déconseillé, plus rarement interdit.

À Alcazar de Cervantes, en Nouvelle-Castille, où la consommation du vin était devenue gratuite, il n'y eut pas le moindre cas d'ivrognerie. Les collectivistes auraient trop craint d'encourir le mépris de leurs compagnons. Dans quelques communautés, les jeux de hasard furent interdits et les bordels condamnés à disparaître. On conçoit que Franz Borkenau ait pu considérer la révolution anarchiste espagnole comme un mouvement religieux se proposant de susciter la « résurrection morale des classes qui n'étaient pas encore contaminées par l'esprit de convoitise ». Pour sa part, Gerald Brenan voit dans l'anarchisme espagnol presque une « hérésie religieuse », et il évoque le ton prophétique de ses inspirateurs, qui rappelle parfois celui des puritains anglais du XVIIe siècle. Pour lui « la rage des anarchistes espagnols contre l'Église est la rage d'un peuple intensément religieux qui se sent délaissé et déçu. Les curés et les moines les abandonnèrent en un moment critique et se jetèrent dans les bras des riches[32] ».

Plusieurs des femmes interviewées après la guerre par Ronald Fraser évoquent le puritanisme des anarchistes : Pilar Vivancos, qui vivait à Beceite (Aragon), se souvient des réactions de ses voisins lorsqu'un sien cousin se mit en ménage avec une femme du village. Ils disaient que ne pas se marier revenait à « vivre comme des animaux et étaient incapables de comprendre que mon cousin et cette femme vivaient ensemble parce qu'ils l'avaient décidé librement... Et les critiques que devait supporter la femme ou la compagne d'un anarchiste si elle utilisait un rouge à lèvres ! Ils disaient que le mari n'était pas un homme, puisqu'il tolérait que sa femme se maquille ». Certes ce puritanisme pouvait être, comme le suggère d'ailleurs Pilar, un masque pour dissimuler des relations adultérines[33]. Il n'en était pas moins réel. Ainsi, la réprobation de l'homosexualité semble avoir été forte, parfois radicale, parmi les anarchistes. Les intentions morales de la révolution sociale étaient, à l'évidence, inspirées de Bakounine. Les anarchistes espagnols admettaient que délits et abus ne disparaîtraient pas par la seule magie de la révolution. Plusieurs statuts de collectivités avaient prévu des peines et sanctions, mais la foi en la proche naissance de l'homme nouveau animait une sorte de messianisme sécularisé dont ils attendaient le salut de l'Espagne.

C'est dans cette perspective qu'il faut replacer le mépris de l'argent dont témoignèrent les anarchistes. Après l'écrasement du soulèvement à Barcelone, ils refusèrent de s'emparer des banques. C'est l'UGT qui en prit le contrôle, puis la *Generalitat* qui les nationalisa et les soumit à un « conseil général de la banque catalane ». Les importantes sommes d'argent et de bijoux confisquées furent en règle générale remises à la *Generalitat* ou aux autorités gouvernementales pour contribuer aux dépenses de guerre. L'enrichissement personnel fut tenu comme méprisable, comme d'ailleurs le « salaire stakhanoviste », et si l'abolition totale de l'argent apparaissait comme un but lointain, un système de rémunération fondé sur de faibles différences, avec la correction du salaire familial, fut considéré comme une bonne solution d'attente. La CNT admettait que l'on vivait seulement la première étape de la révolution et que l'on pouvait se rallier à la formule de James Guillaume qui, durant cette première phase, prônait le « à chacun selon son travail ». Un détail fait sourire : nombre de collectivités anarchistes avaient prévu dans leurs livrets de rationnement des coupons ou de l'argent de poche pour les « vices » : soit le tabac, le café, les parfums (éternel féminin malgré les accès de puritanisme !), les excursions ou les livres. On rappellera aussi les intentions éducatives de la révolution : scolarité obligatoire et la plupart du temps effective jusqu'à quatorze ans, augmentation du nombre des instituteurs et création d'écoles dans toutes les collectivités. À Mas de la Mata, on compte en 1937 dix-huit instituteurs au lieu des huit d'avant guerre : plusieurs d'entre eux ont fui la zone nationaliste.

En dépit de ses outrances et du caractère quasi pathologique de son acharnement contre l'Église et les symboles religieux, la révolution fut une grande aventure, un passage à l'acte de l'utopie. « Durant plusieurs mois, écrit George Orwell, des masses de gens purent croire que tous les hommes sont égaux et purent agir selon cette croyance. En résulta un sentiment de libération et d'espérance qu'il est difficile de concevoir dans une société fondée sur l'argent... Il n'est personne ayant vécu en Espagne pendant les mois où les gens ont cru à la révolution qui puisse oublier cette expérience étrange et émouvante [34]. »

Fernando et Francisca Aragon, du village d'Angües, près de Huesca, où l'adhésion à la collectivité avait été imposée, n'avaient pas été dupes des abus du comité exclusivement masculin qui paradait dans les quatre automobiles confisquées aux bourgeois, ni du caractère totalitaire du pouvoir qu'il exerçait. Ils n'en dirent pas moins à Ronald Fraser : « Ce furent les meilleures années de notre vie. » Au début des années 1980, à l'occasion d'une conférence prononcée à Alcira, un ancien cénétiste tint le même propos à Aurora Bosch : il lui dit avoir préféré ces années-là à toutes les autres périodes de sa vie[35].

Le rêve brisé

De tout évidence, l'expérience anarchiste n'avait pas fait l'unanimité au sein de l'Espagne du Front populaire. Même dans les villages où l'influence de la CNT était dominante, les oppositions, déclarées ou implicites, furent d'autant plus présentes que la force corruptrice du pouvoir s'exerça en nombre d'occasions sur ses nouveaux détenteurs. Kaminski, passant à Alcora, en pays valencien, à la fin de 1936, constate : « Le comité possède tout, dirige tout, s'occupe de tout. N'importe quel projet particulier doit lui être communiqué et, en dernière instance, c'est lui qui décide de tout... les membres du comité courent le risque de devenir des bureaucrates et même des dictateurs[36]. »

La manière dont certains militants de la CNT concevaient la liberté individuelle était contestable. José Borras lui-même fait preuve de naïveté lorsqu'il écrit à propos des religieuses d'Utrillas : « Recluses dans un couvent de la localité, elles en furent tirées et élevées à la catégorie de femmes utiles grâce à des emplois dans des établissements collectifs[37]. » Il ne semble pas envisager un instant que certaines d'entre elles aient pu avoir choisi librement leur état ! Les adhésions aux collectivités, généralement volontaires, furent forcées dans un certain nombre de cas. L'opposition fut particulièrement développée dans le Levant où, même dans les localités où prédominait la CNT, l'impulsion initiale s'affaiblit progressivement. À Pedralba, marquée par des décennies de luttes sociales, « après six mois de vie collective de l'ensemble de la population, celle-ci se partagea en deux secteurs, l'individualiste et le collectiviste, 42 % des habitants restant fidèles à la collectivité[38] ». Le bilan établi par la Fédération régionale des paysans du Levant à son plénum de Valence en mars 1937 n'était guère positif : 46 000 des 120 000 affiliés seulement étaient représentés, et il apparaissait à l'évidence que la plupart des syndicats locaux ne suivaient pas les directives de la centrale.

En Catalogne, le mouvement de collectivisation se heurta à une ferme opposition des *rabassaires*, des paysans emphytéotes, donc petits propriétaires de fait. Cela explique en partie la prudence de la CNT et la grande diversité des solutions locales : la centrale misa sur le spontanéisme et tint compte de ce qu'il y avait peu de collectivisations totales – Hospitalet de Llobregat, Amposta et quelques autres. Contrairement à Pierre Broué et Émile Temime, je ne suis nullement convaincu qu'il ait manqué à la révolution espagnole un décret sur la terre du genre de celui qu'enfanta la révolution bolchevique et dont le résultat, au demeurant, ne fut guère convaincant.

L'opposition acharnée du PCE aux collectivisations fut décisive, et elle lui valut le ralliement progressif de nombre de petits propriétaires, de petits commerçants, de petits patrons et d'officiers républicains[39]. Les communistes invoquèrent d'abord le caractère inopportun de l'expérience : « Se lancer dans de tels essais est absurde et équivaut à se faire complices de l'ennemi », déclara José Diaz devant le comité central du parti, le 5 mars 1937. L'offensive s'intensifia à partir d'avril 1937 et tourna à la guerre ouverte en mai, lorsqu'il s'agit de provoquer la chute de Largo Caballero, lâché par une partie du PSOE mais soutenu par les anarchistes. *Frente Rojo*, organe du PCE, recourut même à une campagne de calomnies contre le Conseil général d'Aragon, sa cible préférée. Il tira argument de ce que le Conseil n'avait pas été élu et s'était, en quelque sorte, autodésigné, ce qui le privait de légitimité populaire.

L'article haineux publié par *Frente Rojo*, le 14 août 1937, trois jours après la dissolution du Conseil, mérite citation : « Sous le règne de feu le Conseil d'Aragon, ni les citoyens ni la petite propriété ne jouissaient de la moindre garantie. Il n'est pas un paysan qui soit entré dans les collectivités de sa propre volonté [*sic*]... Des milliers de paysans ont émigré de la région, préférant abandonner leurs terres plutôt que de supporter les mille méthodes de torture imposées par le Conseil... On les obligeait à travailler sur leurs terres de soleil à soleil, au long de journées épuisantes, pour un salaire de 95 centimes... Dans les conseils municipaux s'étaient installés des fascistes notoires, des chefs de groupe de la Phalange. » L'accusation de trahison est un procédé classique dont avait été victime le POUM un peu plus tôt[40].

La dissolution du Conseil d'Aragon fut accompagnée, on s'en souvient, par l'envoi de trois divisions commandées par Lister pour abolir les collectivités considérées comme illégales et par l'arrestation de plusieurs centaines d'anarchistes qui furent, pour la plupart, relâchés au bout de quelques jours, les accusations dont ils avaient été l'objet apparaissant sans fondement[41]. L'attachement de la plupart des militants à l'expérience communautaire est incontestable. Il fut prouvé à La Fresnada, village de 2 000 habitants dont la collectivité ne put être dissoute car elle avait prudemment fait légaliser son existence par le gouvernement. La liberté de quitter la communauté fut mise à profit par quelques rares membres. Contrairement à ce que soutient Franz Borkenau, auteur sérieux par ailleurs, les collectivités aragonaises ne furent pas formées sous l'empire de la terreur, sauf cas exceptionnel encore à produire. La plupart d'entre elles avaient été constituées avant le passage des colonnes venues de Barcelone, qui ne sévirent d'ailleurs pas partout. Plusieurs collectivités se réorganisèrent au lendemain des événements d'août avec un nombre plus faible d'adhérents et purent organiser un congrès régional en octobre. Le succès de l'offensive franquiste après Teruel devait sonner le glas de ces tentatives.

Bien avant la liquidation du Conseil d'Aragon, les journées de Mai de Barcelone avaient permis aux communistes de ruiner les conquêtes de la CNT en lançant l'attaque contre le central téléphonique qui était aux mains de l'organisation anarchiste. Ce furent les dirigeants anarchistes, notamment Federica Montseny et Juan Garcia Oliver accourus de Valence, qui, avec l'appui de Companys et contre l'avis des « amis de Durruti », obtinrent le cessez-le-feu. Autrement dit, des hommes qui disposaient pourtant d'une supériorité militaire sur les communistes refusèrent de prendre le pouvoir qui s'offrait à eux au nom de la logique de l'anarcho-syndicalisme. Mais l'heure de l'utopie était passée.

Il convient de s'interroger avec Walter Bernecker sur les raisons du long silence auquel fut condamnée la révolution des anarchistes espagnols, absente de l'Histoire, jusqu'à la publication de son livre, à de rares exceptions près. La plus notable est due à Pierre Broué et Émile Temime, malgré les insuffisances de la documentation disponible à l'époque de leur enquête. Pendant la guerre civile, les communistes occultèrent systématiquement l'expérience. Certes, ils ne détenaient pas la totalité du pouvoir, mais Julio Alvarez del Vayo, quoique socialiste, se comporta en communiste exemplaire. Il pratiqua envers les journalistes étrangers une censure sélective très remarquable : tous les aspects de lutte des classes devaient être ignorés. Les communistes ne furent pas les seuls responsables de cette falsification, à laquelle participa Manuel Azaña lui-même, pour qui l'Espagne s'orientait vers une république démocratique. L'explication du mensonge est simple : il pouvait assurer au moins une neutralité bienveillante des démocraties. C'est pourquoi la formule du Front populaire, « démocratie bourgeoise ou fascisme », fut, en quelque sorte, « canonisée »[42].

Après sa victoire, le régime franquiste prolongea à dessein l'équivoque. Selon la thèse officielle, la guerre civile se réduisait à un affrontement entre l'« Espagne authentique » et le « communisme athée ». La plupart des « intellectuels de gauche » s'alignèrent sur cette thèse. Ainsi, le film *Mourir à Madrid* ne risqua pas la moindre allusion à la révolution sociale. On comprend que, prenant le parti inverse, *Terre et Liberté* de Ken Loach ait fait sensation et suscité une vive controverse. Pour beaucoup de spectateurs, ce fut une véritable révélation. C'est seulement de nos jours, avec *Tierra prometida. Zona prohibida*, que le cinéma espagnol de recherche aborde l'aventure des expériences collectivistes, après plus de trente années durant lesquelles aucun traitement scientifique de la question n'avait été possible.

3

Les avatars du Front populaire

Vers l'adoption d'un modèle stalinien

LE NAUFRAGE DE L'ÉTAT

En 1961, Burnett Bolloten publia à Londres un livre qui suscita une controverse passionnée : *The Grand Camouflage : the Communist Conspiracy in the Spanish Civil War*. L'étude des luttes de faction au sein du gouvernement du Front populaire pendant les neuf premiers mois de la guerre l'avait conduit à la conclusion que l'URSS, sous le masque du soutien à une république pluraliste, visait une prise de pouvoir par les seuls communistes. L'opération devait s'accompagner d'une entreprise de destruction des anarchistes (FAI-CNT) et des trotskistes (POUM), ennemis jurés de l'URSS stalinienne

La controverse conduisit l'auteur à mener une étude plus complète, dont le résultat parut en 1979 : *The Spanish Civil War. Revolution and Counter-Revolution*. Il y confirmait et amplifiait ses conclusions et, en présentant ce nouveau livre, Hugh Trevor-Roper écrivait : « Bolloten décrit avec des détails fascinants la lutte politique intestine grâce à laquelle les communistes espagnols, en exploitant leur rôle de vecteurs de l'aide russe, entreprirent la conquête du pouvoir d'État sous le masque d'une superstructure démocratique [43]. » Si cette thèse est fondée, elle suggère que l'Espagne a servi de répétition générale aux entreprises menées en Europe centrale et orientale au lendemain de la Deuxième Guerre mondiale.

Avant l'analyse, un rappel rapide des faits s'impose. Lors

du déclenchement du Mouvement, le gouvernement était celui d'une république bourgeoise de centre gauche, où ne figuraient ni socialistes, ni communistes, ni anarchistes. Son chef, Santiago Casares Quiroga, refusa avec l'accord d'Azaña de distribuer les armes au peuple, dans la crainte d'un bain de sang qu'il n'évita d'ailleurs pas. Après sa démission, il fut remplacé par Diego Martinez Barrio, qui composa un éphémère gouvernement de modérés, avec le général Miaja comme ministre de la Défense, avant de céder la place à José Giral, un universitaire, dont le cabinet dura six semaines.

À en croire Azaña, « le gouvernement républicain s'effondra en septembre 1936... découragé par l'entreprise meurtrière et suicidaire que menaient, sous le prétexte de détruire le fascisme, les ennemis les plus acharnés de la République ». Jugement sans nuance et, cependant, à peine exagéré. Qui étaient ces « ennemis acharnés » de la République ? Le gouvernement présidé par Largo Caballero, formé le 4 septembre 1936 d'une composition entièrement nouvelle, comportait six socialistes, deux communistes et seulement quatre représentants de la gauche « bourgeoise ». Il n'est pas sans intérêt de connaître la réaction des communistes espagnols et de leurs conseillers soviétiques. Le 4 septembre, José Diaz, secrétaire du PCE, envoya à Dimitrov un télégramme que celui-ci transmit à Vorochilov. On y lit : « Malgré nos efforts, nous avons été incapables d'éviter un gouvernement Largo Caballero. Nous avons réussi à placer Giral comme ministre sans portefeuille et à élargir le gouvernement avec l'*Esquerra* catalane et les nationalistes basques. Nombre de républicains de toute sorte : quatre ; trois socialistes de diverses tendances (en fait six) ; deux communistes... La CNT a publié une déclaration de soutien au gouvernement. Tous ont insisté avec emphase sur la participation des communistes au gouvernement, et il nous fut impossible de l'éviter sans créer une situation dangereuse[44]. »

Il est clair qu'il convenait au PC de maintenir la façade bourgeoise avec Giral et d'éviter l'entrée des communistes. Les instructions envoyées à Diaz par Moscou, dès le 24 juillet, recommandaient le maintien de l'unité du Front populaire. Le point 5 était explicite : « Dans la mesure du possible, que les communistes ne participent pas directement au gouvernement... Il faut participer au gouvernement seulement s'il y a urgence. » Le 31 juillet, Moscou conseilla une déclaration du gouvernement (il s'agissait encore du cabinet Giral) prévoyant le respect de la propriété privée, sauf celle des factieux, et précisant que le peuple espagnol luttait « pour la défense de la république démocratique, pour l'ordre républicain, contre le fascisme, l'anarchie et la contre-révolution[45] ».

Pour comprendre la stratégie soviétique il convient de revenir aux événements qui suivirent le 18 juillet, là où le Mouvement échoua. Burnett Bolloten insiste sur le naufrage de l'État, allant jusqu'à évoquer la naissance d'une « IIIe République » dans laquelle les institutions étaient remplacées par des « comités », contrôlés par les syndicats ou les partis de gauche. Il note que plusieurs corps de l'appareil d'État sont passés à l'ennemi. Quelques représentants des partis de gauche l'admettent parfaitement, tels le socialiste Julian Zugazagoitia ou la *Pasionaria*. Pour le leader anarchiste Abad de Santillan, « le 19 juillet a entraîné un débordement de passions et d'abus ». Selon Federica Montseny, la révolution fut « une force destructrice et aveugle, grandiose et barbare, où agissaient de manière redoutable des forces incontrôlables et incontrôlées[46] ».

Tel est aussi l'avis de Walther Bernecker : « Dans les régions du pays où le soulèvement nationaliste put être vaincu, le système politique, social et économique existant fut supprimé en l'espace de quelques semaines aux niveaux local et régional. Le gouvernement central de Madrid et le gouvernement autonome de Catalogne, la *Generalitat*, continuèrent à exister, mais le pouvoir économique et politique passa à de nouveaux groupes sociaux. » Le grand historien allemand, après avoir fait le bilan des événements survenus dans la zone républicaine, n'hésite pas à conclure que le changement a une « dimension révolutionnaire », ce qui est aussi l'opinion de Pierre Broué et d'Émile Temime[47].

La stratégie du PCE et sa montée en puissance

Le Front populaire espagnol cessa très vite d'être, à la différence de son homologue français, l'expression gauchisante d'une république bourgeoise dont les structures fondamentales restaient en place. Dimitrov dut même appeler au calme le

23 juillet : « Au cours de l'étape présente, nous ne devrions pas assumer la tâche de créer des soviets et d'établir la dictature du prolétariat en Espagne... Nous devons agir sous l'apparence de défendre la République... maintenir l'unité avec la petite bourgeoisie, les paysans et les intellectuels radicaux, de façon à consolider et renforcer au cours de cette étape la république démocratique, grâce à la destruction totale des éléments contre-révolutionnaires fascistes... Quand nos positions se seront consolidées, nous pourrons continuer à avancer. » Dimitrov insiste sur l'intérêt de maintenir dans la conjoncture actuelle, en Espagne et en Europe, les positions de Front populaire. Santiago Carrillo défendait le même point de vue : « Nous luttons sincèrement pour la République démocratique parce que nous savons que si nous commettions l'erreur de lutter en ce moment pour la révolution socialiste dans notre pays... nous donnerions la victoire au fascisme [48] ».

L'URSS, qui désirait l'appui de la Grande-Bretagne et de la France, devait faire oublier les déclarations de la *Pasionaria* qui, en 1933, réclamait en Espagne un « gouvernement soviétique d'ouvriers et de paysans ». Les organes communistes, *Mundo Obrero* ou *Treball* en Catalogne, s'employaient donc à rassurer petits patrons et petits commerçants en proclamant le respect de la propriété, et même des sentiments religieux d'une partie importante du peuple espagnol [49]. Dans un long rapport adressé au Komintern le 10 octobre 1936, André Marty insistait sur la nécessité de cette stratégie et sur les dégâts provoqués par les comportements des anarchistes. Ceux-ci « ont établi le contrôle ouvrier partout et converti les ouvriers en propriétaires des fabriques... Les travailleurs gèrent les entreprises, mais ils ne savent pas les diriger... ». Il ajoutait, sans tenir compte de la conjoncture, que les anarchistes avaient « paralysé l'industrie catalane [50] ». Il est vrai que l'hostilité des communistes envers les anarchistes était accrue par la conscience de leur influence en Catalogne.

Dès le 17 juillet 1936, Moscou recommanda au PCE « d'adopter de toute urgence des mesures préventives contre les tentatives de sabotage des anarchistes, derrière qui se cachent les fascistes ». Le 30, pour justifier la formation du PSUC (Parti Socialiste Unifié de Catalogne), rassemblant communistes et socialistes catalans, les « camarades » de Barcelone firent valoir aux Soviétiques, qui avaient déconseillé l'opération, qu'il « fallait présenter un front solide contre les comportements des anarchistes et, en même temps, assener un rude coup aux trotskistes ». Les conseillers soviétiques qui affluaient en Espagne, où ils étaient environ 700 en novembre, agents de la NKVD, militaires, économistes et diplomates, se mirent de la partie. Ilya Ehrenbourg adressa d'Espagne, entre le 17 et le 30 septembre, trois messages en URSS. Le premier, envoyé au « camarade Staline » avec copies à Molotov, Kaganovich et Vorochilov, relève avec plaisir que Largo Caballero et Prieto « écoutent très attentivement tout ce que nous leur disons », et estime qu'il y a quelque chose à faire avec Companys, quoique le centralisme soviétique d'Ehrenbourg s'effarouche du catalanisme du président de la *Generalitat.* L'écrivain soviétique dit pis que pendre de Juan Garcia Oliver, « frénétique, intransigeant... anarchiste délirant », et il assure que les anarchistes, ayant des armes en abondance, n'en cèdent pas aux communistes. Ehrenbourg évoque les « activités provocatrices des trotskistes, qui ont rallié des dirigeants actifs comme Maurin ». Il reconnaît que le parti communiste, au moins en Catalogne, « n'est pas assez fort d'un point de vue politique pour assumer fût-ce une part infime du travail politique qu'exigent les forces armées de la révolution ». Constat intéressant si l'on songe aux progrès extraordinaires du PCE au cours des mois suivants.

L'un des moteurs de cette montée en puissance allait être le « Cinquième Régiment », création des communistes, embryon et ferment de l'armée populaire dont, selon André Marty, les 20 000 soldats jouissaient, dès le 10 octobre, d'« une gloire militaire méritée ». De son côté, l'un des principaux conseillers militaires, Vladimir Goriev (nom de guerre *Sancho*), tout en constatant que « l'influence du PC augmente chaque jour » parmi les ouvriers, les paysans et les militaires parce que ses unités se battaient mieux que les autres, tenait la lutte contre les anarchistes, auxquels s'était joint un « ramassis de voyous, de criminels et de fascistes », pour « tout à fait inévitable après la victoire sur les Blancs ». Goriev, qui accusait volontiers les militaires espagnols d'incompétence, était porté à croire qu'ils devaient suivre en toute occasion les directives de leurs conseillers soviétiques. Il critiquait Largo Caballero, trop favorable aux anarchistes, et faisait l'éloge des socialistes de la faction droitière dans un rapport du 25 septembre, alors que le gouvernement Largo Caballero n'était en place que depuis vingt jours, ce qui permet de discerner la stratégie inspirée par Moscou et ses relais espagnols [51].

Pour gagner les démocraties bourgeoises sinon à une intervention, du moins à une attitude complaisante envers le Front populaire, il fallait reconstruire l'État. Comment le faire sans les anarchistes, compte tenu du soutien populaire dont ils jouissaient, et que reconnaissaient aussi bien Marty que l'attaché militaire soviétique Josif Ratner ? La solution consistait à distinguer parmi les anarchistes les chefs qui, ayant compris la nécessité d'une unité de commandement et de la discipline comme Juan Garcia Oliver, qui n'était pas l'enragé décrit par Ehrenbourg. Largo Caballero, voulant montrer à Paris et Londres que son gouvernement rassemblait toutes les forces fidèles au régime républicain, souhaitait de son côté l'entrée des anarchistes dans la coalition gouvernementale, et il comptait pour ce faire sur l'appui du secrétaire de la CNT, Horacio Prieto.

Or la situation militaire était dramatique et la chute de Madrid semblait inévitable. La menace emporta les dernières hésitations des anarchistes : le 3 novembre, quatre d'entre eux entrèrent dans le gouvernement. Les communistes en furent satisfaits. De Garcia Oliver, nouveau ministre de la Justice, ils espéraient une mise au pas des comités révolutionnaires par les anarchistes eux-mêmes, ce qui fut d'ailleurs le cas [52]. D'autre part, l'arrivée des armes soviétiques et des premières Brigades internationales permettait au PCE d'adopter une stratégie plus offensive. Il devenait le dépositaire privilégié des armes.

Le 31 décembre 1936, le chef des espions soviétiques en Espagne, Uritski, s'entretient avec le journaliste américain Louis Fischer, qui a pris du service dans les Brigades internationales. Ils commentent l'effet sur l'opinion de l'intervention de ces unités que la foule a saluées du cri de « *Viva Rusia !* » : « On ne peut pas imaginer le prestige des Soviétiques, dit Uritski. On voit écrit dans de nombreuses rues *Viva Russo* [*sic*] et, partout, des portraits de Staline. » Fischer n'est pas en reste : à l'en croire les Soviétiques plaisent même aux anarchistes [53] : « Peu importe alors que les brigadistes ne soient pas soviétiques ! D'ailleurs, le peuple madrilène l'ignore. Les chars d'assaut, les avions et leurs pilotes, les armes qui ont sauvé Madrid sont russes. » Le prestige de l'URSS, la vision quotidienne de ses armes vont susciter l'extraordinaire croissance du PCE et du PSUC en Catalogne et permettre aux communistes d'adopter une stratégie nouvelle : non la conquête directe du pouvoir d'État, mais le contrôle de ses instruments et l'élimination progressive des forces qui s'opposent à leur influence ou prétendent la limiter. En outre, le rôle actif des communistes dans la création d'une armée disciplinée, qui se substitue progressivement à des milices inexpérimentées aux effectifs fluctuants, entraîna l'adhésion au PCE de bon nombre d'officiers républicains qui, au début de la guerre, n'éprouvaient pas à son endroit la moindre sympathie[54].

Le rapport de Dimitrov de mars 1937 signale que les membres du parti sont 250 000 et que plus de la moitié d'entre eux (135 000) sont sous les armes. La JSU (Jeunesse Socialiste Unifiée) a des effectifs comparables, et le PSUC catalan est fort de 45 000 membres. En septembre de la même année, un rapport émanant de Pedro Checa, l'un des dirigeants du PCE, annonce 328 978 membres dont 30 000 femmes et assure que 167 000 communistes sont au front. La composition sociale du parti démontre sa force d'attraction sur les ouvriers d'industrie (116 372) et la paysannerie (91 120 ouvriers agricoles et 91 463 petits propriétaires). Le nombre des intellectuels et des cadres ralliés – 8 580 – est encore modeste. Certes, la CNT regroupe 900 000 adhérents mais l'UGT, qui collabore avec les communistes, en a quelque deux millions.

Dès février 1937, André Marty, constatant une amélioration certaine des relations entre communistes et anarchistes, note : « L'élément le plus important, qui détermine l'amélioration des relations avec les anarchistes, est l'aide efficace de l'URSS, la présence de navires chargés de denrées alimentaires à Barcelone et Valence[55]... » Ce rapprochement est confirmé le même mois par le diplomate soviétique Marchenko, mais il n'empêche pas les communistes de poursuivre leur travail de sape pour ruiner le prestige des libertaires, demeuré considérable, grâce notamment à leur rôle essentiel dans l'écrasement du soulèvement à Barcelone. Ainsi, la lutte des miliciens anarchistes est constamment dénigrée par les « conseillers » soviétiques. Yan Berzin, chef du service d'espionnage militaire de l'URSS (GRU) avant sa venue en Espagne, accuse la colonne anarchiste commandée par Zimmerman d'avoir abandonné sans combattre plusieurs villages sur le front de Madrid. Traitant ses officiers de « bâtards » et son chef Miaja de « fou notoire », il proclame son mépris pour « cette confrérie qui ne reconnaît ni discipline, ni organisation régulière, ne respecte pas les ordres et se bat uniquement quand elle en a envie ». De même, le colonel Krivoshein, commandant d'une unité de chars, accuse, en mars 1937, les anarchistes de recruter toutes sortes de déclassés et de criminels, et se livre en mars 1937 à une charge d'une rare violence : « Ils ont commencé à fuir à Malaga de façon tout à fait injustifiée. Ils ont fui à Madrid. La colonne Durruti a permis que les fascistes pénètrent dans la Cité universitaire. Ils ont refusé d'attaquer à Teruel. Tous les fascistes et sympathisants qui se trouvent en zone républicaine adhèrent à la CNT et à la FAI[56]. » L'institution des commissaires politiques va permettre de rétablir ordre et discipline dans l'armée populaire qui, selon le vœu des conseillers soviétiques, n'est plus constituée que d'unités régulières[57].

L'ÉLIMINATION DES ANARCHISTES ET DU POUM

L'autre face de la nouvelle stratégie communiste fut la déstabilisation de Largo Caballero. Elle chercha habilement à trouver un successeur sur sa droite, au sein de la faction modérée, ou réputée telle, du PSOE. Or, si Alvarez del Vayo était indubitablement un « crypto », ni Indalecio Prieto, ni Julian Zugazagoitia, ni même Juan Negrin n'étaient communisants. Les conseillers soviétiques, l'Argentin Vitorio Codovilla et l'Italien Palmiro Togliatti, qui rédigeaient la plupart des discours de José Diaz et même de la *Pasionaria*, jouaient un grand rôle dans la manœuvre. Pour affaiblir Largo Caballero ils ne cherchèrent pas à utiliser son antagonisme avec Indalecio Prieto mais arguèrent de sa mollesse face à l'avance franquiste, de ses mauvais choix comme ministre de la Défense, de la confiance accordée à Asensio Torrado. D'autre part, ils l'accusèrent de collusion avec les anarchistes, ce qui finit par être le cas lorsqu'il dut rechercher auprès d'eux les soutiens qui lui faisaient défaut au PCE et dans son propre parti. Quand il sera amené à proposer à Manuel Azaña la formation d'un gouvernement composé de socialistes de son bord et de libertaires agréés par la CNT, Negrin et Prieto auront beau jeu de faire valoir qu'il est impossible d'exclure les communistes, la République ne pouvant se passer de l'aide militaire de l'URSS, conséquence inéluctable du transfert de l'or espagnol en URSS.

Les archives soviétiques recèlent des preuves accablantes de la maestria avec laquelle les ministres communistes espagnols, parfois contre leur gré, furent manipulés dans la machination que nous avons exposée plus haut et qui aboutit aux événements du 3 mai à Barcelone (voir première partie, chapitre 5, pp. 182-84). Il n'y avait plus ensuite qu'à réécrire l'histoire. Les rapports envoyés à Moscou les 11 et 15 mai exposent la thèse officielle du PCE et du Komintern : « Les inspirateurs, organisateurs et dirigeants du putsch ont été les trotskistes, la Jeunesse anarchiste libertaire... et la faction extrémiste de la FAI. » Avec, en prime, une diffamation : « Il existe des documents très intéressants qui démontrent la connexion des trotskistes espagnols avec Franco. » Le premier rapport allait jusqu'à soutenir que les préparatifs du putsch avaient commencé deux mois plus tôt[58].

Au Conseil des ministres du 13 mai, les membres communistes du cabinet, Hernandez et Uribe, défendirent cette thèse et réclamèrent des sanctions contre le POUM et la CNT, « responsables des journées de Mai ». Largo Caballero répliqua en accusant les communistes de mensonge et de calomnie. Les ministres du PCE abandonnèrent la salle du Conseil, suivis par Giral et Irujo, mystifiés, Alvarez del Vayo, Negrin et même Prieto. La manipulation avait réussi et le piège allait produire tous ses effets. Largo Caballero, ne pouvant former un gouvernement sans les communistes, était condamné à la démission. Le relais était assuré : la faction « centriste » du PSOE, plus sûre que la faction « de gauche », comme le précisait le rapport du 15 avril. En effet, Juan Negrin était un choix excellent pour Moscou : il n'avait pas de liens apparents avec l'appareil du PCE, et la charge du ministère de la Défense userait Prieto comme elle avait usé Largo Caballero. Ce fut chose faite après la bataille de Teruel, en février 1938, même si les accusations ultérieures de Valentin Gonzalez, *El Campesino*, pour qui les communistes avaient provoqué sciemment la défaite afin de se débarrasser de Prieto, demeurent suspectes.

Manuel Azaña, dont la lucidité fut pour une fois en défaut, faisait confiance à « la tranquille énergie de Negrin ». En fait, ce dernier fut à la fois l'alibi de la conquête du pouvoir réel par les communistes et l'homme du reflux de la révolution sociale. Il réduisit la participation ouvrière dans la gestion des entreprises, plaça les industries de base sous le contrôle de l'État, supprima les milices ouvrières et les tribunaux populaires, abolit certaines collectivisations agraires ainsi que le Conseil d'Aragon, enfin il fit restituer des terres confisquées à certains propriétaires[59].

Le PCE se garda d'occuper le devant de la scène en colonisant les postes ministériels, mais il s'assura de la police politique (SIM), de la direction de la Sécurité, avec le colonel Antonio Ortega, et du contrôle des chefs de corps et commissaires des armées. Andreu Nin fut éliminé par la machination diabolique décrite plus haut[60]. Le mouvement libertaire, affaibli par les journées de Mai, n'avait plus la force de jouer un rôle prééminent dans le drame qui se jouait. Il crut justifier un retour au sein du gouvernement avec Segundo Blanco comme ministre de l'Éducation, sous le prétexte qu'il fallait présenter un visage d'union à l'étranger afin que la France laissât passer le matériel de guerre. Lors du congrès plénier du mouvement libertaire de Barcelone, du 16 au 30 octobre 1938, Negrin et son gouvernement furent très durement pris à partie sans résultats tangibles. La conscience de leur impuissance entretenait au cœur des anarchistes frustration et amertume[61].

Il allait en être ainsi jusqu'aux dernières semaines de la guerre. Negrin put maintenir à l'intention de l'opinion internationale une façade modérée, dont le programme de paix en treize points évoqué plus haut fut l'expression. Il est vrai qu'au début de l'année 1939 l'Espagne ne comptait plus guère pour Staline qui, déçu par la faiblesse des démocraties lors de la conférence de Munich, préparait déjà le pacte germano-soviétique. Pour Burnett Bolloten, écrivant en 1989 : « Juan Negrin, cinquante ans après la guerre, continue à en être la figure la plus controversée. » Il passait pour être l'un des éléments modérés du PSOE. Pourtant, de sa prise de pouvoir jusqu'à la fin de la guerre, il fut d'accord en tout avec le PCE. Il existe incontestablement un « mystère Negrin ». Faut-il croire que ses aspirations profondes s'accordaient parfaitement avec la stratégie de l'URSS dans les années 1936-39 ?

Dans le discours qu'il prononça en septembre 1945 à Mexico quand la défaite de l'Axe pouvait permettre quelques espoirs de restauration de la République espagnole[62], Juan Negrin définit les conditions dans lesquelles devait être préparée cette reconquête. Il proclama sa foi dans le socialisme : « Quand dans le monde entier dominent les courants socialistes, on ne peut mener à bien une politique qui ne soit inspirée par cette tendance. » Il envisageait d'importantes nationalisations (transports, sous-sol, eaux, énergie, assurances, publicité), une réforme agraire visiblement inspirée du système soviétique avec « l'exploitation collective des grandes superficies demeurées mal exploitées », mais il affirmait en même temps la nécessité de préserver l'entreprise privée. Une fois de plus, il fit l'éloge de l'aide « désintéressée » des Soviétiques qui n'avaient réclamé aucune compensation pour la fourniture de matériel et « n'avaient pas cherché à s'immiscer dans les affaires internes de l'Espagne », et il exprimait avec force son immense admiration pour l'URSS, « promotrice de nouvelles idées, initiatrice d'orientations nouvelles. Nous lui devons tous une gratitude infinie ». Pourtant, plus encore qu'en 1939, il ne pouvait ignorer que l'aide soviétique ne fut pas marquée par le désintéressement. Il était en possession des documents relatifs à la vente de l'or, qu'il chargea son fils de remettre après sa mort au chef de l'État espagnol quel qu'il fût. Il ne pouvait donc pas être dupe de son propre discours. Décidément, le mystère Negrin subsiste !

4

Le franquisme, de la tentation fasciste au national-catholicisme

Dans l'excellent petit livre de réflexion bien plus que d'histoire narrative qu'il consacra à la guerre d'Espagne, Pierre Vilar posait la question de la nature du régime franquiste. Tout en remarquant que le concept de national-catholicisme, venu de l'extérieur, est quelque peu postérieur à la guerre civile, il concluait : « Fascisme ? L'inspiration originelle n'est pas douteuse, mais la référence ouverte a dépendu du moment. Bien entendu, elle fut claire entre 1940 et 1943 [63]. » Pourtant, Manuel Azaña ne croyait pas à la possibilité d'un régime fasciste en Espagne : en pleine guerre, il écartait l'hypothèse et jugeait beaucoup plus probable, en cas de défaite de son camp, une dictature militaire et cléricale de type espagnol traditionnel. Plusieurs spécialistes de l'histoire contemporaine, tels Edward Malefakis, Stanley Payne ou Javier Tusell, considèrent que le régime de Franco ne fut pas spécifiquement fasciste. Après avoir passé en revue les sept critères qui, selon lui, permettent de porter ce diagnostic, Malefakis conclut : « En résumé, la dictature de Franco fut assez peu fasciste au sens strict du terme. Elle ne prit presque rien du nazisme, et elle adopta seulement les caractéristiques les moins fascistes de l'Italie de Mussolini. » Ce qui ne change rien à une réalité incontestable : le régime de l'Espagnol fut beaucoup plus répressif que celui de l'Italien [64].

La Phalange, fascisme inachevé

La proposition « rouges contre fascistes », d'usage courant pendant la guerre mais beaucoup trop réductrice, ne résiste pas à une analyse sérieuse. Dans le camp franquiste, on était loin de l'unanimisme, mais la tentation fasciste fut incontestable, surtout au début, bien que la Phalange n'ait pas été une copie conforme des « Faisceaux » italiens. Même si elle conquit une position privilégiée au sein du « Mouvement national unifié », elle ne put d'ailleurs jamais prétendre imposer sa loi sans partage. Elle fut sans cesse contestée par les monarchistes de toutes obédiences dont elle était la bête noire, surtout par les carlistes, adversaires d'un État totalitaire et viscéralement attachés à la décentralisation. Suspecte à l'Église, elle dut toujours proclamer son attachement indéfectible au catholicisme. Comme l'observe avec pertinence Stanley Payne, la Phalange, pendant la première période du régime de Franco, se développa « comme une sorte de parti fasciste hybride, dont le fascisme était dilué par l'identité catholique ». Il ajoute : « Seule une Europe intégralement fasciste aurait assuré une fascisation complète de l'Espagne[65]. » La Phalange, de 1936 à 1939, exprime une violente poussée en faveur d'un État autoritaire, libéré de la tradition monarchique, très critique envers l'Église et les carences de sa politique sociale, volontiers insolent envers les « barons du capitalisme », les mots n'étant après tout que des mots. L'évolution du mouvement reflète les difficultés réelles de l'implantation du fascisme en Espagne, compte tenu de la profondeur de l'empreinte catholique mais aussi des particularismes régionaux, voire nationaux, « des » Espagnes.

La Phalange naquit en 1933, après deux années de vie de la Deuxième République, d'une effervescence idéologique dont témoigna, dès février 1931, donc avant même l'avènement de la République, le manifeste de Ramiro Ledesma, *La Conquista del Estado*. Faisant écho à un texte de Curzio Malaparte, il donna naissance à une revue éponyme d'un ton résolument antiparlementaire. On en jugera par cette litanie extraite du numéro du 4 juin 1931[66] :

Longue vie au nouveau monde du XXe siècle !
Longue vie à l'Italie fasciste !
Longue vie à l'URSS soviétique !
Longue vie à l'Allemagne d'Hitler !
Longue vie à l'Espagne que nous ferons !
À bas les démocraties bourgeoises parlementaires !

Autres signes de cette effervescence : la formation des « Juntes castillanes » d'Onesimo Redondo et la création de l'hebdomadaire *El Fascio*, au titre significatif, dont le premier numéro fut saisi en mars 1933 et qui ne put en publier un second. Ses rédacteurs, Manuel Delgado Barreto et José Antonio Primo de Rivera, fondèrent alors le MES (Mouvement Espagnol Syndicaliste) avec l'appoint de Rafael Sanchez Mazas, du célèbre aviateur Julio Ruiz de Alda et de quelques autres. Le recrutement de ce groupuscule, qui associait un antimarxisme virulent à la revendication sociale, se limitait aux étudiants des classes moyennes. À cette date, les droites pouvaient encore croire qu'elles avaient de très grandes chances de conquérir le pouvoir politique par les voies légales ; elles répugnaient aux affrontements directs avec les militants de la gauche révolutionnaire.

Pour sa part, José Antonio Primo de Rivera y était déterminé : le 29 octobre 1933, en compagnie de Ruiz de Alda, de Raimundo Fernandez Cuesta et d'Alfonso Garcia Valdecasas, il parvint à remplir un théâtre du centre de Madrid pour la célébration d'un « acte d'affirmation nationale » au cours duquel les orateurs exaltèrent « le sentiment totalitaire de la patrie ». Tel fut l'acte de naissance de la Phalange Espagnole (FE). Les premiers textes, discours et articles la concernant n'usent pas du terme « fascisme », peut-être en raison du contexte électoral. José Antonio en effet, tout en affirmant son dédain pour le système parlementaire, était candidat à la députation à Cadix où il fut élu lors du scrutin de novembre.

Les débuts de la Phalange, comme ceux des Juntes Offensives Nationales Syndicalises (JONS), furent d'autant plus modestes que Redondo, compromis dans la *Sanjurjada*, avait dû s'enfuir au Portugal. La situation critique des deux formations hâta leur fusion, en février 1934, sous le nom de Phalange espagnole des JONS. La nouvelle organisation fut présentée à Valladolid le 4 mars 1934, au théâtre Calderon. José Antonio s'imposa comme son chef, non sans susciter jalousies et réticences. La Phalange prévoyait un éventuel recours à la violence – point IX de son programme initial – dans la perspective de la conquête du pouvoir, comme Ledesma qui la justifiait dans le cas de l'« insurrection révolutionnaire nationale ». Toutefois, elle ne prit pas l'initiative de cette violence, et ses membres après la victoire des droites aux élections de novembre 1933 furent les premières victimes des actions conduites par des militants d'extrême gauche. Il semble que ceux-ci redoutaient que le discours phalangiste prônant la violence ne préludât à une prise de pouvoir, comme cela s'était produit en Italie et en Allemagne. La Phalange, en mesure de trouver des bailleurs de fonds, apparut à la gauche révolutionnaire comme une menace sérieuse qu'il fallait éliminer d'emblée.

Tandis que Ruiz de Alda échappait à une agression à Tudela, des militants des JONS furent tués à Daimiel, Zalamea de la Serena (Badajoz), Villanueva de la Reina (Jaen). À Madrid, un étudiant qui achetait le premier numéro de *Phalange Espagnole* fut assassiné rue Alcala. Deux jours plus tard, Matias Montero, étudiant en médecine et l'un des fondateurs du SEU (le syndicat universitaire phalangiste), fut tué à son tour. Il allait être le premier « martyr » reconnu de la Phalange. En dépit de leurs gesticulations et de leur vocabulaire violent, les phalangistes ne s'étaient nullement préparés aux actions de commando. Même après ces assassinats, José Antonio refusa de déclencher des représailles, suscitant l'étonnement de plusieurs journalistes et commentateurs politiques, et l'amertume de nombre de ses militants qui l'accusaient de « frivolité sociale » et lui reprochaient de participer à des mondanités pendant que ses partisans se faisaient tuer. Il leur répondit : « La Phalange Espagnole acceptera et engagera le combat sur le terrain de son choix, non sur celui choisi par ses adversaires [67]. »

La réaction violente de la gauche, qui allait la conduire au mouvement insurrectionnel d'octobre 1934, s'explique en partie par une surestimation évidente du danger que représentait la Phalange pour la République. En fait, son développement, jusqu'en février 1936, fut très lent. Répartis entre militants de « première ligne » et de « deuxième ligne », les phalangistes, dont la moitié étaient des étudiants, n'étaient guère plus de 20 000 lors des élections de février. Beaucoup d'entre eux avaient moins de vingt et un ans, et leur formation théorique était indigente. Le scrutin fut désastreux pour le mouvement : il obtint en tout et pour tout 44 000 suffrages dans l'ensemble de l'Espagne, soit 0,7 %, avec des maxima de 4,6 % à Cadix et 4,19 % à Valladolid, Madrid s'en tenant à 1,2 %. À l'évidence, la stratégie confuse de José Antonio avait échoué. Ses appels à l'intervention de l'armée, ses tentatives pour établir des contacts ponctuels avec certains anarchistes de la CNT, puis ses vaines ouvertures en direction des droites pour constituer un « Front national » en vue de l'élection avaient déconcerté les électeurs [68].

Le cycle de violences qui suivit la consultation de février changea la donne et provoqua une croissance rapide de la Phalange. La marche inéluctable vers la guerre civile suscitait de nombreux ralliements. Le 16 juin 1936, José Antonio, détenu dans la prison d'Alicante depuis le 14 mars, après l'attentat contre le leader socialiste Luis Jimenez de Asua, put déclarer à un journaliste que la Phalange comptait 150 000 adhérents. Depuis le jour du vote, 48 de ses membres avaient été tués et 500 blessés. Elle rendait désormais coup pour coup et prenait même, ponctuellement, l'initiative de la violence.

Du printemps 1934 à l'été 1936 l'identification de la Phalange avec le fascisme s'était affirmée mais, tout en reconnaissant leurs affinités avec le fascisme italien et le nazisme allemand, ses chefs insistaient sur le caractère authentiquement espagnol de leur mouvement. Ils précisaient que leur doctrine était exempte de tout racisme et se gardait d'un étatisme hypertrophié. Ils préféraient comparer leur idéologie à la pensée politique des Rois Catholiques, qui allait devenir par la suite la référence privilégiée de Franco. Manuel Hedilla déclara à un journaliste allemand : « Notre fascisme est né espagnol » et il précisa que le concept païen « de la terre des aïeux et de la suprématie de la race » faisait place, dans la doctrine de la Phalange, à un puissant élan spirituel procédant de la plus pure tradition du pays [69].

Jusqu'au printemps 1937, les porte-parole de la Phalange manifestèrent une hostilité marquée envers la monarchie et son drapeau ainsi qu'à l'endroit de la CEDA. Ils prenaient à leur compte certains thèmes de la gauche, comme pour orienter leur propagande vers le prolétariat dont, selon Onesimo Redondo, il fallait préparer la « rédemption ». Hedilla proclamait volontiers que la vraie noblesse était le travail, et qu'il méritait une juste rétribution. Les chefs de la Phalange exhumèrent par la suite le texte du discours de José Antonio du 2 février 1936, qui appelait au « démantèlement du capitalisme ». Toutefois, le service de presse du gouvernement du *Caudillo* interdit la distribution de ce document, déjà tiré à plusieurs dizaines de milliers d'exemplaires. Il n'en parvint pas moins à Burgos et Salamanque. Lecture en fut faite à la radio de Burgos et Valladolid, et quelques hiérarques de la Phalange furent arrêtés dont Dionisio Ridruejo, Antonio Tovar, José Antonio Giron. Enfin, Hedilla reçut l'ordre d'épurer le mouvement. L'épisode montrait clairement que les audaces des radicaux de la Phalange seraient désormais contenues, malgré l'adhésion récente d'anciens militants de gauche dans les régions sous contrôle nationaliste, principalement en Andalousie. Cependant, la Phalange développait ses activités et ses réseaux, notamment grâce au SEU et à la section féminine, créée à l'initiative de Mercedes Sanz Bachiller, veuve d'Onesimo Redondo, tué le 24 juillet lors d'un affrontement avec les militants de gauche. Au cours de l'hiver 1936-37, elle lança plusieurs centres de « Secours d'Hiver » qui devinrent ensuite des centres d'« aide sociale » (*auxilio social*) organisant maternités et dispensaires, distribution de vivres et de vêtements. Ils se multiplièrent rapidement dans toute l'Espagne franquiste et étaient au nombre de 1 250 au début de 1938.

Pendant les premiers mois de la guerre la Phalange apporta à Franco l'appoint indispensable de ses militants. Plus nombreux, mais moins bien entraînés que les *requetes* carlistes qu'ils ne valaient pas comme combattants, les phalangistes, dont bon nombre de « chemises vieilles », étaient quelque 37 000 en avril 1937, soit 56 % de l'ensemble des volontaires, fournis en majorité par la Castille et le Nord, de l'Aragon à la Galice. Quelles qu'aient pu être les réticences de Franco et de certains de ses généraux à l'égard de la Phalange, son efficacité dans le recrutement des volontaires l'avait rendue indispensable[70].

La participation active des phalangistes à la répression dans la zone sous contrôle nationaliste est incontestable, surtout en 1936-37. L'historienne britannique Sheelagh Elwood en a trouvé des preuves à Grenade, Huesca, en Navarre et en Galice[71]. Elle aurait pu aisément en découvrir d'autres à Valladolid, Palencia, Burgos ou Saragosse. À la faveur de l'état de guerre décrété dans la zone nationaliste dès le 28 juillet, la « seconde ligne », à qui fut dévolue la responsabilité de la sécurité, joua un rôle important dans les *paseos* et les *sacas*, en marge de l'activité des tribunaux militaires. Les chefs locaux de la Phalange jouissaient d'une large autonomie en la matière, tout comme les militants d'extrême gauche des milices dans le camp opposé. Il serait erroné cependant d'attribuer toutes les victimes de la répression franquiste aux seuls phalangistes : Stanley Payne rappelle le cas du tribunal d'exception qui, à Logroño, pendant les premières semaines de la guerre, envoya plusieurs dizaines de personnes à la mort ; il était composé d'un officier de l'armée régulière, d'un juge professionnel et d'un représentant de chacun des mouvements suivants : Phalange, Carlisme, Rénovation espagnole. L'auteur précise : « Les phalangistes furent coupables, individuellement ou collectivement, de milliers d'assassinats, mais il y eut une tendance de la part de leurs alliés comme de leurs adversaires à en faire les boucs émissaires de la répression tout entière. » Il semble qu'à Grenade où ils participèrent aux tueries, des phalangistes aient été les seuls à tenter de sauver Lorca[72].

Manuel Hedilla, nommé à la tête du parti le 2 septembre 1936, sous la pression de ses chefs du Nord Jesus Muro, José Moreno et Jesus Sainz, s'installa à Salamanque, après que Franco y eut établi son gouvernement, afin de collaborer plus étroitement avec le Généralissime et l'état-major. Il devait compter avec les avis de quelques barons du parti comme Andrés Redondo qui avait pris la succession de son frère Onesimo à Valladolid, ou Joaquin Miranda à Séville. Honnête et modeste mais dépourvu de charisme et de l'habileté de l'homme de pouvoir, Hedilla comprenait la nécessité de mener une propagande active et de donner aux nouvelles recrues une formation politique élémentaire. Un jeune journaliste, Vicente Cadenas, promu en avril 1936 chef du service de presse par José Antonio lui-même, convoqua un premier congrès de presse et de propagande à Salamanque en février 1937, et fit un grand effort pour doter le parti d'une véritable presse : *Unidad*, lancé à San Sebastian, et *Arriba España*, le premier quotidien phalangiste dirigé par le « curé bleu » (de la couleur de la chemise phalangiste) Fermin Yzardiaga. Cette presse s'élargit à un magazine illustré, *Fotos*, des revues culturelles, dont *Vertice*, la revue pour enfants *Flechas* et une quarantaine de quotidiens provinciaux. Des centaines d'affiches eurent pour mission de diffuser les symboles, le style et les valeurs phalangistes : goût de l'action, images viriles, culte de l'énergie. Les journaux du mouvement multiplièrent les reportages favorables à l'Italie fasciste et à l'Allemagne nazie, non sans quelques relents d'un antisémitisme généralement absent du reste de la presse nationaliste.

Franco avait rejeté l'idée de la création d'un « parti franquiste », formule qu'il jugeait dangereuse, mais il était conscient de la nécessité de s'appuyer sur une force politique puissante, à laquelle il ne fallait toutefois accorder qu'une liberté d'action limitée. Il accueillit avec réticence les demandes d'Hedilla en faveur d'une plus large autonomie des milices et des syndicats phalangistes. Il considérait avec la même méfiance les initiatives de l'autre force politique organisée de son camp, les carlistes, qui avaient été rejoints par les transfuges de l'ancienne CEDA. Le comte de Rodezno, chef du parti carliste en Navarre, estimait qu'un regroupement de toutes les forces catholiques permettrait d'éviter un glissement progressif vers le fascisme dont la Phalange était le vecteur. La revue *El Pensamiento Navarro* dressa, dans un article intitulé *Una Idea : Requete y Fascio*, le bilan des convergences et des divergences entre carlisme et Phalange. Hedilla, pour sa part, écrivit le 6 janvier 1937 dans *Arriba España* qu'il existait « une tendance puissante en faveur de la fondation d'une force unique », ajoutant qu'elle se constituerait grâce à l'assimilation par la Phalange espagnole des héritages du traditionalisme compatibles avec les nécessités du moment. Selon lui, « la Phalange cherchait la rechristianisation de la société selon les normes évangéliques », ce qui la différenciait des fascismes étrangers.

À cette époque, les négociations entre les deux mouvements étaient assez avancées, mais elles faisaient l'impasse sur leurs divergences les plus sérieuses. Les carlistes détestaient le style phalangiste, ses uniformes, ses emblèmes et son vocabulaire, et ils étaient allergiques au centralisme. Les phalangistes souhaitaient une révision profonde des positions sociales de l'Église, afin de séduire un plus grand nombre de prolétaires, fût-ce en usant de démagogie. Roberto Farinacci, ancien secrétaire du parti fasciste italien, rencontra en février 1937 Franco, Hedilla et Rodezno et leur recommanda la création d'une sorte de « Parti national espagnol » pourvu d'un programme social réformateur. Serrano Suñer agit dans le même sens, et il prétendit par la suite que Franco lui avait signalé les analogies entre les deux doctrines en comparant les discours de José Antonio et de Carlos Pradera. Le *cuñadisimo* faisait la part belle à la Phalange dans le projet global qu'il établissait. Le carlisme souffrait, selon lui, « d'un certain anachronisme politique » tandis que la Phalange, tout en ayant récupéré la pensée religieuse du carlisme, y joignait un contenu social révolutionnaire, « ce qui permettrait à l'Espagne nationaliste d'absorber idéologiquement l'Espagne rouge, notre grande ambition et notre grand devoir ». Serrano Suñer estimait, avec une exagération évidente, que la Phalange était envahie de nouveaux membres venant de la gauche, notamment de l'anarcho-syndicalisme. Du même coup, il procurait des armes à la propagande communiste contre les anarchistes.

Franco livra le fond de sa pensée dans le discours du 18 février 1937 : « Si notre Mouvement était exclusivement fasciste, dit-il, je n'aurais aucune répugnance à le dire, car je considère le fascisme comme une forme respectable de gouvernement. » Le *Caudillo* insista sur l'importance d'une « idéologie nationale », présente à la fois dans la Phalange et dans la Communion traditionaliste (carlisme). Il faisait ainsi montre d'une attitude plus réservée, et plus attentiste, que Serrano Suñer ou Hedilla. Serrano Suñer prépara le décret d'unification demandé par Franco dans un sens favorable à la Phalange, mais au bénéfice du Généralissime et non de celle-ci. La machination qui permit d'obtenir la fusion des deux mouvements a été racontée bien souvent, parfois avec un grand luxe de détails[73]. Il suffit de rappeler que le *Caudillo* mit à profit les divergences entre les tendances qui parcouraient la Phalange et les rivalités personnelles pour piéger Manuel Hedilla et, avec lui, tous ceux qui souhaitaient conserver une certaine autonomie de leur mouvement à l'égard du pouvoir.

L'un des exécuteurs des basses œuvres de Franco, Lisardo Doval, et les agents de celui-ci incitèrent Hedilla à affirmer son autorité dans le parti, et, simultanément, conseillèrent à ses adversaires de durcir leur position. Or, dans le même temps, les carlistes avec qui Hedilla avait poussé loin les négociations firent savoir que leurs divergences étaient trop fortes pour qu'ils puissent signer l'accord envisagé et qu'il était préférable d'attendre l'avis de Franco. Après l'élimination d'un groupe de dissidents qui avaient cherché à écarter Hedilla (Agustin Aznar, Sancho Davila, Rafael Garceran), et l'élection, le 17 avril, de Manuel Hedilla comme chef de la Phalange, le *Caudillo* annonça l'unification des deux mouvements dans une intervention radiodiffusée qu'il avait rédigée de sa main. Hedilla crut d'abord qu'il conserverait son autorité, sanctionnée par une élection toute fraîche, au sein de la Phalange, mais la publication du décret, le 19, le fit déchanter. Désormais n'existait qu'un seul mouvement, la « Phalange nationale traditionaliste et des JONS », dont le chef national était Franco lui-même, assisté d'une Junte nationale et d'un Conseil de 50 membres. Certes, Hedilla devait faire partie de la Junte mais l'organisation serait gérée au quotidien par un secrétariat politique qui lui échappait, et les 50 membres du Conseil étaient nommés par le *Caudillo*. L'unification était réalisée, sans nul doute au bénéfice de la Phalange dont les symboles – le joug et les flèches –, le drapeau, les uniformes, l'hymne *Cara al Sol* (« Face au soleil »), le salut et le slogan *Arriba España !* étaient adoptés au grand dam des carlistes. Vingt-six des 27 points de son programme devenaient ceux du mouvement. Les milices phalangistes et les *requetes* étaient intégrés dans l'armée régulière sous un commandement unique, tout en conservant leurs unités propres. Il est significatif que le seul point du programme phalangiste écarté était celui qui affirmait l'autonomie du mouvement.

D'un point de vue théorique, l'État franquiste était désormais quasi fasciste. Toutefois, le parti unifié perdait toute autonomie et tombait dans la dépendance absolue du chef de l'État. Les phalangistes les plus fervents le comprirent parfaitement et refusèrent de se plier au décret. Le 25 avril, Hedilla et une vingtaine de dirigeants furent arrêtés. On retint contre eux deux chefs d'accusation principaux : la résistance au décret d'unification et la responsabilité dans les incidents du 17 avril. Hedilla fut condamné à mort ainsi que plusieurs de ses compagnons. Il se peut que cette peine capitale ait été surtout destinée à mettre fin aux intrigues des Italiens et des Allemands qui, tels Cantalupo et Faupel, voyaient en Franco un réactionnaire borné et dans les phalangistes des révolutionnaires décidés à transformer l'Espagne. Ils avaient multiplié les avances à Hedilla et les invitations à se rendre en Italie et en Allemagne. Les interventions d'importants personnages du régime, dont Serrano Suñer, obtinrent la commutation des peines. La plupart des détenus furent vite relâchés mais Manuel Hedilla fut déporté aux Canaries jusqu'en 1941, puis à Majorque, et il ne recouvra la liberté qu'en 1946.

La résistance des carlistes fut moindre, bien que leurs idéaux aient été sacrifiés sur l'autel de l'unité. Le comte de Rodezno avait cependant écrit à Franco : « Mon général, la doctrine traditionaliste n'est pas le fascisme. » La victoire de Franco était totale : il disposait désormais d'un parti discipliné sur le modèle italien, mais dont il pouvait infléchir à son gré les orientations. Il avait paré au péril mortel d'affrontements graves au sein du camp nationaliste, tandis que la République était déchirée par des luttes intestines qui lui seraient fatales. Artisan principal de l'opération, Serrano Suñer voyait son rôle renforcé [74].

Le *Caudillo* prit tout son temps pour nommer le secrétaire général en la personne de Raimundo Fernandez Cuesta, sur la recommandation de Serrano Suñer qui le présenta comme un modéré, et les 50 membres du Conseil national qui furent désignés en octobre 1937. Pilar Primo de Rivera fut nommée en tête de liste, en hommage à son frère, fondateur de la Phalange, promu depuis son exécution au statut de martyr dont l'État organisait le culte. C'était aussi une façon d'apaiser les « chemises vieilles », très affectées par les suites du décret d'avril, qui fréquentaient la demeure de Pilar Primo de Rivera à Salamanque. Venaient ensuite sur la liste le comte de Rodezno, le général Queipo de Llano, puis José Maria Peman, alors monarchiste alphonsiste.

La croissance de la Phalange se poursuivit à un rythme soutenu : elle devait atteindre les 500 000 membres à la fin de la guerre. Toutefois, beaucoup d'adhésions n'étaient que manifestations d'opportunisme et, chez d'anciens partisans de la

République, une assurance contre d'éventuelles délations. Il est hors de doute que le *cuñadisimo* envisageait la constitution d'un État fasciste. Les « chemises vieilles », qui avaient accepté son décret sans formuler de réserves explicites, voulaient mettre à profit une conjoncture favorable pour obtenir une « fascisation » de l'État conforme au modèle italien. Ils exercèrent une forte pression à l'occasion des nominations des gouverneurs civils des provinces sous contrôle nationaliste, et ils en obtinrent vingt-deux alors que les carlistes en avaient neuf seulement. Pilar Primo de Rivera fut nommée déléguée nationale de la section féminine du Mouvement et Gimenez Caballero, qui devait s'illustrer comme le plus délirant des thuriféraires de Franco, déploya une grande activité aux côtés d'Antonio Tovar, directeur de la radio, et Dionisio Ridruejo, délégué national à la propagande. En 1937 et 1938 la propagande exalta le rôle de l'armée, condamna le libéralisme et le parlementarisme aussi bien que les doctrines de gauche, et fit souvent l'éloge des institutions allemandes et italiennes.

L'un des objectifs prioritaires du mouvement dominé par la Phalange était de construire un système syndical et une organisation du travail proches du modèle italien. C'est dans cette perspective que le conseil national de la FET réuni en janvier 1938 créa une commission pour l'étude des « bases corporatives de l'État espagnol » au moment même où Alfonso Garcia Valdecasas publiait son *Manuel du fascisme*. Les débats passionnés qui accompagnèrent la préparation de la Charte du Travail, de janvier à mars 1938, démontrèrent que cette question était bien au cœur du projet phalangiste. Le texte, adopté à l'unanimité par le Conseil national le 9 mars, sous le nom de *Fuero del Trabajo*, faisait référence à la tradition par le choix du mot *Fuero*. Il se présentait comme une voie moyenne entre le « capitalisme libéral » et le « marxisme matérialiste », et marquait un net progrès social, en dépit de la proscription des grèves qualifiées de « crimes contre la nation ». Il garantissait la protection de l'État aux travailleurs : limitation de la journée de travail, repos dominical, vacances annuelles, salaire minimum, allocations familiales, assurances contre la maladie et le chômage, garantie de retraite et création de tribunaux du travail. Mais le *Fuero* ne définissait pas les niveaux de ces garanties, et il embrigadait les travailleurs dans un « syndicat unique et vertical » qui participerait à l'organisation des diverses branches de production sous l'autorité de l'État. C'était une étape importante sur la voie de l'État totalitaire rêvé par les phalangistes.

LE MYTHE DE LA « CROISADE » ET LA CAUTION DE L'ÉGLISE

Quoique ses premiers chefs aient été volontiers anticléricaux et ouverts au concept de laïcité, la Phalange espagnole, qui prétendait assumer la modernité, avait dû accepter le qualificatif de « traditionaliste ». Même si son catholicisme était aussi « décoratif » que l'affirmaient les carlistes, l'adjectif la gênait quelque peu aux entournures. Par ailleurs, le soulèvement du 18 juillet n'avait aucun contenu religieux et les premières proclamations étaient exemptes de tout recours au spirituel. Beaucoup d'officiers étaient fort tièdes en matière de religion : le chef de la junte militaire formée le 23 juillet 1936, le général Miguel Cabanellas, était un libéral modéré et franc-maçon. Franco lui-même n'avait pas témoigné d'une grande ferveur religieuse au Maroc, où son slogan était « Pas de femmes, pas de messes ». Il eût été parfaitement ridicule, en juillet 1936, d'évoquer une quelconque « croisade », alors que, sauf en Navarre, le fer de lance de l'armée rebelle était constitué par des musulmans et une Légion dont les hommes ne brillaient pas par la piété. En outre, Franco faisait appel à l'aide militaire de l'Allemagne nazie dont le pape Pie XI s'apprêtait à condamner l'aspect antichrétien de l'idéologie par l'encyclique *Mit brennender Sorge*.

La première référence explicite à une « croisade » fut faite dès le 23 août, mais elle émanait de Mgr Olaechea, évêque de Pampelune, capitale d'une province où les *requetes* partaient au combat au nom du Christ-Roi et sous le signe de la Croix. Après un portrait au vitriol du régime franquiste, Santos Julia observe : « La guerre ne fut pas seulement une lutte de classes ; elle fut aussi vécue comme une guerre de religion. L'hécatombe de l'Église catholique dans les zones qui demeurèrent sous la domination des forces loyales à la République atteignit une dimension qui suffit à rétablir son unité politique, très ébranlée pendant les années de République[75]. » C'est exact, mais il convient de préciser que la moitié des victimes de cette hécatombe furent immolées pendant les deux premiers mois de la guerre.

Paradoxalement, ce furent les militants d'extrême gauche qui permirent aux nationalistes de se donner une légitimité en invoquant la défense de la religion chrétienne, puis de forger le mythe de la « croisade ». En déclenchant une atroce persécution, les anarchistes surtout, mais aussi les socialistes et, avec plus de modération, les communistes procurèrent à Franco une justification précieuse, dont il comprit rapidement les avantages, et ils influencèrent de façon très défavorable l'opinion étrangère. Faisons justice au passage d'une erreur trop répandue : le soulèvement du 18 juillet, détonateur de l'explosion, ne fut pas à la source de cette persécution. En mai 1931, une centaine d'églises ou d'édifices religieux et les œuvres d'art qu'ils contenaient avaient été détruits sans que le gouvernement républicain s'en émût. Des élections de février au 18 juillet, une quinzaine de prêtres furent assassinés, beaucoup d'autres molestés, plusieurs églises mises à sac, et nombre de cérémonies religieuses interdites. Il faut le dire tout net : il existait bel et bien un projet de destruction de l'Église catholique et de la religion, et il s'était manifesté à l'occasion d'épisodes ponctuels. La presse d'extrême gauche en témoignait par des articles antérieurs au 18 juillet ou immédiatement postérieurs.

Certes, ce n'était pas le dessein de Manuel Azaña, de Jimenez de Asua ou de la plus grande partie des républicains « bourgeois » et des leaders socialistes, ni même de Juan Negrin. Ces intellectuels et ces militants n'avaient en vue que la séparation de l'Église et de l'État, et la diminution de l'influence de l'Église sur la jeunesse, indispensables à l'installation en Espagne d'une démocratie pluraliste. Même s'ils assistaient sans réaction aux incendies d'églises, ils n'imaginaient pas que l'Église pût être effacée du paysage mental de l'Espagne. En revanche, l'extrême gauche nourrissait le projet radical d'une « révolution culturelle » passant par l'élimination de l'adversaire détesté. Il est étrange que cette condamnation sans nuances n'ait pris en compte ni la contribution de nombreux clercs à la culture universelle – Calderon, Gracian, Tirso de Molina ou Gongora entre autres – ni le rôle charitable de l'Église, seul organisme d'assistance publique au cours des siècles passés. Salvador de Madariaga manqua de la plus élémentaire objectivité lorsqu'il écrivit : « L'Église avait l'habitude de se placer infailliblement au côté des causes les pires de la vie nationale : en appuyant toujours le puissant, le riche, l'autorité oppressive, le prêtre en était arrivé à être, avec une fréquence excessive, l'objet de l'aversion populaire. » En remplaçant « infailliblement » et « toujours » par « souvent », il eût été plus près de la réalité. D'autre part, les ennemis les plus virulents de l'Église ne se demandaient pas pourquoi deux des quatre provinces les plus alphabétisées d'Espagne, Alava et Navarre, étaient aussi les plus « cléricales ».

Quelques citations sont éclairantes. Une feuille socialiste provinciale, *El Obrero*, organe de l'*Agrupacion socialista ferrolana*, écrit dans son numéro 962, du 20 juillet 1935, qui traite du problème religieux : « Il est nécessaire que le peuple n'oublie jamais les crimes, les centaines de milliers d'êtres humains immolés au nom de cette malheureuse religion. Il est indispensable que soit entretenu constamment le feu sacré de la haine envers ces accapareurs de fortunes ; il faut qu'on sache que les séminaires sont de véritables antres de corruption, où la virilité s'atrophie et dégénère en aberrations absurdes et répugnantes, où le vice humiliant d'Onan atteint sa plus haute représentation. » Pour en finir avec la « bête cléricale », l'hebdomadaire recommandait explicitement les méthodes du Mexique et de l'URSS.

Un mois après l'éclatement du Mouvement, le journaliste Acracio Bartolomé, membre de la CNT, décrit ainsi l'Église dans le journal asturien *La Prensa* : « Elle est l'instrument économique du cléricalisme sauvage, maison de putains où l'on fabrique des salauds en série, où l'on célèbre des mariages qui sont des hérésies, temple de la sodomie et du saphisme [76]. » Dans un éditorial du 5 août 1936, l'organe anarchiste officiel *CNT* écrit : « Il faut balayer impitoyablement le catholicisme. Nous ne demandons pas que toutes les églises soient détruites, mais nous demandons qu'aucun vestige du culte ne subsiste dans ces églises et que l'araignée noire du fanatisme ne puisse plus tisser sa toile. » L'anarchiste allemand Augustin Souchy, visitant le village de Mazaleon où s'était formée une collectivité libertaire, notait avec satisfaction : « La mystique catholique n'existe plus. Les curés ont disparu. Le culte chrétien est terminé [77]. »

Ce sont des appels au meurtre ! Mais il y a plus : « vice d'Onan, sodomie, saphisme » : certains militants révolutionnaires ne voyaient-ils pas dans le clergé catholique, dans les séminaires et dans les couvents, des lieux de perversion peuplés d'homosexuels ? On sait l'hostilité manifestée à ces derniers par Durruti, qui aurait fait exécuter sommairement des « sodomites ». Fut-ce là un grief de plus envers l'Église détestée ? On ne peut ignorer la satisfaction que procurèrent à maints leaders d'extrême gauche les résultats de la persécution religieuse. Andreu Nin, dès août 1936, disait à propos du problème posé par l'Église : « Nous l'avons résolu totalement en frappant aux racines : nous avons supprimé les prêtres, les églises et le culte. » En mars 1937, avant que les communistes ne tentent d'amadouer les catholiques, José Diaz l'approuvait : « Dans les provinces que nous contrôlons, nous avons dépassé amplement l'œuvre des soviets, car l'Église en Espagne est aujourd'hui anéantie. » L'auteur de ce propos faisait partie du gouvernement Negrin qui allait devenir, en 1945 au Mexique, un apôtre de la tolérance [78].

C'est ainsi que l'extrême gauche la plus radicale offrit sur un plateau à Franco et à ses partisans l'occasion de créer un concept inconcevable quelques mois plus tôt. Dès la *noche-vieja* 1936-37, dans son message radiodiffusé, le *Caudillo* put risquer la phrase : « Le soulèvement national espagnol est une nouvelle croisade, riche de spiritualité et d'idéaux, au sein des matérialismes contemporains [79]. » Le mythe allait durer des lustres. Séjournant longuement à Valladolid et à Madrid à la fin des années 1950, je me souviens d'avoir entendu souvent des gens de toutes conditions, surtout de condition modeste, prononcer apparemment en toute innocence : « Du temps de notre croisade... »

En 1937 et 1938, le terme de « croisade » fut employé à plusieurs reprises : par l'archevêque de Valladolid, le 28 mars 1937 : « Les soldats nationalistes sont les croisés du Christ et de l'Espagne » ; et encore : « cette guerre est la plus sainte que l'on ait vue au cours des siècles ». L'archevêque de Grenade assura : « Nous nous trouvons de nouveau à Lépante », référence malvenue si l'on songe au rôle des musulmans dans les troupes franquistes ! L'archevêque de Cordoue vante « la croisade la plus héroïque qu'ait connue l'Histoire ». L'évêque de Tuy, en Galice : « Ce n'est pas une guerre civile, mais une croisade patriotique et religieuse. » L'évêque de Tenerife : « Parmi les guerres légitimes et saintes, l'Histoire n'en compte aucune qui fût plus légitime et plus sainte. » Dès 1939, Joaquin Arraras et Carlos Saenz de Tejada commençaient la publication d'une *Histoire de la Croisade espagnole*, qui, achevée en 1943, compta huit volumes.

Patron de l'Espagne, saint Jacques ne pouvait qu'être enrôlé dans la « croisade ». Durant l'année sainte 1937, des milliers de soldats nationalistes, mettant à profit une permission, allèrent demander la victoire à l'apôtre guerrier. Quatre mois après la fin de la guerre, le 25 juillet 1939, jour de la fête du saint, le général Moscardo, « héros de l'Alcazar », fut désigné pour présenter l'offrande nationale à Santiago. Il le fit en des termes sans équivoque : « Saint apôtre, patron de l'Espagne, en cette année de la victoire, je viens vers toi qui nous animas, nous encourageas lors des moments pénibles de la guerre, et qui guidas le Généralissime dans les instants difficiles de la lutte ; accueille aujourd'hui la reconnaissance émue d'un peuple qui se sent plus que jamais consumé par le feu de sa foi et de sa dévotion... » Le ton demeure identique jusqu'à la fin et n'omet pas l'allusion aux « ennemis de l'Espagne [qui] souillent de leurs pas les ruines sacrées ». Ce même jour, dans toute l'Espagne, « des processions d'expiation eurent lieu sur l'emplacement des églises ou des chapelles brûlées ou profanées pendant la guerre civile ». Les cérémonies étaient suivies de vivats au Christ-Roi, à la Vierge du Pilar et à l'apôtre Jacques associés au *Caudillo*. Le 27 juillet, lors de la procession traditionnelle du patronage de saint Jacques, les blessés de guerre défilèrent aux côtés des membres de l'Ordre de Santiago revêtus de leur bel habit blanc. Le mythe de l'apôtre guerrier resurgit chaque fois que revenaient en mémoire les « miracles » de la Reconquête. Lors de l'année sainte 1943, l'arme de la cavalerie vint en pèlerinage à Compostelle. Le chanoine Lago Cezin, chargé de répondre à l'allocution du général Urrutia, s'exclama : « Pourrait-on douter raisonnablement que les triomphes répétés de l'armée espagnole, obtenus contre toute espérance humaine et contre tout calcul, eurent pour cause essentielle la faveur divine dispensée à nos soldats par l'intercession de l'apôtre saint Jacques ? » Il ajouta qu'à la bataille de Brunete le bras du Fils du Tonnerre avait changé l'issue du combat. Seul manquait au tableau l'apparition de l'apôtre en gloire sur le champ de bataille.

L'éditorial du journal catholique *Ya*, du 25 juillet 1943, alla plus loin encore : « Nos jours redeviennent jours de croisade. À l'horizon, tel le croissant en d'autres temps, surgit une étoile diabolique... » Santiago, apôtre de la justice sociale, annonçait la chute de l'étoile rouge. La presse phalangiste, *Arriba* en tête, l'avait enrôlé sans complexes. Dans un long éditorial du 25 juillet 1939, *Arriba* affirmait que la jeunesse de la Patrie venait de reconquérir, « à l'ombre de l'épée de saint Jacques, le chemin de l'unité de destin au sein de l'universel que la Phalange sut trouver ». Il concluait : « La nature éternelle du saint chevalier n'est pas étrangère au style de son saint patronage : la révolution national-syndicaliste est maintenant la grande entreprise de l'Espagne ». Isidoro Millan et Juan de Contreras, marquis de Lozoya, auteurs de deux livres consacrés à Santiago en 1938 et 1940, s'étaient contentés d'invoquer la guerre de religion et l'impossibilité de soumettre l'âme espagnole au joug de l'hérésie et du blasphème. La presse phalangiste, pour justifier le rôle de saint Jacques le Majeur, apôtre prétendu de la Galice, dans la « révolution national-syndicaliste », n'hésita à lui attribuer l'épître « sociale » qui est généralement tenue pour l'œuvre de saint Jacques le Mineur.

Pour des raisons aisées à comprendre, le Vatican s'abstint longtemps de prendre publiquement parti. L'épiscopat attendit presque un an pour publier la lettre collective qui donnait au régime une caution idéologique. Tandis que l'Église comptait ses morts, maints prélats prenaient fermement position en faveur de la cause « nationale », devenue une entreprise sainte. À Salamanque, l'archevêque Pla y Deniel, qui avait mis l'immeuble de l'archevêché à la disposition de Franco, publia le 30 septembre la pastorale *Les Deux Cités* où, après avoir dressé le catalogue des persécutions, il déclarait que l'Église s'était logiquement prononcée « en faveur de la défense de la civilisation chrétienne et de ses fondements, religion, famille, patrie... contre les sans-Dieu... ». Une autre pastorale, émanée du cardinal Goma, archevêque de Tolède et primat d'Espagne, datée du 24 novembre, *Le Cas de l'Espagne*, affirmait : « Cette guerre très cruelle est au fond une guerre de principes, de doctrines, c'est la guerre d'une conception de la vie et de la société contre une autre, d'une civilisation contre une autre. »

L'Église reçut le salaire de son engagement en faveur de la cause nationale et, progressivement, l'État franquiste jeta les fondements d'un « national catholicisme ». Dès septembre 1936, un décret avait interdit plusieurs manuels scolaires et soumis les autres à une révision destinée à les rendre conformes à la doctrine catholique. La Commission de la culture et de l'enseignement dirigée par Enrique Suñer abandonna d'autant plus aisément l'enseignement à l'Église que le régime avait révoqué un grand nombre de maîtres. De ce fait, « l'éducation cessa d'être considérée comme un service public ». L'instruction religieuse fut restaurée dans l'enseignement, où reparurent crucifix et images de la Vierge. Des aumôniers furent nommés dans toutes les unités de l'armée. L'Église n'en dut pas moins, au grand dam des carlistes, subir la censure du régime. Ainsi, pour ne pas mécontenter les nazis, la diffusion de l'encyclique *Mit brennender Sorge* fut interdite. Seuls les évêques de Calahorra et Majorque osèrent enfreindre la consigne et la publier dans leurs bulletins diocésains, comme le firent aussi les jésuites dans leur revue *Razon y Fé* sur ordre exprès du Vatican. Mais après la fin de la Deuxième Guerre mondiale, l'identification au catholicisme devint, pour de longues années, la référence suprême du franquisme. Elle s'accommoda aussi de la dose de fascisme versée par la Phalange et de l'inflation de la bureaucratie militaire.

5

Désinformation, mensonges et propagande

Rien n'est plus consternant pour l'historien épris de vérité que le pouvoir de nuisance prolongé de falsifications protégées par le prestige d'un magistère intellectuel ou spirituel. La guerre d'Espagne en offre deux cas d'école. Dans un camp, une « croisade pour la défense de la civilisation chrétienne » ayant pour troupes de choc des musulmans, des nazis, et qui recourt aux services de tortionnaires comme Lisardo Doval. Dans l'autre camp, un égal fanatisme, l'exaltation de la patrie du socialisme et de la « nouvelle Rome » par des hommes recourant à la diffamation, la torture et l'assassinat pour éliminer ceux qui connaissaient la vérité à son propos et risquaient de la révéler. La *Pasionaria* n'a-t-elle pas, dans l'un de ses discours les plus vibrants, assuré mener une « guerre sainte » ? Entre ces deux impostures, choisissez, bonnes âmes... si vous pouvez choisir.

D'un bout à l'autre du conflit, les deux camps se comportèrent comme des agences de désinformation et des fabriques de rumeurs et mensonges avec une constance sans faille et une parfaite mauvaise foi. À l'évidence, il s'agissait là d'une façon de continuer la guerre par d'autres méthodes : presse, radio, affiches, tracts, rassemblements de masse, informations orientées, relayées au-delà des frontières, quand cela était possible, par les partis amis et les sympathisants. Fausses nouvelles, insinuations venimeuses, interprétations contestables et calomnies fleurissaient en abondance. Des deux côtés, la propagande se déchaîna avec une efficacité incontestable, créant des croyances, des images et des mythes dont certains existent encore.

Parfois, la réalité fut travestie par l'omission ou l'adjonction de détails spectaculaires, comme dans les cas, exposés plus haut, du siège de l'Alcazar de Tolède ou de la résistance victorieuse de Madrid en automne 1936. Ou les responsables d'épisodes déplorables, voire scandaleux, cherchèrent à en attribuer la responsabilité à l'adversaire. C'est ce qui se passa au lendemain de Guernica ou après la disparition d'Andreu Nin. Les faussaires parvinrent à donner longuement le change, puisque les controverses se sont prolongées jusqu'à nos jours[80]. Les journalistes étrangers participèrent à cette désinformation, souvent à leur insu parce que, absents du théâtre des événements, ils furent abusés par des témoins partiaux, mais aussi consciemment, lorsqu'ils cédaient à leurs préférences idéologiques.

La presse anglo-saxonne fit des efforts méritoires pour approcher la vérité. En général, la presse française fit preuve de mauvaise foi ou de manque de professionnalisme. Les hebdomadaires *Gringoire* et *Candide*, les quotidiens *L'Écho de Paris*, *Le Jour*, *Le Figaro*, *Le Matin*, *L'Époque*, *L'Action française*, pour la presse parisienne ; *L'Éclair*, *Le Roussillon*, *L'Express du Midi*, pour le Midi, diffusèrent sans complexe les fausses nouvelles. Ainsi, *L'Éclair* accrédita dans les milieux cléricaux l'idée que les anarchistes et les communistes s'apprêtaient à incendier l'église perpignanaise de la Real. Ce qui se passait en Catalogne espagnole pouvait donner à la rumeur une apparence de vraisemblance mais, comme l'observa le commissaire de police Penavayre à Perpignan : « La population saine de la ville, dans son ensemble, n'a pas pris au sérieux tous les racontars publiés par cette presse réactionnaire. Elle se rend compte elle-même de la réalité des faits ; elle se félicite de voir que, même tout près d'un pays où la guerre civile fait des ravages quotidiens, le calme règne dans notre ville[81]. »

Lorsque, à la suite d'un article de *L'Express du Midi* du 1er août 1936, la nouvelle se répandit que trois camions de miliciens étaient descendus de Puigcerda jusqu'à la localité ariégeoise d'Ax-les-Thermes qu'ils avaient traversée en compagnie de militants d'extrême gauche locaux, aux cris de : « Mort aux bourgeois ! Vive le Front populaire ! », l'émotion fut si vive qu'une enquête de police fut diligentée. La réalité était moins inquiétante. Des volontaires espagnols venant de Lavelanet et qui se dirigeaient vers Bourg-Madame avaient chanté *L'Internationale*. Rien de plus. *L'Express* du 2 août dut publier un rectificatif[82]. *L'Indépendant* de Perpignan, *La Dépêche* de Toulouse et *Le Petit Méridional* eurent quelque mérite à conserver une certaine objectivité, de même que *Le Temps* à Paris. Mais *L'Humanité*, *Le Populaire*, *Ce Soir* et *Le Libertaire*, dans des registres très différents, étaient à l'évidence des organes de combat.

FAUSSES NOUVELLES ET RUMEURS

La confusion qui régna pendant les premiers jours de la guerre explique la diffusion de nouvelles contradictoires, sans qu'il y ait eu nécessairement volonté d'égarer. On croyait, le 24 juillet, que Barcelone était tombée aux mains des rebelles mais le démenti survint promptement... Le même jour, *Le Républicain*, faisant état d'une dépêche Reuter en provenance de Gibraltar, annonça que José Antonio Primo de Rivera, « à la tête de douze mille fascistes et appuyé par l'armée du général Mola, approcherait de Madrid ». Le conditionnel est louable, mais le journal ne s'était pas avisé que José Antonio était toujours dans sa prison d'Alicante.

Par la suite, des deux côtés, élucubrations et mensonges délibérés fleurissent. Du 23 juillet au 28 août 1936, l'*ABC* républicain de Madrid tente de persuader ses lecteurs que les *Mores* ne veulent pas venir lutter en Espagne sous les ordres de Franco, que plusieurs douars ont refusé l'argent proposé pour les engagements. Le 28 août, non seulement la révolte contre Franco s'étend dans tout le Maroc, mais un rédacteur bravant le ridicule assure que les nationaux ont promis aux *Mores* de leur restituer la mosquée de Cordoue ! Le même jour, l'*ABC* nationaliste de Séville réplique en publiant l'allocution prononcée sur Radio-Melilla par Soliman el-Jatabi, caïd des Beni Uriaguel, très favorable à Franco. L'*ABC* de Séville du 18 septembre 1936 n'hésite pas à annoncer que, « selon Radio-Berlin », la presse finlandaise a proposé d'attribuer le prix Nobel de la paix à... Adolf Hitler. Le même journal reproduit un article de *O Imparcial* de Rio de Janeiro dans lequel un « journaliste brésilien bien connu » explique gravement qu'Adolf Hitler mérite cette distinction pour « avoir organisé, avec une grande habileté, après des négociations avec l'Italie et l'Autriche [*sic*], un front unique pour la paix » qui a ruiné le plan de guerre préparé par l'URSS contre l'Allemagne et toutes les nations anticommunistes [83].

Les mensonges sont, évidemment, intéressés. S'il est exact que les brigades ont vu affluer « une centaine de milliers d'hommes », Franco a toutes les raisons d'accepter un important corps de volontaires italiens pour que les interventions étrangères s'équilibrent. Or cette inflation fallacieuse du chiffre des brigadistes a laissé des traces. Le calcul d'Andreu Castells frôle les 60 000 et Dominique Venner, bon spécialiste de la Deuxième Guerre mondiale influencé par Ricardo de La Cierva, croit pouvoir évaluer à 60 à 80 000 le nombre total des brigadistes. Or, comme on l'a vu plus haut, ils furent deux fois moins nombreux [84]. De même, les autorités de la République n'ont rien fait pour corriger l'erreur du peuple de Madrid qui, après les combats acharnés de novembre, acclamait les Soviétiques et l'URSS, tandis que le gouvernement assistait, Azaña en tête, à la projection du film russe *Les Marins de Cronstadt* et que la capitale se couvrait de portraits gigantesques de Lénine et de Staline. En fait, les brigadistes de la XIe, ceux des bataillons Edgar-André, Commune-de-Paris et Garibaldi, qui venaient de se faire tuer pour sauver Madrid, étaient allemands, français, belges ou italiens. Mais il convenait de légitimer auprès du peuple républicain l'alliance toujours plus étroite avec l'URSS. Tromperie dont les conséquences allaient être considérables. Des centaines de milliers de combattants espagnols du Front populaire ont cru au caractère « désintéressé » de l'aide de Moscou, et certains y croyaient encore ces dernières années.

Les journalistes des deux camps, afin de stimuler la haine et le désir de vengeance, n'hésitèrent pas, à propos d'épisodes authentiques, à gonfler le nombre des victimes de l'ennemi et à accompagner leur fin de détails horrifiques. La prise de Badajoz par les nationaux fut suivie, comme on l'a vu plus haut, de l'exécution sommaire de plus d'un millier de défenseurs. *La Voz de España* de Madrid publia le 27 octobre, alors que se préparait l'assaut franquiste sur Madrid, un récit selon lequel Yagüe avait organisé dans les arènes de la ville conquise une *fiesta*. Il y avait invité « de respectables *caballeros*, de pieuses dames, de belles demoiselles, de vénérables ecclésiastiques, de vertueux religieux et des nonnes aux blanches robes et à l'humble regard ». Au son des clarines, « le troupeau humain des libéraux, républicains, socialistes, communistes et syndicalistes de Badajoz sortit des torils ». Le général franquiste leva le bras, agita un mouchoir et les mitrailleuses firent leur office. Le ton littéraire de l'article et le recours à la métaphore taurine font penser à la plume de l'un des grands écrivains qui collaboraient à *La Voz*, peut-être José Bergamin.

On devine l'effet que ce récit totalement fallacieux put avoir sur le peuple madrilène en proie à la fièvre obsidionale. Le rédacteur concluait d'ailleurs : « Le peuple de Madrid sait ce qui l'attend s'il ne veut pas se défendre[85]. » Il se peut que la nouvelle du massacre de Badajoz, connu à Madrid le 23 août, ait joué un rôle dans la tuerie de la Prison modèle. L'article de *La Voz*, très postérieur, a pu, comme le suggère Hugh Thomas, avoir une influence sur le déclenchement en novembre des *paseos* meurtriers de Paracuellos del Jarama.

L'ARME PSYCHOLOGIQUE : DE LA TERREUR À L'ÉPOPÉE

Dans les deux camps, on employa l'arme de la terreur. Dès les débuts du soulèvement, Emilio Mola en avait enseigné l'usage. L'un de ses disciples les plus éminents fut le général Gonzalo Queipo de Llano, dont les allocutions quotidiennes sur Radio-Séville étaient redoutées. Les Andalous savaient que le général, qui s'était emparé de la ville, n'était pas seulement un champion du bluff. Son machisme qu'il pensait rendre plaisant par une épaisse ironie n'amusait personne. Lorsqu'il déclara, le 23 juillet : « Les femmes des Rouges ont appris, elles aussi, que nos soldats sont de vrais hommes et non des miliciens châtrés : donner des coups de pied et braire n'arrivera pas à les sauver », celles qui avaient été violées, tondues, peintes en rouge et purgées à l'huile de ricin savaient qu'il ne s'agissait pas de menaces vaines. Le 18 août, il prévint de ses intentions : « Quatre-vingts pour cent des familles andalouses sont en deuil, et nous n'hésiterons pas à prendre des mesures plus rigoureuses. » Les auditeurs pensèrent aussitôt aux faubourgs ouvriers, Triana surtout, qu'il avait fait « nettoyer » à la grenade et au couteau[86].

Queipo de Llano ne fut pas seul dans le camp franquiste à promettre la terreur et à en user. À Grenade, Cordoue, Valladolid, Saragosse ou La Corogne, certains de ces bourreaux demeurent dans les mémoires, tels Manuel Rojas Feijespan et Miguel Valdès Guzman à Grenade, ou « Don Bruno » à Cordoue, sans oublier le tristement célèbre Lisadro Doval déjà mentionné. D'autres préféraient évoquer la geste de l'Alcazar de Tolède. Lorsque la forteresse fut délivrée, la presse nationaliste délira d'enthousiasme et se plut à citer les hommages étrangers. Le monde entier s'extasiait devant l'héroïsme des « cadets » qui, croyait-on, sortaient à peine de l'adolescence. Le lecteur se souvient sans doute que huit ou neuf d'entre eux tout au plus se trouvaient là pour n'avoir pas pu partir en vacances. On s'émerveillait aussi de l'entretien téléphonique du colonel Moscardo avec son fils Luis, capitaine franquiste détenu par les assiégeants. La réalité et le contenu de cet entretien, le dialogue dramatique entre père et fils, ont fait l'objet d'une interminable controverse. J'avais moi-même mis en doute le fait en me fondant sur l'enquête d'Herbert Southworth, mais au terme de nouvelles recherches il semble bien que l'entretien ait eu lieu[87]. La stoïque réponse de Moscardo à la menace de tuer son fils – qui fut effectivement exécuté à Tolède, mais plus tard – achèvera de créer le mythe. En septembre 1936, l'*ABC* sévillan, faisant pour une fois référence à la presse française qui évoquait la tragédie grecque, cita l'article du *Temps* : « En Espagne où le sentiment de l'honneur est à vif, cette défense extraordinaire devrait inspirer respect et non haine. » Le journal salua le geste de la Chambre des députés brésilienne, qui avait observé une minute de silence en hommage aux braves défenseurs de l'Alcazar. Le 13 février 1937, le même quotidien rendit hommage à la délégation française venue remettre au colonel Moscardo une épée d'honneur offerte par *L'Écho de Paris* à la suite d'une souscription.

L'Espagne du Front populaire eut, elle aussi, ses chantres de la terreur, parfois inattendus, tel le poète Rafael Alberti qui, dans la revue *El mono azul*, créée par José Bergamin, en vint à justifier les *paseos*. Du côté des libertaires, on citera Aurelio Fernandez, l'avocat Angel Samblancat ou le président du tribunal populaire de Lerida, Josep Larroca, dit *El Manco*. Mais c'est aussi de leurs rangs que sortit Melchior Rodriguez, le directeur général des prisons à qui l'on doit la fin de la tuerie. Parmi les communistes, Miguel Muñoz, directeur général de la Sécurité, et Santiago Carrillo, conseiller à l'Ordre public, ont une grande responsabilité dans les massacres de Paracuellos del Jarama, en novembre 1936.

La République éleva elle aussi un épisode glorieux à la hauteur de symbole avec la résistance victorieuse de Madrid. Le *No pasaran !* crié par la *Pasionaria* devint célèbre. Il est possible que le retrait du gouvernement ait stimulé l'esprit de résistance comme le suggère le slogan de la CNT *Viva Madrid sin gobierno !* (Vive Madrid sans gouvernement !). On célébra le rôle du colonel Vicente Rojo et du conseiller russe Goriev, l'acharnement des miliciens formés au Cinquième Régiment, l'arrivée des premiers éléments des brigades, l'intervention des armes soviétiques, le secours des colonnes anarchistes de Durruti et de Cipriano Mera, enfin le courage de la population qui avait travaillé à la construction de barricades et fait le coup de feu depuis ses fenêtres, mettant en échec les troupes de Varela[88]. Beaucoup de reporters étrangers qui s'attendaient à la chute de Madrid furent surpris par « la victoire de l'enthousiasme et du courage allant jusqu'au sacrifice contre des troupes régulières, solides, bien entraînées mais inférieures en nombre », comme l'écrit Émile Temime[89]. Les franquistes reconnurent pour leur part qu'ils avaient eu affaire à « une multitude d'enragés ». On ne saurait nier la ferveur qui s'est emparée de la capitale et qui s'est exprimée sur les murs par des rafales de slogans. L'épisode va donc faire de Madrid, au moins dans une partie de l'opinion mondiale, « le lieu mythique de la lutte contre le fascisme, la tranchée romantique de tous les hommes libres. La littérature, poètes célèbres ou humbles baladins, s'est saisie de cet affrontement épique. Rafael Alberti, mieux inspiré que dans son apologie du *paseo*, réussit avec *Défense de Madrid* l'un de ses plus beaux poèmes[90] :

Madrid, cœur de l'Espagne
a des pulsations de fièvre
Si hier son sang bouillonnait
Plus chaud bouillonne aujourd'hui

Jamais plus ne pourra dormir
car si Madrid s'endort ainsi
Il voudra s'éveiller un jour
Et l'aube ne viendra point

N'oublie pas la guerre, Madrid
N'oublie jamais que, en face
Les yeux de ton ennemi
Te jettent regards de mort

Madrid, que jamais on ne dise
on ne publie ou on ne pense
que dans le cœur de l'Espagne
Le sang s'est changé en neige.

MENSONGES EXTRÊMES : « L'INCENDIE » DE GUERNICA ET LE « FASCISME » DU POUM

Deux cas exemplaires, Guernica et la liquidation du POUM, montrent jusqu'où purent aller la manipulation de l'opinion et l'inversion de la réalité. On a évoqué plus haut l'extraordinaire controverse, sans cesse renouvelée, à laquelle donna lieu le bombardement de Guernica [91]. On la comprendra mieux si l'on prend en compte le caractère immédiat du mensonge, et de la rapidité avec laquelle une partie de la presse étrangère prit le relais. Le bombardement a lieu le 26 avril. L'*ABC* républicain du 28 rapporte que la délégation d'Euzkadi dans le gouvernement de Valence a fait état de la destruction de Guernica par « le bombardement de l'aviation rebelle » et de milliers de victimes. Le 30, l'*ABC* nationaliste est catégorique : « Guernica, ou ce qu'il en reste, après que les troupes rouges l'eurent mis en ruines, est tombé au pouvoir de l'armée nationale. Guernica a été détruit par les Rouges au service des séparatistes basques. »

On apprend le même jour par une dépêche de Berlin que le correspondant de l'agence Reuter de Bilbao avait informé sa centrale de Londres de la destruction de Guernica par l'aviation allemande dont il a pu voir les appareils. L'agence anglaise publie un rectificatif : le correspondant a seulement dénombré les passages d'avions. Berlin se réjouit de ce que la « calomnie » soit démentie. L'*ABC* sévillan du 1er mai revient à la charge : « L'Espagne de Franco monte la garde devant l'arbre de Guernica. Voyez le contraste. Le séparatisme, qui se prétend basque et catholique, collabore à la destruction totale d'une cité, de ses églises et de tout ce qui participe des traditions enracinées dans l'âme basque. » Le gouvernement nationaliste publie le 5 mai un communiqué dans lequel il paraît exclure toute intervention de l'aviation. Guernica ayant été incendiée et réduite en cendres... avec de l'essence. Le crime a été commis par les « hordes rouges au service d'Aguirre ».

L'inversion de la vérité est consommée : c'est Aguirre qui a fait détruire la ville pour pouvoir accuser ses adversaires du crime et provoquer l'indignation des Basques. La presse française favorable aux nationalistes fait chorus et s'en tient aux indications de ce communiqué. *Le Figaro* explique que l'incendie a été allumé à dessein par les Rouges avant qu'ils quittent la ville. *Le Jour* insiste : Guernica n'a pas été détruit par des bombes mais par le feu. *L'Écho de Paris* précise que les *dinamiteros* asturiens ont provoqué des explosions et s'en prend au manque de professionalisme des journalistes. Ils auraient pu vérifier que les nationaux n'avaient pas lâché une seule bombe sur Guernica ! Ainsi, dans une part importante de l'opinion étrangère, la conviction s'est installée : ni les nationalistes ni les Allemands n'ont la moindre responsabilité dans l'affaire. Beaucoup de lecteurs du *Figaro*, du *Jour* ou de *L'Écho de Paris* ignorent qu'une protestation des intellectuels catholiques français a été adressée au gouvernement franquiste. Dans le monde anglo-saxon il en va de même. Alvarez del Vayo, représentant du gouvernement républicain à la SDN, souhaite que le gouvernement britannique constitue une commission d'enquête sur la destruction de Guernica. C'est la preuve que la controverse est lancée et que le mensonge le plus éhonté a obtenu l'effet recherché. Nazis et Soviétiques utiliseront plusieurs fois le procédé[92].

L'élimination du POUM et l'assassinat d'Andreu Nin, trop souvent traités en conflit interne de l'Espagne du Front populaire, ont suscité l'émotion de l'opinion internationale de l'époque, mais l'épisode a été ensuite effacé des mémoires par la guerre mondiale. Après la nomination de Nin comme conseiller à la Justice de la *Generalitat* de Catalogne, le représentant du Komintern en Espagne, Vitorio Codovilla, avait fait son autocritique : « Vous avez entièrement raison ; nous ne devions pas accepter de participer à ce gouvernement aux côtés du provocateur trotskiste et, moins encore, aux côtés du traître Nin, agent de Trotski en Espagne, un criminel et un assassin, comme lui [93]. » Le ton était donné. L'arme du mensonge fut utilisée systématiquement. Ce ne fut plus de trotskisme qu'on accusa les hommes du POUM, mais de complicité avec le fascisme, d'intelligence avec les agents de Franco.

En mars 1937, à l'occasion de la réunion plénière du Comité central du PCE, José Diaz sonna la charge : « Notre ennemi principal est le fascisme... mais notre haine s'adresse aussi, avec la même vigueur, aux agents du fascisme qui, comme les poumistes, trotskistes déguisés, se dissimulent derrière des consignes prétendument révolutionnaires pour mieux remplir leur mission d'agents de nos ennemis embusqués sur notre sol. » On connaît la suite. En octobre, la presse anarchiste dévoila une partie de la vérité sur l'assassinat de Nin. En France, *Le Libertaire* révéla que la tchéka russo-espagnole avait organisé une fausse évasion mortelle [94]. Le reste fut révélé par Jesus Hernandez, stalinien repenti, dans son livre *Yo fui ministro de Stalin*. Dans la prison d'Alcala de Henares, devenue une colonie du Komintern, où il avait été conduit, Nin n'avait pas parlé, malgré les tortures atroces qui lui avaient été infligées.

Que faire de lui, alors que se déclenchait une campagne de presse en Espagne et en Europe à propos de sa disparition ? Il était impossible de le libérer : son corps martyrisé portait témoignage des méthodes d'interrogatoire de la police stalinienne. Sa réapparition aurait suffi à ruiner la machination. L'Italien Vidali suggéra de simuler une attaque nazie, en utilisant des Allemands des Brigades internationales qui, déguisés et parlant leur langue, laisseraient des indices. Après quoi, il suffisait de détruire le corps du supplicié [95].

Hugh Thomas estime que le silence de Nin et son refus d'admettre une quelconque culpabilité sauvèrent ses amis, condamnés « seulement » à quinze années de « mise à l'écart de la société » dans un des camps de travail organisés par le SIM. En tout cas, l'infâme procédé avait réussi : le POUM était éliminé. Malgré les réactions honorables de certains de leurs chefs enfin informés, les communistes n'en continuèrent pas moins à entretenir le mensonge. Lorsque Marguerite Nelken, ex-militante du PSOE convertie au communisme, vint à Perpignan, le 9 janvier 1938, pour y animer un meeting de soutien au Front populaire, elle ne se contenta pas de multiplier les citations de Staline, de saluer l'action salvatrice d'André Marty et de faire un vibrant éloge de la *Pasionaria*. Elle ne manqua pas d'assurer que les trotskistes étaient les alliés du fascisme[96]. Quant à José Diaz, il oublia rapidement sa première réaction. Dans son article du 9 février de *Frente Rojo*, il écrivit : « On en a fini pour l'essentiel avec les résidus des incontrôlés. On a liquidé la tentative de scission du groupe Largo Caballero. On a mis hors la loi le POUM, agence d'espionnage fasciste. »

LES DEUX CAMPS EN QUÊTE DE HÉROS MYTHIQUES

Les deux camps pourvus de symboles et de légendes, il leur fallait tenter de trouver des héros. Dès août 1936, la presse franquiste, l'*ABC* sévillan puis plus tard *Ya* et *Arriba*, entreprit de composer un portrait admirable de Franco : on lui prêta des études brillantes à l'Académie militaire de Tolède, ce qui était une contrevérité. On exalta ses actions d'éclat, cette fois réelles, au Maroc, à la tête du *tercio*, la « meilleure infanterie du monde ». On souligna la qualité de son enseignement à l'Académie militaire de Saragosse, où l'un de ses discours fut « un morceau littéraire d'une valeur inestimable ». En un mot comme en cent, on fit du général galicien l'un des grands capitaines de l'Histoire. Pour célébrer le premier anniversaire du 18 juillet, le marquis Luca de Tena, dans l'*ABC*, rappela le jugement « prophétique » qu'aurait porté le maréchal Lyautey : « Les deux premiers soldats de l'Europe sont Franco et Graziani. » Il ajouta : « Franco est génial comme militaire, et d'une intelligence supérieure comme politique. » En effet, ce « guerrier d'une énergie froide, méthodique, calculatrice » était porteur d'un programme de justice sociale qui supprimerait la lutte des classes, assurerait le droit au travail et ferait disparaître grèves et lock-out. Le marquis de Quintanar, en février 1937, attribua au Généralissime une vocation messianique. La voie était ouverte à la glorification du « *Caudillo* invaincu » et à un culte de la personnalité qui allait être organisé et entretenu par des thuriféraires tels que Josefina de La Maza, Luis de Galinsoga, Ernesto Gimenez Caballero. S'il n'était pas encore la « sentinelle de l'Occident », ni le « seul grand homme du XXe siècle », Franco était déjà l'« artisan génial » du renouveau de l'Espagne.

On aurait tort de croire que cette propagande fut totalement inefficace. Franco jouissait d'une certaine réputation dans une partie de l'opinion espagnole. La gauche avait contribué involontairement à lui donner une stature politique lorsque Indalecio Prieto, dans son discours du 1er mai 1936 à Cuenca, l'avait présenté comme le recours possible de la droite, en raison « de sa jeunesse, de ses dons, de son réseau d'amitiés dans l'armée ». Après la délivrance de l'Alcazar et une série ininterrompue de succès, il jouit d'une popularité certaine dans l'Espagne nationale et même dans certains milieux conservateurs en Grande-Bretagne et en France. Il suscita d'incontestables dévouements, bien que, dépourvu de prestige physique et d'éloquence et affligé d'une voix de fausset, il n'exerçât guère de séduction sur les foules[97]. Aucun des autres chefs militaires de l'Espagne « nationale » ne fit l'objet d'une campagne destinée à le proposer comme modèle, pas même Moscardo, le « héros de l'Alcazar ». Seul José Antonio Primo de Rivera, « le Martyr », « l'Absent », converti en « Présent » sur les murs des églises, acquit un statut emblématique. Il était mort, et le parti qu'il avait fondé était intégré dans un rassemblement pluraliste et polymorphe. Il pouvait donc être utile, sans pour autant devenir gênant pour les généraux de tendance monarchiste ou Franco lui-même.

Il est étonnant que les nationaux n'aient pas utilisé à fond le personnage du capitaine Cortes, à qui la décoration suprême, la *Laureada de San Fernando*, avait été attribuée à titre posthume. Il avait été le héros de l'extraordinaire résistance de

228 jours, du 14 septembre 1936 au 1er mai 1937, d'une poignée d'officiers, d'une quarantaine de sous-officiers et de 270 hommes, dont une majorité de gardes civils, retranchés dans le sanctuaire de la Vierge de la Cabeza de la province de Jaen, en haute Andalousie, en compagnie de plus de 800 réfugiés. À la fin août 1936, des gardes civils avaient décidé de se rendre et de quitter le sanctuaire avec une partie des civils, mais le comportement des miliciens, notamment envers les femmes, décida Cortes et la majorité des gardes à continuer leur résistance. Ils repoussèrent les assauts de troupes républicaines renforcées par de l'artillerie et des bombardements aériens quotidiens. Queipo de Llano tenta vainement de délivrer les assiégés, et l'assaut final, le 1er mai 1937, lancé à 4 h 30 du matin avec l'appui des chars, donna lieu à un combat dantesque. Les assaillants perdirent cent morts et blessés. Parmi les défenseurs, le capitaine Cortes, touché à mort, mourut deux jours plus tard. Les survivants étaient tous grièvement blessés et les assiégeants, impressionnés par leur héroïsme, leur témoignèrent du respect et se comportèrent avec humanité. La défaite finale et l'attitude inhabituelle des vainqueurs dans cette guerre atroce expliquent peut-être que l'épopée des défenseurs de la Cabeza n'ait pas été aussi « médiatisée » que celle du colonel Moscardo et de ses hommes [98].

Le Front populaire ne manquait pas de figures emblématiques mais les déchirements de la République contribuèrent à détruire ou à réduire le prestige de plusieurs de ces héros possibles. Francisco Largo Caballero, sorti du peuple et longtemps très populaire, notamment parmi les militants socialistes et même les anarchistes, fut marginalisé par les communistes. La mort inexpliquée de Buenaventura Durruti à Madrid, au début de la guerre civile, fit disparaître très vite un héros d'ailleurs contestable. Enrique Lister s'attira l'inimitié définitive des anarchistes par la façon dont il « liquida » les collectivités libertaires d'Aragon en juin 1937 [99]. Julian Besteiro méritait l'admiration pour la façon dont il attendit à Madrid l'arrivée des vainqueurs et par la dignité dont il fit preuve au cours d'un procès qui déshonora les juges, mais plusieurs des dirigeants du Front populaire lui faisaient grief d'avoir donné sa caution au coup d'État de Casado. À la fin de la guerre civile, deux personnages pouvaient, chacun à leur manière, incarner aux yeux du peuple la République dans deux de ses options : Cipriano Mera Sanz pour les anarchistes et Dolores Ibarruri, la *Pasionaria*, pour les communistes.

Le premier resta fidèle jusqu'à ses derniers jours à l'idéal libertaire dont il fut une étonnante figure de proue. Maçon madrilène, anarcho-syndicaliste, il était en prison le 18 juillet en raison de son rôle très actif dans la grève du bâtiment. Il prit part dès sa libération aux combats livrés autour de Madrid puis à la défense de la capitale. Réaliste, il se déclara favorable à la militarisation des milices de volontaires, et, dans les commandements de plus en plus importants qu'il exerça, il réprima sans faiblesse toutes les manifestations d'indiscipline. Devenu commandant de la 14e division il combattit sur le Jarama, à Guadalajara et à Brunete, et il s'imposa comme l'un des meilleurs chefs militaires de l'armée populaire. Placé à la tête du IVe corps d'armée, formation de plus de 35 000 hommes, il le commanda jusqu'à la fin. On se souvient par ailleurs du rôle essentiel qu'il joua lors de la révolte du colonel Casado contre Negrin. Au temps de la débâcle, Cipriano Mera parvint à passer en Algérie, où il fut interné quelques mois. Il gagna ensuite le Maroc français et, en 1940, il fut livré à l'Espagne. À Madrid un Conseil de guerre le condamna à mort mais il bénéficia d'une grâce, et demeura en prison jusqu'en 1946. À peine en liberté conditionnelle, cet homme indomptable reprit ses activités subversives ; traqué par la police, il franchit à pied les Pyrénées, fit étape à Toulouse avant de se fixer à Billancourt où, jusqu'à sa mort en 1975, il exerça, sans accepter le moindre secours, son métier de maçon. Il avait dit un jour : « Lorsque la guerre sera finie, le lieutenant-colonel Mera abandonnera ses armes et reprendra la truelle. » Il tint parole [100].

Dolores Ibarruri présente un cas exceptionnel. Cette fille de Biscaye, née en 1895 dans une famille de mineurs, participe très tôt aux luttes sociales du bassin de Bilbao. Adhérente au PSOE en 1917, enthousiasmée par la révolution russe, elle passe au PCE dès sa formation et elle est déléguée de Biscaye au Ier Congrès en 1922. Elle est élue au Comité central en 1930 et, dès l'année suivante, à l'occasion de la proclamation de la République, elle s'installe à Madrid comme rédactrice de *Mundo Obrero*, et devient l'une des figures les plus populaires du PCE. En mars 1932, elle entre au Bureau politique du parti. Elle a pris quelque distance avec un mari dont elle a eu six enfants et qui est resté un humble travailleur. Dolores a compris le fonctionnement du parti et, en 1932, après l'expulsion d'un leader dont elle a été proche, José Bullejos, elle fait sans hésitation son autocritique. Son séjour à Moscou, où elle assiste au XVIIe Congrès, en 1934, est décisif. Considérée par Staline comme une personnalité intéressante et très utile au parti, elle participe au VIIe Congrès de l'Internationale communiste. En février 1936 elle est élue aux Cortes comme députée des Asturies. Dotée d'un surnom qui est en soi une trouvaille, la *Pasionaria* acquiert alors une célébrité internationale. D'un charisme incontestable, son visage, sa voix, tout en elle semble emporté par une ardente force de conviction qu'elle sait faire partager. Elle a l'instinct des poses spectaculaires : la photo où on la voit creuser une tranchée sur le front de Madrid fera le tour du monde. Et, douée pour la communication, elle use de formules qui portent : « Je me considère comme une mère, camarade de tous mes compagnons antifascistes. » Joan Estruch a étudié son avènement à la « dimension de mythe international, incarnation de la lutte de l'Espagne antifasciste », avec l'aide de l'appareil de propagande du Komintern. Il estime que ce mythe plonge ses racines dans le catholicisme, dont était imprégnée la société espagnole du temps. Le prénom et le surnom de la *Pasionaria* confortent son image de « Douloureuse » et font d'elle « un mythe de substitution de la Vierge Marie, parce qu'elle assume le rôle de mère énergique et sacrifiée, sans la moindre connotation érotique. Comme tous les mythes, elle a à son service une iconographie cohérente ». Toujours vêtue de noir, elle incarne la femme espagnole traditionnelle sans le moindre signe d'indépendance ou de féminisme.

Que ne peut-on, en histoire, pratiquer l'arrêt sur image, en rester à la photo de la tranchée de Madrid ou au discours de la *Pasionaria* à Barcelone lors du départ des brigadistes ? Hélas, la « Vierge laïque » partageait les passions humaines et le pouvoir qu'elle avait acquis la rendait redoutable. En 1937, à quarante-deux ans, elle s'était prise de passion pour Francisco Anton, un *apparatchik* arriviste, plus jeune qu'elle de quinze ou seize ans. Lorsque, la guerre perdue, la *Pasionaria* se réfugia avec sa famille à Moscou, Anton vint la rejoindre. Malgré la réprobation de l'émigration espagnole et surtout de José Diaz, le mari de Dolores, Julian Ruiz, fut alors expédié dans une usine lointaine, à Rostov, où il mourut. Son fils, officier de l'Armée rouge, n'eut même pas le droit d'aller à son chevet. En 1942, le capitaine Ruben Ruiz se fit tuer devant Stalingrad, devenant un héros de l'Union soviétique. Après le suicide de Diaz, sa mère accéda au rôle de « numéro 1 » du PCE. Lorsque Anton l'eut délaissée pour épouser une femme plus jeune, elle se vengea en l'accusant de « fractionnisme », l'acculant à trois autocritiques successives et le faisant exclure du Comité central et du Bureau politique. Que Dolores Ibarruri, docteur *honoris causa* de l'Université de Moscou, ait obtenu l'Ordre de Lénine et le Prix international de la Paix décernés par l'URSS n'avait plus guère d'importance. Pendant la guerre civile, la *Pasionaria* avait été une figure d'une valeur symbolique incontestable [101].

Les anciens brigadistes après la guerre mondiale

L'URSS avait su utiliser la guerre civile pour faire du petit PCE un puissant parti qui eût sans nul doute conquis le pouvoir en cas de victoire militaire. Elle sut aussi exploiter le soutien spontané de nombreux militants antifascistes à la cause républicaine par le biais des Brigades internationales. Dès les premiers jours de novembre 1936, André Marty télégraphia à Moscou qu'il disposait déjà d'une Brigade de 3 000 hommes dont « 80 % sont communistes et socialistes [102] ».

On ne peut découvrir sans étonnement le rôle des brigadistes dans l'histoire des décennies qui suivirent la fin de la guerre d'Espagne. Écartons les hommes à qui quelques auteurs pressés ont prêté ce titre ; le major Attlee, futur *Premier*, vint en Espagne témoigner de sa sympathie envers le bataillon britannique mais ne fut nullement brigadiste. De même Willy Brandt, qui avait fui l'Allemagne nazie pour prendre la nationalité norvégienne et qui avait des sympathies pour le POUM, fut envoyé en Espagne pour le compte d'un journal norvégien, de janvier à juin 1937, mais il ne combattit pas dans les brigades.

Une minorité de vétérans songèrent surtout à leur réinsertion dans leur pays d'origine, envisagèrent d'émigrer outre-Atlantique ou souhaitèrent demeurer en France. Prenons le cas des 27 blessés qui en mai 1938 sont envoyés par le préfet des Pyrénées-Orientales à son collègue du Gard. Celui-ci fait héberger dix-neuf d'entre eux à Saint-Hippolyte-du-Fort, en accord avec le maire de la commune. Six autres, plus gravement atteints, furent hospitalisés, et deux des quatre Français du groupe autorisés à regagner Paris. Ces hommes ne sont pas jeunes : seize d'entre eux ont plus de quarante ans.

L'échantillon est très international : outre les quatre Français, sept Allemands, six Italiens, quatre Tchécoslovaques, trois Polonais, un Hongrois, un Yougoslave et un Finlandais. On retrouvera plusieurs d'entre eux, dont l'ingénieur aéronautique allemand Max Hornung, internés au camp de Rieucros. Allemands et Italiens, ne pouvant être rapatriés, demandent à rester en France. Un Allemand et un Polonais veulent aller en URSS. Le Finlandais et un Italien souhaitent émigrer au Canada ou au Mexique. Deux des Italiens, qui résidaient en France avant la guerre, souhaitent y demeurer, de même qu'un ébéniste allemand qui voudrait bien retourner à Lorient. Le Hongrois veut retrouver sa femme, couturière à Paris. Trois seulement des vingt-sept désirent retourner en Espagne. Les noms de ces « internationaux anonymes » ne reparaîtront pas dans la décennie qui va suivre[103].

Même à l'Ouest, les survivants des brigades furent souvent à l'avant-garde de l'antifascisme et occupèrent des postes importants partout, sauf aux États-Unis : la plupart des rescapés du bataillon Lincoln furent considérés comme suspects dès 1946 et soumis à la surveillance du FBI. Leur chef, Milton Wolff, ancien étudiant des Beaux-Arts, ainsi que plusieurs de ses compagnons, Moe Fishman, Alvah Bessie, Robert Thompson, Milton Robertson, Irving Margollies, Edwin Rolfe, James Norman, Johny Toutloff, Edward B. Karsky, John Gates (directeur du journal communiste *The Daily Worker*) et quelques autres, furent poursuivis lors de la « chasse aux sorcières » menée par le sénateur McCarthy. Ils durent déposer devant le Comité des activités antiaméricaines. Plusieurs furent condamnés à des peines diverses, même Robert Thompson, pourtant décoré pendant la guerre du Pacifique. John Gates écopa de cinq ans de prison et 10 000 dollars d'amende pour « espionnage, sabotage, trahison et conspiration afin de renverser le gouvernement ». La majorité des brigadistes américains eurent beaucoup de mal à trouver et conserver de bons emplois.

En revanche, dans les pays de l'Europe occidentale, les anciens brigadistes purent sans difficultés particulières exercer des fonctions de responsabilité et continuer leurs activités antifascistes. En Italie, les rescapés des brigades eurent droit, à partir de 1945, à une pension d'anciens combattants comme les anciens du CTV. Le socialiste Pietro Nenni participa à plusieurs gouvernements et fut vice-président du Conseil et ministre des Affaires étrangères. Le Comité central du PCI fut peuplé de brigadistes avec Giuseppe di Vittorio, Giuliano Pajetta, Francesco Leone, Giulio Cereti, Armando Fedeli, et autres. Quant à Palmiro Togliatti et Luigi Longo (Gallo en Espagne), ils furent respectivement président et vice-président du PCI. Bon nombre de vétérans furent élus députés au Parlement italien.

Les brigadistes français connurent des fortunes diverses. André Marty fut exclu du PCF en 1952 et Auguste Lecœur, qui avait appartenu à l'état-major d'Albacete, subit le même sort en 1954, comme Jean Chaintron (Barthel), qui fut cependant préfet de la Haute-Vienne à la Libération et, plus tard, sénateur. Charles Tillon, ministre de l'Air de 1945 à 1948, qui avait un autre brigadiste, Albert Igoin, pour chef de cabinet, put dire avec ironie : « Dans tous les PC on attaquait ceux qui avaient lutté dans la Résistance ou à l'étranger. » Cependant, François Billoux, membre du Comité central du PCF et qui en fut un temps président, et le « colonel » Rol-Tanguy, lui aussi membre du Comité central, qui demeura dans l'armée, reçurent au titre de leur participation à la Résistance les plus hautes décorations.

Ici comme ailleurs, il faut tenir le plus grand compte de la chronologie. Comme l'a observé Rémi Skoutelski, « rentrés d'Espagne en 1937-39, les brigadistes étaient des héros », au moins pour leurs camarades du PCE et pour les gens de gauche. Ils eurent alors des responsabilités importantes dans le parti, tels Billoux, Chantron, Lampe, Lecœur, Marty, Tillon, Vittori. Mais en 1945, la situation était différente : « Les héros de la Libération sont bien évidemment les Résistants. » Lorsque commence la guerre froide, après la rupture entre Staline et Tito, une évidence s'impose à la direction du parti : « Les anciens d'Espagne ont combattu, main dans la main, avec des Américains, des Yougoslaves... ils sentent le soufre, malgré leur indéniable fidélité à Staline. » Ils vont donc être éliminés progressivement des responsabilités, voire exclus du parti [104].

Beaucoup d'autres survivants des brigades devinrent des élus locaux, tel Fernand Belin, maire-adjoint et conseiller général d'Épinay-sur-Seine. François Vittori fut élu député et Maurice Lampe fut chef de cabinet de Laurent Casanova. La plupart des anciens jouèrent leur partition au sein du PCF. Cependant Vital Gayman l'abandonna dès 1939. André Malraux, comme chacun sait, devint le ministre des Affaires culturelles du général de Gaulle. Le destin le plus tragique fut sans doute celui de Maurice Laban, ancien lieutenant de la brigade XIV, tué par l'armée française en Algérie où il créait un maquis communiste.

Rémi Skoutelsky a rappelé la présence de plusieurs femmes françaises dans les Brigades : Yvonne Robert, une assistante sociale communiste, à la très forte personnalité, qui jouera un grand rôle auprès des brigadistes internés au camp de Gurs ; Lise Ricol, fille d'immigrés espagnols, qui épousa par la suite Artur London, rencontré en Espagne ; Henriette Royer ; Jeanne Oppman ; Adèle Arranz, qui n'avait que dix-huit ans quand elle arriva à Albacete ; Juliette Tenine ; Alice Zacharevicz, une pharmacienne qui devait mourir à Auschwitz en 1943 ; Simone Étienne ; Thérèse Chassaing et quelques autres. La plupart avaient servi dans le service de santé [105].

Beaucoup de brigadistes français reprirent leurs activités antérieures discrètement et sans ostentation après être rentrés en France bien avant la dissolution des brigades en novembre 1938. Felix Borowiecki, d'origine polonaise, patron boucher à Resme-Anzin (Nord), marié et père de famille, franchit à pied en avril le « port » ariégeois de Bouet et se présenta à la gendarmerie la plus proche. Il télégraphia à sa femme qui lui expédia l'argent du voyage, se remit aussitôt en tenue civile et, après avoir obtenu un laissez-passer, reprit la route de son village. On ne sait rien de son séjour en Espagne. Par contre, on sait presque tout de celui de Pierre Soum, de Saint-Girons, l'un des quinze Ariégeois qui s'engagèrent dans les brigades. C'est à Toulouse que le Comité antifasciste lui donne l'argent de son voyage et le met dans le train. Il franchit la frontière à Port-Bou avec 200 volontaires, est envoyé à Albacete où il est affecté au 15e bataillon franco-belge, commandé par des Français. Comme voltigeur, il est équipé d'un fusil russe et fait partie d'un groupe de 12 hommes qui dispose d'un fusil-mitrailleur et d'une mitrailleuse. Envoyé sur le front du Jarama, il fait face à l'offensive nationaliste et participe à la contre-attaque et, démuni de pelle et de pioche, il doit creuser son abri à la baïonnette. Blessé gravement à la main, il est évacué sur Albacete, passe quelques mois de convalescence à Murcie, puis, de retour à Albacete, il est réformé pour avoir perdu deux doigts. Il rentre en France et regagne l'Ariège. Le capitaine qui l'interroge conclut que son récit est parfaitement crédible. Soum ne témoigne d'aucune déception et apporte un témoignage d'une grande limpidité [106].

On ne saurait oublier que des brigadistes de diverses nationalités participèrent activement à la Résistance française ; ce fut le cas de bon nombre des combattants des FTP-MOI (Francs-Tireurs et Partisans – Main-d'œuvre immigrée). Les quatre détachements étaient commandés par des anciens des brigades : Adam Hirsch, Sevek Kischenbaum, Marino Mazzetti et Fransisc Wolf, dit Boczov. Cinq des vingt-trois résistants du groupe Manouchian, héros de l'admirable chanson *L'Affiche rouge*, fusillés par les Allemands en février 1944, étaient des anciens d'Espagne : les Polonais Grzyvach, Kubacki, Gedulfic et Boczov, et l'Espagnol Celestino Alfonso [107].

En Grande-Bretagne les anciens brigadistes ne jouèrent pas de rôle politique important. Seul Robert Edwards, qui s'était battu en Aragon dans la colonne du POUM, fut élu député aux Communes. George Orwell obtint comme écrivain une reconnaissance internationale. Peter Kerrigan, Will Paynter, secrétaire général du syndicat des mineurs, et Malcom Dumbar demeurèrent fidèles à leurs convictions marxistes ; en revanche, Fred Copeman, après un voyage en URSS avec Will Rust, secrétaire du bataillon britannique, répudia le communisme et se convertit au catholicisme. D'autres désenchantés furent George Aitken, Walter Greenhalgh, membre du Labour, et Hamish Frase, auteur de *Spain in the West* en 1953.

En Europe centrale et orientale, les vétérans des brigades jouèrent un rôle essentiel. Très nombreux – en 1969 on en dénombrait encore 1 257 en Hongrie et 650 en Pologne –, ils furent à la fois des acteurs de premier plan des révolutions communistes qui suivirent la Deuxième Guerre mondiale et les victimes les plus remarquables des purges staliniennes. Certains d'entre eux devinrent même chefs d'État : Enver Hodja en Albanie, Walter Ulbricht en Allemagne de l'Est et Josef Brosz Tito en Yougoslavie. Ce dernier avait été davantage un recruteur et un organisateur, à partir de Paris, qu'un combattant. Ulbricht, que l'on retrouva en janvier 1943 sur le front de Stalingrad en compagnie de Bredel et de Weinert, se consacra à la surveillance des trotskistes, dans le cadre d'une section de la NKVD qu'il dirigeait, plus qu'au combat antifranquiste.

La Yougoslavie est un cas particulier. Les purges très importantes résultant du grand procès de Ljubljana en avril 1948, et qui demeurèrent presque ignorées (ou occultées) en Europe occidentale, furent dirigées par Tito contre les anciens brigadistes qui restaient obstinément fidèles à Moscou. Leur procès précéda seulement de quelques semaines la condamnation de Tito et du PC yougoslave par le Kominform, le 28 mai 1948. Les condamnés faisaient partie de l'élite intellectuelle du pays : Presterl, Yuranic, Pluffer, Dil, Barlé, Stepienik, Krajnc, etc. L'enquête « révéla » que, le 17 avril 1941, lors de la prise de Belgrade, la Gestapo avait feint d'arrêter plusieurs dirigeants communistes pour les placer dans des camps de concentration, dont Dachau, en « mission importante d'information ». Presterl, d'origine autrichienne, « confessa » que, dès son séjour en Espagne, il avait un contact régulier avec la Gestapo, maintenu lors des mois passés en France. La plupart des accusés furent pendus.

En revanche, Tito gouverna des années durant avec d'autres brigadistes qui, comme il le déclara à la revue *Life* en 1952, avaient « reçu leur formation essentielle pendant la guerre d'Espagne » : Milovan Djilas, secrétaire général du gouvernement, Koca Popovic, chef d'état-major de l'armée et ministre des Affaires étrangères, Mosha Pijade, président du Presidium, Boris Kidric, chef de la Planification, ou Ivan Gosnjak, ministre adjoint de la Défense.

En République démocratique allemande, Ulbricht confia

d'abord des charges importantes à des brigadistes tels que Franz Dahlem, Paul Merker et Wilhelm Zaisser, le « général Gomez » de la XIIIe brigade, tandis que Hans Kahle, qui avait traversé l'Èbre avec Hemingway, un temps chef de la police, disparut dans des circonstances obscures. Le soulèvement des ouvriers de Berlin-Est en 1953 provoqua la disgrâce de Dahlem et de Zaisser, mais le premier cité fut réhabilité en 1955 et devint vice-ministre de l'Instruction en 1968. D'autres brigadistes furent également ministres : Remer (Transports), Hoffman (Défense) et Dickel (Intérieur).

En Hongrie où, dès 1947, Rakosi avait réussi à éliminer les non-communistes, Erno Gerö, le *Pedro* du Komintern en Espagne, fut ministre des Communications, Ladislas Rajk, trois fois blessé dans les brigades, fut ministre de l'Intérieur, avec Tömpe, autre vétéran, pour adjoint. L'ancien commissaire politique des brigades Ferenc Münnich devint chef de la police de Budapest. Les purges commencèrent dès 1949, après un voyage de Rajk à Moscou. Arrêté à son retour, il « avoua » avoir été un espion de la police du régent Horty depuis 1931 et il fut pendu. Field, également ancien brigadiste, devint pour sa part un « espion américain ». Cent quatre-vingt-sept anciens des brigades furent condamnés, et leur réhabilitation, en 1954, commença par Field qui, de façon surprenante, était encore en vie. Elle fut suivie de celle de Rajk en 1956, de la démission de Rakosi et de la fuite de Gerö en URSS. Après le soulèvement hongrois et l'intervention soviétique, Münnich, stalinien modèle, devint pour un temps l'homme fort du régime.

En Tchécoslovaquie, les communistes étaient huit des vingt-cinq ministres du gouvernement de 1945. Les anciens brigadistes s'étaient organisés en groupe de pression avec Josef Pavel, Artur London, rescapé de Mauthausen, Holdos, passé par Buchenwald, Kobylak, qui s'était évadé du camp de Gurs, Wiesner, ancien pensionnaire du camp du Vernet, Leopold Hoffman, ancien chef de la compagnie de mitrailleurs du bataillon Dimitrov, Spirk, Bart, Lastovicka et le journaliste Nekvasil. Après le « coup de Prague » du 25 février 1948 et la formation du gouvernement communiste, Gottwald lança l'épuration des brigadistes. Elle atteignit son apogée en 1951 : London, Holdos, Pavel, Svoboda, Nekvasil, Hoffman, Lastovicka furent arrêtés. Les inculpés, soumis à un traitement adéquat, s'accusèrent mutuellement de toutes sortes de méfaits : collaboration avec la Gestapo, l'Intelligence Service ou la CIA, « conspiration trotskiste » avec Rajk, avec les Yougoslaves Copic et Dapcevic, etc. Le tribunal prononça onze peines de mort, le 20 novembre 1952. Pavel et London eurent la vie sauve, de même que Holdos, transformé en « nationaliste bourgeois slovaque ». Plusieurs des condamnés non exécutés retrouvèrent le pouvoir lors du « printemps de Prague » de façon très provisoire.

La Bulgarie avec Dimitrov, la Roumanie avec Roman, la Pologne avec Swierzewski (le général Walter), ministre de la Défense de 1944 à 1947, présentent un scénario comparable : premiers rôles, épurations, condamnations. Cependant, les purges polonaises furent très limitées. Les accusations étaient partout les mêmes : trahison, collaboration avec l'ennemi (la Gestapo ou les Américains) ; trotskisme ou titisme. Les agents soviétiques dont les disparitions demeurèrent longtemps une énigme avaient été éliminés dès leur retour d'Espagne, pour toutes sortes de raisons obscures, connues seulement de Staline et de sa garde rapprochée : échec de leur mission, intelligence avec les trotskistes, etc. : Antonov-Ovseenko, Berzin, Goriev, Kleber (*alias* Stern), Koltsov, Krivitsky, Kulic, Rosenberg, Stachevski furent tous fusillés, notamment en 1941, assassinés ou disparurent sans laisser de trace [108].

TROISIÈME PARTIE

LES LENDEMAINS

Exil, répression et résistance

Une guerre entre nations s'achève lorsque les combattants ont déposé les armes ou, au plus tard, par la signature du traité de paix. Subsistent sans nul doute rancœurs et frustrations, et les rêves de revanche peuvent commander l'action d'une génération montante. La paix revenue, il est vrai, dans chacun des pays qui furent en conflit on ouvre les inévitables procès pour intelligence avec l'ennemi. Mais la traque des vaincus s'interrompt après quelque temps. Les guerres civiles sont d'une autre nature, surtout si elles durent longtemps, comme ce fut le cas de celle d'Espagne. Les vainqueurs font grief aux vaincus de n'avoir pas choisi leur camp, voire d'être restés passifs. Après la déroute des républicains, leur fuite ou leur capitulation, Franco et les siens n'ont pas hésité à poursuivre, juger, condamner, voire à passer par les armes des hommes qui leur avaient résisté, alors qu'ils avaient combattu sous les drapeaux du gouvernement « légal ». Car le gouvernement de la Deuxième République espagnole pouvait être accusé d'incompétence ou d'incapacité à maintenir l'ordre public ; il n'en était pas moins légal et issu d'élections libres. Que dire du crime de « rébellion militaire » imputé aux officiers de carrière qui avaient refusé de se joindre au Mouvement !

La volonté de traquer l'adversaire au-delà de sa défaite, annoncée par la loi inique de « responsabilité politique » dès février 1939, la parcimonie et la lenteur avec lesquelles furent concédées les amnisties (*indultos*) expliquent tout à la fois l'ampleur de l'exil et sa durée et, parfois, son caractère irréversible. Beaucoup durent envisager de refaire leur vie dans un pays d'accueil. La France, au premier rang, devint la patrie d'adoption de plusieurs dizaines de milliers d'exilés. D'autres s'établirent en Belgique et en Grande-Bretagne, ou même en URSS. Outre-Atlantique, le Mexique, le Chili, la république Dominicaine furent des destinations recherchées ainsi que, à un degré moindre, l'Argentine, Cuba, le Venezuela, la Colombie, Costa-Rica et Panama. Le rôle, dans la vie de ces pays, des exilés dont les options politiques étaient d'une grande diversité mérite une étude approfondie, seulement entamée à ce jour[1]. Sur le sol de l'Espagne, la chasse demeura ouverte en toutes saisons aux anciens militants politiques ou syndicaux. Elle condamna au silence les adversaires du nouveau régime, y compris les jeunes hommes qui n'avaient pas connu la guerre civile ou, du moins, n'y avaient pas pris part. Elle eut pour effet de faire croire à beaucoup d'entre eux que les systèmes politiques honnis par le pouvoir étaient *ipso facto* admirables. Alexandre Soljenytsine, lorsqu'il vint en Espagne, fut traité de menteur à propos du goulag, pourtant issu d'un système bien plus répressif encore que le franquisme, par quelques jeunes intellectuels, persuadés des vertus exceptionnelles du communisme, au seul motif qu'il était mis à l'index par le régime. Le concept d'*exil intérieur* me paraît opérationnel pour l'étude de cette catégorie d'Espagnols. C'est pourtant d'elle que procéda la nouvelle opposition politique, celle qui sut s'impliquer dans la transition démocratique. Remarquable fut la participation des exilés de l'extérieur dans la vie de leurs pays d'accueil. Il faut le dire tout net : les républicains espagnols furent bien plus grands dans l'exil, l'épreuve et la souffrance des camps, la guerre mondiale, la Résistance française, les combats de Narvik à Bir-Hakeim, qu'ils ne l'avaient été pendant les années de la Deuxième République.

Je tiens une observation pour essentielle : le sujet interdit absolument les généralisations qui furent fréquentes et donnèrent lieu à des conclusions aberrantes, sinon scandaleuses. Les réfugiés connurent, selon les temps et les lieux, des jugements injustes, des vexations ou du mépris, mais aussi des démonstrations et des actions de solidarité remarquables et même admirables. Ils durent s'accommoder des retards techniques de la France profonde où, en 1939, plus de la moitié des communes rurales, 80 à 90 % dans certains départements, ne bénéficiaient pas d'adduction d'eau. Les censeurs contemporains n'imaginent pas ces dures réalités.

Enfin, il faut accorder une attention extrême à la chronologie tourmentée des années 1939-42, riches d'événements et de ruptures qui marquèrent fortement les relations entre Français et réfugiés espagnols : janvier-mars 1939, *Retirada* et capitulation des dernières armées républicaines ; août, pacte germano-soviétique ; 3 septembre, déclaration de guerre ; 26 septembre, dissolution du Parti communiste français ; 10 mai 1940, lancement de l'offensive allemande à l'Ouest ; 14 juin, entrée des Allemands à Paris ; le 23, armistice ; 10 juillet 1940, vote des pleins pouvoirs à Pétain et l'État français succède à la IIIe République ; juin 1941, publication du statut des Juifs ; 11 novembre 1942, invasion de la zone Sud par les Allemands, suivie par la création du STO en janvier 1943. Chacun de ces événements affecta la condition des réfugiés espagnols. L'étude de l'exil espagnol dans la longue durée a fait l'objet de travaux de qualité, qu'il s'agisse du seul exil en France dans sa globalité (Geneviève Dreyfus-Armand 1939-75, José Cubero) et dans ses variantes locales, comme à Toulouse de 1939 à 1999 (Alicia Alted, Lucienne Domergue), ou de la comparaison avec l'exil italien de 1938-46[2]. Je m'en tiendrai à ces seules années 1939-42.

1

Du refuge provisoire à l'exode de masse

En 1966, *La guerre est finie* d'Alain Resnais, dont les dialogues furent écrits par Jorge Semprun, avait pour argument central la consternation de militants fidèles au PCE réfugiés en France, qui découvraient, à l'occasion du voyage clandestin d'un de leurs émissaires outre-Pyrénées, leur ignorance des réalités nouvelles de l'Espagne. Il leur était presque impossible d'admettre qu'ils étaient demeurés en marge de leur pays, que leur exil avait obscurci leur vision de la réalité et qu'ils gardaient en mémoire une Espagne fossile. De ce fait, ils ne partageaient pas les vues des opposants de l'intérieur et pouvaient apparaître aux yeux des jeunes gens nés durant la guerre civile, ou dans les premières années de l'après-guerre, comme des êtres étranges venus d'une autre planète. Le film obtint un grand succès et provoqua des débats passionnés, traçant sans doute une frontière mentale.

Cependant, à la fin de juin 2002, dans la petite ville de Villeneuve-sur-Lot, j'ai assisté à une commémoration de la *Retirada* de 1939 et de la lutte des guérilleros républicains. J'accompagnais un vieil ami, ancien combattant de la République, puis interné au camp d'Argelès, enfin survivant du camp d'extermination de Mauthausen[3]. J'eus l'occasion d'entendre, non sans surprise, un vétéran affirmer de façon véhémente que la guerre n'était toujours pas terminée. Dans la vie agitée, mais marginalisée, de quelques anciens combattants de la République, la force de la mémoire, une mémoire pétrifiée avait plus de poids que les changements profonds produits par la marche du temps. J'imagine la stupéfaction de cet irréductible en apprenant, quelques semaines plus tard, l'inauguration à Madrid, le 26 septembre 2002, dans le Palais de Cristal du *Buen Retiro*, d'une grande exposition en hommage aux 200 000 personnes qui constituèrent l'Exil permanent. Le drapeau républicain flottait à l'entrée et celui de l'Espagne actuelle à la sortie de l'exposition que le roi Juan Carlos avait inaugurée à la demande du dirigeant socialiste Alfonso Guerra accompagné de survivants du combat républicain. Force des symboles : en cette année 2002, la guerre était bel et bien finie.

Les débats provoqués par le film de Resnais ont lancé, fût-ce avec quelque retard, la réflexion et la recherche à propos du phénomène de l'exil. Les publications ont été nombreuses, en France notamment, mais aussi au Mexique, en Argentine et en Espagne. Colloques, congrès, expositions se sont multipliés. Une place de premier ordre doit être réservée à l'exil républicain en France qui fut de loin le plus massif. Celui des enfants espagnols mérite une attention particulière.

UN EXIL PROVISOIRE. LES EXODES DE 1936

De juillet et août à décembre 1936, deux exodes différents se produisirent. Celui que provoqua en Catalogne la « terreur rouge et noire » entraîna la fuite de toutes sortes de gens, dont la majorité n'était ni des « fascistes » avérés ni des républicains inconditionnels. Celui des Basques du Guipuzcoa fut provoqué par les combats acharnés qui se déroulaient dans leur pays et les premières manifestations de la répression nationaliste. L'exode « droitier » est presque toujours négligé.

Dès le 4 août 1936, le préfet de l'Ariège, bien informé par les rapports des fonctionnaires de la gendarmerie et des douanes, écrit au ministère de l'Intérieur : « Les populations espagnoles voisines sont sous un régime de terreur ; les éléments les plus troubles, peu nombreux mais armés, se sont substitués aux autorités constituées. Ces éléments vivent d'exactions et satisfont des inimitiés et rancunes personnelles. » Le préfet signale plusieurs exécutions dans les villages de la vallée du Sègre et s'interroge sur l'aptitude du gouvernement à reprendre ou non le contrôle de la situation et la probabilité d'un afflux de réfugiés[4].

Son collègue des Pyrénées-Orientales est très inquiet : le 7 septembre 1936, il fait état d'une situation tragique : représailles contre les « neutres », exécutions sommaires, fusillades[5]. Il est vrai que plusieurs milliers de personnes ont quitté la Catalogne au cours des semaines qui suivirent l'échec du soulèvement et le déclenchement de la révolution. Dès la fin août, il y avait en Andorre plus de 2 000 réfugiés, dont bon nombre de prêtres et religieux. Le 3 de ce mois, un torpilleur venu de Barcelone débarqua à Port-Vendres 143 réfugiés. Plusieurs bateaux firent de même à Marseille et Sète pour quelques centaines de passagers. De petits groupes arrivent dans le département de l'Ariège en passant par l'Andorre : ainsi, le 24 septembre, 34 Espagnols (28 hommes et 6 femmes), alléguant un pèlerinage à Lourdes, descendent de trois autobus andorrans, se font vacciner, et prennent le train à Ax-les-Thermes. Ils ont des papiers en règle (passeports, laissez-passer) et appartiennent à la classe aisée : un industriel de Barcelone, trois avocats et un magistrat, un marchand de bestiaux, deux instituteurs, etc. Le 24 novembre, treize autres, qui sont aussi passés par l'Andorre, arrivent en voitures particulières et taxis. Tous déclarent disposer de ressources suffisantes au séjour. Du 10 septembre au 31 décembre, 554 réfugiés venant de Catalogne entrent en Ariège, dont 238 en octobre. Ces réfugiés, comme les précédents, ne demandent pas à revenir en Espagne par Hendaye : beaucoup veulent aller à Montauban, quelques autres dans le Tarn, dans le Gard, en Avignon, à Perpignan, etc. En fin 1937, le directeur de l'hôpital Saint-Louis à Ax-les-Thermes dénombre 4 500 réfugiés espagnols ; il y inclut sans doute les personnes hébergées dans les établissements thermaux d'Aulus et de Seix[6].

Un certain nombre d'Espagnols arrivent dans le département du Tarn, en provenance de Catalogne : Barcelone, Mataro, Olot, Puigcerda, San Feliu Llobregat, Mollet, Ampurias sont cités. Ils se mêlent à ceux qui viennent du Pays basque, Irun, Fontarrabie, San Sebastian, Pasajes, voire Bilbao. Une proportion notable de ces réfugiés se font rapatrier dans des délais rapides : d'octobre à décembre, l'effectif présent dans le Tarn fluctue entre 150 et 190, alors qu'à la date du 20 décembre 333 réfugiés ont déjà été rapatriés, sans que nous sachions par quel point de la frontière[7]. Il semblait donc s'agir d'un départ par précaution, non d'un choix politique affirmé. Pour la même raison, plusieurs Catalans, qui prenaient les eaux à Ax ou Aulus, décident provisoirement de ne pas rentrer en Espagne. *Wait and see*[8] !

La population civile du Guipuzcoa fuit la guerre, tandis que les combattants se mettent à l'abri de représailles annoncées par Mola. Cet exode concerne plusieurs milliers de personnes, certainement plus de dix mille, dont beaucoup sont dénuées de ressources. Le ministre de l'Intérieur les dirige vers les départements du Midi ou du Centre, en s'efforçant de ne pas séparer les gens de même provenance. Ainsi, le convoi de 279 personnes arrivé à Nîmes dans la nuit du 13 au 14 septembre 1936 est composé de gens originaires de San Sebastian. Celui qui a gagné Angoulême quelques jours plus tôt avec 430 personnes rassemblait des citadins d'Irun et de Fontarrabie. Il en est de même dans le Lot où en septembre arrivent 230 réfugiés dont beaucoup de familles nombreuses et 7 prêtres.

Les réfugiés sont répartis dans de nombreuses localités de chaque département : en Charente, Angoulême, Cognac, Confolens, Chateauneuf, Jarnac, Ruffec, Ruelle, et six autres villages se partagent l'effectif. Dans le Gard, les bourgs cévenols Le Vigan, Saint-Hippolyte-du-Fort et Sauve reçoivent une grande partie des arrivants. Plusieurs sont hébergés à Nîmes par des particuliers, dont la directrice de la revue *Toros*, Mme Cantier, qui en reçoit six.

Le convoi qui arrive à Angers le 10 septembre compte 21 hommes, 116 femmes et 293 enfants « dont 200 environ sont orphelins de père et de mère et démunis de tout ». Presque tous viennent de San Sebastian et ont voyagé par mer jusqu'à Pauillac. L'accueil, observe le préfet du Gard, est « chaleureux en raison de leur pitoyable situation, et compte tenu de ce que le contingent de ces malheureux comporte beaucoup de femmes et d'enfants ». Son collègue de la Charente salue « un grand mouvement de solidarité... une participation remarquable de la population ouvrière », et se félicite de l'aide que lui ont apportée les journaux, *La France du Sud-Ouest* et *La Petite Gironde*. Un comité d'assistance aux réfugiés s'est formé « en dehors de toute considération politique, et composé de modestes commerçants et travailleurs », selon son animateur, Louis Rivière, qui se dépense sans compter. En deux jours, cent personnes sont habillées de pied en cap. À Angers, le préfet Stirn et les maires de Saumur et de Trélazé s'activent de leur mieux avec l'aide des Espagnols du département. L'accueil est particulièrement chaleureux à Trélazé.

Quelques ombres au tableau : le sous-préfet de Cognac note que la population est très bien disposée envers les femmes, les enfants et les vieillards, mais ne comprend pas que des hommes jeunes, « en pleine santé », figurent parmi les réfugiés. Elle souhaite, socialistes compris, qu'ils soient reconduits à la frontière. Les hospices d'Angers se plaignent de quelques galopins, et le commissaire de police, après un flagrant délit de vol de chaussures, déclare sans ambages : « Les jeunes réfugiés espagnols actuellement à Bellefontaine sont indésirables à tous points de vue. » Dans le Gard, les relations avec la population se dégradent pendant l'hiver, au Vigan et surtout à Saint-Hippolyte, par la faute de quelques femmes basques, « irascibles étrangères », qui provoquent des incidents violents dans deux boutiques. Elles prétendent que « les autorités administratives françaises leur doivent la subsistance qu'elles désirent ». Or, les crédits spéciaux ayant été supprimés à partir du 1er janvier 1937, les réfugiés relèvent désormais de l'allocation de chômage. Convoquées par le maire de Saint-Hippolyte, ces femmes ont tenu des propos si grossiers que l'interprète n'a pas osé les traduire. Il faut faire appel à la gendarmerie. Une fois débarrassées des 10 « meneuses basques », expédiées à Nîmes avec leurs 23 enfants le 23 février, les deux communes retrouvent la paix.

La majorité des réfugiés sont favorables à la République. On en a la preuve dans le choix de la gare de rapatriement : 343, quoique originaires du Pays basque, passent par Port-Bou, et 55 seulement par Hendaye. Les retours sont rapides : le 17 novembre 1936, il ne reste plus que 13 Espagnols en Charente. Une moitié des réfugiés du Lot sont repartis dès le 5 octobre, la plupart en direction de la frontière catalane. Cependant, en Maine-et-Loire, à la mi-décembre, restent encore 288 réfugiés espagnols dont 237 enfants mineurs (114 garçons, 123 filles). Les indigents qui se trouvaient dans le Gard y sont encore en février 1937[9].

Le premier exode massif de 1937

Le caractère spectaculaire et dramatique de la *Retirada* de 1939 a trop souvent occulté l'importance de l'exode de 1937 qui résultait, pour l'essentiel, de la conquête du Nord par les armées franquistes. Il s'effectua par voie maritime : des dizaines de bateaux, partis de Bilbao et des petits ports basques, de Santander, Aviles, Ribadesella, Gijon, débarquèrent à Bordeaux, Pauillac, La Palice, La Rochelle, Saint-Nazaire, Lorient et, pour quelques navires, jusque dans les ports britanniques, des dizaines de milliers de réfugiés dont le séjour en France fut, dans la majorité des cas, beaucoup plus long que celui des exilés de l'année précédente. Javier Rubio estime leur nombre à 120 000, ce qui me semble excessif.

Toutefois, il ne faut pas négliger l'importance d'un courant migratoire continu en provenance de l'Espagne gouvernementale. Et, dans ce cas, les fuyards ne cachent pas leur préférence envers l'Espagne de Franco. Dès le 4 mars, le commissaire spécial de Foix signale au préfet de l'Ariège que de jeunes Espagnols qui fuient la guerre civile n'hésitent pas, quoique seulement chaussés de sandales, à suivre les chemins muletiers enneigés, puis le cours de la haute Ariège jusqu'à L'Hospitalet [10].

D'autre part, les rapports des observateurs du comité de non-intervention sont précieux. Ainsi, l'ingénieur tchèque Cenek Thim, à L'Hospitalet (Ariège), qui a pris sa mission très au sérieux, contrôle l'identité de tous les Espagnols qui arrivent de Catalogne ou même d'Aragon par les autobus qui viennent d'Andorre et s'informe de leurs intentions. Il s'agit de prêtres et de religieux, de commerçants, d'agriculteurs, d'employés de banque, parfois d'instituteurs ou d'étudiants. Ces réfugiés, particulièrement nombreux du 24 au 29 juin (144), veulent presque tous revenir en Espagne par San Sebastian : 124, soit 85 %. Les autres veulent aller à Montauban (encore !). Certains des collègues de Cenek Thim, Rutanen à Salau, Norman à Castillon, enregistrent les passages de réfugiés passés par le port d'Orle, le port de Salau ou le port de Couillac, après une marche forcée dans la neige. Ce sont surtout des déserteurs de l'armée républicaine ou des jeunes gens qui ne veulent pas combattre. Ils sont peu nombreux, deux ou trois dizaines [11].

On constate de même que la plupart des 117 réfugiés de Catalogne passés en train par Bourg-Madame et arrivés en avril 1937 en Charente se déclarent favorables à Franco : parmi eux beaucoup d'agriculteurs, quelques ouvriers, quelques prêtres, surtout des gens modestes. D'ailleurs, à peine arrivés à Angoulême, le 16 avril, plusieurs d'entre eux ont demandé leur rapatriement par la frontière d'Hendaye qui est sous contrôle franquiste [12].

Ces précisions étaient nécessaires. Cependant, la plupart des protagonistes de l'exode massif de 1937 (120 000 selon Javier Rubio, chiffre probablement forcé, à réviser me semble-t-il ?) ne manifestent aucune sympathie pour la cause rebelle. C'est notamment vrai des Asturiens : les 6 000 qui ont fui Gijon avant l'entrée des nationalistes dans la ville, le 20 octobre, et qui ont débarqué à Bordeaux, prennent aussitôt cinq trains spéciaux pour Cerbère et Port-Bou afin de rallier les forces de la République. Dès le 28, ils sont de retour en Espagne où les rejoignent les membres du tribunal civil de Gijon, rescapés d'une traversée hasardeuse à bord d'une barque de pêche qui les a conduits à Lorient [13]. Les Basques sont eux aussi en grand nombre parmi ces réfugiés de 1937. Comme le rappelle à juste titre Jean Steunou, « la singularité idéologique des Basques dans ce conflit fait qu'ils sont nombreux à le considérer comme terminé pour eux du fait de l'occupation totale de leur territoire par les troupes nationalistes ». Beaucoup envisagent donc le retour en Espagne dès le début d'octobre [14].

Face à cet afflux le ministère de l'Intérieur a préparé, en mai 1937, une *Instruction générale sur l'hébergement des réfugiés espagnols* qui organise la dispersion des arrivants sur une grande partie du territoire national : 34 départements, entre Garonne et Loire, sont classés en « première urgence » ; 14 autres, de la Bretagne à la Bourgogne, en deuxième. Quand le vapeur *Habana* débarque à La Rochelle 3 000 évacués de Bilbao, le 3 juin, les départements de « deuxième urgence » sont mobilisés, telle la Mayenne qui reçoit 200 de ces exilés. C'est le premier des six convois, échelonnés du 3 juin au 4 août 1937, que le département accueillera, soit au total 1 200 personnes. Les 104 Basques envoyés dans la ville de Mayenne dès l'arrivée du premier convoi se montrent fort peu compréhensifs, refusent les locaux prévus pour les héberger :

selon le maire de la ville, c'est « un véritable soulèvement ». Il faut les loger à l'hôtel, à des prix prohibitifs pour l'administration. On finira par les répartir entre une centaine de communes. Des comités d'accueil, à Laval, Mayenne et Château-Gontier, joueront le rôle d'intermédiaires entre les Espagnols et les autorités locales [15].

Dans le département voisin d'Ille-et-Vilaine, la répartition du premier contingent de 273 personnes, passagers comme les précédents du *Habana*, arrivées les 8 et 17 juin, entre les locaux prévus à Rennes, Vitré et Redon, dont certains sont pourtant d'anciennes prisons, comme à Mayenne, se fait sans incidents [16]. Le Maine-et-Loire ne reçoit, du 7 au 27 juillet, que 347 réfugiés. Six départements de la région Centre, dont un en deuxième urgence, en reçoivent environ 5 000. Les solutions choisies par les administrations préfectorales, en accord avec les maires, vont de la dispersion dans le Cher et le Loiret à la concentration dans l'Indre et le Loir-et-Cher [17].

Le Tarn est un département de première urgence. Le préfet a écrit aux maires de toutes les communes pour leur demander quelles étaient leurs possibilités d'hébergement, car il a compris qu'il ne pourrait pas se borner, comme en 1936, à solliciter Albi, Castres, Gaillac, Graulhet et Mazamet. Dans l'attente un peu angoissée des télégrammes de ses collègues de la Gironde ou de la Loire-Inférieure, qui annoncent des convois successifs, à partir du 15 mai et jusqu'au 20 juillet au moins, le haut fonctionnaire fait feu de tout bois pour loger et entretenir un effectif en augmentation constante (281 réfugiés le 22 mai ; 563 le 5 juin, 702 le 3 juillet, 978 le 24 juillet, 1 091 le 14 août), malgré un total de 448 rapatriements réalisés de façon ponctuelle. Il élargit sans cesse la liste des communes concernées avec la collaboration des conseillers généraux et des maires : Alban, Saint-Sulpice, Castelnau-Montmirail, Lisle-sur-Tarn, Labastide-Rouairoux, Réalmont, Saint-Benoît-de-Carmaux, Tersac. Enfin, le préfet découvre des possibilités insoupçonnées à Cordes, devenu le premier centre d'accueil du département, et il obtient de la Société des Mines de Carmaux le prêt provisoire de deux immeubles.

Dans le Tarn, l'administration fait preuve de préoccupations humanitaires. Dès le 8 juin, le secrétaire de la préfecture entreprend une tournée des communes, visite les locaux d'habitation, s'inquiète des vivres disponibles, veut connaître le sentiment des réfugiés. La documentation dont nous disposons montre qu'il n'y a aucune autosatisfaction de l'administration. À Alban, le secrétaire de mairie constate que les cinq enfants espagnols vont à l'école publique et que l'instituteur Carayon parle couramment l'espagnol ; il note que les réfugiés font leur cuisine en commun, comme à Rabastens ; à Réalmont, ils sont logés très confortablement dans un immeuble de la municipalité qu'ils « entretiennent avec un soin méticuleux », et ils se déclarent satisfaits des trois repas quotidiens que leur sert l'hôtel Barthès. À peu près partout, à Gaillac, à Lisle-sur-Tarn, à Castelnau, comme à Rabastens et Réalmont, les réfugiés se montrent reconnaissants de l'accueil reçu. Le fonctionnaire, gardant un regard critique, les juge « trop étroitement logés » à Gaillac et « réellement mal logés » à Mazamet où, de plus, il conviendrait de les séparer des anciens réfugiés « qui sont de tendance nationaliste »[18].

Un autre exemple porte également sur la zone de « première urgence », mais il la déborde largement. Débarqués à Bordeaux en deux convois, 1 353 réfugiés arrivent à Nîmes les 9 et 10 août. Le Gard, qui avait déjà accueilli 177 enfants basques et plusieurs convois, de mai à juillet 1937, héberge 200 des nouveaux venus. Le Vaucluse en reçoit 130, l'Ardèche 200, la Drôme 130, l'Isère 130, les Hautes-Alpes 200, la Haute-Savoie 200, la Haute-Loire 163. Or, les quatre derniers départements cités ne font pas même pas partie de la « zone de deuxième urgence ». En février 1938, malgré quelques rapatriements, le Gard abrite encore 1 548 réfugiés, surtout basques, sans y inclure les orphelins cités plus haut. Ils ont été répartis entre une quinzaine de communes, essentiellement cévenoles : Bessèges, avec 374 hôtes, est la première commune d'accueil, mais Uzès (216), Le Vigan (203), Saint-Hippolyte-du-Fort (178), et même Robiac, Anduze, Gagnières, avec plus de 100 réfugiés chacune, ont fait un effort important. Hors des Cévennes, il n'y a guère qu'Aramon, au bord du Rhône, à avoir reçu un contingent notable de Basques et autres gens du Nord.

Quoi qu'on ait pu écrire à ce propos, la stratégie du ministère de l'Intérieur face au problème a été à la fois habile et cohérente. L'effort demandé aux Français est réparti dans le temps et l'espace : en dosant les convois au rythme des arrivées des navires, les préfets et les maires trouvent le temps d'aménager les locaux disponibles et de s'assurer le concours des personnels nécessaires, dont beaucoup sont des bénévoles. Il semble aussi que les réfugiés aient mesuré le prix de l'hospitalité accordée. Les incidents sont rares. Le commissaire de police de Bessèges (Gard) se plaît à souligner « la tenue parfaite et la conduite irréprochable » des membres du convoi du 21 juillet[19].

Cette politique d'accueil est loin cependant de faire l'unanimité. Ainsi, le journal *La Mayenne* des 6 et 30 septembre 1937 évoque le « dépotoir français » et s'en prend à « ces assistés du Front populaire [qui] se conduisent ici trop souvent comme en pays conquis ». Il est vrai qu'à l'inverse *Les Nouvelles Mayennaises* prêchent la solidarité, l'humanité et la fraternité. La charge financière supportée par le pays d'accueil étant considérable, on s'accorde à juger le rapatriement des réfugiés souhaitable. Le ministère, par l'intermédiaire des préfets, sous-préfets et commissaires de police, exerce une forte pression pour les décider au retour. Elle s'intensifie à l'automne 1937, sous l'impulsion du ministre socialiste de l'Intérieur Marx-Dormoy. À l'époque, cette attitude est justifiée, car le choix entre les deux frontières reste possible et l'issue du conflit demeure très incertaine. Il ne faut pas prendre au sérieux les fureurs du *Libertaire* qui évoque « les réfugiés espagnols bannis de France par trains entiers », après avoir été « logés dans des conditions épouvantables, demi-nus, livrés aux bons soins des préfets du Front populaire et traités en parias ». Dans ce cas précis la contrevérité est flagrante[20].

Dans certains départements, la pression en faveur du retour est efficace : en Mayenne, le départ, le 7 octobre, d'un double convoi de 523 personnes vers la Catalogne et de 400 vers le Pays basque ne laisse dans le département que 58 réfugiés, dont la plupart sont hébergés par des particuliers. En Ille-et-Vilaine, après quelques tergiversations ou rectifications, le double convoi du 5 octobre emporte 437 personnes à La Tour-de-Carol et 170 à Hendaye. Il ne reste plus à Rennes que 29 malades. Sur le quai, au départ de la gare, les Espagnols crient « Vive la France ! ». En Maine-et-Loire, le 11 octobre 1937, 247 réfugiés quittent Angers pour Hendaye-Irun et 51 seulement pour La Tour-de-Carol. Dans la région Centre, la moitié environ sont rapatriés ; dans le Tarn, la population hébergée chute de 1 025 à 309 entre le 25 septembre et le 9 octobre grâce aux rapatriements. Mais le phénomène n'est pas général. Dans le Gard, il en va tout autrement. Signalons un détail insolite : en Ille-et-Vilaine, plusieurs des candidats au retour en Pays basque produisent des « autorisations de retour en Espagne » délivrées et signées par le « commandant militaire de la frontière d'Irun », donc une autorité franquiste. De son côté, la délégation du gouvernement d'Euzkadi en France cherche à dissuader les Basques de revenir en zone « nationale [21] ».

L'ÉPISODE ARAGONAIS : 1938

Les autorités françaises redoutant l'irruption sur le sol national d'hommes en armes, le général Ménard, commandant la 17e région militaire, avait préparé un « plan de barrage en cas de reflux important de population espagnole comprenant des éléments armés et équipés ». Ce plan, qui avait reçu l'aval du ministère de la Guerre, prévoyait le désarmement des troupes ainsi que l'accueil et l'évacuation des civils. Un recensement des « ports » des Pyrénées centrales avait été effectué et l'intervention d'unités d'infanterie, de cavalerie, de gendarmerie et du service de santé avait été préparée aux abords des « points de passage obligés [22] ». Ce plan reçut une première application au printemps 1938 quand la contre-offensive qui suivit la reprise de Teruel par les troupes franquistes rejeta la 43e division républicaine dans la haute vallée du Cinca et la poche de Bielsa.

Dans le département voisin des Hautes-Pyrénées se constitua, à l'initiative de la CGT, un comité de parrainage de la haute vallée du Cinca et de la 43e division, présidé par le député radical-socialiste Gaston Manent et animé par des personnalités de gauche : des collectes quotidiennes permirent la prise en charge des réfugiés de plus en plus nombreux passés par le port de la Gela et, dès le 25 avril, l'organisation de convois de mulets – jusqu'à 200 par jour – chargés de vivres et de médicaments, à l'intention des populations de Bielsa et de Gistain. Ce ravitaillement permit aux 7 000 miliciens de la 43e de prolonger leur résistance mais, en juin, ils durent passer en France par le port du Plan. La solidarité unanime dont témoignèrent les Hauts-Pyrénéens en faveur de leurs voisins aragonais fut tout à fait remarquable. De l'évêque Choquet qui remit une contribution en argent, à l'instituteur de Saint-Lary Pujol, militant du SNI, à la CGT, s'organisa un véritable concours de générosité. Des brancardiers volontaires affluèrent de Tarbes, Bagnères-de-Bigorre et Lannemezan pour prendre en charge les blessés les plus atteints, que les militants cégétistes avaient convoyés à dos de mulet à travers la montagne, et que les ambulances de l'évêque vinrent chercher à Fabian et à Arreau afin de les transporter jusqu'aux hôpitaux de Tarbes et Lourdes.

Trois centres d'accueil provisoires furent ouverts à Arreau, Argelès-Gazost et Luz-Saint-Sauveur. Beaucoup de réfugiés furent hébergés chez des parents et amis. Le département, en effet, comptait plus de 6 000 ressortissants espagnols. La fédération CGT des travailleurs du sous-sol envisagea l'acquisition à Tarbes du château d'Urac, afin d'y installer des enfants victimes de la guerre. Malgré l'intervention importante des personnes privées, les réfugiés civils, qui étaient au moins 15 000, constituaient toutefois une charge trop lourde pour le département où, en avril, 2 858 Espagnols étaient entretenus grâce aux allocations de l'État. Des convois furent organisés en direction d'autres départements, selon les méthodes appliquées en 1937 : en avril, 336 réfugiés, dont 56 % d'Aragonais originaires de Graus, Barbastro, Bénasque et Castejon de Sos, et 15 % de Catalans furent expédiés vers le Lot, où Gourdon et Figeac étaient les principales communes d'accueil ; les 14 et 18 avril, 523 autres furent envoyés dans la Mayenne. Quatre autres convois furent organisés au départ de Tarbes, du 15 au 19 avril, à destination de l'Ille-et-Vilaine, soit 881 personnes au total, qui furent installées à Rennes, au camp de Verdun et à La Filatière, à Vitré et Redon, dont les locaux avaient été libérés par les rapatriés de 1937. La plupart des 7 000 miliciens gagnèrent la frontière catalane pour reprendre le combat[23]. Les rapatriements, quoique nombreux, furent plus difficiles qu'en 1937. On estime généralement qu'à la fin de l'année 1938 les réfugiés des exodes successifs demeurés en France n'étaient plus que 40 000, dont une proportion notable d'enfants. C'était une charge très supportable. D'ailleurs, la colonie espagnole plus ancienne qui s'était développée après la Première Guerre mondiale, l'émigration économique, comptait 253 000 personnes et était de taille à aider les Français.

Le « mascaret humain » de la *Retirada*

Malgré quelques incidents de portée limitée et le comportement hostile d'une partie de l'opinion, on peut considérer que les premières vagues de réfugiés, pourtant considérables en 1937, furent bien accueillies. La France avait exercé de manière très honorable le droit d'asile conforme à sa tradition ; le gouvernement avait accordé des crédits importants, la population manifesté souvent un sens élevé de la solidarité humaine. Beaucoup d'Espagnols exprimèrent avec force et émotion leur reconnaissance.

Pourtant, surtout en 1937, l'exode avait été considérable. Pourquoi, en 1939, l'expérience fut-elle différente ?

« Un exode sans équivalent », tel est le titre pertinent du premier chapitre de *L'Exil des Républicains espagnols en France*[24]. Si l'on néglige son caractère sans précédent, on ne saurait comprendre le tour très différent que prit le phénomène en 1939 et les sentiments de frustration, de colère et de rancune qu'il a suscités. Trois facteurs sont à prendre en compte : l'ampleur de l'exode, sa soudaineté et sa brièveté, enfin l'insuffisante prévision, qui fut autant le fait des Espagnols que des Français. On pourrait y ajouter un quatrième d'ordre climatique, le froid et la pluie. L'ampleur d'abord : plusieurs centaines de milliers de réfugiés ont, après la défaite, franchi la frontière. Le 15 février 1939, Jean Mistler, président de la commission des Affaires étrangères de la Chambre des députés, encore insuffisamment informé, avance, avec une précision dérisoire, le chiffre de 350 107. Le 1er mars, le Quai d'Orsay propose le chiffre rond de 450 000, que ne dément pas le rapport Valière présenté à la Chambre le 9 mars : 440 000, dont 220 000 civils, 210 000 soldats ou miliciens et 10 000 blessés. Un peu plus tard, le ministre de l'Intérieur va jusqu'à 514 000 en y incluant sans doute les 10 à 12 000 qui, à partir de Valence, Alicante ou Carthagène, ont gagné l'Algérie. Ces chiffres sont sans précédent dans l'histoire de l'Europe.

La soudaineté et la brièveté du phénomène ne sont pas moins remarquables : le « mascaret humain, immense et pathétique cohue... multitude hétéroclite et disparate... humanité de cauchemar », pour reprendre quelques-uns des termes du discours d'Albert Sarraut à la Chambre, a passé la frontière en trois semaines à peine, du 28 janvier au 15 février 1939. La foule s'est précipitée dans un véritable entonnoir, les points de passage étant peu nombreux. Enfin, le gouvernement français n'attendant pas une telle marée humaine, les mesures prises ont été aussitôt réduites à néant. Quelques mises en garde avaient été formulées par l'ambassadeur en Espagne, Jean Herbette, et son attaché militaire, le lieutenant-colonel Morel. Ce dernier avait, en mars 1938, jugé inévitable l'afflux de combattants et de civils à la frontière française « en cas d'effondrement du front militaire républicain », mais il avait annoncé 20 000 militaires, soit dix fois moins que l'effectif réel. Le consul d'Espagne à Perpignan, Joaquin Camp à Box, avait également fait part de ses inquiétudes, sans envisager l'énormité de l'événement. Albert Sarraut avait adressé aux préfets une circulaire confidentielle, appelant leur attention et leur initiative sur la situation que pourrait créer un « afflux irrésistible et soudain des populations espagnoles à la frontière[25] ».

Des camps improvisés dans l'urgence

Le gouvernement français a été abondamment et constamment vilipendé pour une « imprévoyance » qui aurait produit le phénomène peu glorieux des « camps de concentration ». La *Pravda* du 6 février 1939 écrivit : « On n'a jamais vu dans l'histoire un tableau aussi honteux pour toute l'humanité. » Admirable cynisme dans le pays du *goulag*. Les camps n'auraient sans doute pas pu être évités mais ils auraient pu être organisés de façon à permettre un accueil moins lamentable. L'instrument législatif existait : le décret-loi du 12 novembre 1938 autorisait leur création. Le premier, installé à Rieucros, près de Mende, devait recevoir les Juifs du pays de Bade expulsés par les nazis après la « Nuit de Cristal ». En fait, il accueillit d'abord des brigadistes convalescents, puis les femmes.

La création des autres camps destinés aux Espagnols se fit dans l'improvisation et l'urgence. On s'étonne de voir les historiens omettre presque toujours de rappeler les responsabilités éclatantes du gouvernement de la République espagnole. Negrin n'avait pas cessé d'assurer que Barcelone se défendrait avec acharnement : le souvenir de la superbe défense de Madrid et celui, beaucoup plus récent, de la longue résistance de l'armée populaire dans la bataille de l'Èbre pouvaient laisser croire que la guerre allait se prolonger quelques mois encore. Le 1er février, lorsque Negrin réunit les débris des Cortes à Figueras, il annonça la continuation de la résistance alors que l'exode avait commencé et que Paris s'était résigné, le 28 janvier, à ouvrir la frontière aux civils. Le ministre des Affaires étrangères espagnol, Julio Alvarez del Vayo, avait présenté à son collègue français Georges Bonnet une demande d'accueil, d'ailleurs repoussée fin janvier, pour 150 000 personnes au maximum, « femmes, enfants et vieillards », sans évoquer le sort de l'armée vaincue. José Martinez Cobo est l'un des rares à observer que le gouvernement républicain, parfaitement au courant de ce qui allait se passer, « n'adressa aucune requête pour que ces gens fussent accueillis ». Il conclut à des « responsabilités partagées[26] ».

À vrai dire, les Espagnols eux-mêmes ne s'attendaient nullement à un effondrement aussi brutal. Appelons à la barre un témoin de l'Espagne profonde, le maire d'une petite commune de la montagne catalane, Tabescan, dans la province de Lerida. Le 9 janvier 1939, il arrive à skis — bel exploit sportif ! — à Saint-Lizier-d'Ustou, chez son collègue ariégeois, qui est épicier. Il lui assure que les républicains peuvent tenir en échec leurs adversaires longtemps encore. Le Français, dubitatif, prévoit l'arrivée d'un millier de personnes dans la haute Ariège. Trois semaines plus tard, c'est la ruée[27]. Quatre fois plus de réfugiés qu'en 1937 en trois semaines au lieu de cinq mois et l'hiver contre la belle saison. Quel pays d'Europe eût été capable de recevoir et d'héberger dans des conditions décentes un demi-million de personnes ou presque, jeunes et vieux, blessés et valides, hommes et femmes, en armes ou désarmés ?

Aucun, à l'évidence. Mais, s'il était à peu près impossible d'assurer l'accueil immédiat de ces foules dans des conditions matérielles satisfaisantes, les autorités auraient pu témoigner d'un peu plus de considération à ces fuyards pathétiques, épuisés par une longue marche sous les bombardements, démunis de tout, démoralisés par les rumeurs. Une courte préparation psychologique des fonctionnaires de la police et des douanes, et des sous-officiers de la gendarmerie et des autres unités concernées, y eût suffi.

Or l'internement dans les « camps de concentration » (expression officielle) improvisés, que l'on a pu qualifier de « camps du mépris », fut très amèrement perçu par des hommes et des femmes qui avaient assimilé, dans leurs rêves, la France à une terre de liberté, par des combattants qui avaient lutté pendant deux ans et demi. Leur cruelle déception explique les jugements sévères, hâtifs et passionnés. La militante anarchiste Federica Montseny vécut une expérience personnelle très dure. On ne peut pourtant pas la suivre lorsqu'elle affirme que les réfugiés furent victimes « d'humiliations systématiques ». Ni être convaincus par José Martinez Cobo, pour qui ces humiliations visaient à persuader les réfugiés que mieux valait retourner au plus vite en Espagne[28]. Ce souci s'affirmera nettement à partir de mai 1939, et pendant trois mois seulement, comme les textes officiels le démontrent. Il n'est ni explicite, ni même implicite, lors de la *Retirada*. Ceux qui refusèrent absolument le retour purent rester en France.

On ne peut pas davantage accepter le jugement de l'historien espagnol Francisco Moreno qui, en 1999, très mal informé, comme il en donne d'autres preuves, de ce qui s'est passé en France, prête une confiance excessive à des témoins comme Mariano Constante ou Joan Llarch, et porte un jugement élevé au statut de vérité générale : « Le fait que la France démocratique ait reçu avec des coups, des barbelés et une politique d'extermination les républicains espagnols est une chose que l'Histoire considérera toujours comme un scandale et avec stupeur[29]. » On est bien loin de Carles Pi i Sunyer, témoin direct de la *Retirada* : « Il ne faut pas rendre la France responsable du calvaire que nous avons souffert. Ils ne pouvaient pas nous loger tous dans des hôtels, des résidences ou des chalets. Je crois injuste le sentiment antifrançais qu'éprouvèrent beaucoup des hôtes forcés des camps de concentration. » Observant que Paris s'attendait à un maximum de 80 000 réfugiés, il ajoute : « C'est maintenant que nous pouvons évaluer, avec le recul nécessaire, l'ampleur du geste d'accueil de la France... Quelle autre nation a fait autant qu'elle ?... Parmi tant d'autres, égoïstement refermées sur elles-mêmes, qui ont permis seulement l'entrée d'une poignée de réfugiés, passés au tamis le plus fin des précautions et des préjugés, un seul pays, le Mexique, a rivalisé avec la France en hospitalité. » Pi i Sunyer rappelle que l'opinion publique en France et à l'étranger était profondément divisée à propos de la République espagnole[30].

Il est, en effet, nécessaire de replacer la *Retirada* dans son contexte. La France, qui avait hébergé quelques milliers de réfugiés de Sarre puis d'Autriche, était affligée d'une xénophobie développée par la crise des années 1930. À partir de 1932 surtout, le chômage avait augmenté sensiblement et les faillites s'étaient multipliées. La crise incitait les autorités à se débarrasser des « indésirables », mot appliqué à d'autres « immigrés », et une législation des suspects avait été élaborée. Il ne faut donc pas s'étonner que la réaction d'une partie importante de l'opinion, stimulée par une presse malveillante, ait été réservée, voire hostile. Ce fut évidemment le cas dans les Pyrénées-Orientales, qui subirent de plein fouet le choc de l'exode. Les auteurs des *Camps du Mépris* n'ont pas eu grand mal à rassembler une gerbe de proclamations ou de sentences sans appel, parfois proches de l'hystérie, dans *La Démocratie*, *Le Roussillon* et *Le Courrier de Ceret*. Le sénateur Pierre Josse n'hésita pas à affirmer dans *L'Indépendant de l'Aude* que « 100 000 personnes [*sic*] ont été torturées et crucifiées dans les chambres de torture des soviets de Barcelone ». La presse des Pyrénées-Orientales, où *L'Indépendant* sut raison garder, n'était pas seule à publier ces outrances. *L'Éclair* de Montpellier, *La Garonne* de Toulouse, où Tixier-Vignancour stigmatisait « l'armée du crime international », ne furent pas en reste. Geneviève Dreyfus-Armand a montré que la grande presse parisienne, *Gringoire* et *Candide* notamment, participa à l'hallali. Toutefois, une partie de la presse conservatrice dont *Le Petit Parisien* s'émut du « cortège des pitoyables et innocentes victimes ». *La Croix*, influencée par les prises de position des cardinaux Liénart et Verdier, se montra charitable. La presse de gauche, *Le Populaire*, *L'Humanité*, *Ce Soir*, tout en prenant le parti des « combattants de la liberté », proclama que le régime des camps était « scandaleux » sans proposer d'autre solution crédible. La presse radicale (*La Dépêche*, *L'Œuvre*) adopta une voie moyenne en soutenant à fond la politique d'Albert Sarraut.

Plusieurs intellectuels d'obédiences diverses ou opposées lancèrent en commun un appel publié dans plusieurs journaux, le 5 février, au plus fort de l'exode, pour que « la France acceptât l'honneur de soulager l'épouvantable misère des populations espagnoles jetées à la frontière ». Les signatures d'Henri Bergson, François Mauriac, Jacques Maritain, Paul Valéry, entre autres, figuraient au bas de ce texte particulièrement opportun auprès de celles de Léon Jouhaux et du cardinal Verdier. L'appel stimula la solidarité d'un grand nombre de bénévoles, mais n'eut guère d'effet sur une administration qui, débordée et harcelée, se comportait trop souvent de manière brutale, sans imagination ni générosité[31].

On trouvera un bon exemple des aspects contradictoires de l'accueil dans le premier chapitre des *Memories del primer exili* de Carles Pi i Sunyer, le *conseller* (ministre) à la Culture de la *Generalitat*. Il passa la frontière, le 5 février, par un chemin de montagne qui le conduisit au village de Maureillas-las-Illas, proche du Boulou, en compagnie d'un de ses fils, d'un parent, de Tarradellas et de Smert. Leur groupe avait été rejoint par d'autres réfugiés qui fuyaient l'avance franquiste. Les notables catalans furent interpellés par des gendarmes de façon correcte, mais peu amicale. La discussion s'enlisait lorsque survint un capitaine qui examina les documents en règle des arrivants. Il leur donna l'autorisation de poursuivre leur route jusqu'au Boulou, mais il ne consentit pas à ce qu'ils s'entretiennent avec d'autres réfugiés rassemblés sous le contrôle des gendarmes dans une prairie voisine, et qu'ils durent se contenter de saluer du geste. Au Boulou, nouvelle épreuve. L'officier qui surveille la route refuse obstinément au petit groupe de poursuivre son chemin jusqu'à Perpignan. Les Catalans se souviennent alors fort opportunément qu'un ami de la *Generalitat*, le sieur Violette, réside au Boulou. Prévenu, il intervient et, après avoir prodigué des trésors d'éloquence, obtient que les réfugiés puissent continuer leur route jusqu'à

Perpignan, où la petite troupe arrive à la tombée de la nuit, fourbue et affamée.

Elle entre dans un restaurant sans prétentions, le Tivoli, et elle y trouve Quero Molares, sous-secrétaire d'État du gouvernement de la République. Celui-ci informe les arrivants d'un état d'esprit hostile aux républicains espagnols dans la ville, et il leur recommande un « profil bas ». Presque aussitôt, d'une table, puis d'autres, fusent des : « À bas les Espagnols ! » Le tumulte devient tel que deux agents font irruption dans le restaurant, et, à 11 heures du soir, les Catalans sont conduits au commissariat pour vérification d'identité[32]. L'anecdote est significative parce qu'elle rassemble plusieurs des éléments du drame qui se joue alors : modalités très diverses du passage de la frontière, accueil réservé, soupçonneux mais correct, des forces de police, intervention efficace d'amis de la République espagnole ou de bons samaritains, hostilité bruyante d'une partie de la population, et cela, à Perpignan, malgré l'existence de sentiments catalanistes.

Jusqu'au 27 janvier, le gouvernement français avait prétendu filtrer les réfugiés à travers une frontière seulement entrebâillée. Leur déferlement montra vite qu'on ne pouvait bloquer les points de passage sans faire parler les mitrailleuses. Il fallut, comme le déclara Sarraut à la Chambre, « prendre charge de cette misère ». C'est alors que se manifesta avec éclat l'impréparation de l'administration. Les conditions de l'accueil, pendant au moins un mois, se révélèrent absolument calamiteuses. Le gouvernement décida d'ouvrir un camp de concentration à Argelès-sur-Mer, à même la plage, sans baraques ni tentes, ni cuisines, ni point d'eau, ni sanitaires, ni latrines. Pas un médecin ou une infirmière, malgré la présence de nombreux blessés et de femmes enceintes ! L'administration ne sollicita même pas le concours de la Croix-Rouge française, et les quakers furent seuls à agir. C'est vers cette « plage d'exil » balayée par le vent d'hiver que furent dirigées, avec force bourrades lorsque la procession ralentissait, des dizaines de milliers de réfugiés. Suprême maladresse : l'escorte était souvent confiée à des troupes coloniales qui éveillaient de bien mauvais souvenirs chez les anciens combattants. « Ce sont des Sénégalais, des Algériens, des Somalis, qui nous gardaient... En somme, l'armée coloniale française[33]. » Resta la chanson d'Argelès et son célèbre refrain, « *Alé ! Alé !* » (« Allez ! Allez ! ») rimant avec... Sénégalais.

Le ministère de l'Intérieur s'efforçait d'éloigner les civils des Pyrénées-Orientales. Dès le 21 janvier, il informa les préfets de l'Aveyron, du Tarn, du Gard, de l'Ardèche, du Cantal, du Cher, de la Vienne et de la Nièvre qu'on allait diriger vers leurs départements des convois de réfugiés espagnols. Le 27, il rappela aux préfets des cinq départements de la frontière pyrénéenne et à ceux de l'Aude, de l'Hérault, du Gard, des Bouches-du-Rhône, du Var et des Alpes-Maritimes la nécessité d'envisager à bref délai l'arrivée d'un très grand nombre de réfugiés, dont la plupart seraient dans un état de dénuement complet. Il leur enjoignit, conformément à l'*Instruction* de mai 1937, de procéder à une identification de tous les arrivants, de désarmer les hommes, de prendre des mesures sanitaires indispensables : visite médicale et vaccination antivariolique, enfin de faire servir des repas chauds et distribuer des vêtements, ce qui témoigne de préoccupations humanitaires incontestables. Le ministre ajoutait que si certains demandaient à retourner en Espagne, il fallait encourager ces retours et leur laisser le choix de la gare frontière après leur avoir fait signer un document portant qu'ils agissaient en toute liberté. Il assurait : « la plupart demanderont à séjourner en France » et prescrivait de distinguer entre ceux qui, disposant de ressources personnelles, pourraient choisir à leur gré le département d'accueil, région parisienne exclue, et la majorité, qu'il faudrait orienter vers les départements déjà sélectionnés. Il n'était donc pas question de les renvoyer en Espagne. Le 30 janvier, un télégramme adressé au préfet des Pyrénées-Orientales lui enjoignit d'expédier plusieurs convois vers sept départements du Grand Ouest, dont plusieurs déjà testés en 1937 et 1938 : la Charente, la Loire-Inférieure (devenue depuis Atlantique), l'Ille-et-Vilaine, la Mayenne, le Morbihan, le Finistère et les Côtes-du-Nord[34].

Il n'est donc pas exact, comme on l'affirme à la légère, que toute prévision avait été absente, encore moins que la France ait voulu se débarrasser des réfugiés par tous les moyens. Il reste vrai, en revanche, que les dispositions prises visaient presque uniquement les civils. Le « camp de concentration » fut donc pour les soldats et miliciens l'unique recours. Par ailleurs l'objectivité commande, comme l'observe Émile Temime, à qui on doit la synthèse la plus équilibrée et la plus lucide, d'accorder la plus grande attention à la chronologie. En effet « le système concentrationnaire imposé en 1939 à la plus grande partie de l'exil espagnol est un système en constante évolution, qui porte dès le début la trace du provisoire et qui n'a pas été le fruit d'une politique délibérée mais le résultat d'une adaptation quotidienne pour faire face à une situation totalement imprévue et en changement continuel ». Changement qui explique les contradictions entre les jugements formulés par les hôtes forcés des camps ayant vécu des expériences différentes[35].

Au bout d'une semaine, le camp d'Argelès étant déjà surpeuplé, le gouvernement fit ouvrir, à proximité, deux autres camps, Saint-Cyprien et Le Barcarès. Au cœur de l'hiver, les réfugiés durent y affronter le froid, la pluie glacée, la faim, les poux, la gale. Manuel Andujar, qui passa cent jours à Saint-Cyprien, en garde le souvenir obsédant du vent qui « poignarde les rêves, souille les nourritures, gifle à mort les visages, le vent qui module la vie entière au gré de sa musique centrale ». Il évoque la saleté du lieu : « On défèque dans la boucle irrégulière de la plage... Un sentier improbable est l'unique réminiscence du siècle ; il dessine la ligne de partage des étrons[36]. » Polluée, l'eau de mer dont les internés usent pour leur toilette et, après filtrage et dessalement sommaire, pour la boisson provoque des crises de dysenterie. Le sable roi unifie tout, avec le secours de la pluie, mélange l'urine et la merde, invente pour les habitants des camps une psychose d'un nouveau genre, l'arénite (*arenitis*). Le barbelé deviendra un peu plus tard prétexte à œuvres d'art. Car les réfugiés ont trouvé particulièrement pénible que la première intervention de l'administration française, après le relevé des identités et le désarmement, ait été la pose de barbelés autour des camps.

Le Barcarès bénéficia d'un effort d'organisation auquel furent associés les pensionnaires. Avec leur aide, on édifia des baraques, on amena l'électricité et on installa cuisines sommaires et latrines. Dans le Vallespir voisin, quelques centres d'hébergement provisoires (Prats-de-Mollo, Arles-sur-Tech) permirent de limiter le surpeuplement des camps principaux. Dès la mi-février, Argelès et Saint-Cyprien rassemblaient près de 80 000 personnes. Beaucoup dormaient à la belle étoile. Le Barcarès, construit pour loger 50 000 réfugiés, en abritait 70 000 un mois après son inauguration. Les conditions de vie très dures expliquent le nombre élevé des décès : en six mois 5 000 selon Juan Carrasco, 14 600 à en croire Ramon Roig. Pourtant le sens très hispanique de l'humour noir et de la dérision demeurait vif. Les baraques élevées sur la plage étaient surnommées *Hôtel du Mexique*, *Hôtel de Catalogne*, *Bristol*, *Royal*, *Hôtel des Mille et Une Nuits*. On pouvait déambuler *avenue de la Liberté* à Saint-Cyprien et se réunir *Puerta del Sol* à Argelès[37].

Peu à peu, les camps s'organisèrent et les conditions de vie s'améliorèrent, notamment grâce à l'ouverture de nouveaux lieux d'accueil. Le général Ménard fit ouvrir plusieurs camps plus petits — de 15 à 25 000 personnes — qui permirent une redistribution des internés et une réduction des effectifs sur la côte catalane. Un véritable réseau s'élabora, certains camps étant investis d'une vocation spécifique. Celui des Judes, à Septfonds dans le Tarn-et-Garonne, fut réalisé dans des délais exceptionnels, entre le 27 février et le 8 mars, avec l'objectif avoué de « disperser » les miliciens concentrés à Argelès et Saint-Cyprien. Les 44 baraques, de 24 à 60 mètres de longueur sur 7 de largeur, devaient pouvoir héberger 15 000 miliciens. Le préfet mena l'affaire tambour battant avec le concours de 200 ouvriers permanents, et il fit preuve d'une énergie contagieuse tout en témoignant d'un souci du détail remarquable. Il fit expertiser le terrain par un géologue de l'Université de Toulouse pour s'assurer que l'enfouissement des déjections ne contaminerait pas l'environnement. Les 180 latrines furent vidées par le passage quotidien d'une entreprise de vidange et, lorsque son travail fut jugé peu satisfaisant, cette firme fut rappelée à l'ordre. Des canalisations amenèrent l'eau potable de la source de Lalande. Les miliciens internés bénéficiaient aussi de l'accès à un ruisseau sur une longueur de 100 mètres et les cuisines étaient protégées des intempéries. Le ravitaillement fut organisé en fonction d'un « taux de base » arrêté par les autorités civiles et militaires. Il prévoyait une allocation globale quotidienne de 3 tonnes de viande et 9 de pain, les quantités nécessaires de légumes secs, pâtes, pommes de terre et riz, et un jour par semaine où serait servi du poisson, « morue de préférence ». Le service de santé fut assuré dès la fin mars par 9 médecins et 11 assistants, qui avaient tous servi dans les unités médicales espagnoles. Le camp disposait d'une infirmerie et d'un hôpital, dont le taux d'occupation fut très stable. Le service de garde était assuré par 6 pelotons de gardes mobiles, un escadron de cavalerie et un bataillon d'infanterie, soit un millier d'hommes. Deux officiers interprètes, assistés par des réfugiés francophones, furent désignés, et leurs rapports montrent qu'ils s'informaient de la mentalité et des opinions politiques des résidents. Les miliciens arrivèrent à partir du 9 mars. Le 14 trente-cinq des quarante-quatre baraques étaient habitées par 11 500 miliciens. On souhaitait installer dans le camp des ouvriers spécialisés, vivier de main-d'œuvre où les industriels pourraient recruter au gré de leurs besoins[38]. Septfonds marque la fin du temps de l'improvisation.

La construction du camp de Bram dans l'Aude, qui précéda de peu celui de Septfonds, avait été très rapide. Il fut considéré comme habitable dix jours après le début des travaux, et il reçut ses 2 500 premiers occupants le 16 février ; le 20, il hébergeait 5 000 miliciens et, le 22 mars, il atteignit le plein effectif prévu, soit 17 000 personnes. Il disposait de 12 hectares où s'étaient installés les dix quartiers. À en croire Antonio Soriano, quiconque y arrivait en provenance d'Argelès croyait découvrir « l'hôtel Sheraton ». Il était pourvu d'eau potable en suffisance, mais les pensionnaires devaient aller laver leur linge dans le canal du Midi, à 2 kilomètres de là. « C'était formidable, on était propres ! » se souvient Soriano. Le camp possédait une vaste infirmerie et un service de santé efficace, dirigé par un médecin-capitaine français assisté de 5 confrères espagnols, 10 aides-soignants, 2 pharmaciens, 20 infirmiers, tous réfugiés. Destinés surtout aux fonctionnaires, instituteurs, employés, le camp n'en était pas moins une prison enclose de barbelés et gardée par deux pelotons de gardes mobiles. À partir de mars, la vente de certains journaux, *La Dépêche*, *L'Indépendant* de Perpignan, puis *Le Midi Socialiste*, fut autorisée[39].

Avec le concours d'amis français, les Catalans obtinrent l'ouverture du camp d'Agde (Hérault). Des transferts successifs à partir de mai permirent de regrouper environ 10 000 Catalans, soit la majorité des 16 000 hôtes du camp.

Les lettres de deux d'entre eux, Pere Puig et Agusti Bartra, citées par Carles Pi i Sunyer, sont enthousiastes, ce qui n'est guère fréquent : « Discipline admirable, moral que l'on n'aurait pu soupçonner. *Visca Catalunya*... Les écriteaux, les informations, les ordonnances sont rédigés en catalan ; le haut-parleur est entre nos mains. Nous avons une chorale catalane, nous constituons des équipes sportives et une compagnie de théâtre. » Pi i Sunyer commente : « Tel est l'esprit des gens d'Agde. Fidélité catalane... En réalité, ce camp est une petite Catalogne hors de la Catalogne... Sentiment catalan, volonté de dépassement, dignité humaine[40]. »

Le premier équipement du camp du Vernet était lamentable. Le 27 mars 1939, le chef de bataillon commandant le camp écrivit au préfet de l'Ariège : « Depuis déjà plus de huit jours, en raison des pluies torrentielles qui s'abattent sur la région, le camp est transformé en un vaste marécage de boue liquide à laquelle je ne m'avancerai pas trop en affirmant que se mêle plus qu'un peu d'urine. Mais il est matériellement impossible, dans l'état actuel des choses, de faire mieux et d'obtenir, surtout la nuit, que 10 500 occupants parcourent plusieurs centaines de mètres dans la boue pour utiliser les WC groupés dans un angle de l'enceinte. Le camp est nettoyé tous les jours[41]... » Le Vernet a suscité le jugement féroce d'Arthur Koestler, qui y fut interné comme ancien des brigades. Il écrit dans *La Lie de la Terre* que, « au thermomètre du libéralisme, Le Vernet était au point zéro de l'infamie... Au Vernet, les coups étaient un événement quotidien. Au Vernet, la moitié des prisonniers dormaient sans couverture ». En fait, le camp, parfait exemple des évolutions signalées plus haut, a connu plusieurs périodes très différentes, ce qui explique en partie les contradictions entre les témoignages à son propos. Jusqu'en septembre 1939, alors qu'il accueillait pour l'essentiel les miliciens et soldats espagnols, il ne fut pas pire que les autres. En septembre, les internés furent transférés à Septfonds, à l'exception des « extrémistes ». On classait les communistes dans cette catégorie depuis le pacte germano-soviétique. Les brigadistes, communistes pour la plupart, étaient affectés à cet « univers kafkaïen », selon Jean Carrasco. Il était placé sous haute surveillance parce que peuplé d'anciens de la colonne Durruti, d'anarchistes signalés comme le « général » Ricardo

Sanz, et de communistes de toute l'Europe dont Luigi Longo, Franz Dahlem, Josef Pavel et, bien entendu, espagnols, comme le célèbre « commandant Robert », à qui la libération de l'Ariège allait devoir beaucoup. Le camp avait son lieu de châtiment pour les fortes têtes, l'*hipodromo*, où les détenus, tondus, étaient privés de bretelles, de ceinture et de lacets de souliers.

Le camp de Gurs, dans les Pyrénées-Atlantiques, fut construit en un peu plus d'un mois et ouvert en mai 1939. Il regroupa bon nombre de Basques et de brigadistes, ainsi que plusieurs milliers d'aviateurs, dont l'un des as de la chasse républicaine, Armando Ortega, et toute son escadrille. Contrairement à ce qu'on a pu lire récemment, il ne fut jamais « le plus grand camp », et semble avoir abrité 19 000 hommes au maximum et non 60 000[42]. Là encore, les témoignages sont contradictoires : pour les uns ce fut un camp plus convivial, caractérisé par un effort culturel et des activités sportives développées ; pour d'autres, le ravitaillement fut très déficient. Il est certain que Gurs reçut des secours notables de la population basque du voisinage.

Évoquons encore le camp de Mazères, en Ariège, complément du Vernet pour les internés « ordinaires », celui de Rieucros, en Lozère, qui reçut la plupart des femmes « indésirables » ailleurs, ceux d'Afrique du Nord, comme Boghari-Bogar, près de Médéa, sur lesquels j'ai peu d'informations mais dont le régime, selon les lettres de plusieurs amis socialistes de Rodolfo Llopis, fut très dur[43]. Le camp de Noé (Haute-Garonne) est un cas spécial. Créé en février 1941 et fermé en novembre de l'année suivante, il devait être un « camp-hôpital ». Mal pourvu en équipements médicaux et en personnel de santé, il n'eut d'hôpital que le nom et fut bien davantage une antichambre de la mort. En février 1941, il reçut environ un millier d'Espagnols, dont quelque 500 en provenance d'Argelès et 400 d'Agde. Cinquante-deux des arrivants moururent. Il abritait aussi un millier de Juifs allemands[44].

L'historien américain D.W Pike a tenté d'évaluer la population globale des camps en mai 1939, lorsque le réseau fut à peu près complet. Il propose des chiffres très ronds, signe de l'impossibilité à cerner de près la réalité. Car la population des camps était très volatile, instable, sans cesse augmentée ou diminuée par des arrivées nouvelles, des transferts, des départs pour cause de rapatriement ou d'embarquement pour les Amériques. Sans compter hospitalisations et décès. Ainsi, le 6 juillet 1939, 67 hôtes du Vernet partirent pour le Mexique ; le 29, 56 autres pour le Chili. Le 31, 160 miliciens furent transférés au Barcarès et 27 dirigés vers Septfonds. Le 3 août, 135 réfugiés quittèrent le camp, dont 90 à destination du Barcarès, 29 pour un rapatriement *via* Hendaye, tandis que 16 recevaient l'autorisation de s'établir en France. On trouverait cent exemples de ce genre en faisant le tour de tous les camps[45]. Il faut donc considérer les chiffres de Pike comme un instantané, proche de la réalité en mai 1939 mais qui s'en serait déjà éloigné en juin, *a fortiori* en juillet ou en août. Les voici : Le Barcarès 70 000 ; Septfonds 16 000 ; Argelès-sur-Mer 43 000 ; Le Vernet 16 000 ; Saint-Cyprien 30 000 ; Gurs 16 000 ; Agde 16 000 ; Bram 16 000. Soit, au total, 223 000 internés auxquels s'ajoutent les effectifs beaucoup plus réduits de Rieucros, de Mazères et des camps d'Afrique du Nord, tels Boghari-Boghar et Bizerte[46].

Rieucros, près de Mende en Lozère, bien qu'il n'ait jamais abrité plus de 600 personnes, mérite une mention particulière. Créé malgré l'hostilité des conseillers généraux du département qui craignaient pour la sécurité de leurs administrés, il était destiné à recevoir les étrangers de toutes nationalités astreints à résidence, dont plusieurs brigadistes ou miliciens de retour d'Espagne, d'abord hébergés à Saint-Hippolyte-du-Fort (Gard) : les Italiens Archetti et Chiès, le Polonais Jan Kotyk, le Hongrois Louis Szendi Horwath, les Allemands Herman Mayer, Walter Guike, Pierre Roth et Max Hornung, ingénieur en aéronautique, qui avait été capitaine dans l'armée de la République.

Une décision ministérielle du 19 septembre 1939 envoya les hommes au Vernet, de façon à réserver le camp aux femmes étrangères classées en quatre catégories suspectes : opinions extrémistes ; condamnées de droit commun ; « femmes galantes » ; coupables de « mauvaise conduite ». En fait, la troisième catégorie fut absente de Rieucros mais, après l'armistice, des Françaises suspectes, communistes surtout, y furent internées, dont Mathilde Peri et Pauline Marty. À Rieucros, les deux nationalités les plus représentées furent les Allemandes, dont plusieurs Juives, et les Espagnoles. En mai 1941, selon Yannick Pepin, chacune de ces nationalités comptait pour 30 % au moins de l'effectif. On peut en conclure que le pourcentage des Espagnoles a été supérieur lors de l'été 1940, avant l'arrivée des Françaises, et au plus haut de l'occupation du camp, soit 570 détenues le 11 juillet 1940. Ces 200 à 250 Espagnoles étaient surtout des « politiques », dont on se débarrassait en les envoyant à Rieucros. Fin octobre 1939, les préfets de l'Aveyron, de l'Allier, de la Dordogne et de la Drome écrivirent à leur collègue de la Lozère pour lui demander de recevoir des femmes espagnoles « en raison de la propagande qu'elles font parmi leurs compatriotes », ou à la suite de « violences sur les agents de la force publique ». Il ne m'a pas été possible d'identifier ces femmes. Candida Del Castillo, ancienne journaliste républicaine, séjourna à Rieucros pendant près de dix-huit mois avec son fils Michel, le futur romancier. Trop élégante, elle fut insultée à son arrivée : « Capitaliste ! bourgeoise ! vendue ! » Dans *Tanguy*, Michel Del Castillo raconte : « En entrant dans la baraque des Espagnoles, Tanguy aperçut quelques visages hagards, très pâles, très maigres. On était réveillés par les cris des prisonnières qui s'insultaient, se bagarraient, juraient... on avait faim. » « Il faisait très froid. Beaucoup de femmes contractaient angines ou grippes. » Candida, atteinte d'une pleurésie, fut envoyée avec son fils à l'hôpital de Montpellier. D'août 1940 à septembre 1941, 65 Espagnoles et 10 enfants quittèrent Rieucros pour Cerbère et Port-Bou. Quelques autres purent émigrer au Mexique[47].

Les effectifs des camps se dégonflèrent rapidement au cours de l'été et de l'automne. On peut les suivre grâce aux états hebdomadaires tenus par les administrations des camps. En mai, Le Vernet retenait quelque 16 000 miliciens. Le 4 août, après des départs de toutes sortes, dont ceux provoqués par la formation des CTE (Compagnies de Travailleurs Étrangers), la population internée était tombée à 9 236. À Septfonds, où l'on dénombrait en mai 16 000 pensionnaires, ils n'étaient plus que 6 362 en août. Des arrivées compensant les départs, l'effectif était à peu près identique en novembre : 6 545, avant de s'effondrer[48].

L'extraordinaire capacité de l'être humain à relever les défis du destin se manifesta avec force dans les camps. Peu à peu, la vie quotidienne changea même à Argelès, premier modèle de la misère concentrationnaire. Le Vernet, malgré sa vocation disciplinaire, s'humanisa : dès les débuts, la vente de *La Dépêche du Midi* et de *La Petite Gironde* y fut autorisée et les démarches des élus socialistes du département valurent au *Midi Socialiste* le même avantage, à condition que les ventes soient effectuées par les mêmes personnes, dûment identifiées. En mars, le buraliste de Montaut, prenant de vitesse son confrère de Saverdun, vint vendre son tabac dans le camp. La Banque populaire de l'Ariège y pratiqua le change et, en avril, des ballons de rugby furent offerts aux détenus. Ils eurent droit aux visites de la Fédération socialiste de l'Ariège, du pasteur de Saverdun, du directeur des Hospices d'Hyères, venu donner des nouvelles de leurs parents soignés dans son établissement, de miliciens. L'Union des syndicats de l'Ariège, en accord avec la Bourse du Travail de Pamiers, put effectuer des distributions de ravitaillement, mais l'autorisation de visite permanente lui fut refusée. Le maire socialiste de Bonnac parvint à obtenir l'embauche de Ricardo Sanz par l'un de ses conseillers municipaux, et plusieurs autres pensionnaires du camp allèrent travailler dans des fermes des environs et améliorèrent ainsi leur pitance. Le militant anarchiste José Borras n'a pas gardé un trop mauvais souvenir du Vernet, une fois passés les deux premiers mois. Il y réalisa son « rêve » qui était de pouvoir lire, car journaux et livres circulaient assez librement, collabora aux journaux muraux, joua aux dames et aux échecs, fit du sport, suivit des cours de français. Les activités politiques et syndicales renaissaient. « On avait tout reconstruit au Vernet. C'est comme si on avait habité une petite ville d'Espagne. La nôtre, c'était la CNT[49]. »

En dépit des conditions précaires d'existence, la plupart des camps se transformèrent en marchés. Rafael Gandia, qui séjourna longtemps à Argelès, se souvient : « On y trouvait de tout, c'était incroyable : des vêtements, du savon, toutes sortes d'ustensiles... D'anciens pilotes de chasse fabriquaient des maquettes d'avions avec des débris de bois et du métal récupéré. On avait même trouvé le moyen de les vendre par l'intermédiaire de camarades français... » Gandia, confirmé par Juan Carrasco, évoque aussi un bordel discret, la *Casa de la Sevillana*, où officiaient cinq anciennes prostituées[50]. Les trafics étaient nourris par la vente des quelques objets précieux que les réfugiés étaient parvenus à emporter et dont ils se défaisaient pour améliorer leur condition. Les bijoux et les quelques pièces sauvés du désastre donnèrent naissance à la légende de « l'or des Espagnols ». Rafael Gandia, exploitant la cupidité d'un trafiquant aux aguets, réussit un joli coup : avec l'aide de deux ou trois compagnons, il parvint à dorer les éléments d'un ancien essieu de voiture et à les faire passer pour des lingots d'or, ce qui lui permit de percevoir une « avance » avant la découverte de la supercherie.

Il n'est pas étonnant que les militants politiques les plus convaincus aient cherché très vite à se regrouper dans les camps où ils avaient échoué, comme à Septfonds où une cellule communiste à demi clandestine se forma bientôt. Il s'agit là, à mon sens, de l'aspect le plus décevant de l'exil, car il suggère que la défaite n'avait rien appris aux vaincus. Antoine Miro le déplore : « Spontanément, nous avions recréé nos différences et ressuscité nos querelles. Même dans la défaite, la couleur politique primait tout. En passant la frontière, nous n'avions rien abandonné de nos divergences de tendances, de partis ou d'idéologies. Et nous nous rejetions mutuellement les fautes. Oui, nous étions doublement vaincus. Vaincus par l'ennemi et vaincus par nous-mêmes, par nos déchirements, notre déchéance... Nous étions peu nombreux à rester à l'écart de ces polémiques insensées[51]... » Chaque camp ou presque avait son bulletin ou son journal : *Boletin de los Estudiantes*, d'Argelès, publié le lundi puis le jeudi, dont le sens de l'humour fait merveille : « Nous avons monté de magnifiques ateliers qui seront mus par les vagues. Nous allons concurrencer le *Times* de Londres. Nous autres étudiants, nous sommes les meilleurs » (11 mai 1939), *Barraca* (Argelès), *Boletin de los Estudiantes* (Gurs), *Hoja de los Estudiantes* (Le Barcarès), *Altavoz* (Saint-Cyprien), *Foc Nou* (Agde, en catalan), etc. Ces feuilles donnaient des nouvelles d'Espagne, le calendrier et la relation des activités culturelles et sportives du camp, publiaient des contes ou des poèmes[52]. Serge Salaun estime que les bulletins publiés dans les camps par des enseignants de la FETE (Fédération Espagnole des Travailleurs de l'Enseignement) ou des étudiants de la FUE (Fédération Universitaire Espagnole) avaient des préoccupations essentiellement éducatives et que « leur sensibilité politique prolongeait les positions officielles unitaires du dernier gouvernement Negrin ». Ce jugement peut surprendre, de même que l'absence des anarchistes. Mais, comme l'écrit justement Salaun, « s'instruire et se maintenir en bonne forme physique et psychique, c'est encore se donner les meilleures chances... ». Compte tenu du dénuement initial, il a fallu déployer « des trésors d'ingéniosité et d'énergie » pour faire vivre cette « presse des sables » avec des moyens de fortune : machines à écrire de rebut, caractères découpés dans des pommes de terre, etc. [53]. Parmi les activités culturelles, n'ayons garde d'oublier les cours d'alphabétisation, de français, voire d'anglais, de culture générale et de mathématiques. Les cours de français furent très suivis : jusqu'à 34 classes et 850 élèves à Argelès, 650 à Saint-Cyprien. Il y eut même une classe de russe à Gurs.

Lorsque les conditions de vie et la nourriture se furent améliorées, les camps développèrent les activités sportives : le Barcarès connut, dans le seul mois de juin 1939, 250 matchs de football, 60 de basket, 30 de rugby, 22 exhibitions de boxe, 4 festivals d'athlétisme et plusieurs concours de gymnastique ! À Gurs, où les Basques étaient nombreux, la pelote fit florès [54]. Plus étonnante encore fut la production artistique des camps qui, il est vrai, abritaient un nombre notable d'artistes parmi les réfugiés. Les sculpteurs utilisèrent des coquillages, des os, des boîtes de conserve et même les barbelés, matière première illimitée. Plusieurs graveurs et peintres qui devaient, au cours des lustres suivants, accéder à la réputation internationale illustrèrent des poèmes, par exemple à l'occasion de l'exposition du Barcarès, en mai 1939. La qualité de leurs œuvres suscita des expositions organisées hors les camps, ainsi à Montpellier et Perpignan. Les thèmes récurrents, jusqu'à l'obsession, étaient l'exode, le passage de la frontière, l'arrivée à Argelès, la séparation des familles, la maladie et la mort, et, plus encore, le barbelé, l'*alambrada*, qui laissa dans les mémoires des internés des traces indélébiles. Le souci quotidien de la nourriture, qui provoquait souvent des rixes lors de la distribution de la soupe, et les brutalités des gardes appelaient les caricatures, tandis que l'attendrissement surgissait au spectacle d'une mère allaitant son enfant.

Dès 1976, au lendemain de la mort du général Franco, le

gouvernement de Madrid exposa, lors de la Biennale de Venise, plusieurs des œuvres qui évoquaient la *Retirada* et les camps, comme la série *Arena y Viento*, composée par Manolo Valiente en 1949. Les noms de quelques-uns des artistes qui, après la fin de l'épreuve, fixèrent sur le papier, la toile, les murs, le métal ou la pierre les scènes inoubliables de la vie des camps, s'imposent ici : Alvaro de Riols, Aurelio Arteta, Jesus Martin, Enric Climent, Eduardo Pons Prades, Antonio Rodriguez Luna, Gerardo Lizzaraga, Helios Gomez, Josep Bartoli, Francesc Miro, Francesc Clapers, Manolo Valiente[55]. C'est là un authentique palmarès.

2

L'exil des enfants

Protection et évacuation des colonies de vacances

La réussite la moins contestable de la République fut son ambitieuse politique d'éducation. Elle se proposait notamment d'offrir des vacances aux enfants qui n'en avaient jamais eu. Le ministère de l'Instruction publique (MIP), celui du Travail (MT), le gouvernement d'Euzkadi, la *Generalitat* de Catalogne, l'organisation *Ajut infantil* (Aide à l'enfance) ainsi que les organisations syndicales et associations catholiques avaient multiplié les colonies de vacances au profit des petits citadins de familles ouvrières. Le 18 juillet 1936, la plupart d'entre elles étaient en activité. Le conflit provoqua aussitôt deux réactions. Les provinces de Gerone, Barcelone, Valence et Alicante en hébergèrent un grand nombre, les classes au complet étant accompagnées de leurs professeurs ; le mouvement était d'une telle ampleur que le MIP créa en janvier 1937 une Délégation centrale des Colonies pour l'organiser. Par ailleurs, l'Espagne républicaine étant coupée en deux, et le Nord cantabrique, de la Biscaye aux Asturies, isolé du reste, il fallut ramener les colonies installées dans le Nord vers la Catalogne, le Levant ou le Centre. Pour cela, il fut nécessaire de saisir les organisations internationales, notamment le Comité international de la Croix-Rouge (CICR), afin d'obtenir, pour les enfants se trouvant dans les régions de Bilbao ou Santander, le droit de transiter par la France pour regagner l'Espagne par la frontière catalane.

Restait le cas des enfants en vacances dans une zone et dont les familles résidaient dans l'autre. Là, il fallait le consentement des autorités respectives. Cette situation provoqua l'intervention de nombre d'associations de toutes sortes. Un médecin de la Croix-Rouge, le docteur Junod, devint en quelque sorte le spécialiste de l'échange de ces otages d'un genre particulier. C'est ainsi que 70 scouts de Saragosse, en zone insurgée, campaient dans la vallée pyrénéenne d'Ordesa, en zone républicaine. Ils furent conduits à Barcelone et, après intervention du CICR et du consul de France, passèrent la frontière. Pris en charge à Lourdes par Mgr Gerlier et le préfet des Hautes-Pyrénées, ils durent attendre le 20 avril 1937 pour retourner en Espagne par Irun, après une longue négociation entre le MAE français et les deux gouvernements espagnols antagonistes. Les 21 scouts les plus âgés, susceptibles d'être enrôlés dans l'armée, ne furent rapatriés que le 7 juin, en échange de la troupe d'opérette *Naranjas de la China* (Oranges de la Chine), retenue jusque-là à Saragosse. De la même façon, les hôtes d'une colonie installée près de Burgos (zone franquiste), dont les parents habitaient Bilbao, furent d'abord amenés à Saint-Jean-de-Luz, d'où ils purent regagner leur ville à bord du destroyer britannique *Escort*, le 16 octobre 1936. Mais, pour eux, le rapatriement ne fut que provisoire[56].

Dans un deuxième temps, au cours de l'année 1937 et en raison de la conquête du Nord par les troupes nationalistes, beaucoup d'enfants du Pays basque, de Santander ou des Asturies furent expédiés par mer vers la France ou d'autres pays d'accueil. Lorsque la guerre se rapprocha du Levant et de la Catalogne, la plupart des colonies furent évacuées vers la France et d'autres pays.

C'est alors qu'intervint, outre de nombreuses associations, la Commission d'aide aux enfants espagnols réfugiés en France, présidée Mme Malaterre-Sellier et dont la secrétaire générale fut Mme Renée de Monbtrison. Les délégués de cette branche française de la commission internationale du même nom, seule accréditée auprès du ministère de l'Intérieur, pouvaient visiter les centres d'hébergement et y faire distribuer matériel de literie, vêtements, chaussures, lait condensé, etc. L'Office international pour l'enfance, présidé par Henri Wallon et proche du PC, rechercha les enfants orphelins de père et de mère, ou seulement de père si la mère était consentante, pour les faire partir vers des « pays amis », entendez l'URSS. Pour sa part, le gouvernement d'Euzkadi installa un délégué, Juan de Zubiaga, et plusieurs fonctionnaires à Bordeaux pour veiller sur les colonies basques. Le *National Joint Committee for Spanish Relief*, créé à Londres à la fin de 1936, organisa l'accueil en Angleterre d'enfants basques en 1937 ; le *Fortser's Parents Committee for Children in Spain*, organisation anglaise installée à Biarritz, prit en charge 500 enfants basques en 1939. Le Comité suédois pour l'aide aux enfants d'Espagne, présidé par Georges Branting, finança l'hébergement en France. La Croix-Rouge internationale, le Secours rouge international (SRI), le Comité central espagnol de secours à l'Espagne républicaine, établi aux États-Unis, la Société des Amis (quakers), le Comité national catholique, le Comité tchécoslovaque, la CGT déployèrent une certaine activité. Il y eut parfois des cas intéressants de collaboration internationale : ainsi, les syndicats britanniques de mineurs et plusieurs unions CGT (Gard, Hérault, Hautes-Pyrénées) de la Fédération Nationale des Travailleurs du Sous-Sol (FNTSS) s'entendirent en 1939 pour acheter le château d'Urac, (Hautes-Pyrénées) afin d'y accueillir les orphelins des Asturies, mais le projet ne reçut qu'un commencement d'application[57].

Le choix de l'URSS comme destination des exilés fut sans doute le résultat d'une pression politique. Jesus Hernandez reconnaît sa responsabilité dans cette affaire : « L'URSS nous offrit de recevoir plusieurs milliers d'enfants de combattants pour leur épargner les horreurs des bombardements et les éduquer convenablement. J'étais alors ministre de l'Éducation publique et j'organisai le départ de plusieurs expéditions d'enfants des deux sexes, avec un accompagnement de professeurs espagnols pour faciliter leur éducation dans leur propre langue. J'étais convaincu qu'il y avait là une vraie chance pour ces enfants : on les éloignait des risques de la guerre et, en même temps, ils pourraient être éduqués dans le pays du socialisme[58]. » En 1939, la situation changea et les enfants prirent le plus souvent les routes de l'exil avec leurs parents, ou du moins leurs mères.

La France accueillit plus de la moitié des enfants exilés, et les unions syndicales locales comme les particuliers se montrèrent souvent fort efficaces. Là encore, les jugements malveillants sont hors de saison et mal informés : il serait aisé de leur opposer de multiples exemples, d'évoquer, parmi d'autres, le Comité d'accueil de l'Union des syndicats ouvriers de Marseille ou le Comité rennais de coordination pour l'aide aux réfugiés espagnols[59]. Lors de l'exode du Guipuzcoa, les familles, souvent nombreuses, d'Irun, de Fontarrabie, de San Sebastian et autres lieux, avaient émigré avec tous leurs enfants : à Angoulême, la famille Muguruza en comptait 7 de vingt-deux mois à douze ans. La plupart de ces familles se firent rapatrier en Catalogne, et il est probable qu'elles durent s'exiler une deuxième fois en 1939. Du moins étaient-elles demeurées groupées durant cette première épreuve[60]. Dans le Maine-et-Loire, le maire radical de Saumur, Robert Amy, utilisa les bâtiments de la colonie de vacances de sa ville, à Champigny, après désinfection, pour y loger 130 enfants, dans de bonnes conditions, et il se préoccupa de leur fournir vêtements et couvertures[61]. Une colonie de 200 enfants basques, encadrés par deux prêtres, installée à Capbreton en septembre 1936, s'y trouvait encore en 1939. Deux autres, plus réduites, avaient été créées par le gouvernement d'Euzkadi à Orthez et Ilbarritz (Biarritz). Selon Dorothy Legaretta, spécialiste de la question, une vingtaine de petites colonies basques furent fondées dans cette région avant la fin de 1936[62].

L'ÉVACUATION DES ENFANTS EN 1937. LE CAS BASQUE

Les bombardements du Pays basque, de janvier à avril 1937, décidèrent le gouvernement et les familles à mettre les enfants à l'abri à l'étranger. On assista à une évacuation massive dès février 1937, et la conquête totale du Nord par les troupes franquistes entraîna une migration considérable d'adultes. Quelque 150 000 Basques passèrent en France, dont plus de la moitié, 95 000 environ, regagnèrent l'Espagne par la Catalogne avant la mi-octobre 1937. Environ 35 000 Basques revinrent dans leur région par Hendaye, de sorte qu'avant l'exode massif de 1939 ceux qui demeuraient en France n'étaient plus que 20 à 30 000, surtout des enfants[63].

Une partie des enfants basques se rendirent directement en Angleterre. Le 21 mai 1937, 3 826 garçons et filles, de sept à quinze ans, encadrés par 95 institutrices, 122 auxiliaires et 15 prêtres, embarquèrent sur le *Habana*, escortés par la marine britannique vers Southampton. Ce fort encadrement éducatif et clérical, déjà présent dans les colonies de 1936 à Capbreton et Pontenx (Landes), était très caractéristique des colonies basques, bien que quelques-unes aient été laïques (par exemple celle de Champigny). Le *Joint Committee* s'était engagé à assurer leur entretien, croyant que le séjour des enfants se limiterait à quelques semaines. L'annonce de la chute de Bilbao provoqua une véritable émeute ; les jeunes Basques saccagèrent leur centre d'hébergement et traitèrent leurs hôtes de fascistes ! Certains survivants, Luis Santamaria, Esperanza Ortiz de Zaraute, en ont témoigné récemment. L'Église catholique d'Angleterre hébergea 1 200 enfants dans ses orphelinats et ses couvents, et l'Armée du Salut 450. Avant le début de la guerre mondiale, le *Spanish Children Repatriation Committee*, soutenu par le duc de Wellington qui était favorable à Franco, avait organisé le retour chez eux de 2 822 de ces enfants[64].

En Belgique, pays qui accueillit le plus d'enfants après la France, les appels de la centrale syndicale CGTB et de Mgr Van Loey, archevêque de Malines, firent recevoir en 1937 quelque 3 200 enfants asturiens et basques, sur un total de 5 130. Ils arrivèrent parfois après avoir fait un séjour de trois ou quatre semaines dans la Maison Heureuse de l'île d'Oléron, étape pour beaucoup de jeunes exilés. 1 250 d'entre eux environ furent pris en charge par les familles catholiques. Les Maisons du Peuple, notamment celle de Liège, et les syndicats jouèrent aussi le rôle d'intermédiaires. L'accueil des Belges, des familles ouvrières comme des paroissiens catholiques, fut particulièrement chaleureux et a laissé un souvenir inoubliable à quelques témoins, dont certains vivent aujourd'hui en Belgique. Selon les auteurs d'*El Exilio Español*, 3 798 des enfants espagnols du royaume furent rapatriés. Ce furent surtout ceux qu'hébergeaient les familles catholiques, sensibles à la pression exercée par Pie XII sur l'épiscopat belge[65].

En France, l'accueil des populations du Sud-Ouest fut d'abord réservé. Les exilés, dont le nationalisme basque s'exprimait avec force, durent insister fortement sur leur ferveur catholique et se distinguer des « rouges » pour que les attitudes changent. Les appels des prélats y aidèrent, notamment ceux de Mgr Houbaut, évêque de Bayonne, et surtout de Mgr Mathieu, évêque de Dax, qui invita tous les curés de son diocèse à faire bon accueil aux arrivants.

Plus de la moitié des enfants évacués d'Espagne en 1937 furent hébergés en France dans des conditions très diverses. *El Exilio Español* assure, en reprenant les chiffres très anciens de Comin Colomer, que la France reçut « 17 489 enfants dont 12 831 furent rapatriés ». Cette extraordinaire précision, déjà observée à propos de l'Angleterre et de la Belgique, étonne et laisse incrédule. Plus prudente et plus rigoureuse, Alicia Alted Vigil évalue le nombre total à près de 20 000, dont la majorité évacués durant l'été 1937, et elle calcule qu'en juin 1938, donc avant la grande marée de janvier-février 1939, il y avait en France 11 000 enfants espagnols environ[66]. En fait, il est souvent très difficile de distinguer les enfants des adultes dans les dénombrements : lorsque *L'Œuvre* du 21 juin 1937 écrit, sur la foi d'informations communiquées par le gouvernement basque, qu'il y a en France une cinquantaine de colonies basques dans le Centre, le Sud-Ouest et le Sud-Est, rassemblant 23 600 réfugiés, il n'est pas possible de savoir combien d'entre eux sont des enfants[67].

Étudiant de près le problème, Pierre Marquès a observé que les enfants expatriés par le gouvernement basque et les autorités du Nord (Santander, Asturies) avaient été désignés selon le risque couru, c'est-à-dire « en fonction de critères politiques, principalement au bénéfice de familles fortement politisées ». Il a établi le calendrier des voyages du *Habana*, paquebot réquisitionné par le gouvernement d'Euzkadi qui, transformé en navire-hôpital sous pavillon de la Croix-Rouge, fit cinq traversées, les deux premières jusqu'à La Palice les 5 et 16 mai, la troisième vers Southampton, les deux dernières vers La Palice et Pauillac (5 et 13 juin). Ce navire resta à quai à Bordeaux jusqu'à la fin de la guerre civile pour servir de logis à de petits réfugiés. Grâce à ses recherches dans les Archives départementales françaises, l'auteur a bien vu que le nombre très élevé des enfants séparés de leurs parents avait imposé la dispersion à travers le territoire français. Il a signalé le rôle de centres de triage joué par les établissements de l'île d'Oléron et du Val d'Or, à Saint-Cloud, qui put héberger jusqu'à 1 600 enfants, et relevé l'existence de colonies d'enfants basques dans l'Isère, la Bretagne, le Pas-de-Calais et la région parisienne. Il a, enfin, étudié de manière plus approfondie deux cas : le Mas-Éloi, près de Limoges, ouvert en avril 1937 avec 102 enfants, assistés de trois professeurs, prototype de la colonie laïque, très « Front popu » ; et la Citadelle de Saint-Jean-Pied-de-Port qui hébergea, à partir du 25 juin, 600 enfants, accompagnés de 70 à 80 adultes, bonne illustration de la colonie confessionnelle. Le Mas-Éloi connut un problème qui allait se poser fréquemment par la suite. Destiné aux colonies de vacances françaises, il devait être libéré à l'approche de l'été et il fallut donc trouver de nouveaux lieux d'accueil. À Saumur, les enfants furent placés dans des familles pendant la période estivale. Pierre Marquès a aussi découvert des établissements ignorés par les chercheurs précédents, tel le *Hogar Argentino* de Lyon, foyer d'inspiration anarchiste, où il séjourna lui-même[68].

Nous pouvons compléter son travail grâce aux Archives départementales dont il n'avait, pas plus que nous, pu réaliser une exploration complète. Observons d'abord que l'examen médical réalisé dès l'arrivée des enfants permit de leur assurer dans plusieurs cas les soins nécessaires : ainsi, une centaine d'enfants de moins de dix ans, souvent frères et sœurs, presque tous originaires de Biscaye (Bilbao, Baracaldo, San Salvador del Valle, Sestao, Eibar, etc.) et de familles modestes – mineurs, travailleurs du port, manœuvres, chômeurs et même carabiniers –, arrivés à Bordeaux dans un mauvais état de santé, furent envoyés au préventorium de La Bassine, près de Lacaune (Tarn). Ils furent soignés plusieurs mois, avant d'être pris en charge par l'Union syndicale des Bouches-du-Rhône, le 19 août 1937. Accompagnés de Castres à Marseille par une infirmière espagnole, ils furent installés dans des foyers organisés par l'Union, à Miramas et Port-de-Bouc. Le 19 septembre, dix-huit enfants, qui n'avaient pu partir en août parce que encore malades, rejoignirent leurs camarades[69].

Pierre Marquès considère avec raison que l'année 1937 fut, du point de vue des enfants, une « période faste ». En France, le placement dans des familles d'accueil avait été privilégié pour d'évidentes raisons budgétaires, malgré les souhaits du gouvernement de la République, soucieux de conserver la cohésion des colonies et de préserver leur orientation idéologique très marquée. Il en fut ainsi dans le Gard qui reçut un grand nombre de réfugiés du nord de l'Espagne en 1937. Les convois de mai, juillet et août (862 personnes au total) comptaient une majorité d'enfants souvent accompagnés de leurs mères, de sorte que les réfugiés furent orientés vers les centres d'hébergement d'Aramon, Bessèges, Calvisson, Gagnières, Saint-Hippolyte-du-Fort, Le Vigan, Peyremale et Pompignan. Le convoi du 15 juin 1937 était composé de 101 garçons et 96 filles de sept à quatorze ans, avec seulement 12 accompagnatrices. Ils venaient eux aussi de Bilbao (51), Sestao (32), Baracaldo (26). Le préfet du Gard fit alors appel au Comité antifasciste espagnol et à la générosité des familles, tout en prescrivant sur celles-ci des enquêtes pour ne retenir que celles « dont la moralité ne pouvait être mise en doute ». Il suscita un grand élan de solidarité. À Nîmes seulement, 68 familles, dont la plupart étaient d'origine espagnole, se manifestèrent ; elles précisaient que leur revenu, souvent indiqué, leur permettait d'assurer l'hébergement. Dans l'ensemble du département, grâce aux volontaires d'Aigues-Mortes, Bagnols-sur-Cèze, Bezouce, Codognan, Marguerittes, Redessan, Vauvert et Vergèze, qui se joignirent à ceux de Nîmes, le préfet disposa de 140 à 150 familles d'accueil. Il put informer le consul général d'Espagne à Sète qu'il avait pleinement résolu le problème. La délégation du gouvernement d'Euzkadi à Paris demanda que les enfants hébergés dans le Gard y demeurent dans les mêmes conditions. Six mois plus tard, le 29 décembre, le préfet précisa que 6 seulement des 197 enfants du 19 juin avaient été rapatriés en zone insurgée à la demande de leurs parents. Cet exemple souligne la diversité des situations et la fragilité de conclusions péremptoires à leur propos [70].

LES ÉVACUATIONS MASSIVES DE 1938 ET 1939

Au cours de l'année 1938, en raison de la progression des troupes franquistes, de nombreuses colonies d'enfants, installées ou repliées dans les régions méditerranéennes de l'Espagne, furent évacuées, en très grande majorité vers la France. Ces établissements dépendaient l'*Ajut infantil de la Retaguardia*, qui avait ouvert 80 colonies près de Barcelone pour accueillir 3 000 enfants des régions affectées directement par la guerre, du gouvernement basque et d'associations de toutes sortes. Pierre Marquès a essayé d'en dresser la liste et d'en élucider le rôle, ce qui nous semble une tâche énorme et vaine, car il est impossible d'évaluer l'apport effectif de chaque organisation [71]. De plus, la polémique est toujours au rendez-vous. D'une façon générale, le rôle de la France est décrié : beaucoup d'auteurs stigmatisent la hâte avec laquelle elle aurait cherché à rapatrier un grand nombre d'enfants, et exaltent l'attitude de pays comme la Belgique, sans s'aviser qu'au bout du compte, fin 1939, fin 1940 ou même en 1942, la France abritait sur son sol plusieurs milliers d'enfants espagnols, soit bien davantage que tous les autres pays réunis. Un certain nombre de ces enfants étaient nés en France et on a peine à croire que les autres y avaient été tenus pour indésirables. Mais une fois de plus, loin de l'esprit de système et de la passion, il importe de répudier toute généralisation et de revenir aux sources les plus humbles. Pour 1939, l'élaboration d'une comptabilité est beaucoup plus compliquée car, très souvent, les enfants vécurent l'exode en compagnie de leurs parents, et malgré les efforts réels de l'administration, il est d'autant plus malaisé de les en distinguer dans les chiffres que les critères retenus en matière d'âge ne sont pas uniformes.

Onze colonies, habituellement installées à Puigcerda ou dans les environs, étaient destinées à des enfants de santé fragile dont 604 furent transférés au préventorium de Sées, dans l'Orne. Au moins le tiers d'entre eux furent rapatriés de manière précipitée dès le 16 avril pour d'obscures raisons. De nombreuses colonies furent établies en Dordogne, à Chauveyron, Lanmary, Marsac, Monsac, Montignac, Piegat, Salignac, Trelissac, Villefranche-en-Périgord (près de 600 enfants) ; dans le Doubs (Arc-et-Senans, Besançon, L'Isle-sur-Doubs, Montbéliard, Pontarlier) ; dans l'Isère (298 à Grenoble) ; dans les Pyrénées-Atlantiques, à Bayonne, Ibarri-Arette, Oloron, Saint-Christau, Serres-Morlaas ; dans les Basses et les Hautes-Alpes, les Bouches-du-Rhône, l'Ardèche (ainsi de petites colonies gérées par les quakers), le Gard, le Tarn, etc. Le sanatorium de Berck-Plage (Pas-de-Calais) recueillit les petits malades en provenance de l'établissement analogue de Gorliz (Biscaye).

Sur la liste établie par la Commission d'Aide aux enfants espagnols réfugiés en France, j'ai pu dénombrer 99 colonies hébergeant 8 781 enfants. Ces chiffres doivent cependant être considérés avec méfiance au motif de transferts d'un établissement à l'autre et de quelques envois en Belgique[72]. Le nombre des enfants accueillis en compagnie de membres de leur famille, leur mère ou, moins souvent, une tante ou une grand-mère, dans des centres d'hébergement disséminés à travers tout le territoire, fut beaucoup plus élevé. Ainsi, dans les convois arrivés à Rennes du 31 janvier au 7 février, les moins de dix-huit ans comptaient pour plus de 50 % des 3 151 réfugiés[73]. Il en allait à peu près de même en Maine-et-Loire, où la moitié des 1 309 réfugiés recensés le 25 février avaient moins de dix-huit ans[74]. La proportion fut apparemment moins forte en Charente où, le 31 mars 1939, après l'arrivée de tous les convois et la réexpédition d'un millier de personnes vers d'autres départements, les enfants étaient moins nombreux que les femmes : 1 252 contre 1 507 sur un total de 3 140. Toutefois, les jeunes filles étaient recensées comme « femmes » à partir de quinze ans, ce qui fausse la proportion[75]. En Loire-Atlantique, la population des deux camps les plus importants, Moisdon-la-Rivière et Juigné, ouverts les 27 mai et 9 juin 1939, était à majorité enfantine : 589 enfants contre 500 adultes[76].

Le Gard, qui – on l'a vu plus haut – abritait encore, le 10 février 1938, 1 548 réfugiés espagnols, reçut un an plus tard 2 469 arrivants, répartis entre une trentaine de communes, à l'exception des 362 personnes hospitalisées ou prises en charge par des particuliers. La présence d'une majorité d'enfants suscita un accueil cordial et un élan de générosité. Le préfet souligna l'absence d'incidents, due au « bon état d'esprit » des réfugiés. Le 15 mai, il écrivit au ministère de l'Intérieur pour lui préciser que 2 500 d'entre eux étaient toujours à la charge de l'État. Les rapatriements furent très limités : 104 seulement, suivis de 80 autres le 31 mai. Les réticences étaient d'autant plus vives qu'il fallait rentrer en Espagne *via* Hendaye, la frontière catalane n'étant pas encore ouverte. En examinant les états périodiques fournis par les communes impliquées (26, en plus de Nîmes), nous constatons que la situation se modifie peu jusqu'à la fin juillet 1939. Un calcul effectué le 27 juillet montre que l'effectif global des réfugiés n'avait diminué que de 14,5 % depuis mars 1939. Le 31 juillet, le commissaire central de police informa le préfet que les enfants hébergés à Nîmes « continuent d'être l'objet, de la part des personnes qui les ont hébergés, des soins les plus attentifs ». À cette date, ni les pouvoirs publics ni la population ne se plaignaient de la charge que leur valait cette présence[77].

La guerre mondiale bouleversa cette situation. Le fardeau des réfugiés fut invoqué à plusieurs reprises, notamment à propos des enfants, et le ministère de l'Intérieur changea de ton. Une circulaire adressée par le ministre aux préfets le 19 septembre fut explicite : « L'état de guerre, les nécessités d'hébergement des populations françaises évacuées rendent plus que jamais souhaitable le retour en Espagne du plus grand nombre possible de réfugiés. » Le ministre ajoute crûment que « les raisons humanitaires ont perdu de leur valeur », et appelle les préfets à faire preuve rapidement de persuasion et à « rapatrier sans attendre les enfants, orphelins ou non, sauf ceux dont les parents sont réfugiés sur notre sol et hors d'état de regagner sans risque sérieux l'Espagne ». Il ne s'agit donc pas d'une mesure aveugle et indifférenciée. Renée de Montbrison qui, au nom de la Commission d'aide, a demandé des précisions sur les conditions du rapatriement des enfants, reçoit la réponse que voici : « Le père ou la mère de l'enfant, ou à défaut le grand-père ou la grand-mère, ou encore la personne à qui la tutelle de l'enfant revient de droit, devra réclamer l'enfant par lettre. Celle-ci sera apostillée par le maire de la commune où habite ce parent. Elle sera ensuite visée par le consul de France en Espagne, lequel la transmettra au ministre des Affaires étrangères qui, à son tour, la fera parvenir au ministre de l'Intérieur. » Renée de Montbrison conclut : « Le rapatriement ne devait s'effectuer qu'une fois ces conditions remplies, ce qui constituait un moyen de contrôle du véritable désir des parents de voir rapatrier leur enfant[78]. »

Simultanément, des recensements d'orphelins avaient lieu dans de nombreux départements, afin d'éviter les départs précipités d'enfants qui « en l'absence de tuteur légal se trouvent placés sous la protection de la France ». Le ministère de l'Intérieur mit les préfets en garde contre les initiatives de l'Office international pour l'Enfance, qui organisait des envois en URSS. Il rappela que l'autorisation de l'un des parents ou du tuteur légal, reconnaissant « confier leur enfant au gouvernement de l'URSS », était indispensable.

Dans le même souci de vigilance, une circulaire, datée du 28 septembre 1939, observa que des convois de femmes et d'enfants avaient été dirigés par les préfets vers la frontière espagnole « sans qu'un triage sérieux sur les possibilités du retour ait été fait au préalable », ce qui avait provoqué de grosses difficultés à la frontière. Il convenait d'organiser de petits convois, formés seulement de gens déterminés à rentrer en Espagne. Sinon, il fallait les « conserver jusqu'à nouvel ordre ». Il est manifeste que les préfets et leurs collaborateurs ont interprété de diverses façons ces instructions ministérielles et que le facteur personnel a été décisif[79].

Les responsables français ont, en outre, tenu compte de l'état d'esprit des populations et de son évolution. Dans le Gard, par exemple, il y avait encore 756 enfants de moins de seize ans au 16 octobre 1939. Ceux qui étaient hébergés par des familles, notamment à Nîmes, où près de la moitié des enfants basques arrivés en 1937 étaient encore présents, ne posaient aucun problème. En revanche, une partie de la population se plaignait du « régime de faveur » accordé aux femmes accompagnées d'enfants. Le 29 octobre, l'Amicale des maires du canton du Vigan signala au préfet que « sur une colonie de 240 Espagnols ayant trouvé asile au Vigan, 45 seulement ont manifesté le désir de réintégrer leur mère patrie... Il est si aisé d'aller recevoir à date fixe, sans formalité aucune et obligatoirement, des allocations qui sont malheureusement refusées à nombre des nôtres ! Cette situation paradoxale en ces temps de guerre est l'apanage des soi-disant réfugiés espagnols. Elle crée dans le public français une situation de mécontentement. »

Le sous-préfet fait observer que des hommes très politisés sont rentrés en Espagne. La population s'étonne, selon lui, que des femmes et des adolescents, politiquement moins impliqués, puissent nourrir des craintes[80]. Le 17 novembre, le sous-préfet du Vigan renchérit : « Il est certain que les populations sont excédées de la présence de ces étrangers parmi elles... Aucun Français ne saurait admettre qu'une jeune fille ou jeune femme escortée de plusieurs enfants puisse raisonnablement craindre des représailles à son retour en Espagne. Ni que des enfants de 15 à 18 ans motivent leur refus de regagner leur patrie par une simple aversion pour le régime politique qui y règne actuellement... Les populations françaises en arrivent tout naturellement à penser que les réfugiés se sont tranquillement habitués à leur existence oisive, permise par des allocations régulières dont ils jouissent sans effort. » Même si maires et sous-préfets étaient, à l'évidence, mal informés de la répression qui sévissait en Espagne, il n'est guère contestable que les Espagnols bénéficiaient de ressources supérieures à celles de certaines familles françaises dont le père était sous les drapeaux. « Une femme de mobilisé ayant un fils ou une fille de 16 ans révolus, observaient les signataires de la lettre, percevra au Vigan 7 francs par jour, alors qu'une Espagnole se trouvant dans la même situation pourra prétendre à 11 francs, logée et éclairée. » Deux autres lettres qui rendent le même son furent adressés presque au même moment par le maire de Bétaille (Lot) au sous-préfet de Figeac : « On trouve inadmissible que ces Espagnoles perçoivent de l'argent régulièrement, quand les Françaises qui ont leur mari sur le front n'ont pas encore perçu un sou [81]. »

Ces longues citations traduisent un sentiment de plus en plus répandu depuis la déclaration de guerre, dont on trouverait des manifestations dans beaucoup d'autres départements. La situation nouvelle avait ravivé des préjugés, rappelé quelques incidents désagréables et suggéré que certains réfugiés oisifs bénéficiaient de situations plus favorables que les familles françaises privées de leur revenu habituel. Ce sentiment s'exprimait ouvertement lorsque le comportement des enfants de ces familles choquait ou dérangeait. En Mayenne où le préfet semble décidé à exécuter rapidement les instructions ministérielles, le maire de Hercé écrit le 30 septembre au sous-préfet pour lui indiquer que la famille Segura, qui compte cinq enfants, refuse de partir alors qu'elle est tenue pour « indésirable » dans la commune. Il avait jusqu'alors préféré taire les plaintes qui la concernaient. À Rennes, deux institutrices espagnoles, dont l'une, il est vrai, se révèle insupportable par ses exigences, ont choqué l'opinion en faisant chanter à tue-tête et sur la voie publique *L'Internationale* à leurs enfants [82]. La Mayenne abritait encore 302 enfants à la fin novembre 1939. Dans le Tarn, en septembre 1940, 267 s'y trouvaient, dont 15 orphelins. Le camp des Alliers à Angoulême en hébergeait

290 en avril 1940. Dans le Gard, ils étaient 310 en août 1941 dans les seuls centres d'hébergement, tandis que bon nombre d'autres travaillaient ! Le chiffre des enfants qui, au début de l'an 40, n'avaient pas été rapatriés, dépassait de beaucoup le chiffre de 4 658 admis par Comin Colomer, et sans doute l'évaluation de 7 000 faite par Pierre Marquès.

Le changement d'attitude des Français vise bien plus l'ensemble des réfugiés que les enfants eux-mêmes. En Charente, où de nombreux incidents ont opposé réfugiés et population depuis l'ouverture du camp de Ruelle, en mai 1939, les sous-préfets de Cognac et Confolens expriment ouvertement leur hostilité aux réfugiés espagnols, le 24 août, « au moment où les citoyens français partent en grand nombre pour rejoindre leurs corps militaires ».

Une fois de plus, gardons-nous de conclure trop vite. Ce que les populations supportaient difficilement dans la nouvelle conjoncture, c'était l'oisiveté d'une partie des réfugiés. Comme le notait le maire du Vigan, il fallait les astreindre à travailler. Or, durant l'hiver 1939, la situation se modifia à nouveau : en raison de la mobilisation, les hommes ainsi que nombre de femmes et de jeunes gens vont les remplacer à l'usine ou aux champs. Plusieurs centaines d'adolescents espagnols entrent sur le marché du travail en Charente de décembre 1939 à avril 1940. La situation est à peu près identique en Loire-Atlantique. De plus, beaucoup de préfets, de sous-préfets, de maires ont agi avec discernement et se sont bien gardés d'effectuer les rapatriements de façon systématique.

Parmi les quatre autres destinations retenues par Alicia Alted Vigil et Pierre Marquès, Suisse, Danemark, Mexique et URSS, la première accueillit, dès septembre 1937, quelque 450 enfants. Un premier groupe d'une cinquantaine de jeunes Basques fut réparti entre des familles catholiques de Genève, Lucerne et Fribourg, dès septembre 1937. Un deuxième groupe arriva en janvier et février 1939, escorté par des militants humanitaires. Ses membres furent confiés à des familles catholiques ou socialistes, à Lucerne surtout, mais il semble que la plupart aient été rapatriés dès avant la fin septembre de la même année. Quelques-uns rejoignirent alors leurs parents réfugiés en France. Le Danemark accueillit d'août à novembre 1937 moins de 200 enfants en provenance du Nord et les installa dans deux colonies bien organisées, à Ordrup et Odense. Sur l'insistance du gouvernement franquiste, il semble que la majorité d'entre eux aient été rapatriés avant la fin de l'année suivante.

La contribution du Mexique fut plus importante. Le Comité d'aide au peuple espagnol créé à Mexico en octobre 1936 obtint du président Cardenas la création d'un Comité d'aide aux enfants que présida son épouse. Il accueillit à Vera Cruz, le 7 juin 1937, un groupe de 455 enfants d'abord pris en charge par une fondation installée à Morelia sans grand succès. Les plus jeunes des arrivants supportèrent mal le régime d'internat, malgré les efforts des filles plus âgées qui se trouvaient avec eux. Un certain nombre purent rejoindre leurs parents qui étaient parvenus à immigrer au Mexique. Sous la présidence suivante d'Avila Camacho, la fondation fut négligée puis fermée, en décembre 1943. Les derniers pensionnaires de Morelia furent placés dans divers foyers de la ville de Mexico. Dans l'ensemble, cette expatriation fut un échec marqué par le déracinement.

URSS : DE L'ACCUEIL ENTHOUSIASTE AU RETOUR INTERDIT

Le destin des enfants espagnols envoyés en URSS par des parents souhaitant leur assurer une « éducation socialiste » a suscité une littérature abondante et plusieurs films documentaires. Étrange aventure que celle de ces petits exilés, accueillis dans l'enthousiasme, admirablement traités pendant deux ans, car on voyait en eux les futurs cadres d'une Espagne socialiste, puis dispersés au hasard de la guerre à partir de juin 1941 avant de se voir refuser tout retour en Espagne par ordre de Staline. Quelques dizaines d'entre eux seulement parvinrent à quitter l'URSS pendant le conflit, d'autres gagnèrent Cuba après la révolution castriste et la plupart ne passèrent la frontière qu'au milieu des années 1950. Certains demeurèrent en URSS où, parvenus à l'âge adulte, ils avaient fondé une famille. Aujourd'hui septuagénaires, les survivants portent des jugements contrastés sur leur expérience.

Les chiffres proposés sont généralement proches les uns des

autres : logique car ils résultent de l'addition des quatre voyages admis par tous ces auteurs. Alicia Alted annonce 2 895 enfants ; Javier Rubio, 2 900 ; les auteurs d'*El Exilio Español*, 3 291 ; et l'addition des quatre expéditions signalées par Pierre Marquès donne un total de 3 067 enfants. Seul Jesus Hernandez dans son pamphlet annonce 5 000 mais il ne prétend pas à la précision. Ajoutons cependant que nous avons trouvé dans les Archives départementales une dizaine de cas d'orphelins qui gagnèrent la Russie à partir de la France. Les autorités se montrèrent très soucieuses de respecter les formes légales (autorisation du parent vivant ou du tuteur) avant de donner leur feu vert, car ces enfants se trouvaient « sous la protection de la France ».

Le premier voyage vers la patrie du socialisme ne transporta que 72 enfants – 50 de Madrid, 38 de Valence et Alicante – de Valence à Odessa, d'où ils gagnèrent Yalta, en mars 1937. Ensuite, le *Habana* embarqua 1 496 petits passagers à Santurce, le 13 juin 1937. Basques et en majorité orphelins, ils furent accompagnés de 72 instituteurs et 2 médecins, mais il semble qu'à l'occasion du transbordement à Bordeaux pour Leningrad, sur le *Sontay*, quelques-uns d'entre eux soient demeurés en France. Le troisième voyage partit de Gijon, le 24 septembre 1937, et les 1 100 jeunes Asturiens furent transbordés à Saint-Nazaire sur le *Kooperasïa* et le *Dzerzhinsky* à destination de Leningrad où ils arrivèrent le 4 octobre. Enfin, en octobre 1938, 400 Madrilènes, Aragonais et Valenciens, dont 30 fils de pilotes, réunis à Barcelone, prirent la direction du Havre d'où ils embarquèrent pour Leningrad. Beaucoup d'entre eux étaient des enfants de prolétaires dont l'engagement politique était affirmé : mineurs, ouvriers d'usine, pêcheurs, etc. [83].

L'arrivée se fit en musique et sous les bravos. Les enfants furent logés dans des hôtels de luxe, puis dans seize établissements confortables à Leningrad, Moscou et en Ukraine. Comme convenu, l'enseignement était dispensé par des maîtres espagnols. La nourriture était saine et abondante : « Tous parlaient de l'accueil magnifique que leur avaient réservé les autorités et de l'affection des citoyens de Leningrad et de Moscou... » On pourrait, certes, imaginer que les premières lettres envoyées aux parents, un peu stéréotypées, ont été orientées dans le sens souhaité par la propagande. Il n'en est rien : les Mémoires de Carmen Parga, épouse du leader communiste Manuel Tagüeña qu'elle accompagna en URSS, et qui se montre impitoyable envers le régime soviétique, confirment que « les enfants jouirent d'un traitement excellent tant que la guerre dura en Espagne ».

Après la défaite républicaine, la qualité de l'attention et des soins diminua : les enfants étaient devenus une charge pour l'État soviétique. Les règlements furent modifiés, les professeurs d'espagnol passèrent au second plan, les enfants se virent astreints à quelques besognes de complément. Cependant, leur situation resta acceptable jusqu'à la guerre germano-soviétique. Son déferlement changea tout : les enfants furent dispersés, certains expédiés en Asie centrale. Selon Jesus Hernandez, beaucoup commencèrent à vivre un véritable calvaire. Une inspection sanitaire, exigée par les communistes espagnols en URSS en 1941-42, révéla que 50 % d'entre eux étaient tuberculeux et que 750 étaient morts durant la première année de guerre. Avant de quitter l'URSS en 1943, Hernandez constata que beaucoup d'adolescents espagnols s'étaient réfugiés dans la délinquance : prostitution, vols dans les trains, participation aux bandes de hors-la-loi en Asie centrale. Plusieurs s'enrôlèrent dans l'Armée rouge. Certains parvinrent à sortir indemnes de l'aventure, à se construire une existence[84].

L'odyssée des enfants espagnols fut l'un des chapitres les plus dramatiques de la guerre, l'un de ceux qui suscitèrent le plus de passion, d'angoisse, de douleur et de joie. Quand ils ne furent pas rapatriés, des familles disloquées les recherchèrent dans la France inquiète de la « drôle de guerre », puis dans la France abasourdie de la débâcle à grand renfort de lettres pathétiques égarées dans des bureaux, d'errances déboussolées du Nord au Midi, de l'Est à l'Ouest, avec, de loin en loin, le miracle et le bonheur des retrouvailles.

L'exil fut pour des milliers d'enfants la pire épreuve de leur existence, avec le changement brutal de pays et de paysage, d'habitudes alimentaires, de rythme de vie et d'organisation scolaire. Lorsqu'ils furent placés dans des familles d'accueil, ce fut aussi, avec la disparition des références familiales, le choc d'une autre langue. Pilar Repulles-Clapera, arrivée en France en 1919 à vingt-trois ans, fut une intermédiaire précieuse qui témoigna de son expérience en 1995. Elle a raccompagné vers la frontière plusieurs convois d'enfants hébergés dans le Maine-et-Loire et dont « beaucoup ne savaient plus l'espagnol[85] ». Lorsqu'elles n'étaient pas séparées, les fratries étaient les forces de la résistance les plus efficaces : les grandes sœurs furent une bénédiction pour les plus jeunes. Beaucoup d'enfants surmontèrent l'épreuve, dont la grande majorité de ceux qui furent accueillis en Belgique, en Suisse et, en dépit des difficultés, dans une France qui devint leur patrie. En revanche, ils furent nombreux à mourir dans cette URSS qui les avait accueillis en « fils des héros ».

3

Au-delà des camps : les civils exilés dans l'espace français

Le passage par les camps ne constitue qu'un épisode, à la fois lamentable et spectaculaire, de la grande aventure de l'exil espagnol. Il fut relativement bref pour la plupart des réfugiés : quelques mois le plus souvent, même s'il parut interminable aux internés dont les plus malchanceux, à Argelès par exemple, passèrent toute une année sinon deux derrière les barbelés. Mais pour la grande majorité, l'exil ne fut pas qu'un déracinement, la découverte d'une précarité absolue. Il posa aussi un problème difficile à résoudre : la dispersion dans l'espace français, accompagnée de la dislocation des familles, devait-elle être vécue comme le premier temps d'une adaptation à une nouvelle patrie ? Ou seulement permettre d'attendre et de préparer un rapatriement dont, malgré les promesses de la propagande franquiste, on pouvait redouter les conditions ? Ou encore, préparer le départ vers un autre pays d'accueil, fût-il lointain, comme le Mexique, le Chili ou l'Argentine ?

L'ACCUEIL : DE LA SOLIDARITÉ À LA TENSION

Dès le mois de mars 1939, quelque 170 000 Espagnols se trouvaient dispersés dans la quasi-totalité du territoire français, soit environ 70 des 89 départements. Leur sort a été décrit en ces termes par Julio Martin Casas et Pedro Carvajal Urquijo : « Cent soixante-dix mille femmes, enfants et vieillards vécurent dans presque tous les départements français les mêmes misères que les hommes dans les camps de concentration. Installés à l'improviste dans toutes sortes de locaux disponibles, écoles, casernes, fermes, écuries, vieilles usines, ils durent supporter une quarantaine sanitaire, compte tenu des conditions pénibles dans lesquelles ils avaient terminé la guerre, ils durent dormir sur la paille, à même le sol ; à peine disposaient-ils de couvertures, ils n'avaient ni eau chaude, ni chauffage, et ils vivaient avec l'angoisse de ne rien savoir de leurs parents enfermés dans les camps... Les communes concernées se plaignaient de la présence polluante des rouges[86]. » Le livre publié en 2002 (!) dont sont tirées ces phrases, fondé « surtout sur les conversations avec 140 exilés en France, Mexique, Belgique, Cuba, Royaume-Uni, etc. », n'est pas, selon Alfonso Guerra, auteur du prologue, « un livre d'histoire mais une histoire orale de l'exil ». Alfonso Guerra, homme de culture, est prudent. Il a raison car, à partir de 140 témoignages, dont la moitié ne concernent même pas la France, complétés par quelques lectures et consultations, les deux auteurs prétendent décrire sous les couleurs les plus noires l'accueil et l'hébergement de 170 000 personnes. L'ignorance n'autorise pas à égarer l'opinion. Si, grâce au témoignage d'Antonio Alonso, le chapitre relatif à la libération de la France est recevable, les pages consacrées à l'exil des civils en France sont indécentes. Au reste, même un historien reconnu, Javier Tusell, s'est égaré, en 1987, en généralisant, à partir de quelques cas, le « travail forcé » des réfugiés espagnols en France à la fin de 1939[87]. Mieux vaut, croyons-nous, rechercher les instructions officielles et vérifier quelle en a été l'application sur le terrain, en étudiant la correspondance des préfets, sous-préfets, maires, commissaires de police, délégués de diverses organisations. Nous y avons ajouté la lecture des lettres de citoyens français vivant dans un nombre suffisamment important de départements – elles ne se limitent pas à des plaintes contre les réfugiés espagnols – ainsi que les lettres des réfugiés, lorsqu'elles existent.

L'instruction secrète du ministre de l'Intérieur en date du 27 janvier 1939 prévoyait l'arrivée d'un flot de réfugiés dans un « dénuement complet » et les moyens de leur venir en aide. Le 30 janvier, le ministère ajouta sept départements de l'Ouest à une première liste de destinations sur lesquelles il avait demandé au préfet des Pyrénées-Orientales de diriger les arrivants. Plusieurs notes des ministères de l'Intérieur et de la Santé publique (30 janvier, 7 février, 16 février, 20 février) recommandèrent la vigilance sanitaire en raison d'épidémies de variole et de typhus exanthématique, fixèrent les sommes quotidiennes alignées sur les allocations de chômage qui seraient accordées aux collectivités locales pour l'entretien des réfugiés, enfin mirent en garde contre le trafic d'objets précieux et les manœuvres d'individus douteux qui chercheraient à détourner des jeunes filles espagnoles vers la prostitution. Le 14 février, une lettre récapitulative du ministre de l'Intérieur aux préfets fit le bilan des directives en vigueur : mesures sanitaires, organisation des résidences avec retour des hommes valides entrés clandestinement sur le territoire national dans les « camps de concentration » ; incitations au rapatriement ; distribution de titres de séjour après identification ; mesures de surveillance etc. [88].

Sur le terrain, dès réception des instructions ministérielles, les préfets demandèrent aux maires de s'enquérir des possibilités de logement de leurs communes, qu'il s'agisse d'établissements collectifs, de petites maisons disponibles ou d'hébergement par les familles. Les réponses ont été d'une grande diversité, ce qui suffit à disqualifier toute généralisation abusive. Le ministère de l'Intérieur avait recommandé au préfet des Pyrénées-Orientales de maintenir un équilibre relatif entre les destinations. Les départements reçurent donc un minimum de 1 200 à 1 500 personnes et un maximum de 4 000 à 4 500.

Après réception des convois des 31 janvier, 8 et 12 février, la Charente héberge, au 13 février 1939, 4 211 Espagnols. L'Ille-et-Vilaine, où les convois sont arrivés dans la nuit du 31 janvier au 1er février, puis le 2, dans la nuit du 3 au 4 et enfin le 7 février, compte 3 151 réfugiés. Au début février, la Mayenne culmine à 2 031. Effectif comparable dans les Hautes-Pyrénées, soit 2 093, mais à la date du 25 avril. Le Tarn compte, le 15 février, 2 924 réfugiés (1 354 enfants, 1 219 femmes, 351 hommes blessés ou malades). Le Lot un peu plus, 3 131 le 10 février, mais son préfet a tendance à gonfler légèrement les effectifs ; le Gard un peu moins, soit 2 469.

Le Maine-et-Loire en revanche n'a reçu, le 25 février, que 1 309 réfugiés. Le nombre des Espagnols recensés en Loire-Atlantique paraît encore moins important (1 200 environ) mais ce chiffre est trompeur car il date de la fin mai, après de nombreux rapatriements, et il faudrait le porter à 2 500 environ. Exceptionnellement, la Lozère, département peu peuplé, relativement pauvre et aux hivers très froids, a reçu 774 réfugiés seulement, en deux convois (30 janvier et 15 février). Geneviève Dreyfus-Armand propose une liste de 16 départements ayant reçu 2 500 à 3 500 réfugiés dans laquelle elle inclut trois de nos départements-témoins, la Loire-Inférieure, le Lot et le Tarn, mais non le Gard et l'Ille-et-Vilaine qui, on l'a vu, appartiennent à cette catégorie. Elle pointe comme nous la Charente à plus de 4 000 et la Mayenne autour de 2 000[89].

Les quelques exemples réunis dans le tableau suivant[90] démontrent que femmes et enfants constituent l'immense majorité des civils répartis dans l'espace français :

Date	Lieu	Total	H	F	E	V	Mv
Charente							
31-3	Camp de Ruelle	1 917	88	925	765	132	7
	Centres de Cognac	639	30	271	275	40	23
Gard							
16-2	Saint-Hippolyte-du-Fort	303	78	116	103	6	
3-7	Idem	307	82	117	108		
9-2	Robiac	132	4	73	55		
27-7	Le Vigan	262	34	127	101		
Loire-Atlantique							
24-10	Centre de Moisdon	688	26	306	356		
H : hommes 15-60 ans ; F : Femmes 15-60 ans ; E : Enfants ; V : plus de 60 ans ; Mv : Miliciens valides.							

On constate que, sauf dans le Gard (à Saint-Hippolyte-du-Fort surtout et au Vigan), les hommes de moins de soixante ans représentent toujours moins de 10 %, voire moins de 5 % de l'effectif. On aurait pu faire une observation comparable à propos du camp de Moisdon mais les statistiques antérieures au mois d'octobre ne distinguent pas hommes et femmes parmi les adultes. La dispersion atteint un maximum dans la Mayenne où 199 communes ont hébergé des groupes de 2 à 30 personnes, sauf Laval, Mayenne et Château-Gontier qui ont respectivement abrité 132, 130 et 72 réfugiés [91]. Un département comme le Finistère a également joué la carte de la dispersion : une trentaine de communes au moins ont accueilli les Espagnols, de Brest, Quimper ou Morlaix jusqu'à Lesnoven, Guissény, Pont-Aven, Pont-l'Abbé, Plouastel, Rosporden ou Fouesnant. Même politique dans la Dordogne, en Haute-Loire, dans le Var ou encore dans le Tarn, en Saône-et-Loire et Haute-Saône, qui ont été ajoutés à la liste des destinations. C'est ainsi que la famille Martinez Cobo, qui devait, par la suite, jouer un rôle notable dans la vie toulousaine, se retrouva à Vesoul.

Dans le département du Tarn, 45 communes ont hébergé les réfugiés : il s'agit parfois de très petits groupes de 6, 7 ou 8 personnes, comme dans les villages de Grazac et Cambounet ou à Alban, mais aussi de regroupements importants à Albi, Castres, Graulhet, Lisle-sur-Tarn (129 personnes) et surtout à Cordes qui bat le record du département avec 286 réfugiés, femmes et enfants exclusivement, en provenance de toute l'Espagne. La dispersion est également très forte dans le Lot puisque les réfugiés sont répartis entre 49 communes dont 6 ont accueilli de gros effectifs : Figeac (503 personnes), Gourdon (309), Luzech (186), Limogne (164), Gramat (123), Souillac (117) et quelques autres en reçurent plus de cinquante [92]. Dans le Gard, une vingtaine de communes, toutes cévenoles à l'exception de Nîmes et d'Uzès, se sont réparti les réfugiés ; parmi elles, Bessèges (374), Saint-Hippolyte-du-Fort (303) et Le Vigan (262), qui avaient déjà reçu beaucoup d'Espagnols en 1937, ont été d'assez loin les plus concernées, mais Anduze a hébergé plus de cent Espagnols et de petites communes (Avèze, Cros, Lasalle, Les Mages, Montdardier) ont aussi accueilli leur lot [93]. La Lozère voisine a réparti ses 800 réfugiés entre une dizaine de communes dont quatre (Florac, Langogne,

Marvejols et Saint-Chély-d'Apcher) ont reçu chacune plus de 100 réfugiés. Dispersion limitée également dans l'Indre où les centres importants de Châtillon, Le Blanc, La Châtre regroupent, avec Châteauroux, Issoudun et Buzançais, la majorité des réfugiés. Dans l'Ariège, submergée par l'afflux des réfugiés, l'administration dut parer au plus pressé : elle mobilisa un ancien couvent à Pamiers, une prison à Foix, des maisons ou des écoles abandonnées, des bâtiments municipaux et les locaux prêtés par les habitants. Les malades et les blessés furent dirigés sur les hôpitaux d'Ax-les-Thermes et de Foix. L'accueil des enfants à l'école communale, à Foix et Tarascon, fut organisé rapidement.

Certains départements affectèrent les réfugiés à des centres d'hébergement de grandes dimensions, qui exigèrent des travaux menés au pas de charge et la mise en place d'infrastructures et d'un personnel. Ainsi en Charente, le camp de Ruelle fut aménagé en quarante-huit heures grâce au travail acharné des 150 ouvriers mobilisés. Le préfet observe chez eux un « esprit de solidarité digne d'être remarqué ». Ruelle, au 31 mars, abrite 1 917 personnes. Il a pu héberger les autres à Angoulême, dans les trois centres de Cognac (639), à Confolens (181), au château de Pressé (167) et dans un camp ouvert dans le département voisin des Deux-Sèvres, Saint-Loup-sur-Thouet. Par la suite, le camp des Alliers à Angoulême rassemblera un nombre important des réfugiés provisoirement dispersés.

Sans doute furent-ils regroupés en raison des réticences croissantes d'une population déjà sollicitée en 1936 et 1937. Le préfet écrit qu'elle a montré une « attitude très compréhensive, malgré le préjugé moins favorable que lors des exodes précédents, notamment celui des Basques... Cependant, pour les enfants, les femmes dignes d'intérêt et pour les blessés, un effort considérable a été fait dans toutes les classes de la population... Il convient de signaler le dévouement admirable des dames de la Croix-Rouge et du personnel enseignant ». Il ajoute toutefois : « J'ai pu constater, par contre, une répugnance générale lorsqu'il s'est agi des placements individuels ou de la dispersion dans les communes du département... La plupart des municipalités se sont nettement refusées à recevoir des réfugiés. Cette situation pose en Charente un problème inquiétant[94]. »

C'est aussi la répartition entre un petit nombre de centres d'accueil que choisit le préfet d'Ille-et-Vilaine : camps de Saint-Cyr et de Verdun à Rennes, centres de Redon (ancienne prison), Vitré (ancienne prison désaffectée) et Fougères. En août seront aménagées au Vieux-Vy-sur-Couesnon les 87 maisons des employés et ouvriers des anciennes mines de Bretagne, susceptibles de recevoir un bon millier de personnes. En Loire-Atlantique, les réfugiés furent d'abord installés dans les colonies de vacances des stations balnéaires comme Pornichet (arrondissement de Saint-Nazaire) et des travaux furent entrepris pour aménager deux camps importants dans l'arrondissement de Châteaubriant, l'un à Moisdon à partir de la propriété d'un maître de forges, qui comprenait un château, deux magasins, un grand bâtiment et de petites maisons ; l'autre dans une cité ouvrière abandonnée de dix maisons à Juigné. Les deux camps, ouverts le 31 mai (Moisdon) et dans les premiers jours de juin (Juigné), accueillirent environ un millier de personnes, et les locaux des colonies de vacances furent libérés avant l'été. De même, en Lozère, l'Enfance ouvrière au grand air d'Alès mit les 60 places de sa colonie de Masméjean (commune de Saint-Maurice-de-Ventalon) à la disposition du préfet, à la condition de libérer les lieux le 15 juin. Dans un genre différent, le fort des Rousses (Jura) qui avait reçu un contingent important de réfugiés dut être libéré au bout de quelques semaines pour raisons militaires et le 26 avril, ses occupants, 446 personnes dont 25 hommes, 243 femmes et 178 enfants, furent transférés à Langogne (Lozère)[95].

Même en Charente, où la population avait manifesté les réticences mentionnées plus haut, le Comité d'aide aux réfugiés de Barbezieux prit en charge dix personnes et l'instituteur Michel accueillit chez lui une femme et ses deux filles[96]. En Mayenne, le nombre des réfugiés ainsi logés est très faible : 12 sur 2 000. Il est assez faible dans le Lot mais 29 personnes furent accueillies dans des familles à Cahors. Le chiffre fut très élevé dans le Tarn : 376, dont 105 à Albi, 67 à Castres, 46 à Carmaux et 27 à Saint-Benoît-de-Carmaux, 43 à Mazamet, sans compter les 143 personnes recueillies au château de La Bassine par une organisation caritative, en accord avec une union syndicale. À Mazamet où le maire avait témoigné d'une grande mauvaise humeur à l'idée de recueillir « cette racaille », l'un de ses prédécesseurs, Albert Vidal, sauva l'honneur de la commune en organisant, dans ses anciens magasins à laine, un hôpital où, avec le concours de sa famille, de bénévoles, d'un médecin et d'infirmières de la Croix-Rouge, il prit en charge l'assistance aux blessés. Plusieurs d'entre eux devaient, par la suite, lui témoigner leur reconnaissance avec émotion [97]. Dans chaque département ou presque, on relève des exemples d'hébergement par les particuliers. La proportion de cette « initiative privée » par rapport à l'officielle fut parfois plus élevée que dans le Tarn. Dans le Gard, elle atteignit 655 cas sur 2 561 en juin 1939. Il est vrai que dans ces deux départements, comme en Aveyron, les Espagnols établis en France avant la guerre étaient à l'avant-garde du mouvement de solidarité. Les maires communistes du bassin des Cévennes jouèrent aussi un rôle notable. Mais le record appartient sans nul doute au département des Hautes-Pyrénées : le 25 avril, sur 2 093 réfugiés, 905, soit 43,7 %, étaient hébergés par des particuliers, le plus souvent des parents établis en Bigorre avant la guerre [98].

Les préjugés à l'égard des « rouges », réels dans une bonne partie de l'opinion, ne suffirent pourtant pas à étouffer les sentiments de solidarité envers les victimes d'un drame connu de tous. L'accueil fut bon dans l'ensemble, et cela partout ou presque. Le 24 février, le préfet de Loire-Atlantique écrivit au ministre : « La population de Châteaubriant, si elle a été à l'abord assez réfractaire, a été très vivement impressionnée par la dignité des réfugiés, par leur attitude pleine de sagesse, entraînée par des bonnes volontés qui ont constitué le Comité d'accueil. Il semble, si on excepte quelques hostilités irréductibles, que les réfugiés sont acceptés sans difficultés... Toutes les associations et groupements ont aidé à ce résultat et je ne saurais passer sous silence comme cause majeure de ce revirement toute l'aide que j'ai trouvée dans *Le Courrier de Châteaubriant*, organe des partis modérés, et dans les autorités ecclésiastiques, qui n'ont pas hésité à organiser dans les locaux du Centre catholique une représentation au bénéfice des réfugiés... Ceux-ci ont, à plusieurs reprises, marqué leur gratitude envers la France et le gouvernement. » On observera que l'archiprêtre de Châteaubriant et un curé voisin avaient mis à la disposition des réfugiés toute la literie dont ils disposaient. La paille des grabats n'a donc pas été le lot de tous. D'aucuns oublient aujourd'hui que la plus grande partie de la population française à cette époque, à la campagne comme en ville, ne disposait ni de chauffage central, ni de salles de bains et d'eau chaude[99].

Le préfet de la Mayenne fit des observations analogues : « Les populations locales, d'abord réservées à leur adresse, ont fait bon accueil à ces malheureux ; les Comités de secours de Laval, Mayenne et Château-Gontier, ainsi que bon nombre de personnes charitables dans la plupart des autres communes, ont distribué largement vêtements, chaussures, matériel de couchage, même des denrées alimentaires... [Les réfugiés] se sont trouvés satisfaits des conditions d'hébergement... » Il ne signale pas de marques de gratitude particulières, mais nous savons qu'à Pré-en-Pail une jeune Espagnole a souhaité jouer au piano *La Marseillaise* pour exprimer sa reconnaissance et celle de ses compatriotes[100].

Changeons d'horizon et transportons-nous dans le Gard, à Valleraugue, au pied du mont Aigoual, où 62 Espagnols sont arrivés le 12 février. Logés dans des « locaux mis gracieusement à la disposition de la municipalité par les habitants », ils préparent leur nourriture eux-mêmes et ont une « bonne conduite ». L'accueil a été sympathique dans l'ensemble. Les femmes souhaiteraient travailler dans le secteur textile. Non loin de ce village, à Uzès, le commissaire de police note : « La population uzétienne s'est montrée très accueillante et, chaque jour à la mairie, affluent les douceurs à l'intention des enfants, et les effets vestimentaires. Les réfugiés se comportent très bien, manifestent leur gratitude. Cependant, dans d'autres communes, plusieurs femmes font preuve d'une nervosité d'ailleurs compréhensible. Elles voudraient retrouver leurs maris internés dans les camps[101]. » Comme en 1938, les Hauts-Pyrénéens ont accueilli les réfugiés avec humanité. Le commissaire de police note, le 27 février : « Les réfugiés ont été visiblement touchés des soins dont ils ont été l'objet. La plupart ont manifesté leur contentement et leur gratitude[102]. »

L'importante circulaire adressée le 5 mai 1939 par Albert Sarraut aux préfets de département marqua une révision sensible de la position gouvernementale, quoique les principes de base fussent répétés : maintien de l'ordre public et vigilance particulière envers les individus « de tendance libertaire ou anarchiste », dans l'intérêt même « de l'immense majorité des réfugiés dont la conduite, dans l'ensemble, ne mérite aucun reproche ». Le ministre sait que les rapatriements ont déjà été considérables et il demande aux préfets de « convaincre les hésitants » mais il ajoute qu'il doit s'agir de « personnes n'ayant rien à redouter d'un retour en Espagne et qui n'ont cherché refuge en France que sous l'effet de la panique ». Il reste clair qu'« aucun rapatriement de force ne devra être effectué ». Albert Sarraut sait que les bonnes paroles des représentants du général Franco sur sa « générosité » sont démenties par la dureté de la répression. La circulaire introduit deux nouveautés : elle invite les préfets à favoriser le regroupement familial « dont l'importance morale est évidente » et recommande les transferts d'un département à l'autre à cet effet. De même on doit laisser sortir d'un centre d'hébergement tout réfugié réclamé par un parent qui ne serait pas lui-même réfugié, voire par un particulier « lorsque les références seront de première valeur ». D'autre part, les préfets devront rechercher « les débouchés possibles à la main-d'œuvre espagnole dans le cadre du département, principalement sur le plan agricole », en accord avec l'Inspection du Travail et l'Office départemental de Placement. L'organisation de cours de français enseignant « les rudiments de notre langue » est vivement conseillée. Ces deux mesures semblent préparer une « intégration » des Espagnols qui décideraient de rester en France. Au moins jusqu'à la guerre mondiale, on pouvait penser que la plupart des Espagnols décidés à rentrer dans leur pays l'avaient déjà fait ou allaient le faire [103].

L'application de ces textes a été évidemment inégale selon les départements et le zèle des fonctionnaires. Cependant, les Archives départementales recèlent une abondante correspondance témoignant de « recherches dans l'intérêt des familles » souvent très actives, longtemps infructueuses mais qui, au terme de quelques mois, produisent enfin les retrouvailles espérées. Ainsi, en Mayenne, le préfet fait établir, le 24 juin, une liste des femmes qui recherchent leurs parents et des indications dont elles disposent, et il l'envoie à tous les départements d'accueil [104]. Certains préfets ou sous-préfets jugeant les capacités de leurs circonscriptions saturées demandent que les regroupements familiaux se fassent en sens inverse des demandes : la Charente obtient des départs vers Bourges (Cher), Lorgues (Var) ou la Haute-Garonne. Le préfet des Alpes-Maritimes refuse un transfert de la Charente à Grasse : trop de bonnes à tout faire sont en chômage dans son département[105]. Au début de juin, le Comité national catholique de secours aux réfugiés, installé à Bordeaux, informe les préfets qu'il a constitué un fichier, encore limité à 1 200 familles, et demande qu'on lui adresse les listes des familles en recherche d'un proche, avec mention éventuelle des transferts ou des rapatriements. Il joint des affichettes pour les centres d'hébergement. Le ministère de l'Intérieur appuie cette initiative, ainsi que *L'Indépendant des Pyrénées-Orientales*, *Le Populaire* ou le Comité international de la Croix-Rouge[106].

De février à septembre 1939, les relations entre les populations françaises et les réfugiés, bonnes dans l'ensemble, donnent parfois lieu à des incidents. En avril, à Gagnières, dans le Gard, huit femmes espagnoles de dix-neuf à quarante-deux ans, qui avaient pris en charge une colonie d'enfants, refusent de poursuivre cette mission. Le commissaire de police de Bessèges, pourtant bien disposé à l'égard des réfugiés, leur reproche leur « très mauvaise mentalité » et leur ingratitude. Averties qu'elles vont être refoulées à la frontière, elles affirment qu'elles ont moins souffert en deux ans de guerre civile en Espagne qu'en deux mois à Gagnières ! En septembre, un conflit oppose cinq femmes de dix-huit à trente-cinq ans, hébergées à Valleraugue (Gard), à Paul Mestre, propriétaire à Saint-André-de-Buèges (Hérault), à l'occasion des vendanges : elles se disent épuisées par des charges trop lourdes et contestent le salaire, tout en protestant de leur reconnaissance envers la France ; Mestre, ancien combattant de 14-18, croix de guerre, assure que ces « exaltées révolutionnaires » l'ont insulté, et il leur prête ce langage : « Nous tenir la place des Français, rien faire et payées, manger, promener. » La gendarmerie de Brissac donne en partie raison aux femmes mais celles-ci sont invitées à solliciter leur rapatriement. À Saint-Chély-d'Apcher, en Lozère, la gendarmerie intervient aussi dans une affaire toute différente : un chirurgien-dentiste de la localité a attiré chez lui de jeunes Espagnols (des deux sexes ?), les a fait boire, les a drogués, leur a montré des photos de femmes nues et s'est livré à leurs dépens à des « actes immoraux[107] ».

En Charente, plusieurs incidents opposent les réfugiés du camp de Ruelle à la population. Le plus important a lieu en mai : un jour, le docteur Forgeaud, qui effectue une visite quotidienne au camp, est accompagné de trois religieuses. Saluées par les réfugiés qu'elles avaient soignés, elles suscitent l'hostilité des autres résidents qui réclament des « infirmières laïques ». L'agitation est si vive que la direction du camp conseilla leur retrait. Après leur départ, les Espagnols mettent en scène une parodie de mariage religieux qui fait scandale dans le département [108].

Au camp de Moisdon (Loire-Atlantique), la tension devient très vive après la signature du pacte germano-soviétique qui stimule les activités du « Comité communiste révolutionnaire », formé quelques semaines plus tôt. L'inspecteur de police Martineau identifie les dirigeants de ce Comité : Victoriano Claudin Pareño et son fils Luis Claudin Pontes, Ricardo Araujo Olviedo, militants très actifs, ainsi que trois femmes, Gabriela Abad Miro, Consuelo Alonso et Teresa Castro Navarro, âgée de dix-huit ans seulement. Le commissaire et le préfet font état d'une propagande violemment antifrançaise et ardemment prosoviétique : « militants communistes notoires, ils cherchent par tous les moyens à exciter leurs compatriotes, menaçant même ceux qui désireraient se mettre au service de notre pays », autrement dit s'engager dans l'armée française. De Moisdon l'agitation gagne Juigné où les six femmes qui mènent l'action demandent à partir en URSS. Les Claudin et d'autres agitateurs sont expédiés à Saint-Cyprien [109].

Au bout du compte, les relations des réfugiés avec la population ne furent donc pas idylliques, et il eût été surprenant qu'elles le fussent. Les incidents restèrent toutefois rares, et les départs de plusieurs dizaines de milliers de réfugiés par rapatriement ou émigration aux Amériques atténuèrent les tensions. La population des camps avait diminué considérablement de mai à août 1939 en dépit de l'arrivée de nombreux miliciens en provenance des hôpitaux où ils avaient été soignés.

LE CHOIX DIFFICILE DU RAPATRIEMENT

En mars et avril 1939 Le Vernet reçoit 594 miliciens en provenance de la Haute-Garonne, du Gers, du Cantal, de la Dordogne (167), des Côtes-du-Nord (119), du Morbihan, de l'Allier (112) et de l'Eure [110]. La diminution des effectifs des centres d'hébergement, petits ou grands, qui avaient accueilli les civils est aussi spectaculaire. On l'observe partout ou presque, mais avec des différences importantes. Au niveau départemental, en voici quatre exemples :

	Charente	Gard	Mayenne	Lot
13 février 1939	4 211	2 469 (27-2)	2 031 (29-1)	3 131 (10-2)
13 mars	3 411		1 950	2 856 (27-3)
17 avril	3 114			2 705 (24-4)
15 mai	3 024		1 610	2 555 (21-5)
19 juin	2 844	2 561 (26-6)	1 400	2 182 (26-6)
3 juillet	2 788			
19 août			1 112	2 057 (18-8)
Septembre		2 467		
7 octobre		2 462		
10 novembre		2 128		

La baisse des effectifs, très forte en Mayenne, puisque ce département a perdu près de la moitié de l'effectif de février à août, forte en Charente mais surtout dans les premiers mois, est tardive dans le Lot, très lente et très tardive dans le Gard où elle ne s'amorce qu'à partir de la fin octobre, ce qui confirme l'observation faite à propos de Saint-Hippolyte-du-Fort. Cependant, le Gard est un cas exceptionnel qui a le grand avantage de démontrer que les rapatriements, certes conseillés, vivement recommandés, n'ont jamais été forcés [111].

Dans la diminution du nombre des réfugiés, les rapatriements sont de loin le facteur le plus considérable. Javier Rubio en a proposé une évaluation de la mi-février à la mi-décembre 1939. Exprimée en chiffres ronds, elle ne peut être qu'indicative et me paraît sujette à caution, surtout le chiffre avancé pour le début août, soit 250 000 personnes, c'est-à-dire la moitié des réfugiés. Il est vrai qu'une partie des retours fut presque immédiate : environ 50 000 avant le 20 février, dont les passagers de deux trains bondés de Perpignan à Hendaye dans la nuit du 5 au 6 février, et 10 000 départs dans la seule nuit du 12 au 13. De nombreux Espagnols avaient cédé à la panique et pensaient, à tort ou à raison, ne rien avoir à redouter et pouvoir très vite retrouver leur famille et leurs activités. Il m'apparaît que Javier Rubio a anticipé d'au moins un mois l'accélération des rapatriements. Celle-ci fut suscitée par l'entrée en guerre de la France au début de septembre [112]. Et je souscris pleinement à l'appréciation de Geneviève Dreyfus-Armand : « Il est clair... que l'on ne peut parvenir qu'à des approximations ; l'imprécision porte essentiellement sur l'impossibilité de prendre en compte la multiplicité des situations à un moment donné, et surtout du nombre de femmes et d'enfants [113]. »

Observons d'abord que la forte diminution de la population des camps ne s'explique pas seulement par les rapatriements. Certes, ceux-ci ne sont pas négligeables : ainsi, au Vernet, du 9 au 20 septembre, les listes nominatives des retours totalisent 199 noms. À Septfonds, le préfet note, le 19 septembre, « certains autres [miliciens] sont rentrés en Espagne », et, du 25 mai au 26 août, sur 16 626 notices individuelles remplies par les hôtes du camp, 5 926 expriment le souhait d'un retour en Espagne, sans conditions, et 1 076 avec conditions. Ce vœu ne devait pas être satisfait rapidement [114]. La formation des « compagnies de travailleurs étrangers », qui ont enrôlé plusieurs milliers de pensionnaires des camps et dont la chronologie reste floue, a eu sa part dans le mouvement.

Pour ce qui est des « civils », revenons, une fois encore, aux sources les plus humbles, à l'origine même des rapatriements et à la formation des convois. La Mayenne, on l'a vu, est l'un des départements où, de février à août, la baisse est la plus forte. Le préfet qui a soigneusement comptabilisé les retours en Espagne par sept convois, du 6 mars au 18 août, écrit le 19 que 736 réfugiés ont, à ce jour, regagné leur pays, quand il en faudrait 919. Les départs vers les Amériques ont été rares, à peine une vingtaine. Même en Mayenne, on est loin de compter une moitié de retours. En Charente, où la baisse avait été très forte au début, près de 25 % en deux mois, elle s'est fortement ralentie ensuite : le 3 juillet, le département abrite encore 2 788 réfugiés et, le 1er août, le seul camp de Ruelle en compte 1 663, le département environ 2 500. En Ille-et-Vilaine, le nombre des réfugiés qui atteignait 3 151 le 7 février est tombé à 2 100 au début du mois d'août. Dans les deux cas, on est bien loin d'enregistrer 50 % de retours. Et dans le Lot, où cette baisse a pu être calculée avec précision, elle n'atteint que 34,3 % en août [115]. La population totale des camps de Moisdon et Juigné, en Loire-Atlantique, est encore, le 1er août, de 1 160 personnes (et de 996 le 18 octobre) mais je ne puis en tirer de conséquence car les réfugiés du département ont pu être regroupés dans ces camps pour libérer les colonies de vacances.

Le Gard présente un cas particulier, caractérisé par le maintien à un haut niveau de l'effectif des réfugiés. Pourtant, le préfet a organisé six convois de rapatriement, les 4 et 23 mars, 13 avril, 31 mai, 7 juillet et 10 août. Ces six convois représentent 414 personnes mais les départs réels sont souvent inférieurs à ceux prévus par les listes établies, par exemple 127 au lieu de 137 le 31 mai, 59 au lieu de 92 le 10 août. Certains des inscrits ne se présentent pas. Exceptionnellement, le 7 juillet, l'effectif réel, 119 personnes, est conforme à la liste [116]. Je n'ignore pas que les extrapolations sont dangereuses mais il est flagrant que, dans tous les cas étudiés, les retours avant la déclaration de guerre ont été sensiblement moins importants que certains, politiques ou historiens, l'ont prétendu, à commencer par un ministre de l'Intérieur soucieux de démontrer à la droite parlementaire que sa politique de persuasion produisait des effets positifs pour les finances du pays en réduisant le coût de l'assistance, soit 7 millions de francs par jour, comme le suggère Geneviève Dreyfus-Armand.

En la matière, la malveillance a contribué à fausser la statistique : une partie des miliciens ou soldats républicains, tel Mariano Constante, sans se préoccuper des responsabilités de leur gouvernement, n'ont pas pardonné à la France les conditions lamentables de leur accueil, et ils ont évoqué « les pressions intolérables » qu'ils auraient subies afin de rentrer en Espagne. Elles existèrent, certes, mais ne furent pas intolérables puisque des dizaines de milliers de personnes les ont tolérées. Voyons cela de plus près. Devant le petit nombre des retours – 104 sur plus de 2 000 personnes à la fin avril ! – le préfet du Gard envoie le sous-préfet d'Alès enquêter, fin mai, auprès des femmes réfugiées dont le mari se trouve dans un camp de concentration. Accepteraient-elles de rentrer en Espagne si leurs maris, libérés des camps, les rejoignaient préalablement en un lieu fixé d'un commun accord ? Les résultats sont éloquents : 4 seulement des 26 femmes rencontrées à Gagnières, aux Mages et à Rivières acceptent. À Gagnières, les 11 femmes interrogées refusent la proposition, toujours par crainte de représailles franquistes. Les deux femmes de Robiac qui partent le 4 août pour l'Espagne, *via* Le Barcarès, savent que leurs maris, internés au camp de Gurs, ont demandé leur rapatriement et vont les rejoindre. Les pressions exercées dans le département doivent être « tolérables » puisque, à la fin juillet, le préfet observe que l'effectif des réfugiés n'a diminué que de 14,5 %[117].

Autre exemple : à la fin juillet 1939, le sous-préfet de Châteaubriant, en Loire-Atlantique, fait état des réticences des réfugiés hébergés dans les camps de Moisdon et Juigné à regagner l'Espagne : un petit convoi de 35 personnes part le 30 juillet ; une liste de 46 noms est établie le 18 août. L'inspecteur Martineau, que nous avons rencontré plus haut, se fait fort d'obtenir des rapatriements plus nombreux. Il exhibe triomphalement, quelques jours plus tard, une liste de 186 volontaires. Hélas, le camp entre en ébullition sous l'action « d'un petit nombre d'agitateurs ». En fait, ce sont des « agitatrices ». Une pétition, signée par toutes celles et ceux qui refusent de partir, est accompagnée d'une lettre de Gabriela Abad Miro dont on donne lecture. Elle rappelle que la « loi de responsabilités politiques » promulguée par Franco le 9 février 1939 menace « tous les antifascistes âgés de plus de quatorze ans en 1934 ». Du coup, la liste des volontaires se réduit de 186 à 46 noms. Parfois, un affrontement oppose les candidats au retour et les réfractaires. C'est le cas à Mende, au camp du Chapitre. Dans le département, le nombre initial des réfugiés a été faible et la chute de l'effectif rapide.

Ne confondons pas l'exception et la règle. L'examen d'une abondante documentation permet de les distinguer sans hésitation. On ne saurait prétendre que des cas isolés « contribuent à prouver que les rapatriements sont coercitifs », comme le fait Nathalie Bousquet. Elle précise d'ailleurs que tous les Espagnols de Rocamadour ont refusé leur rapatriement[118]... Il convient aussi de tenir compte de cas particuliers. Le préfet de l'Ariège, par exemple, voudrait bien se débarrasser de Concepcion Burset et Dolores Folk qui se sont rendues insupportables : elles se livrent à la prostitution, fréquentent des individus peu recommandables et il est impossible de les « placer ». Transférées d'un centre d'hébergement à l'autre, elles se montrent insolentes et agressives. Son collègue de la Lozère lui répond que le camp de Rieucros n'est pas destiné à cet usage. Finalement, Dolores Folk demande à rentrer en Espagne et est reconduite à la frontière le 15 décembre. Ouf[119] !

La « loi de responsabilités politiques » est invoquée plusieurs fois, souvent à juste titre, par ceux qui refusent le retour. À Rennes, l'ingénieur Nicolas Soto Redondo, cinquante-huit ans, ancien commissaire du Front populaire auprès de la Compagnie des Chemins de fer du Nord de l'Espagne, qui réside à la Filatière, demande le 31 mars au préfet l'autorisation de rester en France avec son épouse Petra Argüelles, car il est soumis à cette loi. Le syndicat des cheminots rappelle en même temps à ce haut fonctionnaire, enclin à de fâcheux excès de zèle, le respect des engagements du ministre de l'Intérieur. Cinquante-huit francs-maçons, qui ont exercé des fonctions dans l'administration ou combattu dans l'armée de la République, demandent, le 22 août, la prolongation de leur séjour à Montauban. On les comprend si l'on songe à l'obsession antimaçonnique du Généralissime[120]. L'interrogatoire de 15 000 miliciens de Septfonds et du Vernet, transmis en haut lieu le 18 août 1939, permet l'étude et le classement des « raisons invoquées par les réfugiés pour ne pas rejoindre l'Espagne » :

	Le Vernet (8 500)	Septfonds (6 500)
Syndicalistes et antifacistes	20 %	24 %
Parents condamnés	9 %	2 %
Lettres familiales déconseillant le retour	3 %	14 %
Chefs de partis et fonctionnaires	12 %	14 %
Officiers	16 %	15 %
Engagés volontaires dans la guerre	12 %	6 %

Les départs vers les Amériques et l'URSS

Beaucoup de réfugiés ont nourri un rêve américain, et quelques milliers l'ont réalisé. Non plus « faire l'Amérique » comme au XIXe siècle, mais tenter l'expérience d'une vie nouvelle, tout en retrouvant la sécurité. Le Mexique exerçait un attrait d'autant plus fort qu'il venait de vivre une révolution marquée par des avancées sociales et un anticléricalisme aussi virulent que celui de la République espagnole. Un petit contingent de volontaires mexicains avec à leur tête l'un des plus célèbres peintres muralistes, David Siqueiros, s'était battu en Espagne sur le front de Catalogne. Pendant les années de la République, le Mexique avait été donné souvent en exemple, bien que l'opinion, dans son ensemble, fût fort ignorante de ses réalités. De surcroît, le président Lazaro Cardenas avait, dès février 1939, offert l'hospitalité aux républicains espagnols. Il n'est donc pas étonnant que beaucoup de miliciens aient souhaité émigrer au Mexique : à Septfonds, ils furent 4 193 sur 16 626, 575 seulement préférèrent un autre pays d'Amérique latine [121]. Au total, sur les 80 000 réfugiés qui, en France, sollicitèrent leur émigration en Amérique, plus de la moitié demandèrent cette destination.

L'ambassadeur du Mexique en France, Narciso Bassols, et ses consuls, notamment Fernando Torres Vivanco à Bordeaux, étaient assaillis de demandes. Bassols informa le président

Cardenas qu'il avait suggéré à Alvarez del Vayo de créer une commission destinée à choisir les familles désireuses de s'établir au Mexique, avec une préférence pour les travailleurs des champs, les techniciens agricoles ou industriels et les ouvriers qualifiés. Mais Isidro Fabela, ancien représentant du Mexique à la SDN, qui avait visité le camp d'Argelès et les centres d'hébergement d'Amélie-les-Bains et d'Arles-sur-Tech, fit savoir qu'il avait rencontré beaucoup de candidats dont le Mexique pourrait tirer avantage : des professeurs des facultés de Philosophie et de Droit de Madrid et Barcelone, des ingénieurs, des médecins, des avocats, des mécaniciens, des aviateurs, etc. Il recommanda d'accélérer les formalités bureaucratiques à leur intention. Cardenas demanda à Narciso Bassols de prendre les choses en main. L'ambassadeur définit avec précision les conditions politiques, économiques, juridiques de la délivrance des visas. Si Cardenas n'avait pas fixé de *numerus clausus*, il souhaitait vivement accueillir des travailleurs agricoles compétents et des intellectuels qui représentaient véritablement l'Espagne républicaine.

Bassols écrivit en ce sens à Léon Jouhaux, secrétaire de la CGT, et, indiquant que le Mexique accomplissait un acte politique, demanda la collaboration de la centrale pour que d'authentiques représentants du *Frente Popular* sélectionnent les émigrants, avec l'assistance de l'ambassadeur du Mexique en Espagne, Tejeda. Bassols, communiste fervent, a certainement songé à fortifier son parti au Mexique. Son travail ne fut pas facilité par la poursuite du conflit entre Juan Negrin et Indalecio Prieto. Chacun était à la tête d'un organisme, respectivement le SERE et le JARE, soucieux de contrôler au moins pour une part le choix des émigrants [122]. Enfin, il n'est pas évident que la population mexicaine ait été aussi favorable que son gouvernement à l'installation dans le pays de beaucoup d'Espagnols.

L'efficacité et la célérité dont témoignèrent Bassols et ses collaborateurs produisirent des effets rapides. Les premiers réfugiés espagnols, un groupe de 77 personnes, dont quelques « intellectuels » de renom, débarquèrent à Vera Cruz dès le 20 avril. Ils furent suivis par d'autres très petits groupes de quelques personnes et, le 30 mai, par un premier arrivage notable à bord du *Flandres* – 312 ou 327 personnes, selon les sources. Parmi les passagers figuraient José Giral et son fils, plusieurs députés aux Cortes, Juan Domenchina, ancien secrétaire particulier d'Azaña, l'ancien ministre de la Justice, Juan Botella, et plusieurs savants, journalistes ou écrivains. Un peu plus tard, le général Miaja reçut un accueil triomphal. Les trois traversées qui amenèrent au Mexique près de 5 000 Espagnols, hommes, femmes et enfants, avant la fin août 1939, furent assurées par le *Sinaïa*, parti de Port-Vendres, l'*Ipanema* et le *Mexique* transportant respectivement 1 620, 998 et 2 000 passagers. Le cas du *Sinaïa* a été bien étudié ; les sources ont été enrichies par un journal de bord illustré auquel collaborèrent plusieurs écrivains. On peut le prendre comme exemple.

Le navire, partit de Port-Vendres (et non de Sète) le 26 mai à destination de Vera Cruz, et la traversée dura dix-huit jours. Ses 1 600 passagers se répartissaient ainsi : 600 paysans, 400 travailleurs de l'industrie, 150 de professions diverses et 50 « spécialistes » (?). Les autres passagers, femmes, enfants ou vieillards, faisaient partie de la parentèle des « actifs ». Ils savaient qu'ils seraient acheminés sur leurs lieux de résidence et nourris jusqu'à leur arrivée mais qu'ils devraient ensuite pourvoir à leurs frais d'installation. L'expédition était escortée par la déléguée du gouvernement mexicain, Susana Gamboa, épouse de Fernando Gamboa, l'un des consuls qui avaient collaboré avec Bassols à la sélection des candidats. Le SERE avait désigné l'un des siens, Martin Puente, pour représenter, officieusement, le gouvernement de la République. Les émigrants reçurent pendant le voyage une initiation au pays où ils allaient s'installer, grâce à une série de conférences données par des Espagnols. Ils furent ainsi informés des idées du président Cardenas, de ses réformes agraires et de l'éducation, de la géographie et de l'économie notamment pétrolière, et du problème indigène. L'histoire de la Révolution mexicaine, de Porfirio Diaz à Lazaro Cardenas, leur fut racontée et commentée. On leur brossa le tableau de la vie intellectuelle et artistique du Mexique, avec la présentation du muralisme en peinture. Bien entendu, la conception de cette série de conférences était très « officialiste » et les obligations et devoirs des Espagnols ne furent pas oubliés. Les immigrants contractaient une sorte d'engagement d'honneur envers leur pays d'accueil, et il était clair qu'ils devaient soutenir la politique du président

Cardenas, témoigner d'une bonne moralité et demeurer fidèles aux principes démocratiques.

La réception des arrivants à Vera Cruz avait été fort bien préparée : afflux de journalistes et présence de plusieurs représentants du gouvernement mexicain. À l'entrée du navire dans le port, la multitude scandait : « Vive le Mexique ! Vive l'Espagne ! Vive Cardenas ! Vive Negrin ! » Une fête mexicaine, avec danses, spectacles folkloriques et fleurs à profusion acheva de persuader les immigrants que leur calvaire était achevé et que leur vie nouvelle commençait sous les auspices les plus favorables. Un plan de répartition entre les États du pays était dressé. L'État de Vera Cruz recevait 150 paysans et 100 ouvriers ; celui de Puebla 100 agriculteurs et 100 ouvriers ; le Michoacan 200 paysans ; l'État de Hidalgo accueillit 100 ouvriers, dont 40 mineurs et 20 spécialistes des travaux publics ; celui de Mexico en reçut également 100 ; le District fédéral eut droit à 50 « intellectuels »[123]. Il fallut adapter les prévisions à l'accompagnement de femmes et d'enfants.

La défaite de la France et l'arrivée au pouvoir de Pétain provoquèrent de nouveaux départs importants. Vichy souhaitait, en effet, se débarrasser d'éléments politiquement peu sûrs, tout en leur offrant un asile, tandis que Lazaro Cardenas et son successeur, satisfaits du comportement des immigrants de 1939, étaient prêts à recevoir plusieurs milliers de nouveaux venus. Les deux gouvernements parvinrent à un accord et, entre 1940 et 1942, plus de 7 000 Espagnols, des hommes pour plus de la moitié, firent la traversée. Ils furent rejoints par deux contingents plus réduits d'un millier de personnes au total durant les deux années suivantes[124].

La plupart des émigrants à destination du Mexique furent sélectionnés dans les camps : ils étaient « politiquement sûrs » pour le gouvernement de Cardenas. Ainsi, en mai, 18 miliciens partirent du Vernet pour Port-Vendres afin d'embarquer sur le *Sinaïa*, en compagnie de « civils » recrutés dans les centres d'hébergement voisins de Larroque-d'Omes, Mirepoix, Mazères, Saverdun, Varilhes et Tarascon-sur-Ariège. En juin, un autre convoi quitta Le Vernet pour Bordeaux, port de départ de l'*Ipanema* ; le 6 juillet, 67 « miliciens », choisis par le SERE, abandonnèrent sans regret Le Vernet pour Bordeaux ; dans le groupe se trouvait Maria Luisa Vidana, ancienne directrice des Archives du tribunal de Santander, un banquier, trois imprimeurs, un instituteur, mais aussi vingt-cinq cultivateurs, quatre mécaniciens, deux mineurs, deux maçons et deux marins. Lors de chaque départ, femmes et enfants quittaient leur centre d'hébergement pour rejoindre les hommes. Ainsi, vingt-neuf personnes représentant les familles Antic, Amoros, Guillen, Vergès, Tejada et autres, hébergées à Albi, Gaillac et Mazamet, quittèrent le Tarn pour Port-Vendres, afin d'embarquer sur le *Sinaïa* en mai 1939 ; d'autres réfugiés, le 4 juillet, allèrent prendre place à bord de l'*Ipanema*. Les 10 et 13 mai, trente-trois personnes quittèrent Angoulême pour Port-Vendres et, le 5 juillet, vingt autres (douze femmes et huit enfants), en résidence au camp de Ruelle, partirent s'embarquer à Bordeaux [125].

L'immigration des républicains espagnols fut une chance pour le Mexique. S'il n'est pas question de contester la générosité dont firent preuve le président Cardenas et ses collaborateurs, force est de constater que les Mexicains trièrent avec soin les candidats. Comme l'observe Antoine Soriano : « On dit qu'ils ont choisi d'émigrer au Mexique... Non ! On a choisi mais le choix était décidé en haut lieu. » Ajoutons que le groupe accueilli (au maximum quelque 20 000 personnes) ne représentait pas pour le pays une charge comparable à celle que dut supporter la France. Certes, l'exil espagnol fut aussi une chance pour la France, réelle et reconnue dès 1940, mais son effet fut différé.

Comme le remarque Vicente Guarner, l'émigration espagnole au Mexique se distingua par des caractéristiques sociologiques importantes : « elle était formée de professionnels, d'artistes, de politiques, qui vivaient les années les plus productives de leur vie et qui représentaient une part substantielle des cercles intellectuels de leur pays », et, si la France reçut davantage d'immigrants, « il y eut beaucoup plus d'individus bien éduqués et doués de grandes capacités qui arrivèrent au Mexique ». Le même auteur souligne l'influence des immigrés dans la philosophie (Joaquin Xirau), la médecine (Manuel Maquez, Isaac Costero, Rafael Mendez), l'anthropologie et l'histoire (Pedro Bosch-Gimpera, Rafael Altamira, Americo Castro), la musique (Rodolfo Hallfter), la poésie (Cernuda, Leon Felipe), etc. Ce sont des Espagnols qui créèrent le Collège de Mexico [126]. Selon le mot de Juan Marichal « l'exil espagnol fut une fortune ».

De 1940 à 1943, quelques milliers d'Espagnols purent quitter la France pour le Mexique, avec la bénédiction des gouvernements français, y compris celui de Vichy qui vit ainsi le moyen de se débarrasser d'éléments politiquement suspects tout en évitant l'opprobre d'une extradition honteuse : selon Denis Rolland, ils furent 2 055 en 1940, 1 917 en 1941 et 3 055 en 1942. Cette dernière année, les départs pour le Mexique se firent en partie depuis l'Afrique du Nord [127].

Il est étrange que l'un des pays latino-américains qui, après le Mexique, reçut le plus d'immigrants espagnols ait été la république Dominicaine. Selon Javier Rubio, sept convois successifs, embarqués sur les vapeurs *Flandres, Saint-Domingue, De La Salle* (trois voyages) et *Cuba* (deux voyages), transportèrent à Santo Domingo ou à Puerto Plata 3 032 Espagnols entre le 7 novembre 1939 et le 15 mai 1940. À titre d'exemple, les quinze personnes parties des centres d'hébergement de la Charente pour Le Havre, afin d'embarquer sur le *De La Salle* pour la république Dominicaine, quittèrent le département les 26 novembre 1939 et 30 avril 1940 [128]. Selon certains témoins il y eut au moins un voyage de plus avec débarquement en juillet 1940. Ces dates tardives suggèrent un choix dicté par l'urgence : la défaite de la France a rendu plus précaire encore le sort des réfugiés républicains.

On conçoit aisément que Leonidas Trujillo ait voulu se faire pardonner par l'opinion internationale le massacre des Haïtiens perpétré par sa police en 1937. Et qu'il ait souhaité recevoir des agriculteurs et des artisans en boudant les « intellectuels ». On observera qu'il comptait sur ces immigrants pour favoriser le « blanchiment » de la race. Mais seule l'urgence peut expliquer que des combattants de la République aient cherché refuge auprès d'une dictature bien pire que celle du général Franco ! Et cela, alors que le coût du transport et de l'installation était à la charge des immigrants. Il est vrai que le playboy dominicain Porfirio Rubirosa, ambassadeur à Paris et gendre de Trujillo, assuma une partie des frais et négocia le solde avec plusieurs organismes et institutions. Parmi les Espagnols immigrés à Saint-Domingue, on relève la présence du dirigeant socialiste Gonzalez Peña, de communistes et d'un certain nombre d'intellectuels. Ceux-ci furent très vite mal à l'aise dans l'Université dominicaine. Ils cherchèrent par tous les moyens à échapper aux tracasseries de la police de Trujillo et à ses fonctionnaires corrompus en gagnant le Mexique. Ils y parvinrent le plus souvent. Cependant ils étaient encore nombreux pour accueillir, en février 1943, à l'*Ateneo Dominicano*, le professeur Luis Jimenez de Asua, l'un des pères de la Constitution de 1931, venu leur parler de « la Constitution politique de la démocratie espagnole ». Jimenez de Asua chez Trujillo ? Bizarre ! Mais à l'exception du Mexique et du Chili les autres nations latino-américaines n'ont guère montré d'enthousiasme pour recevoir les républicains espagnols exilés.

L'attitude du Chili était naturelle : il avait un gouvernement de Front populaire et son ambassadeur à Paris n'était autre que Pablo Neruda. Celui-ci s'employa activement au recrutement des 2 271 candidats retenus, dont Javier Rubio a dressé une liste presque exhaustive, parvenant même à indiquer leurs appartenances politiques ou syndicales. On constatera sans surprise une domination des communistes, une présence importante des socialistes et des adhérents à l'UGT ou à l'*Esquerra* catalane. Les anarchistes de la CNT ne sont que quelques dizaines, mais Rubio use souvent du sigle FNI pour « filiation politique non identifiée »[129]. La liste des 56 miliciens en partance pour le Chili dressée au Vernet le 29 juillet est remarquable par la diversité des professions : aux vingt-deux agriculteurs s'ajoutent un ingénieur, un ajusteur, un chimiste, un électricien, quatre mineurs, quatre mécaniciens, un photographe, des boulangers et des cordonniers, un charpentier et un ébéniste. Quatorze membres des familles Estève et Mendoza quittent Mazamet et Labastide-Rouairoux (Tarn) pour se joindre au convoi[130]. Le navire affrété pour cette longue traversée (du 4 août au 4 septembre) est le *Winnipeg*, quatre-mâts qui fut jadis « le plus grand cargo du monde » et dont la compagnie France-Navigation avait fait l'acquisition pendant la guerre civile. L'équipage de 125 hommes est composé de militants politiques et renforcé par un important service de santé. En effet, on compte à bord 350 enfants dont 50 ont moins de un an. Une infirmière-major très militante, Philomène Gaubert, et trois médecins, le Dr Hertzog, son épouse Marcelle Cachin, fille du fondateur du PCF, et le Dr Chrétien réussirent l'exploit de maintenir les passagers en bonne santé malgré une insuffisance criante de rations alimentaires, un nouveau ravitaillement n'ayant été prévu qu'au passage du canal de Panama, alors qu'il aurait été possible de le faire à Pointe-à-Pitre.

Si le voyage se termina heureusement ce ne fut pas grâce au capitaine Pupin. Carlos Serrano avance prudemment l'hypothèse selon laquelle le maître à bord et plusieurs de ses officiers auraient cherché à interrompre le voyage avant terme. Il est sûr en tout cas qu'un conflit entre l'équipage et lui éclata après le débarquement des immigrants. L'annonce de la déclaration de guerre et du pacte germano-soviétique servit de prétexte à l'invention d'un scénario improbable : l'organisateur de l'expédition, Émile Sellon, socialiste passé au communisme, aurait projeté de s'emparer du navire pour le conduire à Vladivostok et le livrer à Staline. L'affaire, qui entraîna enquête, interrogatoires et arrestations à la Martinique ainsi que la saisie du *Winnipeg*, ne concernait plus les Espagnols [131].

L'Argentine, qui reconnut rapidement le régime franquiste, avait adopté en 1936 et 1938 une législation destinée à refuser l'entrée dans le pays d'éléments « indésirables », notamment de « gauchistes, ennemis de l'ordre établi ». Buenos Aires autorisa donc l'installation d'un très petit nombre d'Espagnols. Les soixante intellectuels arrivés par le *Massilia* n'étaient qu'en transit : ils purent prendre le train pour Santiago ou Asuncion, ou le vapeur pour Montevideo. Cependant, l'Argentine accueillit des avocats, médecins, écrivains, éditeurs et universitaires dont Claudio Sanchez Albornoz et, au fil des années, nombre d'Espagnols venus de Saint-Domingue, du Chili ou d'ailleurs purent s'établir en Argentine. Le boom de l'édition et de la maison Losada leur dut beaucoup.

Le nombre des Espagnols admis en URSS après la *Retirada* est contesté : pour les auteurs de *El Exilio Español*, il atteignit 3 500, « dirigeants et cadres du PCE et du PSUC catalan, cadres de l'armée, instituteurs, aviateurs, marins, journalistes, écrivains, scientifiques, presque tous avec leurs familles... ». Selon d'autres auteurs, il s'éleva à grand-peine au millier, enfants exclus. Joan Estruch ne propose pas de chiffre, mais il décrit les destinations et les conditions de vie des Espagnols réfugiés en URSS. Il distingue quatre groupes : les dirigeants du parti, chargés de maintenir l'appareil du PCE et de collaborer avec le Komintern ; 26 militaires envoyés à l'Académie de l'Armée *Frunze*, dont Lister, Modesto, Valentin Gonzalez, Tagüeña, Romero Marin, Artemio Precioso. Environ 150 cadres vont recevoir une formation politique et idéologique à l'École du Parti. Tous les autres travailleront en usine à Gorki, Jarkov, Rostov, Krematorsk, etc.

Une chose est certaine. La vie au « paradis des travailleurs » ne fut pas un séjour de délices. Manuel Tagüeña, qui avait participé à la bataille de l'Èbre comme commandant d'un corps d'armée, ne travestit pas la réalité : « Si l'on excepte les fonctionnaires de haut rang ou les subalternes du Komintern et ceux qui furent sélectionnés pour les académies militaires ou l'École de politique, tous les Espagnols furent envoyés dans les usines, où l'immense majorité vécut très mal. Comme ils étaient mal préparés pour le travail au rendement, ils percevaient des salaires infimes, et ils devaient attendre du Secours rouge international le complément leur permettant d'atteindre les 300 roubles indispensables à la survie. » Joan Estruch assure que deux seulement des enfants espagnols nés à Krematorsk au cours d'une année survécurent ; les autres moururent de dénutrition et de diverses maladies. Carmen Parga, l'épouse de Taguëña, a fait un tableau au vitriol de l'URSS de Staline, et le témoignage de Jesus Hernandez est du même ton [132]. Tandis que José Diaz atteint d'un cancer se mourait à Tiflis, la *Pasionaria*, à l'écart de la communauté espagnole, paradait dans une automobile de luxe. Son mari Julian, exilé à Rostov, et son fils Ruben qui mourut en héros devant Stalingrad furent sacrifiés au parti, comme Santiago, le fils de Margarita Nelken, exilée au Mexique, tué en 1945 à la tête de son unité d'artillerie.

Le bilan de l'émigration espagnole en URSS est donc sombre. Presque tous les témoignages sont très sévères, bien que provenant de communistes d'aussi longue date que Manuel Tagüeña, Carmen Parga, Jesus Hernandez, Valentin Gonzalez, Enrique Castro Delgado et autres. Seuls, la *Pasionaria* et Santiago Carrillo ont présenté une image positive du pays de Staline [133].

4

Les réfugiés espagnols en France pendant la guerre

Le pacte germano-soviétique précéda de quelques semaines la mobilisation générale en France. La situation des réfugiés espagnols qui s'y trouvaient encore fut rapidement transformée par la guerre. Ils jouèrent un rôle important pendant les hostilités et sous l'Occupation par leur activité dans la production – agriculture, travaux publics ou industrie – puis par leur participation directe à la lutte, dans l'armée, notamment la Légion, ou dans la Résistance. Nombre d'Espagnols furent des travailleurs jusqu'à 1942, puis des combattants. C'est cette histoire longtemps négligée qu'il convient de raconter.

LES « POLITIQUES » : QUERELLES ET PALINODIES

Commençons par les « politiques ». Quelques lignes suffiront à évoquer leurs querelles. Comme l'observe Antoine Soriano, l'histoire des « gouvernements de la République en exil » et les parcours personnels des anciens dirigeants ont très faiblement concerné la vie des dizaines de milliers d'exilés [134]. L'état-major du PCE ayant élu domicile en URSS, ces conflits affectent les républicains de gauche et le PSOE ou la mouvance anarchiste. Ils sont affligeants, car ils prolongent dans l'exil les luttes intestines qui ont fait tant de mal à la République espagnole de 1936 à 1939. Un affrontement sévère oppose au sein du PSOE *negrinistes* et *priétistes*, et leurs organisations, SERE et JARE, tandis que les libertaires se divisent entre *puristes* résolus à demeurer en marge du conflit européen et *possibilistes* qui envisagent la possibilité de collaborer avec les démocraties. Signalons cependant que plusieurs des acteurs principaux des gouvernements de la République sont restés en France, parfois pour leur malheur.

Le gouvernement de Vichy eut le mérite de laisser la justice statuer librement sur les demandes d'extradition présentées par Serrano Suñer, soit 3 617 au total, et de ne prendre en considération que les deux premières listes, soit 636 noms. Ainsi, presque toutes les extraditions furent refusées, dont celles de Federica Montseny et de Francisco Largo Caballero, Josep Tarradellas et d'autres. Luis Companys, Joan Peiro et Julian Zugazagoitia eurent le malheur de tomber aux mains de l'occupant qui les livra à Franco. Condamnés à mort, ils furent exécutés. Le président Manuel Azaña, d'abord réfugié en Savoie, à Collonges-sous-Salève, passa quelques mois à Genève après avoir démissionné de sa charge. Il s'installa, en octobre 1939, au Pyla-sur-Mer, près de Bordeaux. Une maladie cardiaque grave le poussa à quitter le Pyla pour se fixer à Montauban, à l'hôtel du Midi, où il mourut le 3 novembre 1940. Profondément affecté par le drame qu'il avait vécu, il n'eut en France aucune activité politique. Federica Montseny et son compagnon Germinal Esgleas, établis à Toulouse, tout en restant fidèles à la lutte contre Franco demeurèrent obstinément « apolitiques », refusant la collaboration avec les démocraties que choisit au contraire le courant libertaire concurrent, au nom de l'antifacisme. La guerre et son issue n'avaient pas rétabli la concorde au sein du mouvement mais les divergences ne provoquèrent pas de conflits violents.

Le cas de Rodolfo Llopis mérite une attention particulière. D'abord assigné à résidence à Chambon-le-Château (Lozère), l'ancien député d'Alicante et excellent directeur de l'Enseignement primaire du premier gouvernement Azaña bénéficia d'un statut privilégié grâce à son mariage avec une Française, Georgette Boyer, professeur à Albi. Il fut autorisé à s'établir dans cette ville vers la fin de l'été 1939. Le rapport du commissaire principal de police d'Albi en date du 26 septembre lui est très favorable. Llopis, dont « l'activité politique à Albi est nulle », fréquente surtout les amis de sa femme et n'a que des relations lointaines avec les personnalités SFIO de la ville. Il ne présente aucun danger « du point de vue de la sécurité nationale », sa conduite et sa moralité sont bonnes. L'anticommunisme d'un homme qui ne s'est pas laissé abuser par un voyage de six semaines en URSS est souligné.

Le dossier de Llopis, dont les lettres étaient ouvertes, traduites et conservées, montre qu'il maintint de 1939 à 1942 des relations continues avec ses amis politiques et syndicalistes, notamment Wenceslao Carrillo, José Perez Pastor, Luis Deltell, Gregorio Riesgo. Il entretenait aussi une correspondance avec des instituteurs internés à Bram, dont l'antitotalitarisme absolu s'affirmait avec force, et il était bien informé de l'évolution de la situation et de la répression en Espagne. Ainsi, il eut connaissance des exécutions des maires de Novelda et Villajoyosa, Marti et Llorca, d'une manifestation organisée à Barcelone en faveur de l'amnistie et des désaccords survenus en Navarre entre *requetes* et phalangistes. Il se rendit à Oran afin d'apporter son soutien aux réfugiés espagnols internés dans les centres d'hébergement de Cherchell et Relizane, et il se montra très sévère à l'égard du SERE de Negrin comme des dirigeants qui « prennent la fuite en Amérique ». Selon le commissaire principal des Renseignements généraux du Tarn, « l'attachement de Rodolfo Llopis aux doctrines socialistes et son hostilité vis-à-vis du Parti communiste » avaient été encore accrues par la signature du pacte germano-soviétique. On voit se dessiner avec netteté la figure du dirigeant qui, après la guerre, saura restaurer le PSOE avec énergie et compétence.

Francisco Largo Caballero présente le cas le plus intéressant et le plus original. À la différence d'autres socialistes, tels Wenceslao Carrillo, Trifon Gomez, Rodolfo Llopis ou Pascual Tomas, il refusa de se mêler aux activités politiques des exilés et privilégia une réflexion approfondie sur l'expérience des années 1936-39 où, après l'épreuve du pouvoir, il avait connu la trahison d'une partie des siens et la calomnie de ses anciens alliés communistes. D'abord fixé à Paris, le vieux militant vint s'établir le 16 juin 1940 dans le Tarn, à Trebas, village situé à une trentaine de kilomètres d'Albi, dans une maison appartenant à l'épicière du lieu, Mme Clarenc. Il faisait de longues promenades sur les bords du Tarn en compagnie d'un retraité des PTT, Justin Naltes, chez qui il finissait souvent les soirées. Aux dires du commissaire spécial André Belin, il ne se livrait à aucune activité politique et manifestait la plus grande déférence envers le gouvernement français. Il redoutait certainement d'être livré par Vichy aux autorités franquistes. Le préfet du Tarn signala le 3 décembre 1940 au ministre de l'Intérieur que le dirigeant socialiste avait dû être admis dans une clinique d'Albi pour y être opéré d'une luxation de la clavicule droite. Il ajouta que Largo Caballero avait craint « d'être enlevé par ses adversaires politiques et transporté de l'autre côté des Pyrénées ». Le commissaire Belin fit chorus dans une lettre au préfet : « Ce matin encore (30 novembre), il paraissait croire que la mesure prise à son égard n'était que le prélude de sa remise aux autorités espagnoles. Il a été complètement rassuré après l'entretien qu'il a eu avec vous, sachant par ailleurs que vous aviez permis que sa famille fût informée. » De fait, la belle-sœur, Mme Criado, et sa fille, Isabel Largo Calvo, furent autorisées à lui rendre visite puis à lui tenir compagnie.

Dans la lettre citée plus haut, le préfet du Tarn écrivait : « Il m'apparaît extrêmement désirable qu'il ne réside pas plus longtemps dans mon département, en raison du très grand nombre de réfugiés politiques espagnols... qui constituent un élément d'autant plus dangereux que l'existence d'une organisation communiste a été confirmée. » Le haut fonctionnaire semblait ignorer que les relations entre Francisco Largo Caballero et les communistes étaient détestables depuis plus de trois ans. Il fut transféré dans le département de la Creuse en fin avril 1941, et Isabel fut autorisée à l'accompagner. Francisco Largo Caballero s'est expliqué sur sa volonté de demeurer en marge des intrigues politiques dans une très belle lettre adressée, le 20 novembre 1939, à José Bullejos, ancien secrétaire général du PCE, qui avait été expulsé du parti en 1933 pour avoir défendu le gouvernement contre les attaques du Komintern, et qui se trouvait alors à Oran. Le dirigeant socialiste indique qu'il a refusé à Wenceslao Carrillo de participer à « une junte, Comité ou quoi que ce soit » afin de ne pas être complice de « l'esprit de division et de l'esprit de caciquisme » qui ont fait tant de mal à l'Espagne. Il ajoute : « Les faits nous démontrent que, dans l'émigration, nous nous trouvons en présence d'un gouvernement dit "de Negrin", d'un gouvernement de Catalogne, d'un gouvernement basque et d'une Junte de Défense nationale. » Ajoutant qu'il existe aussi plusieurs exécutifs du PSOE, qu'il y a un exécutif de l'UGT, et que certains veulent en nommer un autre, son ironie se fait cinglante : « Nous jouissons en plus du SERE qui a comme seigneur et maître Negrin et de la JARE par la grâce d'Indalecio Prieto. » Le vieux leader, parfaitement informé de la tragique situation des réfugiés, écrit encore : « Qu'on les tire des camps de concentration pour qu'ils travaillent à l'agriculture ou à l'industrie ; qu'on les embarque pour l'Amérique parce qu'ils croient que là-bas ils pourront refaire leur vie ! » Revenant sur la crise de mai, il évoque l'assassinat de Nin et conserve une vive animosité à l'égard de Prieto, créateur du SIM qui, « par suite de la lâcheté de son fondateur, est tombé au pouvoir des communistes ».

Francisco Largo Caballero, mûri par l'expérience du pouvoir et les épreuves, préférait préparer l'avenir. La « Lettre à un ouvrier » qu'il écrivit à Berlin, dès sa libération en 1945, après quatre ans de captivité en Allemagne, témoigne de cet effort de réflexion. Il y ébauche un modèle d'organisation territoriale proche de celui de l'« Espagne des autonomies » de la Constitution de 1978, recommande une large tolérance religieuse et un important programme économique et culturel, montrant ainsi qu'il a la force de renoncer aux luttes stériles et aux rivalités personnelles dont il avait pu mesurer la nocivité [135].

Un apport important à l'économie française

Dès le printemps 1939, Paris avait songé à utiliser une partie des réfugiés comme main-d'œuvre, afin de réduire la population des camps et leur charge pour le budget. En orientant l'énergie des miliciens et des anciens soldats vers des activités productrices, on les détournerait d'une politisation redoutée. Enfin, la transformation d'un certain nombre d'internés en salariés favoriserait les regroupements familiaux. Toutefois, ces changements de statuts et les embauches éventuelles devaient être gérés avec prudence en raison de la persistance d'un chômage latent. Il fallait éviter de faire des réfugiés des concurrents des travailleurs français. Du moins pouvait-on, comme le fit le ministère du Travail dès le mois de mai, inciter les offices de placement départementaux à recruter la main-d'œuvre saisonnière « non à l'étranger comme précédemment, mais dans les camps où de nombreux Espagnols appartiennent aux professions agricoles et, jusqu'à ce jour, sont demeurés inemployés ». Le ministère de l'Intérieur, allant dans le même sens, souligna dans sa circulaire du 5 mai la nécessité de transformer « cette masse inorganisée et passive que constituent les réfugiés en éléments utiles à la collectivité nationale ». Les préfets furent invités à s'y consacrer tandis que les administrations militaires des camps recevaient instruction de recenser les professions ou spécialités de leurs pensionnaires.

Jusqu'au mois d'août, ce mouvement demeura limité à des embauches ponctuelles. On peut seulement signaler quelques placements d'internés du camp de Septfonds auprès d'agriculteurs de la Haute-Garonne (Grenade, Encausse-les-Thermes, Labarthe, Saint-Ferréol, Saint-Sulpice), du Tarn (Labastide-Rouairoux), du Gers, du Lot (Figeac, Limogne, Castelnau-Montratier, Puy-l'Évêque), du Lot-et-Garonne (Villeneuve-sur-Lot). Les seules mobilisations importantes des exilés jusqu'en septembre 1939 furent le fait des Compagnies de travailleurs étrangers, unités militarisées commandées par des officiers français et composées théoriquement de 250 hommes. Elles devaient participer à des travaux de caractère stratégique ou d'intérêt général dans les zones frontalières ou dans des camps militaires de l'arrière, comme ceux de Coëtquidan, en Bretagne, Mourmelon ou Suippes, en Champagne, ou du Larzac et de Caylus, dans le Sud-Ouest. Dès le 20 avril, 53 CTE avaient été constituées, et 26 autres le furent après l'instruction du 13 juin.

Le recrutement par les CTE n'était guère de nature à susciter l'enthousiasme des pensionnaires des camps : non un véritable emploi salarié, mais un embrigadement assorti d'une petite allocation d'argent de poche, grossie éventuellement d'une prime de bon rendement de 1,50 franc par jour au maximum. L'engagement dans une CTE ne permettait en aucune façon un regroupement familial, mais beaucoup d'Espagnols l'acceptèrent dans le seul but d'échapper au camp[136]. Les autorités françaises, tant militaires que civiles, voyaient dans les CTE un moyen efficace de contrôle des réfugiés. Même en octobre 1939, alors que les embauches dans l'agriculture, l'industrie et les services avaient pris une grande ampleur, certains officiers insistaient sur ce point. Le capitaine Barrié, interprète du camp de Septfonds, écrit dans son rapport du 21 octobre 1939 : « Les miliciens sont tous de plus en plus préoccupés de leur sortie du camp et cherchent leur voie dans les nombreuses catégories de travailleurs où on les classe... Ils s'offrent indifféremment pour des métiers qui ne sont certainement pas toujours les leurs, très souvent pour plusieurs à la fois... Ils veulent tous rester à tout prix en France pour s'y occuper et s'y incorporer, et ils donnent trop souvent l'impression de considérer le camp comme un bureau de placement... Ainsi, la compagnie de travailleurs encadrée semble-t-elle être la meilleure forme d'utiliser la main-d'œuvre comme il a été exposé dans plusieurs rapports précédents... [notamment] pour permettre l'utilisation d'un grand nombre de réfugiés dont les aptitudes sont mal définies, diverses et de valeur médiocre. Les sorties individuelles font courir des risques à l'ordre et à l'état d'esprit. Les militants communistes et anarchistes peuvent, une fois isolés et inconnus, recommencer à se livrer à une propagande contre la France et son gouvernement et servir d'agents bons à tout faire contre la défense nationale [137]. » Rappelons que ce rapport est postérieur au pacte germano-soviétique, qui avait en effet conduit certains militants communistes espagnols à mener une propagande antifrançaise.

Plusieurs CTE furent formées sans incidents : ainsi, au camp du Vernet, quatre compagnies furent levées, une le 30 juin, les trois autres les 17 et 18 juillet. Le recrutement de ces 1 000 hommes « n'a rencontré aucune difficulté », écrivit le commandant du camp [138]. Un peu plus tard, plusieurs CTE furent constituées à Gurs. Des officiers français se félicitèrent du comportement et de l'esprit des miliciens et des hommes dont ils avaient la charge. On le voit dans un rapport du 17 avril 1940 portant sur deux CTE stationnées en Charente et dans les Deux-Sèvres, l'une comptant 190 travailleurs de vingt à quarante-huit ans, l'autre 237. Dans la première, tous ont droit à la mention « bonne conduite » à l'exception de cinq « mauvaise conduite », un « très mauvaise conduite » et un « passable ». Dans la seconde, 174e CTE, les appréciations, plus détaillées, signalent une forte majorité de « bons travailleurs » et même de « très bons ». Certains miliciens, malades, sont « pleins de bonne volonté ». Eufrasio Agua de Hoces, un ancien dessinateur industriel, capitaine de la compagnie, est « excellent à tous points de vue ». Dans les appréciations des 237 travailleurs, il n'y a que douze « médiocre », quatre « très médiocre », un « paresseux » et un « peu courageux ». En bref, ces deux CTE, au terme de plusieurs mois de fonctionnement, n'ont posé aucun problème [139].

Les compagnies, qui se multiplièrent jusqu'à regrouper quelque 50 à 60 000 Espagnols vers février-mars 1940, étaient une façon fort peu satisfaisante de les intégrer à l'économie française. À partir de l'entrée en guerre, cette intégration se fit progressivement par embauche massive dans l'agriculture, l'industrie et les services. La circulaire du ministère de l'Intérieur du 3 septembre, date de la déclaration de guerre, demande aux préfets d'analyser les besoins de leur département en main-d'œuvre, dans l'agriculture et l'industrie : on fera en sorte d'y pourvoir en recrutant les réfugiés espagnols comme prestataires de services (et non comme travailleurs libres) ; ils seront logés et nourris par les mairies et les employeurs, et toucheront une allocation quotidienne de 5 à 10 francs correspondant, *grosso modo*, à l'allocation de chômage. Ce n'est qu'un peu plus tard, à partir de décembre, que les conditions d'embauche permettront aux travailleurs de redevenir des hommes libres jouissant de leurs droits, de retrouver leurs familles et d'être reconnus à leur valeur.

Témoignage précieux sur cette période de transition : la lettre que Jean Moulin, alors préfet d'Eure-et-Loir, adresse à ses collègues, le 13 décembre 1939. Après avoir rappelé que depuis septembre le département compte « un fort contingent de réfugiés du camp de Bram appelé à suppléer temporairement au manque de main-d'œuvre des agriculteurs », le futur héros de la Résistance observe que ces réfugiés demandent un regroupement familial et il tranche : « Bien que les instructions ministérielles soient favorables à ces regroupements et malgré mon désir de satisfaire ces réfugiés, dont l'appoint en main-d'œuvre est précieux, c'est non. Leurs gains sont trop légers pour assurer la subsistance des leurs. Leur travail est sur le point de prendre fin. » Il conclut qu'il traitera les demandes au cas par cas « si les employeurs ont pris des engagements précis ». Il est vrai qu'en Beauce les travailleurs espagnols, logés et nourris, ne touchaient que l'indemnité journalière de 5 à

10 francs, et non un véritable salaire [140]. On trouve des situations comparables dans un grand nombre d'autres départements : l'Aisne, le Cher, le Gard, le Lot, le Loiret, etc., d'autant que le contrat de travail limité aux trois mois des grands travaux agricoles contraint les réfugiés à regagner leur camp, qui en octobre, qui en novembre, qui en décembre. Beaucoup d'entre eux ont su séduire leurs employeurs en se montrant travailleurs et compétents, et de véritables contrats de travail leur sont alors proposés. Aussi, à partir de l'automne 1939, l'embauche durable dans l'agriculture va bon train. À Septfonds, le 23 octobre, le « nombre total des travailleurs qui ont été employés dans l'agriculture » atteint 2 531 contre 676 seulement dans l'industrie. L'effectif du camp qui était remonté fortement à la fin septembre est ramené au-dessous de 10 000 [141].

C'est surtout au bénéfice de l'industrie, notamment des mines et de la métallurgie, que s'opère l'intégration massive des réfugiés espagnols dans l'économie française. L'instruction n° 515 du ministère de l'Intérieur aux préfets, en date du 7 février 1940, peut affirmer : « Il faut que les Espagnols entrés sur notre territoire en raison de la guerre civile soient incorporés dans la vie économique du pays et perdent le caractère de réfugiés assistés. Certains de ces étrangers, après avoir été sélectionnés, ont été dirigés soit vers l'industrie, soit vers l'agriculture, où l'on se déclare particulièrement satisfait de leur concours... Je suis amené par ailleurs à constater que la main-d'œuvre espagnole fait prime actuellement sur le marché du travail. En bref, le sort des réfugiés hommes est généralement réglé. » Le ministre observe ensuite que « l'effectif des camps pyrénéens s'amenuise de plus en plus, au point que dans quelques jours on pourra dire qu'ils sont pratiquement vidés de leurs éléments utilisables ». Pour résoudre le problème des autres réfugiés, il envisage trois solutions : les rapatriements, l'embauche avec contrats de travail pour les femmes, les adolescents, les hommes âgés mais valides, enfin les regroupements autour du chef de famille quand il a trouvé du travail, avec droit aux allocations familiales, à l'égal des Français. Il est confirmé que les rapatriements ne doivent pas concerner les gens menacés de représailles [142].

Cette instruction et son application souvent anticipée, comme le remarque le ministre, rendent intelligibles les mouvements en tous sens observés dans l'espace français : fermeture de la plupart des centres d'hébergement, multiplication des embauches, enfin retrouvailles des membres d'une même famille. Les exemples de cette importante mutation économique et sociale sont nombreux. Dans le bassin industriel de Decazeville, dans l'Aveyron, les Espagnols, dès avant la guerre, représentaient près de la moitié des ouvriers étrangers des houillères d'Aubin, Cransac et Decazeville ou de la métallurgie de Viviez. Les 268 mineurs espagnols de Decazeville comptaient pour 10,1 % de l'ensemble et 49,3 % de mineurs étrangers. En majorité favorables à la République, ils facilitèrent l'embauche de leurs compatriotes en les recommandant et en assurant leur hébergement : de février à août 1939, le bassin reçut une quarantaine de réfugiés, dont trente-trois anciens combattants de l'armée républicaine. Quand la mobilisation creusa des brèches profondes dans les rangs des mineurs, les houillères se tournèrent vers le réservoir de main-d'œuvre des camps.

Brigido Ayora, après Saint-Cyprien et Le Barcarès, a échoué à Septfonds. Il témoigne : « Quand la guerre a éclaté, les compagnies ont cherché du monde. On nous a sélectionnés par professions : mineurs, ajusteurs, chaudronniers. Moi, j'étais mineur. J'ai été recruté par la Compagnie de Decazeville. Un ingénieur et un Monsieur Sanz dit *La Carolina*, qui était originaire de Guadalajara, sont venus nous embaucher. Ils avaient visité tous les camps de concentration. Monsieur Sanz m'a posé beaucoup de questions. J'ai dû bien y répondre car ils m'ont embauché... Ils sont restés trois jours pour contacter soixante personnes. Les compagnies de Saint-Étienne et de La Grand-Combe sont ensuite venues, ont regardé les listes et ont pris tout le monde sans hésiter. On est venu nous chercher avec deux cars de l'entreprise Pons, le 30 novembre 1939. »

L'effectif des mineurs espagnols des houillères de Decazeville fait plus que doubler en trois mois : en 1940, il est de 577 (16,5 % du total et 61,2 % des étrangers) ; il passe en 1941 à 609 mineurs espagnols et l'année suivante à 696, soit 19,9 % des mineurs et 67,6 % de toute la main-d'œuvre étrangère. Aux houillères d'Aubin et Cransac et à l'usine de zinc de la Vieille-Montagne, à Viviez, l'évolution est comparable. La présence d'une communauté déjà ancienne facilite l'adaptation : « La colonie immigrée déjà implantée dans les différentes villes accueille les siens avec bienveillance. Elle est d'ailleurs souvent à l'origine de leur venue [143]. »

Septfonds, qui avait regroupé de préférence des ouvriers spécialisés, est l'un des viviers préférés des entreprises. Dès le 30 août, les forges d'Imphy dans la Nièvre ont pris les devants en embauchant 20 tourneurs et fraiseurs. Par la suite, l'administration du camp a fait, comme elle y était invitée, un recensement par professions, plusieurs fois mis à jour. Au 5 novembre 1939, le camp compte 2 850 métallurgistes, 584 ouvriers du bâtiment, 436 mineurs [144].

Les ministères de la Défense et de l'Air ne perdent pas de temps : ils recrutent en octobre et novembre pour les industries d'armement toulousaines : Poudreries nationales de Toulouse et du Fauga, Cartoucherie, Ateliers de fabrication d'armement, usines d'aviation Breguet et Dewoitine. Le 10 janvier 1940, les instituteurs espagnols internés au camp de Bram écrivent à Rodolfo Llopis que « tous les Basques du camp sont partis travailler à la Poudrerie nationale de Toulouse [145] ». Ces embauches ne sont d'ailleurs pas les plus souhaitables pour ceux qui en bénéficient : en novembre 1939, le préfet de la Haute-Garonne refuse encore, pour raisons de sécurité, de laisser venir à Toulouse les épouses dispersées sur le territoire national. Les industries aéronautiques d'Arudy et de Bayonne, les industries mécaniques de Pau et l'arsenal de Tarbes recrutent de préférence au camp de Gurs tout proche, qui, fin septembre 1939, avait déjà fourni plus de 1 000 métallurgistes : l'arsenal de Tarbes emploie ainsi, au printemps 1940, près de 250 « Gursiens » [146].

Les entreprises de la région puis de toute la France vident les riches gisements de main-d'œuvre de Septfonds et de Gurs : la Société de Ferronnerie du Midi et la tricoterie Soler de Toulouse, les établissements Faguet de Castres ; le 23 novembre, Lagarrigue Monobloc de Bordeaux rafle 16 ajusteurs, tourneurs et forgerons ; le 27 du même mois, puis le 9 décembre, 210 mineurs quittent Septfonds pour le bassin houiller des Cévennes. En février, ce sont 9 selliers-bourreliers qui partent pour Nîmes où les appelle le parc de réparation et d'entretien du matériel militaire [147].

Les recruteurs pour les Cévennes font ensuite la tournée des camps de la côte catalane. Du 17 au 20 décembre, 213 mineurs sont embauchés à Saint-Cyprien, soit 44 pour les mines de Bessèges, 20 pour celles du Martinet, 60 pour La Grand-Combe, 16 pour la petite mine de Cessous, 73 pour Rochebelle. Nous possédons la liste de ces recrutements avec fiches nominatives assorties de photos. Les agents des sociétés minières se rendent ensuite au camp d'Argelès où ils engagent, le 3 février 1940, 100 mineurs pour La Grand-Combe, rejoints, le 21 mars, par 16 autres pensionnaires d'Argelès. Les nouveaux mineurs sont convoyés jusqu'au bassin d'emploi par les agents recruteurs. Les autorités des camps précisent que ces hommes, tous originaires des régions minières d'Espagne, n'ont fait l'objet d'aucune remarque défavorable durant leur séjour [148].

Le 3 décembre, une compagnie travaillant en Afrique du Nord recrute 8 mineurs et, quatre jours plus tard, les Forges de Gueugnon en Saône-et-Loire font de même pour 47 métallurgistes. C'est ensuite le tour des Aciéries Bedel de Saint-Étienne. Le Sud-Ouest, qui a surtout besoin de main-d'œuvre agricole, n'est pas assez industrialisé pour pouvoir absorber toutes les compétences des internés de Septfonds et du Vernet, et les offres viennent des autres régions. Le 22 janvier 1940, le préfet du Tarn-et-Garonne informe le ministre de l'Intérieur que 2 906 miliciens du Vernet ont été placés dans l'agriculture et 1 087 dans l'industrie, et qu'il n'en reste que 3 086 au camp [149]. Gurs a fourni quelque 2 000 emplois à l'agriculture, du Béarn à la basse Navarre, à la Bigorre et aux Landes, et, on l'a vu, plus de 1 000 à l'industrie. Comme l'écrit à Rodolfo Llopis le 28 février un de ses correspondants de Bram, « les camps se liquident à pas de géant ».

Il va de soi que les Espagnols établis en France depuis plusieurs années, naturalisés ou non, se montrent particulièrement enclins à employer des compatriotes. Pierre Fernandez, citoyen français, dirige une importante entreprise de bâtiment et travaux publics de cent employés à Angoulême où il jouit de l'estime générale. Les 1er et 8 février 1940, il recrute dans le camp d'Argelès quatorze Espagnols, âgés de trente et un à cinquante et un ans : manœuvres, charpentiers, coffreurs, un métreur-dessinateur et un chauffeur [150]. Les entreprises se disputent les derniers spécialistes sans se soucier de leur « politisation » : le 7 mars 1940, l'usine des Forges d'Alès, à Tamaris (Gard), recrute à Septfonds 27 fondeurs, lamineurs, forgerons ou mouleurs. Nous disposons de bon nombre d'informations à leur sujet : âge (de vingt et un à cinquante ans) ; état civil (16 mariés dont un père de cinq enfants et deux de trois) ; origine géographique (très diverse) ; appartenance syndicale (14 CNT, 11 UGT). Deux seulement sont non syndiqués [151].

Beaucoup de miliciens du Vernet, comme José Borras lui-même et le « général » cénétiste Ricardo Sanz, ont signé des contrats de courte ou moyenne durée dans des fermes de l'Ariège ou des confins entre Aude, Ariège et Haute-Garonne. Au camp de Bram, le préfet de l'Aveyron est venu personnellement présider au choix des ouvriers agricoles pour son département. Son collègue de Lozère note, le 2 janvier, que « la mise au travail n'a donné lieu à aucun incident ». Le Catalan et les trois Navarrais placés comme ouvriers agricoles à Lanuéjols donnent toute satisfaction à leur employeur. D'autres sont engagés à Barre-des-Cévennes, Cocurès, Serverette et Marvejols. Il est vrai que le département ne comptait plus qu'une grosse centaine de réfugiés en février 1940 [152]. José Borras, passé après Le Vernet par le camp de Bram où s'effectue le « reclassement des métiers », fut expédié en train jusqu'à Orléans, puis en camion à Blois. « Des paysans venaient y chercher de la main-d'œuvre, mais il n'est pas vrai qu'ils nous tâtaient les muscles ou regardaient nos dents », assure-t-il, contredisant Julio Vicuna. Avec son frère et son père, qu'à sa demande le patron a fait venir du Barcarès, il travaille chez un gros propriétaire qui les traite bien, mais ne veut les payer qu'en nature. Grève et explications à la préfecture. On change les Borras de patron : les voici chez de petits propriétaires très sympathiques : ils ont une chambre et des lits avec des draps ! Lors de l'exode, tout le monde fuit vers le sud, José juché sur une bicyclette donnée par son patron [153].

Les grands travaux d'équipement ont bénéficié de l'important renfort des travailleurs espagnols : le 7 septembre, puis le 7 octobre 1939, le maréchal des logis de la gendarmerie de Sentein (Ariège) accueille au total 160 réfugiés venus des camps pour exécuter les travaux d'aménagement du Haut-Lez. Les chantiers de haute montagne du lac d'Araing et de l'usine hydroélectrique d'Eylie vont être menés à bien par les travailleurs espagnols. Cent neuf sont venus de Saint-Cyprien, quarante-six du Barcarès et cinq d'Argelès. En même temps, un nombre indéterminé de réfugiés sont envoyés à l'usine d'Auzat, dans la vallée du Vicdessos. Cette participation massive aux grands travaux d'équipement hydroélectrique dans l'Ariège préfigure un rôle majeur dans les grandes entreprises après la Libération (Pyrénées, vallées de la Truyère et de la Dordogne). Dès le printemps 1940 d'ailleurs, de nombreux Espagnols avaient travaillé à la construction du barrage de L'Aigle, dans le Cantal. Leur équipe comptait un groupe fourni de libertaires, embryon de la CNT en exil [154].

Désormais, comme le recommandait l'Instruction nº 515 citée plus haut, ce ne sont plus seulement les hommes des camps mais l'ensemble des réfugiés, où qu'ils se trouvent, qui sont intégrés dans l'économie française. Les femmes et les adolescents des deux sexes participent à cette mutation de grande ampleur. De décembre 1939 à avril 1940, les réfugiés du camp des Alliers à Angoulême ont signé des contrats de travail dont rend compte le tableau que voici :

Hommes et adolescents		**Femmes et adolescentes**	
Manœuvres	272	Bonnes à tout faire	174
Ouvriers agricoles	49	Domestiques	37
Terrassiers	19	Femmes et filles de ferme	13
Charpentiers	20	Ouvrières d'usine	15
Menuisiers	19	Bonnes d'enfants	7
Maçons	12	Lingères	6
Métallurgistes	31	Couturières	5
Mécaniciens	6	Cuisinières	4
Ajusteurs	4	Dactylos	1
Électriciens	5		
Ouvriers d'usine (divers)	9		
Chauffeurs	6		
Peintres	6		
Boulangers	6		
Garçons de courses	4		
Divers	21		

Soit au total 489 emplois masculins et 262 féminins. Il ne restait plus alors à Angoulême que 342 femmes et enfants à la charge du chef de famille. Les emplois dans les activités primaires et les services prédominaient, mais le bâtiment et les industries mécaniques avaient intégré un nombre non négligeable d'Espagnols. De nombreux jeunes gens des deux sexes de moins de dix-huit ans avaient été mis au travail. C'était, à l'époque, le meilleur moyen d'obtenir le consentement à leur présence au sein d'une société française précipitée dans la guerre. Dès janvier 1940, les 116 femmes et les 31 enfants placés dans des emplois agricoles l'étaient « à la satisfaction de tout le monde [155] ». On ignore s'ils conservèrent leur emploi lorsque la débâcle de juin jeta dans le département une foule de Français en fuite, et lorsque beaucoup d'entreprises suspendirent provisoirement leur activité. Certains de ces travailleurs, soudain privés de ressources, furent-ils enfermés dans les wagons du trop fameux « convoi d'Angoulême » qu'on disait dirigé sur la Dordogne voisine et qui, victime d'une aberration administrative et de quelques lâchetés, arriva à Mauthausen entre le 24 et le 27 août 1940 ? Le commandant du camp nazi, où l'on n'internait ni femmes ni enfants, les refoula vers l'Espagne franquiste, mais il conserva les hommes. Nous savons que ces 2 000 infortunés venaient du camp des Alliers, où ils séjournaient soit depuis leur arrivée en France, soit depuis la mi-juin, et que certains furent entraînés dans les colonnes de l'exode. Nous ignorons dans quelles proportions [156].

En Ille-et-Vilaine, l'Office départemental de la main-d'œuvre et de l'inspection du Travail avait fait procéder en novembre 1939 au recensement des aptitudes professionnelles des Espagnols hébergés au camp du Vieux-Vy-sur-Couesnon. Les enquêteurs avaient retenu 105 candidats à des emplois agricoles, soit 60 hommes de vingt à cinquante-neuf ans, 30 femmes et 15 adolescents de moins de dix-huit ans, ainsi que 203 à des emplois industriels : 111 hommes, 64 femmes, 28 adolescents. À partir de janvier 1940, les embauches de ces réfugiés se multiplièrent : les entreprises de BTP Jamet et Baud-Rennes, la maison Métraillé dans le chef-lieu, où l'arsenal et l'atelier de construction recrutaient tous les bourreliers disponibles, l'entreprise Cabirol à Saint-Jacques-de-Lalande et la société Ravel à Combourg, l'entreprise de travaux publics

Dehé à Saint-Malo, les carrières de Malroche engagèrent dans les deux premiers mois de l'année plusieurs dizaines d'ouvriers espagnols. D'autres sociétés dans d'autres départements leur emboîtèrent le pas : Rupt et Brice à Vernon (Eure), Bugnot en Saône-et-Loire, des entreprises du Nord, du Havre, de Saint-Chamas (Bouches-du-Rhône). Tant et si bien que le camp du Vieux-Vy put fermer ses portes le 15 mars [157].

La défaite de la France, si elle a provoqué l'arrêt provisoire, voire définitif, de certaines entreprises, n'a nullement remis en cause l'intégration des réfugiés espagnols, bien au contraire, puisqu'il fallait compenser l'absence d'un million et demi de Français prisonniers en Allemagne. Le nombre des mineurs dans les houillères de Decazeville, des Cévennes ou de Saint-Étienne, loin de décroître, augmenta légèrement en 1942 et 1943. Dans le Lot, où ont afflué les hommes venus des camps, la population active recensée en 1941 et 1942 incluait nettement plus de la moitié des Espagnols en résidence dans le département, comme il apparaît dans le tableau suivant.

	1941	**1942**
Emplois agricoles	562 (39,6 %)	680 (47,4 %)
Emplois industriels	360 (25,3 %)	356 (24,8 %)
Ouvriers forestiers	277 (19,5 %)	241 (16,8 %)
Total	1 420 (57,2 %)	1 435 (60,3 %)

La demande d'emplois agricoles augmenta, tandis que les travaux d'aménagement de la vallée du Lot et la quête du charbon de bois maintenaient l'activité industrielle et le bûcheronnage [158].

Le regroupement des familles

L'accès à un emploi salarié d'un grand nombre d'hommes ne pouvait que favoriser le regroupement des familles. Chaque fois que le demandeur espagnol pouvait justifier d'un travail convenablement rémunéré et d'un logement décent, il obtenait du préfet l'autorisation de faire venir femme et enfants, voire un père invalide et des frères et sœurs. Les rares refus étaient justifiés par des circonstances exceptionnelles. Les archives nous livrent ainsi une correspondance émouvante, frémissante d'espoirs ranimés, d'impatience longtemps contenue, et, parfois, d'une fierté retrouvée. La demande suit de près la remise de la première feuille de salaire et la location d'un logis. J'avoue avoir lu une cinquantaine de lettres de mineurs et de métallurgistes espagnols du bassin des Cévennes avec un sentiment qui dépassait l'intérêt. Je livre au public l'essentiel de quelques-uns de ces témoignages, lettres écrites en français, avec l'aide d'un camarade de travail, respectueuses mais sans servilité, parfois pleines de fautes mais quelquefois aussi fort bien tournées. C'est André Almayor, né en 1914 à Monzon (Aragon), mineur à Saint-Jean-de-Valériscle, à qui un salaire de 1 200 francs par mois et un logement « suffisant et salubre » permettent de solliciter la venue de sa jeune femme Pilar et d'un enfant de un an, qui se trouvent à Agde. C'est Simon Tobias, mineur de fond employé par la compagnie des mines de La Grand-Combe qui « perçoit le salaire des ouvriers français de sa catégorie » et demeure à Champclauson où il a loué des chambres. Son bulletin de paie pour décembre-janvier atteste un revenu de 1 717 francs et il demande dès le 30 janvier la venue de sa femme Antonia et de son bébé de trois mois, hébergés au centre d'accueil de Dax. Un de ses camarades, José Llavero Ramirez, sollicite le droit de faire venir sa femme Joaquina et son fils âgé de trente-sept mois, ainsi que sa sœur, Ana Llavero Ramirez, tous hébergés à Châtillon-sur-Loire.

On conçoit aisément que José Garcia, mineur de La Grand-Combe lui aussi, demeurant au Trescol, soit anxieux de retrouver sa femme et ses cinq enfants, âgés de un à douze ans, hébergés au château de Martigny dans les Deux-Sèvres. Il a loué des chambres, et il joint un avis favorable du maire de La Grand-Combe à son certificat de travail. Laurentino Arias, mineur au Martinet, demande que puisse le rejoindre son père, âgé de soixante-huit ans, employé à Vernon mais qui est « beaucoup trop âgé pour pouvoir travailler et se suffire ». Manuel Nevado, manœuvre de fond, employé aux mines de La Grand-Combe depuis le 1er décembre, voudrait accueillir sa mère Eulalia Valverde et ses deux sœurs, Carmen et Angela, encore internées dans la baraque 541 du camp d'Argelès.

Clemente Galileo Galiana, natif de Valence, et Rafael Miro

Blanes, d'Alcoy, précisent qu'ils sollicitent les retrouvailles avec leur femme « légitime » et joignent les pièces justificatives : feuilles de salaire (790 et 783,80 francs respectivement pour leurs premiers vingt et un jours de travail) et attestation de location d'une chambre garnie. Celle de Rafael lui coûte 70 francs par mois. L'épouse de Clemente est dans le Cher, celle de Rafael à Argelès, comme la jeune femme de Manuel Baras, un Andalou de Quesada, qui travaille à la mine du Pontil. Cette jeune femme internée dans la baraque 610 porte le prénom bienvenu de *Consolacion*. Manuel, qui a joint feuille de paie et attestation de logement, conclut joliment sa lettre au préfet : « En attendant cette grâce de vous, je vous salue avec dévouement. »

Lorsque plusieurs de ces mineurs précisent, tels Simon Tobias ou Antonio Pacheco, qu'ils perçoivent « le même salaire que les ouvriers français de leur catégorie », ce n'est pas une figure de style mais l'effet d'une reconnaissance : ils recommencent à exister comme des travailleurs dont la compétence est admise et confirmée par une rémunération qui leur permet de subvenir aux besoins de leur famille et de reprendre une vie normale. Familles nombreuses parfois : cinq enfants dans le Cher, quatre enfants dans la Côte-d'Or ou dans l'Aisne, une belle-sœur et trois petits frères dans le Cantal, une mère et quatre sœurs dans le Finistère. Les demandes mettent en évidence leur incroyable dispersion. Si huit parentèles concernent encore le camp d'Argelès, il faut aller chercher les autres aux quatre coins du territoire français, quelquefois dans des départements proches et même lointains (Orne, Mayenne, Aisne, Finistère, Loir-et-Cher, et jusqu'à l'Algérie). On ne lit pas sans satisfaction que presque toutes les demandes ont été satisfaites : un seul refus, d'ailleurs provisoire, est dû à un problème de logement et deux réponses sont en attente[159]. Dans le même département l'emploi agricole permet aussi des regroupements de cette nature, par exemple au château du Bourdic, en février 1940.

On trouverait des exemples équivalents ailleurs. À Rennes, le préfet donne ainsi son accord à de nombreuses demandes de regroupement familial : José Costa, membre de la 170e CTE, détaché à l'Arsenal de Rennes, obtient la venue de sa femme Amelia, qui est à Melun, bien qu'il ne gagne que 12 francs par jour. En effet, « les renseignements sur sa conduite et son attitude au point de vue national sont excellents ». Vicente Garrido, dont la première demande, en février, alors qu'il travaillait aux carrières de Malroche, avait été refusée faute de logement, est plus heureux en avril : il travaille désormais chez Dehé et il a trouvé un logement : sa femme, sa fille et ses quatre petits-enfants sont autorisés à quitter Argelès pour Saint-Malo. Bourrelier à l'atelier de construction de Rennes, José Martinez Robles, qui a un logement de deux pièces à Maison-Blanche, obtient lui aussi la venue depuis Argelès de sa femme Juana et de son fils de trois ans. José Arrueyo, compagnon de travail du précédent, dont le salaire mensuel est de 1 375 francs et qui dispose d'une « grande chambre meublée » louée 140 francs par mois, est autorisé à faire venir sa femme Aurora et sa mère, hébergées en Haute-Vienne. Même succès pour Manuel Cid Martin, employé par le même atelier et dont le salaire est identique (1 378 francs) : sa femme et ses deux enfants, qui se trouvent à Lavardac (Lot-et-Garonne), peuvent venir à Rennes. Signalons en Ille-et-Vilaine une rareté : un intellectuel recruté pour ce qu'il sait faire : Eduardo Vidal Perez est engagé comme professeur de langues par le collège mixte Pierre-Corneille replié de Paris à Dinard. Un traitement de 1 500 francs par mois et un logement lui permettent de retrouver sa femme et ses cinq enfants, âgés de dix-huit à huit ans. Toutefois, ces regroupements familiaux se produisent un peu plus tard que dans le Gard, généralement en avril 1940. Et les autorisations accordées ne sont guère plus nombreuses que les refus, justifiés par l'absence de logement et par des considérations sur « l'incertitude de la situation [160] ». On me permettra de penser que ces vies reconstruites sont bien plus riches de signification que les palinodies des leaders politiques en exil ou les conflits entre prietistes et negrinistes.

Reprendre les armes : les Espagnols dans la Résistance et la guerre

Immédiatement après la *Retirada*, la France chercha à s'assurer le concours de quelques milliers de combattants espagnols. Il ne fut pas facile de les convaincre, du moins jusqu'à l'entrée en guerre. Beaucoup de soldats de la République manifestèrent une grande réticence à s'enrôler dans la Légion, qui leur rappelait trop le *tercio*. Or c'était le seul engagement que le gouvernement leur offrît car il ne voulait pas constituer d'unités espagnoles autonomes. Il est vrai aussi qu'en 1939 beaucoup de combattants de la guerre civile, épuisés et désenchantés, ne voulaient pas reprendre les armes. D'autant qu'humiliés par l'accueil reçu ils gardaient rancune à la France.

Françoise Martin se fait ainsi l'écho du préfet de l'Ariège qui, en mars 1939, informe le ministre : 200 à 250 miliciens seulement sur les 15 000 cantonnés dans son département ont signé un engagement dans la Légion étrangère [161]. Cependant, comme l'observait le commandant du camp de Septfonds, confirmé par les témoignages obtenus par Frédérique Lebon, l'entrée en guerre de la France a modifié peu à peu le sentiment des anciens miliciens. Dans la semaine du 9 au 14 octobre 1939, « les engagements pour la Légion étrangère ont connu un regain d'activité » à Septfonds – 106 en une semaine – et « la visite du camp par le général commandant la 17e Région a provoqué un mouvement d'émulation, de sympathie, de reconnaissance et de respect envers la France dans tous les milieux... Le moral du camp est bon en général, et en particulier au point de vue de l'influence communiste ». En effet, si le pacte germano-soviétique a été justifié par les inconditionnels et a suscité de leur part une propagande antifrançaise, il a stimulé l'anticommunisme des socialistes et des anarchistes au point de provoquer des batailles rangées dans le camp de Gurs à l'issue des « réunions politiques » entre les staliniens et les autres. Le pacte a aussi jeté le trouble chez des adhérents communistes de fraîche date comme Antonio Soriano et Esteba Fabregat, qui avaient rallié les JSUC. Le premier se souvient qu'il « nous avait rendus malheureux [162] ».

Pour convaincre les Espagnols, on créa les « Régiments de Marche des Volontaires Étrangers » (RMVE), dont les recrues s'engageaient, en vertu du décret du 27 mai 1939, « au titre de la Légion étrangère », pour la durée de la guerre seulement et non pour les cinq ans de rigueur. Ceux qui choisirent la Légion étrangère proprement dite, au nombre de 617, furent envoyés aussitôt à Sidi Bel Abbes. Les RMVE formés au Barcarès, dans lesquels les Espagnols constituèrent le groupe le plus nombreux (2 709 sur 6 770 à la date du 10 février 1940), restèrent en France. Beaucoup d'entre eux étaient des militaires de carrière restés fidèles à la République, souvent très jeunes. Au fil des mois, les Espagnols sous les drapeaux furent 6 000 environ ; dans les RMVE, ils formèrent souvent des unités homogènes, mâtinées de quelques Roumains, Hongrois ou Grecs.

Le corps mythique des volontaires espagnols fut la 13e DBLE (demi-brigade de la Légion étrangère), formée à Sidi Bel Abbes où elle resta quelques mois. Encore en voie de constitution, elle fut envoyée en mars 1940 au camp du Larzac, à 800 mètres d'altitude, pour habituer les hommes au froid. Sur les 2 250 militaires de la demi-brigade, il y avait alors 500 Espagnols bientôt portés à près d'un millier. En mai, l'unité fut incluse dans l'opération de Norvège qui avait pour objectif de s'emparer du port de Narvik, libre de glaces toute l'année, afin d'empêcher l'exportation du fer de Kiruna (Laponie suédoise) vers l'Allemagne. Une première tentative britannique, début mai, avait échoué. Conduite du 13 mai au 4 juin par le général Béthouart, la nouvelle opération fut un brillant succès : la 13e demi-brigade mena l'assaut et les Espagnols eurent de très lourdes pertes, environ 500 hommes, mais ce fut leur unité qui enleva les dernières positions allemandes.

L'offensive allemande qui déferlait sur la France entraîna l'évacuation précipitée de Narvik et le retour de la 13e demi-brigade en France. Elle y arriva à temps pour que les 1 619 rescapés puissent s'embarquer à Brest le 18 juin, à destination de l'Angleterre, échappant à la captivité. Dans la « Légion française » du général de Gaulle, il y eut 150 Espagnols. On retrouvera la 13e DBLE sur tous les points chauds de la guerre jusqu'au Danube. L'adjudant-chef et militant socialiste Federico Moreno était présent dans le groupe qui donna l'assaut à Berchtesgaden.

Les 11e et 12e régiments de la Légion, mis sur pied en Afrique du Nord et qui comptaient dans leurs rangs beaucoup d'Espagnols, combattirent en Lorraine. Le 11e, rattaché à la IIe Armée française, fut pris dans la nasse de Saint-Germain-sur-Meuse, le 17 juin, et seul son 2e bataillon se dégagea, en perdant plus de la moitié de son effectif. Le 12e régiment, qui combattait près de Soissons, réussit une retraite habile à travers les lignes allemandes et échappa à la capture. Ces rescapés et ceux d'autres unités de la Légion qui, après l'armistice, se regroupèrent en Afrique du Nord, devaient ensuite combattre en Tunisie, puis en Alsace et en Allemagne. Bon nombre d'Espagnols s'engagèrent dans le Corps franc d'Afrique qui fut affecté à la 2e DB de Leclerc : ils furent rassemblés dans le 3e bataillon de marche du Tchad. Ce sont les chars de la 9e compagnie de ce bataillon, *Teruel, Guadalajara, Guernica, Don Quichotte*, sous les ordres du capitaine Dronne, qui entrèrent les premiers dans Paris dans la nuit du 23 au 24 août 1944. Le capitaine Dronne a exprimé son admiration pour ces « combattants extraordinaires », dont il fallait retenir l'élan et tempérer le courage. Les deux RMVE espagnols formés au Barcarès, 21e et 22e régiments, furent jetés au plus dur de la bataille. Le premier, qui avait réussi jusqu'au 20 juin à éviter, près de Saint-Mihiel, l'encerclement par les Allemands, fut livré à l'ennemi par la capitulation. C'était le prélude à une nouvelle captivité. Le second, qui était parvenu avec héroïsme à tenir ses positions près de Saint-Quentin, fut cité à l'ordre de l'armée et sauva les restes d'une compagnie dont Pedro Alba narra l'odyssée [163].

Les membres des nombreuses CTE envoyées sur la frontière Nord pour la fortifier en hâte après la violation de la neutralité belge furent piégés par la défaite. Après la percée de Sedan du 13 mai, les unités blindées allemandes obliquèrent vers l'ouest et une dizaine de CTE furent capturées d'autant plus facilement que maints officiers français, dépourvus d'esprit d'initiative, attendaient les ordres de repli. Plusieurs milliers d'Espagnols furent faits prisonniers. Un nombre important d'entre eux, notamment ceux des 27e, 30e, 31e, 115e CTE, furent envoyés à Mauthausen où, au total, 7 189 Espagnols furent déportés [164]. Fort heureusement, grâce au ministre du Travail Pomaret, les membres des CTE affectés à des établissements industriels, mais payés et logés par l'armée, avaient depuis mars 1940 obtenu des contrats de travail normaux et leur liberté de mouvement. Ceux qui étaient dans la moitié nord du pays réussirent souvent à passer en zone libre. Vichy remplaça les CTE et les RVME, dissous pour cause d'armistice, par des GTE (Groupements de Travailleurs Étrangers), dont la grande majorité des membres étaient espagnols (31 000 sur 37 000). Cela ne changea guère la condition des anciens des CTE, dont beaucoup d'ailleurs, mettant la débâcle à profit, étaient parvenus à se fondre dans la nature et à trouver des emplois discrets, surtout dans le monde rural. Mais, comme l'observe Geneviève Dreyfus-Armand, « lorsque les Allemands entreprendront de recruter de la main-d'œuvre partout où ils le peuvent pour construire le Mur de l'Atlantique, des fortifications sur la côte méditerranéenne..., les GTE constituèrent des réserves idéales de travailleurs ». Les occupants se souciaient peu, en effet, que les hommes qu'ils employaient fussent français ou étrangers. Dans un double mouvement, une partie des Espagnols acceptèrent les offres allemandes, assorties de salaires plus élevés, et ils abandonnèrent leurs emplois dans l'agriculture. Selon Javier Rubio, ils furent 26 000 à être recrutés ainsi par l'organisation Todt de 1942 à 1944[165].

D'autres cherchèrent par tous les moyens à fuir les réquisitions allemandes. Pour les éviter, quelques milliers de réfugiés se firent inscrire dans les consulats franquistes. Javier Rubio remarque qu'ils furent 938 à le faire à Marseille en 1942. En effet, l'Espagne étant officiellement neutre, ses ressortissants ne pouvaient pas être contraints à travailler par les autorités d'occupation. Certains consuls ou vice-consuls espagnols protégèrent ainsi leurs compatriotes inscrits sur leurs registres et les préservèrent de la déportation en Allemagne au titre du STO, de même que d'autres diplomates de l'Espagne franquiste, inscrits depuis sur le Livre des Justes, protégèrent les Juifs[166].

L'attaque lancée par Hitler contre l'URSS, en juin 1941, fit sortir les communistes espagnols de la quarantaine que leur avait valu le pacte germano-soviétique. Même si la vérité est loin d'être aussi simple, ils pouvaient désormais arguer avec quelque vraisemblance que Staline s'était vu contraint de conclure ce pacte pour se donner le temps de se préparer à une agression qu'il savait inévitable. Aussi, à la fin de l'année 1941 et pendant les premiers mois de 1942, bien avant l'invasion allemande de la zone Sud, des milliers d'anciens combattants espagnols, dont les communistes, organisèrent-ils, souvent en accord avec des clandestins du PCF, des sabotages dans la fonderie de la Marine à Ruelle et sur le terrain d'aviation de Cognac, à Saint-Nazaire, Nantes et Saint-Malo et dans le parc automobile des Quinconces à Bordeaux (août 1941).

Les Allemands répondirent en fusillant des otages : 48 dès le 22 octobre 1941. Les Espagnols, en collaboration avec les organisations FTP naissantes, préparaient les futurs maquis, dans l'Ariège, l'Aude, l'Aveyron, le Tarn, le Gers, le Gard, l'Hérault. La plupart de ceux qui avaient été embauchés par les mines cévenoles, en majorité communistes, et qui ont fait l'objet de l'enquête d'Hervé Mauran, participèrent d'une façon ou l'autre à la Résistance. Ils furent nombreux dans le maquis Bir-Hakeim, et seize noms d'Espagnols sont inscrits sur la stèle du monument de La Parade (Lozère), qui commémore le violent combat du 29 mai 1944 [167]. On vit resurgir alors d'anciens commissaires politiques des armées de la République, comme Cristino Garcia et Jesus Rios. On connaît l'importance de ces maquis, nés sur les chantiers des forêts et des barrages, dans les combats du sud de la France. Les « commandants » Robert (Ariège), Raymond (Gironde) ou Cristino Garcia (Gard) tinrent un rôle majeur dans les combats de la Libération [168]. Les femmes jouèrent le rôle précieux de courriers et d'agents de transmission. Plusieurs d'entre elles connurent la déportation à Ravensbrück, comme la Catalane Alfonsina Bueno Ester qui, à Banyuls puis Toulouse, pour le compte du réseau de Francisco Ponzan Vidal, servait de relais aux clandestins français, belges, polonais, irlandais qui passaient par l'Espagne pendant la guerre, ou comme Lola Casadella et Carmen Buatell, l'une des organisatrices de la Résistance à Marseille, expédiée de prison en prison avant d'échouer à Ravensbrück [169].

QUELQUES PARCOURS ÉTONNANTS

Au cœur de la tourmente qui ballotta des dizaines de milliers d'hommes et de femmes entre guerre et exil, chaque expérience individuelle fut une histoire originale, irréductible à un modèle unique. En voici quatre parmi bien d'autres.

Antonio Soriano, né à Segorbe près de Valence, en 1920, benjamin d'une famille pauvre de sept enfants, est allé vivre chez un frère établi à Barcelone. Il apprend le français et, nourri de littérature marxiste, adhère de bonne heure à la JSUC. La guerre civile venue, il s'engage, se bat à Belchite, puis sur l'Èbre, lorsqu'il est affecté au 18e corps d'armée commandé par José Del Barrio. Lors de la *Retirada*, il passe la frontière à Puigcerda avec son ami Yugla, arrive à Bourg-Madame où les rues sont couvertes de 40 cm de neige, et compose avec quelques amis *La chanson de Bourg-Madame* qui sera un jour un disque. Tous sont envoyés au camp de Bram où Antonio traduit *La Dépêche* à ses camarades de captivité. L'annonce du pacte germano-soviétique est une dure épreuve. Antonio invente des échappatoires : « Attendons, nous n'en savons pas assez. C'est une tactique. Daladier et compagnie ont baissé leur culotte, alors... » Puis il s'engage dans une CTE et est envoyé dans un village du Cher, Genouilly. Avec ses camarades de travail, il assiste à la messe de minuit et embrasse, à genoux, le petit Jésus. Bonne idée ! Ils sont invités par tout le village. « Viens manger chez moi ! » Soriano et ses camarades travaillent dans les fermes : « C'est pas compliqué le travail à la campagne. C'est dur physiquement mais on s'y fait. Et nous faisions partie du village. »

Surviennent la débâcle et l'exode. Soriano se retrouve à Toulouse. Insensiblement, il entre dans la Résistance, non par la lutte armée mais par l'action politique. Il crée un journal qui aura 33 numéros, *Alianza*. Pour assurer sa « couverture », il charrie des fruits et légumes sur le marché d'Arnaud Bernard, fait la plonge au restaurant Casimir, en face de l'un des repaires de la Gestapo, ou à L'Ours Blanc. Il fréquente la Bibliothèque municipale où, avec la complicité de l'une des employées, il donne plusieurs de ses rendez-vous clandestins. À la Libération, il lance une émission en catalan et le PCE prétend lui dicter ce qu'il faut dire. Alors, Antonio s'insurge et s'en va. Il n'a pas de mots assez durs pour les cadres politiques de la République, qu'il accuse de désertion. Un peu plus tard, il fondera à Paris la Librairie espagnole, rue de Seine, qui deviendra l'un des rendez-vous préférés des hispanisants français [170].

Voici encore, pour moi, et sans doute pour beaucoup de lecteurs, un inconnu : le commandant Angel Hernandez del Castillo, officier de carrière dans l'armée républicaine, réfugié à Castelsarrasin, où il habite chez le cordonnier Cancho. Né en 1897 à Madrid, il a des états de service non négligeables : treize ans de Maroc, commandant de plusieurs unités pendant la guerre civile, qu'il qualifie toujours de « *Guerre d'Indépen-*

dance d'Espagne », chef des services d'information aux états-majors des armées du Nord et de Catalogne. Indigné par le « répugnant et criminel » pacte germano-soviétique, « coup mortel pour les démocraties européennes », l'officier, parlant au nom des Espagnols « antifascistes et anticommunistes », se dit prêt à verser son sang pour la France, « vraie patrie de la démocratie mondiale ». Il lui propose « ses modestes connaissances militaires » par une lettre du 27 août 1939, donc avant la déclaration de guerre. Le ton est noble, en dépit de quelques erreurs de syntaxe. Dès le 1er septembre, le préfet du Tarn-et-Garonne transmet la lettre qui est prise au sérieux puisque, le 2 novembre 1939, Angel Hernandez del Castillo est recruté comme chef de bataillon de la Légion étrangère.

Après la débâcle, notre homme est de retour dans le Tarn-et-Garonne. En novembre 1941, le commissaire des Renseignements généraux le soupçonne de favoriser le passage de jeunes Français en Angleterre *via* la Catalogne et l'accuse d'avoir été membre du PCE, ce qui paraît douteux. « Qui veut noyer son chien »... On croit savoir qu'il prépare le départ d'un jeune homme de Lafitte (Tarn), Jean-Raymond Madeleine, et de son ami Pierre Becquier. Tous deux sont arrêtés en gare de Castelsarrasin et Madeleine reconnaît qu'il s'apprêtait à rejoindre le général de Gaulle grâce à la filière organisée par Hernandez del Castillo. Celui-ci nie d'abord mais, après confrontations, s'affirme anglophile et reconnaît qu'il avait mis au point un passage vers l'Angleterre par Toulouse, où un certain Mariano Caballero servait de relais, puis La Tour-de-Carol, enfin le consulat anglais de Barcelone. Les trois hommes, accusés d'« activités gaullistes », sont présentés au parquet de Montauban [171].

Jusqu'à sa capture et à sa mort, un militant anarchiste dont le nom a traversé le temps, Francisco Ponzan Vidal, a animé le réseau Pat O'Leary. Né en 1911 au sein d'une famille nombreuse aragonaise provisoirement installée à Oviedo, le jeune Paco, de retour à Huesca dès la mort de son père, est le type parfait du libertaire ibérique. Il n'a pas supporté l'école, mais il s'est pris de passion pour la lecture pendant ses années d'apprentissage à Huesca chez le libraire Iglesias. Il passe et réussit, allant au bout du paradoxe, l'examen d'entrée à l'École normale et devient instituteur. Entré de bonne heure à la CNT, il joue un rôle notable pendant la guerre civile, au sein du groupe *Libertador*, puis du service de contre-espionnage républicain (SIEP). Ce groupe de douze hommes, agissant en territoire « nationaliste », compte neuf CNT et trois UGT, parmi lesquels Juan Manuel Molina, *« Juanel »*, devenu l'ami intime de Ponzan. C'est sans doute pendant cette période de sa vie qu'il noue des relations avec l'Intelligence Service britannique.

La défaite lui fait franchir les Pyrénées avec l'état-major de la 26e division, le 10 février. Le voici au Vernet où il crée, en mai, un réseau d'évasion depuis l'Espagne franquiste avec l'aide de familles espagnoles de la commune voisine de Varilhes. Le 18 août 1939, le garagiste communiste Jean Bénazet le recrute comme mécanicien pour lui permettre de sortir du camp. Dès lors, les activités de Ponzan prennent de l'ampleur. Un agent de l'Intelligence Service à Foix lui propose une mission en Espagne qu'il accepte, au péril de sa vie. Il en revient, en juin 1940, pour réviser les moteurs du garage. C'est maintenant le service français de renseignement et de contre-espionnage qui s'intéresse à lui : en septembre 1940, il s'installe à Toulouse avec sa sœur Pilar. C'est ainsi qu'il devient un membre essentiel du réseau Pat O'Leary, dont il va diriger l'antenne toulousaine. On estime que, de 1941 à mars 1943, date de son arrestation, Ponzan a organisé 1 500 évasions vers l'Espagne, dont celles de quelque 700 aviateurs alliés par Banyuls (où Alfonsina Bueno était son relais), Osseja ou l'Andorre. Le jeu de cet extraordinaire « passeur d'hommes » étant très dangereux, il avait été à plusieurs reprises menacé, arrêté et renvoyé au Vernet par la police française. L'un de ses protecteurs, Robert Terres, *alias* le « lieutenant Tessier », *alias* « *El Padre* », l'en fit sortir, mais après l'occupation de la zone Sud et l'arrestation par la Gestapo de M. et Mme Mongelard, qui tenaient l'Hôtel de Paris, planque préférée de Ponzan, l'étau se resserra.

Arrêté en mars 1943 par la police française, il ne fut condamné qu'à huit mois de prison et écroué à la prison Saint-Michel. Les Allemands le firent transférer, en juin 1944, avec d'autres détenus dans la partie de la prison qu'ils géraient et, le 17 août, lorsqu'ils abandonnèrent Toulouse, ils emmenèrent avec eux une cinquantaine de détenus dont Paco Ponzan. Tous furent exécutés et les corps brûlés dans la forêt de Buzet. Ponzan, authentique héros, incarne parfaitement l'esprit libertaire étranger à tous les dogmatismes, y compris celui dont, à Toulouse, Federica Montseny se fit la championne, comme animée par la rancœur profonde de ce qu'elle avait vécu en 1939 [172].

Voici maintenant une authentique odyssée. DMC (cet ami personnel n'a consenti à être désigné que par ses initiales) est né à Tolède en 1912. Il a commencé à travailler à treize ans pour aider son père, pépiniériste. À sa mort, il doit accepter les rares offres qui se présentent : récoltes de fruits dans la *Sagra* tolédane, travaux sur le ballast de la voie ferrée Tolède-Vargas, travaux de maçonnerie sur le *Poligono* tolédan, qui autorisent enfin le port des pantalons longs. À l'avènement de la République commencent les travaux du pont d'Alcantara, et quoique demi-analphabète, ce dont il convient sans barguigner, il adhère à l'UGT et reçoit les « leçons de marxisme » du président de la Maison du Peuple, le *señor* Blasco. Homme de tous les travaux, il déracine les ceps « antiphylloxera » que l'on envoie dans la Rioja pour replanter le vignoble, prend la tête d'une revendication du syndicat pour obtenir la prise en compte du trajet dans le temps de travail, va faire la moisson et redevient maçon. Au début de la guerre civile, il s'engage dans une unité qui, de Talavera de la Reina à Tolède, reflue en désordre devant les troupes *mores*. Enrôlé dans le fameux « Cinquième Régiment », il est à Guadalajara, Teruel, Belchite, enfin sur l'Èbre où, affecté à la garde des ponts, il regarde passer les camions, pleins à l'aller, à demi vides au retour. Il est un temps commissaire politique, mais promptement déchu de cette responsabilité pour avoir déshabillé les prisonniers italiens, bien mieux vêtus que ses hommes, afin de s'approprier tenues chaudes et bottes. Le caporal DMC conserve de Teruel deux souvenirs : le gel et les poux. Sur le Segre, il reçoit une grave blessure au cou et échappe à la mort grâce à une opération, réalisée d'urgence à l'hôpital de Manresa, parce que, pour le décider à la pratiquer, l'un de ses compagnons menace le chirurgien de lui loger une balle dans la tête.

Déroute... traversée des Pyrénées... camp d'Argelès de février à décembre 1939. Trois semaines très dures, de faim, avec le pillage clandestin de camions pour survivre. Il revend des souliers aux Sénégalais. Transféré à Gurs, il s'enrôle dans la 147e CTE, intégralement espagnole, qui est expédiée dans la forêt de Tronçais pour les coupes hivernales. L'armée paie mal : 50 centimes et un paquet de tabac par jour. DMC ne fume pas : il troque. Froid polaire : le vin gèle dans les gobelets. La CTE va ensuite faire du charbon de bois à Clamecy. Survient la défaite de la France. La CTE est alors envoyée à la citadelle de Laon, où elle rejoint des prisonniers français et où elle va demeurer trois mois. Les Espagnols ont la chance d'être affectés aux cuisines et au ravitaillement des Allemands. Une oasis après le désert que cette nourriture à gogo ! Mais l'embellie prend fin et les ouvriers sont envoyés sur la frontière germano-belge pour extraire de la tourbe. Puis, c'est la Westphalie : les hommes sont d'abord expédiés à Münster, où ils déblaient les décombres provoqués par les bombardements anglais. La population allemande se montre accueillante, les femmes surtout. Transfert à Dortmund où, en extrayant le charbon, un éclat de minerai blesse DMC tout près de l'œil. Il fait partie d'un commando à majorité française dont le responsable prétend lever une taxe destinée à une opération décidée par Pétain. Les Espagnols refusent et les Allemands s'avisent qu'ils ont affaire à des « rouges ». Les Espagnols sont envoyés aussitôt à la prison de Dortmund, de Dortmund à Cologne, puis à Munich, enfin à Mauthausen. DMC va y passer 32 mois jusqu'à sa libération par un char américain, le 5 mai 1945. Comment a-t-il survécu ? Grâce à la solidarité exemplaire des détenus, au troc du tabac contre des fragments de nourriture, grâce surtout à son énergie. Tous les matins, il frappait le sol en répétant : « Je sortirai d'ici par la porte et non par la cheminée. » Il a gagné.

À peine libérés DMC et ses compagnons risquent d'être exécutés par les soldats de l'Armée rouge qui les prennent pour des rescapés de la « Division Azul » espagnole. Ils sont sauvés par un ancien combattant d'Espagne. Puis viennent la lente rééducation, les examens médicaux réguliers, l'identification qui est une réhabilitation, le Danube, Linz, Passau, la France, Nancy, Châlons-sur-Marne, Cognac, Paris : trois jours à l'hôtel Lutétia (restaurants et théâtre), la visite du général Riquelme, mais aussi l'adieu à la politique lorsque DMC comprend que les partis de jadis se disputent l'adhésion des héros qui ont survécu. Après l'expérience de la solidarité qui l'a sauvé, la discorde n'est plus supportable.

À l'heure où j'écris ces lignes, DMC aura bientôt quatre-vingt-douze ans. Il vit à Toulouse et a trois fils, purs produits de l'école de la République française : l'un est professeur d'Université, l'autre médecin, le troisième, chirurgien-dentiste. Avec sa femme, réfugiée de Santander, et ses fils il a voyagé : Canada, Mexique, États-Unis, Hong Kong, Singapour. Loin, très loin de Mauthausen[173] !

5

Espagne : répression, résistance et « exil intérieur »

UN DÉBAT ACTUEL : LA RÉCUPÉRATION DE LA MÉMOIRE HISTORIQUE

Dans mon *Franco* de 1995, j'écrivais : « Franco ne sera pas comptable, à mon sens, d'avoir participé au Mouvement du 18 juillet, qui aurait eu lieu sans lui... Mais Franco demeurera comptable du mépris presque absolu dont il a témoigné envers la vie des hommes... Il a prolongé des années durant la punition des vaincus. Il avait gagné la guerre, il ne sut jamais gagner la paix. Les délits des temps nouveaux étaient la maçonnerie, le communisme, le socialisme, l'anarchisme, la libre-pensée, et ils devaient être punis sans pitié... Les quelque 270 719 personnes qui étaient détenues à la fin de l'année 1939 après les vagues d'arrestations qui suivirent la défaite de la République ne pouvaient guère espérer être rendues promptement à la circulation sociale car elles étaient nuisibles, perverties, empoisonnées politiquement et moralement [174]. » Plusieurs dizaines de milliers de personnes furent exécutées après la fin de la guerre.

Je ne récuse aujourd'hui aucun des termes de ce diagnostic que mes lectures et mes recherches n'ont fait que consolider. Dans le déclenchement de la guerre civile, les responsabilités sont très partagées. Après tout, en juillet 1936, Franco et les siens n'ont pas fait autre chose que ce que firent ou tentèrent les révolutionnaires d'octobre 1934. Dans les deux cas, il y eut refus du verdict des urnes. En octobre 1934, on l'a vu plus haut, le fascisme ne menaçait pas l'Espagne. Ernesto Castaño, cédiste interviewé par Ronald Fraser après la guerre, n'est pas loin de la vérité lorsqu'il dit : « La République avait été condamnée à l'échec par son refus de tolérer que la droite accède au pouvoir [175]. » De même, il n'y avait nul péril de « complot communiste » en 1936 et malgré ses progrès le PCE restait un petit parti.

Ce premier rappel peut être doublé d'un second. Durant la guerre civile s'est déchaînée, de part et d'autre, la même volonté d'exterminer l'adversaire. Deux victimes de la répression franquiste l'admettent. Josep Subirats, condamné en 1939 à la réclusion perpétuelle (il n'avait pourtant que seize ans lors du 18 juillet 1936 !) et libéré sous conditions en 1946, écrit : « Avec le temps, on peut parvenir à comprendre que, durant une guerre, surtout pendant une guerre civile, l'objectif est de détruire l'adversaire. Alors, la mort est un protagoniste ordinaire [176]. » Pour sa part, Julio Valdeon Baruque fait preuve d'une honnêteté intellectuelle admirable : « Comme on le sait, la répression s'exerça dans les deux Espagnes. Et si le nombre des victimes fut plus élevé chez les républicains que chez les nationalistes... cela est explicable par le fait que les républicains purent seulement exercer la répression dans les zones qu'ils contrôlaient, tandis que les nationalistes la pratiquèrent dans les régions où ils triomphèrent dès le commencement, puis dans celles qu'ils conquirent, c'est-à-dire finalement toute la peau du taureau [*NDLR* : la forme de l'Espagne]. » Julio Valdeon a bien du mérite car son père, instituteur à Aranjuez et militant socialiste, puis combattant dans l'armée républicaine, fut condamné à mort et fusillé pour « rébellion militaire », tandis que trois autres membres de sa famille étaient *paseados* à Olmedo [177].

Dont acte. Mais la répression franquiste s'est prolongée très longtemps : féroce les premières années, elle se poursuivit pendant plusieurs lustres sous des formes atténuées mais sévères, au moins jusqu'en 1959. Josep Subirats : « Ce qu'on ne peut admettre, c'est que, la guerre une fois terminée, se soit poursuivie une persécution systématique, avec la même hâte pour réunir les Conseils de guerre usant d'une procédure sommaire (*sumarisimos*), qu'aient continué les exécutions massives et que les prisons soient demeurées bondées... En 1939, à l'évidence, il n'y eut point d'accolade de Vergara [178]. »

Il serait facile, hélas ! d'illustrer par d'innombrables exemples concrets le propos de Josep Subirats qui apporte lui-même un témoignage irrécusable. Mais il y a plus. Comme l'écrit Julio Valdeon, la répression « conduite par le camp vainqueur à la fin du conflit fut enfermée dans le secret le plus complet. D'où la nécessité d'approfondir cette question afin de savoir ce qui s'est passé réellement [179] ». Même s'il me paraît un peu artificiel d'opposer le « calcul froid » à la « spontanéité brûlante » pour définir l'origine des tueries – un mort reste un mort, et peu lui chaut la motivation de l'assassin – il faut en effet explorer le silence. C'est pourquoi la création de l'Association pour la récupération de la mémoire historique est à la fois légitime et nécessaire. À condition toutefois que cette « récupération » soit totale, différenciée, datée, conduite avec méthode et rigueur. C'est un bilan complet qu'il faut dresser. Un modèle à ne pas imiter est celui de *Las fosas de Franco*. La quête des auteurs, parfaitement justifiée, avait été déclenchée par la découverte dans le Bierzo de treize cadavres, dont l'un au moins était celui d'un proche. Mais il n'est pas de bonne méthode de juxtaposer dans le désordre les exécutions du temps de guerre et celles de la période postérieure, de présenter comme également crédibles et quantifiées les victimes du cimetière San Salvador à Oviedo, comptabilisées et identifiées (1 330 sur 1 679), celles du cimetière de Ceares à Gijon (1 330) ou les 2 789 recensées en Navarre à l'issue d'un travail scientifique, et les restes exhumés de fosses communes, objets d'évaluations controversées qui fluctuent au gré des fantasmes de la mémoire. Il en avait été souvent de même des victimes de la répression républicaine : par exemple les corps du célèbre puits de Carrion de Calatrava, en Nouvelle-Castille [180] !

Silence et secret n'ont pas été complets, il s'en faut de beaucoup. Santos Julia a eu beau jeu de rappeler à plusieurs reprises que de nombreux livres ont été publiés sur la guerre civile, le franquisme, les épisodes de la répression. Je tiens pour irrecevable le propos récent de Vicenç Navarro : « L'histoire d'Espagne a été enterrée et réduite au silence quand elle n'a pas été travestie durant quarante ans de dictature et vingt-cinq ans de démocratie. » Pendant la dictature certes ! Mais pas depuis l'avènement de la démocratie. Il n'est pas vrai que les livres publiés n'aient été que des ouvrages académiques dont « la diffusion fut très faible ». Cela ne vaut pas pour *Victimas de la Guerra*, paru en 1999, dont la dernière partie (130 pages) s'intitule « La répression de la postguerre ». On rappellera ici que, dès 1984, Sergio Vilar avait publié chez un grand éditeur une importante *Histoire de l'antifranquisme (1939-1975)*, où une place de premier plan était consacrée à la répression, à ses lois, aux exécutions capitales, et aux formes de la résistance (grèves, guerillas, etc.). Vicenç Navarro, politologue mal informé, aurait pu lire l'admirable *Pilatos 1939-1941. Prision de Tarragona*, de Josep Subirats, publié en 1993 et réédité en 1999, où les listes des personnes jugées en Conseil de guerre sont publiées systématiquement[181].

Enfin, la récupération de la mémoire signifie aussi pour beaucoup celle de l'honneur, de la dignité. Car les victimes du Front populaire avaient été à la fin de la guerre civile, ou même avant, reconnues, parfois exhumées, célébrées, voire élevées au statut des héros ou martyrs qu'elles avaient pu être dans certaines circonstances. Elles avaient reçu des funérailles publiques. À l'inverse, les victimes du franquisme avaient été insultées, dépouillées de leur dignité, parfois traitées en criminels, et leur mémoire avait été abolie, même celle des noms. Assez souvent, les membres de leurs familles en étaient arrivés à nourrir des sentiments de culpabilité qui ne sauraient perdurer. Leurs noms sont un héritage à reconquérir. Un début de reconnaissance survint cependant à l'époque du « tardo-franquisme », lorsque les veuves des combattants républicains eurent droit à une pension. Il importe de souligner à quel point le débat est actuel en Espagne, et de reconnaître qu'il est polémique.

Les instruments de la répression : lois et tribunaux

Franco avait manifesté clairement sa volonté de traquer ses adversaires après la victoire en promulguant, en février 1939, la loi de responsabilités politiques qui permettait de poursuivre tous les adhérents aux formations et syndicats qui avaient soutenu le Front populaire dès la convocation aux élections du 16 février, ainsi que les membres des partis séparatistes, et cela à partir d'octobre 1934. Le caractère rétroactif de la loi prouvait que le *Caudillo* se souciait fort peu d'observer les règles d'un État de droit et donnait à penser que la promesse de libération immédiate de ceux « qui n'avaient pas de sang sur les mains », cent fois répétée par la propagande franquiste dans les provinces conquises et en France à l'intention des exilés, ne serait pas tenue. Les personnes qui tombaient sous le coup de cette loi pouvaient être déclarées « inaptes » à certaines fonctions ou emplois, déportées et condamnées à des sanctions économiques. La loi fut adoucie le 19 février 1942 et abrogée le 13 avril 1945, mais les procédures engagées furent menées à terme. Rappelons que nombre d'adversaires des nationalistes, civils ou militaires, furent passés par les armes sans jugement préalable.

L'arsenal répressif fut complété par la loi du 1er mars 1940 dirigée contre la franc-maçonnerie et le communisme, cibles suffisamment vagues pour autoriser des procédures arbitraires ; puis par la loi de Sécurité de l'État, du 29 mars 1941, qui permettait de poursuivre pour délit de trahison et de condamner à de très lourdes peines ceux qui prônaient le séparatisme, commettaient des actes de sabotage, révélaient des secrets militaires, etc. Avant même la promulgation de ces lois, tous les délits politiques furent assimilés à la « rébellion militaire », d'une manière parfaitement arbitraire et souvent paradoxale. Ainsi, les officiers de carrière demeurés fidèles à la République ou les directeurs de journaux, même s'ils n'avaient pas pris les armes, furent passibles de ces lois.

Pour mener la répression, le pouvoir disposait d'une armée maintenue sur pied de guerre. Les juges des tribunaux militaires (*Auditorias de Guerra*) organisés dans chaque province à partir de mai 1939, selon les sources dont nous disposons, jugèrent les prisonniers en Conseil de guerre à un rythme soutenu, après des instructions souvent bâclées. Dans beaucoup de dossiers les dénonciations tenaient lieu de preuves. Les Conseils de guerre étaient présidés par un officier supérieur, comportaient un procureur, un avocat de la défense et ils jugeaient de manière expéditive : il suffit pour s'en convaincre de constater que l'*auditoria* de Tarragone, par exemple, se réunit neuf fois en mai 1939, cinq en juin, neuf en juillet, dix-huit en août, avec deux ou trois sessions par jour et 14 à 15 accusés par fournée, soit 30 à 45 par jour. L'*auditoria* de Ciudad Real tint ses premières sessions en mai 1939 et les

Conseils de guerre se réunirent sans interruptions ou presque (décembre 1939, décembre 1941 et octobre 1942) jusqu'en juillet 1943. Le procureur réclamait très souvent la peine de mort ou la réclusion perpétuelle, et, même lorsqu'il s'agissait seulement d'aide à la rébellion, toujours une peine lourde : 12 ans et un jour, 15 ans ou 20 ans. La sentence était prononcée deux mois plus tard en général, parfois après un délai plus long encore. L'essentiel pour un accusé était d'avoir la vie sauve, car il pouvait espérer obtenir ensuite des remises de peine. Le colonel Martinez Fuset, chef du corps de justice militaire, se montra d'une rigueur extrême, et certains présidents de Conseil de guerre, tel le sinistre colonel Lisardo Doval, firent de même [182]. Les condamnés étaient distribués entre les innombrables nouvelles prisons que les vainqueurs ouvrirent en Espagne, tout en utilisant celles de la République à Madrid (Toreno, Yeserias, Porlier, Ventas, Claudio Coello, Santa Engracia, Comendadoras) et les Prisons modèles de Barcelone et de Valence. Parmi les plus connus de ces lieux de détention et de souffrance, les prisons dites *penales* : Burgos (réservée aux condamnés à mort), Ocaña, où fut incarcéré le poète Miguel Hernandez et où furent entassés 7 000 détenus à raison de neuf par « cellule individuelle », Dueso, Puerto de Santa Maria, Ségovie, réservée aux femmes, et aussi les prisons de Torrero à Saragosse, de Pilatos à Tarragone, Séville, la Prison nouvelle de Cordoue, Malaga (quelque 10 000 détenus en 1940), Aranjuez, Alcazar de San Juan, Bilbao.

Les camps de concentration, étapes ou séjours d'attente, étaient une cinquantaine. Citons Oyarzun, Irache, Miranda de Ebro, San Marcos de Leon, l'un des pires, où plusieurs centaines de détenus seraient morts de froid et de faim, le *Poligono* de Guadalajara, Burgo de Osma, Castuera (Badajoz), Cortijo de Caceres, San Juan de Mozarrifar, Santa Maria de Oya (Pontevedra), le camp des Amandiers ou Albatera, près d'Alicante, où échouèrent quelques milliers des derniers vaincus de la guerre. Et les « camps de rédemption par le travail », institutions dont la répression républicaine avait usé aussi, mais plus modérément, notamment en Catalogne.

L'appareil policier avait pour noyau dur la Direction Générale de Sécurité (DGS), appuyée par un réseau très complet d'agences d'information : le « cabinet central d'identification » installé à Madrid, et les quarante-neuf des capitales de province, auxquels s'ajoutaient ceux des autres villes importantes (Gijon, Vigo, Carthagène, etc.). L'ensemble disposait d'un nombre important de collaborateurs qui établissaient des fiches personnelles accompagnées de photographies à propos de tous les individus suspects. Ceux-ci pouvaient être arrêtés à tout moment, soit pour répondre de leurs activités politiques ou supposées telles, soit pour prévenir un attentat éventuel. On sait que de nombreux attentats furent préparés contre Franco, mais aucun ne fut près de réussir. La DGS avait un réseau de télécommunications performant et son directeur général tenait des réunions régulières avec ses collaborateurs, les commissaires généraux de la police et le colonel de la police armée. Le corps général de la police comprenait une brigade criminelle et une brigade politico-sociale composée de policiers dévoués au régime qui, durant les années d'après-guerre, jouit d'une priorité certaine et eut des pouvoirs considérables. Ce fut cette brigade qui, appuyée par la garde civile, mena une chasse inlassable aux opposants, notamment les guérilleros. Pendant la seule année 1943, elle procéda à plus de 5 700 arrestations, poursuivit plus de 3 000 « délits contre l'ordre public », 718 « activités marxistes », et 633 « activités contre le régime ».

Les phalangistes intervinrent directement dans l'activité répressive. Ainsi, 62,3 % des 223 arrestations réalisées dans le bourg de Tomelloso, en Nouvelle-Castille, en 1939 et 1940, furent le fait de la Phalange, et 22 % seulement furent opérées par la garde civile [183]. Le pouvoir civil n'était pas en reste. Les gouverneurs civils des provinces avaient été, au lendemain de la guerre, recrutés en majorité parmi les officiers de la garde civile et les hiérarques phalangistes. De plus, dans chaque province fut constituée une « commission d'épuration » chargée de débarrasser les administrations et les services publics des « personnes hostiles au régime » (*desafectos al regimen*). Les vacances furent pourvues par le recrutement d'anciens combattants nationalistes, anciens *alfereces* provisoires, ou parents de victimes de la répression de l'autre camp. Rappelons que celui-ci avait, lui aussi, créé des commissions d'épuration. Ceux qui prétendent, à l'instar de Vicenç Navarro, que, « en réalité, la République s'opposa à une telle répression... pour l'essentiel spontanée » seraient bien inspirés de faire quelques visites aux archives : ils constateraient que les mécanismes des répressions se ressemblent, que l'appareil administratif est à leur service, et que cet appareil, de droite ou de gauche, utilise toujours les délations [184].

On ne saurait passer sous silence les justifications que l'Église catholique fournit à la répression. Certes, comme l'a observé Stanley Payne, « la guerre civile fut l'expérience la plus traumatisante qu'ait endurée l'Église dans un pays d'Europe occidentale à l'époque contemporaine », mais elle céda trop souvent à l'esprit de vengeance, et ne prêcha que tardivement le pardon. Julio Valdeon a noté que, dans la province de Valladolid, la violence répressive atteignit des proportions incroyables dans les localités (Peñafiel, Olmedo, Nava del Rey, Medina de Rioseco) où des prêtres étaient au nombre des délateurs, et qu'elle fut beaucoup plus limitée là où les ecclésiastiques furent des modérateurs [185]. L'Église se prêta avec délectation aux manifestations de triomphalisme catholique qui suivirent la victoire de Franco. Une jeune historienne castillane explique ainsi le phénomène : « Le national catholicisme, qui n'est pas un produit idéologique nouveau mais bien l'adéquation aux temps nouveaux des postulats du conservatisme antiparlementaire espagnol, imprègne toute la culture franquiste. » Elle constate que l'épiscopat s'identifia totalement au régime à deux exceptions honorables près : dès août 1939, le cardinal Goma publia une pastorale remarquable qui sauvait l'honneur de l'Église espagnole, *Leçons de la guerre et devoirs de la paix*. Il condamnait les régimes totalitaires, prêchait la modération à propos du culte des morts et, surtout, appelait au pardon et à la fraternité : « La paix ne sera ni durable ni véritable si les Espagnols n'ouvrent pas leurs bras de frères pour serrer contre leur cœur tous leurs frères. La grandeur de la patrie ne sera obtenue que dans la mesure où triompheront l'esprit de concorde et le sentiment d'unité. » Mais la route de la réconciliation nationale, ainsi ouverte, fut barrée par Franco en personne. Ne furent pas entendus davantage les appels de rares prélats, celui de Mgr Pildain contre la répression aux Canaries ou celui de Mgr Fidel Garcia Martinez, évêque de Calahorra, auteur de pastorales violemment antinazies. L'Église, dans son ensemble, choisit l'esprit de revanche [186].

Plusieurs organes de presse aux ordres accablèrent les vaincus, légitimant aux yeux de l'opinion la rigueur extrême des châtiments. Julio Valdeon cite quelques extraits du *Diario Regional* de Valladolid, véritables incitations à prononcer la peine capitale. Les articles des 15 août, 1er, 8, 9, 12 septembre 1936, 1er janvier et 22 avril 1937 sont, à cet égard, particulièrement affligeants. Certes, on en est au début de la guerre civile, mais le Mouvement a triomphé très rapidement à Valladolid et la ville est éloignée du front. Dès lors, les appels à l'extirpation totale du mal, la condamnation de la subversion que « socialistes, communistes et séparatistes... mettent en œuvre, dans les territoires qu'ils occupent, par les procédés les plus férocement monstrueux que l'on ait peut-être observés dans l'histoire humaine », l'assimilation des « rouges » à des criminels et à des sous-hommes sont de purs et simples appels au meurtre [187]. Cette violence dépasse même celle des discours de mai et juin 1936 de José Diaz à Saragosse et Oviedo. Elle n'a d'égale, dans le camp adverse, que celle des articles d'*El Obrero* d'El Ferrol ou de la *Prensa* asturienne en 1936, qui incitaient à l'élimination physique des gens d'Église.

Une dernière circonstance, relevée par Hugh Thomas, favorisa la répression : « La dégradation de la situation internationale réduisait au silence la voix, déjà bien faible, de l'opinion publique libérale dans le monde. » Un an plus tard, la défaite de la France et l'avènement du régime de Vichy jouèrent dans le même sens.

Une répression scandaleuse par son ampleur et sa durée

Sans doute ne parviendra-t-on jamais à connaître le nombre exact des victimes de la répression franquiste, mais il est hors de doute qu'il fut très élevé. Des témoins aussi peu suspects de complaisance envers le Front populaire que le comte Ciano l'attestent. Le gendre de Mussolini, qui est en Espagne en juillet 1939, au plus fort de la répression, est effaré par le nombre des exécutions quotidiennes, 200 à 250 à Madrid, 150 à Barcelone, 80 à Séville. Hugh Thomas considère cependant comme peu probable que « le chiffre total avoisine celui, souvent mentionné, d'environ 193 000 qui fut donné au journaliste américain Charles Foltz par un fonctionnaire anonyme du ministère de la Justice ». Il estime qu'il pourrait s'agir de l'ensemble des condamnations à mort prononcées, sans tenir compte des grâces (*indultos*) ou commutations de peines, ou encore de la totalité de « ceux qui furent exécutés en Espagne nationaliste pendant et après la guerre [188] ».

La répression franquiste fut d'une cruauté à peine concevable et, intervenant après la fin des hostilités, elle constitue un scandale pour l'esprit. Le nombre et l'identité des victimes démontrent que les vainqueurs étaient étrangers à tout esprit de réconciliation. Franco, maître de la vie et de la mort, usa avec parcimonie de son droit de grâce. Quelques enquêtes conduites avec un soin extrême, village par village, sur les deux répressions réduisent souvent le nombre des victimes, quel que soit le camp des bourreaux, et le chiffre de 200 000 encore avancé dans certains articles ou congrès me paraît tout à fait excessif. Ainsi dans le pays valencien, les exécutions à mettre à l'actif des franquistes s'élèvent à 4 434, chiffre proche de celui de la répression « populaire » (4 715). L'auteur conclut que ce résultat « peut contribuer à détruire certains mythes : les républicains n'ont pas été massacrés autant (qu'on l'a prétendu) et la "terreur rouge" n'a pas été aussi extrême qu'on l'a répété en diverses occasions [189] »...

Josep Subirats, qui fut l'hôte involontaire de la prison de Pilatos à Tarragone, où étaient détenus les condamnés aux peines de mort et de réclusion perpétuelle, a tenu un compte précis des exécutions capitales en 1939 et 1940 : il donne l'identité et la localité d'origine de la totalité des victimes [190].

	J	F	M	A	M	J	J	A	S	O	N	D	Total
1939		5	14	45	44	9	137		0	88	113	0	455
1940	5		9		17	26		28	23	0	9	1	118

L'interruption de cette statistique macabre ne signifie pas que les exécutions de Tarragone, certes en diminution nette, ont cessé totalement après 1940. Subirats signale épisodiquement des exécutions en 1941 et 1942, mais il ne pouvait plus tenir un compte aussi précis parce que, après la notification de sa condamnation à la réclusion perpétuelle, il fut transféré au camp de concentration de Reus, puis au bataillon disciplinaire (*batallon de penados*) d'Alcala de Guadaira (Séville).

À titre de comparaison, voici la statistique des exécutions capitales de la province de Ciudad Real.

	J	F	M	A	M	J	J	A	S	O	N	D	Total
1939					48	12	16	0	2	8	94	0	180
1940	2	2	17	28	42	50	92	54	26	14	44	8	379
1941	15	74	8	33	50	10	27	14	14	19	7	0	271
1942	15	2	0	6	1	15	9	15	9	0	1	2	75
1943	3	11	28	9	10	3	2	0	0	0	2	1	69
1944	0	0	3	3	1	1	0	2	0	1	3	0	14

On constate que le rythme des exécutions s'accélère à la fin de 1939, atteint son apogée lors de l'été 1940, se ralentit à partir de l'automne 1941. Mais le chiffre des exécutions de 1942 et 1943 est encore important[191]. Dans les deux villes, les chiffres sont d'autant plus significatifs qu'il s'agit de provinces infiniment moins peuplées que Madrid, Barcelone ou la Biscaye. Il est évident, en tout état de cause, que les victimes de la répression de l'après-guerre se comptent par dizaines de milliers. Le calendrier exposé ci-dessus a aussi une signification méthodologique. Il interdit toute extrapolation statistique : on ne peut appliquer aux chiffres obtenus aucun multiplicateur puisqu'on repère des séries de jours ou des mois entiers sans exécutions. Le régime commémora à sa façon l'anniversaire de l'exécution de José Antonio Primo de Rivera dans sa prison d'Alicante, le 15 novembre 1936 : ainsi, à Tarragone, 116 condamnés à mort furent fusillés en trois jours, les 15, 16 et 17 novembre 1939. La forte décrue des exécutions à partir de 1942 et celle, beaucoup plus lente, du nombre des détenus ne supprimèrent pas la menace. Les statistiques disponibles présentent quelques discordances mais les ordres de grandeur et les évolutions sont comparables. Retenons parmi d'autres une évaluation de source officielle confirmée en 1944 par le ministre de la Justice, Eduardo Aunos. Il déclara que la population des prisons était passée par le maximum très élevé de 270 000[192]. En 1944, elle était de près de 50 000 et ce n'est qu'en 1950 qu'elle tomba au-dessous de 30 000.

Les indispensables études locales ont été faites pour les Asturies, la Navarre, la Rioja, le Pays valencien et la province de Ciudad Real notamment. Et sans doute, comme le suggérait

Hugh Thomas, faut-il se garder de cautionner des exagérations admises comme vérités révélées par les esprits partisans. Cela étant, les premiers calculs de Ramon Salas Larrazabal étaient, à l'évidence, nettement au-dessous de la vérité.

La clémence promise à « ceux qui n'avaient pas de sang sur les mains » n'était qu'un thème de propagande mensonger. Tous ceux qui avaient exercé des responsabilités politiques furent poursuivis impitoyablement. Les rares anciens ministres qui tombèrent au pouvoir des vainqueurs, tels le socialiste Julan Zugazagoitia ou l'anarchiste Julian Peiro, qui refusa la vie sauve au prix d'un ralliement au national-syndicalisme phalangiste, furent condamnés à mort et fusillés, les 11 novembre 1940 et 24 juillet 1942. Julian Besteiro, lui-même condamné à mort, vit sa peine commuée en détention perpétuelle ; gravement malade, il mourut dans la prison de Carmona, le 27 septembre 1940. Il en fut de même, on l'a vu, de l'ancien président de la *Generalitat* de Catalogne, Lluis Company, livré par les Allemands à Franco le 15 octobre 1940, du général de la garde civile José Aranguren Roldan, demeuré fidèle à la République, de plusieurs députés des partis du Front populaire. Mais aussi d'un grand nombre de militants de moindre rang, politiques ou syndicalistes, d'élus locaux, d'anciens maires par exemple. Les exécutions de Companys et de Zugazagoitia apparurent d'autant plus choquantes que les deux hommes s'étaient vivement élevés contre les excès de la répression dans leur camp et y avaient sauvé des vies.

Soit le cas de la province de Ciudad Real. Deux anciens maires de la capitale provinciale, Antonio Vargas Gimenez et Calixto Pintor Marin, sont au nombre des fusillés, avec plusieurs représentants du PSOE (German Lopez del Castillo, Carlos Garcia Benito), le principal dirigeant de la CNT locale, José Tirado Berenguer, deux des militants communistes les plus en vue, Pelayo Tortajada, arrêté à Figueras en 1941 alors qu'il revenait de France pour organiser une cellule clandestine, et Crescencio Sanchez, le secrétaire provincial de la FTT, Benigno Cardeñoso, le directeur du journal *El Pueblo Manchego*, Francisco Colàs. À Puertollano, 26 des 41 condamnés à mort exécutés étaient membres du PSOE, dont le maire Leonardo Rodriguez. Dans le petit bourg de Tomelloso, où le nombre des assassinats commis par les « rouges » avait été relativement faible, il y eut 223 arrestations, dont 58 pour exercice de fonctions politiques ou syndicales ; 26 anciens conseillers municipaux furent arrêtés. Plus de la moitié ne furent pas jugés, mais effectuèrent trois ans de prison. Signalons encore les exécutions du maire de Membrilla et de l'ancien président du tribunal populaire, Antonio Gomez Pastrana.

La traque des responsables politiques et syndicaux ou des journalistes ne doit pas occulter le caractère de classe de la répression : près de la moitié (49,6 %) des 988 fusillés dans cette province de la Manche étaient des travailleurs agricoles. Il y eut aussi parmi les condamnés à la peine capitale 70 maçons, 40 cheminots et 30 mineurs. Une vingtaine de fusillés seulement appartenaient à des professions au niveau culturel relativement élevé : médecins, vétérinaires, infirmiers, instituteurs, avocats et avoués. Un directeur de prison et même un prêtre, Julio de la Cruz Ruiz, partagèrent leur sort ainsi que 15 femmes, soit 1,51 % du total [193].

En Catalogne, le délit politique poursuivi avec le plus de hargne fut le « séparatisme ». C'est surtout à ce titre que plusieurs maires « catalanistes », plusieurs dirigeants de l'*Esquerra Republicana* (Gauche républicaine de Catalogne) et quelques directeurs ou rédacteurs de journaux furent condamnés et exécutés. Dans la chronique de Josep Subirats on relève, pour la seule année 1939, l'exécution de Josep Rodriguez Martinez, maire de Tortosa en 1936 et 1937, Josep Floresvi Garreta, typographe et maire-adjoint de Tarragone, Lluis Sola Padro, ancien maire de Santa Coloma de Queralt, fusillé, malgré de nombreux rapports favorables à son sujet, parce qu'il était « le chef politique de la région », des maires de Vimbodi et Cornudella. Deux anciens directeurs du journal *El Poble* de Tortosa, Sebastia Campos Terré et Joan Curto Pla, payèrent de leur vie leurs prises de position et campagnes en faveur de l'autonomie catalane, de même que Carles Rahola Llorens, de l'*Autonomista* de Girona, et Josep Recasens Jorda du *Llibertat* de Tarragone, qui fut gracié. Francesc Cabanes March, Joan Manresa Valldespinos, Domenec Piñana, Domenech Vilas, les directeurs des hôpitaux de Tarragone et Tortosa, tous cadres ou militants de l'*Esquerra* républicaine, furent condamnés à mort et seuls les deux derniers furent graciés [194].

Avec la sobriété qui donne à son récit une éloquence insolite, le même auteur parvient à transmettre aux lecteurs un reflet certes affaibli des tortures morales infligées aux condamnés, surtout à ceux qui attendirent longuement le verdict. Lui-même passa en Conseil de guerre, le 10 août 1939, et il avait tout à craindre car le président de ce Conseil était Lisardo Doval. Le procureur demanda la peine de mort et l'accusé dut attendre le 25 janvier 1940 pour apprendre qu'il était condamné à la réclusion perpétuelle. Que dire de Domenec Vilas, conseiller municipal de Tortosa ? Condamné à mort par le Conseil de guerre du 9 octobre 1939, il fut informé le 30 mars 1942 que « Son Excellence le Chef de l'État » avait commué sa peine. Son épouse Miquela avait usé de tous les recours pour gagner du temps, afin de profiter d'une conjoncture moins tragique et d'obtenir sa grâce.

Subirats raconte avec des mots simples le rituel de la prison, la communication des sentences de mort avec un raffinement pervers : le fonctionnaire lisait d'abord la liste des prénoms, ensuite celle des noms. Or, il y avait, parmi les prisonniers, plusieurs Francesc et plusieurs Josep. Il se souvient des nuits angoissantes qui précédaient les aubes meurtrières, des dernières nuits des camarades « entrés en chapelle ». Il raconte les emballements soudains, rythmés par les coups de marteau, de l'atelier voisin, proche de la prison, où l'on fabriquait les cercueils destinés aux condamnés, la vigilance muette de ces centaines d'hommes en sursis. On comprend alors que Josep ait reçu l'annonce de sa condamnation à la réclusion perpétuelle comme la plus grande joie de sa vie. Il avait dix-neuf ans.

Le régime toléra un certain nombre d'exécutions « illégales », sans condamnation, voire sans jugement préalable, qui augmentèrent le nombre réel des victimes. Elles semblent avoir été nombreuses aux Canaries, notamment dans les îles occidentales, surtout à Tenerife, où les « disparus » (plus de 1 500) furent bien plus nombreux que les condamnés par Conseils de guerre (62). Il est vrai que ces morts datent de la période de guerre, comme la majorité de celles enregistrées en Estrémadure. Le système policier établi dès les lendemains de la victoire se nourrit de la délation érigée en système, comme l'avait fait la terreur populaire [195]. La presse phalangiste incitait ouvertement aux dénonciations, dont certaines n'avaient d'autre but que de nuire à un voisin ou d'éliminer un concurrent. Il serait facile de multiplier les exemples de ces dénonciations fatales, quoique confuses, incertaines ou collectives, destinées à venger les victimes de la répression populaire. Les délateurs, à peu près assurés de l'absence d'enquête sérieuse, donnaient libre cours à l'esprit de vengeance, la jalousie, le plaisir de nuire ou à la satisfaction malsaine d'éprouver leur pouvoir. Il est probable sinon évident que certains historiens ont accordé un crédit excessif à des récits ou « témoignages » invérifiables aujourd'hui. Leur nombre est toutefois tel qu'il suffit d'en retenir dix sur cent pour accabler le régime.

Durant deux années au moins, de petits groupes de justiciers autoproclamés, dont bon nombre de phalangistes, visitèrent les prisons ou les camps de concentration, avec la complicité des geôliers, voire des directeurs, pour administrer aux détenus de terribles rossées et bastonnades. D'aucuns en moururent, d'autres demeurèrent infirmes. Parmi les détenus torturés afin d'en obtenir des dénonciations relatives notamment à la répression populaire, plusieurs furent tués en vertu de la « loi de fuite » (au cours d'évasions fictives) à seule fin de faire disparaître les traces de tortures.

Le châtiment des vaincus fut aussi de nature économique. Des familles furent ruinées par les amendes colossales infligées à des hommes tués pendant le conflit ou fusillés après la défaite de la République. La « loi de responsabilités politiques » permit de placer sous séquestre et de confisquer les biens de ceux qu'elle frappait. Propriétaires fonciers ou entrepreneurs, artistes ou universitaires comme le recteur de l'Université de Barcelone, Pere Bosch Gimpera, perdirent ainsi la totalité de leur fortune. La décrue forte du nombre des mises à mort à partir de 1942 et celle, beaucoup plus lente, du nombre des détenus mesurent l'affaiblissement d'une répression toujours menaçante. Les statistiques disponibles présentent quelques discordances mais les ordres de grandeur et les évolutions sont comparables. Retenons parmi d'autres cette évaluation, produite par les sources officielles et confirmée en 1944 par le ministre de la Justice d'alors, Eduardo Aunos, qui précisa que la population des prisons était passée par le maximum (très élevé) de 270 000 :

1939 (1er avril) : 90 413
1939 (31 décembre) : 270 719
1940 (31 décembre) 213 640
1941 (31 décembre) 145 851
1942 (31 décembre) 112 735 [196]

En 1944, la population recluse approchait encore les 50 000 et ce n'est qu'en 1950 qu'elle tombait au-dessous du seuil des 30 000.

Le régime trouva un moyen commode d'entretenir à moindres frais les détenus tout en tirant parti de leur force de travail pour mener à bien certains grands travaux. La « rédemption de peines par le travail » proposait l'équivalence un jour de travail – quatre jours de détention. Elle fut légitimée par le jésuite José Perez del Pulgar en ces termes : « Il est très juste que les prisonniers contribuent par leur travail à la réparation des dommages auxquels ils ont contribué par leur coopération à la rébellion marxiste. » Le ministre de la Justice, Esteban Bilbao, toujours prêt à flatter le Généralissime, renchérit en septembre 1940 : « Cette idée vient du *Caudillo* et elle est appelée à une grande transcendance... »

Le fonctionnement du système était simple. L'État louait des bataillons de *penados* à des entreprises de travaux publics, à un prix sensiblement inférieur à celui du marché de la main-d'œuvre. Une fois déduit le salaire versé en fin de semaine au prisonnier, soit environ 10 % du salaire normal, l'État consacrait la moitié des sommes perçues à l'entretien des prisonniers et investissait l'autre moitié dans la réalisation de ses projets : le plus important fut le monument du *Valle de los Caidos* (la vallée des Morts), proche de l'Escorial, qui devait servir plus tard de mausolée funéraire à Franco, et qui employa à lui seul plusieurs bataillons. Il y eut parfois plus de mille travailleurs sur le chantier et jamais moins de cinq cents. Le *Valle de los Caidos* fut, paradoxalement, l'œuvre des vaincus, sous l'égide des entreprises de travaux publics San Roman et Banus. Parmi les détenus célèbres qui y travaillèrent, il y eut Nicolas Sanchez Albornoz, le fils de don Claudio, le colonel Saez de Arana, compagnon de promotion de Franco, et l'avocat Gregorio Peces-Barba, père du futur président des Cortes de l'Espagne postfranquiste [197].

La « rédemption de peines » fut pratiquée par un nombre

croissant de détenus : 18 739 en décembre 1940 et jusqu'à 44 925 en octobre 1943, selon le *Bulletin officiel* de la Direction des Prisons. Les conditions de travail étaient dures, notamment en hiver, sous des climats rudes comme celui de la Sierra de Guadarrama où s'élevait le monument de *los Caidos*. Elles étaient plus dures encore dans des unités comme les *bataillons disciplinaires de travailleurs*, recrutés parmi les détenus mal notés par les commissions d'épuration, et les *colonies pénitentiaires militarisées*. De très nombreux grands travaux furent ainsi exécutés à faible coût au bénéfice de l'État et des entreprises favorisées par le régime : routes, canaux d'irrigation (comme celui du Jarama), bâtiments publics tels que les Nouveaux Ministères de Madrid, plusieurs mairies (Ciudad Real, Palencia), quelques prisons, des ponts, des églises (la cathédrale de Vich). Certains sanctuaires comme celui de la *Virgen de la Cabeza* à Jaen furent reconstruits de cette façon. Le premier bataillon de *penados* avait érigé en juillet 1937 le monument à la gloire de Mola à Alcocer de Mola.

Exploitation certes, mais il n'y a pas lieu, ici, de crier à l'hypocrisie : il s'agissait d'un troc, une réduction de peine substantielle en échange du travail fourni. Gregorio Peces-Barba, qui avait connu plusieurs prisons et camps de concentration, préférait de beaucoup ce genre de vie à l'univers carcéral et il y vit « un changement radical et positif[198] ». Plusieurs historiens contemporains semblent d'ailleurs oublier que l'Espagne franquiste n'eut pas le monopole des camps de travail forcé. Le SIM républicain avait utilisé dès avril 1937 le même système, et les conditions de vie n'y furent pas meilleures que dans les camps « nationalistes » ; les taux de mortalité y furent également élevés. Les prisonniers de Montjuich, dont certains procédaient du navire *Argentina*, ceux de la Prison modèle et du *Pueblo Español* de Barcelone allèrent peupler les camps de Totana (Murcie), d'Hospitalet del Infante, où ils travaillèrent aux fortifications du col de Balaguer, d'Omells de Nagaya, de Concabella, d'Ogern et de la Seu d'Urgell, tous en Catalogne ou Aragon. Ces camps, à partir de 1938, ne furent pas réservés aux hommes de droite. Lorsque le SIM fut totalement passé sous influence communiste, trotskistes et anarchistes purent y côtoyer phalangistes et cédistes.

Le titre d'un chapitre de Francisco Moreno, « L'escalade

vers le triennat de la Terreur (1947-49) », pourrait égarer le lecteur en laissant croire à une recrudescence très forte de la répression à la fin des années 1940. La réalité fut différente et l'auteur précise lui-même que la répression fit en 1947 un millier de victimes, ce chiffre, qui n'a rien de commun avec ceux des exécutions massives, ayant baissé en 1948 et 1949. Il s'agit sinon de l'épisode final, du moins du commencement de la fin des guérillas qui, dans certaines parties du pays, furent l'une des formes de la résistance à la répression franquiste[199].

« TAUPES », GUÉRILLEROS ET OPPOSANTS CLANDESTINS

Face au délire de vengeance des franquistes, les vaincus qui n'avaient pu fuir ou avaient cru aux promesses de la propagande du *Caudillo* eurent des réactions diverses. Tous ceux qui avaient exercé des responsabilités, même mineures, tels les maires de petites communes, savaient qu'ils risquaient la mort. Des maires catalans furent fusillés d'avril à août 1939 (Tortosa, Santa Coloma de Queralt, Vimbodi, Cornudella), de même que leurs collègues du Levant (Novelda, Villajoyosa) ou de Nouvelle-Castille (Ciudad Real, Puertollano, Membrilla). Il en alla de même pour les édiles andalous d'Alheurcin, Benalmedana, Coin, Fuengirola ou les Asturiens. Devant une telle menace, des hommes choisirent de disparaître, de s'absenter du monde. Ils descendirent sous terre, et c'est pourquoi on les surnomma les « taupes ». Tels le maire de Mudrian, près de Ségovie, Saturnino de Lucas, ou le maire socialiste de Mijas, près de Malaga, Manolo Cortès ; ou encore Eulogio de Vega, maire socialiste de Rueda, en Vieille-Castille, le maire de Sotrondio, dans les Asturies, Paulino Rodriguez. Le premier demeura enterré durant trente-quatre ans, le deuxième trente, le troisième vingt-huit.

Paulino Rodriguez vécut avec deux compagnons pendant vingt-huit mois dans une cache aménagée sous la grange de sa mère, à laquelle on accédait par un tunnel creusé à partir d'une galerie de mine. Saturnino de Lucas fut sauvé par le curé de son village, cas exceptionnel. Manolo Cortes survécut grâce à l'aide et à la discrétion de sa femme Juliana et de sa fille Maria. Il attendit l'amnistie totale du 1er avril 1969 (trente ans après la fin de la guerre !) pour revoir la lumière du jour : « Trente années de vie confinée entre quatre murs, sans soleil et sans étoiles, trente années à voix basse, sans autres échanges avec le reste du monde... » Eulogio de Vega passa quarante jours couché dans un champ de maïs puis, réfugié dans une cahute, il vécut enfin dans une ferme. Autres taupes, ugétistes et cénétistes : Pedro Perdomo à Las Palmas (trente-trois ans), le cénétiste Manuel Serrano Ruiz (treize ans), Juan et Manuel Hidalgo España à Benaque, près de Malaga (vingt-huit ans), Antonio Urbina, de Santo Domingo de la Calzada, revenu de France par nostalgie (dix ans), et sans doute quelques dizaines encore. Ils n'en restent pas moins des cas exceptionnels[200].

La résistance active prit la forme de petits groupes de guérilla dans plusieurs régions du pays de relief accidenté pouvant offrir des caches relativement sûres : en Andalousie, groupes des frères Quero, de Ramon Via, dans le Levant (Angel Fuertes Vidosa, Francisco Corredor Serrano...), en Aragon (Joaquin Aranzana, Francisco Bas Aguado...), dans la « Montagne » de Santander (Juan Fernandez Ayala), les Asturies (José Mata Castro), la Galice (Manuel Ponte, Segundo Villaboy), etc. Selon Francisco Moreno, « la fuite de plusieurs milliers de personnes dans les montagnes... ne fut pas un phénomène guérillero conventionnel, de type offensif (comme le maquis en France, par exemple), mais une guérilla défensive de survie, dans l'attente des événements internationaux ». Cet auteur considère que les convictions politiques jouèrent peu dans la formation des guérillas (quelques cadres du PCE revenus de France, quelques groupes de jeunes romantiques). Les guérilleros étaient ceux qui avaient refusé de rendre les armes à la fin de la guerre, ou que la dureté de la répression avait décidés, ou encore les évadés des prisons. Le plus souvent, ils réduisirent au minimum les actions de guérilla afin de conserver le soutien de la population en lui épargnant les représailles. Les 800 hommes, venus de Langreo, Mieres et autres lieux, qui, avec José Mata, tentèrent, en 1939, de quitter le pays par le petit port de Tazones, furent surpris par l'armée et, après un dur combat qui fit 57 morts, durent regagner la montagne. En 1948, Mata réussit enfin avec 22 hommes à gagner Saint-Jean-de-Luz sur un bateau de pêche français.

On peut distinguer la période des fuyards (1939-44) de celle de la guérilla proprement dite (1944-49), déclenchée par la tentative manquée d'invasion du Val d'Aran, sous la direction du PCE. Nicanor Rozada, qui pendant quinze ans (1937-52) participa sans interruption à une guérilla dans les Asturies, précise que ses compagnons et lui-même n'eurent pas d'autre solution, après l'échec de leur départ pour la France, lorsqu'ils furent surpris sur la plage de Tazones : « Les hommes qui étaient dans la montagne se disposaient en général à prendre le chemin de l'exil. Comme ils ne purent réaliser ce dessein... ils durent revenir à leur point de départ. » Il explique comment, jusqu'en 1943, ces hommes durent chercher refuge « sous terre » pour échapper aux grandes battues menées par les forces militaires du franquisme. Il évoque la prolifération de groupes « de fuyards et de gens poursuivis faiblement armés » dans le bassin fluvial du Sil et toutes les zones montagneuses du Leon et de Galice jusqu'aux abords de la frontière portugaise, et leur « lutte à outrance et sans faiblesse pour la défense de leur vie ». Il exagère le nombre des combattants, mais c'est bien d'une stratégie défensive qu'il s'agit. Après l'opération du Val d'Aran, les guérillas adoptèrent, sous l'influence communiste, une attitude offensive d'ailleurs suicidaire, car l'adversaire les infiltra et les conduisit à leur perte, comme l'observe Rozada[201].

Les communistes furent eux-mêmes victimes de cette lourde erreur stratégique, tel Cristino Garcia, héros de la Résistance française, arrêté le 15 octobre 1945 et fusillé le 21 février 1946 avec neuf autres guérilleros. Il avait été envoyé en Espagne par Santiago Carrillo et la Pasionaria pour recréer des noyaux armés, mais aussi pour liquider physiquement Gaspar Leon Trilla, l'un des fondateurs du PCE, exclu puis réintégré en 1936, qui avait pris en charge à Madrid une édition clandestine de *Mundo Obrero*. Décidément, malgré les échecs de la guerre civile, le PCE n'avait rien appris et rien oublié !

Les libertaires, plus offensifs pendant ces années, notamment grâce aux aides venues de France et la collaboration directe en plusieurs occasions de Francisco Ponzan (mai 1940, janvier-février 1942), n'eurent pas plus de chance que les communistes. Dès le 23 mars 1939, vingt-trois membres des Jeunesses libertaires avaient été arrêtés à Barcelone à titre préventif. Après l'attentat du 1er mai 1939 contre le chef de la police de L'Hospitalet de Llobregat, d'autres arrestations décimèrent les milieux anarchistes. Joaquin Pallares fut incarcéré et il devait être exécuté près de quatre ans plus tard avec Paco Alvarez, Fernando Ruiz, qui avaient organisé quelques hold-up et désarmé des policiers à Barcelone et dans les environs de la capitale catalane. Arrêtés en mars 1943, ils furent torturés et fusillés le même mois, ainsi que plusieurs de leurs compagnons [202].

Sergio Vilar a observé avec raison que les guérillas des années 1943-45 auraient pu être justifiées par la situation internationale et les victoires alliées, témoignant d'une volonté de changement en Espagne et du maintien d'un esprit de résistance. Encore fallait-il absolument que les forces de l'exil se fussent unifiées afin d'offrir une alternative possible au franquisme. Or ce ne fut pas le cas : divisions, rivalités de personnes, projets inconciliables demeuraient aussi marqués et corrosifs en 1945 qu'en 1939. Dans ces conditions, la poursuite des actions armées devenait un gaspillage absurde d'énergies et de vies humaines [203]. Ces échecs répétés finirent par transformer la stratégie des oppositions.

Une forme de résistance pacifique, dont la correspondance adressée à Rodolfo Llopis rend compte, avait d'ailleurs persisté, et elle culmina à Barcelone, où une manifestation pour l'amnistie fut réprimée. Les correspondants de Llopis mettaient leurs espoirs dans les conflits internes au régime, incidents entre *requetes* et phalangistes en Navarre, divergences entre la Phalange et l'armée, opposition des monarchistes à la continuation de la répression, etc. [204]. Quelques grèves, encore timides, annonçaient des transformations : en 1940 celle de la brasserie Moritz à Barcelone, en 1941 celle des travailleurs de la maîtrise des ingénieurs de Cadix et, l'année suivante, celle du textile à Mataro. Ailleurs, l'agitation se limitait à des revendications salariales, mais, en janvier 1946, la grève des travailleurs du textile à Manresa et, en 1947, plusieurs grèves importantes au Pays basque (Sestao, Eibar, Vergara) montraient la renaissance d'un mouvement ouvrier [205]. Parallèlement, les organisations politiques et syndicales se reconstituaient dans la clandestinité et nouaient des relations avec celles de l'exil. Le régime découvrait la nécessité d'une politique sociale. Il ne pouvait plus compter sur la résignation née de la défaite de la République.

CONCLUSION

QUAND L'IMAGINAIRE TRANSCENDE LA GUERRE CIVILE

Lorsque Simone Weil écrit à Georges Bernanos, après la publication des *Grands Cimetières sous la lune*, ce n'est pas seulement pour lui exprimer son admiration. Il a clamé son indignation, parce qu'il n'a pas supporté les massacres commis au prétexte d'une « croisade ». Bien que n'en ayant pas été témoin, elle n'a pas supporté davantage les massacres perpétrés par la colonne Durruti au nom de la défense de la Liberté, notamment l'exécution d'un gamin, le jeune phalangiste de Pina, et la tuerie des civils de Sietamo Alchimie secrète des consciences, refus d'assumer une participation aux massacres, fût-elle seulement présence complice ou regard muct ? Simonc Wcil sc rallic à l'incantation dc l'autcur dcs *Grands Cimetières*.

Comment, s'interroge Claude Pichois, « une guerre, c'est-à-dire la mort, les mutilations, l'injustice, peut-elle devenir littérature ? Comment le néant peut-il se faire vie ? ». La guerre d'Espagne impose cette question. Serge Salaün découvre « l'explosion poétique de la guerre », un courant de poésie populaire d'une force telle qu'il submerge les créations des « professionnels de la littérature ». N'a-t-il pas recueilli quelque 15 à 20 000 compositions poétiques, œuvres de 5 000 auteurs environ ? Une « grande envolée épico-lyrique » car l'un des personnages les plus présents dans ces milliers de poèmes est le héros, surtout le héros inconnu surgi du peuple, un Antonio Coll ou une Encarnacion Jimenez.

Le langage du lyrisme, celui de l'épopée parviennent par un surprenant exploit à effacer l'horreur sans la taire. Ils ne sont pas l'apanage de la poésie. *L'Espoir* de Malraux et *Pour qui sonne le glas* d'Hemingway sont des œuvres lyriques. Pourtant, ces deux livres ne trichent ni avec la vérité, ni avec la mort. Hemingway ne réserve pas les atrocités aux seules troupes franquistes ; il raconte aussi bien le massacre des propriétaires terriens d'un village par une foule déchaînée. Et tout en marquant sa répugnance pour les procédés manipulateurs des communistes, il reconnaît qu'ils pouvaient seuls donner la victoire à la République grâce à la création de l'armée populaire. Il est sans illusion, comme l'est son personnage de Karkov, qui n'est autre que le double littéraire de son ami Koltsov, le correspondant de la *Pravda* à Madrid, auteur du *Journal espagnol*, arrêté à Moscou le 12 décembre 1938 et éliminé. Au correspondant des *Izvestia* Ehrenbourg, enthousiasmé par la *Pasionaria*, qui dit : « La bonté et la sincérité rayonnent d'elle comme d'une vraie sainte du peuple », Karkov adresse cette réplique désenchantée : « Vous feriez mieux d'écrire votre article des *Izvestia* tout de suite. » Il a déjà tout compris et même l'imminence de sa fin. Mais Anselmo et Jordan sont les vrais interprètes d'Hemingway.

Anselmo, le paysan, est celui dont la vision rendra possible l'Espagne future. Il observe ceux qu'il va tuer demain : « Ce sont des hommes comme nous... Ce sont les ordres qui se mettent entre nous. Ces hommes-là ne sont pas fascistes. Je les appelle comme ça, mais ils ne le sont pas. Ce sont de pauvres hommes comme nous. » Avec *Pour qui sonne le glas*, la littérature suggère qu'il pourrait suffire de changer les « ordres » pour changer la vie. De la même façon, le capitaine Hernandez de Malraux s'attache plus à devenir un homme complet digne de ce nom qu'à faire la guerre. Le Manuel de *L'Espoir* ressent douloureusement la difficulté de choisir la victoire contre la pitié. Comme l'officier Ximenes, son chef : « Condamner la conscience tranquille ? Le vrai combat commence lorsque l'on doit combattre une part de soi-même... »

S'agit-il de « la dernière guerre romantique en Europe, une guerre faite de tragédies et non de batailles » ? Ce fut en tout cas une guerre rare : des milliers d'intellectuels abandonnèrent tours d'ivoire et bureaux pour se transformer en hommes d'action. Il devait y avoir un retour. Au bénéfice du lyrisme et de l'épopée, les prestiges du verbe et les pouvoirs de l'imaginaire transcendèrent la guerre d'Espagne et réduisirent à la portion congrue, voire à l'absence, la chronique de l'ignoble, la triste nomenclature des bourreaux et des tortionnaires ou la dialectique infâme des délations et des vengeances. Avons-nous le droit de penser que la littérature a exercé une fonction de paix ?

Peut-être. Incontestablement, la littérature de qualité a, dans son ensemble, choisi le parti des vaincus. Les exceptions sont rares : James Norman ou William Herrick aux États-Unis, Robert Brasillach, Paul Claudel, Drieu La Rochelle en France et quelques autres.

Encore *Gilles* n'est-il pas le meilleur cru de Drieu ! L'engagement des écrivains, plusieurs fois consacré par leur participation personnelle à la lutte, avait le sens d'une adhésion, non au caractère impitoyable de l'affrontement ou aux manipulations des chefs, mais aux valeurs qu'avaient prétendu incarner les combattants de la République. Il légitimait leur lutte, au-delà de la défaite, de la répression et du silence qui leur était imposé en Espagne. En ce sens, la littérature, bien plus que le cinéma, où le sang et la mort se montrent avec complaisance, fut une thérapie.

En négligeant souvent l'horreur et l'absurde, en faisant de l'expérience vécue de cette guerre fratricide une aventure essentielle de l'homme moderne confronté à la nécessité du politique, expérience dont rend compte, par exemple, le parcours de George Orwell, la meilleure littérature de la guerre d'Espagne la sauvait de la simplification réductrice « rouges contre fascistes », et préservait la mémoire des vaincus. Elle prenait une avance importante sur le travail des historiens.

Voilà qui mérite examen. Ceux qui, aujourd'hui, mettent en accusation la transition démocratique et sa force d'oubli lui reprochent d'avoir offert aux vainqueurs et à leurs héritiers une amnistie totale, insoucieuse des souffrances des vaincus, comme prix de la liberté reconquise de l'Espagne postfranquiste. Mais ces voix ne sont-elles pas, précisément, des voix d'amnésiques ? Les thèses « rupturistes », qui auraient conduit d'emblée à la réouverture des dossiers sanglants de la guerre, se fondaient sur un postulat jamais évoqué mais insoutenable : l'unité de la cause de la République.

De quelle république se réclame-t-on ici ? Du meilleur projet initial, celui d'Azaña ? Mais Azaña était venu trop tôt dans une république immature. Il avait perdu la partie avant le 18 juillet 1936, et la conscience de cet échec le déprimait. D'une république socialement avancée, indépendante de la Mecque soviétique, prête à donner une part de chance à l'utopie libertaire, telle qu'avait paru l'incarner Largo Caballero ? Elle avait été éliminée par un parti communiste en pleine croissance, avec la complicité d'une partie des socialistes. D'un système stalinien, qui fit la preuve de son ignominie dans l'affaire Nin, et dont le fonctionnement, révélé au cœur de l'URSS, désespéra les meilleurs des dirigeants espagnols du PCE, Diaz, Hernandez, Tagueña ? Des hommes venus d'horizons politiques divers qui, rassemblés autour de Casado, tentèrent de proposer une option authentiquement démocratique ? Ils agirent bien trop tard. On songe irrésistiblement aux angoisses de Julian Besteiro. Si nous perdons la guerre ? On sait ce qu'il en fut. Le pire est parfois certain. Mais Besteiro formulait explicitement sa seconde question. Si nous gagnons la guerre ?

Il n'y avait pas d'autre voie que la transition démocratique. Il eût été fort inopportun d'ouvrir le procès du franquisme, alors qu'il fallait obtenir des Cortes de l'ancien régime qu'elles acceptassent de se saborder pour qu'un personnel politique nouveau prît en charge les destinées du pays. Un tel procès eût entraîné *ipso facto* celui des responsables importants de la répression républicaine survivants, tel Santiago Carrillo, impliqué dans les tueries de Paracuellos del Jarama. Et s'il est toujours illusoire et vain d'imaginer une histoire différente, qui peut oser dire ce qu'eût été l'Espagne d'un Front populaire vainqueur, totalement dominé par les communistes dont Juan Negrin, qu'il l'ait voulu ou non, n'était plus que le mandataire, et dont la *Pasionaria*, dévaluée au regard de ses propres « camarades », restait la figure de proue ? L'utopie anarchiste avait été éliminée impitoyablement par les communistes et leurs alliés. Dès lors, la « démocratie bourgeoise » à l'occidentale, avec ses vertus et ses défauts, était improbable. Compte tenu de l'influence des « conseillers » soviétiques, qui oserait affirmer qu'une « démocratie populaire » de type polonais ou roumain n'eût pas été répressive ? À moins que l'éloignement de l'Espagne y ait provoqué une expérience de style « titiste ». Comment le savoir ?

Ce qui s'imposait dès l'abord, c'était la réconciliation, l'apprentissage de la vie en commun dans une société libre et laïcisée et le respect des croyances, l'accoutumance à l'ordre constitutionnel et légal, l'acceptation de l'alternance. Était-ce si simple ? La République de 1931, malgré ses promesses, n'était-elle pas morte du non-respect de ces règles ? L'Espagne de la Constitution de 1978 n'était en rien une mascarade. Il lui fallait l'épreuve du temps et des crises, soit une vingtaine d'années. Il est temps désormais que soient largement ouverts à tous les publics les chantiers de mémoire. Leur exploration mettra fin à bien des frustrations. Elle réservera aussi des surprises.

SOURCES

ESPAGNE

SOURCES MANUSCRITES

Archivo Historico Nacional (AHN), Seccion Guerra Civil (Salamanque)
PS Gijon ; série F, expedientes 32-34 ; 55 ; 71-78 ; 91-106 ; série F, carpeta 110 ; série G, carpetas 10-15 et 18-21 ; séries I et J
PS Bilbao, Cajas 13, 23, 31, 32, 35, 39-40
PS Alicante, Legajos 9, 10, 11

SOURCES IMPRIMÉES

Héméroteca municipal de Madrid
ABC Doble Diario de la Guerra Civil, 1936-38
El Obrero (Agrupacion socialista ferrolana, El Ferrol, 1935-36)
El Defensor de Granada (Grenade, 1936)

PUBLICATIONS

La Causa General. La dominacion roja en España. Avance de la Informacion instruida por el Ministerio de Justicia, Madrid, 1943.

Del Socialismo Exiliado, Éd. Fundacion Pablo Iglesias, Madrid, 2003. Présentation Alfonso Guerra, Introduction José Martinez Cobo. Contient les textes d'articles, discours ou conférences de Indalecio PRIETO TUERO, Ramon LAMONEDA FERNANDEZ, Manuel ALBAR CATALAN, Luis JIMENEZ de ASUA, Fernando DE LOS RIOS URRUTI, Francisco LARGO CABALLERO, Juan NEGRIN LOPEZ, Wenceslao CARRILLO ALONSO-FORJADOR, Trifon GOMEZ SAN-JOSE, Julio ALVAREZ DEL VAYO, Luis ARAQUISTAIN QUEVEDO, Rodolfo LLOPIS FERNANDEZ, Pascual TOMAS TAENGUA et Anselmo CARRETERO y JIMENEZ.

España Traicionada (trad. de *Spain Betrayed*, publication de documents par l'Université de Yale, Éd. Planeta, 2002. Il s'agit des documents provenant des archives de l'ancienne URSS, avec le concours du RGVA (Archives russes de l'État et de l'Armée) et de l'Académie des Sciences de Russie, par Ronald RADOSH, Mary R. HABECK et Grigory SEVOSTIANOV. Certains de ces documents sont essentiels.

FRANCE

SOURCES MANUSCRITES

ADA, Archives départementales de l'Ariège : séries 4 M 146, et 5 M 135 à 150 ; 5 M 170
ADC, Archives départementales de la Charente, séries 1 M 235 à 243 et 4 M
ADG, Archives départementales du Gard, 4 M 622 à 671
ADHP, Archives départementales des Hautes-Pyrénées, 4 M 238 et 239
ADIV, Archives départementales de l'Ille-et-Vilaine, 4 M 414 à 423
ADLA, Archives départementales de la Loire-Atlantique (Inférieure), 1693 et 1694 W ; 2 Z 143 à 147
ADLT, Archives départementales du Lot
ADLZ, Archives départementales de la Lozère, M 10 560, 11 121 et 11 123 ; 2 W 1805
ADM, Archives départementales de la Mayenne, 1 M et 4 M
ADML, Archives départementales du Maine-et-Loire, 13 alpha 3 et 16
ADPO, Archives départementales des Pyrénées-Orientales, 1 M 595, 628 à 654 ; 4 M 413 à 415, 4 M 799 (collection d'affiches)
ADT, Archives départementales du Tarn, 4 M 18, art. 58 à 68 et art. 88 ; 5 W 184 et 506 W 184
ADTG, Archives départementales du Tarn-et-Garonne, 4 M 1 A 5, 4 M 16 À 23.

SOURCES IMPRIMÉES

Documents diplomatiques français 1932-39 (2e série 1939-39).

Récits, témoignages, mémoires, littérature

ANDUJAR Manuel, *Saint-Cyprien Plage* (trad. de Rose Duroux), Presses Blaise Pascal, Clermont-Ferrand, 2003 ; un cri de colère poétique.

AZAÑA Manuel, *Diarios, 1932-33, Cuadernos Robados*, Introduction Santos JULIA, Barcelone, Critica, 1997.

— *Obras Completas*, Mexico, Éd. Oasis (ne comprennent pas les *Diarios*).

BAREA Arturo, *La Forja de un Rebelde*, Buenos Aires, 1954, et Montjuich, Mexico, 1959. Un grand roman autobiographique. L'auteur a participé à la guerre civile (responsable de la censure de presse à Madrid).

BERNANOS Georges, *Les Grands Cimetières sous la Lune*, Paris, Plon, 1939.

BORKENAU Franz, *The Spanish Cockpit*, Londres, 1937. Témoignage important sur les collectivisations.

CASADO Segismundo, *Asi cayo Madrid*, Madrid, Guadiana, 1968.

CASTRO DELGADO Enrique, *Mi fé se perdio en Moscù*, Barcelone, Caralp, 1964. Il existe une traduction française, *J'ai perdu la foi à Moscou.*

DIAZ José, *Tres años de lucha...*, Barcelone, Éd. del PCE, 1939.

DUPUY Pierre, *Hemingway et l'Espagne*, Tournai, La Renaissance du Livre, 2001. Ce livre, qui a utilisé notamment toutes les informations de presse, établit les itinéraires d'Hemingway pendant la guerre d'Espagne.

DUVAL (général), *Les Leçons de la Guerre d'Espagne*, Paris, Plon, 1938

FRASER Ronald, *Blood of Spain*, trad esp. *Recuerdalo tu y Recuerdalo a otros*, 2 vol., Barcelone, Éd. Critica, 1981. Un chef-d'œuvre de l'histoire orale (témoignages de combattants, de militants ou de victimes inconnus de la guerre civile).

— *La Planque. Vie et Réclusion de Manuel Cortès*, Paris, Le Seuil, 1973.

GARCIA MIRANDA Juan Carlos, *Asturias 1936-37, Prensa republicana de guerra*, Oviedo, Bibl. popular asturiana, 1982.

GIL ROBLES José Maria, *No fue posible la paz*, Barcelone, Éd. Ariel, 1968.

GONZALEZ Valentin, *El Campesino, Comunista en España y antiestalinista en la URSS*, Mexico, 1952.

GOMEZ JORDANA SOUZA Francisco, *Milicia y Diplomacia. Los Diarios del Conde de Jordana, 1936-44*, Burgos, 2002.

HEMINGWAY Ernest, *Pour qui sonne le glas*, trad. de l'américain *For Whom the Bell Tolls*, New York, 1940, Paris, Gallimard.

HERNANDEZ Jesus, *Yo fui un ministro de Estalin*, Mexico, Éd. America, 1953. Important témoignage d'un des leaders les plus charismatiques du PCE.

IBARRURI Dolores, *Mémoires de Pasionaria*, trad. de l'espagnol, Paris, Julliard, 1964.

KAMINSKI, Hans Erich, *Ceux de Barcelone*. 1937. Je n'ai pu trouver que la traduction catalane, *Els de Barcelona*, 1937. L'auteur est favorable aux anarchistes.

KINDELAN Alfredo, *Mis cuadernos de guerra*, Madrid, 1945. La guerre vécue par le chef de l'armée de l'air nationaliste.

LOW Mary et BREA Juan, *Carnets de la guerre d'Espagne*, Paris, Éd. Verticales, 1997. Souvenirs de militants trotskistes.

MALRAUX André, *L'Espoir*, Gallimard, Paris, 1939.

ORWELL George (Pseudonyme), *Homage to Catalonia*, Londres, 1938. Témoignage autobiographique de l'écrivain anglais, engagé dans les files trotskistes. Vision directe des journées de mai 1937 à Barcelone.

OUDARD Georges, *Chemises noires, brunes et vertes en Espagne*, Paris, Plon, 1938. Récit trop bref d'un Français engagé dans les troupes nationalistes.

PI I SUNYER, *Memories del Primer Exili*, Barcelone, Fundacio Pi i Sunyer, 2000. Un témoignage vécu de l'exode de 1939.

PRIETO Indalecio, *Convulsiones de España*, 3 vol., Mexico, 1967-69. Intéressant car il ne s'agit pas toujours d'un plaidoyer *pro domo*.

ROSADO Antonio, *Tierra y Libertad. Memorias de un campesino anarco-sindicalista andaluz*, Barcelone, Critica, 1979.

ROZADA Nicanor, *Relatos de una lucha. La guerilla y la represion en Asturias*, Oviedo, éd. de l'auteur, 1993 ; grande abondance de détails.

SABATER Miguel (Dr), *Estampas del cautiverio rojo. Memorias de un prisionero del SIM*, Barcelone, éd. de l'auteur, 1943. Écriture périmée mais informations utiles.

SOUCHY BAUER Augustin, *Entre los campesinos de Aragon. El comunismo libertario*, Barcelone, Tusquets, 1977. Vision enthousiaste des collectivisations anarchistes par un militant allemand (avec participation de Gaston LEVAL, Maria GIMENEZ, José PEIRATS, etc.).

SUBIRATS Josep, *Pilatos 1939-41, Prisiones de Tarragona*, Éd. Pablo Iglesias, 1993. Un témoignage passionnant, d'une grande sobriété et d'une précision exceptionnelle.

SUEIRO Luciano, *Memorias de un campesino andaluz en la Revolucion española*, Madrid, Queimada, 1982.

TAGUENA Manuel, *Testimonio de dos guerras*, Barcelone, Planeta, 1979. L'auteur, qui fut l'un des meilleurs « généraux » communistes sortis du rang et qui se réfugia en URSS, a été aidé dans sa rédaction par sa femme, Carmen PARGA, dont le jugement sur le régime soviétique est impitoyable.

VALLES Edmon, *Dietari de Guerra*, 1938-39, Barcelone, Éd. 62, 1980. La fin de la guerre vécue par un jeune Catalan.

NB : Je n'ai pas reproduit ici les références d'un certain nombre de récits, mémoires ou journaux utilisés dans le *Franco*, auquel on peut se reporter.

Histoire de l'Espagne et, notamment, de l'Espagne contemporaine

Bartolomé BENNASSAR *et al.*, Paris, Robert Laffont, *Histoire des Espagnols*, coll. Bouquins, 1991.

Bartolomé BENNASSAR, *Franco*, Paris, Perrin, 1995 ; coll. Tempus, 2002. *Histoire contemporaine de l'Espagne*, Paris, Aubier, 1979.

CARR Raymond, *Spain 1808-1975*, Oxford History of Modern Europe, Oxford, 1982. Une synthèse remarquable du grand historien anglais.

FONTANA Josep, *España bajo el Franquismo*, Barcelone, Critica, 1985.

HERMET Guy, *L'Espagne au XXe siècle*, Paris, PUF, 1986.

MAURICE Jacques et SERRANO Carlos, *L'Espagne au XXe siècle*, Paris, Hachette, 1992.

MAZA ZORRILLA Elena, *La España de Franco*, Madrid, Actas, 2002. Un petit livre suggestif.

PEREZ José, *Histoire d'Espagne*, Paris, Fayard, 1996.

PRESTON Paul, *Franco. A Biography*, Londres, Harpers Collins Publishers, 1993. Trad. *Franco, Caudillo de España*, Barcelone, Grijalbo, 1994. La plus considérable des biographies de Franco.

TAMAMES Ramon, *Historia de España*, t. VII : *La Republica. La Era de Franco*, Madrid, Éd. Alfaguara.

TUSELL Javier, *La Dictadura de Franco*, Madrid, Éd. Alianza Editorial, 1988.

La guerre civile

VISION D'ENSEMBLE

AZAÑA Manuel, *Causas de la Guerra de España*, Barcelone, Éd. Critica, 1986. Il s'agit du regroupement d'articles rédigés en 1939.

BARDÈCHE Maurice et BRASILLACH Robert, *La Guerre d'Espagne*, Plon, 1939. Il s'agit d'un récit « à chaud » par deux écrivains et militants d'extrême droite très favorables à la cause « nationaliste ».

BOLLOTEN Burnett, *The Spanish Civil War. Revolution and Counter-Revolution.* L'auteur, correspondant de l'United Press pendant la guerre, avait d'abord publié à Londres en 1961 un livre qui fit sensation, *The Grand Camouflage : the Comunist Conspiracy in the Spanish Civil War*. La controverse le conduisit à une nouvelle édition, plus complète et plus argumentée. Capital. J'ai utilisé la traduction espagnole, Madrid, Alianza Editorial, 1984.

BRENAN Gerald, *Le Labyrinthe espagnol*, trad. de *The Spanish Labyrinth*, Cambridge, 1943.

BROUÉ Pierre et TÉMIME Emile, *La Révolution et la guerre d'Espagne*, Paris, Éd. de Minuit, 1961. Le premier grand livre sur la guerre d'Espagne.

La Guerra civil 50 años despues, Barcelone, Éd. Labor, 1985. Ouvrage collectif dirigé par Manuel TUNON de LARA, avec la collaboration de Julio AROSTEGUI, Josep M. BRICALL, Gabriel CARDONA, Angel VINAS.

JACKSON Gabriel, *The Spanish Republic and the Civil War, 1931-39*, Princeton, 1965. Souvent brillant, ce livre manque par trop d'objectivité.

PALACIO Leo, *La Maldonne espagnole*, Toulouse, Éd. Privat, Bibl. hist., 1986. Témoignage direct d'un auteur correspondant de guerre.

PIO MOA Luis, *Los Mitos de la Guerra Civil*, Madrid, La Esfera de la Historia, 2003.

—, *Los Crimenes de la Guerra Civil y otras polemicas*, Madrid, Éd. La Esfera de los Libros, 2004. Ces deux livres suscitent à dessein de vives polémiques. L'auteur, qui procède de l'extrême gauche (à la grande satisfaction des nostalgiques du franquisme), a le goût de la provocation.

THOMAS Hugh, *La Guerre d'Espagne. Juillet 1936-mars 1939*, édition définitive, Paris, Robert Laffont, 1985. Le « classique » de la guerre d'Espagne. Publié pour la première fois en avril 1961, ce livre du grand historien anglais a été révisé avec soin, complété et amélioré à la faveur de nouvelles enquêtes, en tenant compte des publications intervenues depuis. Il demeure indispensable.

Il faudrait ajouter deux petits livres stimulants qui ne prétendent pas à une relation complète de la guerre :

TÉMIME Émile, *La Guerre d'Espagne*, Bruxelles, Complexe, Questions au XXe siècle, 1996.

VILAR Pierre, *La Guerre d'Espagne*, Paris, PUF, Coll. Que sais-je ?, 1986.

Et dans le genre particulier de l'histoire orale :

BULLON DE MENDOZA et DE DIEGO Alvaro, *Historias Orales de la Guerra Civil*, Barcelone, Ariel, 2000.

Pour le dernier épisode de la guerre :

ROMERO Luis, *El final de la Guerra*, Barcelone, Ariel, 1976. Excellent.

ASPECTS LOCAUX ET REGIONAUX DE LA GUERRE ET DE LA RÉPRESSION

ALIA MIRANDA Francisco, *La Guerra Civil en la Retaguardia. Ciudad Real 1936-39*, Ciudad Real, Diputacion provincial, 1994. Une étude qui peut servir de modèle.

BORRAS José, *Aragon en la Revolucion española*, Barcelone, Cesar Viguera, 1983.

BOSCH SANCHEZ Aurora, *Ugetistas y Libertarios. Guerra Civil y Revolucion en el pais valenciano*, Valencia, Diputacion, 1983.

CABEZAS José Antonio, *Asturias. Catorce meses de guerra civil*, Madrid, Éd. G. del Toro, 1976.

DEL BURGO Jaime, *Conspiracion y Guerra Civil*, Madrid, Alfaguara, 1970 (concerne la Navarre).

FUSI Juan Pablo, *El Pais Vasco 1931-37*, Madrid, Biblioteca Nueva, 2002. D'une clarté remarquable. L'auteur fait preuve dans ce livre difficile d'une maîtrise parfaite.

LA GRANJA (DE) José Luis, « Le Pays basque et la guerre d'Espagne », in *Les Espagnols et la guerre civile*, Biarritz, Atlantica, 1999 (présentation Michel Papy).

GABARDA CEBELLAN, *La represion en la retaguardia republicana : Pais Valenciano*, Valencia, Alfons el Magnanim et Generalitat, 1996. Travail d'une extrême précision, effectué localité par localité pour les trois provinces.

MARTIN JIMENEZ Ignacio, *La Guerra Civil en Valladolid, 1936-39*, Valladolid, Ambito, 2000. Très bon.

MONTOLIU CAMPS Pedro, *Madrid en Guerra Civil*, Silex, 1998. Bien informé et très nuancé.

NADAL SANCHEZ A., *Guerra Civil en Malaga*, Malaga, Arguval, 1984. Encore une bonne étude sur une province où les répressions successives ont été très violentes.

ORIHUELA A., SUAREZ M., ANAYA L.-A., ALCARAZ J., *De la Republica a la Guerra Civil en Las Palmas*, Las Palmas de Gran Canaria, Éd. Universitaria, 1992.

PALOMARES IBAÑEZ José Maria, *La Guerra Civil en Palencia, La Eliminacion de los contrarios*, Palencia, Calamo, 2002.

SOUTHWORK Herbert, *La destruccion de Guernika*, Paris, Ruedo Iberico, 1975. Une enquête soigneuse sur un des événements importants de la guerre.

INTERNATIONALISATION DU CONFLIT, FORCES POLITIQUES ET COMBATTANTS

ALEXANDER Robert, *The Anarchists in the Spanish Civil War*, Londres, Janus, 1999.

ALVAREZ Santiago, *Los Comisarios Politicos en el Ejercito popular de la Republica*, A Coruña, de Castro, 1989. Très décevant. Usage immodéré de la langue de bois.

AROSTEGUI Julio, *Los Combatientes Carlistas en la Guerra Civil*, 2 vol., Madrid, coll. Luis Hernando de Larramendi, 1991.

Berdah Jean-François, *La Démocratie assassinée. La République espagnole et les grandes puissances 1931-1939*, Paris, Berg International, 2000. Une enquête considérable avec recours aux sources allemandes, anglaises, canadiennes, françaises.

Casas de la Vega, Rafael, *Las milicias nacionales en la Guerra de España*, Madrid, Éd. Nacional, 1974.

Castells Andreu, *Las Brigadas Internacionales en la Guerra de España*, Barcelone, Ariel, 1974. Un des livres importants sur les brigades. Beaucoup de détails intéressants sur les personnes mais des erreurs et une tendance à exagérer les chiffres.

Delperie de Bayac Jacques, *Les Brigades internationales*, Paris, 1968. Livre pionnier sur la question.

Elorza Antonio et Bizcarrondo Marta, *Queridos Camaradas. La Internacional Comunista y España*, Barcelone, Planeta, 1999. Une interpellation.

Elwood Sheelagh, *Prietas las Filas. Historia de Phalange Española, 1933-83*, Barcelone, Critica, 1984. Sans la moindre complaisance pour la Phalange. Occulte le fait que la Phalange n'a pas eu l'initiative de l'action violente.

Estruch Joan, *Historia Oculta del PCE*, Madrid, Temas de Hoy, 2000. Très bien informé. Sans aucune complaisance pour le PCE et notamment pour la *Pasionaria*.

Galland Adolf, *The Last and the First*, Londres, 1955. Trad. française, Paris, Michelet, 1985. Les souvenirs du pilote le plus fameux de la Condor.

Garate Cordoba José Maria, *Alfereces provisionales*, Madrid, San Martin, 1976. Étude précise sur un corps devenu essentiel pour les « nationalistes ».

Hidalgo Salazar Ramon, *La ayuda alemana a España. Legion Condor*, Madrid, San Martin, 1975. Il s'agit évidemment de l'aide aux « nationalistes ».

Howson Gerald, *Arms for Spain. The Untold history of the Spanish Civil War*, Londres, John Murray, 1998. Un livre-révélation sur les profits réalisés par l'URSS dans les fournitures d'armes à la République. On peut cependant douter que l'armée du Front populaire ait manqué d'armes.

Madariaga Maria Rosa de, *Los Moros que trajo Franco...*, Madrid, Martinez Roca, 2002. Un travail qui étudie les origines des troupes coloniales, leur mode de recrutement, etc. Solide.

Martin Acena Pablo, *El Oro de Moscu y el Oro de Berlin*, Madrid, Taurus, 2001. Livre nettement supérieur à celui d'Angel Vinas à qui l'auteur rend hommage avec beaucoup de générosité. Lecture indispensable pour comprendre la dépendance de la République à l'égard de la Russie de Staline.

Payne Stanley, *Politics and the Military in Modern Spain*, Stanford UCP, 1967. Trad. espagnole, *Los Militares y la Politica en la España contemporanea*, Paris, Ruedo Iberico, 1968.

—, *Facism in Spain, 1933-77*, Madison, Wisconsin Univ. Press, 1999. Remarquable. Indispensable à la connaissance de la question.

Peirats José, *Les Anarchistes espagnols. Révolution de 1936 et luttes de toujours*, Toulouse, Repères Silena, 1989.

Preston Paul, *The Coming of the Spanish Civil War : Reform, Reaction and Revolution in the Second Republic, 1931-1936*, Londres, 1978. Comme je l'ai déjà indiqué, je suis en désaccord avec plusieurs des thèses de Preston. Les responsabilités des gauches dans l'échec de la Deuxième République sont au moins égales à celles de la CEDA.

Saborit Andres, *Julian Besteiro*, Buenos Aires, 1967. Le portrait d'un grand militant socialiste désespéré par l'évolution du conflit.

SALAS LARRAZABAL Ramon, *Historia del Ejercito Popular de la Republica*, 4 vol., Madrid, Éd. Nacional, 1973. Effort d'objectivité notable.

SAZ CAMPOS Ismaël, *Mussolini contra la IIe Republica, Hostilidad, Conspiraciones, Intervencion*, Valence, 1986.

SERRANO Carlos, *L'Enjeu espagnol. PCF et guerre d'Espagne*, Paris, Messidor, 1987. L'auteur a étudié avec beaucoup de clarté et de lucidité le rôle du PCF dans la guerre d'Espagne et notamment le rôle de France-Navigation.

SKOUTELSKI Rémi, *L'Espoir guidait leurs pas*, Paris, Grasset, 1998. Le livre le plus complet et le plus rigoureux à propos des Brigadistes français.

VENNER Dominique, « Le banc d'essai de la Deuxième Guerre mondiale », in *Enquêtes sur l'Histoire. La Guerre d'Espagne*, n° 16.

VINAS Angel, *El Oro español en la Guerra Civil*, Madrid, Instituto de Estudios Fiscales, 1976.

—, *El Oro de Moscu*, Barcelone, Grijalbo, 1979. Ces deux ouvrages sont minutieux, mais les conclusions me paraissent contestables.

ÉPISODES MILITAIRES

SALAS LARRAZABAL Ramon et Jesus Maria, *Historia general de la Guerra de España*, Madrid, Rialp, 1986.

MARTINEZ BANDE José Manuel (colonel). Cet historien militaire spécialisé a traité de façon détaillée tous les épisodes importants de la Guerre. J'avoue n'avoir lu que *La batalla en torno a Madrid*, 1968 ; *La batalla de Teruel*, 1974.

—, *La Epopeya de la Guardia Civil en el Santuario de la Virgen de la Cabeza*, Talleres Huerfanos de la Guardia civil, 1962.

—, *Los Asedios*, Pub. du Servicio de Historia Militar, n° 16, 1983.

Quelques questions importantes de l'avant-guerre et de la guerre

AMALRIC Jean-Pierre et AUBERT Paul, *Azaña et son temps*, Madrid, Casa de Velazquez, 1993.

BENNASSAR Bartolomé, *Saint Jacques de Compostelle*, Paris, Julliard, 1970. Comment Santiago a été « mobilisé » pendant la guerre civile (chapitre : « Le saint militant »).

BERNECKER Walther, *Colectividades y Revolucion Social*, Barcelone, trad. de l'allemand, Critica, 1982. Ouvrage fondamental à propos des expériences de collectivisation des années 1936 et 1937.

CARCEL ORTI V., *La gran persecucion. España 1936-39*, Barcelone, Planeta, 2001. Retour sur la chasse aux gens d'Église dans l'Espagne du Front populaire.

Justicia en Guerra, Congrès de Salamanque, AHN, Seccion Guerra Civil, 1987. L'administration de la justice pendant la guerre civile.

MALEFAKIS Edward, *Reforma agraria y reforma campesina en la España del siglo XX*, Barcelone, Ramon Capella, 1971.

MAURICE Jacques, *La Reforma agraria en España en el siglo XX, 1900-1936*, Madrid, Siglo XXI, 1975. Madrid, Siglo XX, 1975. Ces deux livres montrent l'échec des réformes agraires. De leur réalisation dépendait en bonne partie le sort de la république.

JULIA Santos (sous la dir. de), *Victimas de la Guerra*, Madrid, Temas de Hoy, 1999. Une tentative importante afin de parvenir à une évaluation et à une répartition géographique des victimes, évidemment accompagnée de l'analyse des deux répressions. Les deux premières parties sont de grande qualité. La troisième, consacrée à la « répression de la postguerre », témoigne d'un parti pris trop évident et comporte quatre pages inacceptables à propos de l'exil. Ce livre marque une avancée par rapport aux deux titres qui suivent :

SALAS LARRAZABAL Ramon, *Perdidas de la Guerra*, Barcelone, Planeta, 1972, et *Los datos exactos de la Guerra Civil*, Madrid, Rioduero, 1985, le deuxième déjà en nets progrès sur le premier. Cet auteur a eu le mérite d'ouvrir cet immense chantier.

PEREZ VILLANUEVA Joaquin, *Ramon Menendez Pidal y su Tiempo*, Madrid, Espasa Calpe, 1991. Comment les intellectuels libéraux ont quitté le Madrid en révolution.

Exil, répression et résistance

Citons d'abord quelques ouvrages de caractère collectif :

El Exilio Español, Barcelone, Planeta, 2002 (présenté par Julio MARTINEZ CASAS et Pedro CARVAJAL URQUIJO). Cet ouvrage décevant démontre que l'on ne s'improvise pas historien. Aucune rigueur et de fâcheuses erreurs.

Exilio, catalogue de l'exposition du même nom, organisée par la fondation Pablo Iglesias. Des articles courts mais sérieux L'ensemble est de bonne tenue. L'exposition elle-même était du plus haut intérêt.

El Exilio Español en Mexico, 1939-1982, Mexico, Fondo de Cultura Economica et Salvat, 1982.

Exil et Migrations. Italiens et Espagnols en France, 1938-46, Paris, L'Harmattan, 1994.

Plages d'exil. Les camps de réfugiés en France, 1939, Université de Bourgogne, BDIC, Hispanitica XX, 1989.

ALTED Alicia et DOMERGUE Lucienne, *L'Exil républicain à Toulouse, 1939-1999*, Toulouse, PUM, 1999. Une édition espagnole qui comporte quelques nouveautés a été publiée à Madrid, UNED, 2003. Les articles concernent les diverses familles politiques et idéologiques de l'exil, étudiées séparément.

CATALA Neus, *Ces femmes espagnoles. De la résistance à la déportation*, Paris, Tiresias, 1994. Les parcours variés, souvent atypiques, de 50 femmes.

CUBERO José, *Les Républicains espagnols*, Pau, Éd. Cairn, 2003. Une synthèse claire, complète et parfois neuve (ainsi à propos de l'épisode de 1938).

DELPLA Claude, *Le Camp du Vernet d'Ariège, 1931-44*, Dossiers, 1989 (sans références d'édition).

DENÉCHÈRE Yves, « Les enfants espagnols réfugiés en Maine-et-Loire », in *Archives d'Anjou*, n° 5, 2001 (Mélanges d'histoire et archéologie angevines). Un épisode ignoré.

DREYFUS-ARMAND Geneviève, *L'Exil des républicains espagnols en France. De la guerre civile à la mort de Franco*, Paris, Albin Michel, 1999. Reste le livre essentiel pour l'exil politique, la reconstitution des forces politiques et syndicales et la permanence d'une presse républicaine.

— et TÉMIME Émile, *Les Camps sur la plage. Un exil espagnol*, Paris, Autrement, 1995.

FRASER Ronald, *La Planque. Vie et réclusion de Manuel Cortès*, Paris, Le Seuil, 1973.

GONZALEZ MADRID Maria José, in Congreso *El arte español del siglo XX. Sus perspectivas al final del milenio*, Actas, Madrid, 2001. L'auteur fait un tableau passionnant de « l'art des camps ».

GRANDO René, QUERALT Jacques, FERRES Xavier, *Camps du Mépris*, Perpignan, Éd. Libres del Trabucayre, 1991.

MARIN SILVESTRE Dolores, *Clandestinos*, Barcelone, Plaza i Janés, 2002. Le livre consacré essentiellement aux anarchistes est très documenté mais d'une composition surprenante.

MARQUES Pierre, *Les Enfants espagnols réfugiés en France, 1936-39*, éd. de l'auteur, 1993. Un effort énorme de recherche et de documentation. Le sujet est très difficile à maîtriser.

MATESANZ José Antonio, *Los Raices del exilio. Mexico ante la guerra civil española, 1936-39*, Mexico, Éd. Colegio de Mexico et UNAM, 1999. Riche.

MAURAN Hervé, *La Résistance espagnole en Cévennes*, Nîmes, Lacour, 1995. Il est regrettable que l'échantillon étudié se limite à treize personnes.

Memoria de los olvidados (La). Un debate sobre el silencio de la represion franquista, ouvrage collectif, Valladolid, Ambito, 2004. Inégal mais quelques articles excellents, dont les quatre premiers.

MONTBROUSSOUS Marie-Line, « De l'immigration à l'intégration. Les Espagnols dans le bassin houiller de l'Aveyron, *1926-54* », in *Exil politique et immigration économique*, pp. 87-115, Paris, CNRS, 1991. La période postérieure à la guerre civile est privilégiée.

PIKE David Wingeate, *Vae Victis ! Los republicanos españoles en Francia, 1939-44*, Paris, Ruedo Iberico, 1969.

PONZAN VIDAL Pilar, *Lucha y Muerte por la Libertad, 1936-45. Francisco Ponzan Vidal*, Barcelone, 1986.

Réfugiés espagnols en Mayenne, sous la direction de Jacques STEUNOU, Laval, collège Jacques-Monod, 1997.

ROLLAND Denis, *Vichy et la France Libre au Mexique*, Paris, L'Harmattan, 1990. Étudie les passages des républicains de France au Mexique en 1940-42.

RUBIO Javier, *La emigracion de la Guerra Civil de 1936-39*, 3 vol., Madrid, San Martin, 1977. Ouvrage pionnier, quelque peu dépassé dans certains domaines.

SILVA Emilio, MACIAS Santiago, *Las Fosas de Franco*, Madrid, Temas de Hoy, 2003. Utile mais à manier avec précaution car très inégal. Une recherche en cours.

SODIGNE-LOUSTAU Jeanine, *L'Immigration politique espagnole dans la région Centre, 1936-46*, thèse Univ. Paris VII, 1995. Un travail dont on souhaiterait l'équivalent pour d'autres régions.

STEIN Louis, *Par-delà l'exil et la mort. Les républicains espagnols en France*, Paris, Mazarine, 1981.

SUEIRO Daniel, *El Valle de los Caidos. Los secretos de la cripta franquista*, Barcelone, Argos Vergara, 1983. Le monument construit par les vaincus.

TÉMIME Émile, « Les Espagnols à Mauthausen », in *Les Espagnols et la guerre civile*, Biarritz, Atlantica, 1999, pp. 361-378.

TORBADO J., LEGUINECHE M., *Les Taupes*, trad. de l'espagnol, Paris, Balland, 1979.

VILAR Sergio, *Historia del Antifranquismo*, Barcelone, Plaza y Janès, 1984. Une date historiographique.

Pour une découverte de la littérature de la guerre civile, deux ouvrages de base s'imposent :

Sous la direction de Marc HANREZ, *Les Écrivains et la guerre d'Espagne*, Paris, Dossiers H, Panthéon Press France, 1975.

Maryse BERTRAND DE MUNOZ, *La Guerra civil española y la literatura francesca*, Séville, Alfar, 1995.

NOTES

AVANT-PROPOS

1. Alfonso *Bullon de Mendoza* et *Alvaro de Dieba*, *Historias Orales de la Guerra civil*, Éd. Ariel Historia, Barcelona, 2000.

1931 : La République incertaine

2. C'est la thèse défendue notamment par Laureano LOPEZ RODO, l'un des principaux ministres du « tardo-franquisme », « Legitimidad del alzamiento », in *Razon Española*, juillet-août 1993, pp. 69-74.

3. Manuel AZAÑA, *Diarios 1932-33*, Éd. Critica, Barcelone, 1997, p. 297. Il s'agit de ce que l'on a appelé les *Cuadernos Robados* (Cahiers volés). Cette précieuse édition est due à Santos Julia qui en a rédigé l'introduction.

4. À propos de Lisardo Doval, voir Bartolomé BENNASSAR, « Aspects policiers du régime franquiste », in *Les Espagnols et la guerre civile*, pp. 101-108, Éd. Atlantica, Biarritz, 1999. José Diaz, l'un des leaders communistes, n'hésitera pas dans son discours d'Oviedo du 5 juillet 1936 à mettre sur le même plan les criminels Gil Robles et Doval. De tels amalgames étaient dangereux.

5. Archivo Historico Nacional, Seccion Guerra Civil, Salamanque, PS Gijon, Leg 50 et PS Gijon F. Carpeta 110. J'ai déjà cité ce recueil et ce registre dans mon livre *Franco*, rééd. Perrin/Tempus, 2002, pp. 78-90.

6. Sur la question agraire, on peut consulter Jacques MAURICE, *La Reforma agraria en España en el siglo XX 1900-1936*, Madrid, Éd. Siglo XXI, 1975 Edward MALEFAKIS, *Reforma agraria y revolucion campesina en la España del Siglo XX*, trad. de l'anglais, Ramon Capella, Barcelone, 1971 ; enfin Carlos BARCIELA LOPEZ, « La réforme agraire de Manuel Azaña », in *Azaña et son temps*, pp. 181-192, J.-P. AMALRIC et P. AUBERT, éd. Casa de Velazquez, Madrid, 1993.

7. C'est ce qu'écrit José PEIRATS, *Les Anarchistes espagnols. Révolution de 1936 et luttes de toujours*, 1989, Éd. Repères-Silena, p. 71.

8. Ramon TAMAMES, *op. cit.*, p. 88, et Raymond CARR, *Spain 1808-1975*, Oxford History of Modern Europe, Clarendon Press Oxford, 1983, p. 625.

9. Joseph PEREZ, *Histoire d'Espagne*, Fayard, 1996, p. 717.

10. Ramon TAMAMES, *Historia de España Alfaguara*, t. VII, p. 152.

11. *Ibid.*, p. 145.

12. La loi électorale instituait un scrutin de liste pour chaque circonscription, soit chaque province d'Espagne (approximativement équivalente à deux départements français) à laquelle était attribué un certain nombre de députés, en fonction de sa population. Si une liste (de coalition ou non) obtenait la majorité absolue (51 % par exemple), elle raflait 80 % des sièges, les autres étant répartis à la proportionnelle.

13. Ramon TAMAMES, *op. cit.*, pp. 44-45.

14. Je suis par exemple en désaccord à ce propos avec mon ami Joseph PEREZ qui, dans son *Histoire d'Espagne* (pp. 745-46), conteste l'analyse de Ramond Carr (*op. cit.*, pp. 620-22, 628-29 et 639-40) et la mienne propre (*Franco, op. cit.*, pp. 85-86), qui coïncident presque exactement.

15. Raymond CARR, *op. cit.*, pp. 639-40.

16. Cité par Bartolomé BENNASSAR, in *Franco, op. cit.*, p. 94.

LA GUERRE

De la victoire du Front populaire au « Mouvement » du 18 juillet

1. Voir Luciano SUERO SANCHEZ, *Memorias de un campesino andaluz en la revolucion española*, Éd. Queimada, Madrid, 1982, p. 74.

2. Ces témoignages ont été recueillis par Ronald FRASER dans sa grande enquête d'histoire orale, *Recuerdalo tu y Recuerdalo a otros*, Éd. Critica, Barcelone, 1979, t. I, pp. 121 et 120, et t. II, pp. 314-16.

3. On peut consulter David RUIZ, *El movimiento obrero en Asturias*, et Juan José MENENDEZ GARCIA, *Belarmino Tomas, soberano de Asturias*, Bibl. Julio Somoza, Gijon 2000, pp. 117-121.

4. Voir Bartolomé BENNASSAR, *Franco*, *op. cit.*, pp. 91-93. J'ai résumé ici l'analyse que j'avais menée à partir du dépouillement du journal de gauche *El Defensor de Granada*.

5. Antonio ROSADO, *Tierra y Libertad. Memorias de un campesino anarcosindicalista andaluz*, Éd. Critica, Barcelone, 1979, pp. 89-92. Les témoignages utilisés par Ignacio MARTIN JIMENEZ, *La Guerra Civil en Valladolid (1936-39)*, pp. 15-32, Éd. Ambito, Valladolid, 2000, procèdent soit de deux journaux, *El Norte de Castilla* et le *Diario Regional*, soit de contemporains des événements, tels Francisco J. de Raymundo et Francisco de Cossio. Le titre même de la brochure de Raymundo, *Como se inicio el Glorioso Movimiento en Valladolid y la Gesta Heroica del Alto de Leon*, suffit à faire comprendre qu'il ne s'agit pas de témoignages objectifs. C'est pourquoi je n'ai retenu que les faits bruts et non les commentaires.

6. Ronald FRASER, *op. cit.*, t. I, p. 128. On peut encore évoquer les discours d'une grande violence du leader communiste José Diaz, prononcés à Saragosse le 1er juin et à Oviedo le 5 juillet. Il réclamait l'emprisonnement de Lerroux et Gil Robles, l'interdiction des journaux *ABC* et *El Debate*. À le lire, on peut se demander qui furent les auteurs du « soulèvement armé » d'octobre 1934. Voir José DIAZ, *Tres años de lucha*, Éd. du PCE, Barcelone, 1939, pp. 212-21 et 241-46.

7. Bartolomé BENNASSAR, *Franco*, *op. cit.*, pp. 86 et 90.

8. Ronald FRASER, *op. cit.*, I, pp. 110-11, 118, 120, 129. Et Ramon TAMAMES, *op. cit.*, pp. 214-15.

9. Voir Jaime DEL BURGO, *Conspiracion y Guerra Civil*, Éd. Alfaguara, Madrid, 1970, pp. 516-17. L'auteur participa à une de ces délégations. Ce livre de mémoires est du plus vif intérêt parce qu'il témoigne avec une grande franchise de la mentalité carliste, demeurée presque intacte à l'épreuve du temps, en 1970.

10. Paul PRESTON, *op. cit.*, pp. 171-72. L'auteur va jusqu'à suggérer que Franco se proposait implicitement comme « informateur » du gouvernement. Ce n'est pas impossible. Il remarque aussi la prétention évidente de Franco à parler au nom de toute l'armée.

11. *Ibid.*, p. 159. Voir aussi Manuel AZAÑA, *Diarios 1932-33*, *op. cit.*, p. 11.

12. Manuel AZAÑA, *Causas de la Guerra de España*, Éd. Critica, pp. 81-83.

13. Julio MANGADA, *El Fascio en el Ejercito*, cité par Gabriel CARDONA, *La Guerra militar, I. La Guerra de las Columnas*, Historia 16, 1996.

Une semaine dramatique

14. Les notes suivantes de Mola envisageaient des mesures moins audacieuses. Mais Mola n'était pas un partisan acharné d'une restauration monarchique.
15. L'anecdote est racontée par Maria Rosa DE MADARIEGA, *Los Moros que trajo Franco*, Éd. Martinez Roca, Madrid, 2002, pp. 149-50.
16. Voir Jaime DEL BURGO, *op. cit.*, p. 532. L'auteur exerça des responsabilités importantes chez les *requetes*.
17. Un *tabor* était une unité de troupe composée d'indigènes (marocains surtout), de l'importance approximative d'un bataillon.
18. Maria Rosa DE MADARIAGA, *op. cit.*, pp. 149-51
19. *Ibid.*, pp. 245-46.
20. *Ibid.*, pp. 248-49. Voir également Paul PRESTON, *Franco Caudillo de España*, *op. cit.*, pp. 178-83.
21. Jaime DEL BURGO abonde en détails à propos de cet épisode. Voir *op. cit.*, pp. 23-27. Également, sans lyrisme, Ramon TAMAMES, *op. cit.*, p. 234.
22. Ignacio MARTIN JIMENEZ, *La Guerra Civil en Valladolid (1936-1939)*, *op. cit.*, pp. 47-110. Le récit est très circonstancié.
23. Ronald FRASER, *op. cit.*, t. I, p. 142. On notera que le POUM était beaucoup moins fort à Madrid qu'en Catalogne.
24. Hugh THOMAS, *La Guerre d'Espagne (juillet 1936-mars 1939)*, p. 142. J'utilise la dernière édition de la traduction française publiée par Robert Laffont, coll. Bouquins, p. 196.
25. Sources multiples. Hugh THOMAS, *op. cit.*, pp. 184-86 et 196-98. Ronald FRASER, *op. cit.*, t. I, pp. 78-88. José PEIRATS, *Les Anarchistes espagnols...*, *op. cit.*, pp. 87-88.
26. Gabriel CARDONA et Fernando FERNANDEZ BASTARRECHE ont présenté une rapide synthèse de ces calculs dans leur petit livre *La Guerra de las columnas, Julio-Noviembre 1936*, in Historia 16, Madrid, 1996, pp. 123-125.

Une saison en enfer

27. Gabriel CARDONA, *La Guerra Militar 1. La Guerra de las Columnas*, *op. cit.*, p. 45.
28. *Ibid.*, p. 46. L'amiral français René Sabatier de Lachenède avait observé dans un ouvrage publié en 1993, *La Marine française et la guerre d'Espagne*, la désorganisation fatale de la marine républicaine après l'exécution des officiers.
29. Hugh THOMAS, *La Guerre...*, *op. cit.*, p. 287.
30. Je suis pour l'essentiel le livre récent et très documenté DE Maria Rosa de MADARIAGA, *op. cit.*, pp. 75-110, 153-72 et 227-41.
31. *Ibid.*, pp. 310-15.
32. On dispose sur ce sujet d'informations nombreuses émanant de Hugh THOMAS, Gabriel CARDONA, entre autres. L'interview d'Antonio Izu par Ronald FRASER, *op. cit.*, I, pp. 191-94, est particulièrement intéressante pour comprendre la mentalité des paysans carlistes de Navarre.
33. On notera que Gabriel CARDONA et Hugh THOMAS sont en désaccord sur la nature des chars. Pour le premier (*La Guerra de las Columnas*, *op. cit.*, p. 64), il s'agissait de chars italiens L-3/35 ; pour le second (*op. cit.*, p. 293), c'étaient des chars allemands Panzer-Mark 1.
34. On peut consulter pour l'ensemble de ce rapport – et beaucoup d'autres – les Archives départementales des Pyrénées-Orientales, 4 M 413.
35. Mary LOW et Juan BREA, *Carnets de la guerre d'Espagne*, Éd. Verticales, Paris,

1997, pp. 91-94. Ces témoignages et ceux de quelques autres, par exemple celui de l'anarchiste Armand Guerra (*À travers la mitraille*, Église-Neuve-d'Issac, 1996), confrontés à ceux des militants carlistes comme Antonio Izu, montrent que les uns et les autres n'habitaient pas la même planète.

36. Cette fois encore les opinions de Gabriel Cardona et Hugh Thomas divergent. L'historien anglais estime que Durruti fut mal avisé de suivre le Conseil de Villalba et de ne pas attaquer Saragosse car les nationalistes n'avaient que 10 000 hommes à opposer aux colonnes anarchistes qui en avaient le double et étaient mieux armées (*op. cit.*, pp. 247-48). Il est bien difficile de juger ce différend.

37. Je suis l'analyse de Julian Casanova, in *Victimas de la Guerra civil*, livre coordonné par Santos Julia, Éd. Temas de Hoy, Madrid, 1999, pp. 118-40, surtout p. 138.

38. Gabriel Cardona, *La Guerra de las Columnas*..., *op. cit.*, pp. 59-61.

39. Maria Rosa de Madariaga, *op. cit.*, pp. 254-56. Cet auteur est très sévère à l'égard des qualités militaires des milices, notamment anarchistes.

40. Arturo Barea, *La Forja de un Rebelde*, Éd. Montjuich, Mexico, 1959, p. 607. Dans ce grand roman autobiographique, Barea raconte ses révoltes, depuis la Banque jusqu'à la Légion et au-delà. Il a servi sous Franco au Maroc et servi la République à Madrid pendant la guerre civile, en faisant office de censeur de la presse étrangère.

41. On reviendra sur la valeur symbolique de l'épisode dans la deuxième partie, chapitre 5. Observons dès maintenant que, dans l'édition définitive de son livre (1985), Hugh Thomas écrit : « On peut affirmer sans contredit qu'un entretien de ce genre a bien eu lieu », p. 254 (il traite de la conversation entre Moscardo et Cabello au sujet du fils de Moscardo et s'oppose ainsi à la thèse de Herbert L. Matthews, *The Yoke and the Arrows*, Londres, 1958).

42. Paul Preston, *op. cit.*, pp. 275-78.

43. Enrique Gonzalez Duro, *Franco. Una biografia psicologica*, Éd. Temas de Hoy, Madrid, 1992, p. 189.

44. Santos Julia, in *Victimas de la Guerra Civil*, *op. cit.*, p. 25. L'auteur se réfère notamment aux réflexions de Manuel Azaña dans sa *Velada en Benicarlo*, commentaire désespéré de l'évolution tragique du conflit. Voir le t. III, pp. 379-460, des *Obras completas* de Manuel Azaña, Éd. Oasis, Mexico, 1967.

45. Mary Low, Juan Brea, *op. cit.*, pp. 119-20.

46. Cité par Julian Casanova, in Santos Julia, *Victimas... op. cit.*, p. 130.

47. Santos Julia, *Victimas...*, *op. cit.*, pp. 25-27.

48. *Ibid.*, p. 27. C'est nous qui soulignons.

49. Le calcul de Jackson : 20 000 victimes de la répression républicaine, contre 200 000 pour la répression franquiste, durant la guerre seule (!), n'était qu'une évaluation fantaisiste, établie à partir de rumeurs, qui ne disposait pas de sources sérieuses. Elle ne témoigne pas en faveur de la rigueur intellectuelle de l'auteur. Ramon Salas Larrazabal, dans *Perdidas de la Guerra Civil*, Éd. Planeta, Barcelone, 1977, puis dans *Los datos exactos de la Guerra Civil*, Éd. Rioduero, 1985, eut le mérite de proposer une étude scientifique de la question. Il prétendit fonder ses résultats sur l'analyse des mouvements démographiques. Ceux de 1985 corrigent partiellement ceux de 1977 mais ils gonflent les effets de la répression républicaine et atténuent ceux de la répression franquiste. Tout récemment, Luis Pio Moa, dans *Los Crimenes de la Guerra Civil y otras polemicas* (Madrid, 2003), tend à diminuer systématiquement le nombre des victimes de la répression franquiste et met en cause l'enquête dirigée par Santos Julia, *Victimas...*, en utilisant le procédé classique des citations sélectives. À l'inverse, la récente *Asociacion para la Recuperacion de la Memoria Historica* jette le manteau de l'oubli sur les victimes de la répression du Front populaire sous prétexte que les vainqueurs s'en étaient beaucoup occupés, ce qui est vrai. Mais un bilan est un bilan.

50. Consulter *Justicia en Guerra*, Archivo Historico Nacional, Seccion Guerra Civil, Salamanca, 1987, *Procedencia social de las victimas originadas en la provincia de Almeria durante la guerra civil*, pp. 155-165.

51. Santos JULIA, *Victimas...*, *op. cit.*, pp. 411-12. Depuis la publication de ce livre (1999), d'autres travaux ont encore amélioré la connaissance de la question.

52. Le cas de Malaga a été bien étudié par A. NADAL SANCHEZ, *Guerra civil en Malaga*, Éd. Arguval, Malaga, 1984.

53. Julian CASANOVA, in *Victimas...*, *op. cit.*, p. 172. L'étude la plus parfaite, modèle de méthode et de rigueur, qui procède par listes nominatives pour chaque agglomération, est celle de Vicent GABARDA CEBELLAN, *La Represion en la Retaguardia republicana, pais valenciano, 1936-1939*, Éd. Alfons el Magnanim, Generalitat Valenciana, 1996. Nous l'utilisons ici.

54. Rafael GIL BRACERO a présenté une communication importante à propos de la province de Grenade, lors du colloque *Justicia en Guerra*, *op. cit.*, pp. 595-610. La justicia nacional y el Tribunal de Responsabilidades politicas de Granada : las fuentes y primeras conclusiones. Voir notamment les pages 597-603. Mais les chiffres sont trop « ronds » pour être tout à fait exacts.

55. Luciano SUEIRO SANCHEZ, *op. cit.*, p. 84, fournit une liste nominative de 97 personnes. Mais il avance 315 victimes.

56. Je renvoie à la belle étude, très documentée, d'Ignacio MARTIN JIMENEZ, *La Guerra civil en Valladolid... op. cit.* Le texte du gouverneur civil se trouve pp. 223-24. Quoique le nombre des victimes ait été considérable, on est très loin des 9 000 morts évoqués, de façon dubitative il est vrai, par Hugh THOMAS, *op. cit.*

57. Voir Jesus Maria PALOMARES IBAÑEZ, *La Guerra Civil en Palencia. La eliminacion de los contrarios*, Éd. Calamo, Palencia, 2002, pp. 121-44.

58. Julian CASANOVA, in *Victimas...*, *op. cit.*, pp. 66 et 94-95.

59. *Ibid.*, p. 101. Le bilan des victimes en Navarre a été constamment controversé. Le carliste Jaime Del Burgo ne reconnaissait que 678 exécutions : 446 « sommaires » et 232 à la suite de procédures judiciaires. Le bilan réel est nettement supérieur. *Op. cit.*, pp. 90-91.

60. On se réfère à l'œuvre collective de A. ORIHUELA, M. SUAREZ, L-A. ANAYA, J. ALCARAZ, S. MILLARES, *De la Republica a la Guerra Civil en Las Palmas*, Éd. Universidad de Las Palmas de Gran Canaria, Las Palmas, 1992.

61. Georges BERNANOS, *Les Grands Cimetières sous la Lune*, Plon, Paris, 1938, Coll. Points, p. 93.

62. Voir Archives départementales des Pyrénées-Orientales, 4 M 413.

63. Georges BERNANOS, *op. cit.*, pp. 92-94.

64. *Ibid.*, p. 100.

65. *Ibid.*, pp. 75-134.

66. Arturo BAREA, *La Forja de un Rebelde*, *op. cit.*, p. 574.

67. Santos JULIA, *Victimas...*, *op. cit.*, pp. 27-28.

68. Voir Joaquin PEREZ VILLANUEVA, *Ramon Menendez Pidal, su vida y su tiempo*, Éd. Espasa Calpe, Biografias Espasa, Madrid, 1991, pp. 339-343.

69. Julian CASANOVA, *Victimas...*, *op. cit.*, pp. 71-73 et 131-35.

70. *Ibid.*, pp. 135-36. On se référera aussi, avec précaution, à l'enquête préliminaire de la *Causa General. La dominacion roja en España, Avance de la informacion instruido por el Ministerio de Justicia*, Madrid, décembre 1943, et surtout au travail critique d'un excellent journaliste, Pedro MONTOLIU CAMPS, *Madrid en Guerra Civil*, I, Madrid, Éd. Silex, 1998.

71. Julian CASANORAS, *Victoras, op. cit.*, p. 136.

72. Georges BERNANOS, *op. cit.*, p. 102.

73. Archives départementales des Pyrénées-Orientales (ADPO), 4 M 413, pièce n° 2548, et nouvelles du 25 juillet au 8 août 1936.

74. Voir *Justicia en Guerra*, *op. cit.*, pp. 141-53. *Justicia popular republicana : procesos contra militares en Girona (1936-37).* La communication produit les listes nominatives pour Girona et Figueres.

75. Pierre VILAR, *La Guerre d'Espagne (1936-1939)*, Coll. Que sais-je ?, 1986, pp. 107-08.

76. ADPO, 4 M 413 et 1 M 631. L'affaire de Puigcerda provoqua une grande émotion dans la Cerdagne française et le Roussillon. Les archives des P.O. tiennent une véritable chronique de ces événements. Voir aussi Jean-Louis BLANCHON, « La Cerdagne française face à l'expérience anarchiste de Puigcerda 1936-37 », in *Les Français et la guerre d'Espagne*, *op. cit.*, pp. 123-36, mais cet article n'a utilisé que la presse et a négligé totalement les documents d'archives. C'est une faiblesse.

77. Julian CASANOVA, *Victimas...*, *op. cit.*, p. 126.

78. *Ibid.*, p. 72. Voir aussi *Justicia en Guerra*, *op. cit.*, pp. 127-40.

79. Julian CASANOVA, *Victimas...*, *op. cit.*, pp. 141-42.

80. *Justicia en Guerra*, *op. cit.*, pp. 120-21 (à propos de la « répression incontrôlée » à Carthagène).

81. Julian CASANOVA, *Victimas...*, *op. cit.*, p. 140.

82. Voir la communication de Ramon SALAS LARRAZABAL, dans *Justicia en Guerra*, *op. cit.*, *El ministerio de Justicia en la España republicana*, pp. 25-26 et 29-41.

83. On peut trouver quelques exemples dans Alfonso BULLON DE MENDOZA et Alvaro DE DIEGO, *Historias Orales de la Guerra Civil*, Éd. Ariel Historia, Barcelona, 2000, notamment dans les chapitres IX et X. Le livre fourmille de détails mais sa composition est un peu confuse. Il souffre de la comparaison avec le grand livre de Ronald FRASER, *op. cit.*

L'internationalisation du conflit et la bataille de Madrid

84. Leo PALACIO, *op. cit.*, pp. 416-20, cf note 89.

85. La mise au point la plus récente à ce propos est le livre de Pablo MARTIN ACENA, *El Oro de Moscu y el Oro de Berlin*, Éd. Taurus, Madrid, 2001. Voir pp. 23-26. L'auteur a utilisé les travaux importants d'Angel VINAS envers qui il signifie sa dette, mais il marque une importante divergence avec cet auteur. Avec raison, pensons-nous : le transfert de l'or espagnol à Moscou fut une lourde erreur, contrairement à l'avis de Viñas qui ne paraît pas se soucier de la perte de l'indépendance de la République. Le gouvernement aurait pu conserver à Carthagène au moins une partie de cet or. Le stock représente plus de 8 milliards d'euros.

86. *Ibid.*, pp. 49-54.

87. *Ibid.*, pp. 51-54, 113-14, 149.

88. Leo PALACIO, alors jeune journaliste, vécut en témoin passionné la guerre d'Espagne et a publié, cinquante ans plus tard, un livre intéressant, *1936. La Maldonne espagnole*, Éd. Privat, Bibliothèque historique, 1986, pp. 195-202. Ici, il se fonde sur le témoignage de Pierre Cot.

89. Jean-François BERDAH, *op. cit.*, pp. 205-53.

90. Voir ADPO, 4 M 405, 29 janvier et 4 février 1938.

91. Pablo MARTIN ACENA, *op. cit.*, pp. 152-56.

92. *Ibid.*, pp. 113-23.

93. Jean-François BERDAH, *op. cit.*, pp. 211-14, et surtout 236-42.

94. *Ibid.*, pp. 233-45. Voir aussi Hugh THOMAS, *op. cit.*, pp. 749-52. Il est à noter que la politique italienne a fait l'objet d'une étude importante d'Ismael SAZ CAMPOS, *Mussolini contra la II Republica. Hostilidad, Conspiraciones, Intervencion*, Valencia, 1986.

95. Jean-François BERDAH, *op. cit.*, pp. 255-63. Voir aussi Hugh THOMAS, *op. cit.*, pp. 750-52.

96. Bonne étude de la question dans Carlos SERRANO, *L'Enjeu espagnol, PCF et guerre d'Espagne*, Éd. Messidor. Éditions sociales, 1987, pp. 95-106. Voir aussi note 30, p. 107.

97. Andreu CASTELLS, *Las Brigadas Internacionales en la Guerra de España*, Éd. Ariel, 1974, pp. 50-55.

98. Hugh THOMAS, *op. cit.*, Annexe 7, note 45.

99. *Ibid.* Voir aussi Ramon TAMAMES, *op. cit.*, p. 257.

100. Voir Ramon HIDALGO SALAZAR, *La Ayuda Alemana a España. Legion Condor*, Éd. San Martin, 1975.

101. Leo PALACIO, présent à Barcelone, assista à ces bombardements et en vérifia personnellement les effets. *Op. cit.*, pp. 291-300.

102. Les affirmations d'Andreu CASTELLS, à cet égard, *op. cit.*, pp. 56-59, laissent perplexe. Voir Carlos SERRANO, *op. cit.*, p. 61 ; voir aussi la mise au point de Rémi SKOUTELSKI, *L'espoir guidait leurs pas*, Grasset, Paris, 1998, pp. 51-56.

103. Rémi SKOUTELSKI, *op. cit.*, pp. 51-56.

104. *Ibid.*

105. Nous avons trouvé ces informations dans les ADPO, 4 M 413, nouvelles de 1936. Et, pour les volontaires de l'Ariège, dans ADA, 5 M 139, 141 et 142.

106. ADG, 4 M 650. Le plus jeune, José, sauva en août 1939, au péril de sa vie, deux soldats français qui se noyaient. Cet exploit lui valut une lettre de félicitations du général Lavigne, commandant du camp, et son retour à Alès en compagnie de ses frères, avec l'aval du préfet du Gard.

107. Andreu CASTELLS, *op. cit.*, pp. 61-79 et 379-80. Les effectifs retenus par Hugh THOMAS, *op. cit.*, pp. 754-55, sont moins élevés : 35 000 au total mais jamais plus de 18 000 simultanément. Il réduit la participation française à 10 000, la germano-autrichienne à 5 000, l'italienne à 3 300, l'américaine à 2 800, etc.

108. Rémi SKOUTELSKI, *op. cit.*, pp. 327-32. Cet auteur a identifié exactement 10 577 Français partis combattre en Espagne pour la République, mais certains de ceux-ci purent ne pas être intégrés dans les brigades, notamment les anarchistes.

109. ADPO, 1 M 631.

110. ADA, 5 M 142.

111. John Murra est l'un des meilleurs spécialistes mondiaux des communautés andines et de ce que l'on appelle, en fonction des étages écologiques, « l'archipel vertical ».

112. Georges OUDART, *Chemises noires, brunes et vertes en Espagne*, Paris, Plon, 1938, pp. 55-67.

113. *Ibid.* et Leo PALACIO, *op. cit.*, pp. 223-303, surtout 247-268 et 272-78.

114. Hugh THOMAS, *op. cit.*, p. 752.

115. Leo PALACIO, *op. cit.*, pp. 199-205.

116. *Ibid.*, p. 203.

117. AD PO, 4 M 413.

118. Jean-François BERDAH, *op. cit.*, pp. 221-22. Voir aussi Walther BERNECKER, *op. cit.*, p. 17.

119. *Ibid.*, pp. 266-73.

120. Voir Francisco GOMEZ-JORDANA SOUZA, *Milicia y Diplomacia. Los Diarios del Conde de Jordana 1936-1944*, Burgos, 2002, p. 89.

121. Paul PRESTON a rencontré quelques-uns de ces récits au cours de ses recherches. *Op. cit.*, pp. 296-97.

122. Il y eut évidemment d'honorables exceptions dont celle de Charles de Gaulle. Mais de Gaulle n'était pas à l'état-major.

123. Hugh THOMAS, *op. cit.*, p. 357.

124. *Ibid.*

125. *Ibid.*, p. 376.

126. Informations fournies par Jesus Maria PALOMARES IBAÑEZ, *La Guerra Civil en Palencia*, Éd. Calamo, Palencia, 2002.

127. Quarante mille pour Gabriel CARDONA, 13 000 pour Hugh THOMAS, en général plus précis.

128. Gabriel CARDONA, in *La Guerra Civil 50 años despues*, Éd. Labor, 1985, pp. 221-24.

129. *Ibid.*, pp. 226-29. Voir aussi Hugh THOMAS, *op. cit.*, pp. 457-65.

130. On peut suivre le récit de Gabriel CARDONA, plus détaillé, dans « La gran batalla por Madrid. La Guerra Civil », *Historia* 16, n° 9, 1986, et Hugh THOMAS, *op. cit.*, pp. 457-65.

Deux mondes antagonistes

131. Je recommande le livre de Juan Pablo FUSI, *El Pais Vasco 1931-37*, Éd. Biblioteca Nueva, Madrid, 2002, pp. 205-265.

132. Voir Francisco GOMEZ JORDANA SOUZA, *Milicia Y Diplomacia, Los Diarios del Conde de Jordana, 1936-44*, Éd. Soles, Burgos, 2002, p. 72. L'appréciation de Jordana à propos du frère aîné du *Caudillo* concorde avec celle d'autres témoins. Nicolas Franco était un oiseau de nuit, aimable et jouisseur, qui avait beaucoup d'idées, mais était fort désordonné.

133. *Ibid.*, pp. 77-80.

134. Paul PRESTON, *Franco Caudillo de España*, *op. cit.*, pp. 324-37. J'ai moi-même, à partir des archives de la guerre civile, précisé les rapports entre Francisco Franco et Lisardo Doval à propos desquels j'avais découvert des documents éclairants. Voir Bartolomé BENNASSAR, « Aspects policiers du régime franquiste », in *Les Espagnols et la guerre civile*, Éd. Atlantica, Biarritz, 1999, pp. 101-0.

135. Voir Jesus Maria PALOMARES IBAÑEZ, *La Guerra Civil en Palencia*, Éd. Calamo, Palencia, 2002, pp. 24-47.

136. Ignacio MARTIN JIMENEZ, *La Guerra Civil en Valladolid...*, *op. cit.*, pp. 251-56.

137. *Ibid.*, pp. 225 et 319.

138. Jesus Maria PALOMARES IBAÑEZ, *op. cit.*, pp. 41-42.

139. Le concept et le terme de « croisade » (qui fut employé pour la première fois par les évêques de Pampelune et de Vitoria) feront l'objet d'une analyse dans la deuxième partie.

140. Exemples donnés par Alfonso BULLON DE MENDOZA et Alvaro DE DIEGO, *Historias Orales de la Guerra Civil*, *op. cit.*, pp. 226-29.

141. On en trouve plusieurs témoignages dans l'œuvre remarquable de Ronald FRASER, *op. cit.*, t. I, pp. 392-95. Les attitudes furent différentes lorsqu'il s'agissait de journaliers.

142. Alfonso BULLON de MENDOZA et Alvaro de DIEGO, *op. cit.*, pp. 115-16.

143. Ronald FRASER, *op. cit.*, t. II, pp. 9-10.

144. Voir Sheelagh ELWOOD, *Prietas las Filas. Historia de Phalange Española, 1933-83*, Éd. Critica, Barcelone, 1984, pp. 72-110.

145. Le chiffre de un million d'adhérents proposé par Hugh THOMAS semble excessif.

146. Voir Francisco GOMEZ-JORDANA SOUZA, *op. cit.*, pp. 79-87 et 127-31.

147. Le processus de transformation de la République espagnole de 1936 à 1939, sous l'influence croissante du Parti communiste espagnol et sous le contrôle des agents soviétiques, a été admirablement analysé et décrit par Burnett BOLLOTEN, *The Spanish Civil War. Revolution and CounterRevolution.* J'ai utilisé la traduction espagnole, Éd. Alianza Editorial, Madrid, 1989. À mon sens, l'historiographie de la guerre civile n'a pas rendu justice à ce livre essentiel. Cependant, Bolloten lui-même est peut-être injuste envers de nombreux militants du PCE qu'il ne faut pas confondre avec les agents soviétiques et avec certains de leurs dirigeants.

148. L'historiographie de la guerre civile s'est considérablement enrichie avec la publication des documents des archives russes. Un nombre important de documents, rédigés en russe, en français ou en espagnol, ont été présentés par Ronald RADOSH, Mary R. HABECK et Grigory SEVOSTIANOV, avec un commentaire pertinent et concis,

dans le livre *Spain Betrayed*, Éd. Yale University, 2001. J'ai utilisé la traduction de Juan Mari MADARIAGA dans *España traicionada*, Éd. Planeta, Barcelona, 2002. Voir ici documents 2 à 9, pp. 43-53.

149. Horacio Prieto était même un partisan convaincu de la fusion entre UGT et CNT qui lui paraissait nécessaire à la dynamique de l'action.

150. Juan PEIRATS, *op. cit.*, pp. 161-68.

151. À propos des positions de Francisco Largo Caballero lors de la révolution d'octobre 1934 et de la campagne électorale de janvier-février 1939, j'avais taxé Largo Caballero d'« infantilisme révolutionnaire », expression sans doute excessive. Mais des leaders socialistes, tels qu'Indalecio Prieto et Julian Besteiro, ont eux aussi parlé d'infantilisme et de dangereuses illusions. Cela dit, comme chef du gouvernement, puis dans l'exil, Largo Caballero démontra de grandes qualités et beaucoup de lucidité.

152. *España traicionada, op. cit.*, doc. 15 et 35, pp. 76-93 et 187-93. On trouvera une étude plus complète de cette question au chapitre 3 de la deuxième partie : « Les avatars du Front populaire : vers l'adoption d'un modèle stalinien. »

153. *Ibid.*, doc. 39, p. 211.

154. *Ibid.*, doc. 35 et 39, pp. 202-13.

155. Robert ALEXANDER, *The Anarchists in the Spanish Civil War*, Éd. Janus, Londres, 1999, pp. 968-42. Voir aussi *España traicionada, op. cit.*, pp. 220-27.

156. Cet incident est raconté de manière très vivante par Hugh THOMAS, *op. cit.*, pp. 499-500.

157. Manuel AZAÑA, *Causas de la Guerra de España*, Éd. Critica, Barcelone, pp. 125-26.

158. *España traicionada, op. cit.*, doc. 42, pp. 235-47. Voir le chapitre 3 de la deuxième partie.

159. *Ibid.*, p. 240.

160. Excellent récit dans Hugh THOMAS, *op. cit.*, pp. 536-43.

161. *Ibid.*, p. 542.

162. Cette question est étudiée de manière beaucoup plus substantielle dans la deuxième partie de ce livre, dans le chapitre « L'utopie en action ».

163. Burnett BOLLOTEN, *op. cit.*, pp. 167-69.

164. Voir José Antonio CABEZAS, *Asturias. Catorce meses de Guerra Civil*, Ed. G. del Toro, Madrid, 1975.

165. Cité par Bartolomé BENNASSAR, *Histoire des Espagnols*, Laffont, coll. Bouquins, pp. 826-27.

166. Burnett BOLLOTEN, *op. cit.* Voir aussi Pedro MONTOLIU CAMP, *Madrid en la Guerra Civil*, Éd. Silex, Madrid, 1998, t. I, pp. 162-63.

167. Voir Manuel RUBIO CABEZAS, *Diccionario de la Guerra Civil*, Ed. Planeta, Barcelone, 1973, t. I, pp. 212-13.

168. L'étude du cas du Pays basque s'inspire pour l'essentiel de Juan Pablo FUSI, *El Pais Vasco, 1931-37*, Éd. Biblioteca Nueva, Madrid, 2002, pp. 205-51. Voir aussi José Luis DE LA GRANJA, « Le Pays basque et la guerre d'Espagne », in *Les Espagnols et la guerre civile*, *op. cit.*, pp. 181-94.

169. Plus de la moitié de la garde civile et de la garde d'assaut (effectifs cumulés) était resté fidèle au gouvernement de la République.

170. Ramon HIDALGO SALAZAR, *La Ayuda Alemana a España*, Éd. San Martin, Madrid, 1975. Évidemment, le titre peut être diversement apprécié .

171. Ronald FRASER, *op. cit.*, t. I, pp. 165-68.

172. Voir Julio AROSTEGUI, *Los combatientes carlistas en la Guerra Civil Española*, 2 vol., coll. Luis Hernado de Larramendi, Madrid, 1991. Pour le Lacar, voir t. I, pp. 114-57. Pour le Montejurra, pp. 158-93. Pour les effectifs, t. II, pp. 441-45. D'autre part, Georges OUDART, *op. cit.*, pp. 42.

173. José Maria GARATE CORDOBA, *Alfereces Provisionales*, Éd. San Martin, Madrid,

1976. Les chiffres proposés par le *Diccionario...*, *op. cit.*, t. II, article *Oficiales provisionales*, sont un peu différents.

174. Manuel RUBIO CABEZA, *Diccionario...*, *op. cit.*, t. I, pp. 275-78.

175. À propos des commissaires politiques, le livre de Santiago ALVAREZ, *Los Comisarios politicos en el Ejercito popular de la Republica*, A Coruña, Éd. de Castro, 1989, est très décevant. L'auteur, qui fut lui-même commissaire politique et prétend rétablir la vérité sur le rôle des commissaires politiques (pp. 15-18), manie à longueur de livre la langue de bois et pratique l'omission pieuse avec persévérance. Il définit les normes, produit les textes réglementaires, donne des chiffres. Ce livre ne propose aucune expérience « vécue »..

Beaucoup plus intéressante est l'interview d'Antonio Perez, membre du parti socialiste et de la JSU, par Ronald Fraser. Ce militant qui, à la fin de la guerre, adhère au parti communiste, refuse le coup de Casado et voudrait continuer la guerre dans l'espoir que le conflit mondial change la donne, fournit l'une des clés de l'essor du PCE : la plupart des gens, affirme-t-il, ne voulaient pas faire la révolution mais défendre la République. La politique du parti communiste était donc la plus adaptée à la réalité : « Depuis le début il comprenait le mieux les nécessités de la guerre. » Il admet par ailleurs que de nombreux commissaires avaient des tendances bureaucratiques et met en cause les nominations de Prieto à cette charge. Antonio Perez incarne parfaitement la ligne opposée à celle des anarchistes. Ronald FRASER, *op. cit.*, t. II, pp. 277-83.

176. Voir *Diccionario de la Guerra Civil*, *op. cit.*, t. I, p. 409.

Les grandes batailles

177. Voir Ronald FRASER, *op. cit.*, t. II, pp. 147-51.

178. Cité par Bartolomé BENNASSAR, *Histoire des Espagnols*, pp. 1-12.

179. Cette question sera étudiée en détail dans la 3e partie. Voir le chapitre « L'exil des enfants ».

180. Voir Juan Pablo FUSI, *op. cit.*, pp. 231-47 et Hugh THOMAS, *op. cit.*, pp. 470-76.

181. Juan Pablo FUSI, *op. cit.*, p. 248.

182. Herbert SOUTHWORK, *La Destruction de Guernica*, Ed. Ruedo Iberico, Paris, 1975. L'auteur s'est livré à une enquête approfondie. La sympathie évidente dont il témoigne pour la cause républicaine n'influe pas sur une reconstitution très crédible. Voir notamment pp. 463-86.

183. PIO MOA, volontiers provocateur, se plaît à prendre le contre-pied des thèses généralement admises. Mais s'il ne manque pas de talent et s'il a le mérite de prendre parfois en défaut des auteurs considérés comme tabous par l'intelligentsia de gauche, en l'occurrence il réduit abusivement le nombre des victimes de Guernica.

184. Voir *Mitos de la Guerra Civil*, Éd. La Esfera Historia, Madrid, 2003, pp. 369-90.

185. Robert BRASILLACH et Maurice BARDÈCHE, *La Guerre d'Espagne*, Plon, Paris, 1939, pp. 297-99.

186. Leo PALACIO, *op. cit.*, pp. 141-42. Leo Palacio était indiscutablement de bonne foi.

187. Sur cette version, voir George HILLS, *Franco. The Man and his Nation*, Éd. Robert Hale, Londres, 1967, et, surtout, PIO MOA, *op. cit.*, pp 369-90, surtout 385-90. Voir également Brian CROZIER et Jeffrey HART, in *National Review*, New York, janvier 1973.

188. *Ibid.*, p. 262.

189. Nous suivons Juan Pablo FUSI, *op. cit.*, pp. 251-62.

190. Voir Manuel AZAÑA, *Memorias*, Éd. Grijalbo, Barcelone, 1978, t. II, pp. 152 et sq. L'épisode a impressionné Azaña car il l'avait déjà évoqué dans un article rédigé en 1939 à Collonges-sous-Salève : il fait allusion à ces politiques basques qui envisa-

gent une action contre la Navarre « car nos troupes s'enflammeront si elles vont châtier la Navarre, déloyale à la cause basque ». Pour lui, il s'agissait d'une rodomontade. Voir aussi M. AZAÑA, *Causas de la Guerra de España*, *op. cit.*, p. 132.

191. Voir le récit de Leo PALACIO, *op. cit.*, pp. 274-78 et 150-52.

192. L'as allemand a d'abord publié son récit en Angleterre. Adolf GALLAND, *The Last and the First*, Londres 1955. Trad. française et éd. Yves Michelet, Paris, 1985.

193. Ramon HIDALGO SALAZAR, *op. cit.*, pp. 159-63.

194. Récit dans Ronald FRASER, *op. cit.*, t. II, p. 172.

195. *Ibid.*, t. II, pp. 170-74.

196. *Ibid.*, t. II, pp. 176-82 et plus loin.

197. Voir chapitre 4.

198. Leo PALACIO, *op. cit.*, pp. 82-91.

199. *Ibid.*, pp. 86-90.

200. Ramon HIDALGO SALAZAR, *op. cit.*, pp. 152-54.

201. Hugh THOMAS, *op. cit.*, pp. 546-48.

202. *Cf.* Gabriel CARDONA, *op. cit.*, pp. 241-43, Hugh THOMAS, *op. cit.*, pp. 554-56, et Leo PALACIO, *op. cit.*, pp. 92-97. À propos de la présence d'Ernest Hemingway sur les champs de bataille, je recommande vivement la lecture de Pierre DUPUY, *Hemingway et l'Espagne*, La Renaissance du Livre, Tournai, 2001, pp. 255-317.

203. Cité par Bartolomé BENNASSAR, *Histoire des Espagnols...*, *op. cit.*, p. 818.

204. À propos des pertes subies à Belchite, Leo PALACIO exagère peut-être ; voir *op. cit.*, pp. 95-97.

205. Voir José BORRAS, *Aragon en la Revolucion española*, Ed. Cesar Viguera, Barcelone, 1983, pp. 191-205. Ce militant anarchiste fait, pour s'informer honnêtement, des efforts que la passion dont il brûle rend à la fois admirables et pathétiques.

206. José PEIRATS, *op. cit.*, pp. 225-31. Hugh THOMAS partage l'avis de José PEIRATS, *op. cit.*, pp. 553-54.

207. Confronter Hugh THOMAS, *op. cit.*, pp. 580 et 598, et Gabriel CARDONA, *op. cit.*, p. 244.

208. Ces accusations ont été proférées plus tard par Indalecio PRIETO, *Convulsiones de España*, 3 vol., Mexico, 1967-69, et par Valentin GONZALEZ *El Campesino*, *Comunista en España y antistalinista en la URSS*, Mexico, 1952. Je les indique sous réserve.

209. Alfredo KINDELAN, *Mis Cuadernos de guerra*, Madrid, 1945.

210. Ronald FRASER, *op. cit.*, t. II, pp. 197-99.

211. À ce propos voir l'étude de l'un des principaux historiens « militaires » de la guerre, José Manuel MARTINEZ BANDE, *La batalla de Teruel*, Madrid, 1974. Voir aussi Ramon HIDALGO SALAZAR, *op. cit.*, pp. 166-70.

212. José BORRAS, *op. cit.*, p. 212. Hugh THOMAS fait état lui aussi de cette hypothèse, *op. cit.*, pp. 609-10.

213. Leo PALACIO, *op. cit.*, pp. 296-99.

214. À ce propos il faut lire Burnett BOLLOTEN, *op. cit.*

215. Voir *España traicionada*, *op. cit.*, doc. 70, pp. 512-40. Ce document passionnant traite aussi des maladresses de la justice militaire républicaine, à l'aide de trois exemples très éclairants.

216. *Ibid.*, doc. 71, pp. 541-42.

217. *Ibid.*, doc. 70, pp. 522-24.

218. *Ibid.*, doc. 73, p. 549.

219. Voir ADPO, 4 M 414, 22 juin 1937. À cette date, 157 élèves pilotes espagnols, munis de passeports en règle, avaient franchi le poste frontière de Cerbère et, par train, avaient gagné Marseille où ils devaient s'embarquer pour Odessa.

220. Ramon HIDALGO SALAZAR, *op. cit.*, pp. 182-91.

221. Voir Pierre DUPUY, *op. cit.*, pp. 302-04.

222. Gabriel CARDONA, *op. cit.*, p. 254.

L'effondrement de la République

223. Voir Wenceslao CARRILLO, *El Ultimo Episodio de la Guerra Civil Española, Marzo 1939*, éd. par la Secretaria de Publicaciones de la JSE en Francia, Toulouse, 1945., pp. 5-8.

224. Edmon VALLES, *Dietari de guerra (1938-1939)*, Ediciones 62, Barcelone, 1979, pp. 92-109.

225. Vicente ROJO, *Alerta los pueblos*, Éd. Ariel, Barcelone, 1974 pp. 124-25.

226. Arturo BAREA, *La Forja de un Rebelde*, *op. cit.*, pp. 799-800.

227. Voir Joan ESTRUCH, *La Historia oculta del PCE*, Éd. Temas de Hoy, Madrid, 2000, pp. 113-14.

228. Wenceslao CARRILLO, *op. cit.* Voir aussi, pour plus amples détails, Luis ROMERO, *El Final de la guerra*, Éd. Ariel, Barcelone, 1976, dont la lecture est indispensable à la compréhension des derniers mois de la guerre.

229. *Ibid.* Je me réfère aux deux ouvrages cités note 224.

230. À propos de Julian Besteiro, voir Andrés SABORIT, *Julian Besteiro*, Buenos Aires, 1967. Un très bon article lui a été consacré également dans le *Diccionario de la Guerra Civil* de Manuel RUBIO, *op. cit.*, t. I. On retrouvera le personnage dans la troisième partie.

231. Joan ESTRUCH, *op. cit.*, pp. 114-15. Le même auteur analyse la rupture entre Wenceslao Carrillo et son fils Santiago, naguère président des Jeunesses socialistes et artisan de la fusion avec les Jeunesses communistes, à l'occasion du ralliement de Wenceslao à la Junte Casado. Pour Santiago c'était une trahison. Et la rupture fut définitive. En 1993, il incluait son père dans une longue liste de traîtres, agents du fascisme, en compagnie du « gauchiste-trotskiste Largo Caballero, du profaciste Besteiro, de militaires ambitieux comme Miaja, d'officiers de familles réactionnaires comme Casado, d'aventuriers de la FAI... » (*sic*), *op. cit.*, pp. 143-4. Tout commentaire serait inutile.

232. Wenceslao CARRILLO, *op. cit.*

233. Luis ROMERO, *op. cit.*, pp. 411-20.

234. Wenceslao CARRILLO, *op. cit.*

235. Hugh THOMAS, *op. cit.*, p. 700.

236. Cette question sera examinée dans la troisième partie. Plusieurs livres et un film admirable, *Manbru se fue a la guerra*, ont été consacrés aux « taupes ».

237. Hugh THOMAS, *op. cit.*, pp. 700-01 et 698.

238. Pierre BROUÉ et Émile TÉMIME, *op. cit.*, pp. 486-87.

239. Luis ROMERO, *op. cit.*, p. 446.

240. *Ibid.*

241. Cipriano MERA (1897-1975), l'un des combattants de la guerre civile qui, à mon sens, mériterait plus que d'autres (par exemple plus que Durruti) d'être élevé au rang de mythe, a raconté sa vie dans *Guerra, Exilio y Carcel de un anarchosindicalista* (*Guerre, Exil et Prison d'un anarcho-syndicaliste*).

242. Luis ROMERO, *op. cit.*, pp. 445-53. Plusieurs quotidiens français, telle *La Dépêche*, ont publié des informations sur la tragédie d'Alicante.

LE LABORATOIRE DU SIÈCLE

Armes et tactiques au banc d'essai

1. Leo PALACIO, *op. cit.*, p. 416.
2. Voir *Encyclopédie des armes*, Éd. Atlas, 1984.

3. Jean-François BERDAH, *op. cit.*, p. 326.

4. Il faut lire la remarquable étude de Gerald HOWSON, *Arms for Spain. The Untold History of the Spanish Civil War*, Londres, John Murray, 1998. Elle met en lumière les carences d'un livre trop encensé, celui d'Angel VINAS. D'autre part, Pablo MARTIN ACENA a bien observé les difficultés rencontrées par les acheteurs du Front populaire auprès des trafiquants d'armes, à cause des règlements de la non-intervention, *op. cit.*, pp. 124-25.

5. Leo PALACIO, *op. cit.*, pp. 424-25.

6. Hugh THOMAS, *op. cit.*, pp. 753-54.

7. Cité par Leo PALACIO, *op. cit.*, pp. 206-07. On peut consulter aussi Philippe MASSON, *Histoire de l'armée allemande*, Perrin, et la contribution de Dominique VENNER, « Le banc d'essai de la Deuxième Guerre Mondiale », in *Enquête sur l'Histoire. La guerre d'Espagne*, n° 16, pp. 53-56. D'autre part, voir Général DUVAL, *Les Leçons de la Guerre d'Espagne*, Plon, Paris, 1937, et Claude d'ABZAC-ESPEZY, « Camille Rougeron, stratège de l'aviation et de la guerre totale », *Revue d'Histoire des Armées* (*RHA*), n° 4, 1991, pp. 117-28.

8. L'épisode du pont aérien a été étudié dans le chapitre 3 de la première partie, pp. 93-95.

9. *Ibid.*, p. 375.

10. Voir R. HIDALGO SALAZAR, *op. cit.*, pp. 105-06, 152-53, 160-61.

11. *Ibid.*, pp. 235-37.

L'utopie en action

12. Ce chiffre approximatif est admis par la plupart des auteurs. Bernecker propose 450 communautés regroupant 300 000 habitants, soit 70 % de la population de la zone « républicaine » de l'Aragon. Voir *Colectividades y Revolucion Social*, Critica, Barcelone, 1982, p. 108.

13. Aurora BOSCH SANCHEZ, *Ugetistas y Libertarios. Guerra Civil y Revolucion en el Pais Valenciano*, Diputacion Provincial de Valencia, 1983.

14. Voir Bartolomé BENNASSAR *et al.*, *Histoire des Espagnols, op. cit.*, pp. 429-30.

15. Gerald BRENAN, *Le Labyrinthe espagnol*, traduit de *The Spanish Labyrinth*, Cambridge, 1943.

16. Pierre BROUÉ et Emile TÉMIME, *op. cit.*, p. 104.

17. José BORRAS, *op. cit.*, pp. 171 et 145-46.

18. Walther BERNECKER, *op. cit.*, p. 170.

19. José BORRAS, *op. cit.*, pp. 174-80.

20. Aurora BOSCH SANCHEZ, *op. cit.*, pp. 45-54, et José BORRAS, *op. cit.*, p. 170.

21. Aurora BOSCH SANCHEZ, *op. cit.*, pp. 33-34.

22. Gaston LEVAL, *« Mas de la Mata y su comarca »*, in *Las Colectividades campesinas*, 1936-39, Éd. Tusquets, Barcelone, 1977, pp. 216-26. Dans ce livre on trouve de brefs aperçus sur plusieurs « collectivités » : Calanda, Tamarite, Utiel (Aragon), Sueca (Levant), Almagro et Belvis del Jarama (Nouvelle-Castille), Sant Sadurni d'Anoia et Amposta (Catalogne), et quelques autres, dus à Augustin Souchy, Mary Gimenez, José Peirats, Gaston Leval, Burnett Bolloten, etc. La vision est très favorable, ce qui n'exclut pas toute critique.

23. Pour tout ce qui précède, voir notamment Walther BERNECKER, *op. cit.*, pp. 174-93. On notera que des caisses de compensation furent créées dans plusieurs collectivités pour permettre une aide aux plus défavorisés.

24. *Ibid.*, pp. 185-86.

25. Aurora BOSCH SANCHEZ, , *op. cit.*, pp. 23-28.

26. BERNECKER, *op. cit.*, pp. 347-8.

27. BOSCH SANCHEZ, *op. cit.*, pp. 25-26 et 85-87 ; BERNECKER, *op. cit.*, pp. 364-68. Dans presque tous les cas connus et étudiés l'initiative appartient à la CNT. Quelques

collectivisations ont été conduites par l'UGT. Les cas de collaboration avec le PSUC ou le POUM sont rarissimes.

28. BERNECKER, *op. cit.*, pp. 358-64.

29. Agustin SOUCHY BAUER, *Entre los Campesinos de Aragon. El communismo libertario en las comarcas liberadas*, Tusquets Editor, Barcelone, 1977. Pour Calanda, pp. 29-31. L'auteur livre quelques aperçus à propos d'Alcañiz, Alcoriza, Oliete, Muniesa, Beceite, Calaceite, Mazaleon, Binéfar, etc. Pierre VILAR, *La Guerre civile espagnole*, Coll. Que sais-je ?, 1986, p. 99.

30. Voir les témoignages recueillis par Ronald FRASER, *op. cit.*, I, pp. 401-02.

31. Aurora BOSCH SANCHEZ, *op. cit.*, pp. 101-02.

32. Voir Gerald BRENAN, *op. cit.*, pp. 256-259. Et Franz BORKENAU, *The Spanish Cockpit*.

33. Ronald FRASER, *op. cit.*, pp. 401-404. Le récit de Pilar, qui avait alors seize ans, sur les débuts de sa relation avec le militant anarchiste Vivancos et les réactions de la population est pittoresque.

34. George ORWELL, *My Spanish Civil War*. Consulté dans l'édition espagnole, Barcelone, 1978, p. 54.

35. Ronald FRASER, *op. cit.*, II, pp. 91-94, et Aurora BOSCH SANCHEZ, *op. cit.*, pp. 379-80.

36. H.E. KAMINSKI, *Ceux de Barcelone*, Paris, 1937. Je n'ai trouvé que la traduction catalane, Barcelone, 1977 : *Els de Barcelona*, pp. 99-107.

37. José BORRAS, *op. cit.*, p. 185.

38. Aurora BOSCH SANCHEZ, *op. cit.*, pp. 97-98.

39. Cette question est examinée de façon plus complète dans le chapitre suivant.

40. Cité par José BORRAS, *op. cit.*, p. 197.

41. L'organe anarchiste français *Le Libertaire* s'indigne et dénonce « les ignobles procédés employés par la brigade du trop fameux Lister lors de son raid sur l'Aragon » (arrestations de militants, pillage des locaux, et cela à quelques kilomètres de la ligne de front). Voir ADPO, 1 M 632.

42. Walther BERNECKER, *op. cit.*, p. 42. Voir Pierre BROUÉ et Émile TÉMIME, *La Révolution et la guerre d'Espagne*, *op. cit.*, pp. 131-51.

Les avatars du Front populaire

43. Burnett BOLLOTEN, *op. cit.*, p. 22.

44. *España traicionada*, *op. cit.*, pp. 52-53 et 48-49.

45. *Ibid.* Voir aussi la première partie de ce livre, chapitre 6.

46. Burnett BOLLOTEN, *op. cit.*, pp. 112-19.

47. Walther BERNECKER, *op. cit.*, pp. 15-16.

48. *España traicionada*, *op. cit.*, pp. 45-47. Santiago Carrillo est cité par Joan ESTRUCH, *La Historia oculta del PCE*, Éd. Temas de Hoy, Madrid, 2000, p. 109. Le parti n'avait aucune difficulté à assumer les instructions soviétiques puisque « pour les communistes, les intérêts de l'URSS et ceux de la République ne pouvaient être différents », *op. cit.*, p. 107.

49. Burnett BOLLOTEN, *op. cit.*, pp. 168-69.

50. *España traicionada*, *op. cit.*, pp. 76-93. Le long rapport de Marty est très éclairant.

51. *Ibid.*, pp. 60-67 et 96-102.

52. Burnett BOLLOTEN, *op. cit.*, pp. 348-49 et 359.

53. *España traicionada*, *op. cit.*, pp. 152-54.

54. Burnett BOLLOTEN, *op. cit.*, pp. 430-36.

55. *España traicionada*, *op. cit.*, pp. 237 et 479-80. Burnett BOLLOTEN donne, pour mars 1937, un effectif d'adhérents au PCE de 239 140 qui concorde avec la source Dimitrov. Il souligne l'adhésion au PCE de jeunes socialistes, Santiago Carrillo par

exemple. *Op. cit.*, p. 229. Arturo BAREA, dans *La Forja de un rebelde, op. cit.*, observait : « ces jeunes ambitieux de la classe moyenne supérieure se déclarent maintenant communistes, ce qui revient à s'affilier au groupe le plus fort et à partager son pouvoir ».

56. *España traicionada op. cit.*, pp. 193-95.

57. Burnett BOLLOTEN, *op. cit.*, p. 446.

58. *Ibid.* Voir documents 43 et 44, surtout pp. 247-49.

59. Joan ESTRUCH, *op. cit.*, pp. 108-09.

60. *Cf. España traicionada, op. cit.*, pp. 267-74.

61. Burnett BOLLOTEN, *op. cit.*, p. 24.

62. Voir *Discurso pronunciado por Don Juan Negrin, el dia 3 de septiembre de 1945 en el fronton Mexico, Ciudad de Mexico*, Éd. PSOE, Toulouse.

Le franquisme, de la tentation fasciste au national-catholicisme

63. Pierre VILAR, *La Guerre d'Espagne 1936-39*, Coll. Que sais-je ?, 1986, pp. 77-81. L'auteur est plus explicite dans l'édition espagnole parue la même année chez Critica, Barcelone, pp. 112-18.

64. Edward MALEFAKIS, in *Franquismo. El juicio de la historia*, sous la direction de José Luis GARCIA DELGADO, Éd. Temas de Hoy, Madrid 2000, pp. 11-56. Malefakis répond à la question qu'il pose lui-même directement : « Le régime de Franco fut-il fasciste ? »

65. Il est indispensable de consulter l'important ouvrage de Stanley PAYNE, *Facism in Spain, 1923-1977*, Éd. The Wisconsin University Press, Madison, 1999, p. 309. Tout le volume est à lire.

66. *Ibid.*, p. 60.

67. *Ibid.*, pp. 102-10. Sheelagh ELLWOOD, auteur d'un livre dont je n'ai trouvé que l'édition espagnole, *Prietas las Filas. Historia de Phalange española, 1933-1983*, Éd. Critica, Barcelone, 1984, fait l'impasse sur les violences de l'extrême gauche à l'égard de la Phalange. Voir notamment pp. 72 et 79.

68. Stanley PAYNE, *op. cit.*, pp. 165-84.

69. *Ibid.*, pp. 253-54.

70. Voir Rafael CASAS DE LA VEGA, *Las Milicias nacionales en la guerra de España*, Éd. Nacional, Madrid, 1974.

71. Sheelagh ELLWOOD, *op. cit.*, p. 81.

72. Stanley PAYNE, *op. cit.*, pp. 248-49.

73. À propos du décret d'unification et de l'élimination d'Hedilla, on consultera Paul PRESTON, *Franco. A Biography*, Harpers Collins Publishers, 1993, ou l'édition espagnole, *Franco, Caudillo de España*, Grijalbo, pp. 333-37. Sheelagh ELLWOOD, *op. cit.*, Stanley PAYNE, *op. cit.* J'ai moi-même présenté brièvement l'affaire dans *Franco, op. cit.*, pp. 116 et 336-37.

74. Stanley PAYNE, *op. cit.*, pp. 265-72 et 274-76. On peut traduire *cuñadisimo* par « super-beau-frère ».

75. Santos JULIA, in *Franquismo. El juicio de la historia., op. cit.*, pp. 88-89. Santos Julia, dans ce livre, traite de la société sous le franquisme. Les pages concernées se trouvent dans le paragraphe intitulé : « *Una sociedad reprimida, regimentada, recatolizada y autarquica* », pp. 73-90. À mon modeste avis, le jugement de Santos Julia, pour sévère qu'il soit, peut être accepté pour la période 1939-56. Mais il ne tient pas assez compte du « virage » essentiel des années 1956-57. Ayant vécu en Espagne « en continu » de l'été 1956 à l'été 1957, j'ai pu en constater, sur place, l'importance.

76. Je renvoie le lecteur aux citations de presse que j'avais données dans mon *Franco, op. cit.*, pp. 89-91. On peut aussi consulter le recueil édifiant de Juan Carlos GARCIA MIRANDA, *Asturias 1936-37. Prensa republicana de guerra.*

77. Ces citations sont empruntées à Burnett Bolloten, in *Las Colectividades campesinas 1936-39*, *op. cit.*, pp. 157-58.

78. Citations empruntées à V. Garcia Orti, *La gran persecucion. España, 1931-39*, Éd. Planeta, Barcelone, 2000. Cet ouvrage offre bien d'autres citations.

79. *ABC*, *Doble diario de la Guerra Civil*, 1-1-1937 (édition de Séville), t. 2, Hemeroteca de Madrid.

Désinformation, mensonges et propagande

80. Luis Pio Moa réduit le nombre des victimes de Guernica à 120 au plus, ce qui ne paraît pas acceptable. *op. cit.*, pp. 369-90.

81. ADPO, 1 M 631.

82. ADA, 5 M 139.

83. *ABC*, *Doble Diario de la Guerra Civil*, Hemeroteca municipal de Madrid, 23-7 au 28-8 et 18-9-1936.

84. Voir la première partie du présent livre.

85. Hugh Thomas, *op. cit.*, p. 814, note 8.

86. Voir Pierre Broué et Émile Témime, *op. cit.*, pp. 163-65.

87. Hugh Thomas, *op. cit.*, p. 804. Depuis, le dossier de l'Alcazar a été rouvert et complété.

88. Pio Moa, dans *Los Mitos de la Guerra Civil*, prétend que la participation du peuple de Madrid à la défense de la ville fut très réduite. Certains de ses arguments sont très faibles : par exemple, le fait que près de la moitié des électeurs aient voté à droite ! Restait l'autre moitié ! *Op. cit.*, pp. 321-42.

89. Voir Émile Témime, *La Guerre d'Espagne. Questions*, Complexe, Bruxelles, 1996, p. 67.

90. *Cf.* Première partie, chapitre 6. Cité par Josette et Georges Colomer, *Les Poètes ibéro-américains et la guerre civile espagnole*, Villemonble, 1980.

91. Voir *ABC*, *Doble diario de la Guerra Civil*, t. 3 et 4, Hemeroteca..., avril-mai 1937.

92. *Ibid.*

93. Cité par Joan Estruch, *op. cit.*

94. Les Archives départementales des P.O. ont constitué un dossier de presse qui contient les articles du *Libertaire*, ADPO, 1 M 632. Voir aussi Jesus Hernandez, *Yo fui ministro de Estalin*, Mexico, 1953.

95. Jesus Hernandez, *op. cit.*

96. ADPO, 4 M 415. Margarita Nelken n'en fut pas moins exclue du PCE en 1942 à Mexico.

97. *ABC. Doble diario de la Guerra Civil*, 1936 et 1937. Voir également Bartolomé Bennassar, *Franco*, *op. cit.*, pp. 295-305.

98. L'épisode a donné lieu à plusieurs ouvrages. Ainsi, Julio Urrutia, *El Cerro de los Heroes*. Également, *La Epopeya de la Guardia Civil en el Santuario de la Virgen de la Cabeza*, Taller Escuela Huerfanos de la Guardia Civil, 1962, et la publication du Servicio Historico Militar, *Los Asedios*, Monografia nº 16, 1983.

99. ADPO, 1 M 632.

100. Cipriano Mera Sanz, *Guerra, exilio y carcel de un anarcosindicalista*.

101. Voir notamment Joan Estruch, *op. cit.*, pp. 135-39, 154-57, 167-69, 184-91, 195-99, 203-05.

102. *España traicionada*, *op. cit.*, pp. 146-47.

103. ADG, 4 M 650, 14 mai 1938.

104. Rémi Skoutelski, *op. cit.*, p. 32.

105. *Ibid.*, pp. 162-66.

106. ADA, 5 M 141.

107. Remi Skoutelski, *op. cit.*, pp. 306-07.

108. Les principales références de cette présentation rapide du destin ultérieur des brigadistes rescapés sont Andreu CASTELLS, *Las Brigadas Internacionales en la Guerra de España*, Éd. Ariel, Barcelone, 1974, pp. 421-41 ; Jacques DELPERRIE DE BAYAC, *Les Brigades internationales*, Paris, 1968 ; Manuel RUBIO, *Diccionario de la Guerra Civil*, 2 vol., *op. cit.* ;. Antonio ELORZA et Marta BIZCARRONDO, *Queridos camaradas ! La Internacional Communista y España*, Éd. Planeta, Barcelone, 1999. Et Rémi SKOUTELSKI, *L'espoir guidait leurs pas*, Grasset, Paris, 1998. Ce dernier livre m'a permis de rectifier quelques erreurs et de compléter une information insuffisante à propos des brigadistes français.

LES LENDEMAINS

Du refuge provisoire à l'exode de masse

1. Voir notamment José Antonio MATESANZ, *Los Raices del Exilio. Mexico ante la guerra civil española 1936-39*, Éd. Colegio de Mexico et UNAM, Mexico, 1999. Et *El Exilio Español en Mexico, 1939-82*, publié par le Fondo de Cultura Economica et Salvat, Mexico, 1982, œuvre collective foisonnante, d'une utilisation difficile mais d'une grande richesse documentaire. C'est surtout au Mexique, où le rôle des exilés a été fondamental, que cet examen a commencé et donné lieu à plusieurs publications.

2. Voir surtout Geneviève DREYFUS-ARMAND, *L'Exil des républicains espagnols en France. De la guerre civile à la mort de Franco*, Albin Michel, Paris, 1999, qui fait une large place aux problèmes politiques et à l'intégration progressive. José CUBERO, *Les Républicains espagnols*, Éd. Cairn, Pau, 2003, particulièrement précieux pour le domaine pyrénéen. Alicia ALTED et Lucienne DOMERGUE (coord.), *L'Exil républicain espagnol à Toulouse, 1939-99*, Toulouse, 1999, et UNED, 2003. *Exil et Migrations, Italiens et Espagnols en France, 1938-46*, L'Harmattan, Paris, 1994 (œuvre collective à laquelle ont participé notamment Pierre MILZA, Émile TÉMIME, Daniel PESCHANSKI, Javier RUBIO, etc.)

3. Voir *infra*, chapitre 4.

4. ADA, 5 M 142.

5. ADPO, 4 M 413. Tous les observateurs français présents dans les Pyrénées-Orientales ou en Andorre confirment la violence de l'explosion révolutionnaire après l'échec du Mouvement en Catalogne.

6. Voir Françoise MARTIN, *Les Républicains espagnols en Ariège 1939-45*, mémoire de maîtrise, Toulouse, 1999, exemplaire dactylographié. L'auteur de ce travail bien composé et bien documenté ne semble pas avoir compris que les réfugiés de 1936 en Ariège et une partie de ceux de 1937 fuyaient la révolution, maîtresse de la Catalogne.

7. ADT, IV M 18/58.

8. ADA, 5 M 139 et 5 M 150.

9. ADC, 1 M 235 et 236 ; ADG, 4 M 637. Dans le Gard, les incidents semblent avoir été dus exclusivement à ces femmes. Voir aussi Yves DENÉCHÈRE, « Les enfants espagnols réfugiés en Maine-et-Loire pendant la guerre civile d'Espagne », in *Archives d'Anjou. Mélanges d'histoire et archéologie angevines*, n° 5, 2001, pp. 146-63, ainsi que ADML, 13 alpha 3 et alpha 16.

10. ADA, 5 M 141.

11. ADA, 5 M 149. Les observateurs du comité de non-intervention étaient 19 dans le seul département de l'Ariège... Ils font en principe des rapports quotidiens mais la

moitié d'entre eux se contente souvent d'un RAS. Cenek Thein a enregistré environ 300 passages de réfugiés en trois mois à l'Hospitalet à peu près tous favorables « aux nationalistes ».

12. ADC, 1 M 236.

13. ADPO, 1 M 632. Geneviève Dreyfus-Armand (*op. cit.*, pp. 35-36) met en garde le public de façon tout à fait pertinente à propos des chiffres avancés tout au long de cette évocation des vagues de réfugiés. À titre d'exemple, Javier Rubio qui, en 1977, avait estimé à 160 000 la vague de 1937 l'a réduite à 125 000 en 1994. Et Federica Montseny a évoqué un million et demi de réfugiés, dont 500 000 au seul camp d'Argelès ! Pièges de la mémoire et fantasmes .

14. Voir Jean Steunou (sous la dir. de), *Réfugiés espagnols en Mayenne*, collège Jacques-Monod, Laval, 1997. Il s'agit d'un travail fort intéressant réalisé par les professeurs de ce collège et leurs élèves, à partir des sources locales : ADM, plus les archives municipales de Laval et Mayenne.

15. *Ibid.*

16. ADIV, 4 M 415.

17. Le cas des six départements de cette zone a été bien étudié par Jeanine Sodigné-Loustau, *L'Immigration politique espagnole dans la région Centre, 1936-1946*, thèse Université Paris-VII, 1995. Voir ici pp. 237-46.

18. ADT, IV M 18/59 et 18/63.

19. ADG, documentation très abondante qui fourmille de détails, 4 M 623, 637, 638.

20. ADPO, 1 M 632. Voir l'article du *Libertaire* du 14 octobre 1937.

21. ADM, 4 M 271 ; ADIV, 4 M 416 ; ADML, 13 alpha 13 ; ADT, IV M 18/59.

22. ADA, 5 M 140. Françoise Martin, *op. cit.*, évoque également ce « plan de barrage ».

23. On suit ici le récit clair et très bien informé de José Cubero *Les Républicains espagnols*, Éd. Cairn, Pau, 2003, pp. 37-42. À propos des réfugiés envoyés en Mayenne, Jean Steunou, *op. cit.*, p. 11. Pour ceux d'Ille-et-Vilaine, ADIV, 4 M 417. Sur le retour des miliciens en Espagne républicaine, ADHP, 4 M 239.

24. Geneviève Dreyfus-Armand, *op. cit.*, p. 19.

25. *Ibid.*, pp. 42-43.

26. José Martinez Cobo, in Julio Martinez Casas et Pedro Carvajal Urquijo, *El Exilio Español*, Éd. Planeta, Barcelone, 2002, p. 61. J'aurai l'occasion de revenir à ce livre décevant, le plus souvent mal informé et totalement dépourvu de rigueur historique.

27. ADA, 5 M 142. Le maire de Tabescan devait être un fameux gaillard et un excellent skieur ! Il a fallu qu'en janvier il remonte la haute vallée du Rio Tabescan, qu'il franchisse le port de Marteret, à plus de 2 200 mètres, pour redescendre jusqu'à Ustou. (J'ai pêché jadis dans ces parages, très sportifs, et puis affirmer qu'il s'agit là d'une performance athlétique.)

28. José Martinez Cobo, *op. cit.*, pp. 71-72.

29. Francisco Moreno, in *Victimas de la Guerra Civil*, *op. cit.*, p. 283. Les pages 282-85 de ce livre, par ailleurs important, sont pleines d'erreurs. Et le propos de cet auteur, sans nuances, est résolument antifrançais.

30. Carles Pi i Sunyer, *Memories del Primer Exili*, Éd. Fundacion Carles Pi i Sunyer, Barcelone, 2000, p. 73 et pp. 24-25.

31. ADPO, dossier de presse, 1 M 631. Voir aussi Geneviève Dreyfus-Armand, *op. cit.*, pp. 47-48.

32. Carles Pi i Sunyer, *op. cit.*, pp. 1-7.

33. Sixto Ubeda, in *El Exilio Español*, *op. cit.*, p. 71.

34. Voir par exemple ADG, 4 M 625. Dans ce dossier sont rassemblées les instructions ministérielles concernant « l'exode de la Catalogne ». On peut trouver l'équivalent dans les AD de nombreux départements.

35. Voir Émile TÉMIME, « Los campos de internamiento de Españoles en el Mediodia de Francia », in *El Exilio Republicano Español en Toulouse, 1939-1999*, Éd. PUM et UNED, 2003, pp. 53-72. Une première édition en français avait été publiée à Toulouse en 1999. Épuisée, elle vient d'être relayée par une traduction espagnole.

36. Manuel ANDUJAR, *Saint-Cyprien-Plage*, Presses Blaise Pascal, Clermont-Ferrand, 2003, traduction et présentation par Rose DUROUX, 2003, pp. 59-60 et 73. C'est un beau texte que la passion peut rendre injuste mais il faut l'entendre comme un cri.

37. Si l'exil en général n'a pas encore reçu toute l'attention qu'il mérite de la part des historiens malgré quelques études de valeur, le plus souvent récentes, en revanche le phénomène des camps, avant même le texte essentiel de Témime, a suscité une littérature abondante. J'utilise notamment René GRANDO, Jacques QUERALT, Xavier FEBRES, *Camps du Mépris*, Éd. Libres del Trabucayre, Perpignan, 1991. Geneviève DREYFUS-ARMAND et Émile TÉMIME, *Les Camps sur la Plage. Un exil espagnol*, Éd. Autrement, Paris, 1995. Le travail le plus novateur et le plus documenté, bien que la carte soit à refaire, reste l'ouvrage collectif du BDIC et de l'Université de Bourgogne, Hispanistica XX, dirigé par Jean-Claude VILLEGAS, *Plages d'Exil. Les camps de réfugiés espagnols en France, 1939*, 1989. Il existe aussi de bonnes monographies sur les camps de Bram (Eric LAGARDE) et de Gurs (Claude LAHARIE). La documentation conservée dans les ADA (Le Vernet), les ADAU (Bram), les ADTG (Septfonds) est considérable.

38. ADTG, 4 M 1 et 2.

39. Antonio SORIANO, « La Mémoire fertile », in *Plages d'Exil, op. cit.*, pp. 219-22. Voir également Frédérique LEBON, *Les Mémoires de l'exil espagnol 1939-55. L'itinéraire d'Antoine Soriano*, mémoire de maîtrise., exemplaire dactylographié, Toulouse, 1992. Dans ce très bon travail, le témoignage de José Borras a été sollicité.

40. Carles PI I SUNYER consacre plusieurs pages au camp d'Agde, *op. cit.*, pp. 64-76.

41. ADA, 4 M 416. À propos du Vernet, voir aussi Claude DELPLA, *Le Camp du Vernet d'Ariège, 1939-1944*, dossier (sans références éditoriales). L'auteur a recensé toutes les personnalités passées par Le Vernet, notamment les Juifs étrangers.

42. Edmon VALLES, in *El Exilio Español*, *op. cit.*, pp. 73-74. On peut pardonner à l'auteur qui n'avait que trois ans en 1936, et six en 1939, car c'est son père qui fut détenu au camp de Gurs. Mais l'erreur est grossière.

43. Manuel Melendez, Rafael Lopez Parodi, José Perez Pastor, Gregorio Riesgo, Buenaventura Pastor, etc., correspondants de Rodolfo Llopis, qui s'est rendu lui-même en Algérie pour réconforter ses compatriotes, évoquent des conditions de vie très dures et un nombre élevé de décès, sans qu'on ait le droit de conclure à une authentique « politique d'extermination » (Francisco Moreno). Rodolfo Llopis jouissait d'une certaine liberté de mouvement, car il avait épousé, en 1937, la Française Georgette Boyer, professeur à l'École normale d'Albi. C'est aussi grâce à son épouse qu'il avait obtenu l'autorisation de se fixer dans le Tarn où il entra en contact avec Largo Caballero. Voir ADT, 5 W 184. À propos du camp de Noé, voir l'excellent travail d'Éric MALO, *Le Camp de Noé des origines à novembre 1942*, maîtrise UTM, exemplaire dactylographié, 1985.

44. ADA, 4 M 415 et 416.

45. David Wingeate PIKE, *Vae Victis ! Los republicanos españoles refugiados en Francia 1939-44.*, Paris, Ruedo Iberico, 1969.

46. À propos de Rieucros, voir Yannick PEPIN, *Rieucros. Un camp d'internement en Lozère (février 1939-février 1942)*, mémoire de maîtrise, exemplaire dactylographié, Montpellier 1998. L'organisation du camp est très bien étudiée mais ce travail ne s'occupe guère des Espagnoles. Voir aussi ADLZ, M 11 121, et 2 W 2805.

47. ADA, 4 M 416. ADTG, 4 M 5 et 4 M 16. Voir chapitres 3 et 4.

48. ADA, 4 M 146.

49. Cités par René GRANDO *et al.*, *Camps du Mépris*, *op. cit.* Geneviève DREYFUS-

Armand et Émile Témime, *Camps sur la Plage*, *op. cit.*, p. 108. Antonio Miro, *L'Exilé. Souvenirs d'un républicain espagnol*, Galilée, Paris, 1976, pp. 68 et 141-42.

50. Serge Salaun, « Éducation et culture dans les camps de réfugiés », in *Plages d'Exil*, *op cit.*, pp. 117-24.

51. *Plages d'Exil*, *op. cit.*, pp. 18-109.

52. Serge Salaun, *op. cit.*, pp. 122-24.

53. *Ibid.*

54. Je me réfère à la communication très remarquable de Maria-José Gonzalez-Madrid, faite au colloque de Llanes (Asturies) en août 2002. Voir aussi, du même auteur, « Revisiones, Recuperaciones, Miradas sobre la Guerra Civil Española desde el Arte Contemporaneo », in *El Arte Español del Siglo XX. Su perspectiva al final del milenio*, CSIC, Actas, Madrid, 2001.

55. Javier Rubio, *La Emigracion de la Guerra Civil de 1936-39*, Éd. San Martin, Madrid, 1977, 3 vol., Mapa 6, p. 269. Cet ouvrage a joué le rôle de pionnier. Les cartes publiées par Javier Rubio montrent une forte surreprésentation des Espagnols du nord de la péninsule dans les exodes des années 1936-39 et dans la prolongation, parfois définitive, de leur séjour en France. La représentation madrilène est également très élevée. L'Aragon, le Levant, le Guipuzcoa et Santander ont fourni des contingents notables ainsi que les provinces andalouses de Séville et Malaga. Cette cartographie est logique : elle correspond tout à la fois aux engagements politiques des régions et aux routes de l'exil

L'exil des enfants

56. Pierre Marquès, *Les Enfants espagnols réfugiés en France (1936-1939)*, Paris, Autoédition, 1993, pp. 28-37. Ce livre, fruit d'un énorme effort d'information, est un peu confus, mais n'en reste pas moins le travail le plus précieux sur le sujet.

57. *Ibid.*, pp. 8-9. Il est difficile de déterminer le rôle exact des organisations figurant dans cette liste. À propos du château d'Urac, voir Danielle Sindic, *Le Château d'Urac. La Solidarité : Hier, Aujourd'hui, Demain, 1939-1989*, édité en 1989 par l'Association des Mineurs. Très décevant quant à notre objet, il concerne surtout les négociations entre syndicats. Il se réfère seulement à l'arrivée d'une trentaine de jeunes Asturiens accompagnés de leurs mères.

58. Jesus Hernandez, *Yo fui un ministro de Estalin*, Éd. America, Mexico, 1953, p. 288.

59. Par exemple, ADIV, 4 M 414 ou ADT IV M 18/68.

60. ADC. 1 M 235 et 236.

61. Yves Denéchère, *op. cit.*.

62. Citée par Pierre Marquès, *op. cit.*, p. 246.

63. *Ibid.* Les chiffres divergent, parfois nettement, selon les sources consultées.

64. Julio Martin Casas et Pedro Carvajal Urquijo, *El Exilio Español*, *op. cit.*, pp. 43-48.

65. *Ibid.*, pp. 34-38.

66. *Ibid.*, p. 34. Et Alicia Alted Vigil, « El Exilio de los Niños », in *Exilio*, Fundacion Pablo Iglesias, Madrid, 2002, pp. 124-133. Ce dernier article, bref, est une synthèse d'un ton beaucoup plus juste que celui de l'ouvrage précédent.

67. Pierre Marquès, *op. cit.*, p. 65. La contribution de Comin Colomer date de 1942. Cet auteur est donc excusable mais on comprend mal pourquoi il prétend à une précision aussi irréaliste.

68. *Ibid.*, pp. 50-73 et 91-92.

69. ADT, IV M 18/68.

70. ADG, 4 M 637, 638, 668 et 671

71. Pierre Marques, *op. cit.*, pp. 111-19. La consultation des Archives départementales montre que seules certaines organisations ont joué un rôle important dans la

gestion de ce problème, surtout la Commission d'aide aux enfants espagnols réfugiés en France, d'ailleurs seule autorisée par les pouvoirs publics à visiter les centres d'hébergement.

72. ADLA, 2 Z 145. Cette liste n'est pas datée mais elle paraît être de mars ou avril 1939.
73. ADIV, 4 M 417.
74. ADML, 13 alpha 16.
75. ADC, 1 M 242.
76. ADLA, 2 Z 145.
77. ADG, 4 M 625, 637 et 638, 671, et Nathalie BOUSQUET, *op. cit.*, p. 114.
78. Le texte de la lettre est reproduit dans ADLA 2 Z 145.
79. ADG, 4 M 625.
80. ADG, 4 M 628.
81. ADG, 4 M 638 et ADLT.
82. ADM 3 Z 2 ; ADC, 1 M 237 ; ADIV, 4 M 417.
83. Alicia ALTED VIGIL, *Exilio, op. cit.*, pp. 125-34. Pierre MARQUES, *op. cit.*, pp. 201-206. Cet auteur utilise plusieurs travaux que j'avoue n'avoir pas consultés, sauf celui de Dorothy LEGARETTA, *The Guernica Generation : Basque Refugee Children of the Spanish Civil War*, Reno, Nevada, 1984. Je n'ai pas eu en main le travail de Laurence DELMONT, *Los Niños de la guerra : un aspect méconnu de l'émigration espagnole en URSS*, Univ. de Mons-Hainaut (Belgique), 1989-90. On peut s'étonner que les auteurs d'*El Exilio Español*, qui publient des fragments de témoignages de survivants de l'exil des enfants en Angleterre, Belgique, Mexique et URSS, n'aient donné la parole à aucun de ceux, de loin les plus nombreux, qui vécurent en France ! *Op. cit.*, pp. 32-51 et 239-66.
84. Jesus HERNANDEZ, *op. cit.*, pp. 288-91. Je n'ai pu utiliser que des extraits du livre de Manuel TAGÜEÑA, époux de Carmen PARGA, *Testimonio de dos guerras*.
85. Yves DENÉCHÈRE, *op. cit.*, p. 162.

Au-delà des camps : les civils exilés dans l'espace français

86. Voir *El Exilio Español, op. cit.*, pp. 74-76.
87. *Ibid.*, pp. 185-95. Javier TUSELL, in *Enciclopedia de la Historia de España*, t. XIX-2, Éd. Rial, La Oposicion de los Supervivientes, pp. 183-209. Par exemple ADG, 4 M 625.
88. Voir ADC, 1 M 247 et 252 ; ADIV, A M 417 ; ADM, 4 M 272 et 277 ; ADG, 4 M 625 ; ADHP, 4 M 238 ; ADT, IV M 18/62 ; ADLA, 2 Z 143, 144 et 145. ADLT, 6 M 249 à 302 ; ADLZ, M 10560 entre autres. On pourrait allonger la liste de manière considérable. Pour le Lot, voir aussi Nathalie BOUSQUET, *op. cit.*, Annexes, États numériques hebdomadaires. Geneviève DREYFUS-ARMAND, *op. cit.*, p. 82. Voir *Réfugiés Espagnols en Mayenne, op. cit.*, p. 53.
89. ADT, IV M 18/62.
90. ADG 4 M 637 et 638.
91. À propos de l'Ariège, voir Françoise MARTIN, *Les Républicains espagnols en Ariège, 1939-45*, mémoire de maîtrise, Toulouse, 1999, *op. cit.*, et ADC, 1 M 247 et 1 M 241.
92. ADIV, 4 M 415 ; ADLA, 2 Z 144 et 145. ADLZ, M 10 560.
93. ADC, 1 M 242.
94. ADT, IV M 18/62 ; à propos de Mazamet, voir Rémy CAZALS, « L'accueil des réfugiés républicains à Mazamet », in *Les Français et la guerre d'Espagne, op. cit.*, pp. 213-18.
95. Voir José CUBERO, *op. cit.*, p. 103. Et ADHP, 4 M 238.
96. ADLA, 2 Z 144. En 1939, j'habitais, dans le centre de Nîmes, un appartement où n'existaient ni salle de bains, ni douche, et où les chambres étaient dépourvues de

tout moyen de chauffage. Au début des années 1950, les appartements des instituteurs de l'école de la République française disposaient à Toulouse d'un seul point d'eau (dans la cuisine) et ignoraient chauffage central et salle de bains. Les censeurs contemporains, bien logés et bien chauffés, ont besoin de quelques leçons d'histoire.

97. ADM, 4 M 272.

98. ADG, 4 M 625, 637 et 638.

99. José Cubero, *op. cit.*, p. 103.

100. ADM, 4 M 271.

101. ADG, 4 M 625.

102. José Cubero, *op. cit.*, p. 103.

103. Circulaire souvent évoquée, rappelée par exemple par Geneviève Dreyfus-Armand, *op. cit.*, p. 74. Dans certains départements, comme le Gard, les archivistes ont réuni toutes les circulaires et instructions ministérielles dans un seul dossier. ADG, 4 M 625.

104. ADM, 4 M 271.

105. ADC, 1 M 241. La correspondance relative à ces regroupements est abondante dans ce fonds départemental.

106. Voir ADG, 4 M 625. Également Geneviève Dreyfus-Armand, *op. cit.*, pp. 86-87.

107. ADG, 4 M 664 et 665. Dans le Gard où, cependant, les hommes étaient relativement nombreux, tous les incidents mettent en cause des femmes. Pour l'affaire de Saint-Chély-d'Apcher, ADLZ, M 10 560.

108. ADC, 1 M 237.

109. ADLA, 2 Z 145. On a déjà rencontré Gabriela Abad-Miro parmi les femmes qui mettaient en garde les pensionnaires du camp contre les dangers du retour en Espagne, en raison de la loi de responsabilités politiques. Gabriela quitta alors le camp de Moisdon pour la Seine-et-Marne. Quant aux Claudin, il m'a été impossible de savoir s'ils étaient apparentés avec le leader communiste Fernando Claudin qui émigra en URSS.

110. ADA, 4 M 146.

111. ADM, 1 M 243 ; ADG, 4 M 623 ; ADLT, 6 M 249 à 302. *Réfugiés espagnols en Mayenne, op. cit.*, p. 70. Ces exemples montrent qu'une extrapolation à partir de trois ou quatre départements est impossible.

112. Javier Rubio, *op. cit.*, t. 1, p. 12.

113. Geneviève Dreyfus-Armand, *op. cit.*, pp. 80-81.

114. ADTG, 4 M 5, f° 998.

115. ADC, 1 M 242 ; ADIV, 4 M 417.

116. ADG, 4 M 664. On voit que ceux qui refusaient de rentrer en Espagne parvenaient toujours (ou presque) à leurs fins.

117. ADG, 4 M 623 et 638.

118. Nathalie Bousquet, qui généralise à partir de quelques exemples, se trompe, *op. cit.*, pp. 112-13.

119. ADLZ, 2 W 2805.

120. ADLA, 2 Z 145 ; ADIV, 4 M 414 ; ADTG, 4 M 23. Bien entendu, on pourrait multiplier les exemples : la loi de responsabilités politiques a été un des arguments les plus invoqués par ceux qui justifiaient leur refus d'un retour, et l'un des plus pertinents.

121. ADTG, 4 M 5, f° 1138.

122. José Antonio Matesanz, *Las Raices del Exilio Español. Mexico ante la guerra civil española*, Colegio de Mexico et UNAM, 1999, pp 317-43.

123. *Ibid.*, pp. 416-30 et 446-54.

124. Javier Rubio, *op. cit.*, t. 1, p. 166.

125. ADA, 5 M 145 ; ADT, IV M 18/88 ; ADC, 1 243.

126. Vicente Guarner, « Los Exilados españoles del 39 y el Mexico de ahora », in

El Exilio Español en Mexico, 1939-1982, Éd. Salvat et Fondo de Cultura Economica, Mexico, 1982, pp. 705-71.

127. Denis ROLLAND, *Vichy et la France libre au Mexique...*, L'Harmattan, Paris, 1990.

128. Javier RUBIO, *op. cit.*, t. 1, p. 190. ADC, 1 M 243.

129. *Ibid.*, t. 3, pp. 1059-1147.

130. ADA, 5 M 147.

131. Voir à ce propos l'article de Carlos SERRANO, « Autour du *Winnipeg*. À propos de l'exil espagnol », in *Plages d'Exil, op. cit.*, pp. 197-203.

132. Joan ESTRUCH, *op. cit.*, pp. 146-49, *El Exilio Español, op. cit.*, pp. 170-72.

133. Citons notamment Manuel TAGUENA, *Testimonio de dos guerras*, Éd. Planeta, Barcelone, 1979 ; Jesus HERNANDEZ, *Yo fui ministro de Estalin, op. cit.* ; Enrique CASTRO DELGADO, *Mi fé se perdio en Moscu*, Éd. Caralt, Barcelona, 1964. Dolores IBARRURI, *Memorias de Pasionaria*, Éd. Planeta, Barcelone, 1984.

Les réfugiés espagnols en France pendant la guerre

134. Voir Frédérique LEBON, *Les Mémoires de l'exil espagnol 1939-55. L'itinéraire d'Antonio Soriano*, mémoire de maîtrise, UTM, 1992. Exemplaire dactylographié.

135. Voir ADT, 506 W art. 184. Il existe sous cette cote un important dossier consacré à Rodolfo Llopis et Francisco Largo Caballero. Une enquête a été diligentée à propos de ces deux hommes en novembre 1939 et les éléments de cette enquête qui comportent les copies de nombreuses lettres, traduites en français, figurent dans le dossier envoyé au préfet du Tarn lorsque Llopis et Largo Caballero furent autorisés (Llopis) ou assignés à résider (Largo) dans le Tarn. L'enquête avait conclu qu'il n'y avait « aucun fait strictement répréhensible à la charge des nommés Largo Caballero et Llopis ». Le directeur des Archives départementales de la Creuse consulté n'a trouvé aucun document qui permette de continuer l'enquête sur la vie de Largo Caballero pendant l'Occupation.

136. Voir Geneviève DREYFUS-ARMAND, *op. cit.*, pp. 103-08. Ou l'article du même auteur, « Les mouvements migratoires dans l'exil », in *L'Exil républicain espagnol à Toulouse 1939-99*, Lucienne DOMERGUE éd., Toulouse, PUM, pp. 21-41.

137. ADTG, 4 M 16.

138. ADA, 4 M 146.

139. ADC, 4 M 159.

140. ADC, 1 M 242. Geneviève DREYFUS-ARMAND a aussi cité cette lettre.

141. ADTG, 4 M 16.

142. Par exemple, ADLA 2 Z 145. Instruction confirmée par la lettre-circulaire du 1er mars 1940. Voir ainsi ADC, 1 M 242.

143. Marie-Line MONTBROUSSOUS, *Histoire d'une intégration réussie : les Espagnols dans le bassin de Decazeville*, Éd. du Rouergue, Rodez, 1995, pp. 72-77. Du même auteur, in *Exil politique et migration économique*, Éd. du CNRS, 1991, pp. 87-105.

144. ADTG, 4 M 16, f° 1163.

145. ADT, 506 W 184.

146. José CUBERO, *op. cit.*, pp. 112-13.

147. ADTG, 4 M 4.

148. ADG, 4 M 648. La documentation des Archives du Gard est particulièrement abondante et explicite.

149. ADTG, 4 M 4.

150. ADC, 1 M 237.

151. ADG, 4 M 648. Illustration de la remarque faite en note 148.

152. ADLZ, M 11123.

153. Frédérique LEBON, *op. cit.* L'étude de l'itinéraire d'Antoine Soriano comporte en effet l'intervention de témoins, dont José Borras.

154. ADA, 4 M 146. Voir aussi Oscar Borillo et Tomas Gomez, « Toulouse y el exilio libertario español », in *El Exilio Republicano Español en Toulouse 1939-99*, PUM et Madrid, UNED, 2003, pp. 113-47, spécialement p. 124. Cette communication ne figurait pas dans l'édition française du même livre, parue en 1999.

155. Tableau composé à partir de ADC, 1 M 242.

156. Lire Émile Témime, « Les Espagnols à Mauthausen », in *Les Espagnols et la guerre civile*, textes rassemblés par Michel Papy, Éd. Atlantica, Biarritz, 1999, pp. 361-78.

157. ADIV, 4 M 415 et 4 M 423.

158. Nathalie Bousquet, *op. cit.*, pp. 133-35.

159. ADG, 4 M 649. Il faut redire que la documentation du Gard est exceptionnelle.

160. ADIV, 4 M 423.

161. ADA, 5 M 151.

162. ADTG, 4 M 16, f° 1146 ; José Cubero, *op. cit.*, p. 179. ; Frédérique Lebon, *op. cit.*

163. On peut consulter sur ce thème José Cubero et Geneviève Dreyfus-Armand, *op. cit.*, ainsi que L. Stein, *Par-delà l'exil et la mort*, Éd. Mazarine, Paris, 1981.

164. Émile Témime, *op. cit.*, pp. 361-78.

165. Geneviève Dreyfus-Armand, *op. cit.*, p. 131.

166. Javier Rubio, *op. cit.*, t. III, pp. 1128-49. C'est la raison pour laquelle les conflits ont été fréquents entre les autorités préfectorales, qui cherchaient à épargner les Français en fournissant des étrangers, et les représentants du gouvernement franquiste : ceux-ci, grâce à leur protection, obtenaient une certaine crédibilité auprès d'une partie (minoritaire) des réfugiés.

167. Voir Hervé Mauran, *La Résistance espagnole en Cévennes*, Éd. Lacour, Nîmes, 1995.

168. Voir José Cubero, *op. cit.*, pp. 188-200.

169. Neus Catala, *Ces femmes espagnoles, de la résistance à la déportation*, Éd. Tiresias, Paris, 1994. L'auteur, militante communiste, elle-même déportée à Ravensbrück, a réuni une cinquantaine de témoignages d'intérêt et de valeur inégaux mais qui donnent une bonne idée de l'importante participation des femmes à la tragédie collective.

170. Je me fonde sur le travail de Frédérique Lebon, *op. cit.*

171. ADTG, 4 M 22. J'ignore quel fut par la suite le sort d'Angel Hernandez del Castillo.

172. Pour la vie et le parcours de Francisco Ponzan Vidal, avant tout le livre de sa sœur Pilar Ponzan, *Lucha y Muerte por la Libertad, 1936-1945, Francisco Ponzan Vidal y la red de evasion Pat O'Leary, 1940-44*, Barcelone, 1996. David Bueno avait rappelé son parcours en France, du camp du Vernet à sa mort, in *L'Exil républicain espagnol à Toulouse, 1939-99, op. cit.*, pp. 97-120, et Dolores Marin Silvestre est revenue sur son cas dans le récent *Clandestinos*, Éd. Plaza y Janès, Barcelone, 2002, notamment pp. 82-95 et 102-117.

173. L'histoire de DMC est le fruit de mes entretiens avec cet ami personnel qui a souhaité n'être désigné que par ses initiales.

Espagne : répression, résistance et « exil intérieur »

174. Bartolomé Bennassar, *Franco, op. cit.*, pp. 124-25.

175. Ronald Fraser, *op. cit.*, t. II, p. 159. Tel est aussi l'avis de Raymond Carr.

176. Josep Subirats, *Pilatos. 1939-1941. Prision de Tarragona*, Éd. Pablo Iglesias, Madrid, 1993, Présentation, p. XIII.

177. Julio Valdeon Baruque, « La Represion del bando nacional », in *La Memoria de los Olvidados. Un debate sobre el silencio de la répresion franquista*, Éd. Ambito, Valladolid, 2004, pp. 33-34.

178. Josep SUBIRATS, *op. cit.*, p. XIII. L'accolade de Vergara, évoquée par l'auteur, rappelle les embrassades entre les adversaires qui marquèrent la fin des guerres carlistes.

179. Julio VALDEON BARUQUE, *op. cit.*, p. 27. Le silence et le secret ne furent cependant pas aussi complets que l'écrit Julio Valdeon. J'y reviendrai.

180. Emilio SILVA et Santiago MACIAS, *Las Fosas de Franco*, Éd. Temas de Hoy, Madrid, 2003. Le manque de rigueur dans le choix des critères de sélection (ainsi, la confusion entre la période de guerre et la postguerre) rend l'utilisation de ce livre difficile. Il comporte cependant des chapitres intéressants et mérite d'être lu. On ne peut que souligner l'excellence du travail de Francisco ALIA MIRANDA, *La Guerra Civil en la retaguardia, Ciudad Real (1936-39)*, Éd. Diputacion de Ciudad Real, 1994. La deuxième partie du livre concerne la postguerre.

181. Vicenç NAVARRO, « La transicion y los desaparecidos republicanos », in *La Memoria de los Olvidados*, *op. cit.*, pp. 115-32. Je renvoie au livre coordonné par Santos JULIA, *Victimas de la Guerra*, *op. cit.*, pp. 277-406, quoique certaines pages du chapitre évoqué me paraissent contestables, à l'ouvrage de Sergio VILAR, *Historia del Antifranquismo*, Éd. Planeta, Barcelone, 1984. D'autres historiens comme Javier TUSELL ont également traité de l'opposition au franquisme et de la répression.

182. Voir Josep SUBIRATS, *op. cit.*, pp. 17-113, et Francisco ALIA MIRANDA, *op. cit.*, pp. 397-400.

183. AHN, Seccion Guerra Civil, Salamanca, PS Gijon F, carpeta 110. L'intérêt du cas de Gijon est de constater ce que furent les méthodes de la répression en 1934 (exercée par la droite) et en 1936 (exercée par le Front populaire). Voir aussi PS Alicante, Legajos 9, 10, 11.

184. Francisco ALIA MIRANDA, *op. cit.*, p. 385.

185. Julio VALDEON BARUQUE, *op. cit.*, p. 34.

186. Voir Elena MAZA ZORILLA, *La España de Franco*, Madrid, Actas Ediciones, 2002, pp. 24-25.

187. Julio VALDEON BARUQUE, *op. cit.*, pp. 29-32.

188. Hugh THOMAS, *op. cit.*, pp. 709-10.

189. Vicent GABARDA CEBELLAN, *La Represion en la Retaguardia republicana : Pais Valenciano (1936-39)*, Éd. Alfons el Magnabnim, Generalitat Valenciana, 1996, p. 170. Il s'agit encore d'une remarquable étude régionale.

190. Josep SUBIRATS, *op. cit.*, pp. 127-51. Il arrive que l'auteur réunisse plusieurs mois dans ses listes, par exemple juillet-août 1939, février-avril 1940, juin-juillet 1940. Il précise qu'il n'y eut pas d'exécutions en septembre 1939.

191. Francisco ALIA MIRANDA, *op. cit.*, pp. 397-99.

192. *Ibid.*, pp. 399-404.

193. Josep SUBIRATS, *op. cit.*, pp. 4-45.

194. Voir note 183. Les listes de suspects comportent l'adresse, l'étage, des informations sur la manière dont ont voté les suspects, etc.

195. C'est pour cela que la consultation de l'A.H.N., section « Guerra Civil », à Salamanque, est précieuse. Sous la cote PS Gijon, séries F et G, on trouve à la fois des preuves du système de délation utilisé par les uns en 1934 et par les autres en 1936.

196. J'emprunte cette statistique à Ramon TAMAMES, *op. cit.*, p. 324.

197. Voir sur ce thème Daniel SUEIRO, *El Valle de los Caidos : los secretos de la cripta franquista*, Éd. Argos Vergara, Barcelone, 1983.

198. Francisco MORENO, in Santos JULIA, *Victimas de la Guerra Civil*, *op. cit.*, pp. 336-42. Même si le propos de l'auteur est peu contestable sur le fond, il est formulé avec une passion excessive d'autant que Francisco Moreno ne se réfère jamais aux camps du SIM. Ce n'était pas son sujet mais il ne peut les ignorer.

199. *Ibid.*, pp. 369-406.

200. Bartolomé BENNASSAR, *Histoire des Espagnols*, coll. Bouquins, Laffont, Paris,

pp. 929-30. Je m'excuse de me citer. Voir d'autre part Jesus Torbado et Manuel Leguineche, *Les Taupes* (trad. de l'espagnol), Balland, Paris, 1979, livre qui propose plusieurs récits de « taupes ». L'histoire de Manuel Cortes avait fait l'objet d'un livre dû à Ronald Fraser.

201. Francisco Moreno, in *Victimas...*, *op. cit.*, pp. 369-70. Le récit de Nicanor Rozada, *Relatos de una lucha. La guerrilla y la Represion en Asturias*, éd. de l'auteur, Oviedo, 1993, est difficile à suivre mais plein d'enseignements. Voir notamment pp. 17, 25, 41.

202. Dolores Marin Silvestre, *Clandestinos. El Maquis contra el franquismo, 1934-1975*, Éd. Plaza y Janes, Barcelone, 2002, concerne avant tout l'opposition anarchiste. Le livre fourmille d'informations mais sa composition est si confuse qu'il est difficile à utiliser. D'autre part, le texte est proche de l'hagiographie. La chronologie, très détaillée, est d'un maniement plus aisé.

203. Sergio Vilar, *op. cit.*, pp. 155-57.

204. ADT, 506 W 184. Il s'agit du dossier Rodolfo Llopis et de la correspondance qui lui était adressée.

205. Sergio Vilar, *op. cit.*, pp. 161-64.

CARTES

Les exodes

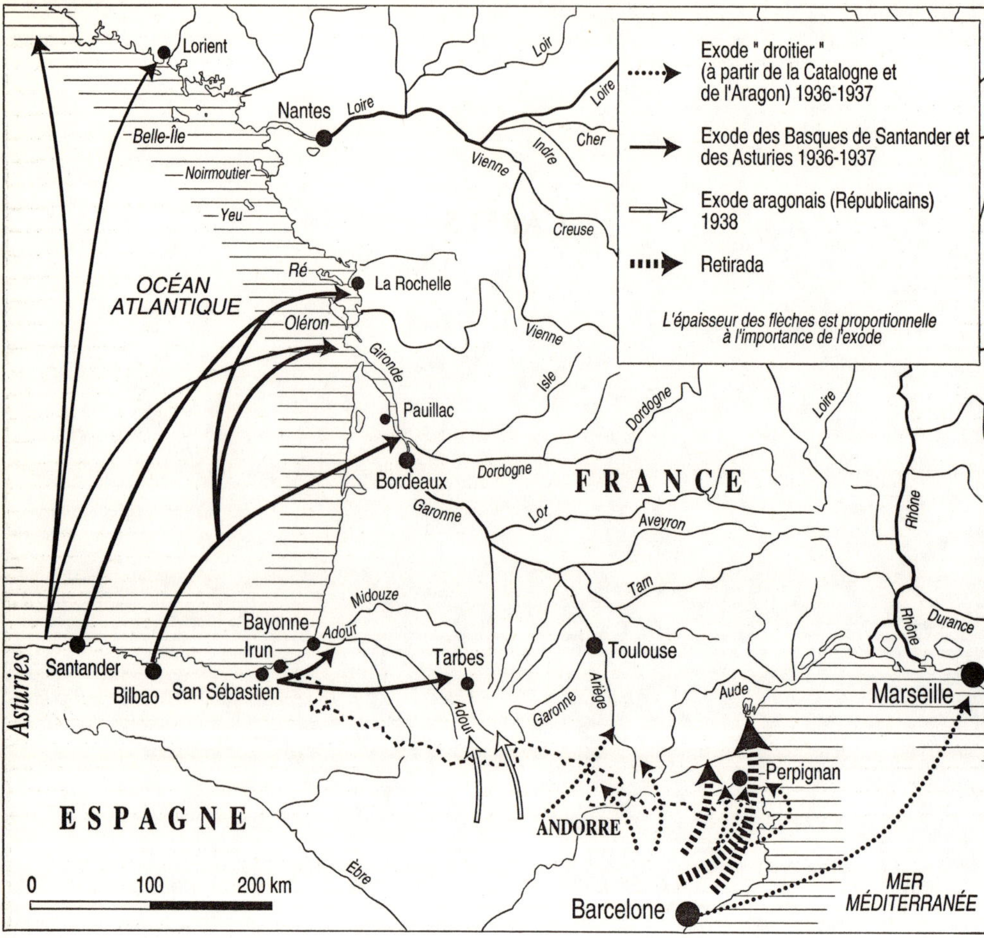

Exode " droitier " (à partir de la Catalogne et de l'Aragon) 1936-1937
Exode des Basques de Santander et des Asturies 1936-1937
Exode aragonais (Républicains) 1938
Retirada
L'épaisseur des flèches est proportionnelle à l'importance de l'exode
Lorient
Nantes
Loire
Loir
Cher
Indre
Vienne
Creuse
Belle-Île
Noirmoutier
Yeu
Ré
La Rochelle
OCÉAN ATLANTIQUE
Oléron
Gironde
Isle
Dordogne
Pauillac
Bordeaux
FRANCE
Garonne
Lot
Aveyron
Tarn
Rhône
Durance
Midouze
Bayonne
Adour
Irun
Santander
Bilbao
San Sébastien
Tarbes
Toulouse
Ariège
Aude
Marseille
Perpignan
Asturies
ESPAGNE
ANDORRE
Èbre
0
100
200 km
Barcelone
MER MÉDITERRANÉE

État de la situation le 9 août 1936
(21 jours après le déclenchement de la rébellion)

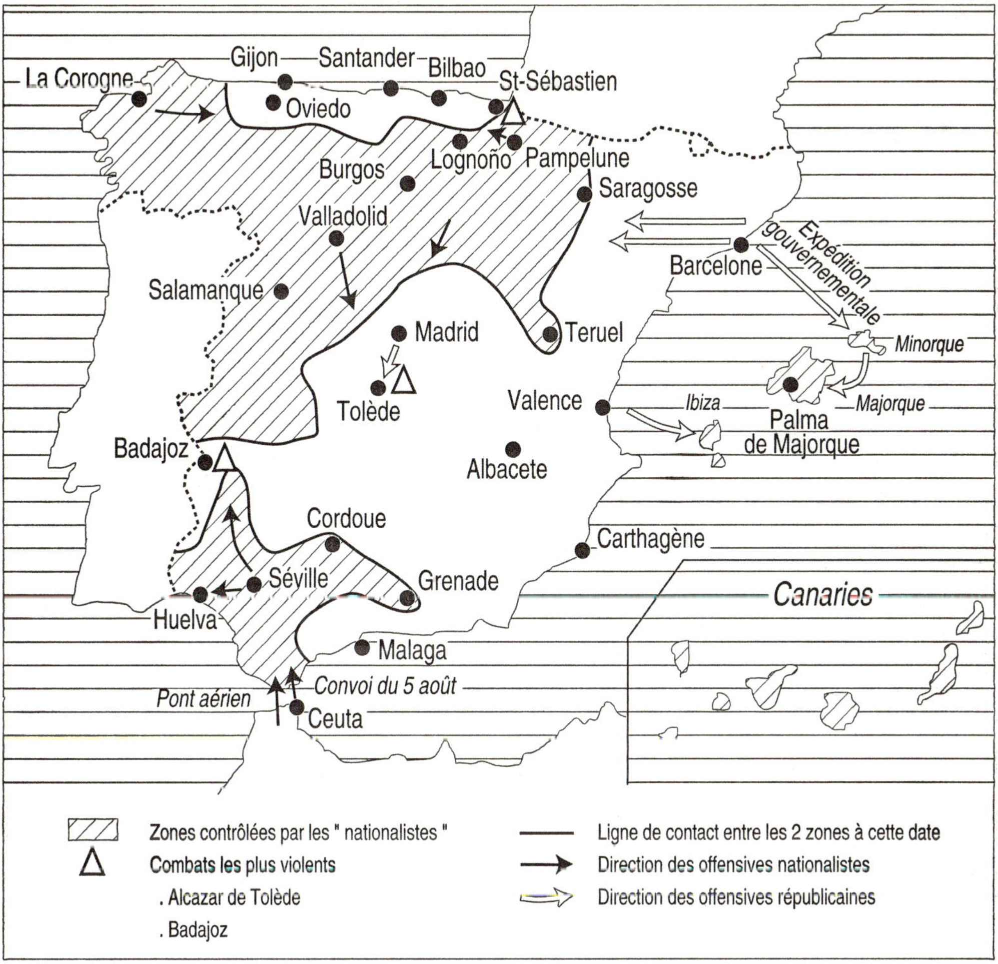

Les camps de " concentration " des réfugiés espagnols

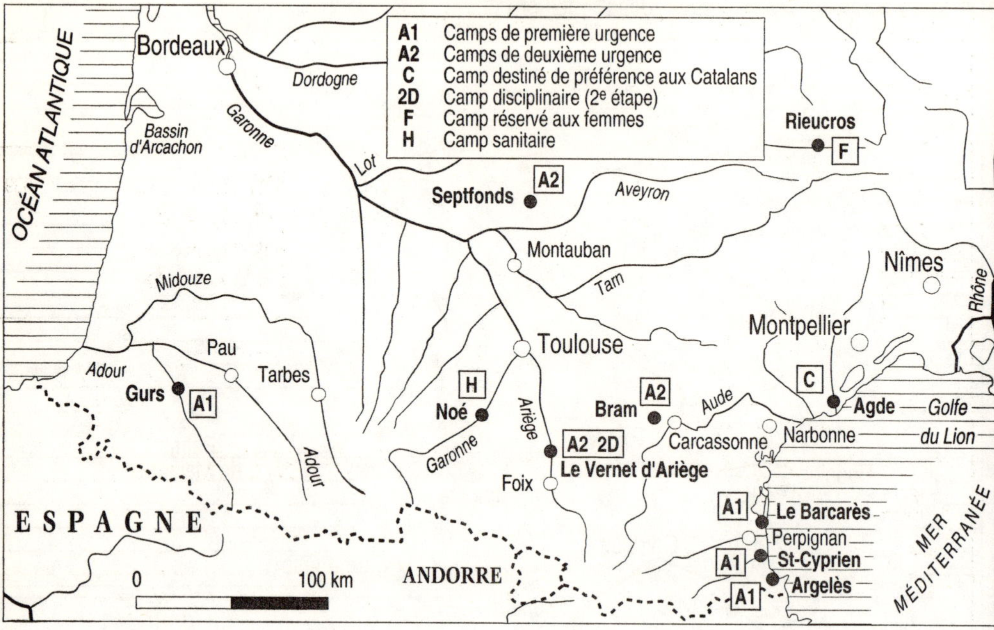

Les civils espagnols réfugiés dans l'espace français

Un exemple de dispersion : les Cévennes (Gard et Lozère)

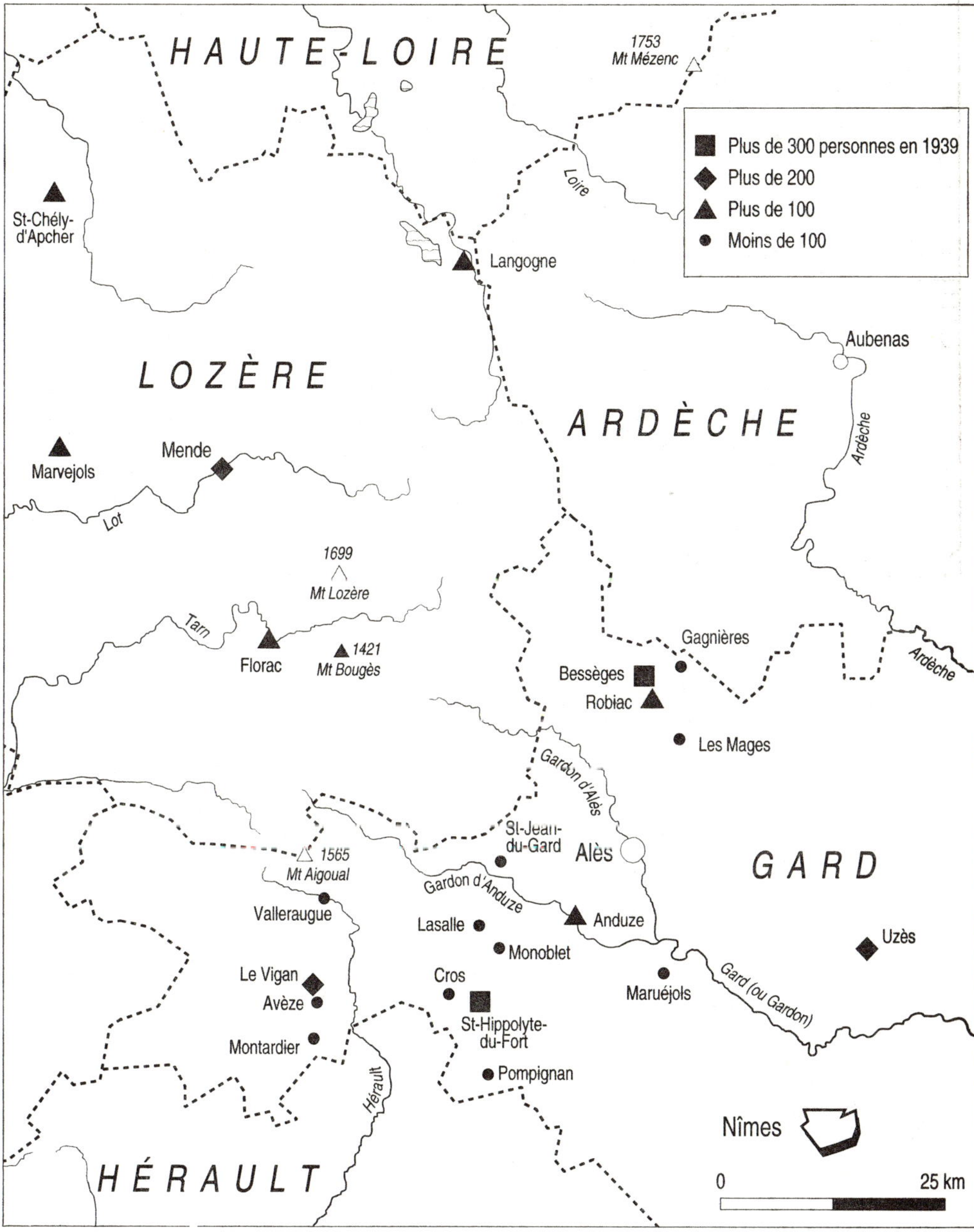

La bataille de l'Èbre (juillet-novembre 1938)

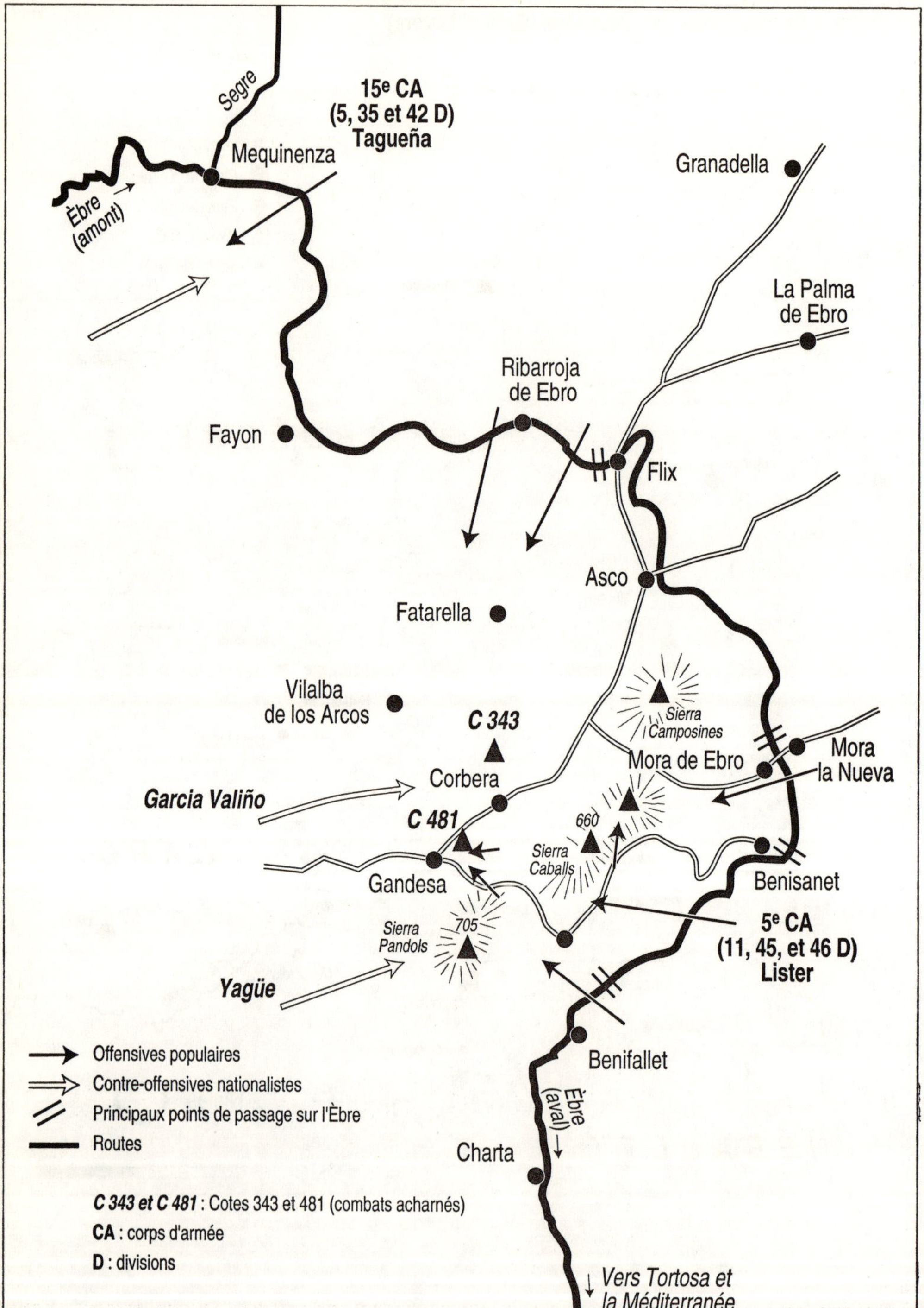

La bataille de Teruel (15 décembre 1937 - 20 février 1938)

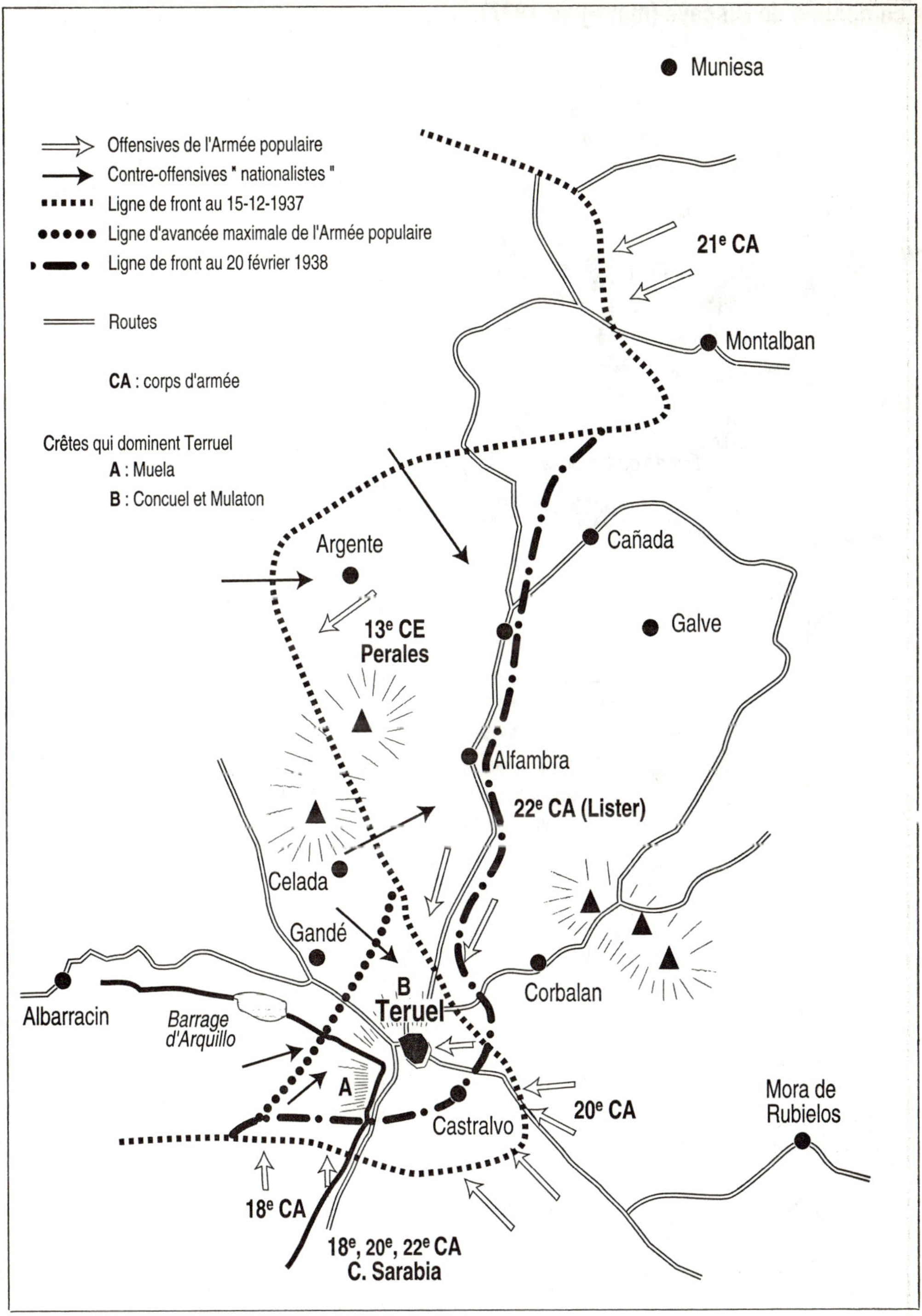

La campagne de Biscaye (mars-juin 1937)

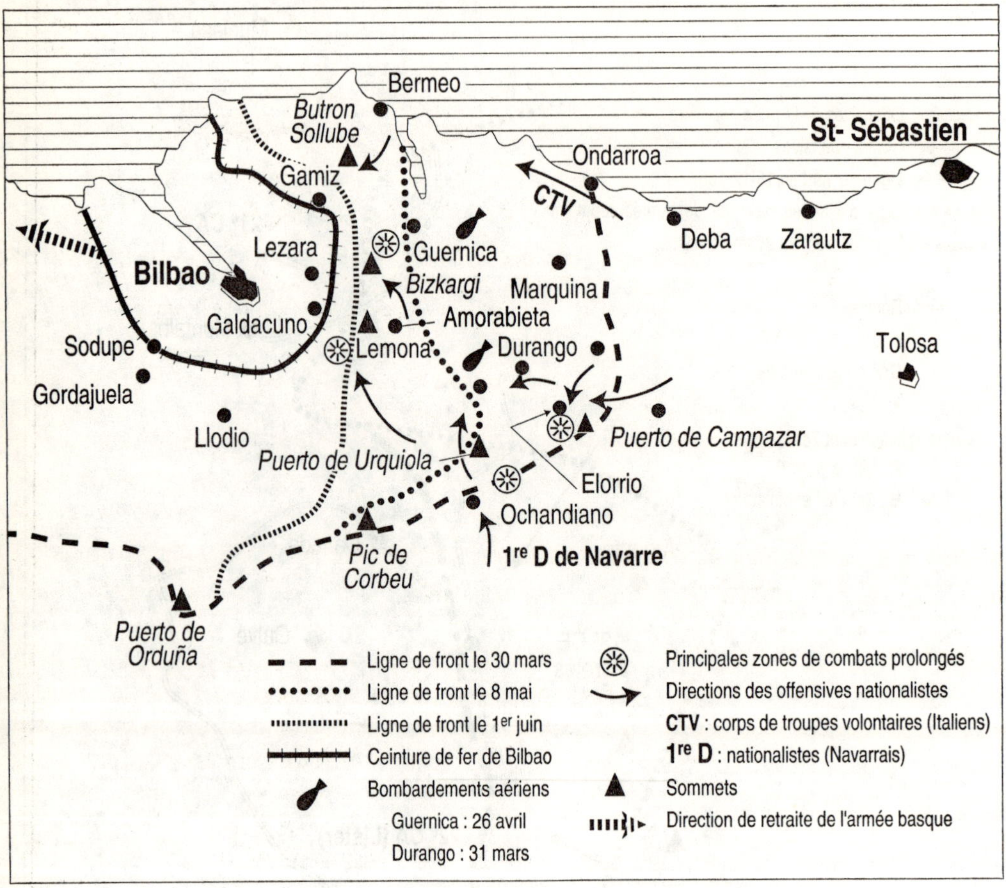

La bataille de Guadalajara

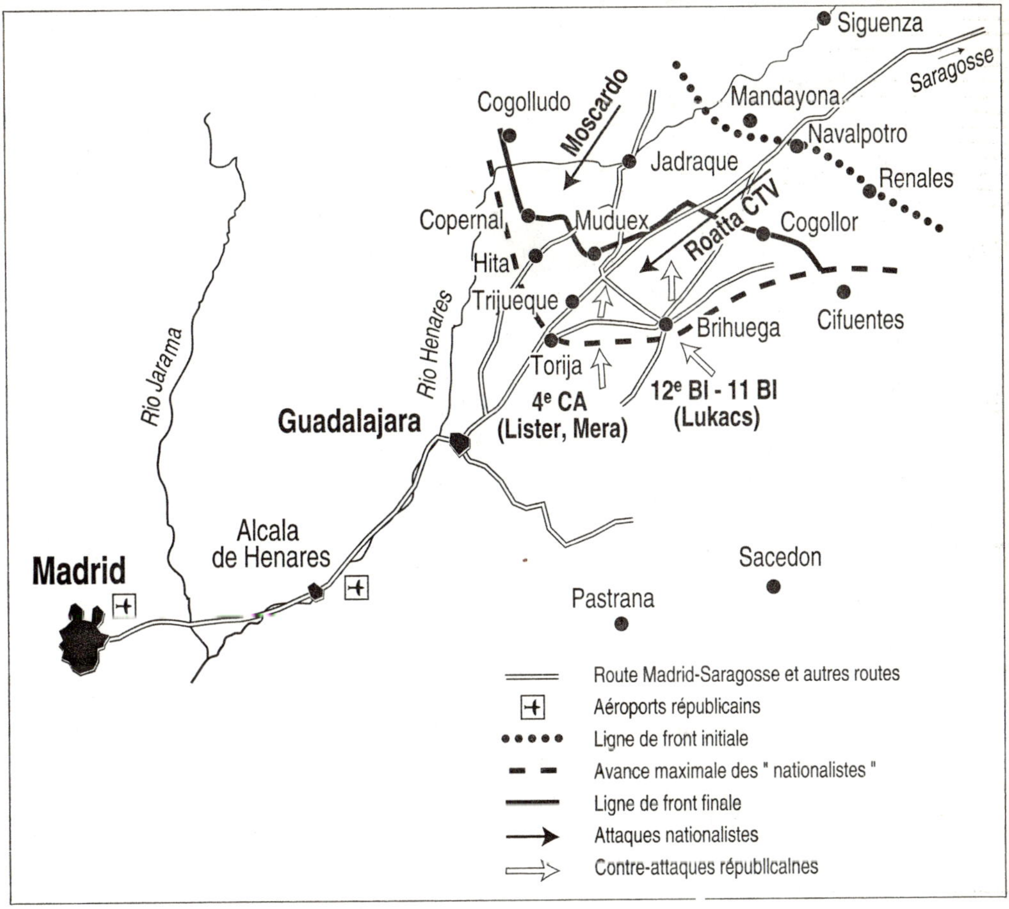

Le front de Madrid (novembre 1936-mars 1937)
Projet d'encerclement des troupes " nationalistes "

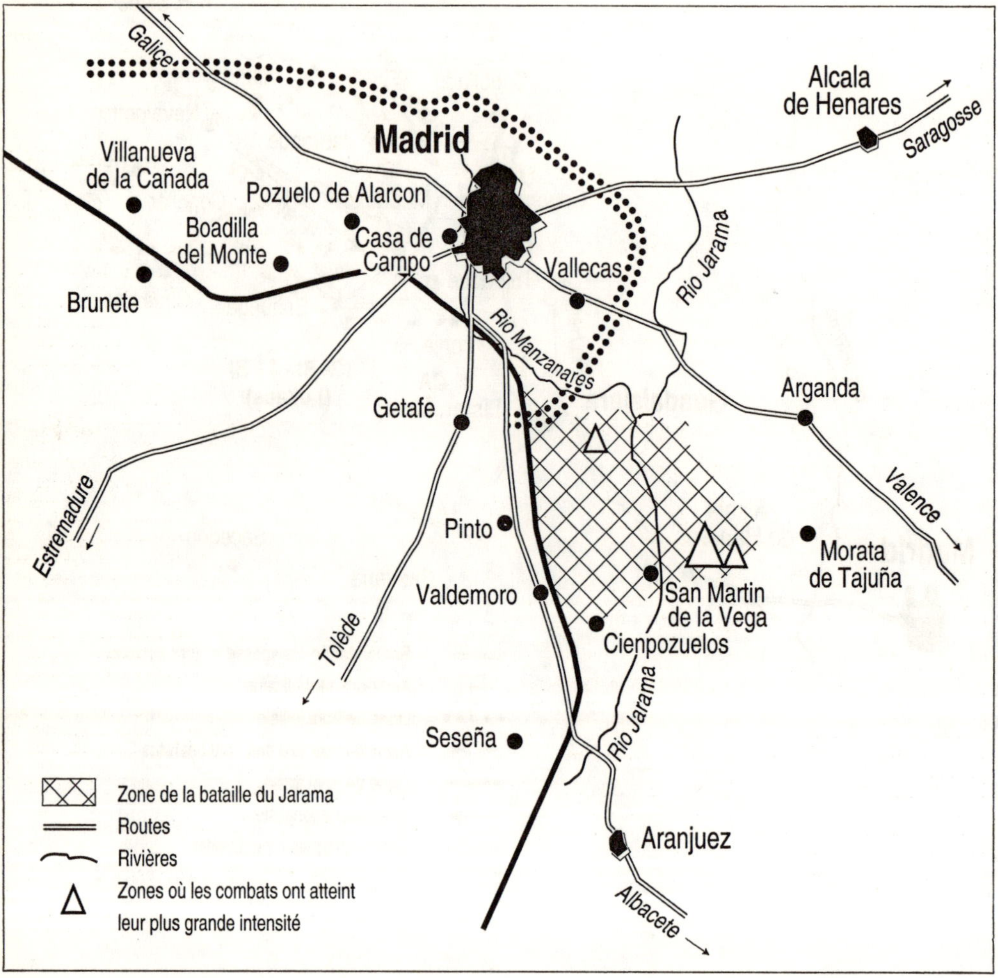

Les hauts lieux de la répression pendant la guerre civile

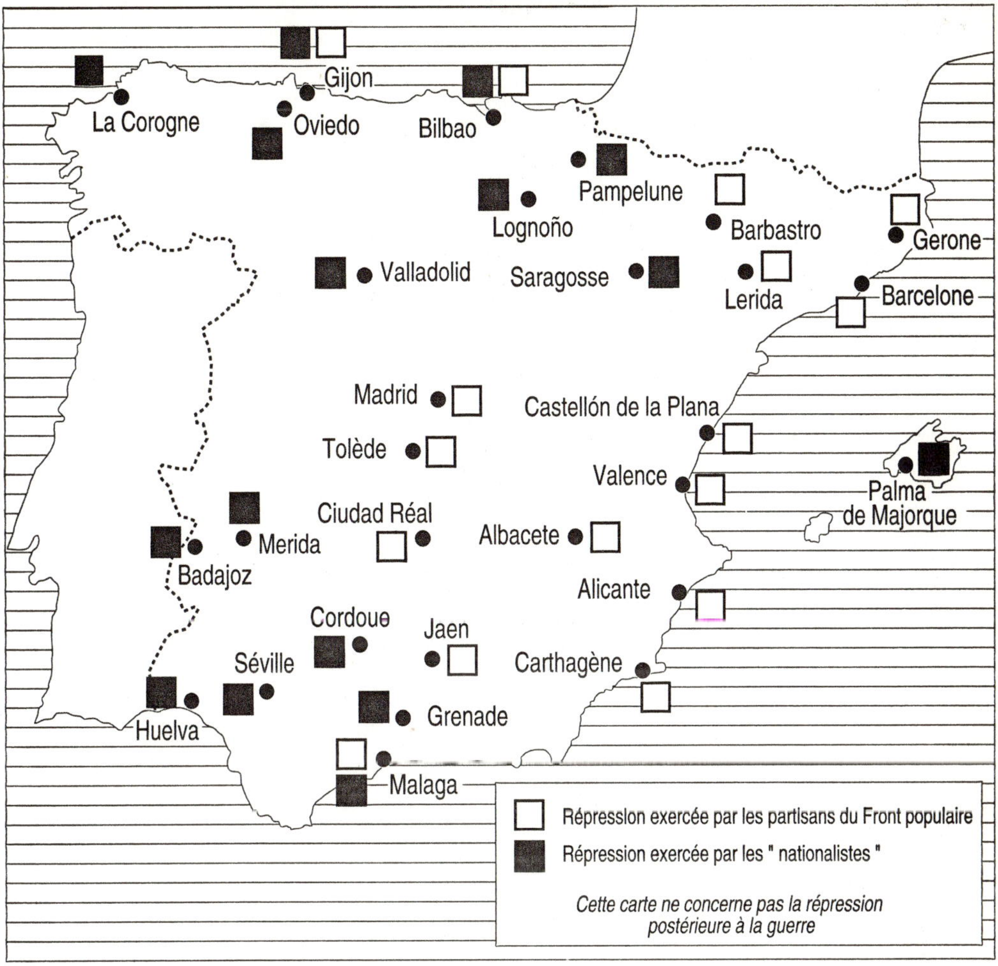

INDEX

TABLE

Deuxième partie
LE LABORATOIRE DU SIÈCLE

Troisième partie
LES LENDEMAINS
Exil, répression et résistance

Collection « Pour l'Histoire »

Michel Abitbol	*Le Passé d'une discorde. Juifs et Arabes du VIIe siècle à nos jours*
Pascal Acot	*Histoire du climat*
Harold Acton	*Les derniers Médicis*
Pierre Aubé	*Les Empires normands d'Orient (XIe-XIIIe siècle)*
Martin Aurell	*L'Empire des Plantagenêt (1154-1224)*
Bartolomé Bennassar, Lucile Bennassar	*Les Chrétiens d'Allah*
Bartolomé Bennassar	*La Guerre d'Espagne et ses lendemains*
Jacques Benoist-Méchin	*Histoire des Alaouites*
Yves-Marie Bercé	*A la découverte des trésors cachés*
Jean-Paul Bertaud	*La presse et le pouvoir, de Louis XIII à Napoléon Ier*
Olivier Blanc	*L'Amour à Paris au temps de Louis XVI*
Pierre Blet	*Les Nonces du pape à la cour de Louis XIV*
Arnaud Blin	*Iéna. Octobre 1806*
Henry Bogdan	*Histoire des Habsbourg, des origines à nos jours*
Henry Bogdan	*La Guerre de Trente Ans (1618-1648)*
Jean-Claude Bologne	*Histoire de la pudeur*
Jacques-Olivier Boudon	*Histoire du Consulat et de l'Empire*
Régis Boyer	*Les Vikings*
Jean-Joël Brégeon	*L'Egypte de Bonaparte*
Michel Bur	*Suger*
Paul Butel	*Histoire de l'Atlantique*
Paul Butel	*Histoire des Antilles françaises (XVIIe-XXe siècle)*
Paul Butel	*L'Opium, histoire d'une fascination*
Gérard Chaliand	*Les Empires nomades de la Mongolie au Danube (Ve siècle av. J.-C. – XVIe siècle)*
Laurence Chatel de Brancion	*Le Sacre de Napoléon, le rêve de changer le monde*
Louis Chevalier	*Splendeurs et misères du fait divers*
Louis Chevalier	*Classes laborieuses et classes dangereuses*
Carl von Clausewitz	*De la guerre*
André Clot	*L'Egypte des mamelouks (1250-1517)*
André Clot	*L'Espagne musulmane (VIIIe-XVe siècle)*
André Clot	*Mehmed II (1432-1481)*
Bernard Cottret	*1598. L'Edit de Nantes*
Bernard Cottret	*Histoire de la réforme protestante (XVIe-XVIIIe siècle)*
Bernard Cottret	*La Révolution américaine, la quête du bonheur*
Liliane Crété	*La Rochelle au temps du Grand Siège*
Liliane Crété	*La Traite des nègres sous l'Ancien Régime*
Liliane Crété	*Les Camisards (1702-1704)*
Mathieu Da Vinha	*Les valets de chambre de Louis XIV*
Catherine Desportes	*Le Siège de Malte. La grande défaite de Soliman le Magnifique (1565)*
Ghislain de Diesbach	*Histoire de l'émigration (1789-1814)*

Roger Duchêne	*Etre femme au temps de Louis XIV*
Jean-Baptiste Duroselle	*La Grande Guerre des Français (1914-1918)*
Jean-Baptiste Duroselle	*L'Europe, histoire de ses peuples*
Lucien Febvre	*« Honneur et Patrie »*
Lucien Febvre	*Le Rhin. Histoire, mythes et réalités*
Lucien Febvre	*L'Europe. Genèse d'une civilisation*
Suzanne Fiette	*De mémoire de femmes. L'histoire racontée par les femmes de Louis XVI à 1914*
Claude Fohlen	*Histoire de l'esclavage aux Etats-Unis*
Raoul Girardet	*La Société militaire, de 1815 à nos jours*
Dominique Godineau	*Citoyennes tricoteuses*
Vincent Gourdon	*Histoire des grands-parents*
Alain Gouttman	*La Guerre de Crimée (1853-1856). La première guerre moderne*
René Grousset	*L'Epopée des Croisades*
Bernard Guenée	*La Folie de Charles VI. Roi Bien-Aimé*
Bernard Guenée	*L'Opinion publique à la fin du Moyen Age, d'après la « Chronique de Charles VI » du Religieux de Saint-Denis*
Jacques Heers	*La Première Croisade*
Jacques Heers	*Les Barbaresques. La course et la guerre en Méditerranée (XIVe-XVIe siècle)*
Jacques Heers	*Les Négriers en terres d'islam. La première traite des Noirs (VIIe-XVIe siècle)*
Jacques Heers	*Libérer Jérusalem (1095-1107)*
Paul Hermann	*La Mythologie allemande*
Gabrielle Houbre, Louise Bruit Zaidman, Christiane Klapisch-Zuber	*Le Corps des jeunes filles, de l'Antiquité à nos jours*
Joëlle Hureau	*La Mémoire des pieds-noirs, de 1830 à nos jours*
Jean-Marc Irollo	*Histoire des Etrusques*
Roger Joint-Daguenet	*Histoire de la mer Rouge*
Antoine-Henri Jomini	*Précis de l'art de la guerre*
Didier Le Fur	*Marignan. 13 et 14 septembre 1515*
Basil H. Liddell Hart	*Stratégie*
Bernard Lugan	*Histoire du Maroc, des origines à nos jours*
Anne Martin-Fugier	*Les Salons de la IIIe République. Art, littérature, politique*
Philippe Masson	*Histoire de l'armée allemande (1939-1945)*
Philippe Masson	*Histoire de l'armée française de 1914 à nos jours*
Philippe Masson	*La Puissance maritime et navale au XXe siècle*
Eric Mension-Rigau	*Le donjon et le clocher. Nobles et curés de campagne de 1850 à nos jours*
Pierre Miquel	*La Grande Révolution*
Pierre Miquel	*Le Second Empire*
Claude Nicolet	*La Fabrique d'une nation. La France entre Rome et les Germains*
Jean-Christophe Notin	*La Campagne d'Italie. Les victoires oubliées de la France (1943-1945)*
Dominique Paladilhe	*La Bataille d'Azincourt (1415)*
Dominique Paladilhe	*Les Papes en Avignon*
Xavier de Planhol	*L'Islam et la mer* *La Mosquée et le matelot (VIIe-XXe siècle)*

Jean-Pierre Poly	*Le Chemin des amours barbares. Genèse médiévale de la sexualité européenne*
Jean-Pierre Rioux	*Au bonheur la France*
Michel Roquebert	*Histoire des Cathares. Hérésie, Croisade, Inquisition du XIe au XIVe siècle*
Michel Roquebert	*La Religion cathare. Le Bien, le Mal et le Salut dans l'hérésie médiévale*
Catherine Salles	*La Rome des Flaviens. Vespasien, Titus, Domitien*
Robert Sauzet	*Les Cévennes catholiques. Histoire d'une fidélité (XVIe-XXe siècle)*
Bertrand Schnerb	*L'Etat bourguignon (1363-1477)*
Bertrand Schnerb	*Les Armagnacs et les Bourguignons. La maudite guerre*
Jacques-Alain de Sédouy	*Le Congrès de Vienne. L'Europe contre la France (1812-1815)*
Daniel Soulié	*Villes et citadins au temps des pharaons*
Etienne Taillemite	*Histoire ignorée de la Marine française*
Emile Temime	*Histoire de Marseille, de la Révolution à nos jours*
Lionel de Thorey	*Histoire de la messe, de Grégoire le Grand à nos jours*
Frédéric Tiberghien	*Versailles. Le chantier de Louis XIV (1662-1715)*
Philippe Tourault	*La Résistance bretonne, du XVe siècle à nos jours*
Jean Verdon	*Boire au Moyen Age*
Jean Verdon	*La Nuit au Moyen Age*
Jean Verdon	*Le Plaisir au Moyen Age*
Jean Verdon	*Les Femmes en l'An Mille*
Jean Verdon	*Rire au Moyen Age*
Jean Verdon	*Voyager au Moyen Age*
Dominique de Villepin	*Les Cent-Jours ou l'esprit de sacrifice*
Emmanuel de Waresquiel, Benoît Yvert	*Histoire de la Restauration (1814-1830)*
Michel Winock	*La Belle Epoque. La France de 1900 à 1914*
Alvise Zorzi	*Histoire de Venise. La République du Lion*

Cet ouvrage a été composé par
Nord Compo (Villeneuve-d'Ascq)
et imprimé par **Bussière**
à Saint-Amand-Montrond (Cher)
pour le compte des Éditions Perrin
76, rue Bonaparte
Paris 6[e]

Achevé d'imprimer en décembre 2004

N° d'édition : 1946. — N° d'impression : 044850/1.
Dépôt légal : septembre 2004.

Imprimé en France